# 泽州年鉴

# 2016

泽州县史志办公室 编

方志出版社
Publishing House Of Local Records

**图书在版编目（CIP）数据**

泽州年鉴 . 2016/ 泽州县史志办公室编 . -- 北京：
方志出版社，2017.9
ISBN　978-7-6144-2527-7

Ⅰ . ①泽…　Ⅱ . ①泽…　Ⅲ . ①泽州县 -2016- 年鉴
Ⅳ . ①Z522.54

中国版本图书馆 CIP 数据核字（2017）第 232117 号

**泽州年鉴（2016）**

---

**编　　者：** 泽州县史志办公室
**责任编辑：** 陈　菁

---

**出 版 人：** 冀祥德
**出 版 者：** 方志出版社
地址　北京市朝阳区潘家园东里 9 号（国家方志馆 4 层）
邮编　100021
网址　http://www.fzph.org
**发　　行：** 方志出版社图书经销中心
电话（010）67110500
**经　　销：** 各地新华书店
**印　　刷：** 北京艺堂印刷有限公司

---

**开　　本：** 889 × 1194　　1/16
**印　　张：** 29.5
**字　　数：** 633 千
**版　　次：** 2017 年 9 月第 1 版　2017 年 9 月第 1 次印刷
**印　　数：** 0001~1000 册

---

ISBN　978-7-5144-2527-7　　　**定价：** 120.00 元

---

## 《泽州年鉴》编纂委员会

主　任：赵新年　高喜全

副主任：侯贵宝　程春明

委　员：阎晋中　樊海放　翟玮平　杜秋炉　贺爱军

王晋德　范德瑞　宋乐明　徐军利　刘国亮

徐银堆　柴明虎　王淑萍　刘长红

## 《泽州年鉴》编纂人员

主　编：杜秋炉

副主编：刘长红　张　静　王淑萍

编　辑：李树梅　张　丽　张淑梅　王云花　李　霞

摄　影：张树红

1月1日，省市县三级重点工程晋城月星商业广场暨月星家居正式开业

1月9日，晋城市首家农商银行——山西泽州农商银行挂牌开业

1月30日，泽州县慈善协会2015年“慈善情暖万家”活动启动仪式

2月5日，泽州县在河南省郑州市举办旅游项目招商推介会

3月4日，泽州县非物质文化遗产项目展演活动在凤西广场上演

3月9日，泽州县“青春聚力、扬帆泽州”青年创业报告会举行

3月10日，市委书记张九萍（左三）在泽州县晋美香山设施蔬菜示范园调研

3月12日，泽州县2014年度劳动模范表彰大会在影剧院召开

3 月 19 日－20 日，泽州县第五届人民代表大会第五次会议在政府小礼堂召开

3 月 18 日－20 日，中国人民政治协商会议第五届泽州县委员会第五次会议在政府小礼堂召开

3 月 30 日，县长高喜全（右二）在金村新区现场办公

4 月 2 日，市委常委、政法委书记刘爱军（右一）在丹河龙门湿地调研

4 月 18 日，省委巡视五组巡视泽州县工作动员会在泽州宾馆召开

4 月 30 日，2015“太行神韵·记住乡愁”走进石淙头——第四届泽州乡村摄影展暨春满周村文化周开幕

4月30日，泽州县举办绿色低碳龙王山生态绿道健步活动

7月8日，泽州县领导干部大会召开

7月14日，县委书记赵新年（右三）在南岭蜂业专业合作社调研

7月17日，县委书记赵新年(左二)在大阳镇调研文化旅游发展情况

7月23日，县委书记赵新年（中）在县惩防体系数字化监管中心调研

7月28日，县委书记赵新年（右）在驻泽州部队慰问部队官兵

8 月 7 日，县委书记赵新年（左三）在晋煤集团高硫煤洁净利用循环经济工业园调研

8 月 12 日，泽州县举办“三严三实”教育暨思想大解放活动专题讲座

2015年8月4日，县长高喜全（中）组织县住建、金村镇等单位和相关企业，赴浙江、江苏、山东等三省四地参观学习

9月7日，县委书记赵新年（左二）在丹河德泽美境生态园调研

9月20日，中国·泽州2015“圣拓地产杯”首届全国山地车爬坡赛在泽州县太极湖景区和珏山旅游风景区举行

9月22日，泽州县大阳古镇旅游开发项目签订框架合作协议

9月25日，县委书记赵新年（左五）带领相关部门负责人深入华昱煤制油企业实地督察

9月29日，2015“太行神韵·记住乡愁”《中国摄影报》走进大阳暨泽州县第四届乡村摄影展开幕仪式在大阳镇举行

9月30日，县乡领导及社会各界代表在县烈士陵园参加公祭活动

10月16日，首届国际航拍摄影大赛暨栖龙湾旅游区开工奠基仪式在李寨乡陟椒村举行

10 月 27 日，省委巡视五组巡视泽州县情况反馈会在泽州宾馆召开

10 月 28 日，省委巡视五组组长康建成（右五）一行在史村村幼儿园调研

10月30日—11月1日，深圳企业家代表到泽州县参观考察，双方就产业发展进行对接洽谈并举行签约仪式

11月16日，国家教育督导认定检查组一行在成庄矿中学检查

12月7日，县委书记赵新年（左二）在下乡驻村联系点柳树口镇东石瓮村调研

聚寿山景区对游客开放

大阳古镇航拍

丹河湿地公园一角

白马寺至东四义 20 公里绿道

正在建设中的晋煤华昱清洁能源一体化项目

大泉河村公布式光伏发电

川底中心小学

# 编纂说明

一、《泽州年鉴（2016）》坚持以马克思列宁主义、毛泽东思想、邓小平理论、“三个代表”重要思想、科学发展观为指导，贯彻落实习近平总书记系列重要讲话精神和治国理政新理念新思想新战略，坚持辩证唯物主义和历史唯物主义的立场、观点、方法，存真求实，客观、真实、全面、系统地记载了泽州县自然、经济、政治、文化、社会等各方面发展情况。为县委、县政府提供基础信息和决策依据。

二、《泽州年鉴（2016）》资料收录时间范围为2015年1月1日至2015年12月31日。特载栏目选载县委、县人大、县政府、县政协、县法院、县检察院工作报告及全县国民经济和社会发展计划、财政预决算报告。

三、《泽州年鉴（2016）》采用分类编排法，共分三个层次编排，即类目、分目、条目，划分栏目、分目主要考虑便于读者分部类系统阅读和检索。本版年鉴共设立27个类目，151个分目，881个条目。

四、《泽州年鉴（2016）》统计资料数据均使用法定计量单位，以县统计局公布的数字为准。照片排列以时间先后为序。

五、本年鉴资料均由泽州县各单位、各乡镇提供。

# 目 录

## 中国共产党泽州县委员会

## 泽州县人民代表大会常务委员会



## 泽州县人民政府

## 中国人民政治协商会议泽州县委员会

## 中国共产党泽州县纪律检查委员会



## 泽州县人民武装部



## 法　治

## 民主党派与工商联



## 社会团体

## 经济管理与监督

## 工业经济

## 农业经济

## 住房和城乡建设　环境保护



## 交通运输　邮电

## 商业　贸易



## 财政　税务

## 银　行



## 教育　科技



## 文化　体育

## 新闻 媒体



## 旅游 文物



## 医卫 计生

## 社会生活



## 乡镇概览

# 特 载

## 中共泽州县委常委会工作报告

刘爱军

（2015 年 1 月 28 日）

刚刚过去的2014年，是泽州不平凡的一年。面对经济下行的严峻形势和各类矛盾交织叠加的众多困难，县委常委会在市委的坚强领导下，认真贯彻落实中央和省委重大决策部署，抓全局、议大事、谋长远，同心协力，攻坚克难，统筹推进稳增长、促改革、调结构、惠民生、反腐败、强党建等各项工作，全县经济社会发展实现了稳中有进，在全面建成小康社会进程中取得了新的成绩。

### 一、认真学习贯彻习近平总书记系列重要讲话精神，努力提高与中央保持高度一致的自觉性

切实把学习贯彻习近平总书记系列重要讲话精神作为首要政治任务。坚持自主学习与集体学习相结合，常委会先学一步，通过专题培训、领题调研、集中讨论等多措并举，努力在读原文、悟原理、把握实质、领会内涵上下功夫，努力在真学真懂、真信真用、内化于心、外化于行上下功夫，用讲话精神武装头脑、指导实践。

坚决拥护中央重大决定。中央对山西发生的系统性、“塌方式”严重腐败问题进行严肃查处，对省委班子进行重大调整后，常委班子自觉从思想上、行动上坚决拥护中央的决定，自觉维护中央权威，认真学习贯彻中央领导的重要指示要求和全省领导干部大会精神，进一步坚定了从严治党、净化政治生态、加强反腐败斗争的决心。

认真贯彻落实省、市委决策部署。围绕省委“六权治本”“六大发展”和市委“一争三快

两率先”等重大决策部署，深入研究，认真落实，以“净化政治生态、实现弊革风清、重塑山西形象、促进富民强省”的总要求，统一全县广大党员干部的思想，凝聚共识，振奋精神，推动工作。

学习讨论落实活动扎实开展。突出活动主题，制定实施方案，明确推进步骤，广泛听取意见，在学习中提升理论修养，在讨论中注重反思剖析，在落实中立说、立行、立改，努力营造弊革风清、富民强县的良好氛围。

## 二、深入开展党的群众路线教育实践活动，作风建设取得明显成效

根据中央和省、市委统一部署，按照“照镜子、正衣冠、洗洗澡、治治病”的总要求，统筹推进全县4个县级领导班子、17个乡镇、90个县直机关企事业单位、627个行政村、1159个党支部、24925名党员的教育实践活动，达到了预期目的，取得了明显成果。活动伊始，面对“3·1”事故善后处理工作，常委班子顾全大局，不讲条件，亲力亲为，妥善处置，在“实战考场”上历练了作风，确保了教育实践活动良好开局。活动中，常委班子坚持从自身做起，自觉摆进去，围绕“学习教育、听取意见，查摆问颗、开展批评，整改落实、建章立制”三个环节，真查实改，做到了以上率下。在扎实搞好“规定动作”的同时，常委班子认真创新“自选动作”，先后开展了“十问十纠”、“百日千村（企）万户行”、“向崔晓满同志学习”、先进事迹报告会等系列活动，以实际行动践行了“三严三实”和焦裕禄精神。在深入下去调查研究、敞开门征求意见、认真撰写对照检查材料的基础上，常委班子召开了为期一天半的专题民主生活会，在思想碰撞中达到了“脸红心跳、出汗排毒、治病救人、凝聚共识”的目的。坚持立说立改、边整边改、销号整改，化解了一批多年积累的矛盾和问题，解决了一批群众关心关注的难事、愁事、烦心事。着眼于从制度层面解决“四风”问题，常委班子已制定发布制度39项。在常委班子的带动下，县乡村三级活动扎实有序开展，得到了省、市委督导组的充分肯定。通过对“四风”问题进行大排查、大检修、大扫除，广大党员干部坚定了理想信念，找到了群众之根，强化了组织纪律，转变了工作作风，为全县改革发展稳定提供了坚强保障。

## 三、认真落实从严治党要求，党风廉政建设工作进一步引向深入

持续保持惩治腐败的高压态势。坚持“有案必查、有腐必反、有贪必肃”的原则，进一步加大了查案治本的力度，全年共立案查处93件，同比增长77.5%。共有117名干部受到党纪政纪处分，同比增长101.7%。其中，重处分53人，占45.3%，同比增长59%；科级以上干部13人，占11.1%，同比增长225%；移送司法机关14人，同比增长180%，形成了较强的震慑效应，遏制了腐败蔓延势头。深刻汲取高平系统性、“塌方式”严重腐败的沉痛教训，举一反三，引以为戒，做到了心存敬畏，警钟长鸣。

党风廉政建设“两个责任”得到认真落实。县委一班人既“挂帅”又“出征”，始终把主体责任记在心上、抓在手上、落实在行动上，支持县纪委认真履行监督责任，督促指导各级领导干部认真履行“一岗双责”，形成了落实“两个责任”的合力。严格执行中央“八项规定”精神的

力度进一步加大，与上年相比，县级领导机关发文数量下降20.16%，电视新闻报道次数下降65.4%”；全县“三公”经费压缩40%，绝对额减少1123万元。严格落实“一案三查”，对负有安全事故责任的45人给予了党纪政纪处分；对婚丧喜庆大操大办、违规印制挂历、违反纪律作风等违反中央“八项规定”精神的21人给予了党纪政纪处分；对包括乡镇党委书记（乡镇长）、县直单位“一把手”纪委书记（纪检组长）和行政分管领导在内的21名领导干部进行了诫勉谈话。

*制度建设步伐不断加快。*围绕“六权治本”总要求，在“依法确定权力、科学配置权力、制度约束权力、阳光行使权力、合力监督权力、严惩滥用权力”方面进行了积极探索、大胆实践。制定出台了《关于落实党风廉政建设责任制主体责任和监督责任的意见（试行）》和《关于落实党风廉政建设责任制主体责任和监督责任细则“十八条”（试行）》，健全完善《领导干部任前廉政谈话制度》《党政机关、企事业单位主要负责人和领导班子成员廉政勤政约谈制度》《领导干部诫勉谈话制度》等，促进了各级领导班子和党员干部认清角色、找准定位、知责明责、履责尽责。选编印发了《领导干部廉洁自律手册》，制作了手机APP，努力使各级党员干部养成明规守纪的习惯。

*从严治吏迈出重要步伐。*认真落实省委“六项整治”和“三个一批”组合拳的要求，积极深化干部人事制度改革，“德才兼备、以德为先、以廉为基”的选人用人导向更加明确。加强对党员干部日常性监督管理，对发现的苗头性、倾向性问题及时提醒纠正，从严抓班子、带队伍进一步落在实处。大力擦亮批评和自我批评这一传统武器，进一步严肃了党内政治生活。深入开展超职数配备干部、在企业兼职、吃空饷、编外用人和“三龄两历一身份”等专项治理，干部管理更加规范，更加严格。

*基层党组织建设进一步加强。*大力开展“基层组织提升年”活动，集中整治软弱涣散基层党组织，32个农村后进党支部实现晋位升级。大力实施典型培树。“双百”工程，在全县培树了100个先进基层党组织、100个先进典型个人。切实加强农村、机关、企业、学校等基层党建工作，不断扩大“两新”党组织覆盖面，党建科学化水平得到显著提升。设立了17个乡镇和1个县直机关单位党代表工作室，架起了党代表与群众沟通的桥梁，发挥了知党情、听民声、谋发展、促和谐的作用。

## 四、狠抓强基固本，农村“两委”换届工作平稳顺利

我们高度重视农村“两委”换届工作，牢固树立“换好了稳定三年、发展三年，换不好三年不顺”的理念，突出“早”字做实功，立足“稳”字扬正气，狠抓“严”字把关口，着眼“广”字选能人，推动了换届工作平稳顺利推进。一是把农村“两委”换届作为贯彻中央从严治党要求的第一战役。县乡两级党委讲政治、讲责任，真重视、真操心，把换届工作紧紧抓在手上，认真解决关键问题，努力提高换届质量。二是充分发挥乡村两级党组织的战斗堡垒作用，为换届工作扬清风、鼓正气。态度鲜明地支持好干部连选连任，旗帜鲜明地鼓励“能人”参与竞选，态度坚决地处理一切干扰破坏选举的人和事。三是充分发挥乡镇党委书记和村支部书记的“主心骨”作用。换届一线

的“指挥员”，胸中装全局，手中抓重点，做到了政策了然于胸，遇事态度鲜明，工作深入细致，主意正确坚定。四是坚持园地制宜，分类指导，从实际出发。根据村情量身定做换届方案，不搞“一刀切”。目前，换届工作完成率达到99%。新当选的农村干部文化素质普遍提高，年龄结构进一步优化，农村基层组织更富活力。

五、狠抓“一号工程”，农村人居环境有了明显改善

群众反映强烈的“脏、乱、差”问题得到了大力治理。以“三线、三边、三地”为重点，全方位规划，全覆盖推进，立体式整治，80%的村做到了垃圾不落地、清洁有队伍、收集有设备、考核有制度，5个垃圾填埋场投入使用，长期影响农村环境的“四堆八乱”现象得到初步治理。

以大规模栽树为重点，农村生态环境逐步绿起来、美起来。以全市环城生态圈建设为契机，全年共造林4.74万亩，通道绿化25公里，四旁植树150万株，森林覆盖率达到36.49%，绿化率达到50.16%。以川底湿地公园、金村金福苑公园为代表的一批建在农村、服务农民的休闲游园，受到群众好评。

基础设施建设取得明显成效。全年共铺开新建和改造县乡道路15条，建设改造完成45公里；煤层气用户达到近5万户，覆盖28%的行政村；集中供热面积突破120万平方米，惠及1.2万户农民。通过狠抓路、气、暖等关乎群众切身利益的基础设施建设，赢得了广大群众发自内心的拥护、赞扬。

六、克服困难，经济社会保持平稳健康发展

主动适应经济发展新常态，努力克服经济下行压力，全县经济发展保持了稳中有进的态势。全年地区生产总值完成218.5亿元，增长5.5%；公共财政预算收入完成12.4亿元，总量位居全市第一；固定资产投资完成181.3亿元，增长26.1%；城镇常住居民人均可支配收入预计完成22867元，增长11.28%；农村常住居民人均可支配收入预计完成10988元，增长12.32%；粮食总产量完成4.1亿斤。

转型发展步伐坚实。积极应对煤炭市场疲软的困难局面，一手抓减负让利，一手抓复产达效，累计为煤企减负5932.73万元，总产量完成640万吨，同比增长18%。高度重视民营经济发展，通过财政支持、多渠道融资等措施，想方设法支持中小微企业克服困难，民营经济进一步发展，增加值占全县GDP比重达到49.5%。加快推进重点工程项目建设，认真开展“进工地、解难题”活动，“六位一体”完成率排名位居全市前列。支持铸造和装备制造、现代物流、煤化工等产业做大做强，引导新材料、新技术、文化旅游等产业加快发展，非煤工业增加值占全县工业增加值的比重达到55%。全力推进“一村一品”“一县一业”，益丰园、长青苑、绿之丰等迈上了城郊型、都市型现代农业发展之路。

城乡统筹扎实推进。切实把金村新区作为城乡一体化发展的“龙头”，知难而进，迎难而上，府城街、丹河西路、青山街、丹川路等一批城建重点工程有序推进，丹河龙门湿地公园核心区建设进度加快。大力推进新型城镇化建设，加大户籍制度改革力度，统筹基础设施建设、公共服务、产业发展，有序推进农业转移人口市民化，在集中供暖供气、农民住宅小区等方面打造了一批典型和亮点，进一步提升了中心城镇的综合承载力。不断巩固和扩大新农

村建设的成果，狠抓100个中心村的提档升级和4个连片示范区建设，实现了资源共建共享，促进了城乡融合发展，建设了一批“美丽乡村”。

民生福祉持续改善。优先发展教育事业，实现了15年教育全免费，李寨中学实践教育的做法和经验受到李克强总理充分肯定。认真落实省定“五件实事”和县定“10项惠民政策”“10件惠民实事”，实现了城乡供水同价，新增和延伸了12条乡村公交线路，解决了1.6万余农村人口的饮水安全，城镇新增就业7100人，转移农村富余劳动力6180人，卫生、体育、社保等各项社会事业长足发展，全年公共财政用于民生领域的支出达17.66亿元，占总支出的75.8%。高度重视安全生产，狠抓信访稳定，营造了安定和谐的社会环境。

七、深化改革开放取得新进展

全面深化改革稳步推进。围绕年初确定的10项改革任务，在城乡一体化配套改革、深化国有资产经营管理体制改革、医疗卫生体制改革等方面进行了积极探索。加快政府机构改革，县政府组成部门进一步精简。继续深化农村改革，在川底乡开展了土地确权登记试点工作，全县土地流转有序推进。深入推进财政体制改革，建立了乡镇基本财力保障机制，保证了乡镇正常运行。加快金融创新，率先在全市完成了农村信用社改制，组建了农村商业银行。积极探索五险统筹征收机制，推行了“一票式”征缴方式。切实加快南岭转型综改试点工作，为促进贫困山区发展注入了新的活力。

巴公扩权强镇试点取得阶段性成效。坚持先行先试、大胆实践的原则，精心编制了《巴公试点实施方案》，提高了试点工作的可操作性。支持巴公率先在全省成立了首家镇级金库，赋予了巴公独立的财政自主权。对54项行政审批权进行下放，推动了部分行政审批事项在巴公就地办结。启动实施了一批重大工程项目，彰显了推进巴公综改的决心和勇气。

大力实施开放兴县战略。积极主动“竞逐中原”，加强同沿海发达地区的对外交流，与安徽、河南、福建三个商会建立了合作关系，全年共签约较大项目31个，引资368.62亿元到位资金70.16亿元。大力发展外向型经济，外贸进出口总额完成4.5亿美元。

八、民主政治建设、依法治县工作有了新进展

坚持和完善人民代表大会制度。加强和改进对人大工作的领导，支持县人大及其常委会围绕全县中心工作依法行使职责，认真听取县人大及其常委会关于深化改革、促进发展、保障民生等方面的意见和建议。加强和改进代表工作，拓宽代表的知情、知政渠道，人大代表履职的责任感进一步增强。

坚持和完善中国共产党领导的多党合作和政治协商制度。加强和改进对县政协的领导，支持县政协围绕事关全县改革发展稳定的重大问题，积极开展政治协商、民主监督、参政议政。巩固和发展最广泛的爱国统一战线，加强同各民主党派、工商联和无党派人士的团结合作，认真做好宗教、侨务、对台工作，形成了同心同向的合力。

加快法治泽州建设。认真学习贯彻党的十八届四中全会精神，加强法治宣传教育，建设法治文化阵地，大力营造尊法、信法、守法、用法、护法的浓厚氛围。推进依法行政，强化执法监督，维护司法公正，加快了法治政

府建设。县公安局荣获“全国公安机关执法示范单位”称号。

坚持党管武装。铸牢强军之魂，夯实强军之基，军事训练和战备工作扎实推进，从严治军力度加大，国防动员能力进一步增强。深化军民融合式发展，荣获全省“双拥模范先进县”称号。县人武部被省政府、省军区表彰为“先进人武部”。

九、加强思想宣传工作，努力营造良好的社会氛围

大力培育和践行社会主义核心价值观。加强公民思想道德建设，积极开设“道德讲堂”，广泛征集德孝故事，组织参与“晋城好人”评选，成立了学雷锋自愿服务大队。广泛开展“争做美德少年”活动，未成年人思想道德建设得到加强。持续推进文明创建工作，提升了城乡文明程度。

营造舆论氛围集聚正能量。围绕县委中心工作，在县级主流媒体开设《转型跨越发展排头兵》《反对四风、服务群众》《最美基层干部》《人文泽州》等专栏专版，开展党风廉政建设“两个责任”访谈，让主旋律深入人心，提振了精气神。

文化事业和文化产业协调发展。大力实施文化低保和文化惠民工程，开展文化科技卫生“三下乡”等活动，丰富了广大群众的精神文化生活。大力发展文化产业，珏山文化产业园投入使用，成功举办了“太行神韵·经典阳阿”乡村摄影展暨金秋民俗文化周，赢得了社会各界一致好评。

一年来，县委常委会认真贯彻落实中央和省、市委决策部署，勤政自律，务实为民，团结奋斗。主要体会：一是必须解放思想，不断增强开拓创新能力；二是必须实事求是，发扬民主，不断增强科学决策能力；三是必须敢于担当、善作善成，不断增强落实执行能力；四是必须团结干事，同舟共济，不断增强队伍凝聚力；五是必须干净干事，不断增强廉洁从政的自觉性。只有这样，才能为实现弊革风清、促进富民强县提供坚强保证。

同志们，一年来工作的开展和成绩的取得，是中央和省、市委正确领导的结果，是各级党组织和广大党员干部群众脚踏实地、勤勤恳恳干出来的。在此，我代表县委常委会，向大家表示衷心的感谢！

在取得成绩的同时，我们也深深感到，工作中存在诸多不足和需要改进的地方，主要是：应对经济下行压力的办法不多，解决资金融通趋紧、企业运行困难的思路不宽；经济运行的质量不高，风险点有增多的势头；部分重点工程进展不快，与人民群众的要求还有距离；城镇化建设的速度较慢、质量较低；改善民生工作与群众的期盼还有差距；执行力不强，少数干部缺乏担当的勇气和魄力；推进改革的力度不大，以改革促发展的效果不明显；遏制“四风”反弹回潮还需持续加力；从严治党、从严治吏任务艰巨，不想腐、不能腐、不敢腐的长效机制远未形成；安全信访稳定工作还需进一步加强。对此，常委会要高度重视，采取有力措施，认真加以解决。

同志们，新的一年，面对新形势、新任务，我们要倍加珍惜来之不易的发展成果和团结稳定的大好局面，振奋精神，众志成城，创新实干，再接再厉。为共同把2015年的工作做得更好，请同志们对县委常委会的工作提出宝贵意见和建议。

# 泽州县人民政府工作报告

## ——2015 年 3 月 19 日在泽州县第五届人民代表大会第五次会议上

县 长 高喜全

### 一、2014 年工作回顾

2014 年，面对经济增速下滑、煤炭价格下降和安全事故多发等多重压力，在县委的坚强领导下，全县上下深入学习贯彻党的十八大，十八届三中、四中全会精神和习近平总书记系列重要讲话精神，扎实开展党的群众路线，教育实践活动，自觉践行“三严三实”，坚决落实中央、省市各项决策部署，全力稳增长、促改革、调结构、惠民生，实现了经济社会发展稳中有进、人民生活水平显著提高，在全面建成小康社会的道路上迈出了坚实的步伐。

一年来，我们全力以赴稳增长。认真落实国家、省市各项稳增长政策措施，抓保障，打基础，求突破，保持了经济平稳较快发展。强化要素保障稳增长，为煤企减负 5933 万元，稳定了煤炭产业；为中小企业协调解决资金 7.4 亿元，规避了金融风险；为各类企业争取上级资金 2600 万元，提升了发展动力；为 24 个重点工程解决用地 2253 亩，夯实了发展基础。加大项目投资促增长，深入开展“项目见效年”活动，固定资产投资完成 181.3 亿元，同比增长 26.1%，全市增速第一，总量第二；大力扶持实体经济，新创实体企业 126 家，发展“小巨人”企业 3 家。坚持消费带动保增长，社会消费品零售总额完成 33.4 亿元，同比增长 10.1%；外贸出口总额完成 1964 万美元，同比增长 86.2%，清慧、路宝等企业出口额实现翻番。

2014 年，我县主要经济指标排名均居全市前列，地区生产总值完成 218.5 亿元，同比增长 5.5%，总量、增速均排全市第二；一般公共预算收入完成 12.4 亿元，总量第一；规模以上工业增加值完成 6.4 亿元，同比增长 11.4%，增速第一；城镇常住居民人均可支配收入完成 25662 元，增长 7.7%，绝对额第二，增速第三；农村常住居民人均可支配收入完成 11257 元，增长 10.5%，绝对额第一，增速第二。

一年来，我们砥砺奋进促改革。不断破解重点领域和关键环节改革难题，激发了经济社会发展活力。稳步推进机构改革，政府组成部门由 27 个精简至 24 个，原商品公路扁簟单位 234 人平稳分流到位；完善财税体制改革，财政税收比例调整至 38：62；加快金融体制改革，大力支持信用联社成功改制泽州农商行；深化土地制度管理改革，流转土地 2.3 万亩，完成工矿废弃地复垦利用 2000 亩；全面清理审批事项，清减率 78.3%。城乡一体化发展、医疗卫生体制等重大改革取得新突破。深入开展“转型综改攻坚年”活动，全面实施《2014

年行动计划》，10项重大事项取得阶段性进展，16个重大项目进展顺利。大力推进巴公扩权强镇试点，巴公镇承接了54项行政审批权限，实施了41个重点项目，巴公金库投入使用，县政府支持巴公综改1亿元：加快推进南岭贫困地区转综改试点，聘请山西农大专家制定了发展规划和实施纲要。不断扩大对外开放，全县进出口总额完成4.4亿美元，全市第一；山西兰花保税物流中心、晋城海关正式获批成立；全年签约较大项目31个，引资368.6亿元。

一年来，我们坚定不移调结构。加快产业结构升级，培育形成了新的经济增长点。改造提升传统产业，积极筹建铸造集团，晋煤华昱清洁能源一体化、天泽4060二期、南村铸造园区进展加快，天溪煤制油二期、兰花己内酰胺、纳米新型材料等项目进入调试阶段，山水水泥等项目投入运营。积极发展高新产业，引进了20兆瓦光伏发电项目。加快发展现代服务业，城东商贸物流园区初具规模，月星城市广场开始营业，兰花国际物流园加快建设，义乌小商品城破土动工。做强文化旅游产业，争取回青莲寺、围滩、太极湖的开发权和管理权，珏山大景区组建取得突破性进展；成功举办了“太行神韵，经典阳阿”泽州乡村摄影展暨金秋民俗文化周活动。加快发展低碳经济，金村低碳示范区扎实推进。淘汰黄标车和老旧车802辆，全年二级以上天数达237天，节能减排指标基本完成。

一年来，我们强基固本助“三农”。稳步落实各项强农、富农、惠农政策，助力粮食增产、农业增效、农民增收。克服严重自然灾害，粮食总产量完成4.1亿斤，达到常年平均水平。大力发展“一县一业”“一村一品”，生猪出栏89.5万头，跻身全国生猪调出大县行列，获国家奖励；省市级“一村一品”专业村发展到194个，农业龙头企业实现销售收入9.6亿元；建成18个县级设施蔬菜示范园，蔬菜产量完成12万吨，连续三年被评为“山西省设施蔬菜生产先进县”。深化农村改革，农村土地承包经营权确权登记试点工作扎实推进，我县被确定为全国三十三个之一、全省唯一的农村集体经营性建设用地入市试点县。狠抓农村人居环境改善“一号工程”，投入资金1.6亿元，80%的村推行了“一车一桶一队伍”垃圾不落地模式，获全县广大群众好评。

一年来，我们统筹城乡促发展。大力推进城镇化建设，推动城乡一体化取得新进展。加快推进金村新区建设，丹河龙门湿地公园核心景观区开工；府城街基本完工，丹河西路、龙化路建设提速；兰花片区改造项目全面展开。不断完善基础设施，新建和改造县乡道路15条，煤层气用户达到5万户，集中供热面积达到120万平方米，任庄水库大坝改建除险加固工程开工建设。加快三大城镇带建设，环城乡镇融城连城步伐加快，长河流域乡镇基础设施逐步共建共享，南部山区乡镇宜居宜业宜游水平不断提升。扎实推进中心村建设，100个中心村实现提档升级。高度重视生态建设，绿化造林4.74万亩，通道绿化25公里，森林覆盖率达到36.49%，荣获全省“六大造林工程先进县”称号。

一年来，我们全心全意惠民生。全年公共财政用于民生领域的支出达17.66亿元，占总支出的75.7%，为历年之最。10项惠民政策全面实施，10件惠民实事全部完成。率先在全市实现了15年教育全免费，李寨中学实践教育的做法和经验受到李克强总理充分肯定；完成了县人民医院综合门诊楼主体工程建设、7个乡镇卫生院污水处理系统及环境整治项目，兑现新农合补偿金1.62亿元；提高了医疗保险、养老保险、城乡低保、残疾人护理、尊老金等财政补助标准，在全市领先；解决了1.6万农村人口饮水安全；移民搬迁700人；培训农民1.9万人；解决了70个偏远山村群众“出行难”问题；实行了城乡供水同价；全面实施了计划生育“单独两孩政策”。同时，我们高度重视安全生产，开展了安全生产“四责”和安全隐患大排查大整治活动；狠抓信访稳定，有效化解了一批信访积案；夯实农村基础，村“两委”换届基本完成；启动“天网工程”，社会治安得到持续好转，县公安局荣获“全国公安机关执法示范单位”称号。全县保持了安全发展、和谐稳定的良好局面。

一年来，我们转变作风提效能。主动接受人大依法监督、评议和政协民主监督，认真贯彻县人民代表大会及其常委会的各项决议，定期向县人大报告工作、向县政协通报情况，全年办理人大代表建议117件、政协委员提案151件，面商率100%，办复率100%，满意率96%。坚持依法行政，完善了政府议事规则，规范了政府性投资项目决策程序，决策施政行为进一步规范。加强政务公开，政府预决算和重大事项向社会全面公开。扎实开展党的群众路线教育实践活动，集中整改“四风”方面突出问题，工作作风明显改善，解决了一批群众反映强烈的突出问题。持续保持惩治腐败的高压态势，117名干部受到党纪政纪处分；严格执行中央“八项规定”，会议支出降幅50.8%，“三公”经费压缩40%。人民武装工作成绩显著，荣获全省“双拥模范先进县”称号，县人武部被省政府、省军区表彰为“先进人武部”。应急、人防、外事、侨务、老龄、气象、史志、档案等各项工作得到了加强，民族宗教、妇女儿童、爱国卫生、关心下一代、青少年、残疾人等工作也取得了长足进步。

各位代表，事非经过不知难。过去一年，我们共同经历了前所未有的考验，走过了一段十分难忘的历程。面对诸多困难和挑战，全县上下埋头苦干、奋力拼搏，挥洒了辛勤的汗水，谱写了亮丽的篇章。这些成绩的取得，是市委、市政府和县委正确领导的结果，是县人大、县政协大力支持、有效监督的结果，是全县人民团结拼搏的结果。在此，我代表县人民政府，向全县广大干部群众，向人大代表、政协委员，向离退休老同志，向各民主党派、工商联和社会各界人士，向驻泽部队、武警官兵和公安干警，向关心支持泽州发展的朋友们，致以崇高的敬意和衷心的感谢！

实事求是地讲，虽然我们付出了比以往更多的努力，但地区生产总值、规模以上工业增加值和公共财政收入三项指标未完成年初目标，客观上有大环境、大形势和我县资源型经济特征的原因，但主观上还存在谋划不到位、措施不得力的问题。同时，我们也要清醒地认识到，我县传统产业链条短，抵御市场风险能力弱，部分企业生产经营困难；体制机制不够完善，制度约束、资金短缺仍是发展的主要瓶颈；安全生产基础依然不牢，安全形势不容忽视；民生事业与群众期盼仍有差距，社会保障和公共服务水平需进一步改善；“四风”问题没有彻底根除，一些机关工作人员作风漂浮、工作拖沓、在其位不谋其政。对此，我们一定要高度重视不回避，勇于担当不退缩，切实有效加以解决，决不辜负全县人民的厚望！

二、2015年工作总体要求

2015年，是全面深化改革的关键之年，是全面推进依法治国的启动之年，是全面完成“十二五”规划的收官之年，也是我省全面推进“六大发展”(即廉洁发展、转型发展、创新发展、绿色发展、安全发展、统筹发展)的开局之年。做好今年的工作意义重大。综合分析全年形势，世界经济总体复苏疲弱态势难有明显改观，我国经济社会正经历着“三期叠加”的严峻考验，经济发展进入以中高速、优结构、新动力、多挑战为主要特征的新常态。我县正处于爬坡过坎的转型升级关键时期，煤炭市场前景不看好，传统产业局限性凸显，新兴产业尚未“长大”，中小企业生产经营困难。我们面临着稳定经济增长和保障改善民生的巨大压力。新常态有新挑战，更蕴含新机遇。我国经济发展总体向好的基本面没有改变，国家实施更加积极的财政政策和稳健的货币政策，简政放权力度进一步加大，改革红利正在释放；山西转型综改试验区建设深入推进，基础设施等领域投资规模进一步扩大；晋城“竞逐中原”步伐加快，进入新型工业化、城镇化加快发展的新阶段；尤其是我县被确定为全国农村集体经营性建设用地入市试点县，一批调结构、促转型的大项目正在建设，发展潜力巨大、前景广阔。总的看，我们仍处于大有作为的战略机遇期。为此，我们既要增强忧患意识，更要坚定发展信心，趋利避害、顺势而为，保持定力、迎难而上，努力开创新常态下转型发展的新局面。

今年政府工作的总体要求是：认真贯彻党的十八大，十八届三中、四中全会和习近平总书记系列重要讲话精神，主动适应经济发展新常态，坚持稳中求进工作主基调，以提高经济发展质量和效益为中心，以转型综改试验区建设为旗帜，以改革创新为动力，以增进民生福祉为目标，以法治政府建设为保障，全力实施“1941”年度工作重点，加快构建“两带四板块”“四化”同步推进转型发展新格局，努力开创“弊革风清、富民强县”新局面。

主要预期指标是：地区生产总值增长6.3%，一般公共预算收入增长6.3%，固定资产投资增长16%，规模以上工业增加值增长8.5%，城镇常住居民人均可支配收入增长8%，农村常住居民人均可支配收入增长8%以上。节能减排等约束性指标确保完成“十二五”目标任务。

根据总体要求和预期目标，做好当前和今后一个时期工作，我们要紧紧围绕党中央“四个全面”的战略部署，把李克强总理在政府工作报告中提出的关于发展的“两个必须”，作为政府工作的根本遵循，坚定不移推进“六大发展”。坚持廉洁发展。把廉洁发展作为具有全局性、战略性和决定性因素高度重视、深入谋划、全力推动，重塑商业伦理、重育商业文化，努力构建清正廉洁的政商关系和发展环境。坚持转型发展。大力推进体制转型，高举转型综改旗帜，全面深化各领域改革，让全社会创造潜力充分释放；大力推进产业转型，按照“市场要活、创新要实、政策要宽”的要求，不断发现和培育新的经济增长点，加快构建现代产业体系；大力推进政府转型，加快建设法治型、服务型政府。坚持创新发展。把科技创新、制度创新作为关键环节，通过实施创新驱动、改革攻坚，不断激发市场活力、增强内生动力、释放增长潜力、拓展发展空间，确保调速不减势、量增质更优。坚持绿色发展。把绿色发展融入到经济社会发展的各个领域，系统推进水土保持、污染防治、生态保护、造林绿化等工作，不断提升我县环境质量水平。坚持安全发展。坚决贯彻落实习近平总书记“发展决不能以牺牲人的生命为代价，这必须作为一条不可逾越的红线”的重要指示，始终把安全生产放在首位，警钟长鸣，常抓不懈，最大限度地保障人民群众的生命财产安全，全力维护社会稳定。坚持统筹发展。统筹处理好区域之间、城乡之间，以及发展与民生、经济与环境的关系，着力构建“两带四板块”“四化”同步推进的经济社会发展新格局，加快各种资源优化配置，推动各种力量优化整合，促进各种利益优化平衡。

三、2015年重点工作

（一）全面深化改革开放。坚持以改革统领全局，以开放活跃全局，努力提高改革开放的深度和广度，推进转型综改新跨越。

深入推进转型综改试点。推进市级综改试点，制定实施《2015年行动计划》。全力支持巴公转型综改扩权强镇试点。借鉴外地成功经验，从制约区域发展的突出问题和关键环节入手进行攻坚突破，重视改革方案设计，加快改革进度，增强改革效果，走出改革困局。加快推进南岭贫困地区转型综改试点。加强与山西农大的合作，加快土地流转，积极招商引资，在生态庄园经济和农旅一体上做文章，为全县纯农山区促进农民增收，加快全面建成小康探索出一条新路。积极开展金村新区低碳发展试点。致力打造低碳产业、低碳建筑、低碳交通、低碳生活、低碳环境、低碳社会“六位一体”的低碳示范区，为全县乃至全市的低碳发展趟出一条新路。

全面深化重点领域改革。坚持问题导向，以经济体制改革为重点，以行政体制改革为动力，着力解决制约泽州经济社会发展的关键问题。深化煤炭体制改革。厘清政府和市场的关系，由市场决定煤炭资源的配置，最大限度激发全县煤炭企业的活力。巩固煤焦运销管理体制改革成果，推进煤炭企业在配洗、配售上实现资源共享。深化国有企业改革。加强对国有企业的组织领导，健全国有企业章程制度，完善现代企业法人治理结构，在国资监管上实现企业全覆盖、事项全覆盖。明确国有企业功能和主业，引入多元投资主体，稳步推进路宝铝轮毂、彤康、珏山景区等企业混合所有制改革，加快从管资产向管资本转变。推进金融体制机制改革。支持泽州农商行新增营业网点，开发更多金融产品。支持清慧、彤康、二十八宿影视、兰花纳米等企业运作上市融资。在多领域推行PPP模式，充分激发和释放民间投资活力。深化财税制度改革。严格落实新预算法，完善政府预算体系，加强全口径预算管理，提高县财政预算统筹能力。清理整合规范专项资金，加强结余结转资金管理，盘活存量资金。深化行政体制机制改革。进一步简政放权，加大县级事权清理力度，衔接落实好省、市政府取消和下放的行政审批事项，争取“四大片区”

县级管理权，做到放得下、接得住、管得好，充分激发基层和市场主体的发展活力。加快公务用车改革。深化园区管理体制改革。健全园区内设机构，充实相关人员，理顺园区与各方面的关系，落实园区规划，解决园区服务“最后一公里”的问题。深化收入分配制度改革。完成全县机关事业单位养老保险并轨。建立并实行县乡公务员职务职级并行、职级与待遇挂钩制度，调整公职人员工资结构，进一步调动公务员队伍干事的激情和热情。实行乡镇工作补贴，向条件艰苦的偏远乡镇和长期在乡镇工作的人员倾斜，让他们安心服务基层。健全完善企业工资集体协商制度，提高职工工资收入水平。设立农民工工资政府周转金，有效化解因拖欠农民工工资而引发的信访问题。

全面提升对外开放水平。加快晋城海关、商检大楼建设，确保兰花保税物流中心10月封关运营。加强与周边县市的深度合作，主动融入中原经济圈。瞄准世界500强企业、大型央企和上市公司，以装备制造业、现代服务业、新兴产业、休闲农业为主攻方向，大力开展产业链招商、园区招商和以商招商，在项目引进上取得新突破。

各位代表，新常态下发展仍然是硬理，改革开放仍然是推动发展的制胜法宝。我们要增强改革实效，狠抓各项改革措施的落地生根，为发展加力，让人民受益。

（二）优化经济发展格局。坚持优势互补、错位竞争、协调发展，着力构建“两带四板块”转型发展新格局，推动工业化、信息化、城镇化、农业现代化相互融合，同步推进。

打造两大经济带。长河经济带，以大阳、下村、大东沟、川底、周村5个乡镇为主，充分发挥资源优势，重点发展煤炭、煤化工、铸造等上下游产业，打破体制、产业和区域界限，组建产业联盟，实现资源共享优势互补，达到提升经济效益强县的目标。丹河生态经济带，以北义城、高都、金村3个镇为主，依托丹河沿线生态、旅游、文化等资源丰富的优势，统筹推进现代农业、旅游文化业协调发展，充分发掘丹河文化，构建20公里丹河生态旅游文化长廊，培育生态旅游产业链，促进富民增收。

构建四大板块经济。巴公板块，以巴公为主阵地，以综改为动力，以巴公装备制造园为核心，重点发展钢铁、装备制造、煤化工节能环保产业，促进产业集群发展、循环发展，建设循环经济板块。金村板块，以金村新区为主阵地，充分利用交通、区位优势，进一步完善配套功能，加快发展现代服务、高新技术、商贸物流、教育研发、总部经济、节能环保、绿色生态等新兴业态，打造低碳经济板块。南村板块，以南村为主阵地，规划建设2600亩的铸造园区，在园内建设铸造检验检测中心、铸造产品交易中心、铸造产品研发中心，推动铸造产业转型升级改造；加快发展新能源、新材料等新兴产业，扶持企业做强做大，着力打造铸造、新兴产业和农业产业化经济板块。南部山区板块，以南岭的综改试点为突破口，大力发展农家乐、乡村旅游、生态庄园经济，积极鼓励外出人员回乡创业，加快发展以聚寿山、山里泉、沁河第一湾等景点为龙头的“农旅一体”发展新格局，为山区乡镇发展树样板、做示范，打造南部山区生态农业经济板块。今年发展规模生态庄园5家，农家乐50家。

完善区域基础设施。长河经济带，完成大甘线路面改造工程和大周路（东沟段）前期，加快大阳220千伏输变电工程建设。丹河生态经济带，完成丹河龙门湿地公园1平方公里核心区建设，开工建设牛泊线（高都至泊村段）路面改造工程。巴公板块，完成任庄水库大坝改建除险加固、张峰水库泽州供水工程、兰花己内酰胺110千伏变电站建设。金村板块，完成龙化路建设和丹河西路主体工程，贯通丹河西路、府城街和金村大道。积极争取国债资金，完成学苑街和太岳街东段前期。探索PPP模式，合作建设丹川路、青山街、金村大道南段、金凤路龙门街。加快推进兰花片区城中村改造。配合市里协调推进高铁客运站建设，完成通用机场选址。南村板块，加快铸造园区各项基础设施建设，推进环城高速与晋济高速连接线建设，开工建设赵树理街。南部山区板块，完成南高线路面改造工程，加快田石220千伏输变电工程（前期），完成三姑泉二级水电站和拴驴泉水电站增效扩容。

促进“四化”同步发展。围绕“两带四板块”的格局，加快推进工业新型化，以板块经引领全县发展，促进资源要素合理配置，形成园区化、产业化、集聚化发展趋势。以新型工业化推动城镇化。树立“借光、添彩、共荣”的发展理念，主动融城联城，统筹推进城乡一体建设，完善配套就业、教育、医疗、文化等综合公共服务，全面放开建制镇落户条件，引导人口向中心城镇集中，统筹推进“一公四村”七个重点乡镇的小城镇建设，重点抓好金村新区和南村城镇建设，加快推进新型城镇化。以新型城镇化推动农业现代化。利用城镇化进程中不断增加的农村闲置资源，积极引导各类社会资本从城市到乡村、从企业向农业拓展，促进农业向规模化、集约化、现代化发展，加快形成以工促农、以城带乡、工农互惠的新型工农、城乡关系。加强信息化平台建设，整合县域各类信息资源，建立和完善应用与共享机制，促进互联互通和资源共享，以信息化推动工业化、城镇化、农业现代化同步发展。

科学编制“十三五”规划。坚持“多规合一”，深入谋划“两带四板块”“四化”同步发展的战略布局，争取一批重大建设项目、重大改革试点进入国家和省、市“十三五”规划的盘子，为我们今后五年的发展赢得主动。

各位代表，“两带四板块”“四化”同步推进，是各级各部门深入调研、集思广益形成的共识，既是泽州多年转型发展积累形成的优势所在，更是泽州未来转型跨越的战略支撑。我们一定要充分发挥泽州人民的聪明才智，主动融入“带四板块”发展新格局，找准定位，积极作为，奋力书写泽州转型跨越发展新篇章。

（三）全力稳增长调结构。坚持以存量巩固发展基础，以增量带动结构优化，以创新促进产业升级，推动经济减速不减势、量增质更优。

稳固煤炭主业核心地位。按照“革命兴煤”和煤炭产业“六型转变”要求，在“保安全、保产量、保市场、保资金、促建设”上下功夫，全年煤炭产量达到1000万吨以上。鼓励帮助煤炭企业用好用足各种融资手段，千方百计保障煤炭企业资金链。加快推进煤炭产业延伸发展、煤化工链条式发展、煤炭固废综合利用，实现煤基产业多元化发展。重点抓好晋煤华昱清洁能源一体化、天泽4060二期、兰花己内酰胺等重大项目建设和运营，协助市里做好晋城一化搬迁工作。

巩固提升冶铸及装备制造产业。加快产业集聚、技术研发、产品集散三个平台建设，整合铸造企业，组建铸造集团，推动铸造产业规模化、品牌化发展，提升核心竞争力，赢得市场话语权。加大对龙头企业的支持力度，充分发挥龙头带动和示范引领作用。重点推进清慧10万套车轴、5万套悬挂组装、清瑞煤层气排采设备等项目建设。

培育壮大新兴产业。紧跟国家产业发展趋势，大力发展新能源、新材料、节能环保等新兴产业。重点推进兰花纳米新材料、兰花无机棉、山西华电泽州风电、欣阳6兆瓦和协鑫20兆瓦光伏发电等项目建设。

加快发展现代服务业。以城东商贸物流园区为中心，积极引进知名物流和仓储企业，推动电商、快递和智能仓储深度融合，加快大型商贸物流、家居建材等现代服务业发展步伐。重点推进兰花国际物流园、义乌小商品城、世沃国际商贸城建设。积极培育消费热点亮点，努力扩大消费需求，拉动经济增长。

致力打造旅游目的地。加快构建文化、观光、度假、生态等多元旅游产品供给体系，整合旅游资源，丰富旅游业态，促进文旅融合，推动泽州旅游由过境游向目的地游转变。重点抓好珏山大景区组建，创建AAAAA级景区；加强大阳古镇、周村古镇的保护性开发；大力发展道宝河、白铁河等乡村特色旅游，发展农家乐100家；推动泽州文化创业产业园建设，促进动漫产业优化升级；办好泽州县第四届摄影节；深度开发泽州铁器、泽州小米、娲皇玉等地域特色旅游产品，构建景观、古文化和乡村特色休闲游的文化旅游发展大格局。

强化项目转型支撑。深入开展“项目提质增效年”活动，一手抓投资规模，一手抓投资效益，以项目建设推进转方式、调结构。狠抓重点项目“六位一体”，全年完成项目储备2414亿元，项目签约288亿元，项目落地148亿元，项目开工167亿元，省市重点工程建设投资151.8亿元，项目投产144亿元，固定资产投资210.5亿元。全力推进政府投资项目建设，今年安排项目58个，年度投资7.34亿元。继续推行“五个一”工作机制，优化发展环境，抓紧抓实项目，坚持挂牌督办，全面协调、全力推动、全程监督，再掀重点工程和重大项目建设新高潮，提高我县经济发展质量和效益，促进富民强县。

发现潜力人才，支持潜力品牌、潜力企业。强化创业扶持。认真落实各项政策措施，优化创业环境，为有志创业创新的个人和企业提供舞台，让他们轻装前进，在全县形成大众创业万众创新的生动局面。加快推进锦绣鑫源、金村新中原、巴公来村等创业基地服务平台建设，新创小微企业300家，新增“小升规”企业3家、“小巨人”企业3家。强化创新驱动。突出企业在科技创新中的主体地位，鼓励企业增加研发投入，提高自主创新能力，力争高新技术产业产值增长10%以上。设立品牌发展专项基金，列支100万元鼓励企业加强品牌创建。设立创新创业人才支持专项基金，列支500万元支持企业科技研发、引进人才，加快推动企业转型升级、经济提质增效，让创新成为驱动发展的新引擎。支持潜力企业发展壮大，为他们提供“扶上马、送一程”的“保姆”服务，努力把今天的小企业、小产品打造成明天的当家产业。

防范各类经济风险。防范和打击投融资公司、小额贷款公司等“影子银行”的非法集资行为，维护金融秩序稳定。搭建政、银、企沟通交流平台，继续开展“助保金”和“聚力贷”融资业务，拓宽企业与商业银行的合作，为企业发展提供信贷支持，防范企业资金链断裂风险。筹集5000万元建立中小企业还贷周转金，为企业提供金融服务，防范企业联保互保风险。逐步剥离天泰公司在资金上对外的担保、委托，加快化解担保风险。建立政府债务偿还机制，有序化解存量债务，防范债务风险。加强政府投资项目监管，防止盲目投资和超标准投资，防范投资风险。

（四）更加重视“三农”工作。坚持强农惠农力度不减，以农村改革为抓手，统筹“物的新农村”和“人的新农村”齐头并进，促进农业增效、农民增收。

深化农村综合改革。稳步推进土地承包经营权、集体建设用地使用权、农户宅基地使用权的确权登记颁证工作，放活农村土地经营权，探索农村宅基地跨村跨镇置换机制，引导农村土地规范有序流转，发展适度规模经营，促进农业新型经营主体发展壮大。扎实做好全国农村集体经营性建设用地入市试点工作，允许存量农村集体经营性建设用地使用权出让、租赁、入股，实行与国有建设用地使用权同等入市、同权同价，赋予农民更多财产权利，以产权保生存、以产权谋发展。扩大农业政策性保险范围，提高农业抗风险能力。深入推进城乡建设用地增减挂钩试点和工矿废弃地复垦利用，争取使用周转指标2500亩。

全力稳定粮食生产。完成永久性基本农田划定工作，实施耕地质量保护与提升行动，加强农田水利基本建设，完成高标准农田建设2000亩、保护性耕作1万亩。全县粮食播种面积稳定在95万亩以上，粮食总产量稳定在2.25亿公斤左右。

大力发展现代农业。加大农业政策和资金投入力度，统筹整合涉农资金，确保农业投入只增不减。大力支持家庭农场、农民专业合作组织和农业龙头企业发展，培育设施农业、休闲农业、观光农业、采摘农业等新型业态。加快发展“一村一品、一乡一业”，进一步壮大优质小杂粮、蔬菜、食用菌、干鲜果、畜禽养殖基地规模，全年商品化蔬菜播种面积达到3万亩，生猪出栏突破90万头，培育“一村一品”示范村100个。

持续改善农村人居环境。建立健全农村人居环境建设投入机制、共建机制、长效管护机制。加快完善农村基础设施。新增煤层气用户5000户，集中供暖面积达到150万平方米。进一步加大“脏、乱、差”整治力度，继续实施农村环境清洁、垃圾污水处理、畜禽粪便无害化处理、农村地质灾害治理、安居宜居工程建设，重点抓好下村镇杨山村、西陈庄村，巴公镇西寺庄村，高都镇西元庆村四个采煤沉陷治理试点；启动符合改造条件的巴公、金村、南村等乡镇的城中村和中心村改造，建设一批连片美丽宜居示范村。加强历史文化名村保护利用，打造乡村文化品牌。

促进农民增收。逐步扩大农业政策支持，

充分发挥政策惠农增收效应。充分挖掘农业内部增收潜力，拓展农业增值增效空间。进一步加强“三资”监管，规范“三务”公开，积极探索盘活集体资产新途径，拓宽农民增收新渠道。加大就业技能培训力度，促进农民就地转移就业和回乡创业。采取针对性强的“滴灌式”扶贫措施，加大对革命老区的帮扶力度，推进精准扶贫。

（五）切实抓好安全生产。坚持把安全生产作为一切工作的底线和保障，全方位强化安全生产。

提升安全生产工作法治化水平。认真贯彻落实新安全生产法，推动安全生产法律法规进机关、进社区、进学校、进企业，增强公众的安全意识。牢固树立不论什么行业、什么岗位都要有安全责任的理念，不断提高依法治安的能力和水平，履行好法律赋予的职责。

筑牢安全生产基础防线。按照“管行业必须管安全、管业务必须管安全、管生产经营必须管安全”的要求，严把企业安全准入关，凡未通过安全评估的项目，不准立项。强化执法队伍建设，增加执法力量，完善基础设施，实行网格化监管。深入开展企业标准化和安全文化示范企业创建，提高信息化、机械化和自动化水平。加强企业现场管理，继续推行企业班组建设，坚持精细管理和过程控制，促进生产安全与产业发展同步协调。加强安全监管人员和企业人员的安全业务培训，不断提高从业人员的安全防范技能。

严格抓好安全措施落实。不落实是最大的隐患，在落实上必须一抓到底，确保万无一失。按照安全生产“党政同责、一岗双责、齐抓共管”的要求，加大对安全生产工作的目标考核和督察督办力度，确保安全生产制度落实到位。按照“过细排查、从严整治，横向到边、纵向到底”的要求，扎实开展各项安全生产专项整治行动，彻底排查安全薄弱环节和事故隐患，全面摸清安全生产工作基本情况。按照“谁排查、谁签字、谁负责”的原则，对排查出的隐患、检查出的问题“零容忍”，层层落实责任，立查立改，对贻误整改、“带病”运行和监管不到位的要严肃问责。鼓励有资质的中介服务机构参与安全生产工作，引导企业采取购买服务等方式聘请专家查隐患、搞整改，形成政府、企业、中介机构三者间的良性互动。

各位代表，结果安全才是最大的安全。我们一定要深刻汲取“3·1”重特大事故教训，警钟长鸣、常抓不懈，坚决遏制安全事故多发势头，坚决杜绝各类重特大事故。

（六）持续改善生态环境。坚持改善生态就是改善民生的理念，用制度保护生态环境，推动形成绿色、低碳、循环发展新方式，全力构建天蓝、地绿、水清、景美的生态家园。

打好节能减排攻坚战。坚决淘汰现有企业的落后产能，严控“两高”行业新增产能，推进工业、建筑、交通等领域节能降耗，降低公共机构能耗水平。抓好“控煤、治污、管车、降尘”四个关键环节，深入开展重点行业脱硫、脱硝、除尘改造，完成大通铸业、东方实业、金秋铸造等重点企业除尘设施改造工程，完成2005年年底前注册营运的“黄标车”淘汰工作。强化重金属、生猪养殖和农业面源污染防治。全面完成“十二五”节能减排各项约束性指标。

加强生态保护和建设。围绕晋城市环城生

态圈建设，完成东四义至白马寺绿道工程。继续提升镇区、园区、景区的绿化水平，实施通道、荒山绿化工程，完成营造林8500亩，建设绿化示范村100个。继续实施丹河人工湿地四期工程，启动丹河湿地公园环保工程，开工长河生态洁净性小流域治理改造工程。

继续开展蓝天碧水工程。实施大气污染防治行动计划，完成全县重污染天气监测预警系统建设，实时发布县域空气质量PM2.5数据。加强长河、丹河等重点流域污染治理。严格贯彻新环境保护法，对环境违法行为“零容忍”、出重拳，让排污企业不能违法、不敢违法、不想违法，促进全县环境质量持续好转。

（七）着力保障改善民生。坚持保基本、兜底线、促公平、可持续的原则，下大力气解决事关群众切身利益问题，努力提高全县人民的幸福感和满意度。

进一步完善社会保障体系。抓好就业这个民生之本，实施更加积极的就业政策，稳定现有就业岗位，开发更多就业岗位。进一步扩大养老、医疗保险覆盖范围，提高城镇居民医保和“新农合”财政补助标准与实际报销水平，提高城乡低保标准。保障妇女儿童权益，关心青少年发展，推进各类养老基础设施建设。搞好物资生产储备，落实社会救助和保障标准与物价上涨挂钩的联动机制，保持物价总体稳定。重视城乡困难群体、农村“三留守”人员、在外务工人员三类群体，探索建立长效帮扶机制，让每一个泽州人都能有尊严的生活。

加快发展各项社会事业。推进李寨国家级示范性综合实践基地建设，新建枣园6轨九年一贯制学校，新改扩建4所幼儿园，完成泽州二中学生宿舍楼和师生食堂、县职中操场及县第二高级职业中学校舍改造建设任务。新改扩建县妇幼院和4家乡镇卫生院，筹建县中医院。加大文物保护力度，加强非物质文化遗产保护工作，筹建县非物质文化遗产展厅。提升体育公共服务水平，推动全民健身和竞技体育全面发展。进一步强化和提升食品药品监管水平，开展首批省级食品药品安全县创建活动，全过程保障食品药品安全。出版《泽州县志》。做好档案、编制、气象、老龄、人防、爱国卫生、国防教育、民兵预备役、残疾人、关心下一代、红十字事业等工作，支持各民主党派、工商联、无党派人士和工会、共青团、妇联等人民团体开展工作，推讲各项社会事业全面进步。

全面加强社会治理。深入实施“六五”普法，健全依法维权和化解纠纷机制，加大社会矛盾预防、排查和调处力度，用法治思维和法治方式化解社会矛盾。加强防灾减灾能力，提升突发事件应急管理水平。深化某层平安创建，完善立体化社会治安防控体系，深入开展“打黑除恶”斗争，依法打击暴恐、黄赌毒、邪教等犯罪行为，有效防范化解影响社会安定的问题，提升群众安全感。

各位代表，民生是为政之本。越是困难时期，越要关心群众生活。今年，我们将投入2.85亿元，深入实施贴近民需的八项惠民工程，办好帮民解困的八件惠民实事，让群众切实感受到民生在改善、福利在增加。

## 四、加强法治政府建设

坚持法无授权不可为，法定职责必须为，加快建设职能科学、权责法定、执法严明、公开公正、廉洁高效、守法诚信的法治政府。

全面依法行政。坚持职权法定原则，牢固树立依法行政观念，县政府特聘的法律顾问要全程参与政府“三重一大”工作决策，做到依法决策、依法管理经济和社会事务，确保县政府一切工作都在法律框架内进行。继续完善县政府议事规则，探索泽州县新型智库建设，在科学研判、集体决策的基础上，落实重大决策终身责任追究制及责任倒查机制，打造有作为、有担当的政府。建立行之有效的农村法律顾问网络，确保全县每个行政村至少有一名法律顾问，定时定点面向村民开展便民法律服务，面对面帮助群众解决各类法律问题，化解因涉法而产生的信访难题。加强对全县执法人员的管理，进一步规范行政执法权、行政处罚自由裁量权。

强化权力监督和制约。践行省委“六权治本”，规范县政府权力运行，让权力在泽州不任性、不胡为。出台县政府权力清单、负面清单、责任清单，把权力关进制度的笼子。坚持“公开为常态、不公开为例外”，把权力运行流程、过程和结果，通过县电视台、泽州新闻、泽州政府网站逐步公开，真正把权力曝露在阳光之下。自觉接受县人大及其常委会的依法监督，向其报告工作；自觉接受县政协的民主监督，虚心听取意见和建议；充分发挥县监察、审计等专门监督的作用，加大政府重大投资项目、民生资金和项目、领导干部经济责任等审计力度，严肃整改问责。

不断加强作风建设。巩固党的群众路线教育实践活动成果，深入开展“三严三实”专题教育和学习讨论落实活动，严格落实中央“八项规定”，坚决狠刹“四风”。优化发展环境，最大限度地减少审批事项、审批环节和审批时间。加强公务员队伍作风建设，对懒政怠政、失职渎职行为严肃问责，确保政令畅通、令行禁止。今年“三公”经费继续从严从紧、只减不增。严格控制文件和会议的数量。加大督察力度，牢固树立“以结果为导向，以实绩论英雄，实行目标管理，加强自我控制”理念，确保各项工作事事有着落、件件有结果。

狠抓党风廉政建设和反腐败工作。从严落实政府系统党风廉政建设责任制和政府党组主体责任。健全党风廉政建设防控体系，严肃查处重点领域的违法违纪案件，严厉追责破坏经济发展环境的集体和个人，认真解决损害人民群众利益的突出问题。政府系统党员领导干部要“先禁其身而后人”，从县政府党组成员做起，从我做起，带头守纪律讲规矩，带头执行廉洁从政各项规定，加强对亲属和身边工作人员的教育约束。加大廉政典型的培树力度，正面引导社会舆论，发挥榜样示范作用，使廉政典型深入人心，营造干部清正、政府清廉、政治清明的泽州政治新生态。

各位代表，时代赋予使命，奋斗创造未来。正如习总书记所讲过的“没有比人更高的山，没有比脚更长的路”。重铸泽州辉煌，山高路远，唯有付出更大努力，才能担当起发展重任；唯有倾注全部心血，才能不负人民重托。让我们紧密团结在以习近平为总书记的党中央周围，在县委的坚强领导下，团结一致、万众一心，脚踏实地、锲而不舍，为开创“弊革风清、富民强县”新局面而努力奋斗！

# 泽州县人民代表大会常务委员会工作报告

## ——2015 年 3 月 20 日在泽州县第五届人民代表大会第五次会议上

县人大常委会主任 陈晋勇

### 五届人大四次会议以来的工作

县五届人大四次会议以来，在中共泽州县委的领导下，县人大常委会深入贯彻党的十八大，十八届三中、四中全会和习近平总书记系列重要讲话精神，全面落实省委、市委、县委的重大决策部署，认真履行宪法和法律赋予的职责，共召开常委会议 8 次，主任会议 11 次，听取和审议“一府两院”专项工作报告 10 个，做出决议、决定 5 项，依法任免国家机关工作人员 38 人次，补选市六届人大代表 2 名，罢免县五届人大代表 1 名，圆满完成了县五届人大四次会议确定的各项任务，为推进全县改革发展和民主法制建设做出了积极贡献。

**一、紧扣发展主题，注重监督实效，进一步推动改革发展，促进富民强县**

常委会顺应改革形势，紧扣发展大局，依法履职，注重实效，积极推动全县经济持续健康发展。

（一）注重适应经济发展新常态，力促全县经济稳健运行。常委会高度关注煤炭产业价量齐跌、经济下行压力加大的严峻形势，围绕事关稳增长、调结构、促转型等重要课题多次进行深入调研，科学分析新常态下经济运行的现状和问题，听取和审议了县政府 1—8 月份计划执行情况和全年经济运行情况的报告，要求县政府积极应对形势变化，抢抓转型综改机遇，进一步巩固壮大煤炭产业，推动规模以上企业、中小微企业健康发展。常委会围绕重点工程建设完成情况加大监督力度，就部分项目推进缓慢、土地资金制约严重等突出问题提出意见，督促县政府全力保障项目建设进度，进一步发挥投资拉动作用，努力实现全县经济发展稳中有为、稳中有进。

（二）注重依法理财强化监督，力促财政规范运行。常委会在年初“两上两下”对计划预算进行审查的基础上，听取并审议了 2013 年财政决算和 2014 年财政预算执行、2013 年财政预算执行和其他财政收支审计工作情况的报告，强调在财政收入下滑的形势下，要努力规范预算管理，深入推进财政改革，进一步提高预算管理科学化水平，把财政资金更好地用在稳增长、调结构、惠民生上。针对审计查出的问题，听取了整改情况报告，对未达整改要求的，责成县政府抓紧时间进行整改，保证了预算执行的规范性和预算监督的严肃性。常委会根据年度县政府投资项目的实际，作出了批准项目调整的决议，合理调减项目建设资金9783.7万元，调整2亿元，确保了财政资金的合理安排和使用。

（三）注重转型综改试点县建设，力促经济发展方式转变。转型综改试点县建设作为全县全面深化改革的重要内容，常委会高度重视，积极作为，督促县政府加强统筹协调，深入实施2014年行动计划，推进财税体制、金融体系、土地管理、医疗卫生体制等多项改革，全力实施农村人居环境改善、巴公扩权强镇试点、金村新区建设等重大事项，确保了“转型综改攻坚年”建设进度。配合上级人大完成了对全县贯彻落实循环经济促进法和循环经济促进条例的执法检查活动，要求县政府切实解决宣传教育欠缺、科技人才短缺、科研经费不足、节能减排力度不够等问题，努力实现经济效益和社会效益双赢。常委会密切关注工业园区建设进度，针对存在的问题提出建议意见，为加快园区基础设施建设、促进项目落地发挥了作用。

（四）注重农业发展方式转变，力促农业增效农民增收。常委会高度重视干果经济林对推进农业产业结构调整，促进农业增效农民增收的重要作用，针对工作中存在的突出问题，听取和审议了县政府关于干果经济林发展情况的报告，提出了“加大资金投入，建立管护机制，狠抓技术培训，培育项目企业，提升产品附加值”等意见，督促县政府修订完善《泽州县干果经济林建设实施办法》，增加林木管护经费，开展各类技术培训，增强全县干果经济林产业发展后劲。常委会注重支持土地流转和农机社会服务体系建设，督促县政府探索建立多种形式的土地流转机制，加快农机专业合作社建设步伐，不断提高农业产业化水平，推进现代农业发展。常委会把推动城乡统筹发展作为解决“三农”问题的重要途径来抓，听取了新型城镇化建设情况的报告，要求县政府重点抓好体制机制创新、公共设施配套，建设用地保障等工作，加快推进城乡一体化建设进程。

**二、践行履职为民，推动公正司法，进一步保障民生改善，促进公平正义**

常委会积极回应社会关切，深入推进依法治县，勇于担当，主动作为，努力维护全县最广大人民群众的根本利益。

（一）着力促进民生社会事业全面进步。为确保《泽州县学前教育三年行动计划》得到全面落实，常委会在去年11月重点围绕学前教育的园舍建设、师资质量、办园水平等工作进行专题调研基础上，听取和审议了县政府关于学前教育工作情况的报告，提出了加大财政投入、强化工作监管、提升队伍素质，努力实现优质资源普惠化、城乡发展均衡化、幼教质量优质化的审议意见，推动全县学前教育事业的健康协调发展。常委会将县政府承诺的十项惠民政策和十件惠民实事确定为全年重点监督的议题，按照序时进度连续跟踪监督，并通过代表视察、集中调研、听取审议报告等方法，督促县政府加大力度、加快落实，确保好事办好、实事办实。经过县政府及相关部门的努力，到年底，惠民政策、惠民实事都得到较好落实。

（二）着力推动生态环境持续改善。生态

文明建设关系民生福祉，关系全县长远发展大计。常委会听取和审议了县政府改善农村人居环境工作情况的报告，针对调研和审议中存在的思想认识不到位、制度机制不健全、资金瓶颈制约严重等问题，要求县政府加大宣传力度、加强政策引导、制定详细规划、探索多元投入、搞好组织协调，推动这项工作由简单的环境整治向纵深的人居改善转变，提高全县人民群众的生活幸福指数。按照省、市人大的统一安排部署，常委会全程参与了大气污染防治法和大气污染防治条例执法检查活动，组织召开了大气污染防治“一法一例”座谈会，在执法检查中注重工作协调、部门联动和监督合力，督促县政府在大气污染防治上加大工作力度，强化部门联动执法，确保完成减排任务。同时，配合市人大完成了“晋城环保行”活动，及时向县政府提出意见，持之以恒推动环境质量改善。

*（三）着力促进依法行政、公正司法。*常委会把保障各项改革任务依法有序进行作为重要职责，深入贯彻落实党的十八届四中全会精神，带头学习遵守宪法和法律，连续跟踪监督“六五”普法工作，推动建立学法、守法、用法的良好社会氛围和执法环境。常委会扎实开展审议监督，听取和审议了社会治安管理工作情况的报告，推动县政府建立系统的执法联动机制，全面开展社会治安专项整治，为全县人民群众营造了安居乐业的良好社会环境。听取了县法院民事审判工作情况的报告，针对存在的问题提出了改进意见，督促县法院强化公正司法，注重司法服务，为全县发展大局提供有力的司法保障。常委会牢牢把握“依法确权”这一“六权治本”的首要环节，认真履行备案审查职责，对《泽州县低收入家庭经济状况核对办法（试行）》等规范性文件的合法性、适当性进行了备案审杏，有效履行了人大的法律监督职能。高度重视人民群众来信采访工作，采取交办、转办、督办等方式，确保了一批涉法涉诉信访问题得到有效处理，促进了全县社会和谐稳定。

**三、强化服务保障，夯实工作基础，进一步发挥主体作用，促进代表依法履职**

常委会积极搭建履职平台，强化履职服务保障，完善机制，创新方法，努力实现代表履职工作常态化。

完善制度，不断加强代表联系群众工作。常委会健全完善了组成人员联系县人大代表制度，制定出台了《加强县人大代表与人民群众联系的意见》，要求常委会组成人员每人直接联系8名以上县人大代表，要求县人大代表回原选举单位述职、参加代表小组活动。去年5月下旬至7月下旬，常委会组织部分代表召开了群众路线教育实践活动征求意见座谈会，集中开展了常委会组成人员和机关干部走访联系代表活动，共走访联系代表194人次，征求建议意见368件。在人代会召开前，组织全体代表认真开展了会前视察调研活动，进一步密切了常委会与代表、代表与群众的联系，使人大履行职能、行使职权的民意基础更加广泛厚实。

搭建平台，切实保证代表依法履行职责。常委会注重加强人大代表的学习培训，去年10月专门邀请全国人大和市委党校相关专家来我县作履职专题辅导讲座，在培训期间组织代表赴长治市长治县、襄垣县进行学习考察，进一步提高了代表的履职能力和水平。常委会进一步加强代表小组建设，在活动内容上给予指导，努力实现代表闭会期间活动经常化。充分发挥代表专业优势，邀请代表列席常委会议，组织代表参加常委会开展的调研、视察和执法检查活动，推荐代表参加县直部门政风行风评议活动，切实保障代表的知情权、参与权、监督权。常委会加强对乡镇人大的工作指导，定期召开乡镇人大座谈会，组织参加常委会相关活动，进一步规范和活跃了乡镇人大工作。

注重实效，认真做好代表建议办理工作。督办好代表建议是保障代表履职行权的具体体现。常委会以解决问题为核心、代表满意为标准，连续两次专题听取代表建议意见办理情况报告，并首次对重点建议的办理情况进行满意度测评，明确要求“一府两院”及各承办部门要规范办理程序、落实办理责任、提高办理成效，努力让代表群众满意。对重点建议坚持实行县政府领导领衔办理、常委会委室跟踪督办制度，推动有关问题有效解决。经过“一府两院”及各承办部门的努力，五届人大四次会议期间代表提出的127件建议意见，办复率达100%，满意率达96%。

**四、提升素质效能，持续改进作风，进一步加强自身建设，增强履职能力**

常委会始终坚持问题导向，严格落实中央“八项规定”，强化整改，提升效能，牢固树立为民务实清廉的良好形象。

扎实开展群众路线教育实践活动，进一步坚定政治方向。常委会坚持把开展党的群众路线教育实践活动作为提升履职能力、加强作风建设、坚定政治方向的重要载体，在人大班子和机关深入查找“四风”方面存在的突出问题，严肃认真地开展批评和自我批评，制定并落实各项整改措施。通过活动的开展，使常委会班子和机关党员干部党性修养得到锻炼，思想境界得到提升，工作作风明显好转。严格执行党组中心组学习、常委会专题讲座、机关集体学习等制度，围绕贯彻党的十八届三中、四中全会和习近平总书记在纪念全国人大成立60周年重要讲话精神进行学习讨论，进一步坚定中国特色社会主义的道路自信、理论自信、制度自信。常委会把开展学习讨论落实活动作为当前的首要政治任务，坚决贯彻省、市、县委的决策部署，坚持问题导向，深入反思讨论，推动整改落实，进一步从思想、组织、作风、制度和能力素质等方面打牢基础、强化保证。

充分发挥人大联系群众优势，进一步改进工作作风。常委会领导带头开展“访民生、知民情、解民事”和“百日千村（企）万户行”活动，积极参与执法检查、执法调研、专题调研等活动103次，进一步夯实工作作风，力求常委会各项工作更加顺应民心、反映民意。跟踪督查群众路线教育实践活动班子整改方案和专项整治方案所列的16项整改内容和7项专项整治任务，逐条逐项进行整改落实。主动参与县委组织的领导干部下乡住村活动，筹措解决帮扶资金42万余元，有力地支持了山区乡村的新农村建设。

不断强化制度和实践创新，进一步提升服务保障水平。常委会把完善制度、建章立制、严肃执行作为践行群众路线、加强和改进人大工作的具体体现，先后修订完善了县人大常委会议事规则、主任会议工作规则、组成人员联系代表制度、加强和改进代表工作的意见等9项制度，就机关学习、公文处理、公车管理、出差管理等10多项内部管理制度进行了修订，进一步推进人大常委会工作规范化、制度化。认真落实党风廉政建设“两个责任”，坚持重大事项向县委请示汇报和常委会党组定期研究工作制度，进一步严肃党内政治生活，努力营造风清气正的工作环境。紧紧围绕全县改革、发展、民生热点开展调查研究，形成调研报告40余篇，为县委决策提供了重要参考。充分发挥县广播电视台、网站和报刊等主流媒体作用，积极推进常委会履职公开、信息透明，人大工作影响力进一步增强。

各位代表，县五届人大四次会议以来，县人大常委会工作成绩的取得，是县委正确领导的结果，是全体人大代表和常委会组成人员共同努力的结果，也是“一府两院”积极配合和全县人民群众大力支持的结果。在此，我谨代表县人大常委会表示衷心的感谢！

在充分肯定成绩的同时，我们也清醒地认识到，常委会的工作与党和人民群众的要求相比，与宪法和法律赋予的职责相比还存在差距和不足，主要表现在：在贯彻党的十八大和十八届三中、四中全会精神，适应新常态新要求、加强人大理论研究和实践创新上还需进一步深化；在创新监督方式、依法决定重大事项、增强代表建议办理实效等方面还需进一步改进；在加强常委会机关及乡镇人大建设，特别是干部队伍建设和交流还需要进一步强化。我们将自觉接受人大代表和人民群众的监督，虚心听取各方面意见，认真研究新情况新问题，把常委会工作做得更好。

## 今年的主要任务

2015年，是全面深化改革的关键之年，是全面推进依法治国的开局之年，是全面完成“十二五”规划的收官之年。今年，常委会工作的总体要求是：深入贯彻落实党的十八大和十八届三中、四中全会精神，以习近平总书记系列重要讲话精神为指针，按照县委四届五次全会的决策部署，围绕中心、服务大局，着力推动经济发展，着力推进依法治县，着力促进民生改善，着力发挥代表作用，着力提升履职能力，依法履行宪法和法律赋予的职责，为实施“六权治本”，推进“六大发展”，实现弊革风清、富民强县新局面提供坚强的法制保障和良好环境。

围绕这一总体要求，着重抓好以下四个方面的工作：

一、突出重点任务，更加有效地履行监督职责。

紧紧围绕事关全县改革发展稳定大局和涉及群众切身利益的热点难点问题，综合运用多种监督方式，依法履行监督职责，努力在实施“六权治本”、推进“六大发展”中体现人大作为。

围绕推动经济发展依法履职。按照转型综改试点县的建设要求，督促县政府深化重点领域改革，破解转型综改难题，抓好行政审批、涉煤领域、财税制度、园区管理、深化农村改革等一系列改革任务，大力推进巴公转型综改扩权强镇、金村低碳示范区和南岭纯农山区转型综改试点建设步伐，努力促进全面深化改革重大事项的贯彻落实。围绕促进经济平稳运行，听取和审议计划执行、经济运行、重点工程建设、旅游和文物保护工作情况的报告，听取“十三五”规划(草案)编制、南村铸造园区建设情况的报告，监督支持县政府幸动适应经济发展新常态，提高经济发展的质量和效益，努力保持经济稳定增长的势头。深入贯彻实施新修订的《预算法》，积极推进全口径预决算审查，认真听取和审议财政决算、计划预算调整、审计情况及审计查出问题整改情况报告，跟踪督促审计查出问题的整改，提高预算执行的严肃性和约束力。

围绕促进民生改善依法履职。坚持把群众最关心、最直接、最现实的利益问题作为监督工作的重要内容，通过连续跟踪审议、专题询问等监督形式，听取和审议农村人居环境改善、乡村医疗队伍建设、食品安全、蔬菜发展、惠民工程建设、惠民实事完成情况的报告，听取县中医院筹建情况的报告，督促政府加快推进民生改善和社会事业发展，努力提升民生福祉，不断增强群众幸福感。围绕推进“六大发展”，更好地发挥监督的督促落实作用，强化对审议意见落实情况的跟踪监督，突出问题导向，完善跟踪问效和信息公开，确保常委会审议意见得到有效落实。继续做好人大信访工作，推动群众反映强烈的热点、难点信访问题有效解决。

围绕建设法治泽州依法履职。全面推进依法治国是党的十八届四中全会作出的重大战略部署。常委会将紧紧围绕关于推进法治晋城建设的要求，认真听取和审议人民调解工作情况报告，听取第十届村委会换届选举、法治政府建设、“阳光检察”工作情况报告，努力在促进司法公正、推进反腐败斗争、维护人民权益方面发挥积极作用。不断加强对“六五”普法实施情况的监督检查，深入开展执法检查活动，依法履行备案审查职责，努力增强全社会的法律意识和法制观念，促进相关法律法规的深入贯彻实施。切实找准人大工作与推进“六权治本”的结合点，不断强化对权力运行的监督和制约，为实现干部清正、政府清廉、政治清明提供坚强有力的法制保障。

**二、坚持依法行权，认真做好重大事项决定和人事任免工作**

正确处理县委决策权和人大决定权的关系，按照县委的决策部署，紧紧围绕推动“六大发展”深入调查研究，广泛集中民意，适时就人民群众特别关注、改革发展急需解决的重大问题作出决议决定，切实把县委的决策通过法定程序变成全县人民的自觉行动，保障和促进全县全面深化改革、推进依法治县重大战略的顺利实施。坚持党管干部和人大依法任免干部相统一的原则，认真做好人事任免工作，为推进转型跨越发展提供组织保证。建立健全人大被任命干部向宪法宣誓制度。进一步加强干部任后监督，继续坚持“一府两院”负责人年初公示承诺、年中跟踪督查、年底工作考察的监督机制，督促被任命人员依法履职。

**三、改进代表工作，充分发挥代表监督主体作用**

进一步强化服务保障，健令平台裁体。积

极为代表履职创造条件。加强代表履职培训，重点学习人大制度理论、依法治国、预算审查等内容，提高代表履职能力和水平。完善代表联系群众制度，创新代表联系群众的方式方法，引导代表更好地联系服务群众。建设好“人大代表之家”和代表活动小组，扩大代表列席常委会议范围，组织代表参加视察调研、专项审议、执法检查、政风行风评议等活动，增强代表在闭会期间的活动实效。认真落实市人大代表履职登记制度，健全完善县人大代表履职档案和履职登记评价机制，严格落实县、乡人大代表履职情况向选民述职等制度，推动代表履职制度化、科学化。加强对代表的监督和管理，督促代表依法执行代表职务，模范遵守宪法和法律，努力做良好政治生态的建设者、维护者。切实加大对代表合法权益的保护力度，更好地支持和保障代表依法履行职责。健全代表议案、建议办理考核机制，继续坚持领导领办、重点建议督办和办理情况“回头看”，推动办理工作由“答复满意”向“结果满意”转变，确保建议落实率、问题解决率、代表满意率“三提高”。加强对乡镇人大工作的业务指导和工作联系，实现县乡人大工作互联互动，进一步提升全县人大工作整体水平。

**四、加强自身建设，持续推动常委会及机关作风转变**

今年是本届人大及其常委会任期的最后一年。我们将坚持围绕中心不动摇、服务大局不松劲、履职为民不懈怠，牢记重托，不负厚望，努力向全县人民交一份满意的答卷。巩固拓展党的群众路线教育实践活动成果，深入推进学习讨论落实活动，努力在推动形成不敢腐、不想腐、不能腐的长效机制上发挥作用。坚持常委会党组、常委会组成人员和机关干部学习培训制度，更加深入系统地加强政治理论和业务知识学习，不断提高政治素质、法律素养和业务水平。始终保持作风建设永远在路上的行动自觉，切实加强常委会及机关作风建设，大兴调查研究之风，密切联系代表和群众，使人大工作顺应民心、体现民意、汇聚民智。更加注重工作机制创新，继续加强制度建设，推动人大工作更加高效、更富活力。切实加强干部队伍建设，配齐配强机关班子，加大人大干部交流力度，全力打造一支政治坚定、业务精通、干事创业的高素质干部队伍。从严落实管党治党的“两个责任”，从严落实“一岗双责”，不断加强机关党组织建设和党风廉政建设，塑造地方国家权力机关决策科学、务实高效、勤政廉政的良好形象。

各位代表，全面深化改革任务艰巨而重大，推进依法治国进程使命神圣而光荣，让我们紧密团结在以习近平同志为总书记的党中央周围，在中共泽州县委的坚强领导下，紧紧依靠和团结全县人民，坚定信心、攻坚克难、依法履职，开拓奋进，为开创弊革风清、富民强县新局面而努力奋斗！

# 中国人民政治协商会议第五届泽州县委员会常务委员会工作报告

——2015 年 3 月 18 日在县政协五届五次会议上

县政协主席　樊秋宝

## 2014 年工作回顾

2014 年是我县攻坚克难、稳中求进，改革发展取得新成绩的一年，也是县政协围绕中心、服务大局，各项工作取得新进展的一年。一年来，县政协常委会深入学习贯彻中共十八届三中、四中全会精神和习近平总书记系列重要讲话精神，在中共泽州县委的领导和上级政协的指导下，围绕深化改革凝聚共识，立足富民强县献计出力，着眼民生改善积极作为，呈现出团结民主、生动活泼、求真务实、开拓创新的良好局面，为全县经济平稳健康发展和社会和谐稳定做出了重要贡献。

**一、强化思想政治理论学习，牢牢把握政协事业前进方向**

常委会注重强化思想政治建设主轴意识，坚持用科学理论武装头脑、指导实践。强化理论武装，坚定理想信念。积极组织参加市委党校处级干部学习班和市政协系统举办的委员培训班，并组织机关干部和委员参加全县各类学习培训，系统学习中共十八届三中、四中全会精神和习近平总书记系列重要讲话精神，深刻理解全面深化改革、推进依法治国的重大意义和目标任务，增进对中国特色社会主义理论的思想认同和政治认同，确保中央和省、市、县委决策部署在政协得到全面落实。找准政协定位，指导工作实践。组织全体政协委员深入学习习近平总书记在人民政协成立 65 周年庆祝大会上的重要讲话精神，把学习讲话精神与服务改革发展、推进重点工作结合起来，与巩固党的群众路线教育实践活动成果结合起来，与加强自身建设、创新履职思路结合起来，充分认识加强人民政协工作的新思想、新论断、新举措，准确把握政协工作的切入点和着力点，努力用科学理论指导工作实践，不断提高履职能力现代化水平。创新学习形式，增强学习实效。坚持为全体政协委员订阅各类报刊资料，将政协的重大活动、重要会议、领导讲话及时向委员传送，拓宽委员知情明政渠道，增强工作本领；围绕经济、政治、文化和统战知识等内容，通过主席会议、常委会议、界别会议、机关会议集中学习，力争使理论学习入心入脑，增强学习实效。鼓励广大委员和机关工作人员充分利用网络等平台进行自学，拓展知识领域，提升知识层次，增强业务能力，使政协各项工作体现时代性、把握规律性、富于创造性。

二、围绕深化改革咨政建言，助推改革举措顺利实施

常委会紧紧围绕县委、县政府关于全面深化改革的工作部署，为推进全面深化改革寻求最大公约数，汇聚正能量。

增进共识，汇聚全面深化改革的智慧力量。各界别组织全体委员认真学习贯彻党的十八届三中全会精神，深刻理解和把握全面深化改革的重大意义，进一步统一思想，形成共识。结合贯彻落实县委、县政府出台的十项改革举措，组织常委和委员深入基层进行调研，听取干部群众对全面深化改革的意见和建议。召开全县各党派、各团体专题座谈会，听取深化改革的意见建议。支持他们通过集体提案、界别活动等，提出事关改革的真知灼见，努力营造全面深化改革的浓厚氛围。

深入调研，认真探讨全面深化改革的有效途径。抓住我县改革发展的热点难点，组织各委室、各界别就土地经营权有序流转、土地管理制度改革、乡镇基本财力保障机制、巩固和完善新型农村合作医疗制度等开展调查研究，形成了《我县乡镇国库集中支付改革的思考和建议》《加快土地流转提高农业效益》《当前城镇供暖存在的问题及建议》《加强和创新社会管理的几点建议》《促进我县现代农业发展的对策措施》《加大食用菌产业化发展的思考建议》等30余篇切口小、落脚实的调查报告，提出了大量针对性较强的意见与建议，对推进我县改革发展发挥了积极作用。

广泛参与，主动融入全面深化改革的工作实践。围绕全县重大改革措施的出台和贯彻实施，县政协主席、副主席通过列席县委常委会、县政府常务会，参加四套班子联席会等，就经济转型、小城镇建设、卫生、金融体制改革等重点工程和民生工程提出意见和建议。针对城镇化进程中供暖、供气方面存在的困难和问题，组织委员深入南村、东沟、川底等乡镇，以及恒光热电、东方热电等企业，认真听取供暖企业和城镇居民的意见和建议，为城镇基础设施建设配套改革出谋划策。充分运用提案和社情民意信息形式，通过印发提案撰写导向和反映社情民意信息提纲，引导广大委员聚焦全县深化改革重点问题，建有用之言，献务实之策。

三、主动适应经济发展新常态，为促进经济平稳健康发展献计出力

运用全委会平台献良策。五届四次全会期间，组织全体委员围绕全县经济稳增长、调结构、防风险工作部署，就产业结构调整、民营经济发展、新型农业经营体系、农业产业化发展、乡村旅游、企业融资、劳动就业等问题，通过大会发言、联组讨论、专委会与政府职能部门对口协商、提案和社情民意信息等，提出意见建议。

精选重点课题建诤言。中小微企业是推动经济转型升级的重要力量，也是富民强县的重要支撑。在经济发展进入新常态的新形势下，如何有效提升中小微企业抵御风险的能力和水平，成为当前经济工作的一项重要任务。针对我县中小微企业面临的融资难、融资贵、创新能力不足、市场依赖较强的困难和问题，五届

十六次常委会议着重讨论了关于促进我县中小微企业健康发展问题，提出了构建政府服备网络平台、加快政府职能转变、创新政府管理服务模式、加大企业人才培训的针对性和有效性、创优企业融资环境等多项可操作性较强的建议。

依托专委会谋实招。充分发挥专委会承上启下的纽带作用，为促进全县经济平稳健康发展聚智出力。根据县委关于丹河流域生态经济带建设的调研课题，组织部分常委和委员先后到任庄水库、龙门、人工湿地、珏山、围滩电站、石家街等地实地调研，形成了《立足泽州实际打造丹河流域生态经济带》的调研报告，为县委、县政府制定“两带四板块”(即长河经济带和丹河生态经济带，巴公板块、金村板块、南村板块和南部山区板块)产业发展格局提供了重要参考。面对转型企业存在的困难和问题，深入清慧制造、宏惠中空玻璃、昇鑫悦商贸有限公司、龙月农业生态园等企业，认真听取身处民营企业一线政协委员的意见，帮助他们解决发展难题。注重引导各界别为民营经济发展把脉问诊，经企、农林、工商联、九三学社等界别通过到富景公司、金隆玉、科通电子、泽地萃、水北农业园区和神通经贸有限公司等企业了解情况、深入交流，形成了《大力发展循环经济着力推动绿色发展》、《加快外贸经济建设促进经济转型升级》、《加快土地流转提高农业效益》、《促进我县现代农业发展的对策措施》、《加大食用菌产业化发展的思考建议》等20余篇调查报告。

**四、坚持以人为本履职为民，协助做好保障和改善民生工作**

常委会注重发挥联系面广、包容性强的特点和优势，动员和组织委员围绕民生问题建言献策，努力推动民生改善，增进群众福祉。

积极回应群众关切的重要问题。持续关注就业、医疗、教育、社会保障、惠民政策落实等方面的情况，搭建互动交流平台，汇集各方智慧力量，为党委、政府解决相关问题提供决策参考。切实推动民生提案的落实和办理，重点督办了食品安全、义务教育均衡发展、公共卫生服务均等化、农民职业技能培训、养老保障体系建设等提案，积极协助解决民生难题。注重收集和反映事关民生改善的社恃民意信息，全年共收集社情民意信息200余条，编发《社情民意》50余期。其中《困境中的山西煤炭企业亟需国家财政扶持》、建议国家建立反恐预警平台》、《应重拳出击开展打击邪教专项大行动》、《检验检测机构亟待整合》、《建议改革私家车车检制度》等信息被全国政协和省政协采纳，2篇信息转送有关部门，山西政协报转载13篇，《晋城政务》刊登3篇。刘润民市长对《建议我市大力发展第三方物流》信息作出批示。县委高度重视《农村参保群众缴费渠道不畅问题应引起重视》的信息，责成有关部门办理落实。社情民意工作的深入开展，搭建起了党政联系群众的绿色通道。在全省政协系统2013—2014年度评比表彰中，县政协被评为“先进单位”。

着力推进农村人居环境改善。改善农村人居环境是全面建成小康社会的重要内容，也是县委、县政府确定的“一号工程”。针对前农村人居环境存在的问题和困难，五届十五次常委会议进行专题协商，从科学完善全县总体规划、分类指导稳步推进、加大投入力度、加强制度建设、发挥农民群众的积极性和主动性等五个方面提出建议，得到了县委、县政府的重视和采纳。

努力践行履职为民宗旨。广泛开展“情系三农、关注民生”主题实践活动，各专委会协同法律、环保、劳动就业、卫生、农业、林业、畜牧、科技等行业的政协委员，利用乡镇集会和农闲时间深入大阳、高都、周村、柳口、犁川等乡镇，通过宣讲农村政策，开展法律咨询、免费义诊、农技讲座等活动，为当地群众送政策、送法律、送技术、送服务，发放宣传资料5万余份，法律咨询600余人次，义诊人数1200余人次，果树技术受训人数500余人次，受到基层群众的广泛赞誉。积极开展机关党员结对帮扶、干部下乡送温暖活动，帮扶困难农户20余户，帮助联系点转变发展观念，协调发展资金，为基层群众解难事、办实事。积极引导政协委员双岗奉献、扶贫济困，认真开展送医支教、捐资助学、科技培训等公益活动，产生了良好的社会效益。

传承弘扬泽州优秀传统文化。为真实记录和反映泽州百年发展史，激发全县人民铭记历史、热爱泽州、建设美好家园的热情和积极性，通过收集老照片、采访亲历者、查阅历史档案、听取有关方面意见建议，组织撰写反映各个历史时期重大事件的文稿等，认真做好《见证泽州百年》文史资料编辑工作，力争今年底将该书付印出版。同时，配合省、市政协完成了《晋绥抗战英烈传》《正面战场晋绥军抗战亲历记》和《晋城抗日战争史料》泽州部分的征稿工作。政协文史工作的拓展，对于抢救和保护我县历史文化遗产，展示泽州深厚的历史文化底蕴，丰富人民群众文化生活，都起到了积极的推动作用。

**五、聚焦“四风”抓整改转作风，推进政协组织自身建设**

常委会坚持把改革创新精神贯穿于政协工作的全过程，不断推进履职能力建设。认真贯彻落实中央“八项规定”。中央关于改进工作作风、密切联系群众“八项规定”出台后，政协党组成员注重以身作则，通过转变工作作风，厉行勤俭节约，构建长效机制，狠抓规定落实。对领导干部用车、机关办公用房、公务接待标准等进行严格规范，相继制定和完善了办文办会、财务管理、公务接待、调研视察等20余项规范性制度，进一步强化了机关工作人员的廉洁从政意识。扎实开展党的群众路线教育实践活动。紧紧围绕“为民、务实、清廉”主题，严格按照“照镜子、正衣冠、洗洗澡、治治病”的总要求，在做好规定动作的同时，结合政协实际，认真开展以领导带头系统学、专题辅导重点学、讨论交流深入学，访群众、访机关、访委员，记好一本民情日记、反映一条社情民意、撰写一篇调查报告、结对帮扶一户困难群众、递交一份建议为内容的“三学、三访、五个主题”活动，广泛征求意见建议，共征集各类意见建议1100余条，归类整理形成“四风”方面问题27条，其他意见建议55条。党组班子和机关班子成员，主动认领，深刻剖析，几易其稿，认真撰写对照检查材料。在专题民主生活会上，敢于动真碰硬，触及灵魂，红脸出汗。坚持问题导向，先后制定和完善了《县政协党组议事规则》、《县政协调研视察工作制度》、《县政协公务接待管理规定》、《县政协委员履职考核办法》、《县政协财务管理规定》等24项规章制度。通过开展活动，全体党员干部工作作风进一步转变，新形势下运用群众观点分析问题、解决问题的能力和水平不断提高。切实强化委员队伍建设。我们把委员队伍建设作为政协的一项基础性工作常抓不懈，坚持以委员为中心，树立“委员强则政协强”的理念，实行主席联系专委会、专委会联系界别、界别联系委员的三级联系制度，使民意表达更通畅捷达，政协工作更贴近百姓需求。开展委员考核述职、创先争优评比活动，增强了委员的履职主动性和责任意识。发挥新闻媒介作用，突出宣传重点履职活动和委员履职事迹，先后在《人民政协报》《山西政协报》《太行日报》《政协论坛》刊登各类文章30余篇，充分展示了政协委员的时代风采。

各位委员，过去一年县政协工作取得的成绩，靠的是中共泽州县委的正确领导，靠的是县人大、县政府的大力支持和有关部门的通力协作，靠的是各民主党派、工商联、各人民团体和全体委员的精诚团结和不懈努力。在此，我代表五届县政协常委会向所有关心、支持政协事业发展的同志们、朋友们表示衷心的感谢和诚挚的敬意！

在肯定成绩的同时，我们也清醒地看到，政协工作还存在着诸多薄弱环节和不足之处，主要是：新形势下政协工作的思维思路和方式方法都有待创新，提案“回娘家”问题仍然没有得到重视和解决，调研视察活动开展得不够深入，民主监督的广度和深度有待拓展，建言成果转化机制尚未建立，委员主体作用的发挥不够充分等。对此，我们将在今后的工作中深入研究，着力加以解决。努力把工作做得更好。

## 2015年工作部署

2015年是全面深化改革的关键之年，是推进全面依法治县的开局之年，也是完成“十二五”规划的收官之年。县政协常委会工作的总体要求是：全面贯彻落实中共十八大和十八届三中、四中全会精神，深入贯彻落实习近平总书记系列重要讲话精神，紧紧围绕县委四届五次全会暨全县经济工作会议安排部署，增加协商频率，突出民主监督，强化自身建设，提升履职水平，进一步推进政协事业买现新发展。

**一、围绕中心工作，服务改革发展大局**

要自觉把工作放在大局中谋划，进一步找准发挥政协优势与服务改革发展的结合点，做到党政工作推进到哪里，政协工作就跟进到哪里，社会热点集中在哪里，政协工作就聚焦到哪里。为改革发展献策。要着眼改革发展重点和群众关注热点，按照县委确定的工作目标和发展方向，把构建“两带四板块”经济产业布局新框架和改善全民创业环境等工作，作为政协履职的重点内容，按照“强基础、谋长远、求突破”的要求，深入调查研究，广聚真知灼见。围绕“六权治本”、“六大发展”、从严治党、行政审批制度、投融资体制、园区管理体制、转型综改等改革措施的贯彻实施，通过调研视察、民主监督等形式议政建言，形成一批具有前瞻思考和实践意义的调研成果，为党政科学民主决策提供参考。为法治建设尽责。要围绕全面依法治县的工作部署，就创新社会治理，营造学法、遵法、守法、用法环境等课题，充分运用会议协商、评议监督、资政活动等有效形式，全力助推法治泽州建设。要积极引导广大政协委员形成“办事依法、遇事找法、解决问题用法、化解矛盾靠法”的法治思维和法治信仰，切实发挥好政协委员在法治建设中的表率作用。为民生福祉出招。要主动对接全县重点民生工程，真心贴近群众期盼，组织委员就推进义务教育均衡发展、加快社会养老服务业发展、完善农村公共服务体系建设等专题开展调研，当好推动民生建设的“智囊团”。

## 二、深化协商议政，推进工作有效落实

要进一步解放思想，努力探索协商民主建设的有效途径，积极推进协商民主广泛多层制度化发展。完善协商机制，增强规范性。要认真贯彻落实习近平总书记在庆祝人民政协成立65周年大会上的重要讲话精神，进一步强化协商意识，规范协商内容和程序，在县委、县政府的领导和支持下，科学制定年度协商工作计划，进步建立健全包括协商议题提出、协商流程确定、协商活动组织、成果采纳落实和反馈等内容的工作机制。拓展协商形式，体现灵活性。在组织好常委会议专题协商、主席会议重点协商的基础上，更加活跃有序地开展专题协商、界别协商、对口协商和提案办理协商。开展“我为‘十三五’规划献一计”活动，通过专题议政和常委会议等形式，努力提出具有前瞻性、战略性、针对性的意见建议；借鉴全国政协“双周协商座谈会”、市政协“双月协商座谈会”做法，探索建立“季度协商座谈会”；积极探索基层协商民主形式，邀请群众代表参与各类协商活动。力促意见转化，强化实效性。要在继续加强提案督察的基础上，从答复程序、落实情况和办理成效等方面开展民主评议，增强部门责任意识，提高提案办理实效；通过对建议案、调研报告、协商意见进行“回头看”、跟踪视察等形式，促进民主协商成果转化，使政协委员的智慧结晶能及时转化为推动泽州经济社会更好发展的管用实招。加强民主监督，拓展系统性。以阻碍发展、有违民意的问题为导向，以“选择性”改革、“不作为”现象为重点，通过视察活动强化监督。充分发挥民主评议和特邀监督员作用，继续组织政协委员对县政府相关部门进行民主评议，探索委员联系执法执纪部门开展民主监督，不断增强民主监督的系统性、专业性和实效性，让权力在阳光下运行。

## 三、突出工作主题，汇聚各方智慧力量

要突出团结、民主两大主题，充分发挥政协联系广泛、包容性强的优势，不断加强和创新团结联谊工作，汇聚建设泽州的强大合力。唱响“好声音”。要广泛团结各民主党派、工商联、各人民团体和无党派人士，主动邀请他们参加学习培训、视察调研、提案督办等活动。要坚持求同存异、民主协商、坦率务实的原则，在政协履职活动中，提倡热烈而不对立的讨论，开展真诚而不敷衍的交流，鼓励尖锐而不极端的批评，在充分发扬民主中不断夯实团结奋斗的共同思想政治基础，增进最大共识度，形成最大凝聚力。汇聚正能量。要自觉把团结各界摆在政协工作的重要位置，彰显政

协统一战线平台的作用，促进政党、民族、宗教、阶层和海内外同胞等五大关系的和谐。密切与工商界、民族宗教界人士的联系，做好新经济组织、新社会组织和新社会阶层代表人士的工作，团结一切可以团结的力量，调动一切积极因素，为全县改革发展凝心聚力。提振精气神。要努力扩大有序政治参与，协助党委、政府做好解疑释惑、“活血化淤”、疏导情绪、平衡利益的工作。要进一步强化政协委员的大局意识、责任意识、奉献意识，在本职岗位上努力建功立业，在政协履职中历练议政能力。要对党委、政府多一份理解。对民生多一份关注，对社会多一份关爱，对自己多一份要求，着力营造泽州经济社会发展有利环境，充分展示政协委员的良好形象。

四、加强自身建设，提升履职能力水平

要努力把握政协组织服务科学发展的规律和实现自身科学发展的要求，切实抓好自身建设，不断提高政协工作科学化水平。进一步加强能力建设。要引导和组织全体委员认真学习贯彻中共十八届三中、四中全会精神，深刻领会习近平总书记关于人民政协的重要理论，按照县委决策部署，认真组织开展群众路线教育实践活动回头看和“学习讨论落实”活动，坚持“一岗双职”要求，禁踩“八项规定”红线，坚决防止“四风”问题反弹，不断巩固活动成果，切实提升政治把握能力、联系群众能力、合作共事能力。要通过举办“委员学习日”、情况通报会、理论培训班、编发学习资料、推进政协网站建设、开通委员信箱等，进一步帮助委员增加知识积累，提升履职能力。进一步加强队伍建设。要尊重和保障委员的民主权利，完善委员联络制度，积极探索委员约谈、委员述职，强化委员履职考核。要依托专委会联系界别，改进调查研究方式，扩大委员参与专委会活动覆盖面。要不断推进乡镇政协联络组的组织建设、制度建设，积极探索乡镇政协联络组考核办法，更好地发挥基层政协委员的作用。要加大界别工作力度，积极探索界别调研月、界别约谈会等活动形式，使界别在政协履职中的作用更加彰显。进一步加强机关建设。要巩固党的群众路线教育实践活动整改成果，以更高的标准推进作风建设，更好地发挥政协机关的参谋助手、综合协调、服务保障作用，提高机关干部的学习力、执行力和创新力，以一流的精神状态和工作效能保障政协履行职能。

各位委员、同志们，站在新起点，我们满怀信心，踏上新征程，我们干劲倍增，让我们紧密团结在以习近平同志为总书记的中共中央周围，在中共泽州县委的坚强领导下，牢记神圣职责，不负人民重托，务实求进，守正出新，奋力谱写政协事业发展新篇章，为开创弊革风清、富民强县新局面做出新的贡献。

# 泽州县人民法院工作报告

——2015年3月20日在泽州县第五届人民代表大会第五次会议上

县人民法院院长　高国林

## 2014年主要工作

2014年，我院在县委的正确领导下，在县人大及其常委会的有力监督和县政府、县政党的十八大和十八届三中、四中全会及习近平总书记系列重要讲话精神，紧紧围绕“努力让人民群众在每一个司法案件中感受到公平正义”的目标，发挥职能作用，服务工作大局，坚持司法为民，加强队伍建设，推进改革创新，各项工作呈现出整体推进、协调发展的良好态势。全年共受理各类案件2711件，办结2394件，诉讼标的4834.55万元，法定审限内结案率100%。

### 一、履行审判职能，维护社会公平正义

依法惩治刑事犯罪。针对我县近年来危险驾驶、交诵事故、盗窃、故意伤害、诈骗等犯罪多发频发，占刑事犯罪受案比重大的特点，坚持惩罚犯罪与保障人权并重，严格贯彻宽严相济刑事政策，统一标准尺度，对不认罪、不退赔、不谅解的案件从严掌握，不适用缓刑，体现宽严相济、罚当其罪。全年共受理各类刑事案件190件，审结176件，审结率92.6%。认真实施量刑规范化工作，全年适用量刑规范化案件113件，占审结案件的70%，促进了量刑均衡，罪责统一。

妥善审理民商事案件。注重矛盾激化案件的处理，对双方情绪对立、容易引发极端行为的婚姻家庭、继承、赡养和相邻关系案件积极依法调解，努力做到案结事了；注重推进城市化建设进程中涉农案件的处理，维护土地承包经营权有序流转，解决好土地征用款分配、承包经营权转让和转包纠纷；注重群体性纠纷的处理，运用疏导、教育等方式，妥善处理了社会影响较大的群体性案件11件；注重保障企业发展，着眼于依法规范、引导、保障功能，妥善审理涉及房地产、金融、公司、生产企业等领域的案件。全年共受理商事案件1759件，审结1566件，审结率89%。

积极开展行政审判。加强对各类行政机关行政执法活动的监督，充分发挥行政审判职能，推进了行政机关在经济调节、市场监督、社会管理和公共服务等方面的改革和职能完善，保护了相对人的合法权益。加强对土地、计生、劳动、税务等机关非诉行政执行案件的申请审查，维护行政执法的严肃性和权威性。全年共受理行政诉讼案件12件，审结9

件，审结率75%：受理非诉行政执行案件26件，审查结案26件。

强化执行工作力度。努力营造党委领导、人大监督、政府参与、政协支持、社会各界配合、法院主办的执行大格局，把解决执行难作为践行司法为民、树立司法权威的大事来抓。开展“转变执行作风、规范执行行为”专项活动，共清理了2007年至2013年6月30日录入全国执行案件信息系统中未执结的279件案件，2014年6月30日之前所立的未结涉民生案件38件，最高院、省高院和市中院交办、督办的涉执信访案件3件，2014年6月30日前立案的涉金融案件15件。积极探索解决执行难的有效途径，健全工作机制，创新工作方法，推进执行案件信息管理系统建设，与金融机构开展网络执行查控和联合信用惩戒工作，构建执行威慑机制，公布失信当事人47人，限制出入境、高消费23人，对37人实施了拘留措施，对涉嫌拒执罪的6起执行案件移送公安机关。利用网络视频接访系统实现当事人与最高院法官的“面对面”沟通交流，成功解决2起涉执信访案件。全年受理执行案件718件，结案614件，结案率85.5%，执结标的2829万元。

## 二、强化审判管理，提高审判质量效率

加强审判监督。坚持依法纠错原则，实行来信来访与申请再审分离，对符合条件的申诉依法提起再审，对申诉无理的做好息诉服判工作，逐步规范案件再审监督。全年审查申诉案件7件，审结发还重审案件34件。重视案件评查，由退下来的老法官组成案件评查小组，逐月对审结的案件进行评查并通报，全年共评查各类案件2343件。

加大调解力度。全年共办理调解、撤诉及诉前调解案件1127件，调解撤诉率达74.1%，部分庭室调解撤诉率达80%以上；利用诉前调解机制调解纠纷178件；落实诉调对接，全年共向乡镇司法所、村级调解组织委托调解案件80余件。

规范审判管理。加大适用简易程序力度，能用简易程序的尽量适用简易程序；在文书签发上简政放权，民事案件涉及调解、撤诉、速裁和简易程序，刑事案件适用简易程序的，不再逐级报批，由审判长或主审法官直接签发；加强合议庭的合议功能，按照讨论顺序使用法言法语进行评议，合议笔录必须写清同意或不同意的理由，如发生错案，合议庭全体人员下岗学习；实行案件点评制度，针对案件评查中出现的问题，由分管领导进行讲评；开展岗位大练兵活动，重点针对庭长、副院长开示范庭、观摩庭，审判人员进行优秀裁判文书评比；规范书记员管理，在立案庭成立书记员管理中心，集中管理、相对固定，统一调配书记员资源，提高工作效率。

化解涉诉信访案件。认真开展“涉诉信访积案清理并集中排查化解进京访案件专项活动”，全年共处理信访案件11件，接待人民群众来信来访4000余人次，同比上升15%，没有新增进京上访案件。

## 三、落实司法为民，维护群众合法权益

积极开展下乡驻村。结合“百日千村（企）万户行”“联村联企联创”“一村一警”3项活动的开展，共安排113名干警，深入143个村，开展法律宣讲、解疑释难工作。特别是在“百

日千村（企）万户行”活动中，全体党员干警深入山河镇富庄村、金村镇西南属村和南掌村，入户住村、征求意见、深入调研、结对帮扶，为当地群众排扰解难，为农村发展出谋划策。

*强化司法救助举措。*全年共为66件案件当事人缓、减、免收诉讼费34.1万元；向县政府和县政法委申请司法救助专项资金32万元，使包括索要劳动报酬、赡养抚养、刑事案件被害人等涉民生案件，双方当事人确有困难案件，涉法涉诉信访及有上访苗头案件等3大类共61件案件的当事人得到了及时救助，33件案件顺利执结。

*增补人民陪审员。*根据最高人民法院“倍增计划”要求，制定工作方案，通过公示、审核、考察等程序，增补30名人民陪审员并组织了相关的业务培训。同时，坚持“均衡使用、责任到庭”的原则，采取相对固定、分组使用的办法，确保人民陪审员及时履行职责，依法参与审判。全年人民陪审员参与审判案件742件，同比增加55件，占采用合议庭审理案件总数的83.38%，同比上升7.2%。

*办理司法确认案件。*岩后隧道严重火灾事故发生后，我院高度重视，精心组织，七个合议庭、三十多名审判人员经过近两个月的努力对86件人身损害赔偿和财产损害赔偿调解协议书依法予以了确认。群众感情得到抚慰，利益得到保护，事故善后工作平稳过渡。

*积极开展巡回审判。*深入山乡村镇、田间地头，积极与当地基层组织和人民调解委员会协调沟通，针对婚姻、赡养、涉老弱病残当事人等案件进行就地办案，及时化解矛盾，扩大法制宣传，让司法走进群众、贴近群众，让群众切实感受到司法服务就在身边。全年巡回审判案件25件。

## 四、从严管理队伍，提高干警综合素质

*开展教育活动。*认真开展党的群众路线教育实践活动，以解决群众反映强烈的突出问题为着力点，进一步聚焦“四风”和“六难三案”问题，狠抓整改落实。围绕“八项规定”“四个一律”“五个严禁”等，开展廉政教育，整理了400余页的内部资料《法官廉政手册》一书，进一步严明职业纪律、工作纪律、生活纪律。实行党员目标化管理，开展党员进社区等服务活动，党组织凝聚力进一步增强。

*加强学习培训。*党组成员带头讲党课，进一步加深干警对党的群众路线教育实践活动内涵的理解。创新业务学习培训方式。按照“谁能讲谁培训”的思路，安排法官外出培训、授课，与全院干警进行探讨和交流。积极开展调研工作。针对司法行政体制及民商事法律适用中存在的热点和难点问题，选择相关课题，由党组成员领题、相关业务庭室负责开展调研，提高理论水平，提升司法能力。

*加大纪律督察力度。*着眼改进司法作风、净化政治生态、实现态、实现革风清，组织开展专项整治活动，从严落实“两个责任”，对违反工作纪律的行为及时进行整顿，全年查岗25次，编发政务督察通报8期，审务督察通报4期严肃查处违纪违法案件，全年共通报批评35人次，对1名干警作出了开除公职处分的决定及开除党籍的建议。改进会风文风，清理办公用房。坚持少开会、开短会、多会合并一

会，会议精减41%、文件精减27%、三公经费精减53%、清退办公用房150平方米。

五、夯实基础建设，提高司法保障水平

加快信息化建设。完成了审判流程公开、裁判文书公开、执行信息公开三大平台建设硬件系统的招投标和安装工作，利用官方网站和中国裁判文书633份，在人民、新浪、腾讯三个官方微博发布信息3423条。室外全彩LED屏、电子公告系统、便民自助查询系统、电子卷宗系统服务器均安装完成，利用远程视频成功开庭审理了山西省首例跨晋甘两省的离婚案件。

提高行政管理水平。加强车辆管理，对老旧车辆及时报废，全院所有车辆收回后勤服务中心，集中管理，合理调配，保证审判工作的正常运行。

提高警务保障能力。坚持“谁值班谁负责”的原则，加强突发事件应急演练，熟练掌握应急程序的启动、运转和协调工作，充分利用执行和单警装备，提高警备保障能力。全年共值庭344次，提押罪382人次，出警840次，配合中院调警3次，采取强制措施41次，执行安检人次，处理突发事件1起。

六、自觉接受监督，大力推进司法民主

主动加强与人大代表和执法监督员的联络，认真落实县人大对我院工作的决议和决定，认真办理人大代表的意见、建议和来信，不断完善办理、督办、反馈等工作机制，2014年在县五届人大常委会第三十三次会议上作了《关于民事审判工作情况的报告》，依法接受人大审议。自觉接受政协的民主监督，完善接受民主监督机制，通过走访调研、召开座谈会、发放征求意见表等方式，加强与政协委员的联系沟通。依法接受检察机关的法律监督，支持、配合检察机关履行监督职责，认真对待检察建议，及时纠正工作中存在的问题，共同维护司法公正。广泛接受社会监督，建立新闻发言人制度，加强与媒体沟通，依托三大平台公开办案流程、裁判文书、执行信息，司法行为置于各界监督之下，法院工作更加透明。

各位代表，一年来，我院取得的各项成绩，是县委正确领导、人大有力监督和社会各界关心支持的结果，是各位代表、委员和广大人民群众理解支持的结果。在此，我代表全院广大干警向各位代表和委员，向关心、支持法院工作的各界人士，表示最衷心的感谢！

在肯定成绩的同时我们也清醒地看到，我们的工作还存在不少问题和困难，主要表现在：少数案件质量不高，对新类型疑难案件的研究和探索不够，审判工作与人民群众的司法需求尚有差距；便民、利民措施有待进一步改进；执行工作还未真正实现良性循环，“执行难”问题仍然比较突出；人事工作有待推进；基层法庭、科技法庭建设任务还很繁重等。这些问题和困难都需要我们在今后的工作中采取有效措施，努力加以解决。

## 2015年工作安排

2015年，是全面推进依法治国的启动之年，是法院深化司法改革的关键之年。我院工作的总体思路是：深入贯彻党的十八大和十八届三中、四中全会及习近平总书记对政法工作的重要讲话精神，紧紧围绕人民法院第四个五年改革纲要的目标要求，把维护社会大局稳定作为基本任务，把促进社会公平正义作为核心价值追求，把保障人民安居乐业作为根本目标，造就忠于党、忠于国家、忠于人民、忠于法律的法官队伍，为依法治县和平安泽州建设提供坚强有力的司法保障。

一、立足审判工作，在服务大局能力上有新提高

充分发挥刑事审判惩治和预防犯罪的职能作用，依法严惩严重破坏社会治安、严重扰乱生产秩序、严重损害群众利益和生命健康的暴力和侵财犯罪，认真实施量刑规范化工作，坚持疑罪从无，避免冤假错案发生，促进社会和谐稳定；做好民商事审判工作，妥善审理教育、就业、住房、医疗、劳动争议、社会保障等民生领域的各类矛盾纠纷，促进经济发展；坚持把行政审判作为监督依法行政、优化经济发展软环境的重要平台，加强与行政机关的良性互动；进一步强化执行工作力度，加强执行队伍建设，提高执行工作信息化水平，创新执行工作方法，加大拒执罪的适用力度，维护司法权威。

二、加强审判管理，在审判质量和效率上有新提高

根据深化司法体制改革的总部署、总要求，围绕执法办案第一要务，积极推进审判管理机制的创新和完善。健全方便立案的新机制，变立案审查为立案登记；健全案件繁简分流机制，建立速裁庭，充分发挥简易程序、小额速裁、轻刑快判等案件快速审理机制的制度优势，努力降低当事人诉讼成本，减轻当事人诉累；实行备案监督制，加强对独任审判的监督管理；明晰主审法官、合议庭的审判权和院长、庭长的监督权，完善错案倒查和责任追究制。

三、强化司法为民，在群众工作能力上有新提高

认真贯彻落实最高院《关于进一步做好司法便民利民工作的意见》，提高群众工作能力，全面整合诉讼服务，优化诉讼服务窗口建设，努力为当事人提供“一站式”和“全方位”的诉讼服务；扎实开展调解工作，加大诉前调解力度，提高诉讼调解率，让泽州法院的亮点更亮，强项更强；强化司法救助工作，加大对经济确有困难当事人的救助力度，让当事人切实感受到司法的关怀和温暖。

四、加强队伍建设，在干警综合素质上有新提高

继续深入开展学习讨论落实活动，以集中专项整治为抓手，坚决整治“六难三案”，持续巩固党的群众路线教育实践活动取得的成果；严格落实党风廉政建设主体责任和监督责任，把守纪律讲规矩摆在更加重要的位置，健全完善廉洁司法制度，强化对干警的监督和管理，严查司法腐败，严格执纪问责，确保司法公正廉洁；积极推进法官队伍职业化建设，加强职业道德建设，强化业务知识培训，提升审判实务能力；加强党建工作，实行党员目标化管理，发挥工、青、妇等群团组织的作用，进一步调动广大干警干事创业的积极性。

五、推进阳光司法，在接受监督上有新举措

坚持主动向县人大常委会报告工作，认真落实县人大及其常委会的决议；健全接受政协民

主监督工作制度，主动通报法院工作情况；认真办理代表所提议案和政协提案，加强与代表、委员日常联络；积极接受检察机关的法律监督和社会各界的民主监督，支持律师依法履职，不断改进法院工作；继续推进阳光司法工程，加快三大平台建设，以公开求临督，以监督促公正。

各位代表，党的十八届四中全会作出了全面推进依法治国的重大决策和战略部署。站在新的历史起点上，人民法院肩负的责任重大而光荣。我们将认真贯彻落实本次大会决议，虚心接受代表委员的意见建议，扎实工作，开拓创新，锐意进取，攻坚克难，不断开创审判工作新局面，为谱写美丽中国梦的泽州新篇章做出新的更大的贡献！

# 泽州县人民检察院工作报告

——2015年3月20日在泽州县第五届人民代表大会第五次会议上

县人民检察院检察长　王红玲

## 2014年工作回顾

一年来，我院在县委和市检察院的正确领导下，在县人大及其常委会的有力监督和县政府、县政协的大力支持下，深入贯彻党的十八大，十八届三中、四中全会和习近平总书记系列重要讲话精神，紧紧围绕我县确定的“1125”(即以“干在实处、走在前列”为总要求，以率先在全省全面建成小康社会为总目标，突出转型综改和城乡一体“两大主题”，大力实施项目建设提议、产业发展提档、生态环境提质、民生改善提速、党的建设提标“五大工程”。)发展战略，坚持以执法办案为中心，认真履行法律监督职能，全力维护社会和谐稳定，为我县率先在全省全面建成小康社会提供良好的司法保障。

### 一、服务经济社会发展大局，执法办案水平得到新提高

主动参与平安泽州建设。充分发挥批捕、起诉职能，突出打击各类刑事犯罪，努力维护社会稳定。全年共受理公安机关及本院自侦部门提请批准逮捕的各类刑事案件82件119人，经审查依法批准和决定逮捕72件109人；共受理公安机关及本院自侦部门移送审查起诉的各类刑事案件187件255人，经审查依法提起公诉178件246人，提出量刑建议227人，法院采纳218人，采纳率为96%，批捕准确率和起诉有罪判决率均为100%。在办案中我们十分注重与公安、法院的密切配合，增强打击刑事犯罪的合力，重点打击“黑恶势力”犯罪、严重暴力犯罪和盗窃、抢夺等严重危害群众财产安全的多发性犯罪。对重特大案件、社会关注的敏感案件适时介入侦查活动，引导侦查取证，做到关口前移，确保案件质量。认真贯彻宽严相济的刑事政策，严格把握逮捕条件，对初犯、偶犯及轻微犯罪慎捕慎诉，全年对10件10人依法不批准逮捕，对1件1人作出不起诉决定。强化对涉罪未成年人的司法保护，对6件11人未成年人犯罪纪录全部予以封存。在执法办案中积极开展检察环节的综合治理工作，对发现的问题及时向有关职能部门提出消除隐患、强化管理的对策建议，注重对重点人群和重点区域进行专项治理，促进社会防控体系建设。

严肃查处职务犯罪案件。坚决按照中央对反腐败工作的部署，坚持有腐必反、有案必查，充分发挥检察机关在惩治和预防腐败体系建设中的职能作用。全年共立案侦查各类职务

犯罪案件14件16人，其中，贪污贿赂案件11件12人，大要案比率为81.8%；渎职侵权案件3件4人，市院侦结交办案件2件2人。一年来，反贪部门积极开展查办涉农惠民职务犯罪案件专项行动，查办涉农职务犯罪案件6件6人。针对群众反映个别农户缴了农村社会保险费却领不到社保金的线索，查办了县农保所副所长王某某贪污农民10万元养老保险金案件，维护了农民的社保利益。查办机关干部职犯罪案件2件3人，立查了县经贸局副局长兼二轻工业公司总经理段某某贪污24万元公款案；去年3月1日，晋济高速岩后隧道燃爆事故发生后，反渎职侵权部门积极配合最高人民检察院事故调查组介入事故调查，查办了4名国家机关工作人员涉嫌渎职犯罪案件。查办案件牢固树立程序意识、证据意识，确保案件诉得出、判得了。

积极开展职务犯罪预防工作。认真贯彻省院服务重点工程电视电话会议精神，全力推进职务犯罪预防工作。全年开展预防调查11次，撰写职务犯罪案件分析9件，发出检察建议11份，开展警示教育16次，向县建设局、政府采购中心、国土局、部分国有企业提供行贿犯罪档案查询1222次，组织开展预防职务犯罪“十百千”(十个重点项目，百个督办项目、千个联络站点）专项活动，对全县重点工程基本情况进行了摸底调查。县委、县人大领导对我院报送的《2013年度惩治和预防职务犯罪年度工作报告》作出了批示，予以肯定。

**二、努力维护社会公平正义，法律监督能力得到新提高**

刑事侦查和诉讼监督成效明显。加强刑事诉讼法律监督，重点解决侦查活动和诉讼活动中执法不严、司法不公的突出问题。全年向公安机关发出《要求说明不立案理由通知书》1份，监督立案1件1人，提前介入案件调查5次，要求公安机关补充《提供法庭所需证据材料》10份，向公安机关和法院发出《纠正违法通知书》14份，对4起命案现场及时介入调查、勘查，开展羁押必要性审查6件12人，改变案件定性错误10件，追诉漏犯7人，追诉漏罪4案14人，提请抗诉案件6件8人。

民事行政检察工作全面加强。全面把握修改后的民事诉讼法和行政诉讼法，强化对民事行政审判案件的法律监督，积极探索民行检察工作的新机制。全年受理各类民事行政检察案件17件，其中，向市院提请抗诉1件，向县法院提出再审检察建议2件，提出民事执行检察建议3件，提出审判程序违法检察建议1件，均被采纳；办理支持起诉案件2件，督促行政机关履行职责案件6件。

刑罚执行和监管场所监督不断强化。重点解决在监管场所存在的违法违纪问题。全年与县看守所、武警中队召开联席会议3次，开展联合检查8次，自行检查201次，提出纠正违法和建议19次，书面提出纠正违法通知书67件，均得到纠正；审查暂予监外执行提请案件10件，发出纠正违法通知书90件，纠正暂予监外执行不当4件。开展羁押必要性审查6件，被采纳6件。积极开展专项检察工作，对减刑、假释、保外就医人员进行摸排，依法对1名不符合暂予监外执行的罪犯收监执行。

三、努力践行党的群众路线，服务和保障民生能力得到新提高

坚持便民利民原则，畅通群众上访渠道。积极开展信访接待工作，坚持检察长接待日制度，以解决人民群众最关心、最直接、最现实的利益问题为重点，受理各类控告申诉案件37件，接待来访群众89人次，受理刑事申诉案件4件，对4名刑事被害人给予了救助，发放救助金40516元，向举报职务犯罪有功人员发放奖金8023元。开展“举报宣传周”活动和“送法下乡”阳光便民服务法律宣传活动16次。积极服务换届选举工作，对可能影响换届选举的隐患和不稳定因素及时消除化解，参与化解矛盾纠纷58件，确保农村换届选举工作顺利完成。控告申诉科被最高人民检察院再次评为全国文明接待室示范窗口。

延伸执法办案触角，妥善化解社会矛盾。积极引导干警拓宽办案思路，转变执法理念，改变就案办案的机械执法方式，延伸办案触角，努力化解社会矛盾。针对一些社会敏感度高、群众关注的刑事诉讼案件，对执法办案进行风险评估，启动案件快速审查机制和矛盾调处机制，尽可能缩短办案周期，避免矛盾激化。积极开展释法说理工作，对不立案、撤案、不批捕、不起诉、不支持抗诉等容易引发矛盾纠纷和上访的案件，到涉案单位、涉案当事人家中进行耐心细致的释法说理，杜绝了因办案引发新的社会矛盾，增强了执法办案的人文关怀和社会效果。坚持检调对接，通过政策谈心、释法说理、换位思考等行之有效的调解方法，促使所办的轻微刑事案件进行和解，成功率达100%，当事人无一提起申诉，达到了案结事了、定分止争的效果。

心系群众结对扶贫，帮助农户脱贫致富。以“一村一警”为载体，干警进村入户，了解农村社会矛盾，帮助农民解决实际困难。党组成员和下乡工作组坚持“走基层、解难题、办实事、惠民生”，以驻村帮扶联系点、专项整顿包村联系点为依托，深入到柳树口镇神直村和金村镇原庄村，了解农民的生产、生活状况，帮助村委制定经济发展规划，先后为驻村联系点神直村筹措资金数十万元，解决了群众吃水困难，为山区种养殖农户积极筹措资金、联系市场，积极引导村民发展种养绿色产业，帮助农户增加收入。

四、全面提升公正廉洁执法能力，队伍整体素质得到新提高

深入开展党的群众路线教育实践活动、学习讨论落实活动和规范司法行为专项整治活动，整改突出问题。一是开展系列学习活动，注重教育培塑，引导干警牢固树立党的群众路线观念，群众工作能力、公正司法意识进一步增强。组织干警赴兰考焦裕禄纪念馆参观学习，开展道德讲堂活动，邀请村干部讲党课，进行宗旨意识教育。组织专题学习讨论38次，开展各类座谈会谈心96人次。通过学习教育，党员干警在世界观、人生观、价值观上进行了自我剖析，净化了心灵，纯洁了党性。二是深入查摆“四风”问题和执法司法突出问题，坚持边查边改，注重整改落实。坚持开门搞活动，广泛征求检察院班子和班子成员在“四风”方面存在的突出问题，共发放调查问卷156份，共征求到“四风”方面的具体问题90余条。班子成员认真撰写剖

析材料，对查摆出的问题，从根子上找出原因，制定整改措施，确保突出问题得到有效解决，增强了教育实践活动的针对性、有效性。三是完善管理制度，适应作风建设的新常态，建立健全长效机制。健全了领导带班值周制度、双签到签退制度和因公外出管理制度，出台了警务用车使用和节假日公车封存制度，落实了领导干部述职述廉制度和廉政谈话等制度。

狠抓“两个责任”落实，促进党风廉政建设和纪律作风建设。制定出台落实党风廉政建设主体责任和监督责任的实施意见，强化执法执纪监督检查，形成责任落实长效机制。一是将党风廉政建设责任分解到人，明确重点环节，建立问责机制，逐级签订了《党风廉政建设责任书》，把落实党风廉政建设责任制与工作目标责任结合起来，形成一级抓一级、层层抓落实的责任体系。二是加强廉政纪律教育，组织学习中纪委和上级机关一系列反腐倡廉精神，收看警示教育专题片，做到思想清醒，警钟长鸣。三是严明工作纪律，认真贯彻执行中央“八项规定”、高检院“五条禁令”和省院“十个严禁”要求，严肃纠正节假日收受礼品和购物卡、公车私用及超标准接待等违规现象。同时，加大问责力度，确保作风建设持续推进。

实施“阳光检察”工程，提高检察机关执法公信力。积极推进“阳光检察”工程，充分保障群众和社会对检察机关执法办案活动的知情权、参与权及监督权，使检察权在阳光下运行，接受群众和社会监督，有效解决“服务群众最后一公里”的问题。设立阳光检务大厅，控告申诉科、民事行政检察科、案件管理中心、行贿档案查询等与群众直接联系的部门在一楼办公接待，设立多媒体触摸屏、检务公开屏、通知通告栏，方便群众上访申诉。建立案件公开查询制度，将案件诉讼进程、案件承办人等适合公开的办案信息及时公开，方便律师和其他诉讼参与人了解案件办理进展情况，为涉检事务全力构建“一站式”便民通道。外网网站改版升级为“泽州县阳光检察网”，强化网上举报受理、咨询、服务、反馈等互动功能，方便群众控告申诉和举报。

加强队伍专业、道德建设，提高干警综合执法素质。以创建“学习型”检察院为载体，坚持把能力建设作为核心，开展多种形式的业务技能培训，积极支持干警参加上级检察机关组织的各类业务培训和技能竞赛。全年组织干警参加培训150余人次。组织开展精神文明创建活动，加强检察职业道德建设。清明节以“追思革命先烈、感怀信仰力量”、“五四”青年节以“弘扬五四精神，激扬奋斗青春”、七月党的纪念日以“群众工作那些事”为主题，开展内容丰富的道德讲堂活动。两年来，已成功举办道德讲堂15期，通过活动既陶冶了干警的思想情操，也锻炼了干警的演讲口才。我院被评为市级“文明单位”，全年有9个集体和18名个人受到市级以上表彰。

主动接受人大监督，促进检察工作健康发展。坚持向人大及其常委会报告工作制度，完善与人大代表、政协委员的联络工作机制。在县人大五届四次会议召开期间，派出18名中层以上干部深入到各代表团认真听取代表和政协委员对检察工作的建议和意见，分析梳理意见建议23条，召开中层以上干部会议落实代表意见，促进检察工作更加贴近民生、更加符合民意。发挥人民监督员监督作用，加强了对检察机关执法办案外部监督制约。

一年来，检察工作取得了一定的成绩，离不开县委和市院的正确领导，离不开县人大及其常委会的有力监督，离不开县政府、县政协和社会各界的大力支持，离不开全院干警的共同努力，在此，我向一直关心支持检察工作的各位代表、各位委员以及列席会议的各位领导表示衷心的感谢！同时，我们也要清醒地看到，还存在很多不足，主要表现在：一是检察工作创新举措不够丰富，习惯于旧办法、老习惯，缺乏创新意识；二是职务犯罪“抓系统、系统抓”侦查机制还没有完全建立，预防职务犯罪的手段和形式还比较单一；三是领导班子在党风廉政建设和纪律作风建设中主体责任的落实上还不到位；四是部分干警对检察改革持观望等待态度，工作积极性不高；五是干警的执法素养、执法能力与新形势下的检察工作还不相适应，执法能力有待进一步提高。对于这些问题，我们将高度重视，切实加以解决。

## 2015年工作安排

今年，是全面深化改革的关键之年，是全面推进依法治国的开局之年，也是检察工作创新发展，为全县深化改革、推进依法治县提供司法保障的重要一年。根据上级检察机关和县委的工作部署，确定我院检察工作的总体思路是：以党的十八大，十八届三中、四中全会和习近平总书记系列讲话精神为指导，深入贯彻省、市检察长会议精神，紧紧围绕全县经济社会发展大局，依法履行法律监督职能，努力维护社会公平正义，扎实推进检察改革，着力提高队伍素质，努力为我县经济社会持续健康发展提供有力的司法保障。

（一）紧紧围绕十八届四中全会的重大部署，勇于担当全面推进法治建设的职责使命。要深刻认识全面推进依法治国带来的新任务、新课题，围绕法治建设的目标要求和重点环节，以公平正义为核心价值追求，以履行职能、执法办案为切入点，充分发挥检察机关在法治建设中的职能作用。围绕县委中心工作，牢牢把握坚持党的领导与依法独立公正行使检察权的关系，始终坚持党对检察工作的领导，正确处理执行党的政策和执行国家法律的关系，确保检察工作的正确发展方向。

（二）紧紧围绕全县深化改革的工作大局，有力保障平安泽州建设。着眼于全县“六大发展”和推进市级综改试点的工作部署，积极参加整顿和规范市场经济秩序，依法打击非法经营、强迫交易、合同诈骗等犯罪，积极查办和预防在招商引资、对外经济交往合作过程中的职务犯罪，努力营造良好的经济发展环境。依法保障国有企业改革，坚决打击借国有企业经营和改革之机贪污挪用国有资产和失职渎职造成国有资产损失等犯罪。开展职务犯罪预防工作，及时跟进政府投资重点领域开展预防调查，依法保障政府投资安全。主动参与社会治理创新，积极化解矛盾，促进民生改善，深入推进“平安泽州”建设，为经济平稳健康发展、社会和谐稳定提供有力的司法保障。

（三）紧紧围绕公平正义的价值追求，切实履行法律监督职能。以人民群众平安需求为导向，突出打击严重暴力、“黑恶势力”、多发性侵财犯罪。认真开展破坏生态环境和危害食品药品安全案件专项立案监督活动，加大生态环境和人民群众生命健康的司法保护力度。坚持有腐必反、有案必查，对腐败保持零容忍态度，努力做到发现一起查处一起。既要查处领导机关和重要岗位领导干部职务犯罪，又要查处发生在群众身边危害群众利益的“小官大贪”案件，让群众切身感受到反腐败的工作成效。围绕人民群众反映强烈的执法不严、司法不公突出问题，加大诉讼监督力度，着力维护和促进司法公正，努力让人民群众在每一个司法案件中都感受到公平正义。推动完善行政执法与刑事司法衔接机制，探索检察机关提起公益诉讼工作，强化对行政执法行为的法律监督。

（四）紧紧围绕检察改革的重点任务，不断推进工作创新发展。积极探索主任检察官办案责任制。深入推进涉法涉诉信访改革，健全程序导入、案件办理、终结退出、司法救助等制度机制，按照法定程序解决涉法涉诉信访问题。扎实推进介入命案现场工作，建立健全与公安机关介入命案现场勘查联络机制。深化以案件信息公开为核心的检务公开，着力构建开放、动态、透明、便民的阳光检察新机制。推进人民监督员制度改革，拓展监督案件范围，规范和完善监督案件程序。

（五）紧紧围绕司法公信力的不断增强，努力促进检察机关自身严格公正司法。加强人权司法保障，依法保护当事人和其他诉讼参与人合法权益。积极开展规范司法行为专项整治工作，对照高检院和省院规范司法行为整顿方案中指出的重点问题，结合实际，深入查摆，扎实整改，全面推进司法规范化建设。加强内部监督制约，实行办案质量终身负责制和错案责任倒查问责制，要把严防冤假错案作为坚决守住、不能突破的底线。认真落实县人大本次会议对检察工作的决议精神，更加主动地接受县人大及其常委会的监督，更加自觉地接受政协民主监督和社会各界监督，不断提高人民群众对检察工作的满意度。

（六）紧紧围绕队伍素能的全面提升，着力建设高素质检察队伍。巩固群众路线教育实践活动成果，推动学习讨论落实活动的深入开展，把思想政治建设作为根本，牢记“三严三实”，加强理想信念、党性教育和检察职业道德教育。把领导班子建设作为关键，提升领导班子依法决策的水平。把法律监督能力建设作为核心，深入推进检察队伍正规化、专业化、职业化建设。认真落实党组在党风廉政建设中的主体责任和纪检监察的监督责任，以“两个责任”的落实作为保证，加大从严治检力度，严肃查处检察人员违纪违法问题，实现干部清正、队伍清廉、司法清明。

各位代表，在新的一年里，我们将在县委和市检察院的正确领导下，在县人大及其常委会的有力监督下，在县政府、县政协和社会各界的大力支持下，凝心聚力，开拓进取，全力推进检察工作科学发展，为我县率先在全省全面建成小康社会做出新的更大的贡献！

# 关于2014年国民经济和社会发展计划执行情况与2015年国民经济和社会发展计划草案的报告

——2015年3月19日在泽州县第五届人民代表大会第五次会议上

县发展和改革局局长 王晋德

## 一、2014年全县国民经济和社会发展计划执行情况

2014年，面对错综复杂的外部经济环境和经济下行持续加大的严峻形势，在县委的坚强领导下，全县上下认真贯彻党的十八大，十八届三中、四中全会和习近平总书记系列讲话精神，坚持稳中求进，着力推进结构调整和发展方式转变，着力解决经济运行中的突出矛盾和深层次问题。保持了经济社会发展总体平稳与和谐稳定。

### (一) 经济运行总体平稳，综合实力进一步增强

主要指标保持在合理区间。全县地区生产总值完成218.5亿元，增长5.5%；规模以上工业增加值增长11.4%；固定资产投资完成181.3亿元，增长26.1%；公共财政预算收入完成12.4亿元，下降6.9%；社会消费品零售总额完成33.4亿元，增长10.1%；城镇常住居民人均可支配收入达到25662元，增长7.7%；农村常住居民人均可支配收入达到11257元，增长10.5%。

工业产品产量多数保持平稳增长。原煤产量完成644万吨，增长24.0%；化肥（折纯）产量完成117万吨，增长11.4%；生铁产量完成322万吨，增长7.6%；铸件产量完成148万吨，下降6.0%，其中铸管产量完成90万吨，下降11.0%；粗钢产量完成304万吨，增长9.3%；钢材产量完成299万吨，增长9.3%；水泥产量完成109万吨，增长770.1%。

### (二) 重点工程快速推进，投资稳增长作用有效发挥

重点工程建设成效明显。对重点工程坚持月调度、月排名、月通报、台账管理等一系列行之有效的做法，各项任务均完成预定目标，项目储备完成2414.5亿元，项目签约完成368.6亿元，项目落地完成264.3亿元，项目开工完成217.5亿元，省市重点工程建设完成67.3亿元，项目投产完成150亿元，其中，项目开工完成额、完成率全市排名第一。配合市里推进了太焦高铁和通用航空机场建设，太焦高铁预可研通过评审，通用航空机场列入全省规划，正在开展各项前期工作。

政府投资项目管理全面加强。一是加强了政府投资项目管理。制定了《关于加强县级政府投资项目管理的意见》《泽州县政府投资建设项目审计实施办法》。2014年共拨付

26720.2万元财政资金用于项目建设，项目建设进展总体良好。二是加大了资金争取力度。全年共争取上级发改系统资金近1.7亿元，有力地支持了全县项目建设。三是项目稽察力度加大。建立了稽察监管信息系统，中央投资项目实现了网上监管。开展了2013年中央投资项目、国有煤矿采煤沉陷治理工程、2014年县政府投资项目等专项稽察，确保了项目合法依规建设。

（三）转型综改试验统筹推进，改革红利持续释放

转型综改试点取得阶段性成效。巴公转型综改扩权强镇省级试点机制体制初步建立，“五规合一”规划文本通过评审，建立了“五部一办两中心”行政管理机制，承接了上级下放的54项行政审批权限，巴公金库投入使用。金村新区低碳发展市级试点有序推进，低碳发展理念与规划建设紧密融合。南岭乡被列为贫困地区转型综改市级试点，制定了发展规划和实施纲要。组织有关单位到常德市鼎城区就乡镇管理体制、园区建设、简政放权等方面进行了学习考察，努力破解综改难题。

重点领域改革深入推进。引导农村土地适度集中和规模经营，全县流转土地面积达到2.3万亩。深入推进财税体制改革，建立了乡镇基本财力保障机制。推进土地管理制度改革，开展了农村集体建设用地和宅基地使用权登记发证工作，被确定为全国农村集体经营性建设用地入市试点县。公立医院改革任务基本完成，实施了免费培养乡村医生制度。完成农村信用社改制工作，组建了泽州农村商业银行。规范了国有资本金收益管理，建立了企业重大事项报告约束机制。设立了五险统筹征收基金账户，并进行了试点运行。

（四）结构调整深入推进，经济发展内生动力不断增强

工业转型发展稳步推进。全力稳定煤炭生产。积极应对煤炭经济下行态势，严格落实惠煤政策，累计减轻煤矿负担5933万元。非煤工业转型稳步推进。兰花已内酰胺、兰花纳米新型材料、天溪煤制油二期等项目进入调试阶段。天泽4060二期、晋煤华昱清洁能源一体化等项目正在加紧推进。山水水泥项目投入运营。兴达铸件、清慧制造两家企业被评为行业排头兵企业，金工集团、清慧制造、兴达铸件的产品获得了“优质铸件金奖”称号。

服务业发展步伐加快。注重服务业培育和发展，投入302万元财政资金，支持引导服务业发展。大力推进城东商贸物流园区建设，月星城市广场投入运营，兰花保税物流中心获批成立，义乌小商品城破土动工，龙化路开工建设。文化旅游业迈出新步伐，成功举办了“太行神韵·经典阳阿”泽州乡村摄影展暨金秋民俗文化周活动，大阳古镇旅游知名度进一步提高；争取回了青莲寺、围滩、太极湖等旅游资源的管理权与开发权，积极推进珏山大景区的组建；农家乐、古镇游、生态游等乡村旅游发展快速。2014年服务业增加值占GDP比重达到27.4%，比上年提高1.7个百分点。

（五）农业基础地位得到夯实，现代农业加快发展

粮食生产平稳发展。全面落实中央、省、市各项强农惠农富农政策，大力推进新增粮食产能、粮食丰收、粮棉高产创建、中低产田改造、重大水利基础设施等重大项目建设。全县粮食生产在遭受严重旱灾的年景，没有出现大的滑坡，总产量完成4.1亿斤，其中，夏粮完成2.2亿斤，秋粮完成1.9亿斤。

现代农业加快发展。省市级“一村一品”专业村达到194个，农民专业合作社达到1150家，规模化农业园区达到12家，龙头企业实现销售收入9.6亿元。生猪出栏达到89.5万头，首获全国生猪调出大县奖励。核桃经济林种植面积达到4.5万亩，产业化发展势头良好。蔬菜基地建设初具规模，蔬菜产量完成12万吨。

（六）大力推进新型城镇化，统筹城乡步伐加快

金村新区建设推进顺利。丹河龙门湿地公园核心景观区工程开工建设，河道综合治理工程完成初步设计。府城街基本完工，丹河西路开工在建。加大了城乡规划编制力度，实现了乡镇总体规划全覆盖，巴公、南村等8个乡镇完成了控制性详细规划，395个村完成了新农村建设规划，村庄规划覆盖率达64%。地方煤矿采煤沉陷治理工作完成规划编制。四个治理试点村展开前期工作。

城乡基础设施更加完善。集中供热步伐加快，新增供热面积50万平方米，累计达120万平方米，受益户达1.2万户。煤层气覆盖面扩大，新增用户1.5万户，累计达5万户，村庄覆盖率达到28%。周村、北义城、川底3个乡镇垃圾填埋场开工建设。扎实推进农村人居环境改善，累计投入资金1.6亿元，所有乡镇都组建了环卫站，80%的村推行了“一车一桶一队伍”垃圾不落地模式。

（七）社会事业加快发展，生态环境得到改善

社会事业发展继续加快。教育事业得到全面提升，实现了15年制免费教育，义务教育实现了标准化。医疗服务体系不断完善，县医院综合门诊楼主体完工，7所乡镇卫生院完成污水处理系统建设和环境整治。社会保障水平不断提高，城镇居民医保财政补助标准、城乡居民基础养老金标准、城乡居民最低生活保障标准和“五保”供养标准得到提高。增加延伸了乡村公交路线，解决了70个偏远山村群众的“出行难”问题。

生态外境持续改善。实施了大气污染防治行动计划，开展了“百日会战”环保专项行动，环境质量得到改善。生态建设继续加强，全年营造林4.74万亩，森林覆盖率达到36.49%。积极开展节能评估和审查工作，坚决从源头上控制能源消耗。大力推进低碳发展工作，编制了全县低碳发展试点实施方案，被省里确定为第一批低碳发展试点县，并确定了一批低碳示范单位。

2014年全县经济社会发展虽然保持了平稳健康的态势，但还存在许多突出问题，一是主导产业市场需求不足，价格下跌，经济下行压力较大，GDP、公共财政预算收入等指标未达到预期目标；二是经济质量不优，产业结构单一，新兴产业成长不快，转型升级的任务依然艰巨；三是科技驱动、金融市场等发展滞后，经济增长内生动力不足；四是节能减排和安全

生产压力较大，社会事业和民生欠账较多。对此，我们将高度重视，勇于担当，切实采取有效措施，努力加以解决。

## 二、2015年全县经济社会发展的总体要求和主要任务

2015年是全面深化改革的关键之年，是全面完成“十二五”规划的收官之年，是我省全面推进“六大发展”的开局之年，科学安排好全年经济社会发展计划，对于引导全县形成适应经济新常态的强大合力、加快推进各项工作、促进经济社会平稳健康发展具有重大意义。

2015年全县经济社会发展的总体要求是：认真贯彻党的十八大，十八届三中、四中全会和习近平总书记系列重要讲话精神，主动适应经济发展新常态，坚持稳中求进工作主基调，以提高经济发展质量和效益为中心，以转型综改试验区建设为旗帜，以改革创新为动力，以增进民生福祉为目标，以法治政府建设为保障，全力实施“1941”年度工作重点，加快构建“两带四板块”“四化”同步发展新格局，努力开创“弊革风清、富民强县”新局面。

根据总体要求，按照实事求是、积极进取、科学合理的原则，2015年全县经济社会发展主要预期目标是：地区生产总值增长6.3%，公共财政预算收入增长6.3%，固定资产投资增长16%，规模以上工业增加值增长8.5%，城镇常住居民人均可支配收入增长8%，农村常住居民人均可支配收入增长8%以上，粮食总产量稳定在4.5亿斤左右。

上述目标的制定，主要是从适应经济发展新常态的大背景和坚持稳中求进的主基调出发制定的。一是全国经济正从高速增长转向中高速增长，国家、省、市都调低了增长速度，外部环境不支持高速增长。二是当前我县煤炭、铸造产业面临的形势还很严峻，新兴产业尚不能发挥支撑作用，同时民间投资积极性不高，经济发展的实际形势不具备高速增长的条件。三是适当调低经济指标的增长速度，有利于我们腾出更多的精力放到转方式调结构上，使我县经济发展的结构更优、质量更高。

为顺利实现今年制定的各项目标，全县上下要紧紧围绕总体要求，重点抓好以下七方面工作：

### (一)有效发挥好投资的关键性作用，努力保持经济稳定增长

加快推进重点工程建设。深入开展“项目提质增效年”活动，继续坚持“六位一体”推进重点工程建设，对在建项目加大服务支持力度，确保顺利建设；对在谈项目全面梳理，明确责任，全力推进，力争早日落地开工。全年确保完成项目储备2414亿元，项目签约288亿元，项目落地148亿元，项目开工167亿元，省市重点工程建设投资151.8亿元，项目投产144亿元，固定资产投资210.5亿元。深度对接中央、省、市推出的重大工程包，认真谋划一批大项目、好项目。继续配合市里协调推进太焦高铁建设，完成通用航空机场选址。全力抓好政府投资项目建设，认真执行工程“四制”，严格控制工程造价，加强项目监管和稽察，确保工程质量，确保资金安全，确保工程进度。认真掌握国家、省、市资金安排

动态，最大限度争取国家、省和市对我县项目建设的支持。

## 2015年政府投资项目计划安排情况

2015年政府投资项目计划共安排项目58个，项目总投资约14.5亿元，年度投资约7.34亿元，其中，国家投资8258万元，省投资11239.5万元，市投资5325.46万元，县级安排资金48584.15万元，其中：县财政安排资金26984.15万元，利用地方债券资金21600万元。

县级安排资金48584.15万元，其中：农业项目18个，安排资金2735.15万元，占5.6%；交通环保项目13个，安排资金7449万元，占15.3%；教育卫生项目15个，安排资金7063万元，占14.5%；城建项目6个，安排资金126080万元，占53.7%；其他项目6个，安排资金3257万元，占6.7%；项目前期费安排2000万元，占4.1%。

进一步激活民间投资。鼓励、支持和引导非公经济发展，加强服务体系建设，优化发展的政策、体制、市场、舆论等环境，不断拓展民间投资领域和渠道，不断激发民营投资活力。积极探索推广政府和社会资本合作模式（PPP），采取特许经营、购买服务、股权合作方式，建立政府投资与社会资本利益共享、风险分担和长期合作关系，推动各类资本相互融合、优势互补，促进投资主体多元化。

（二）深入推进转型综改试验，全面深化改革释放活力

深入推进三大综改试点工作。深入推进巴公转型综改扩权强镇试点，努力破解在土地管理、城乡统筹、园区建设等综合配套改革方面的难题。加快推进南岭贫困地区转型综改试点，充分发挥好生态资源优势，大力发展乡村旅游、生态庄园经济，为全县贫困地区全面建成小康社会探索新路。积极推进金村新区低碳发展试点工作，打造低碳产业、低碳建筑、低碳交通、低碳生活等发展新模式，形成南北中综改齐头并进的局面。

全面推进八大重点领域改革。统筹推进农村综合改革、行政体制机制改革、煤炭体制改革、国有企业改革、金融机制体制改革、财税制度改革、园区管理体制改革和收入分配制度改革。各项改革都要明确改革目标，明确责任单位，确保改革取得实质性成效，切实释放改革红利，为全县经济社会发展提供强大动力。

（三）全力构建“两带四板块”发展格局，着力推进经济转型发展

全力构建“两带四板块”发展格局。长河经济带，充分发挥资源优势，重点发展煤炭、煤化工、铸造等上下游产业，组建产业联盟，实现资源共享优势互补。丹河生态旅游文化产业带，统筹推进现代农业、旅游文化产业发展，充分发掘丹河文化，培育生态旅游产业链。巴公经济板块，重点发展装备制造、煤化工、节能环保等产业，形成产业集群。金村经济板块，加快发展现代服务、高新技术、商贸物流、教育研发等新兴业态，打造低碳经济板块。南村经济枚块，着力打造铸造、新兴产业和农业产业化经济板块。南部山区经济板块，大力发展农家乐、乡村旅游、生态庄园经济，打造生态农业经济板块。

加快传统产业转型步伐。大力推动煤炭革

命，加快煤炭企业现代企业制度改革，全面提高经营管理水平和盈利能力，大力发展煤电一体和煤化联盟。加快传统煤化工向现代煤化工转变，重点抓好兰花己内酰胺、晋煤华昱清洁能源一体化、天泽4060二期、天溪煤制油二期等重大项目。大力推进铸造产业上档升级，加快产业集聚、技术研发、产品集散三个平台建设，加快组建铸造集团步伐，形成铸造—机加工—装备制造产业链条，全面提高综合竞争能力。加快现代农业发展，大力发展优质小杂粮、蔬菜、食用菌、干鲜果、畜禽养殖等特色农业产业，提高无公害和有机农产品比重。推进晋宏10万头猪场、雨润5万头猪场建设，全年生猪出栏突破90万头。培育壮大龙头企业，培塑新型农业经营主体，引进新技术、新品种、新装备，加快农业信息化、品牌农业建设步伐。大力发展设施农业、休闲农业、观光农业等新型业态，打造现代农业新亮点。

大力培育新兴产业。一是加快现代服务业发展。突出抓好城东商贸物流园区建设，完成龙化路建设，开展西岭街前期工作，加快改善园区交通条件；加快兰花国际物流园、义乌小商品城、世沃国际商贸城等项目建设，尽快将园区做大做强。积极推进信息服务、技术服务、电子商务等生产性服务业和健康养老等生活性服务业。二是加快发展文化旅游业。组建珏山大景区，争创AAAAA级景区，打造自然景观旅游。加快大阳古镇、周村古镇、可寒山、吴(吾)圣山开发，打造古文化旅游。以沁河大转弯、山里泉、聚寿山等景点为支撑，大力发展乡村旅游，打造乡村特色休闲旅游。三是加快发展新材料和新能源产业。重点抓好兰花纳米新型材料、兰花无机棉、欣阳6兆瓦光伏发电、协鑫20兆瓦光伏发电等项目。

(四)推进新型城镇化建设，加快城乡统筹进程

突出抓好金村新区和重点小城镇建设。加快金村新区建设，完成丹河龙门湿地公园核心区建设，完成府城街建设和丹河西路主体工程，开展学苑街、太岳街东段等道路前期工作。加快推进巴公、南村、金村、下村、周村、高都、大阳等重点小城镇建设，重点抓好旧村改造、给排水改造、供暖供气和路网建设，加快扩容提质步伐，提高产业集群集聚能力，加快产城融合发展。其他小城镇要从道路交通、就医就学和人居环境改善等入手，进一步增强小城镇承载聚集能力。

加强城乡基础设施建设。完善交通路网，完成南高线(西阎庄至高会段)和大甘线路面改造工程，实施牛泊线(高都至泊村段)路面改造工程，完成100公里农村水泥(油)路改造。加强电力保障，加快大阳220千伏输变电工程建设，完成三姑泉二级水电站和拴驴泉水电站增效扩容工程。加强水利基础设施建设，完成任庄水库大坝改建除险加固工程，开工建设张峰水库泽州供水工程，推进石河水库前期工作。加快“气化泽州”建设，新增煤层气用户5000户。加快集中供暖步伐，供热面积达到150万平方米。

大力推进农村人居环境改善。继续推进“六整治六提升”，进一步加大“脏、乱、差”整治力度。加大环境治理力度，继续实施丹河

河道综合治理工程，启动巴公河河道治理工程，推进生活垃圾填埋场和污水处理设施建设，实施畜禽粪便无害化处理工程。加快安居宜居工程建设，推进地方煤矿采煤沉陷治理工作，全面开展下村镇杨山村、西陈庄村，巴公镇西寺庄村，高都镇西元庆村四个试点村的治理，建设一批连片美丽宜居示范村。

(五) 加大生态建设和环境保护，全面改善环境质量

大力推进“省级低碳试点县”建设。组织编制低碳发展规划和温室气体排放清单，制定低碳工作考核方案，明确目标任务、责任主体和责任人。严格淘汰落后产能，严控“两高”行业新增产能，推进工业、建筑、交通等领域节能降耗。严守生态红线和开发底线，不断提高森林覆盖率和碳汇蓄积量。大力发展循环经济，促进煤炭、电力、化工等传统行业全产业链循环。

加强污染防治和生态建设。狠抓污染物减排，重点抓好“控煤、治污、管车、降尘”四个关键环节，深入开展重点企业脱硫、脱硝、除尘改造，完成黄标车和老旧车淘汰任务。继续实施大气污染防治行动计划，完成重污染天气监测预警系统建设，实时发布县域空气质量PM2.5。开工建设高都兴隆山煤矸石治理工程和病死动物无害化处理厂。加快生态建设，围绕晋城市环城生态圈项目建设，坚持造管并举，继续提升镇区、园区、景区绿化水平，继续实施通道绿化、荒山绿化工程，全年完成营造林8500亩，建设绿化示范村100个。继续实施丹河人工湿地四期工程，开工建设长河生态接近性小流域治理改造工程。

(六) 全面发展社会事业，切实保障和改善民生

加快社会事业发展。提升教育事业发展水平，加快推进枣园学校建设，完成泽州二中学生宿舍楼和师生食堂、县职中操场及县第二高级职业中学校舍改造，全面开展改善义务教育薄弱办学条件工作，争创国家义务教育均衡发展达标县。加快文化事业发展，免费开放县文化馆、图书馆，加强“非遗”保护和文物保护工作。加强卫生基础设施建设，完成县医院综合门诊楼建设，改扩建县妇幼院，抓好9个乡镇卫生院污水处理系统建设和环境整治。推动全民健身和竞技体育全面发展。抓好安全生产，加大食品安全监管，加强信访稳定，强化应急管理，完善治安防控体系，深入推进平安创建活动。

做好创业就业和社会保障工作。落实好国务院和省、市出台的一系列帮扶企业的措施，稳定现有就业岗位，开发更多就业岗位。建立统一的城乡居民基本养老保险制度，进一步提高低保标准，进一步扩大养老、医疗保险覆盖范围，稳步提高社会保障水平。注重保障弱势群体和低收入群体生活，加大对贫困残疾人的救助力度。加快推进各类养老基础设施建设。切实实施好8项惠民工程和办好8件惠民实事，让改革发展成果更多惠及人民群众。

(七) 准确把握经济发展变化新态势，做好“十三五”规划编制工作

加强经济运行监测。积极适应新常态，围绕速度变化、结构优化，研究国家宏观政策预调微调动向，精准发现新问题、新特点，及时提出有效跟进措施，牢牢把握经济工作主

动权。加强与省、市、县三级经济形势分析联动、信息共享，相互支持，形成合力，准确把握全县经济发展变化态势，着力解决经济运行中出现的新矛盾和新问题。加大工作落实力度，确保各项政策措施执行到位、取得实效。

科学做好规划编制工作。把统筹发展作为编制“十三五”规划的根本方法，自觉把经济社会发展方方面面重点工作放到一盘棋中，统筹谋划、统筹安排、统筹运作。全面总结、评估“十二五”规划完成情况，扎实做好“十三五”规划编制工作。深入谋划好重大政策、重大工程、重大项目，努力把规划做好做实。科学设置规划目标指标体系，提高规划指标的合理性。加强规划创新，加强上下互动、部门互动，使规划编制真正成为汇集智慧、凝聚共识的过程。

各位代表，新的一年任务更加艰巨，责任更加重大。让我们在县委的正确领导下，在县人大、县政协的监督支持下，准确把握新常态、新任务、新要求，认清形势，把握大局，坚持稳中求进，锐意改革创新，为全面建成小康社会作出更大的贡献！

# 关于泽州县2014年预算执行情况和2015年预算草案的报告

——2015年3月19日在泽州县第五届人民代表大会第五次会议上

县财政局局长 翟玮平

一、2014年预算执行情况

2014年，面对复杂严峻的经济形势，在县委的正确领导下，在县人大、县政协的监督支持下，全县上下认真贯彻党的十八大，十八届三中、四中全会和习近平总书记系列重要讲话精神，拼搏实干，坚韧前行，稳增长、调结构、促转型、惠民生，经济平稳健康发展，社会建设全面加强，民生福祉持续改善。在此基础上，全县财政改革发展稳步推进，预算执行情况总体良好。

(一)一般公共预算执行情况

1. 预算调整情况

收入预算未作调整。主要原因：一是经济下行压力加大，回升形势不明朗；二是煤炭市场低迷，量价齐跌，导致税收大幅下滑；三是财税体制改革细则未确定，部分收入难以预测。

支出预算有所变动。支出预算在执行过程中，按照省市下达专项指标及预算法有关规定作了相应变动：一是将省市下达专项指标按规定顺加到有关科目；二是将结算事项按规定作了相应安排；三是根据预算管理有关规定，核减当年不需执行的预算指标。

2. 预算执行情况

一般公共预算收入完成123829万元，占预算的84.63%，同比下降6.9%，减收9181万元。一般公共预算收入123829万元，上级补助收入44365万元，上级专项补助55191万元，调入资金13027万元，上年结余1816万元，决算批复42万元，收入共计238270万元。

一般公共预算支出变动为235175万元，全年完成(含专项)233232万元，占变动预算的99.17%，同比增长2.63%，增支5976万元。一般公共预算支出233232万元，原体制上解2735万元，调出资金360万元，支出共计236327万元。收支相抵，一般公共预算滚存结余1943万元，结转下年使用。

主要支出项目执行情况为：

(1)教育47072万元，占变动预算的100%。对全县154家非公办幼儿园实行“民办公助”。实行农村公办学前教育“全免费”，惠及134所幼儿园、6568名幼儿。新改扩建凤城、金村镇大庄等5所幼儿园，推进了幼儿园标准化建设。巩固和完善农村中小学公用经费保障机制，确保189所小学、35所中学正常办公教学需要。拨付农村义务教育阶段家庭困难寄宿生生活费补助，惠及3441名中小学生。对152所农村义务教育薄弱学校进行设备配备改造。改造完善学校基础设施，支持县一中一期扩建工程、操场、数字化校园建设，支持县二中学生宿舍和师生食堂建设，县三中综合宿舍楼建设，支持县高级职业中学塑胶操场、观礼台及体育辅助用房建设。

（2）农林水事务40803万元，占变动预算的100%。支持发展省市级“一村一品”专业村194个。支持林业生态建设，完成镇区绿化170亩，丹河龙门湿地公园山体绿化166亩，公路绿化11.1公里。投入1.6亿元改善农村人居环境，硬化道路70公里，粉刷墙壁351万平方米。促进农民增收，发放各类强农惠农补贴资金3614万元，新发展农民专业合作社114个、家庭农场192个，培训农民1.9万人。开展涉农补贴资金“一卡（折）通”发放工作，补贴项目48项，补贴资金2.9亿元，共有18.6万人领取新卡，完成率100%。

（3）科学技术3161万元，占变动预算的100%。支持食用菌产业发展，生产企业达到38家，总产量达到893万斤。提升全县科技创新能力，申报专利25项。

（4）医疗卫生33017万元，占变预算的100.63%。改善全县卫生基础设施，支持县妇幼院改造工程、县医院综合门诊楼主体工程、7个乡镇卫生院污水处理系统及环境整治项目建设。支持县医院、县妇幼院两家县级公立医院改革，提升医疗卫生服务水平。提高农村医生生活补贴，在岗农村医生生活牢1、贴每人每月增加400元，达到每人每月800元；退岗农村医生根据工作年限，分别给予每人每月200元、300元或400元的生活补贴。

（5）社会保障和就业34993万元，占变动预算的94.54%。提高城乡居民基础养老金标准，每人每月提高10元，达到每人每月90元。城镇居民医保财政补助标准成年人和未成年人分别提高32元、40元，达到350元、320元。开展技能培训，培训学员2125名。安排144名大学生、73名“4050”人员从事公益性岗位，为80名大学生提供见习期岗位。对泽州县晋宛花卉中心、家美乐商贸有限公司等五家创业孵化基地进行补贴，补贴商户141户。购买基层公共服务岗位，安排42名高校毕业生到省级购买的基层公共服务岗位工作，开发县级150个基层公共服务岗位。

（6）文化体育与传媒5782万元，占变动预算的100%。支持县图书馆与文化馆改造建设，实现县文化馆、图书馆及乡镇文化站免费开放。繁荣农村文化，支持文化信息基层服务点、“农家书屋”建设，全年送戏下乡演出450余场，送文艺、曲艺演出900余场，送电影下乡8000余场。

（7）公共安全9330元，占变动预算的100%。完善政法经费保障机制，支持基层政法机构建设。

（8）节能环保599万元，占变动预算的100%。建设乡镇垃圾卫生填埋场及污水处理工程项目。加强环境信息与监控环保能力建设，进一步提升环境管理水平和效率。开展农村生活污水防治规划编制。

（9）城乡社区务3634万元，占变动预算的100%。实施煤层气推广利用，新增煤层气用户1.5万余户。开展集中供热工作，新增供热面积50万平方米。涉及南村、巴公、下村、大东沟4个乡镇。建立农村集中供暖、供气补贴制度，居民缴纳的集中供暖一次性入网费，按每户每平米10元给予补贴，农村新增煤层气用户每户补贴2000元。

（10）国防271元，占变动预算的100%。支持人武部民兵教育训练基地建设。

（11）交通运输5410万元，占变动预算的100%。实施大甘线（大阳至甘润）路面改造、南高线（西阎庄至高会）路面改造、牛泊线水磨头桥危桥改造等工程，交通网络更加完善。加强农村公路养护，开展主要县乡公路养护及安保设施完善工程建设。建立乡村公交车补贴制度，新增和延伸12条乡村公交路线，新增22台公交车。

（12）资源勘探电力信息等事务3643万元，占变动预的100%。主要用于行业安全检查，推动新业务开展等。

（13）商业服务业等事务1225万元，占变动预算的100%。主要用于供应肉食价差补贴，以及相关执法经费等。

（14）粮油物资储备事务569万元，占动预算100%。主要用于周村粮站易址迁建，粮食财务挂账利息等。

（15）国土资源气象等事务19765万元，占变动预算100%。主要用于矿产资源补偿，地质灾害专项治理，农村土地开发等。

（二）政府性基金预算执行情况

政府性基金收入35465万元，上级补助收入10939万元，调入资金360万元，净结余26390万元，收入共计73154万元。政府性基金支出27524万元，上解支出533万元，调出资金5575万元，支出共计33632万元。收支相抵，政府性基金结余39522万元，结转下年使用。

1. 收入预算执行情况

国有土地使用权出让金19695万元；煤炭可持续发展基金4398万元；地方教育附加2664万元；残疾人就业保障金2039万元；政府住房基金4290万元；城市公用事业附加1000万元；农业土地开发644万元；国有土地收益基金519万元。

2. 支出预算执行情况

煤炭可持续发展基金10230万元；国有土地使用权出让收入安排的支出13164万元；新增建设用地土地有偿使用费安排的支出733万元；国有土地收益基金519万元；政府住房基金500万元；彩票公益金492万元；地方水利建设基金397万元。

（三）社会保险基金预算执行情况

社保基金总收入47256万元，加上上年滚存结余74882万元，收入总计122138万元。社保基金总支出33313万元。收支相抵，滚存结余88825万元。

1. 收入预算执行情况

企业职工基本养老保险基金14379万元；城乡居民基本养老保险基金11124万元；居民基本医疗保险基金16416万元；机关事业单位养老保险基金5337万元。

2. 支出预算执行情况

企业职工基本养老保险基金7348万元；城乡居民基本养老保险基金6773万元；居民基本医疗保险基金16206万元；机关事业单位养老保险基金2986万元。

(四) 落实县人大预算决议情况及财政主要工作成效

充分发挥职能作用，经济运行更趋稳健。一是清理退还资金为企业“减负”。积极落实省“煤炭20条、17条”和市“煤炭10条”等措施，按照清理规范涉煤收费要求，返还5家煤炭企业“两金”(煤炭企业矿山环境恢复治理保证金和煤炭转产发展资金)3289万元，18家煤炭企业煤炭可持续发展基金869万元，退还涉煤违规收费1775万元，清理规范后吨煤减负50~70元。二是争取上级资金为企业“输血”。争取省级煤炭可持续发展基金、省级技术改造资金等专项资金2200万元，支持了荣盛丰建材、天巨重工等非煤企业发展。争取省级财政中小微企业融资创新奖励资金400万元，用于“政银企”融资模式开展。三是落实扶持政策为企业“助力”。为106家企业提供“助保金”、“聚力贷”、小额担保贷款等融资服务，发放资金2.5亿元，缓减了企业融资难题。

不断深化改革，财政体制机制释放活力。一是持续深化巴公扩权强镇财政体制改革。理顺县镇财税体制，完善相关制度，改革进展顺利。巴公镇一般公共预算收入3195万元，同比增长61.45%，改革“红利”初步显现。二是稳步推进乡镇基本财力保障机制改革。规范乡镇政府差额事业人员及退休人员补贴标准，提高乡镇人员公用经费标准，统一乡镇公务用车经费标准。同时，提高行政村和社区转移支付标准。三是启动行政事业单位国有资产经营管理体制改革。以单位资产出租出借为切入点，起草了全县行政事业单位国有资产出租出借管理暂行办法。

进一步强化财政管理，理财水平明显提高。一是提质增效，加强国库集中支付管理。乡镇财政全部实现财政直接支付和授权支付的电子化。与此同时，工资统发系统正式运行，公务卡系统趋于规范，非税收入系统稳步推进。二是从严管控，规范结余结转资金管理。完成一般公共预算结余资金、财政暂付款结余资金、财政暂存款结余资金三类资金压缩控制指标任务，激活了财政存量资金，提高了资金使用效率。三是强化监管，构建“大监督”格局。坚持开展以常规检查为基础、专项检查为辅助、内部检查为补充、财政审计检查为重点的监督检查工作。共对58家单位开展检查，检查资金82719万元，查处各类违规违纪资金1417万元，对查出的问题逐一进行了整改落实。四是创新机制，加强政府采购管理。引入协议供货竞争机制，确定协议供货商43家。调整协议供货限额，同类型货物协议供货的最高限额由8万元提高到20万元。全年政府采购金额10718万元，节约资金883万元，节资率7.61%。五是勤俭节约，打造节约型财政。严格落实中央“八项规定”，集中开展“三公”经费开支过大问题专项整治工作，压缩“三公”经费1124万元，压缩资金全部用于民生事业。

全力保障民生投入，人民幸福指数不断提升。全县与民生直接或密切相关的支出17.66亿元，占一般公共预算支出的75.7%，同比增长3.72%。其中，安排资金1.19亿元，支持了十项惠民政策落实和十件惠民实事完成，其覆盖人群范围之广、资金投入力度之大、延伸群众生产生活环节之细，更加彰显了民生财政。

安排资金4.59亿元，支持38项涉及农业、交通、环保、教育及其他方面的政府投资项目建设，夯实了民生保障基础。

在肯定成绩的同时，我们也清醒地认识到，财政运行和预算执行中还存在一些亟需改进解决的问题：“一煤独大”的产业格局短期内难以改变，非煤产业基础比较薄弱，税源结构不够合理；落实上级各项增支政策，以及随着工资津补贴改革、公车改革、机关事业单位养老金改革的实施推进，需要更多的财力保障，收支矛盾日益凸显；财政信息化建设还不够稳健，财政监督力量比较薄弱。以上这些问题，在今后的工作中我们将努力加以解决。

二、2015年预算草案

（一）预算安排的指导思想和基本原则

根据中央、省、市、县经济工作会议，全国、全省财政工作会议，结合对当前经济财政形势的综合判断，2015年全县预算安排的指导思想是：全面贯彻党的十八大，十八届三中、四中全会和习近平总书记系列重要讲话精神，坚持稳中求进工作总基调，主动适应经济发展新常态，全力实施“1941”年度工作重点，加快构建“两带四板块”，“四化”同步转型发展新格局，落实积极的财政政策，加强基本公共服务体系建设，着力保障和改善民生，做好新预算法实施与深化预算管理制度改革的协调推进，增强预算法治意识，提高依法行政、依法理财水平，为促进全县经济持续健康发展和社会和谐稳定履职尽责。

贯彻上述指导思想，全县预算编制将遵循以下原则：一要超前谋划，突出预算的平衡性。提高工作前瞻性，保持年度平衡性。二要全面统筹，突出预算的完整性。加强全口径预算管理，实现“收入一个笼子、预算一个盘子、支出一个口子”。三要保障重点，突出预算的规范化。预算安排既要在优化结构中保障重点，更要在保障重点中突出规范，做到“花钱要有效、用钱要负责”。四要推进落实，突出预算的一体化。牢固树立“一盘棋”思想，做到财政财务一体、预算改革一体、预算执行一体，切实提高财政财务工作质量和效益。

（二）一般公共预算安排情况

1. 预算安排情况

根据上述指导思想和原则，2015年全县一般公共预算收入安排131630万元，同比增长6.3%。加上年结转1943万元，上级补助收入38777万元，调入资金40410万元（其中，政府性基金结余20410万元，国有资本经营预算当年收入20000万元），其他收入6900万元（地方教育附加、残疾人就业保障金、从土地出让收益计提的农田水利建设和教育资金等11项政府性基金按规定列入一般公共预算），减老体制上解2735万元，县本级可用财力216925万元。

一般公共预算支出安排216925万元。

2. 主要支出项目安排情况

（1）教育52868万元。其中：全国教育均发展县级资金3000万元；普通高中“两免一补”2000万元；生均公用经费700万元；专职保安人员经费560万元；农村公办学前教育免学费500万元；中职学校学生助学金250万元；中职学校学生免学费全覆盖经费300万元；农村义务教育学生营养改善计划经费250万元；

学前教育“民办公助”200万元。

（2）农林水事务24730万元。其中：六大造林工程租地费2364万元；改善农村人居环境奖补资金1955万元；农村土地承包经营权确权登记颁证1000万元；设施蔬菜发展资金450万元；“一村一品”奖补经费400万元；农村集中供水工程高水价补贴231万元；水资源费200万元。

（3）科学技术87万元。其中：科技三项费用400万元；校县共建农业示范基地建设100万元；食用菌扶持基金100万元。

（4）文化体育与传媒2629万元。其中：文物保护费600万元；“农家乐”专项补助资金100万元；农村文化建设专项配套资金67万元；“三馆”及乡镇文化站免费开放经费60万元。

（5）医疗卫生25965万。其中：村卫生室信息化建设等资金396万元；“新农合”大病医疗救助200万元；基本公共卫生服务经费170万元。

（6）节能环保2473万元。其中：清洁工程县级配套650万元；环境卫生整治经费500万元；矸石山治理492万元；污染源监控平台建设项目181万元。

（7）社会保障和就业3818万元。其中：80岁以上老人生活补贴588万元；残疾人护理补贴及生活补贴493万元；60岁以上老人免费体检经费488万元；日间照料中心经费322万元；慈善协会慈善基金500万元；特殊人群医保费119万元；“新农保”专项经费124万元。

（8）一般公共服务2371万元。其中：奖励政策兑现资金1080万元；“三干会”等大型会议费500万元；政府投资项目决算审计外聘人员经费400万元；档案数字化建设300万元；政府投资项目预算评审及绩效评价300万元；工会会费250万元：生活必需品应急资金155万元；“十三五”规划编制经费100万元；信访案件化解专项资金100万元。

（9）公共安全1074万元。其中。2014—2015年天网工程建项目1860万元。

（10）城乡社区事务2323万元。其中：易地扶贫搬迁补助120万元。

（11）交通运输1884万元。其中：公路养护250万元；2011年重点工程资金缺口335万元；运管及源头治超等经费200万元；客运班线经费137万元。

（12）资勘探电力信息等事务3276万元。其中：就业创业专项经费500万元；全民创业500万元。

（13）商业服务业等事务781万元。其中：“两节”供应肉食价差补贴35万元；酒类肉食执法经费30万元。

（14）国土资源气象等事务14565万元。其中：国土收益业务费600万元。

（15）住房保障支出4394万元。其中：小区管理及公共设施维护费78万元；农村危房改造补助99万元。

（16）粮物资储备事务760万元。其中：2005—2010年粮食财务挂账利息补贴400万元。

（17）援助其他地区务支出269万元。

（18）其他支出612万元。

（19）预备费5684万元。根据预算法规定，在本级政府一般公共预算支出总额的3%以内安排预备费，用于当年预算执行中的自然灾害等突发事件处理增加的支出及其他难以预见的开支。

（三）政府性基金预算安排情况

基金收入16634万元，上年净结余39522万元，收入合计56156万元。基金支出35746万元，调出资金20410万元，支出合计56156万元。

1. 收入预算安排情况

国有土地使用权出让金13801万元；政府住房基金2500万元；农业土地开发资金333万元。

2. 支出预算安排情况

县医院综合门诊楼及急救中心项目3000万元；龙化路3300万元；赵树理街1180万元；采煤沉陷区治理搬迁安置项目1129万元；项目前期费2000万元；大甘线（大阳至甘润）路面改造工程1160万元；南高线（西阎庄至高会）路面改造工程1230万元；牛泊线（高都至泊村段）路面改造工程1100万元；农村公路村通水泥（油）路完善提质工程944万元。

（四）社会保险基金预算安排情况

社保基金预算总收入安排49156万元，加上年滚存结余88825万元，收入总计137981万元。本年社保基金预算总支出安排38238万元。收支相抵，滚存结余99743万元。

1. 收入预算安排情况

企业职工基本养老保险基金13371万元；城乡居民基本养老保险基金12977万元；居民基本医疗保险基金18814万元；机关事业基本养老保险基金3994万元。

2. 支出预算安排情况

企业职工基本养老保险基金8549万元；城乡居民基本养老保险基金8899万元；居民基本医疗保险基金17605万元；机关事业基本养老保险基金3185万元。

（五）国有资本经营预算安排情况

国有资本经营收入20000万元，调入一般公共预算统筹安排。

三、2015年财政改革与发展工作

（一）以发展税源经济为主线，更大力度培植壮大税源。围绕积极财政政策培植壮大税源。加快推进营改增、煤炭资源税从价计征等改革，认真执行各项结构性减税和税收优惠政策，严格落实各项减免行政性收费特别是涉煤收费措施，按规定减征缓征社保收费，坚决杜绝虚收探收财政收入。创新政府投融资机制，积极引入社会资本参与基础设施建设和运营，在社会事业等重点领域推广PPP模式，把政府的政策导向和社会资本的运营效率结合起来，提升公共产品和服务的供给能力。围绕重点产业培植壮大税源。充分发挥财政资金的引导、带动和放大作用，有效落实促进税源经济发展的各项政策和关键措施，支持煤化工、铸造和装备制造等传统产业改造升级，促进文化旅游、电子商务等新兴产业发展壮大，推动商贸物流、家居建材等现代服务业加快发展，不断提升重点产业税收贡献度，努力实现产业产出规模与财税贡献水平相协调。多方筹集5000万元建立中小企业还贷周转金，为企业提供金融服务，破解企业联保互保难题。围绕对上争取培植壮大税源。积极发挥部门职能作用，继续保持对上争取工作的良好态势，扎实做好项目筛选、包装、申报等工作，放大上级扶持政策、项目、资金对补充财力和助推发展的叠加效应。

（二）以增进民生福祉为重点，更大力度优化支出结构。支持教育优先。继续加大教育基础设施投入和教育均衡化发展。全面推进185所中小学校“改薄”工作，努力争创国家义务教育均衡发展达标县。新建枣园6轨力，年一贯制学校，推进李寨教育实践基地建设，新改扩建4所幼儿园，完成县二中、县职中和县第二高级职业中学的基础设施建设。完善社会保障。积极开展资金测算、衔接工作，为全面推进机关事业养老保险制度改革做好前期准续加大就业服务、技能培训、岗位补贴等政策的引导力度，稳步提高社会保障水平。加快推进各类养老基础设施建设。深化医疗改革。完善由职工基本医疗保险、城镇居民基本医疗保险、新型农村合作医疗制度构成的覆盖全民的医疗保险制度体系，提高参保率和补偿水平，保障群众身体健康。完善农村三级医疗卫生服务体系，重点支持县人民医院、北义城卫生院的综合门诊楼建设，9家乡镇卫生院环境整治污水处理系统建设，新改扩建县妇幼院和4家乡镇卫生院。加大支农投入。积极落实各项支农惠农政策，推进农业综合开发，支持农业园区建设，推进“一村一品、一乡一业”发展，培育家庭农场、专业合作社等新型农业经营主体。着力改善农村人居环境，重点支持丹河河道综合治理、沁河水保治理、巴公河道治理等工程，以及生活垃圾填埋场、污水处理设施、畜禽粪便无害化处理等工程建设。支持安居宜居工程，推进煤矿采煤沉陷治理、农村危房改造工作，启动符合条件乡镇的城中村和中心村改造。同时，积极筹资，支持8项惠民工程建设和8件惠民实事完成。

（三）以建立现代财政制度为目标，更大力度深化财税改革。深化预算管理制度改革。完善政府预算体系，推进一般公共预算、政府性基金预算、社会保险甚会而管. 围有资本经营预算的全口径预算编制。建设透明预算. 稳步推讲政府预决算、部门预决算、“三公”经费预决算公开。探索实行中期财政规划管理，研究编制三年滚动财政规划。深化国有资产经营管理体制改革提高国有资产监督管理水平，强化国有企业投资经营责任追究。逐步完善行政事业单位资产管理体制机制。加快推进政府购买公共服务改革。推动购买服务由行政服务类为主，向公共卫生、教育、文化、就业、社会工作等公共服务领域拓展，增加购买服务试点项目，完善政府购买公共服务的制度设计，强化购买项目的招投标管理、服务质量跟踪管理及绩效监督体系，确保提供高质量的公共服务。

（四）以实现依法理财、为民理财为宗旨，更大力度强化财政管理。加强政府债务管理。严格落实中央和省市关于政府性债务控制管理的规定，将地方政府债务分门别类纳入全口径预算管理，建立政府债务偿还机制，掌握和控制新增债务的发生，切实防范和化解财政金融风险。政府投资计划严格按照年初预算来铺排，杜绝超预算、超概算行为。强化支出绩效管理。健全预算绩效管理机制，推进财政专项资金绩效评价和绩效跟踪等工作，逐步将绩效管理覆盖所有预算单位和所有财政资金，以严格资金管理、严肃财经纪律，确保财政支出安排不变调、使用不走样。厉行勤俭节约。认真贯彻落实上级关于厉行勤俭节约、反对铺张浪费的各项规定，严格控制政府性楼堂馆所、财政供养人员以及“三公”经费等支出，努力降低行政运行成本。进一步扩大国库集中支付范围，全面推行公务卡结算方式，推进和完善预算执行动态监控系统建设，确保厉行节约各项措施落到实处。加强财政队伍建设。狠抓党风廉政建设和效能建设，用发展的、改革的、创新的理念指导财政工作，把“依法行政、依法理财”贯穿于整个财政工作始终。巩固群众路线教育成果，按照“为民、务实、清廉”要求，转变工作作风，提高财政机关服务基层、服务群众的能力。

各位代表，2015年财政工作艰巨而繁重。我们将在县委的坚强领导下，在县人大、县政协的监督支持下，坚定信心，扎实工作，确保完成各项预算任务，为泽州经济社会持续健康发展做出更大贡献。

# 大事记

## 1月

4日至5日，全县经济工作座谈会召开。县四大班子领导分别结合所分管的工作，就各自的领题调研情况以及2015年重点工作安排作了发言。主持泽州县委工作的市委常委、政法委书记刘爱军，县长高喜全作了重要讲话。

7日，市委常委、市政法委书记刘爱军深入县公安局调研。对县公安工作取得的新成效、新变化、新进步给予充分肯定。

9日，市委常委、市政法委书记刘爱军主持召开县委常委会议。与会常委坚持问题导向，联系自身工作实际，围绕全县容易滋生腐败和权力寻租的突出问题，就如何解决以权谋私、群众反映强烈的突出问题、选人用人方面的突出问题以及“为官不廉”“为官不为”等作风方面的突出问题，全面客观地进行了深入讨论，深刻剖析。会议还对全县近期学习讨论落实活动进行了安排部署。会议强调，要把学习讨论落实活动与贯彻落实省委十届六次全会、全省经济工作会议结合起来，与市委、县委有关部署结合起来，与岁末年初的各项具体工作结合起来，努力做到“两不误、两促进”。同日，泽州农商银行挂牌开业。该银行是在泽州农村信用社的基础上组建而成的。

14日，由省民政厅副厅长许富昌带队的省双拥考核组到泽州县对双拥模范县创建活动进行了考核验收。同日，市委书记张九萍参加了泽州县领导班子成员学习讨论落实座谈会，征求县领导班子对市委常委会的意见，指导全县学习讨论、落实活动开展。

16日，泽州乐村淘电商平台启动大会召开。全县150多家小卖部老板争先恐后签约，成为乐村淘体验店。

19日，县长高喜全主持召开县政府党组会议。会议学习了全市经济工作会议精神。各党组成员对学习讨论落实活动中有关突出问题、政治生态等内容进行了讨论，对全县经济工作会上的讲话稿征求了党组成员意见。高喜全指出，各党组成员在学习讨论落实活动中要充分联系自身工作实际，以制度建设为抓手，对群众反响集中的突出问题责令职能部门重点查处，对活动中不符合标准的单位提出整改意见，限期落实到位。高喜全强调，党组会议作为政府反腐、党风廉政建设的重要阵地，要定期举办召开。各党组成员要高度重视，将议事规则细化，确保党组会议精神的落实，严明政治纪律和组织纪律。

20日，市委常委、政法委书记刘爱军主持召开县委常委会议。会议集中学习了习近平总书记在中央党校第一期县委书记研修班学员座谈会上的重要讲话精神；学习了中纪委十八届五次全会及习近平总书记的重要讲话精神；传达贯彻了市委六届五次全会暨全市经济工作会议精神；讨论了《县委常委会工作报告》；讨论研究了县委四届五次全体会议暨全县经济工作会议日程、文件、讲话；讨论了全县2014年度目标责任考核工作方案、“学习讨论落实活动”及《县委班子反思剖析报告》。

21日至23日，水利部督察专员赵卫深入到泽州县部分乡镇，就2014年农村饮水安全工程完成情况进行专项督察。

27日，县委召开常委会议，研究讨论《中共泽州县委反思剖析报告（征求意见稿）》和春节前访贫问寒活动。会上，各位常委本着认真负责、严肃严格的态度，坚持问题导向，紧密联系自身工作实际进行了讨论发言。围绕政治生态、“两个责任”、经济发展、作风建设、制度建设、严格纪律等方面存在的问题进行了反思剖析，达到了预期目的。

28日，县委四届五次全体会议暨全县经济工作会议召开。会议听取讨论了县委常委会工作报告，总结了全县2014年经济工作并安排部署了2015年经济工作。

29日，省委组织部副部长陈学东带领省委督察组对泽州县农村“两委”换届选举工作进行了督察。

30日，泽州县环城生态圈绿道工程建设座谈会召开。副市长茹栋梅、县长高喜全等参加了会议。

同日，县慈善协会启动了2015年“慈善情暖万家”活动，并向重大疾病家庭、农村特困家庭、农村贫困家庭和困难职工家庭发放了共计60.7万元的救助金。

## 2月

2日，市委常委、政法委书记刘爱军主持召开县委常委会议，各位常委围绕学习讨论落实活动主题，深入查找全县政治生态存在的突出问题，并提出整改整治措施；围绕《县委反思剖析报告（讨论稿）》中已经查找出来的突出问题和群众反映强烈的突出问题，提出具体性的解决办法。

9日，市委常委、政法委书记刘爱军深入犁川镇访贫问寒，为困难群众、困难职工、困难老党员送去慰问品和慰问金，并送上了节日的祝福。

15日，召开县委常委（扩大）会。会议研究了全县“三干会”表彰奖项设置情况；传达了省委学习讨论落实活动有关要求以及市委关于做好“三个一批”工作的主要精神；传达了中央关于对党的群众落线教育实践活动整改落实情况进行“回头看”的有关精神，并就全县教育实践活动“回头看”情况进行了通报。要加大开门整改力度，确保整改效果让群众看得见、感受得到。

上旬，泽州县绿成林果专业合作社被评为国家级农民林业专业示范合作社，这也是泽州县第一家国家级农民林业专业示范合作社。

16日，县长高喜全主持召开政府党组会议。会议讨论了《泽州县人民政府党组反思剖析报告》；传达了中央关于对党的群众路线教育实践活动整改落实情况进行“回头看”的有关精神，并就全县教育实践活动“回头看”情况进行了通报。讨论了全县2015年政府投资项目建议计划和2015年惠民实事草案。会议还对县第五届人民代表会第五次会议上的政府工作报告（草稿）进行了讨论，并提出了具体的意见和建议。

25日，泽州县被确定为山西省唯一一个国家级暂时调整实施土地管理法试点县。全国共有33个县进行试点工作。

27日，中共泽州县纪委四届五次全体会议召开。市委常委、政法委书记刘爱军，县长高喜全出席会议并讲话。县委常委、纪委书记张保国代表中共泽州县第四届纪律检查委员会第五次全体会议作了题为《坚持从严执纪，强化监督问责，深入推进党风廉政建设和反腐败斗争》的工作报告。会议要求贯彻省、市纪委精神，以落实“两个责任”为核心，严明党的政治纪律和政治规矩，持之以恒落实中央“八项规定”精神，持续保持惩治腐败高压态势，扎实推进“三转工作”。

同日，泽州县银企座谈会召开。县长高喜全通报了全县经济运行情况，并希望通过面对面的沟通与交流，政府、银行、企业之间搭建一个沟通和联系的平台，进一步密切政、银、企关系，建立长期稳定的沟通合作机制，共同应对危机和挑战，促进经济和金融事业的繁荣发展。

## 3月

3日，晋城市目标责任考核组对泽州县2014年度目标责任完成情况、党政领导班子和领导干部2014年度履职情况，落实党风廉政建设责任制、推进惩防体系建设情况等进行考核。市目标责任考核组带队领导、市委常委、秘书长常国荣出席考核大会，市目标责任考核组组长、市委政法委调研员李双陵就做好考核工作提出要求。县委副书记、县长高喜全代表县领导班子及本人作述职述廉。县四大班子成员和其他县处级领导干部，县委委员、候补委员，各乡镇党委书记、乡镇长，县直各单位、县营企业主要负责人，县纪委副书记，县委组织部副部长及其他有关人员参加会议。会议还进行了民主测评。

6日，县妇联举办“庆三八・社会公德、职业道德、家庭美德”表彰会暨先进事迹报告会。

9日，县委召开常委会议。学习了《党政领导干部保密工作责任制规定》《人民日报》关于协调推进“四个全面”的评论员文章，研究讨论了《县委反思剖析报告》和全县学习讨论落实活动专项整治工作。

10日，市委书记张九萍在泽州县高都镇西刘庄村晋美香山设施蔬菜示范园，实地查看了蔬菜长势，并向示范园负责人和技术专家详细了解建棚成本、经营效益以及辐射带动周边农户增收情况；走进田间地头，查看小麦生长情况；到润农种业有限公司，查看了公司的种子生产线，了解了种子市场行情和销售情况。她要求各级各部门要高度重视农业生产，不断加大资金、技术投入力度，加强农业技术服务指导，加强农民技能培训，培养农村致富带头人，鼓励支持农业集约化发展，切实促进农民持续增收。

同日，全县公安系统先进事迹通报表彰大会召开。县长高喜全出席会议并讲话。

11日，全县春季植树造林动员大会召开。出台了《泽州县绿化委员会关于开展全民义务植树活动的实施方案》。

12日，泽州县2014年度劳动模范表彰大会召开。会议由县委副书记侯贵宝主持。县委常委、常务副县长李正根宣读了表彰决定。大会隆重表彰了2014年度在泽州县经济社会发展中涌现出的328个先进集体和381名模范个人。县委副书记、县长高喜全受市委常委、政法委书记刘爱军的委托作了题为《把握主基调，唱响主旋律，开创“弊革风清、富民强县”新局面》的报告。

13日，县长高喜全主持召开县政府第三十九次常务会议。安排部署2015年全县重点项目建设、工业经济赶超发展工作，并就当前工作进行强调落实。

16日，泽州县召开组织、宣传、统战、政法工作会议。会上，县委常委、组织部部长王加林，县委常委、宣传部部长王丽，县委常委、政法委书记王涛，县委常委、统战部部长安旭敏分别就2014年全县组织、宣传、政法、统战工作进行了总结，并对2015年工作进行了部署；县委常委、纪委书记张保国传达了市委办公厅《关于开展“双学双严”党纪条规警示教育月活动的实施方案》要求和省市《关于对领导干部顶风大操大办婚丧喜庆等借机敛财问题开展专项整治的通知》。

18日至20日，县政协五届五次会议召开。县政协主席樊秋宝代表政协第五届泽州县委员会作政协工作报告。大会审议通过了政协第五届泽州县委员会常务委员会工作报告并形成决议，听取了政协泽州县五届五次会议期间提案审查情况的报告，通过了政协泽州县五届五次会议政治决议。市委常委、政法委书记刘爱军作重要讲话。

19日至20日，泽州县五届人大五次会议召开。县长高喜全作了《政府工作报告》。大会通过了关于泽州县人民政府工作报告的决议、关于泽州县2014年国民经济和社会发展计划执行情况与2015年国民经济和社会发展计划的决议、关于泽州县2014年财政预算执行情况和2015年财政预算的决议、关于泽州县人民代表大会常务委员会工作报告的决议、关于泽州县人民法院工作报告的决议和关于泽州县人民检察院工作报告的决议。

21日，市委常委、政法委书记刘爱军主持召开乡镇书记座谈会，就重点工作进行安排部署。与17个乡镇的党委书记进行了党风廉政建设谈话。

24日，市委常委、政法委书记刘爱军在市荣尔飞电气设备制造有限公司（驻泽州）调研。他到车间边走边看，对企业生产的供水设备、供热设备、电气设备进行了详细了解，并与负责人交流企业经营情况和科技研发情况。他指出，加快富民强县建设离不开转型发展，发展就需要一大批有理想、有眼光的年轻人立大志、干事创业。他要求，县委、县政府要全力支持青年创大业，鼓励扶持农村“双带”型能人、社会科技型能人、务工返乡型能人引领创业，激励“煤老板”“铁老板”二次创业，掀起全民创业的新潮流。

25日，县委常委（扩大）会议召开。会议宣读了王野萍任泽州县委副书记的挂职文件；听取了党风廉政建设、党建工作、安全稳定、推进金村新区建设、民营经济、改善农村人居环境以及关于做强煤炭、冶铸、农业等当家产业的情况汇报。会议还围绕抓重点，提士气，解决突出问题。要求全县各级各部门要互相配合，形成合力，突出重点，抓在手上，破解发展难题，全力推动全县各项工作持续快速发展。

30日，县长高喜全带领住建、国土、林业等相关部门主要负责人就金村新区建设推进工作现场办公。

同日，泽州县召开旅游工作专题会议。县长高喜全出席会议并讲话。

## 4月

1日，泽州县“双学双严”党纪条规警示教育月轮训班开班。县委副书记、县长高喜全为参加首期培训的党员干部主讲开班第一课。

2日，市长刘润民深入泽州县，就企业运行和重点项目建设情况进行调研。县长高喜全，县委常委、常务副县长李正根，副县长李仲明，县政府党组成员李广同陪同调研。

7日，县长高喜全深入山西泽州天泰能源有限公司进行调研。

8日，市委常委、政法委书记刘爱军在金村新区及重点工程调研时强调，按照又快、又好、又省的原则，高效率推进金村新区建设。他要求，各级各部门要将金村新区建设作为先行先试的标杆工程、城乡统筹的标志性工程，分管领导要充分了解金村新区建设的重要性，将金村新区城建重点工程作为当前工作的重中之重，明确责任，狠抓落实，要在前期工程建设的基础上，按照又快、又好、又省的大原则，充分调动各方面人力物力，高效率地推进，保质保量完成，力争早日让广大人民群众享受到建设成果。

10日，县长高喜全带领县直有关单位负责人在巴公镇召开座谈会，就巴公镇的转型综改工作进行专题研究。

16日，在省经信委、省口岸办公室调研员李叶舟的带领下，省减轻企业负担督导组一行到泽州县调研企业减负工作。

17日，县委办公室出台了《关于在全县开展陈规陋俗专项整治活动的通知》，对全县陈规陋俗进行专项整治。

20日，泽州县召开安全生产紧急会议。市委常委、政法委书记刘爱军参加会议并讲话，县长高喜全主持会议。会议通报了近日连续发生的四起安全生产事故的具体情况，随后全体与会人员为在事故中遇难的人员默哀。会议还对全县下一步的安全生产工作进行了安排部署。刘爱军指出，当前全县安全生产形势异常严峻，针对当前现状，县委、县政府决定将开展为期十天的安全隐患大排查工作，发现问题、查处漏洞，总体提高全县安全生产水平。

21日，泽州县召开采煤沉陷区搬迁安置工作推进会。会议传达了省市采煤沉陷区综合治理工作精神，安排部署了全县采煤沉陷区综合治理推进工作。

22日，市委常委、市委政法委书记刘爱军在山西鲁村食品有限公司调研。

23日，市委常委、政法委书记刘爱军主持召开泽州县委常委扩大会议。会议传达学习了全省学习讨论落实活动总结暨“六权治本”推进会精神、王儒林书记忻州座谈会讲话精神、在省委“五人小组”听取2014年第二轮巡视情况汇报会上的重要讲话精神，全国、全省纠正“四风”突出问题电视电话会议精神以及中共中央办公厅《关于在县处级以上领导干部中开展“三严三实”专题教育方案》的通知精神。会议要求，各级党组织和广大党员干部要把学习讨论落实活动成果与即将开展的“三严三实”专题教育紧密结合起来，努力创造平安、稳定、和谐的社会环境。

27日，市委常委、政法委书记刘爱军主持召开县委常委会议。研究讨论《农村集体经营性建设用地入市试点工作实施方案》；原则通过《泽州县企业国有资产监督管理暂行办法》。会议听取了泽州县农村集体经营性建设用地入市试点工作情况汇报，研究讨论了试点工作领导小组建议名单和实施方案。同时，会议还研究讨论并原则通过了《泽州县企业国有资产监督管理暂行办法》和天泰能源有限公司章程。

28日，县政府召开廉政工作会议。传达了中央、省、市、县纪委全会精神，贯彻落实国务院、省、市政府廉政工作会议精神，回顾总结了2014年县政府系统反腐倡廉工作，并安排部署了2015年的重点任务。

29日，市委常委、政法委书记刘爱军主持召开县委常委（扩大）会议，对省委巡视组巡视中发现和反馈的问题研究讨论，要求立说立行。针对巡视组反馈的建议，他强调，各级各部门必须高度重视，提高认识，吃透政策，摸清底数，逐一反思，认真查找，出台切实可行的办法，制定出整改工作的时间表、路线图，将整改责任落实到具体单位、具体的人，确保巡视中发现的每一个问题有人问、有人管、有人办，确保问题发现一个、解决一个，让干部群众能切实感受到巡视工作带来的新变化。同日，县长高喜全在晋煤集团天溪煤制油分公司检查安全生产工作时强调，明确安全生产工作责任，构建安全生产工作格局。

30日，泽州县学习讨论落实活动总结暨“六权治本”推进会召开。市委常委、政法委书记刘爱军进行总结部署，市委督导组组长李双陵出席会议并讲话。

同日，2015“太行神韵·记住乡愁”走进石淙头——第四届泽州乡村摄影展暨春满周村文化周隆重开幕。

## 5月

6日，市委常委、政法委书记刘爱军深入福盛钢铁厂、天泽永丰化肥公司、清慧机械制造有限公司，就经济运行和安全生产情况进行调研检查。

7日，市委常委、政法委书记刘爱军深入

犁川镇山里泉养蜂专业合作社调研。鼓励青年企业家陈向明进一步明确发展方向，积极开拓更好的蜂蜜领域，为泽州经济社会发展贡献力量。

11日，全省农村集体“三资”管理专项清理整治工作动员电视会议召开。在泽州县分会场，市委常委、政法委书记刘爱军要求，不等不靠、立即行动，确保农村集体“三资”管理专项清理整治工作取得实效。同日，泽州县农村发展稳定座谈会召开。市委常委、政法委书记刘爱军要求突出抓好发展，统筹做到“六抓”，即抓发展、抓信访、抓安全、抓廉政、抓增收、抓民生，确保各项工作有力有序有效开展。

16日，省委书记、省人大常委会主任王儒林为全省县处级以上领导干部作“三严三实”专题党课——“领导干部要带头认真学习践行三严三实”。泽州县处级领导干部在分会场聆听了讲座。

同日，泽州县政府重大决策咨询专家委员会成立大会在太原召开。县委常委、常务副县长李正根主持会议。县政府重大决策咨询专家委员会首批聘任梁敬华、关建勋、李希海、潘云等11名委员。县长高喜全向新任委员颁发聘书并讲话。会议讨论通过了《泽州县人民政府重大决策咨询专家委员会工作章程》、组织机构及其他事项。会后，委员还对泽州县“两带四板块”发展战略和李寨沁河峡谷旅游区项目合资合作开发合同文本进行了咨询论证。

19日，全市危险化学品安全生产电视电话会议召开。县领导高喜全、李仲明、马占等相关单位负责人在县分会场收听收看了会议。

22日，泽州县召开城乡爱国卫生清洁运动工作推进会。县长高喜全要求，全面提升管理水平和实效，做到有机构、有制度、有经费、有队伍、有场所、有设备、有机制，保证城乡环境整洁有序。

27日，泽州县“三严三实”专题教育正式启动。市委常委、政法委书记刘爱军以《躬身践行“三严三实”，奋力开创泽州弊革风清、富民强县新局面》为题，为全县党员领导干部讲专题党课，并对全县开展“三严三实”专题教育作出安排、提出要求。

28日，县长高喜全主持召开县政府第41次常务会议。研究了调整县政府领导分工的事宜，讨论通过了《泽州县企业国有资产监督管理暂行办法》《天泰公司章程（草案）》，原则同意实施太岳街道路工程项目、碧水街西段道路工程项目、学苑街道路工程项目。

28日至29日，由吕梁市委常委、离石区区委书记常书铭、区长吕文平带队的考察团到泽州县参观考察。考察团先后到周村、川底、巴公、高都等乡镇就环境卫生整治、新农村建设、重点工程、经济发展运行等工作进行了实地参观。

## 6月

1日，市委常委、政法委书记刘爱军、县长高喜全等领导来到凤城小学、凤城幼儿园，亲切看望小朋友，与孩子们欢聚一堂，共庆“六一”儿童节。

3日，泽州县大众创业、万众创新青年创业巡回报告会在南村镇正式启动。县委副书记王野萍，县委常委、政法委书记安旭敏，副县长李仲明出席报告会启动仪式。

4日，晋城市环城生态绿道建设管理与产业发展工作会议在泽州县召开。会议介绍了白马寺至龙王山生态绿道泽州段运营、管理情况以及东四义至丹河段绿道规划建设情况。市县各相关部门负责人就绿道建设情况分别发表了意见和建议。副市长茹栋梅出席会议并讲话。

5日，泽州县召开落实党风廉政建设“两个责任”汇报会。会议围绕落实“两个责任”，落实全面从严管党治党要求，分别听取了金村镇、山河镇、川底乡党委书记作的有关履行主体责任的情况汇报和周村镇、大箕镇、高都镇纪检书记有关落实监督责任情况汇报。会上，市委常委、政法委书记刘爱军指出，近年来，泽州县在落实党风廉政建设、落实“两个责任”上，思想入脑上心、行动举措得力，取得了明显成效。但也要清醒地看到，成绩的取得和问题的解决依然是初步的，工作中还存在一些问题和不足，要逐一加以解决。

10日，泽州县巴公转型综改试点推进会召开。市长刘润民出席会议并作重要讲话。刘润民要求，各级各部门要把巴公镇作为市改革的一个特区，主动作为，全力支持巴公转型综改。巴公镇要不为视野所限、不为定势所困、不为经验所惑，敢为人先、敢于突破，力争建设成为全省综合配套改革示范区和先行区，让群众得到更多的改革红利。

12日，全省改善城市人居环境工作电视电话会召开，就改善城市人居环境工作进行安排部署。县长高喜全，县委常委、常务副县长李正根在泽州县分会场参加会议。

14日，省委常委、组织部部长盛茂林深入泽州县农村、企业，就“三严三实”专题教育和加强农村基层党建进行调研。省委组织部部务委员赵建华一同调研。市县领导张九萍、范丽霞、常国荣、高喜全等陪同调研。

17日，县五届人大常委会召开第四十次会议。听取并审议了县人民政府关于全县食品安全工作情况和全县蔬菜产业发展情况的报告；听取了县人民政府关于第十届村民委员会换届选举工作情况和南村铸造园区建设情况的报告；会议表决通过了县人大常委会关于全县食品安全工作情况和全县蔬菜产业发展情况的审议意见；表决通过了高喜全县长的任职提请，决定任命张庆民为县人民政府副县长；会议还研究了其他人事任免事项。

18日，县长高喜全为政府系统党员领导干部上了一堂质朴凝练、内涵深刻的“三严三实”专题教育党课。

24日，县政府决定成立推进职能转变协调小组，作为县政府议事协调机构。同日，根据市政府和市编办通知，县委办公室和县政府办公室联合发文，明确巴公镇和巴公装备制造工业园区管委办主要职责、内设机构及人员编制。协调小组组长由县长高喜全担任，常务副组长由县委常委、常务副县长李正根担任，县政府办公室主任樊海放为副组长。

26日，第28个国际禁毒日之际，副县长上官建红带领县公安局禁毒大队携手巴公镇派出所在巴公镇举行了以“珍爱生命，远离毒品”为主题的禁毒宣传活动。

29日，泽州县召开纪念中国共产党成立94周年党建座谈会。座谈会上，来自县直机关、乡镇、企业、村的9名基层党组织书记代表，分别结合自身工作实际，围绕本单位、本乡镇、本村基层党建取得的经验及存在的问题，进行了发言。

下旬，县四大班子领导分别走访慰问了部分老党员、困难党员，向他们送去党组织的关怀和温暖，并通过他们向全县广大党员致以节日的美好祝福。

## 7月

1日，市委书记张九萍和省委巡视五组组长康建成、副厅长级巡视专员张少波、巡视组干部梁志军一行，深入泽州县下村镇史村，就新农村建设、现代农业发展、民主监督管理等重点工作开展情况进行调研。

3日，市委常委、政法委书记刘爱军带领经贸、安监等部门负责人深入天地王坡煤业有限公司进行调研。

6日，市委书记张九萍在市委常委、政法委书记刘爱军，市委常委、市委秘书长常国荣，县长高喜全的陪同下深入金村镇，就非煤产业项目建设发展进行调研。

8日，泽州县召开领导干部大会。会议宣布省委、市委对泽州县主要领导作出调整的决定。根据省委、市委决定，赵新年任中共泽州县委委员、常委、书记。

10日，县委书记赵新年先后到县人大、县政协进行走访调研。调研中，赵新年与县人大、县政协领导班子成员和机关干部亲切交谈，询问工作情况，征求人大、政协对县委工作的意见和建议。

11日，县委书记赵新年到下村镇史村就农村基层党组织建设和发展稳定等工作进行调研。

13日，县委书记赵新年、县长高喜全深入南村、北义城、高都等乡镇，就防汛物资储备、小水库除险加固、危旧房屋防汛、任庄水库大坝改建除险加固、丹河河道治理等防汛重点领域和重点工程工作，进行实地督察。

14日，全市落实党风廉政建设“两个责任”巡回宣讲团到泽州县，就基层领导干部如何落实“两个责任”进行了专题宣讲。赵新年在主持宣讲会时要求，落实“两个责任”，要从三个方面抓起：一要在政治上敢于担当；二要在思想上时刻清醒；三要在行动上高度自觉。同日，县委书记赵新年深入南岭乡，就转型综改、经济社会发展、新农村建设等进行调研。

16日，县委书记赵新年到县检察院、法院、公安局调研政法系统工作。赵新年强调，政法系统要聚焦主业，认真履职，全力服务泽州中心工作，确保社会大局和谐稳定；要以“三严三实”专题教育为抓手，加强政治学习和业务学习，不断提升理论和业务素质，努力建设一支忠诚、干净、担当的队伍；要认真贯彻党中央和省市对司法工作的要求，严格执法、公正司法，放大政法工作的“正能量”；要不断适应新常态，满足人民群众新期待，切实解决好群众最关心、最直接、最现实的利益问题，促进社会公平正义。全县政法干警都要牢记习总书记对新时期政法工作提出的“维护社会大局稳定、促进社会公平正义、保障人民安居乐业”的三大主要任务，齐心协力、攻坚克难，共同营造泽州公开、公平、公正的法治环境，为泽州“转型发展、率先突破”提供坚实有力的法治保障。同日，县长高喜全深入晋煤高硫煤洁净利用循环经济工业园项目召开现场办公会，就当前项目建设中存在问题进行现场办公。

17日，县委书记赵新年深入大阳镇和大东沟镇，就文化旅游发展和城镇化建设等情况进行调研。

22日，县委书记赵新年到南村镇的春晨兴汇有限公司、世纪铸造有限公司、金秋铸造有限公司、锐锡泽州铁器铸造有限公司和正在规划建设的南村铸造园区进行了实地调研。赵新年强调，企业要想在激烈的市场竞争中站稳脚跟，必须要向创新、向人才要效益，向安全向环保要效益，向质量、向品牌要效益，向规模、向集群要效益，齐心协力打造属于泽州的铸造品牌，走出一条集约化经营、集群式发展的路子。

23日，县委常委班子召开了“严以修身”专题研讨会。

27日，县委书记赵新年深入张峰水库供水工程、康鑫农牧发展有限公司、高都镇泊南村、绿成林果专业合作社、彤康食品有限公司，就全县“三农”工作进行实地调研。座谈会上，赵新年在听取了县农委、水务局、畜牧局、农机局等职能部门工作汇报后要求，各级各部门要把“三农”工作作为全县工作的重中之重，精心谋划“三农”工作，确保“三农”工作思路清晰，方向明确；要以项目为载体，以问题为导向，坚持走农业集约化、规模化发展之路，加快城乡统筹的步伐；要大力培塑农业龙头企业，进一步促进经济效益和社会效益最大化；要抓好农村人居环境改善工作，尊重农民意愿，维护农民利益，结合农村实际，探索长效机制，加快形成干净整洁的农村环境。

30日，泽州县召开“五项活动”动员大会。会上县长高喜全对即将开展的思想大解放、纪律大整顿、环境大改善、矛盾大排查、项目大发展“五项活动”进行了安排部署。下村镇、金村镇、巴公镇、县新农办、经济和商务局、财政局等乡镇、县直单位负责人在会上作了表态发言。同日，县委议军会议召开。县委书记、县人武部党委第一书记赵新年，县委副书记、县长、县国防动员委员会主任高喜全分别作重要讲话。县人武部部长赵韶宇汇报了武装工作完成情况，县委常委、人武部政委陈志忠汇报了提交会议研究解决的有关事项。会前，赵新年、高喜全共同为“全省双拥模范城”牌匾揭牌。与会领导还观看了县常态化民兵应急分队科目演示，参观了县人武部作战值班室、战备器材库、战备物资库、荣誉室等地。

## 8月

4日，县委书记赵新年到泽州报社、县广播电视台等新闻单位进行调研。在泽州报社、县广播电视台，赵新年要求：新闻媒体一要围绕中心、服务大局。二要突出重点、唱响品牌。三要镜头下移、宣传基层。四要勇于创新、加强融合。五是要为“五项活动”营造氛围。六是要加强管理、提升能力。

6日，县人大常委会主任陈晋勇在城东商贸物流园区包联项目进行调研。他先后深入兰花物流园区、义乌小商品城、晋宏汽贸城等项目建设现场及选址地进行了实地查看。陈晋勇表示，要按照县委的统一部署，尽最大努力，帮助企业协调解决项目建设中遇到的困难。他同时还鼓励各项目单位要主动作为，加快项目建设进度，确保项目早日建成投产。

7日，县委书记赵新年在金村新区，就城建重点工程项目进展情况进行调研。赵新年先后深入金村大道、府城街、丹河西路、太焦高铁站选址、丹河龙门湿地公园等地，详细了解重点工程项目的规划和进展情况，现场办公解决存在的问题。同日，赵新年还深入到晋煤集团高硫煤洁净利用循环经济工业园，就项目建设情况进行走访调研。

12日，泽州县举办了“三严三实”教育暨思想大解放活动专题讲座。讲座由省委党校办公室主任张路以“解放思想推动山西发展”为主题，围绕领导干部如何解放思想，树立市场观念，如何通过思想大解放，破解“五大难题”、破除“五大瓶颈”，做好煤炭和非煤产业这两篇大文章，进而推进泽州科学发展、繁荣发展、跨越发展等话题，为全县领导干部作了深入浅出的讲解。

13日，县委书记赵新年深入部分危化品企业，就企业消防安全工作进行检查指导。他强调，安全是发展的先决条件，相关职能部门和企业一定要深刻吸取“8·12”天津滨海新区危险品仓库爆炸事故教训，严格落实安全责任。同日，赵新年还到川底乡、大东沟镇部分村庄就“环境大改善”活动开展情况进行了检查指导。

13日，县国防动员委员会主任、征兵工作领导组组长、县长高喜全深入县人武部，就当年的征兵工作进行检查指导。

14日，县委书记赵新年主持召开县委常委会议，传达贯彻全省安全生产工作会议暨省委书记王儒林与县委书记、重点企业负责人集体谈心对话会议精神；传达学习习近平总书记、李克强总理和王儒林书记、李小鹏省长、张九萍书记就天津滨海新区特大事故作出的重要批示精神；听取近期全县安全生产工作和“五项活动”进展情况汇报，并就全面开展安全生产大检查工作进行安排部署。

17日，市委书记张九萍围绕“一包五联”主要工作任务，主动深入泽州县进行调研指导。张九萍认真听取了泽州县开展“三严三实”专题教育工作汇报，观看了专题教育纪录片，查阅了相关资料，并深入南村镇实地检查指导基层党建工作和“两个责任”落实情况等，张九萍对泽州县的工作给予充分肯定，并要求泽州县：要进一步鼓舞士气，提振信心，抓好经济发展，抓好安全稳定。同日，县委书记赵新年在巴公镇就全县安全生产工作和“五项活动”落实情况进行实地检查调研。

19日，全县安全生产工作会议召开。县长高喜全出席会议并作重要讲话。会议通报了全县1—7月安全生产情况，传达了国家、省、市安全生产形势会议精神和省委王儒林书记、李小鹏省长8月14号上午谈心对话会议上的讲话精神。宣布了开展安全生产大检查方案和深入开展危险化学品、易燃易爆物品安全专项整治方案、开展“六打六治”打非治违专项行动方案，安排部署了全县应急管理工作。并就下一步全县安全生产工作进行了全面安排部署。

20日，县委书记赵新年带领有关职能部门

负责人，到周村镇就“五项活动”和安全生产工作进行调研检查。随后他还深入包联项目，调研了移民搬迁岸村新区和晋煤华昱清洁能源一体化项目近两周以来进展情况，详细听取了县经贸、水利、住建、国土以及乡镇等服务项目的对接情况，并就加快推进包联项目进行现场办公。

21日，县委常委会召开专题会议，以“严守党的政治纪律和政治规矩”为题，联系反面典型进行集中学习研讨。县委书记赵新年强调，严格落实“两个责任”，要把违反党的政治纪律和政治规矩作为纪律审查的重要内容，坚决纠正无组织、无纪律问题，坚决查处欺骗组织、对抗组织，上有政策、下有对策和有令不行、有禁不止的行为，坚决查处团团伙伙、结党营私的党员干部，使党的纪律和规矩真正成为硬约束、“高压线”，切实捍卫党纪党规的权威性和严肃性，做政治上的“明白人”。

22日，县长高喜全到巴公镇和金村镇就安全生产工作和重点工程进展情况进行调研。随后，他还查看了丹河龙门湿地公园景观一期工程，针对工程建设过程中的存在难题与设计单位进行了沟通。

24日，县长高喜全主持召开县政府常委会议。会议学习了国务院、国务院办公厅文件精神；研究了丹河龙门湿地公园，绿道管理、建设，采煤沉陷区治理搬迁等事宜。

27日，县委书记赵新年带领县教育、旅游和新农办负责人深入李寨乡、山河镇，就“五项活动”开展情况进行实地调研检查。赵新年要求，全县各级各部门特别是党员领导干部，要以“五项活动”的开展为契机，以更加振奋的精神抓好目标任务落实。

30日，县老干部局、老龄委联合举办了纪念抗日战争胜利七十周年书画展”暨《泽州翰墨》书画集首发式活动。

## 9月

1日，县长高喜全深入赵树理街道路工程工地进行现场办公。高喜全要求，赵树理街道路工程是完善市区交通路网的重要举措，各级各部门要加强协调，按照原定的工程运作模式，沿着既定工作计划和目标，安全施工，保质保量地完成任务，确保道路按期竣工通车。同日，县政协召开五届二十次常委会议。会议听取了县政府关于1—7月经济运行情况的通报及县政府关于全民创业情况的通报；讨论通过了县政协《关于推进我县全民创业工作的建议》。

2日，县长高喜全带领县环保、住建、国土、水利、林业等部门负责人，就全县重点项目建设情况以及巴公镇东部村、李村堡村搬迁项目进行实地调研。

3日，在纪念抗战胜利70周年大阅兵队列中，泽州县大阳镇三分街的颜奥坤、颜子涛兄弟双双入选，他俩用辛勤汗水、刻苦训练换来的飒爽英姿为国增光，为家乡争气。

6日，市委书记张九萍就民营经济发展在泽州调研。张九萍要求，各级各部门要切实统一思想、提高认识，紧紧围绕贯彻落实王儒林书记在全省民营经济发展推进大会上的讲话精神，主动深入民营企业，着力破解各类难题，积极作为，真抓实干，全力推动民营经济实现突破性发展，为有效应对经济下行压力、增强全市经济社会发展活力做出更大贡献。

同日，县委书记赵新年带领县水务、国土、住建等部门负责人，在晋煤华昱高硫净利用循环经济工业园，就包联项目推进中存在的问题现场办公。

7日，县委书记赵新年带领县农业局、新农办、下乡办等部门负责人，深入高都镇大兴片就“五项活动”开展情况进行调研检查。

同日，南岭乡裴凹村新建的“农家书屋”里整齐排列着的一排铁皮书柜，里面摆满各种图书。这些图书全部是国家新闻广电总局离退休干部局和中国版本图书馆捐赠的，共有2000多册。除此以外，还捐赠了100多幅书画作品。捐赠活动的倡导者是南岭籍在京离休老干部翟富中。

8日，县委书记赵新年到凤城小学和泽州一中，调研办学情况，看望慰问教师。次日，县长高喜全带领县教育部门负责人深入全县各大教学区和偏远山区小学，为教师们送上了节日的问候。

9日，第二届山西文化产业博览交易会在太原煤炭交易中心开幕，县委书记赵新年视察了泽州县参展的二十八宿影视有限公司和太行娲皇文化发展有限公司2家企业的展区，县委常委、宣传部部长、县政府党组成员王丽一同视察。

11日，全县“思想大解放”演讲比赛决赛在泽州宾馆举行，来自各乡镇、县直单位的14名优秀选手参加全县“思想大解放”演讲比赛决赛。此次比赛采取现场打分制，共设一等奖1名，二等奖2名，三等奖3名。

12日，县委书记赵新年、县长高喜全会见了浙江东方巨龙控股集团董事长吴先进、义乌幸福里跨境电子商务股份有限公司总裁邵宝玲一行，双方就在泽州县建设晋城义乌国际商贸城项目进行沟通洽谈。晋城义乌小商品城置业有限公司、晋城银行以及县发改局、住建局、金村镇政府等有关负责人参加洽谈会。

17日，泽州县举行“思想大解放”主题报告会。四大班子领导以及全县正科级干部聆听了报告。来自全县不同岗位、不同行业的10位代表依次进行了报告。

18日，县委常委会召开“严以律己”专题研讨会。会上，县委常委们紧扣“三严三实”专题教育要求，围绕“严以律己”主题，紧密联系思想和工作实际，谈认识、谈体会、谈感悟，深刻查摆问题，交流研讨。

22日，大阳镇政府与北京立根集团、北大博雅方略咨询有限公司，就大阳古镇旅游开发项目正式签订框架合作协议法律文书。

23日，县政府党组召开“严以律己”专题研讨会。会议以“严以律己”为题，党组成员紧密结合自己的思想、工作和生活实际，紧密结合自己的所思所悟所感，谈思想认识、谈突出问题、谈根源症结、谈整改措施。

同日，泽州县事业单位分类改革工作会议召开。会议研究了关于全县事业单位分类改革的具体事项，传达了省市关于推进事业单位分类改革的文件精神，会议宣读了全县事业单位分类改革名单，还研究了其他事宜。

24日，省住建厅总规划师翟顺河到泽州县，就农民安居工程进行专项督察。

25日，县委书记赵新年带领县经信、国土、人社等部门负责人，深入包联项目华昱煤制油，就项目进展情况进行实地督察，并协调解决项目推进过程中遇到的难题。

同日，县长高喜全主持召开县政府第四十四次常务会议。学习了中共中央、国务院《关于深化国有企业改革的指导意见》；讨论通过了《泽州县2015年推进简政放权放管结合转变政府职能工作方案》；研究并通过了《泽州县关于开展政府和社会资本合作的实施意见》《关于推进PPP投融资模式改革的实施方案》。

26日至27日，中秋放假期间，县纪委督察组对泽州县部分乡镇和县直单位及基层站所公车封存情况进行了抽查。被督察单位均未发现公车私用现象。全县各级各部门落实中央“八项规定”精神，严格执行了节假日公车封存及值班车辆报备制度，

29日，县委对涉及政府机构改革和部分县直单位新任的主要领导进行任前集体谈话。县委书记赵新年强调，新任的领导干部要切实增强责任意识、担当意识，以饱满的精神状态，以从严从实的作风，全力以赴抓好各项工作，以一流的工作业绩回报组织和人民的信任与重托。县委常委、纪委书记张保国进行任前廉政谈话。同日，由中国摄影报社、省摄影家协会、市委宣传部、县委、县政府主办，由市摄影家协会、县委宣传部承办的“2015太行神韵·记住乡愁”《中国摄影报》走进大阳暨泽州县第四届乡村摄影展开幕仪式在大阳镇隆重举行。

30日，县四大班子领导，各乡镇党委书记、乡镇长，县直各单位负责人，社会各界及小学生代表到县烈士陵园参加公祭活动，表达对革命先烈无限的缅怀与哀思。

## 10月

8日，全县开始实行颁发“三证合一、一照一码”营业执照。“三证合一”就是原来企业营业执照、组织机构代码证、税务登记证要分别向工商、质检、税务三个窗口申请办理三个证，现在统一调整为一次申请办理一个执照，原来三个号，现在统一调整为一个标有18位数字组成的统一社会信用代码。

8日至10日，县委书记赵新年在下村镇、柳树口镇和犁川镇，就年度目标责任制完成情况、“五项活动”开展情况，以及农村基层党建工作进行调研，并与镇两委班子成员交流座谈。

9日，国家土地总督察办公室副主任马素兰一行到泽州县，就农村集体经营性建设用地入市试点工作进行实地调研并召开座谈会。

13日，山西泽州招商项目推介会在深圳圣廷苑酒店二楼多功能厅举行。举办这次推介会的目的是全面提升泽州县装备制造、文化旅游、商贸物流和现代农业的发展水平，让更多的人了解泽州独特的自然、文化旅游资源。县长高喜全，县委副书记王野萍，县委常委、副县长张庆民，县委党校常务副校长，县政府党组成员李广同等出席本次活动。通过参加本次活动，2家民营企业和深圳商会成员单位正式签署产品区域销售代理合作意向。

14日，县委书记赵新年深入天地王坡煤业有限公司，就煤炭企业运营和安全生产情况进行检查调研。他强调，安全是生产和发展的前

提和保证。越是在困难时期，越要时刻绷紧安全这根弦，警钟长鸣，常抓不懈。

15日，省委宣传部副部长刘英魁就文化旅游业发展情况在大阳镇调研。调研中，刘英魁在详细了解了大阳镇文化旅游发展规划，参观了裴家大院、汤帝庙等文物古迹后指出，大阳古镇历史文化悠久，文物保存完整，旅游开发价值非常大，希望大阳镇加强与北京立根集团、北大博雅集团的合作开发，深挖旅游资源，加大宣传力度，做大做强古镇旅游产业，让群众在旅游开发中真正得到实惠。

16日，“江山多娇·栖龙湾（中国晋城）”首届国际航拍摄影大赛暨栖龙湾旅游区开工奠基仪式在李寨乡陟椒村举行。

27日，省委巡视五组巡视泽州县情况反馈会召开。巡视组于2015年4月8日至9月10日对泽州县进行了巡视。巡视期间，巡视组紧扣“六大纪律”，深化“四个着力”，盯住“三个重点”，把握“四种形态”，把发现问题、形成震慑作为主要任务，广泛开展个别谈话，受理群众来信来访，调阅有关文件资料，深入了解核实情况，认真解决问题。康建成代表巡视组提出了四点意见：一要切实履行党风廉政建设主体责任和监督责任，坚持把纪律和规矩挺在前面，全面从严治党治吏；二要严格执行中央“八项规定”精神，将监督触角向纵向延伸，向隐蔽地带发力，推动作风建设常态化、制度化；三要严格组织人事纪律，坚持从严治吏，坚决遏制选人用人上的不正之风；四要高度重视反馈意见，严格落实整改工作责任制，做到件件有着落，事事有回音。县委书记赵新在会上作了表态发言。

19日至21日，全国政协委员、广西壮族自治区政协主席陈际瓦率驻广西壮族自治区全国政协委员考察团到泽州县，就革命老区建设情况开展调研。

10月21日，县长高喜全带领县水利、住建、林业等相关部门负责人，就全县重点项目即赵树理街、龙化路、金村大道等建设情况进行了实地调研。

22日，县委书记赵新年带领县经信、国土、住建、交通、水利等部门负责人，深入包联项目晋煤华昱高硫煤洁净利用循环经济工业园，协调解决项目推进中存在的问题。23日，县长高喜全一行到五矿二十三冶建设集团有限公司，就金村新区建设战略合作事宜进行了对接洽谈。

24日，欣阳新能源有限公司6兆瓦光伏电站项目在大箕镇举行了开工仪式。该电站占地130余亩，投资约5000万元。该项目是晋城市第一个光伏电站项目。

28日，省委巡视五组组长康建成一行，深入下村镇史村村，就村级党组织建设和农村发展稳定进行调研。

同日，县委书记赵新年先后深入县安监局和县工商质监局，就贯彻落实全县领导干部大会精神和班子队伍建设等进行实地调研与交流座谈。

30日，县委召开中心组（扩大）会议，县委书记赵新年主持会议并作重要讲话。会议传达学习了中央有关文件精神，集中学习了新修订的《中国共产党廉洁自律准则》和《中国共产党纪律处分条例》以及中共十八届五中全会公报等，并就当前工作进行了安排部署。随后又主持召开县委常委会，听取近期全县“五项活动”进展情况汇报，研究讨论巡视反馈意见责任分解方案，并就社会稳定风险评估有关工作进行安排部署。

## 11月

1日，由深圳市政协原副主席程科伟带队的深圳企业家代表团到泽州县参观考察，并就产业发展进行对接洽谈和举行签约仪式。

3日，由省安监局局长霍红义带队的省安全生产大检查督察组深入泽州县督察。

4日，县长高喜全带领县交通、林业、畜牧等部门负责人到山河、晋庙铺等地，就贫困村扶贫攻坚工作进行调研。

4日至7日，泽州县组团赴陕西省参加第二十二届中国杨凌农业高新科技成果博览会，并到宝鸡市眉县、凤翔县、千阳县和宝鸡高新区等地，就农业现代化、土地确权、产业园区建设等进行考察调研。

9日，县委书记赵新年带领县下乡办负责人，到下乡驻村联系点柳树口镇东石瓮村，入农户，访民情，并与村两委班子成员交流座谈。

10日，县长高喜全带领电力、国土、水利等相关部门负责人到高都镇大泉河村，就推进分布式家庭光伏发电项目进行调研。

11日，县委书记赵新年主持召开县委常委会，传达学习省委书记王儒林重要讲话精神，研究讨论《中共泽州县委关于进一步加强农村基层党组织建设的实施意见》和《中共泽州县委关于落实省委巡视五组反馈意见整改方案》，听取县“三个一批”工作进展情况汇报。会议强调，全县各级各部门要把整改落实巡视反馈意见作为一项重要政治任务，充分认识中央以巡视工作推进“党要管党、从严治党”和省委、市委以整改促提升的鲜明导向与坚定态度，切实把思想及行动统一到中央精神和省市委要求上来。各牵头领导、责任单位和配合部门，要严格按照整改方案的“时间表”和“路线图”，真查真改，立整立改，以整改的实际成效取信于民、凝聚合力、促进发展。同日，县委又召开全县巡视整改工作推进大会。对推进整改工作进行专门部署，要求各级各部门一定要按照巡视组反馈的意见和县委的要求，进一步把方案细化分解，有效推进巡视整改工作。要按照县委整改方案，用两个月时间，分三个阶段进行认真整改。

同日，全县农村基层党建工作会议召开。会议指出，基层党建工作是一项系统工程，必须深入学习贯彻习近平总书记系列重要讲话，特别是关于农村基层党建工作的重要指示精神和中共十八届五中全会精神，全面落实全国农村基层党建工作座谈会和省、市农村基层党建工作会议精神，结合泽州实际，着力解决领导能力不强、核心作用弱化，运转经费不足、基层基础薄弱，典型不突出、引领带动不够，制度不健全、管理不规范四个方面的问题，采取有力措施切实加强农村基层组织建设。县委书记赵新年指出，党的工作最坚实的力量支撑在基层，最突出的矛盾问题也在基层。全县上下要牢固树立“一盘棋、一条心、一股劲”的思想，不断完善党委统一领导、组织部门牵头负责，各级党组织协同作战，广大党员干部共同参与的党建工作机制，努力形成齐心协力抓党建谋发展的生动局面。

同日，县委常委会召开“严以用权”专题

学习研讨会。研讨会上，常委们紧扣“三严三实”专题教育要求，围绕“严以用权”主题，紧密联系思想和工作实际，谈认识、谈体会、谈感悟，深刻查摆问题，认真交流研讨。

13日，省委召开中央宣讲团党的十八届五中全会精神报告会电视电话会议，省委书记王儒林主持会议，中央宣讲团成员、国务院研究室副主任韩文秀作宣讲报告。县领导高喜全、陈晋勇、樊秋宝、张保国、安旭敏、陈志忠、张武亮、丁蕊香、马培林、李仲明等在县分会场收听收看报告会实况。

16日，由国家督学、宁夏回族自治区人民政府教育督导室专职副主任衡鸣率队的国家教育督导认定检查组一行，对泽州创建“全国义务教育发展基本均衡县”工作进行督导认定。

18日，泽州县召开农村集体经营性建设用地入市试点工作领导小组会议。会议传达了省委副书记楼阳生在泽州县调研检查农地入市试点工作座谈会上的重要讲话精神，并就近期有关工作进行了研究部署。

19日，山西省“千人百县”专家服务团到泽州县南岭乡开展服务基层活动。来自省农科院果树研究所的果树专家深入田间地头就杏树、梨树、苹果树高产栽培技术为果农现场教学，答疑解惑，就果农提出的冬季修剪、春季施肥等问题，从技术原理到操作方法进行了详细讲解。来自市县的医疗卫生专家到南岭乡卫生院病房，针对妇产科、急诊急救、儿科冬季多发病规范诊治等方面开展了技术指导与服务。在活动现场，工作人员还为广大群众免费发放各类种养殖方面的技术资料千余份。同日，泽州县召开2015年保障性安居工程审计进点会。

20日，县政府党组召开“严以用权”专题研讨会。与会人员按照中央、省、市、县委开展的“三严三实”专题教育要求，以“严以用权”为主题，以省委巡视组反馈的巡视整改意见为重要内容，并结合自身的工作实际，进行了专题学习研讨。

同日，县委书记赵新年带领县经信、国土等部门主要负责人，到江淮重工责任有限公司进行调研，协调解决项目推进中存在的问题。

同日，泽州县召开全县农田水利基本建设动员会。

23日，县委书记赵新年深入县卫生与计划生育局，就攻坚年度目标任务、医疗卫生事业发展、落实“两个责任”、干部队伍建设等工作进行了调研。

同日，县工商和质量监督管理局举行揭牌仪式。

25日，县委书记赵新年在金村镇召开座谈会，就接访的案件批示办理情况，集中听取南村、金村、高都、巴公、大东沟、下村等镇党委书记（镇长）汇报，并就办理中存在的困难和问题进行研究督导。

26日至27日，根据市政府统一安排，在市长刘润民带领下，县委书记赵新年、县政府党组成员李广同随市考察团赴深圳开展了招商引资活动。

27日，县长高喜全主持召开县政府第四十五次常务会议。学习贯彻党的十八届五中全会精神。会议还研究通过了《泽州县人民政府关于深化促进创业带动就业工作的实施意见》。审议通过了《泽州县农村集体资金资产资源管理办法》。研究通过了《泽州县关于实行最严格水资源管理制度的实施意见》。研究通过了《关于促进农村地区分布式光伏发电推广应用及光伏发电项目财政扶持的办法》。会议还研究了其他事项。

## 12月

1日，全县领导干部学习贯彻十八届五中全会精神轮训班在县委党校开班。县委书记赵新年作开班动员讲话，并围绕“以党的十八届五中全会精神为统领，奋力开创泽州‘十三五’发展新局面”的主题进行专题辅导。县委副书记侯贵宝主持开班仪式。县委常委、纪委书记张保国，县委常委、组织部部长王加林，县政府党组成员、县委党校常务副校长李广同出席开班仪式。本次培训班共分四期，培训对象为全县乡科级领导干部，培训内容涉及中共十八大和十八届五中全会精神，习近平总书记系列重要讲话精神，新修订的《中国共产党廉洁自律准则》和《中国共产党纪律处分条例》等，培训形式采取县委领导、党校教师集中讲授与学员自学相结合的办法进行。

2日，市委副秘书长闫培烈带领市第一督察组成员深入泽州县，就省委巡视反馈意见整改落实情况进行督察。在听取了专题汇报后，闫培烈指出，泽州县按照整改要求，采取有力措施，加快推进落实，整改工作取得了初步成效。下一步，要重点围绕“严、实、细”三个字，加大整改力度，加快建章立制，谋划整改报告，切实把整改成果转化为改进工作作风、促进改革发展的强大动力，为全县人民交上一份满意的答卷。市督察组还查阅了泽州县的整改方案、制度建设、会议纪要等相关资料。

3日，县委书记赵新年主持召开县委常委会议，传达贯彻市委书记集体约谈县（市、区）委书记、纪委书记、组织部部长会议精神，安排部署了当前工作。同日，县委书记赵新年还带领有关职能部门，到太岳街、丹河龙门湿地公园和金村新区，就城建重点工程项目建设进展情况进行实地调研。

7日，县委书记赵新年带领县扶贫办、下乡办、交通运输局、硕阳光电等部门和企业负责人，到下乡驻村联系点柳树口镇东石瓮村，就扶贫工作进行调研。同日，县委书记赵新年主持召开县委中心组会议，传达学习省委十届七次全会精神，研究泽州县贯彻落实意见。

9日，县委书记赵新年带领县发改、林业、农委、住建、文化、旅游等部门负责人，到巴公镇南山村以及东四义和二仙掌驿站等地，就县环城绿道建设、管理和运营情况进行调研。

10日，市委宣讲团在泽州县宣讲党的十八届五中全会精神，市委宣讲团成员、市财政局局长郭治琛作宣讲报告。

同日，县委书记赵新年对各乡镇党委书记、纪委书记进行集体约谈，强调要进一步推进全面从严治党，认真落实“两个责任”，真正把纪律和规矩挺在前面，为实现泽州“从严治党、重振雄风”目标提供坚强的政治保证。

11日，县长高喜全到县国税局和地税局，就全县财税工作进行调研。

14日，全省推进“六权治本”工作视讯会议召开。县委副书记侯贵宝，县委常委、常务副县长李正根，县委常委、政法委书记、统战部部长安旭敏等在泽州分会场收听收看了会议。

同日，县长高喜全带领县财政、住建、审计等部门负责人到县国土局就全年土地收益情况进行调研。

17日，全县统战工作暨党的群团工作会议召开。会议贯彻落实中央和省、市委统战工作及党的群团工作会议精神，全面部署相关工作。

同日，县委召开全县党（工）委书记履行基层党建工作责任专项述职会议，市委组织部常务副部长郭竹林全程指导作讲话。

18日，县委书记赵新年到伊侯山林场，就冬季森林防火工作进行检查。

21日，县长高喜全主持召开县政府第四十六次常务会议。研究讨论并原则通过了《泽州县党政机关公务用车制度改革实施方案》及相关配套文件。要求在2015年12月底前封存所有车辆，两年内组建好运行平台，做好公务用车交通补贴发放、司勤人员安置、确定保留车辆和处置取消的公务用车等工作。

同日，县委书记赵新年带领县经信、交通等职能部门负责人，到包联项目晋煤华昱高硫煤洁净利用循环经济工业园，调研督察项目建设进展情况，并就项目推进中存在的困难和问题现场办公。

同日，晋城市光伏扶贫泽州现场会召开。

22日，县委书记赵新年到锦绣鑫源和万凯商贸小微企业创业基地以及荣尔飞电气设备制造有限公司，就民营经济创新发展情况进行调研。

23日，县五届人大常委会召开第四十四次会议。听取和联组审议了县人民政府关于全县经济运行、重点工程和惠民工程、惠民实事建设完成情况的报告，以及全县2015年预算调整方案的报告；听取了县人民政府关于全县2014年财政执行及其他财政收支审计查出问题整改情况的报告；会议还进行了相关人事任免。

同日，县政协召开“十三五”规划专题议政会。政协委员分别就食品安全、文化产业、乡镇农村养老、环境保护、新型城镇化建设等多个方面踊跃发言，积极为全县“十三五”规划建言献策。

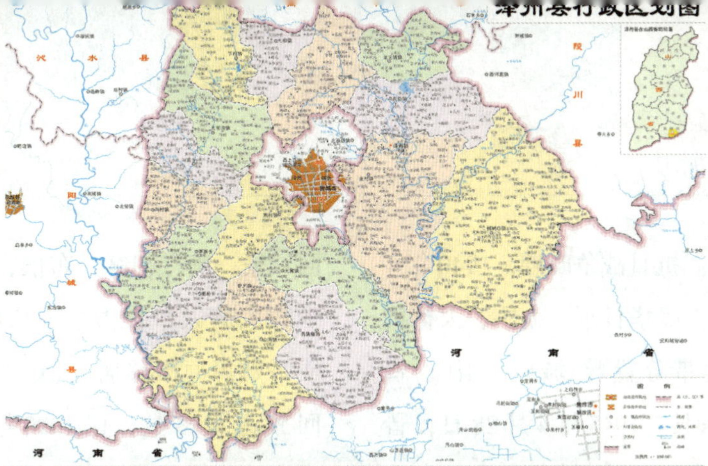


# 县情概况

## 自然地理

### 位置　境域

泽州县位于太行山南端、山西省东南部。史称“河东屏翰，冀南雄镇”。地理坐标为北纬35°12′~35°42′，东经112°31′~113°14′。地域分布在晋城市城区四周，东连陵川，西接阳城、沁水，北靠高平，南与河南省的辉县、修武、博爱、沁阳、济源等市、县毗邻。总面积2023平方千米，占晋城市总面积的21.3%，占山西省总面积的1.2%。县城最早规划在南村镇，后又规划在晋城市区东10千米的金村镇。县级党政机关现驻晋城市市区西安街。

### 气候　气温

境内地貌以山地丘陵为主，山地、丘陵、平川面积之比为6∶3∶1。最高点为西北部的武神山主峰，海拔1346.6米，最低点为东南丹河出口处的三姑泉，海拔296米。相对高差1050.6米。全县平均海拔650~1000米之间。境内主要河流有沁河、丹河，均属黄河水系。年平均气温10℃左右，大陆性季风气候明显。无霜期192.6天。年降水量618.3毫米，但年际、月际间降水量的相对变率较大。日照时数为2580个小时，日照率67%。

## 建置区划

### 历史

泽州县历史悠久。境内不但有女娲补天之类的美丽传说，高都新石器时代古人类遗址的发现，更证明了早在2万多年前，就有人类在这里繁衍生息。

尧、舜时期，泽州为冀州之域，且属“帝都畿内”。秦汉时先后在这里置高都县、阳阿县、高都郡；北魏时属建州。隋开皇三年(583)，改建州为泽州，时境内为丹川县。唐武德三年

(620)，始称晋城县。抗日战争时期，1940年4月，晋城县城沦陷于侵华日军。太岳、太行抗日根据地在边缘地带分置晋（城）沁（阳）、晋（城）北、晋（城）东县。1945年4月28日，晋城县全境解放。同年12月恢复原晋城县建制。1948年10月，析晋城县城关区置晋城市，与晋城县并存。1949年8月，撤销晋城市，辖区仍归晋城县。1958年12月，高平、陵川两县并入。1959年7月，陵川县分设，1961年5月，高平县分设，晋城县原辖区不变。1983年9月，晋城县改设为县级晋城市。1985年5月，晋城市升为地级市，原晋城县（市）分置为城、郊两区。1996年8月，撤销晋城市郊区，改设泽州县，辖区不变。县城开始规划在南村镇，后改在金村镇。

**人口　民族**

泽州县是山西省的人口大县之一。市管县体制改革前的1984年年底，原晋城县（市）的总人口即达606652人。1985年，城区部分划出后，晋城市郊区仍有467453人，其中，男性237468人，占50.80%，女性229985人，占49.20%；农业人口为436645人，占93.41%；非农业人口为30808人，占6.59%。2015年年底，全县总人口（户籍）为490719人，其中，农业人口267410人，非农业人口223309人。时年，泽州县常住人口为534721人。全县的人口密度为247人/平方千米。县境北中部和西部为人口密集区。17个乡镇中，巴公镇人口密度最大，柳树口镇人口密度最小。

泽州县境在古代曾经是多民族聚居区，后逐渐与汉族融合。现有人口中，汉族占99.5%，回、蒙、满、朝鲜、布依、苗、白、土、壮等少数民族人口仅占总人口的0.5%，多因工作或婚姻等原因移居本地。在少数民族人口中，回族占大多数。以1990年第四次人口普查时，境内总人口为486997人，其中，汉族为486690人，少数民族为307人。2000年第五次人口普查时，境内总人口为517162人，其中，汉族为515990人，少数民族为1172人。

## 生态环境

境内的山均属太行山脉。海拔1100米以上的山有武神山、香山、大圪垴山、伊侯山、大尖山、方山、岳城山、晋普山、圣王山等。全境北高南低，四面环山，地势险峻。南部之天井关为“太行八陉”之一，向为兵家必争之地。

境内的主要河流有沁河、丹河，均属黄河水系。沁河的主要支流有长河、白水河、犁川河、龙湾河、范河；丹河的主要支流有东丹河、东大河、巴公河等。主要泉涌有三姑泉、白洋泉、郭壁泉等。全县水资源总量为2.814亿立方米，属相对富水区。

境内自然资源丰富，尤以煤铁为著。无烟煤保有储量达12.9亿吨，铁矿、硫铁矿、含锰铁矿、铝钒土、水泥灰岩、石灰岩等储量也很丰富。全县现有森林面积69.35万亩，牧坡草地67.5万亩。野生动、植物不但种类繁多，而且较为珍贵。其中属国家二、三类保护的珍稀动物有猕猴、大壁虎；属国家保护的植物有青檀木等。丰富的自然资源为泽州县域经济的较快发展提供了重要的物质基础和条件，使泽州县成为山西省能源重化工基地及全国无烟煤生产基地的重要组成部分。

## 经济建设

### 综述

2015年，泽州县主要经济指标排名均居全市前列，地区生产总值完成215.7亿元，同比增长2.5%，总量、增速均排全市第二，其中，第一产业增加值12.9亿元，增长10.5%，占生产总值的比重为6.0%；第二产业增加值137.8亿元，增长0.1%，占生产总值的比重为63.9%，其中，工业实现增加值132.9亿元，下降0.2%；第三产业增加值64.9亿元，增长8.6%，占生产总值的比重为30.1%。一般公共预算收入完成11.5亿元；规模以上工业增加值同比下降3.0%；城镇常住居民人均可支配收入完成27381元，增长6.7%；农村常住居民人均可支配收入完成12217元，增长8.5%。

2015年，人均地区生产总值43992元，按2015年平均汇率计算达到7063美元。全年全县公共财政预算收入11.5亿元，下降7.3%。税收收入7.0亿元，下降7.6%，其中，国内增值税、营业税、企业所得税、个人所得税、资源税和城建税共计完成税收5.5亿元，下降7.7%。公共财政预算支出31.3亿元，增长34.2%，增支8.0亿元。其中，教育、医疗卫生与计划生育、社会保障和就业、交通运输、节能环保、农林水事务等民生支出21.8亿元，增长30.4%，民生支出占全县公共财政预算支出的比重69.7%。

2015年，全县城镇新增就业6770人，下岗再就业人数达到870人。其中，安置就业困难对象再就业258人。年末，城镇登记失业率为0.2%。

### 农业

2015年，全县农作物种植面积65819.3公顷，比2014年减少228.8公顷。其中，粮食种植面积63278.7公顷，油料种植面积636.1公顷，棉花种植面积4.5公顷。在粮食种植面积中，玉米种植面积6396.4公顷，小麦种植面积30093.9公顷。

2015年，粮食总产量26.6万吨，比2014年增长5.9万吨，同比增长28.5%。其中，夏粮15.0万吨，增产36.8%；秋粮11.6万吨，减产19.0%。

2015年，棉花产量4吨，同比增长10.5%；油料产量1785吨，同比增长13.6%；药材产量943吨，同比下降37%；蔬菜产量82540吨，同比增长14.2%；水果产量18776吨，同比增长10.9%。

2015年，肉类总产量52256.6吨，比上年增长8.5%。其中，猪、牛、羊肉分别增长7.3%、32.0%及下降1.6%；奶类总产量483吨，同比下降0.2%；禽蛋总产量23710.4吨，下降10.7%；蚕茧产量10.3吨，比上年减少87.8%；水产品产量570吨，减少1.7%。

2015年，全县有省级自然保护区1个，自然保护区面积93775.1公顷，全县林木绿化覆盖率达到50.6%。森林覆盖率达到36.8%。年末，城镇绿化覆盖率达到33.7%。

全年环境空气质量二级以上天数达到159天，重污染天数32天。空气综合污染指数为7.77。

2015年，全县农业机械总动力75.9万千瓦。机械耕地面积51385公顷；机械播种面积42780公顷；机械收获面积38600公顷。全县农机化经营总收入3.9亿元。

2015年，泽州县主动作为推进结构调整，进一步加快了转型步伐。农业稳步发展，生猪生产跨入国家级调出大县行列。国家级农村集体经营性建设用地入市试点已由“建制度”全面转入“试制度”阶段。巴公省级转型综改扩权强镇试点、南岭贫困地区转型综改试点步伐加快，行政审批、产权制度、投融资等改革稳步推进。

## 工业和建筑业

2015年年末，全县规模以上工业企业47家。全年规模以上工业增加值同比下降3.0%。

2015年，原煤产量714.3万吨，增长211%；化肥折纯量117.9万吨，增长0.6%；生铁产量319.3万吨，下降0.8%；粗钢产量305.6万吨，增长0.7%；钢材产量301.2万吨，增长0.8%；水泥产量44.9万吨，下降21.6%；发电量完成19.6亿千瓦时，下降27.9%。

2015年，规模以上工业实现主营业务收入178.5亿元，比2014年下降16.8%；工业企业实现利润1.0亿元，比2014年下降77.7%；实现利税8.5亿元，同比下降18.5%。

2015年，全社会建筑业实现增加值50057万元，增长2.4%，年末全县具有资质等级总承包和专业承包建筑业企业7家，完成总产值37501万元，同比下降29.6%。

2015年，泽州县积极应对煤炭市场疲软困局，扎实推进“六型转变”。加快发展新型工业，南村铸造工业园建设稳步推进，巴公装备制造工业园基础设施继续完善，冶铸产业向规模化、集群化迈进。华昱煤制油、已内酰胺、纳米碳酸钙等项目进展顺利，发展后劲进一步增强。

## 财政、金融贸易、保险

2015年，全县生产总值43992元，按2015年平均汇率计算达到7063美元。全年全县公共财政预算收入11.5亿元，下降7.3%。税收收入7.0亿元，下降7.6%。其中，国内增值税、营业税、企业所得税、个人所得税、资源税和城建税共计完成税收5.5亿元，下降7.7%。公共财政预算支出31.3亿元，增长34.2%，增支8.0亿元。

2015年，全县社会消费品零售总额36.2亿元，增长5.4%。其中，城镇消费品零售额23.7亿元，增长5.8%；乡村消费品零售额12.5亿元，增长4.8%；批发业完成36498万元，增长41.0%，零售业完成284919万元，增长2.9%；住宿业完成7334万元，降低19.3%，餐饮业完成32438万元，增长6.1%。

2015年，全县海关进出口总额26550万美元，下降39.6%。其中，出口完成2137万美元，同比增长8.8%；进口完成24413万美元，下降41.8%。

年末，全县金融机构各项存款余额185.0亿元，比年初增加4.2亿元，增长2.3%。各项贷款余额84.3亿元，比年初减少1.3亿元，下降1.5%。

2015年，全县保费收入17152.79万元，同比下降9.7%。其中，寿险业务保费收入9732.2万元，增长27.0%；健康险业务保费收入1262.1万元，增长94.5%；意外险业务保费收入322.2万元，下降45.5%；财产险业务保费收入5836.29万元，下降30.1%。全年支付各类赔款及给付4268.5万元，下降12.5%。

2015年，全县以金融创新为抓手大力扶持民营经济发展，不断扩大“助保金”和“聚力贷”受益面，为23家民营企业发放贷款1.2亿元；出资1000万元入股“红土创业基金”；出资5000万元建立中小企业还贷周转金，帮助35家企业周转贷款6.11亿元；全年新创办实体企业453家，营造了大众创业、万众创新的浓厚氛围。现代服务业加速发展，以兰花国际物流、月星家居广场为代表的商贸物流业不断壮大。坚持不懈抓好招商引资，全年签约项目23个，资金到位85.94亿元。大力发展外向型经济，外贸进出口总额完成2.66亿美元，连续五年位居全市第一。

### 交通、邮电旅游

交通　2015年，全县公路线路里程2314千米，其中高速公路134千米。公路密度114.4千米/百平方千米。

邮电　2015年，全县完成邮电业务总量18686万元。其中，邮政业务总量3000万元；电信业务总量15686万元，农村固定电话用户3.1万户。移动电话用户年末达到31.4万户。全县接入用户数达5.9万户。

旅游　2015年，全县共有旅游景区（点）9处，其中，AAAA级景区1个，AAA级景区1个，AA级景区1个。共有星级饭店5家，其中四星级3家、三星级2家。共有农家乐95家。全年共接待游客605.1万人次，其中，直接接待游客142.3万人次，间接接待游客462.6万人次，海外旅游接待游客0.2万人次。实现旅游总收入53.6亿元，其中，直接接待游客收入11.5亿元，间接接待游客收入42.1亿元，海外旅游创汇146.7万美元。

## 社会建设

### 教育科技

教育　2015年，全县共有各级各类学校215所，比2014年减少2所。在各类学校中，有高中学校5所，高职中学2所，初中中学33所，小学173所，教师进修学校1所，特殊教育学校1年。年末，全县共有各级各类在校学生人数53428人，比2014年末减少3304人；全年各级各类学校招生数14894人，比2014年减少371人；毕业生数16674人，比2014年减少108人；年末全县教职工人数4861人。小学学龄儿童入学率100%；小学和初中升学率均达100%。

科学技术　2015年，申报省级科技项目2项。其中，列入省级国际合作项目1项，首台套新产品开发项目1项。申报市级科技项目6项。全年共申请各类专利28件。其中，发明专利申请量14件，有效发明专利拥有量23件。

### 文化、卫生

文化：2015年，全县共有艺术表演团体8个，新创作首演剧目5个，本年上演剧目50余个，演出场次5000余场，收入300余万元，其中：剧团2个，本年上演剧目25个，演出场次1200场，收入230万元；曲艺队1支，本年上演剧目22个，演出场次1000余场，收入5万元。全县共有公共文化馆1个，公共图书馆1个，乡镇文化站17个，村级“农家书屋”627个，共藏书约96万册。广播电台1座，电视台1座。年末，全县有线电视用户达8万户。其中，接收数字信号用户5万户。广播综合覆盖人口48.0万人，广播综合人口覆盖率98.0%；有线电视综合覆盖人口48.5万人，电视人口综合覆盖率达99.0%。有线电视入户率达到99.0%。

卫生　2015年，全县共有卫生机构（含诊所）721个，其中，县医院1个、县妇幼保健院1个，疾病预防控制中心（防疫站）1个，卫生监督所1个，乡镇卫生院26个，村级卫生所627个，个体诊所64个。全县共有床位数1755张，卫生技术人员1955人，其中，执业医师和执业助理医师851人，注册护士593人。乡村三级医疗机构达标率为100%，新型农村合作医疗参合率达到99.5%。

## 人民生活和社会保障

社会保障　2015年，参加城镇基本养老保险28901人，比2014年年末增加900人；参加新型农村社会养老保险298718人，减少8218人；参加城镇医疗保险50381人，增加767人，其中，城镇职工医疗保险参保35009人；城镇居民医疗保险参保15372人，增加767人；参加失业保险23568人；参加工伤保险66009人，增加509人，其中，农民工参保46799人；参加生育保险27200人，增加180人。全县共有398186名农民参加了合作医疗。2015年，全县城镇基本社会保障覆盖率达99.1%，其中，养老保险覆盖率达99.4%，医疗保险覆盖率达99.8%，生育保险覆盖率达99.7%，失业保险覆盖率达99.2%。全年城镇低保人数1771人，保障户数1379户；农村低保人数17254人，保障户数11769户。

2015年，新型城镇化建设继续提速，泽州县被列为第二批国家新型城镇化综合试点县。巴公镇被确定为国家新型城镇化综合试点镇，并荣获“国家园林城镇”称号，顺利通过“全国文明村镇”复验。金村镇被确定为全国首批“建制镇示范乡镇”。南村镇被省政府授予“全省园林城镇”称号。金村新区建设加快推进，府城街、丹河西路、龙化路全部完工，丹河龙门湿地公园核心区建设初具规模。以珏山大景区、李寨景区、聚寿山为代表文化旅游业全面兴起。特别是大阳古镇成为了全省旅游业的一匹的“黑马”，中国古镇系列之《走遍中国·大阳》在央视播出，极大提升了泽州的知名度和美誉度。始终把改善民生放在突出位置，全年民生财政支出达23.49亿元，同比增长33%。大力发展教育、卫生、社保等社会事业，被国家教育部认定为“全国义务教育发展均衡达标县”，李寨国家级综合实践基地开工建设，周村镇被省人社厅授予“全省城乡居民基本养老保险经办管理服务示范点”。大力实施精准扶贫，易地搬迁1500人，减少贫困人口2500人。深入开展社会主义核心价值观宣传教育，大力实施文化低保和文化惠民工程，广大群众精神文化生活不断丰富。大力推进节约型社会建设，机关事务管理局被国管局、国家发改委、财政部授予“节约型公共机构示范单位”。认真落实8项惠民工程和8件惠民实事，高度重视安全生产，继续推进

“平安泽州”建设，进一步提升了全县群众的安全感、获得感和满意度。

## 精神文明建设

### 文明创建活动

2015年2月，国家级老典型巴公镇、巴公镇东四义村，新申报高都镇北上矿村3家通过验收，被中央文明委命名为“全国文明村镇”。5月，下发了《关于做好2014—2015年度全县精神文明创建先进典型申报评选工作的通知》，共申报文明单位48个（老典型25个，新申报23个），文明乡镇10个（新申报10个），文明村142个。7月，召开省、市级文明典型申报会，下发了相关的通知。其中，申报省级文明单位标兵3个（老典型2个，新申报1个），文明单位6个（老典型4个，新申报2个），文明乡镇1个（老典型1个），文明村11个（老典型10个，新申报1个）；市级文明单位标兵2个（老典型2个），文明单位21个（老典型17个，新申报4个），文明乡镇3个（老典型2个，新申报1个），文明村26个（老典型18个，新申报8个）。2015年组织、指导省、市级文明单位在《晋城市文明创建动态管理系统》中上传相关资料。截至8月底，全年共上传资料2000条左右。同年11、12月，按照市文明办、县文明委的安排部署，组织开展了对省、市、县各级文明典型的检查验收工作。

### 思想道德建设

2015年在“践行社会主义核心价值观”中，主要开展了两项活动：一是开展了“图说我们的价值观”宣传活动。在乡镇府所在地、人口聚集地、交通要道、人口较多的文明村，都进行了“图说我们的价值观”宣传活动和农村精神文明建设宣传活动。同时发放宣传画册1万张，在学校、景区、建筑工地等公共场所设置了社会主义核心价值观宣传画和LED显示屏，泽州新闻先后刊登了8期“社会主义核心价值”公益广告，泽州电台、电视台采取了从早7点到晚7点不间断滚动播出，日播报频率达20余次。二是开展了“弘扬价值观　唱响中国梦”感恩教育宣讲活动。邀请王子鹤等知名感恩励志演讲师现场进行感恩励志讲座共33场次，近万广大师生及家长接受了心灵的洗涤，懂得了珍惜现在，珍惜当下，孝敬父母，尊敬师长，好好学习，做一个对社会有用的人。

2015年，28家省市级文明单位已全部在“山西志愿云”系统中注册完成志愿服务团体及志愿者注册。

### 宣传教育工作

“酒香也怕巷子深”，信息宣传工作是树立单位形象的有效途径，也是群众了解国家政策的重要窗口。一年来，县文明办宣传教育方面做了如下工作：一是网络宣传、展示形象。县文明办及时更新“泽州文明之窗”网站相关内容，一些反映泽州精神文明建设领域的信息被网站第一时间采用，积极的网络宣传充分地展示了全县各单位的文明形象。文明之窗网站共累计更新网站信息583条，其中，图片新闻203条、重要精神223条、文明聚焦88条、他山之石63条、图说文明6组。二是信息跟踪、突显导向。中共十八大以来，以习近平同志为总书记的党中央高度重视精神文明建设，着眼“四个全面”的战略布局，作出了一系列重大决策部署，推动社会主义精神文明建设在理论和实践上不断取得新成就。一年来，县文明办大量转发及撰写弘扬社会主义核心价值观的相关信息报道，其中《树立道德标杆扬起向善风帆》《播种感恩心　蓄力中国梦》《扎根　蓄势　薄发　泽州宣传步履铿锵》等多篇信息受到领导好评。三是服务大局、密切配合。一年来，文明办顾全大局、服从安排，坚决服从并积极配合县委宣传部向上级的信息报送工作，认真完成每月不于10条信息的报送量。

2015年，县文明办上报并帮扶了第五届“晋城好人”困难户两名(计6万元)；对“中国好人榜”“山西好人”投票评议，用不同方式对道德模范进行了点赞评议；配合市文明办对泽州县上报的道德典型进行了拍摄工作；配合市文明办对第五届“晋城好人”道德典型进行了故事编写工作；与泽州报社相结合，对1~5届道德典型进行了正面宣传，以身边事影响身边人；结合文明单位的道德讲堂，进行了“晋城好人”的基层巡讲工作；对历届泽州县的道德典型涌现出来的“中国好人”事迹材料进行了修补整理，并提供照片配合市文明办做了善行义举榜的宣传；配合市文明办做好了第五届“晋城好人”的报纸发放工作。

泽州县现有未成年人17万余人，约占全县人口的30%。做好未成年人思想道德建设工作，决定着全县精神文明建设的成效，关系到泽州未来的发展。2015年来，把加强和改进未成年人思想道德建设，作为全县精神文明建设的首要任务来抓，努力探讨加强和改进未成年人思想道德建设的新举措、新途径、新办法，通过学校、社会和家庭的共同努力，优化社会环境，营造教育氛围，开展实践活动，为广大未成年人提供了良好的成长环境。

为深入贯彻中共十八大和十八届三中、四中全会精神，全面落实习近平总书记系列重要讲话特别是在会见第四届全国文明城市、文明村镇、文明单位和未成年人思想道德建设工作先进代表时的重要讲话精神，围绕人民有信仰、民族有希望、国家有力量的号召，以“我的中国梦”为主题，以叫响做实社会主义核心价值观为根本，扎实推进未成年人思想道德建设工作，严格按照《山西省未成年人思想道德建设工作测评体系》的最新要求，认真贯彻落实《泽州县加强和改进未成年人思想道德建设实施意见》精神，继续协调教育、文化、广电等职能部门加大工作力度，形成了多渠道、多层面开展未成年人思想道德建设工作的新局面。采取的主要形式和措施有：深入开展“中国梦”学习教育活动；培育和践行社会主义核心价值观；抓校园育人，充分发挥教育主渠道作用；抓主题活动，引导青少年树立远大志向；抓第二课堂，做好校馆衔接；抓心理辅导，促进未成年人健康成长；抓综合整治，净化社会文化环境常态化；抓协调配合，不断壮大未成年人工作队伍。

## 县级机构设置和领导人名录

### 中国共产党泽州县委员会

书　　记：刘爱军(市委常委、政法委书记，主持泽州县委工作)
　　　　　赵新年(7月任职)

副 书 记：高喜全　侯贵宝

王野萍（女，挂职，2月任职）

常　　委：赵新年（7月任职）

高喜全　侯贵宝

王野萍（女，2月任职，挂职）

张保国　王加林　王　丽（女）

王　涛（4月离职）李正根

安旭敏　陈志忠

张庆民（5月任职，挂职）

## 泽州县人民代表大会常务委员会

主　　任：陈晋勇

副 主 任：陈春林（1月离职）

牛全明（6月离职）

郭志鹏　张武亮　丁蕊香

马培林

常务委员：连海峰　王刚虎　马志德

焦平太　张维斌　李先锋

孔庆祥　王文霞　车陆军

杨春发　田国富　刘史明

毕春辉　杜玉喜

李海勇（4月免职）

赵武锁　田建刚　王林慧

张积余

## 泽州县人民政府

县　　长：高喜全

副 县 长：李正根（常务）程春明　李仲明

申连太（6月离职）上官建红

张庆民（挂职，6月任职）

县长助理：马　占

## 中国人民政治协商会议泽州县委员会

主　　席：樊秋宝

副 主 席：王新彤　郭荣林　张雪梅（女）

常务委员：马晋章　王天明　王文艺

王麦奎　王培德　车炎军

车保林　申国明

付海秀（女）　刘小丑

刘仓仓　李卫国　李中会

李全林　杨晋钢　张生太

张海龙　邱武魁　汪有刚

郑品院　赵世静（女）

赵军昌　郭小平　贺万兴

秦会林　贾祥瑞　晁国智

崔晋凯　翟国新　申永乐

刘新国　张买占

## 中国共产党泽州县纪律检查委员会

书　　记：张保国

副 书 记：张建平（常务）原金旦

田海进

常　　委：张保国　张建平　原金旦

田海进　董培军　马建国

牛双庆

## 泽州县人民法院

院　　长：高国林

副 院 长：秦志豪　刘月亮　张光亮

## 泽州县人民检察院

检 察 长：王红玲（女）

副检察长：宋金顿　郝淑芳（女）

薛运钢　郭森林

## 泽州县人民武装部

部　　长：肖海青（3月离职）

赵韶宇（3月任职）

政　　委：陈志忠

# 中国共产党<br>泽州县委员会

## 办 公 室

### 概述

2015年，在中共县委的正确领导下，县委办公室以党的十八届四中、五中全会精神和习近平总书记系列讲话精神为指导，紧紧围绕县委中心工作，按照“高标准、严要求、争一流”的要求，以争做党性坚强的党办人为目标，积极适应新常态，开拓创新，真抓实干，充分发挥领导参谋助手、上下联系纽带作用，全面提升“三服务”水平，圆满完成了各项任务，有力地保证了县委各项决策的顺利实施。主任：阎晋中。

### 公务活动

2015年，共安排省市领导到县公务活动31次，其他省市县领导到县公务活动6次。参与组办县级大中型会议40余次，常委会40余次。

### 公文办理

2015年，共接收传真电报487件，其中秘密电报199件。接收中央级文件53件，省级文件144件，市级文件101件，机要密码工作未发生一起迟办、压误、丢失等情况。认真起草及审核以县委和县委办公室名义下发的文件，其中，县委文件25个，县委办公室文件56个。

### 文稿工作

2015年，先后起草了县委常委会工作报告、县委学习讨论落实活动、县委“五项活动”、县委巡视整改工作等各类重要会议的领导讲话和省市领导到泽州视察等重大事件的汇报150余篇，80余万字，印发《泽州通报》23期。全年共编发《泽州信息》98期457条，被省市信息采29条，编发《每日要情》27期168条、《每月要事》12期、《网络舆情》35期，为县委领导及时准确地做出决策提供了第一手资料。

### 督促检查

全年共组织参与督察活动30余次，办理省委领导、市委领导、县委领导批示207件，办理政协提案9件。编发《督查通报》14期。

### 信访工作

全年共接待和配合处理群体上访50余起，接待个人来信来访280余人次。

### 落实领导干部外出请假制度

全年共登记县处级领导干部请假（外出）190余件，县直单位、乡镇主要领导请假（外出）330余件。

## 组织工作

### 概述

2015年，全县组织工作坚持从严从实，强化责任担当，以开展“三严三实”专题教育活动为抓手，推进领导班子和干部队伍建设、基层党组织和党员队伍建设、人才队伍建设，各项工作取得显著成效，为开创“弊革风清、富民强县”新局面提供了组织保证。部长：王加林。

### 干部教育

扎实开展“三严三实”专题教育，县处级领导干部按照“三个联系、三个讲清楚、三个到位”的要求开展了讲党课活动。县委常委会和人大、政府、政协三个党组坚持“四个摆进去”，突出问题导向，完成了“严以修身”“严守党的政治纪律和政治规矩”“严以律已”“严以用权”4个专题研讨，高质量召开“三严三实”专题民主生活会。围绕“四个是否”，一条一条对照，列出了问题清单和整改清单，严督实导，强化整改。按照县委“五项活动”安排，组织开展“思想大解放”活动，举办了“思想大解放”主题报告会，来自全县不同岗位、不同行业的10位同志结合工作实际，谈思想解放，谈创新发展，引导广大党员干部提振精气神，锤炼好作风，展现新作为。举办领导干部能力建设研修班、基层党组织书记轮训班、党员和基层干部集训班等3个主体班次，举办中共十八届五中全会精神专题培训4期；邀请省内外知名学者到泽州讲学，培训干部3500余人次。

### 干部选用

进一步加强领导班子队伍建设。配齐配强空缺乡镇纪检书记。及时对涉改单位正职、空缺的、紧缺的一把手岗位进行了配备，分步实施对涉改单位副职、遗留问题进行了解决。配齐配强卫生和计划生育局、经济和信息化局、工商和质量监督管理局3个单位主要领导，对原粮食局、物价局、质量技术监督管理局等撤并单位主要领导进行了消化。同时，对安监局、文化局、交通局、对台办、泽州一中的主要领导及县委宣传部副职进行了配备和补充。配备了泽州宾馆和县物资公司主要领导。草拟二轻工业总公司总经理人选的推选方案。推选全省优秀乡镇党委书记2名。抓好第一书记选派工作，除市委向建档立卡贫困村选派的第一书记外，在全县范围内自行选派了61名第一书记，并在高都镇职中举办了选派第一书记动员会和培训班。

## 队伍建设

开展“领头雁”培训，各乡镇党委按照先进村、资源丰富村、城中村、近郊村、偏远贫困村、信访矛盾突出村等类型，进行分类轮训；8月13日—9月25日，分7期对全县627个村的支书、主任进行封闭式培训。组织全县各乡镇党建工作分管领导、“五类重点村”党组织书记等65人代表赴运城市盐湖区、稷山县、永济市等地参观学习省级先进典型8个。引深“雏雁人才”目标化培训，对储备的510余名“雏雁人才”实行目标化培养、菜单式培训、精细化管理。

## 干部管理

完成2014年新考录16名公务员的录用手续和初任培训。2015年公开招录公务员13名。2015年从大学生村官中招录事业人员考试顺利完成。“三个一批”工作进展顺利，大东沟镇和二轻局作为试点单位先行开展，取得显著成效。总结经验，推广典型效应，“三个一批”贯穿干部工作全过程，对新任科级领导干部进行任前审查、测评考察，并首次进行个人重大事项申报和审查。进一步找准退出、甄别和发现干部的突破口，进行诫勉谈话36名，为县委甄别干部提供依据。加强干部日常监管，认真落实领导干部个人重大事项集中报告制度，严格执行拟提拔干部廉政报告制度，规范执行干部任期审计、离任审计和公示制度。对科级以下干部人事档案“三龄两历一身份”进行认定。实施职务与职级并行制度，10月23日县委常委会通过实施办法和实施细则，11月23日召开全县安排工作会议，职务与职级并行全县铺开。优化年度目标责任考核办法，实施“分类考核”，完成了对17个乡镇、92个县直单位的考核。

## 组织建设

清理规范党组设置，制定党组设置实施意见，撤销党组2个，新成立党组4个。按照“五强五优”农村基层党建工作思路，集中开展“基层组织提升月”活动，印发了《关于进一步加强农村基层党组织建设的实施意见》，于11月11日，召开农村基层党建工作会议，专题安排部署农村基层党建工作。围绕乡村治理机制，以下村镇史村、犁川镇崔河村为试点，探索了“大村分而治之、小村联建合治”新模式。犁川镇“四联机制”的做法在全市农村党建工作会议上进行了交流。对全县63个软弱涣散村，采取县级领导包保、工作组驻点整顿、第一书记住村帮扶的形式，分类开展专项整顿；在市委每村2.5万元整软经费补助的基础上，县财政按照不低于每村5万元的标准，专项列支157.5万元整软经费；县委组织部为63个村统一购置了电脑、打印机、桌椅等办公设施，制作了“‘四议两公开’工作制度”等版面，63个村全部完成整顿任务。对村级组织活动场所全面排查摸底，排查出13个无活动场所村、90个阵地危旧狭小村，无活动阵地村按每村8万元补助，危旧狭小村按每村3万元补助，列入财政预算。开展“农村干部不住村”整治工作，全面推行“集中服务日”、村干部轮流值班制度。足额拨付10万元社区建设经费，开展社区活动场所达标工作。对杨洼、迎宾2个经济基础比较好的社区进行功能改造升级；投资6万元对设施简陋、活动场所不足的晋北社区进行改扩建，进一步完善了配套设施和服务功能。

### 党员管理

严把党员入口关，推进发展党员“六制法”，有计划的开展发展党员工作。完成入党积极分子和重点发展对象培训，共培训入党积极分子和重点发展对象2100人，发展新党员301人。对52个五年内未发展党员村庄进行调查分析，制定了纳新计划，并在大箕镇坂头村、南村镇尚峪村、金村镇赛则村、大阳镇庙南沟村新发展4名预备党员。引深拓展党员志愿服务活动。

### 人才工作

积极组织实施“15511”人才培养工程。召开了“潜力企业、潜力产品、潜力人才”创新发展座谈会，举办“大众创业、万众创新”青年创业巡回报告会，组织青年企业家参加全市“人才+民营经济”创新创业与转型发展论坛。积极开展“千人百县”高层次人才服务基层活动，共接洽省市下派专家13名，其中，省级下派6名果树专家，分别与11家合作社达成项目对接，开展了病虫害防治、栽培管理等科学指导；省级下派2名卫生专家，与泽州县医院达成项目对接，深入县医院开展技术指导、会诊授课；市级下派5名卫生专家，分别与部分乡镇达成项目对接，深入乡镇卫生院及部分村卫生所开展了实用技术指导和义诊宣教等。制定出台《泽州县引进高层次人才实施办法（试行）》，赢得全市高层次人才引进和技能人才培养座谈会于4月16日在泽州召开，高层次人才引进工作走在全市前列。

### 课题研究

结合泽州实际，围绕县委中心工作，针对全县基层党建工作中存在的问题积极开展课题研究，抓住基层党建实践中的重点、难点、热点，进行总结、提炼、分析和研究，形成了一系列课题成果，为县委党建工作提供了有价值的思路和建议。其中，《县级党委落实党风廉政建设责任制问题研究》获得全省一等奖；《关于建立农村不合格党员退出机制的调查和思考》《在推进城镇化和农业现代化进程中农村党组织体系问题研究》《泽州县农村非党村委会成员现状调查与思考》等课题获得全省二等奖。

### 自身建设

围绕“从严治部”，按照建设“讲政治、重公道、业务精、作风好”的模范部门要求，组织争做“六型”组工干部大讨论，开展“十查十看”和10个具体问题、8个“有没有”专项排查，开展岗位风险点排查和承诺践诺活动。召开“从严治部”专题民主生活会。开展“跬步论坛”学习，落实党内生活制度，干部轮岗交流制、重大事项报告制，建立健全部领导信访值班制度，提升了组织部门工作水平。

## 宣传工作

### 概述

2015年是全面完成“十二五”规划的收官之年，是全面深化改革的关键之年，也是全面推进依法治国的开局之年，更是泽州县开创“弊革风清、富民强县”新局面的重要一年。今年以来，在市委宣传部的指导下，在县委、县政府的领导下，全县宣传思想文化工作围绕大局，服务发展，理论武装、舆论引导、文化繁荣、文明创建等各项工作稳步推进，为全县经济社会发展营造了良好的社会环境和浓厚的舆论氛围。部长：王丽（女）。

## 理论武装

（一）县委中心组理论学习。一是县委中心组成员充分发挥带动示范作用，采取辅导领学、座谈研讨和学习交流等方式，目前中心组集中学习达17次，先后系统学习了习近平总书记系列重要讲话精神、党的十八届五中全会精神。其中，“三严三实”专题教育集中学习3次，专题研讨3次，邀请省委党校张路、市委党校卢路等专家举办专题辅导3次。2015年县委中心组成员在市级刊发理论文章10余篇，此外开展了“推荐送书”活动，先后推荐了《法治热点面对面》《习近平谈治国理政》《抗日战争》等书籍，受到中心组成员的好评。二是按照县委“五项活动”的安排部署，县委中心组成员紧紧围绕“思想大解放”这一主题，以解决各种复杂矛盾和问题为出发点落脚点，紧密联系实际，加强调查研究，认真查摆本行业本部门思想观念、发展思路、体制机制和工作举措等方面存在的问题，形成了一批有针对性的调研报告。

（二）基层理论宣讲工作走在前。中共十八届五中中全会召开后，泽州县各单位“一把手”分赴机关、农村、企业、学校进行集中宣讲，全县218名“草根”宣讲员分小组深入田间地头、农家院户进行小范围宣讲，使十八届五中全会精神家喻户晓深入人心。2015年，县委理论报告员组在县委宣传部的直接领导下，以学习宣传贯彻中共十八大及十八届三中、四中、五中全会精神和习近平总书记一系列重要讲话精神为主线，认真组织宣讲活动，强化理论普及，在全县营造了浓厚的理论氛围。

## 舆论宣传

（一）围绕中心，树立泽州新形象。一是围绕2015年县委、县政府开展的“五项活动”，组织协调4家县直主流媒体，开设专题专栏、人物访谈、典型报道、评论社论等，大力宣传泽州县“五项活动”开展情况，在县市干部群众中反响热烈。二是由泽州县广播电视台配合市电视台采制的新闻《山西晋城：农家俩兄弟，双双上阵阅兵场》在9月5日一天时间内，三次被中央电视台采用，分别在央视《朝闻天下》《新闻联播》和《24小时特别报道》中播出。进一步扩大了泽州的知名度和美誉度。三是连续第二年配合市直新闻单位青年编辑记者在泽州县柳树口镇、晋庙铺镇和高都镇3个乡镇6个村进行为期半个月的实践锻炼工作。其间共发表刊播关于泽州各类稿件32条/篇，其中，《太行日报》6篇、晋城电视台8条、晋城新闻网5篇、《太行晚报》6篇、晋城在线7条。让全市的干部群众了解了泽州的山水美景和纯朴民情。四是承担了2015大阳镇国际摄影展活动的舆论氛围营造工作，在“泽州旅游”微信公众号编发“2015太行神韵·记住乡愁”微信报道22期。在活动开展期间组织县直新闻单位进行了集中采风报道，其中由泽州县电视台拍摄的新闻于10月3在中央电视台新闻频道中的《新闻直播间》里进行了重点播出，和太原晋祠、五台山景区成为了山西国庆长假期间在中央电视台播出的三大景区之一，将泽州大阳推向了全国乃至全世界。五是配合中央电视台十套《文明密码》栏目在泽州县珏山拍摄了关于中秋赏月为主题的中秋特别节目《天涯共此时》，该节目已于今年国庆中秋期间在央视十套播出。再一次让全国人民看到了泽州，了解了泽州。

（二）把握正确导向，舆论氛围营造健康向上。全面统筹内宣外宣资源，加强同上级主流媒体的沟通与协作，积极参与中宣部，省、市委宣传部开展的“好记者讲好故事”演讲比赛，并获得了优异成绩；组织配合市委宣传部做好“晋城市百名德孝模范”推荐工作，共推荐泽州县德孝模范26人。发挥好泽州广播电视台及泽州新闻等传统主流媒体和中国泽州网站和泽州广电网等新兴媒体作用，精心组织开展了2015年三干会、五届人大、政协五届五次会议的舆论氛围营造活动和第三届“最美晋城新闻人”评选工作。

（三）舆论引导要提升用网管网水平。加强了新闻应急处置机制、舆情预警机制等新闻管理制度的规范化建设，巩固了对重大突发事件、群体性事件的新闻报道和舆论引导工作，牢牢掌握新闻舆论引导主动权，分别对“重塑山西”“十八届五中全会”“全国两会”“晋城建设路改造”“山西文博会”“晋城太行山旅游文化节”“习近平访英”等17项热点话题进行了跟帖、转发、评论，网评条数多达73654条，向市委宣部报送舆情信息达3111篇。

在充分利用网络监测设备的同时，要求网络舆情科全体人员每天早晚两次在各大新闻网站和社区、论坛、贴吧等网络上查看及收集涉及泽州县重大舆情、负面舆情、社会突发性重大事件等信息，并及时分析、研判，编发《网络舆情》专版上报县委主要领导。2015年1月至11月，泽州县共出《网络舆情》16期。其中，涉及相关部门的有6期，涉及相关领导的有5期，环境污染问题的5期。

## 文化工作

（一）群众文化活动丰富多彩。一是组织特色鲜明的“两节”文化活动。按照“欢乐、祥和、节俭、安全”的原则，通过群众自办文化品牌展演、非物质文化遗产项目展演和民间传统社火展演等活动，以丰富多彩的民间文化艺术形式，展示泽州的文化底蕴和地方文化特色，在全市引起很好反响。二是组建了10余支科技、文化、教育、卫生服务队伍，以“三下乡”活动为载体。积极开展经常性的文化服务。三是组织参加“庆祝晋城建市30周年全民朗诵大赛”“全市文艺界开展‘深入生活、扎根人民’主题实践活动”和“‘最炫太行风’晋城第三届健身广场舞电视大赛”等一系列主题活动。四是完成公共文化产品音响设备配送工作，627个行政村达到全覆盖，满足了群众文化活动的基本需求。

（二）文化惠民措施深入人心。一是大力实施“文化低保”工程，2015年，向24个村低保村和革命老区送电影288场，向市民广场送电影20场；送戏15个台口105场；送文艺节目

40场；完成金村镇寨则村和金村镇柳泉数字化电视网络改造；全年发放购书补助卡20976张。二是继续实施文化惠民系列工程，积极推进“政府买单，群众看戏”的惠民措施，在实施“文化惠民工程”的基础上，2015年又推出了“上党梆子现代戏《妈妈呀好妈妈》巡演”活动，文化惠民系列工程全年送戏84场。

（三）乡村摄影展影响力不断扩大。“太行神韵·记住乡愁”第四届泽州乡村摄影展分别在“五一”和“十一”期间在历史文化名镇周村镇、大阳镇向广大市民呈现，累计接待游客12万余人次。乡村摄影展集中展示了泽州悠久的历史文化传承和丰富的自然人文景观，再现广大人民群众生产生活传承中形成的文化印迹，见证非物质文化遗产保护和城乡一体化发展进程，为泽州县对外宣传和对外交流提供了机遇。

（四）文化产业蓬勃发展。一是组团参加了第二届山西文博会，极具泽州文化特色的太行娲皇文化发展有限公司和二十八宿影视公司两家企业代表泽州县在文博会上参展。同时，在第二届山西文博会重点文化产业项目签约仪式上，泽州县大阳镇重点文化产业项目与北京立根集团、北大博雅集团正式签约。该项目投资总额5亿元，融资额5亿元；二十八宿影视有限公司也就500集二十八宿系列动画及衍生产品开发项目与北京二八零零投资管理股份公司进行了签约，项目投资总额5.2亿元，融资额8000万元。二是优化文化产业结构，整合县内文化产业资源，利用省级、市级文化产业发展专项资金，扶持太行娲皇文化发展有限公司和二十八宿影视公司等一批有竞争力、影响力的文化企业做大做强，尽快推动泽州县文化产业向经济支柱产业的迈进。

（五）积极推进文艺创作。一是认真策划组织了“五个一”工程、重点文化扶持和重点文艺作品评选活动，坚持“政府主导、社会参与、市场运作”的思路，完善艺术精品创作生产的激励政策，激发广大文艺工作者的创作热情，力争在省级、市级主流文艺评比中获奖。二是组织泽州县文化名人完成了30万字的《三晋史话（晋城卷·泽州分卷）》编纂工作，这部著作将是对泽州县5000年历史第一次系统梳理，一些成果将填补泽州县、乃至山西市史学研究上的空白，具有极强的史学研究价值。

## 文明创建

（一）公民思想道德建设扎实推进。开展了公民道德建设宣传月活动，“图说我们的价值观”宣传活动发放宣传画册1万张，在学校、景区、建筑工地等公共场所设置了社会主义核心价值观宣传画和LED显示屏。泽州新闻先后刊登了8期“社会主义核心价值”公益广告，泽州电台、电视台采取了从早7点到晚7点不间断滚动播出，日播报频率达20余次。深入开展了“弘扬价值观　唱响中国梦”感恩教育宣讲活动。邀请王子鹤等知名感恩励志演讲师现场进行感恩励志讲座共33场次，近万广大师生及家长接受了心灵的洗涤，懂得了珍惜现在，珍惜当下，孝敬父母，尊敬师长，好好学习，做一个对社会有用的人。

（二）未成年人思想道德建设有声有色。一是深入开展中国梦学习教育活动。以“我的中国梦”为主题，以叫响做实社会主义核心价值观为根本，抓住清明、“六一”、“七一”、“十一”等重要时间节点，坚持网上网下相结合、继承创新相结合，扎实开展系列道德实践和社会实践活动。二是培育和践行社会主义核心价值观。全县中小学校通过学校板报、校园广播、LED 显示屏、学习园地、“图说我们的价值观”等多种形式开展宣传教育活动，确保全体师生都能熟记并能表述社会主义核心价值观。三是抓校园育人，充分发挥教育主渠道作用。全县各学校坚持“育人为本，德育为先”的工作思路，以理想信念教育为核心，以行为习惯养成教育为重点，利用升国旗仪式、校园文化节、德德讲堂、经典诵读、主题班会、报告会、讲座等多种形式，认真开展认星争优、日行一善、做美德少年等活动，将未成年人思想道德建设工作贯穿于学校整个教学过程之中，充分发挥了学校“教书育人”的教育主渠道作用。四是抓主题活动，引导青少年树立远大志向。在全县中小学开展了“做一个有道德的人”系列活动、“知荣辱、树新风、我行动”道德实践活动、“学习雷锋、做美德少年”活动、“爱国主义电影进校园”活动、“中华魂”读书活动等多项符合青少年特点的主题活动。

## 统战工作

### 概述

2015 年，县统一战线系统在县委的正确领导和市委统战部的具体指导下，坚持以马克思列宁主义、毛泽东思想、邓小平理论、“三个代表”重要思想和科学发展观为指导，贯彻落实习近平总书记系列重要讲话精神和治国理政新理念新思想新战略，紧紧围绕县委“1941”工作重点，发挥优势，汇聚力量，增进共识，服务大局，扎实工作，强力推进五大系列活动，团结带领统一战线广大成员立足全县大局，服务全县“弊革风清、富民强县”新局面，各项工作稳步推进。部长：安旭敏。

### 思想政治教育

一年来，突出为全面深化改革凝心聚力这一主线，进一步夯实广大统战成员的共同思想政治基础，增进改革共识，聚集转型正能量。一是认真学习贯彻中共十八届三中、四中、五中全会和习总书记系列重要讲话精神、中央统战工作会议精神及《中国共产党统一战线工作条例（试行）》。特别是学习贯彻 2015 年中央统战会议精神及中共十八大以来习近平总书记关于统一战线的新理论、新观点和新要求。通过举办专题报告会，组织研讨班、培训班等，引导统一战线成员深入理解重大意义和精神实质，把思想和行动统一到了县委“1941”工作重点上来，真正为推动科学发展凝聚了共识，汇聚了力量。二是在各民主党派、无党派人士中继续开展了“坚持和发展中国特色社会主义学习实践活动”；在非公经济人士中继续深化以“信念、信任、信心、信誉”为主要内容的理想信念教育实践活动；在民族宗教界开展“培育和践行社会主义核心价值观法制宣传教育活动”，通过活动在加强思想交流中深化共识，在参与社会实践中巩固共识。三是积极引导统一战线广大成员更加自觉地把思想和行动统一到县委四届五次全会暨全县经济工作会议等会议精神上来，2015 年以来，多次邀请党外人士参加县“三干会”、经济工作会议等重要会议，定期向党外人士通报全县经济运行情况、党风廉政建设情况，促进了党外人士参政议政的常规化、制度化。

## 党风廉政建设

一是加强理论学习，提高拒腐防变能力。深刻认识在新的历史时期加强政治理论、业务知识、党纪政纪条规学习的重要性和紧迫性。认真学习中央“八项规定”、反对“四风”、中纪委六个禁令等一系列党风廉政建设有关制度、《中国共产党廉洁自律准则》和《中国共产党纪律处分条例》，增强忧患意识、纪律意识、宗旨意识和责任意识，增强拒腐防变的能力。二是认真落实党风廉政建设责任制，切实履行“两个责任”。班子成员认真落实党风廉政建设责任制，积极履行党风廉政建设职责，自觉遵守领导干部廉洁自律规定。严格落实“两个责任”，以政治上的敢于担当、思想上的时刻清醒、行动上的高度自觉、作风上的从严从实，真正把“两个责任”扛稳抓实做好。三是开展了“双严双实”党纪条规警示教育活动。在3月，根据县委要求在统战系统党员干部中深入开展了“双严双实”党纪条规警示教育活动。开展一系列的活动，通过为期一个月的警示教育活动，党员干部的党性修养大大加强，工作作风明显转变，与统战成员的关系也变得更加融洽，为确保活动的效果得到有效延伸，还建立了长效机制。五是积极开展“五项活动”。在“思想大解放”活动中，县委统战部组织全县统战系统的干部职工参加了思想解放演讲比赛、征文活动和“解放思想我为统战工作做什么”的讨论；在“纪律大整顿”活动中，针对“庸”“懒”“散”“空”“玩”“奢”六大问题，开展集中整治，要求每个人联系自己的工作实际，对照纪律比不足；在“矛盾大排查”活动中，全面排查本单位存在的矛盾纠纷，着力提高对各类矛盾纠纷的预防化解能力，把矛盾解决在萌芽状态。在“环境大改善”中，协助单位帮扶村做好环境整治。在“项目大发展”活动中，积极做好领导包联项目，并选派了一名副部长，作为项目对接人，为企业提供帮办、代办、陪办等具体服务。

## 党派工作和建言献策

一是协助县委及时组织召开情况通报会，充分发挥民主党派和无党派人士参政议政和民主监督作用，提高党外人士参政议政、建言献策的热情，实现有序政治参与。

二是要加强党外代表人士队伍建设工作和党外知识分子工作。进一步加强党外代表人士的教育、培养工作，以提高参政素质为目的，积极探索提升民主党派、无党派人士参政议政能力与水平的有效途径，使其参政参到点子上，议政议到关键处，为协商民主打下坚实基础。

三是在市、县“两会”召开之际，积极引导民营经济代表人士积极参与人大、政协建议和提案书写，为泽州经济发展、和谐稳定建言献策。组织动员广大会员，特别是担任人大代表、政协委员的工商联会员会前深入调查研究，针对当前民营经济发展的现状和问题、品牌建设、市场开拓、行业协会作用、融资服务、加强环保等方面提出各种意见和建议10多条，为领导的科学决策提供依据，当好党和政府发展经济和社会各项事业的参谋和助手，切实发挥好桥梁和纽带作用。

## 服务社会

2015年以来，坚持把新的社会阶层人士工作作为统战工作新的着力点，取得了良好成效。一是健全了协商民主机制。认真学习贯彻中央《关于加强社会主义协商民主建设的意见》，结合实际，提出泽州县开展协商民主的实施办法，把意见规定的协商形式、内容、制度、保障等予以具体化。健全完善了《党外干部管理制度》《党员领导干部联系党外人士制度》《民主协商和情况通报制度》。二是积极探索建立党外干部的监督管理机制。对党外代表人士开展综合评价工作。三是加强非公经济人士理想信念建设，开展“强责任比奉献”活动。2015年以来，完善了非公经济人士人才登记，建立了相对完整的数据资料信息库。在非公经济人士中开展了“强责任比奉献”活动，引导非公有制经济人士树立社会主义核心价值观，以兴县富民为己任，自觉依法经营，维护企业员工的合法权益，营造和谐用工关系，增强社会责任感。让广大非公有制经济人士树立“义利兼顾、以义为先”的核心理念，积极参与光彩事业、“感恩行动”和赈灾济困等社会公益活动，争当优秀中国特色社会主义事业建设者。四是在全县民营企业家队伍中广泛开展“重塑形象大讨论”。围绕全省“六大发展”、市“一争三快两率先”战略和泽州县“1941”工作重点，开展“为什么要重塑形象”“重塑什么样的形象”“如何重塑形象”等问题大讨论，发出重塑民营企业家队伍形象倡议书，增强民营企业家参与的自觉性和主动性。五是服务中小微企业，优化发展环境。邀请县发改局、经贸局、税务局、环保局、中小企业局、国土局、信用联社等有关单位和部分非公企业家代表召开了“中小微企业发展”座谈会，为探索激活民间资本、解决我县中小微企业融资、环保等发展难题拓宽渠道，创优发展环境。健全完善了乡镇商会（行业协会）网络建设，成立了众鑫铸造业担保商会和泽州县青年企业商会（全市首家）。六是启动了大众创业、万众创新青年创业巡回报告会，邀请了8位青年创业者典型代表从不同角度，讲述创业精神，引导更多的青年积极投身到“大众创业、万众创新”的伟大实践中，为全县经济社会的转型发展做出更大的贡献。七是充分利用我国民族传统节日对台胞、侨胞进行慰问，春节、元宵两节期间，共寄送贺卡30余份，递发邮件50余件。积极开展“献爱心送温暖”活动，对20户困难侨眷、重点侨户走访慰问。

## 队伍建设

一是扎实开展学习讨论落实活动，加强统战部门领导班子建设。深入贯彻中纪委十八届五次全会精神，认真履行党风廉政建设主体责任和监督责任，严格落实“一岗双责”，从严加强统战部门领导班子的教育管理，全面完善制度建设，提高制度执行力，切实做到用制度管权管事管人，进一步拧紧正风肃纪、严格管理的“螺丝钉”。

二是深入开展“强素质、转作风、重实干、树形象”活动，加强统战干部队伍建设。

按照"三严三实"要求，教育引导广大统战干部严守政治纪律和政治规矩，严守廉洁从政底线，恪守党内政治生活准则和党的各项规定，牢记与党外人士交朋友是为党交朋友，真正打造忠诚于党、忠诚于统战事业的良好政治生态。

三是推进统战机制创新，形成大统战工作格局。根据省、市委的要求，按照"精简、统一、效能"的方针，通过积极争取县委、县政府领导的支持，同意合署办公。在此基础上成立了由统战部部长担任组长的领导小组，结合泽州县具体实际制定出台了《泽州县统战部门合署办公工作方案》，方案中细化了工作任务，明确了工作职责。在县领导的支持下，在各单位的配合下，县委统战部、工商联、侨联三个单位的办公场所统一集中到了县政府五楼西侧。之后重新组建了统一的领导班子，县委统战部的两名副部长分别担任县工商联和侨联的党组书记，成立了统战部联合党支部。采取上班统一签到，集中学习，工作统一行动。目前，合署办公已初显成效：有效解决了人少的问题，"1+2"模式，即"统战部＋工商联＋侨联"，由4个人变成了17个人。凝聚力增强了，大家心齐了，工作效率高了，下乡调研和扶持帮扶村发展的力量增强了。

四是建好"党外人士之家"，加强统战干部能力建设。在2015年中央统战会议召开以后，及时组织统战干部学习习近平总书记在会上的讲话、会议精神和条例，要求统战干部的思想观念要适应变化了的形势，工作方法要适应变化了的任务，全方位提高工作能力和水平。要在坚持民主协商、教育引导、联谊交友等方法基础上，熟悉掌握统战理论方针政策，开阔视野，提高素质，真正把统战部建成名副其实的"党外人士之家"，把统战干部变成名副其实的"党外人士之友"。

## 民族宗教工作

*民族方面* 2015年以来，认真贯彻党的民族工作方针政策和中央民族工作会议精神，坚持"共同团结进步，共同繁荣发展"的主题，促进各民族和谐发展。扎实做好少数民族的团结稳定工作。帮助大阳伊洁养殖合作社拟定扩建预算，向省市民宗局申报少数民族经济项目扶持资金；配合有关部门加强对少数民族流动人员的管理；按照《山西省民族团结进步创建活动示范单位评选标准》开展民族团结创建活动，培树了2个先进典型。妥善处理涉及民族方面的矛盾纠纷。保证了全县各民族团结稳定，和睦相处。

*宗教方面* 一是依法加强宗教事务管理。对大型宗教活动提前介入，加大监管力度，防止宗教极端势力的渗透和破坏。二是认真开展"宗教政策法规学习月"活动，组织编印了《民族宗教政策法规学习手册》，采取印发宣传材料、进寺观教堂讲课和党员干部群众座谈等多种形式加大政策法规的宣传力度，使更多的党员干部群众真正掌握宗教政策法规，正确理解和对待宗教。三是继续深入开展以"教风"为主题的"和谐寺观教堂"活动。巴公圣临庙、普明精舍等35个宗教活动场所获得"和谐寺观教堂"称号，占全部活动场所的70%。四是积极开展宗教界公益慈善活动。全年各宗教团

体共募捐30余万元善款用于慈善和社会公益事业。

为推进基层宗教事务法制化，进行积极探索，主要做法是：一是加强执法主体建设，提高依法管理基层宗教事务的能力。通过成立以分管副县长为组长的县级宗教工作协调小组，配齐配强县宗教局执法人员，并组织宗教局执法人员积极参加省、市宗教局组织的培训，提高其执法的能力和水平。建立“县、乡、村三级管理网络”和村级宗教信息平台，每个村委会都建立了宗教信息报告制度，每个村的支书为宗教信息员。从而为推进基层宗教事务法制化提供了队伍的保障。二是加大宣传教育力度，改善依法管理基层宗教事务的环境多层次、多渠道、全方位地开展普法教育活动，提高宗教政策和宗教法规的知晓面和影响力，营造良好的法治氛围和环境。通过将党的宗教政策、宗教法律法规和宗教基本知识列入党校干部培训教育的必修课程，纳入基层普法的重要内容，不断提高县直各单位、各乡镇党政干部特别是领导干部对依法管理宗教事务重要性的认识，从而进一步增强做好依法管理宗教事务的责任感和使命感。县宗教局每年对各宗教团体成员、宗教活动场所负责人和宗教教职人员进行系统的培训教育，组织他们认真学习和正确理解党的宗教理论、方针政策和《宗教事务条例》，着力培养他们守法尚德、依法办事的观念。通过培训教育，使宗教界人士能熟练掌握宗教政策法规，灵活运用相关法律法规保护宗教界合法权益，依法管理宗教事务、处理宗教问题，并带动和影响信教群众学法、守法和用法。每年在“宗教政策宣传月”面向全社会开展宗教法规宣传教育活动。县宗教局结合创建和谐寺观教堂活动，大力开展宗教政策法规进乡村、进宗教活动场所等活动，向广大干部群众宣讲党的宗教政策，特别深入偏远农村，把宗教法规送到广大农村干部群众手中和心里，消灭宗教法规宣传的“盲区”“误区”和“死角”。同时，督促宗教团体和宗教活动场所定期组织信教群众学习党的宗教政策法规，帮助信教群众树立“国家保障宗教信仰自由、宗教必须在法律范围内活动”的观念，使每个信教群众知晓《宗教事务条例》的有关规定，能正确分辨“宗教与迷信、宗教与邪教、正常宗教活动与打着宗教旗号进行非法、违法活动”的区别，依法规范自身的宗教行为。

### 统战重要活动

2015年7月，对全县副科以上党外干部和具有中级职称以上的党外知识分子进行了摸底调查。

2015年12月17日，全县统战工作会议召开，各乡镇党委书记，县直各单位负责人，各民主党派主委、副主委等参加了会议。

## 政法工作

### 概述

2015年，在县委、县政府的正确领导下，全县政法综治各部门认真学习贯彻中共十八大，十八届三中、四中、五中全会精神，围绕中心，服务大局，扎实推进平安建设、法治建设和政法队伍建设，确保了全县社会大局稳定，为全县改革发展创造了良好的法治环境。书记：安旭敏。

### 保障服务

一是全县社会治安大局持续平稳。2015年，全县共立各类刑事案件603起，同比下降0.3%。其中，八类严重刑事案件同比下降37.1%。二是矛盾大排查活动成效显著。全县各级各部门一手抓有效化解，一手抓依法处置，有效化解了一批信访突出问题和矛盾纠纷，信访形势稳中趋好。三是基层社会服务管理水平不断提升。17个乡镇627个行政村全部建成镇、村两级社会服务管理中心和信息平台，健全完善了12项工作制度和“六联”工作机制。四是人民群众安全感进一步增强。构筑起了点线面结合、人防物防技防，科技引领防控的立体化社会治安防控体系。人民群众的公众安全感达到90.02%，被市综治委命名为“平安县”。五是法治建设取得明显成效。不断深化司法体制改革，大力推进阳光司法。县法院大力推进三大平台建设，坚持调判结合，民商事案件调解撤诉率达到60%，成为全省10个“多元化纠纷调解机制改革示范法院”之一；县检察院充分发挥法律监督职能，批捕、起诉准确率为100%，控申接待室被高检院授予“全国文明接待室”荣誉称号。县司法局狠抓法律顾问普及工作，实现了全县农村法律顾问全覆盖。在全县大力推进“六五”普法，传播法律知识，弘扬法治精神，人民群众法治意识不断增强。六是政法队伍素质进一步提高。狠抓政法队伍党风廉政、作风、素质能力三项建设，大力开展执法司法突出问题专项治理，群众对政法队伍的满意度进一步提升。

### “平安泽州”建设

2015年，泽州县委政法委以社会治安防控体系建设为重点，通过整合资源，调动全社会参与平安创建的积极性，构筑起了点线面结合、人防物防技防，科技引领防控的立体化社会治安防控体系，平安泽州建设取得显著成效。

一是积极构建警民联防“大巡防”机制。第十届村民委员会换届选举结束后，我们指导各村及时充实调整了治保、调解组织，进一步加强了由专职巡逻队伍与群防群治队伍相结合的巡逻防控力量。至2015年年底，全县已建成专职巡防队伍11支300余人，义务巡防队伍16支600余人，有力提升了“见警率、盘查率、抓获率、管控率”。二是加快“天网”工程建设步伐。制定出台了《全县治安视频监控系统“天网工程”建设实施方案》，全县34个涉爆单位以及干线公路卡口的视频监控与公安实现联网，重要机关、金融网点、重大企业、宾馆、超市、歌舞厅、游戏厅安装电子红外线监控设备358个，太焦铁路沿线安装高标准监控探头24个。全县主要交通要塞已建成高清智能卡口10个，并在全县重点路段、区域、单位更新视频探头1130个，初步构筑起全县重要路段、重点区域、要害部位、重点场所的全天候监控覆盖网。三是持续推动“四级联动”警务战略。在全县持续推动实施了派出所、警务室、警务工作站（点）、治安信息员“四级联动”的社会警务战略。2015年，新建警务工作站26个，警务联系点47个，便民服务点257个，布建治安信息员2500余人，警务站点基本覆盖全县50%的乡村。四是大力开展“六安”联创活动。组织协调各牵头单位、各乡镇围绕全县平安建设总体目标，将综治工作网络、工作机制向基层延伸，实现职能部门、综治中心和基层单位工作对接，协调联动，不断推进平安乡镇、平安村、平安企业、平安学校等各项创建活动深入开展，形成了整体联动、共创平安的良性格局。

## 维护社会稳定

为认真落实省委、省政府“三个高压态势”的部署要求，3月26日，县委政法委组织召开了“全县‘打黑除恶’专项斗争推进年”活动动员会，在全县深入开展了以“打黑除恶”为重点的严打整治斗争。2015年，共破获各类刑事案件218起，破获危害严重刑事案件19起，共抓获犯罪嫌疑人190人，打掉各类犯罪团伙5个，追捕各类逃犯89人，始终保持了对各类犯罪活动的高压态势。概括为“四个全力”：一是全力打击严重暴力犯罪。对严重暴力犯罪集中优势兵力，坚决打击。及时查破“八类”暴力性案件19起。成功破获在全市有重大影响的“1·8”大东沟镇西洼村故意杀人案，3小时之内快速破获一起故意杀人案。县公安局摸排发现并主动配合河南警方打掉一重大涉恐犯罪团伙，受到省市县各级领导高度评价，县委、县政府拿出50余万元进行了通报表彰。二是全力打击多发性侵财犯罪。对盗、抢、骗等关系人民群众切身利益的多发性侵财犯罪展开凌厉攻势。共破获该类案件127起，打掉团伙4个，抓获犯罪嫌疑人37人。三是全力打击经济违法犯罪。共破获经济案件39起，抓获犯罪嫌疑人12人。破获了黄忠源、张吉春非法吸收公众存款案，涉案价值2000余万元；破获了涉案价值160万元的“王鹏、赵伟伟合同诈骗案”。四是全力整治治安突出问题。认真贯彻落实习近平总书记关于加强公共安全的重要批示精神，在全县深入开展了城中村社会治安整治专项行动、危爆物品清理整治、物流寄递安全管理、“百城禁毒会战”、“治理精神药品专项行动”、交通安全管理、消防安全管理等一系列专项整治活动。共收缴汽枪2支、猎枪1支、手雷1枚、炮弹1枚、电雷管660发、子弹46发，全年未发生涉爆安全事故和案件。共查处涉毒刑事案件7起，查处涉毒行政案件111起，缴获各类毒品726.7克；成功破获了省厅转发并督办的“2015.8.13”晋庙铺镇黑石岭村贩毒案，严厉打击了泽州县南部一带吸贩毒违法犯罪现象高发的势头。共核实重性精神病人信息142条，重点审核肇事肇祸精神病人信息24条。新列管重点人口79名、监管对象42名。

## 化解社会矛盾

一是整合社会资源构建三级网络。认真贯彻落实左权会议“健全三级调解网络、建强专业调解队伍、完善部门衔接联动机制、推广以案定补激励办法、营造大调解浓厚氛围”的工作思路，通过整合社会资源，建立了县、乡、村三级矛盾纠纷调解中心，按照“六有”“五统一”的标准设立了人民调解室。为全县17个乡（镇）、627个村委会选聘村级专职人民调解员800余人，配备纠纷信息员3200余人。在重点行业组建专业性调解委员会，发挥“总枢纽”作用。先后组建了县医疗纠纷、县道路交通事故损害赔偿纠纷、县劳动争议纠纷等六大领域专业调解委员会。全县构建起了以县矛盾纠纷调解中心为龙头，乡（镇）矛盾纠纷调解中心为枢纽，村、企业人民调解组织“三级网络”为基础，专业性、行业性调解组织为补充的多层次、宽领域、全覆盖的“大调解”网络。

二是注重“四个对接”实现多调联动。在构建网络的基础上，如何走好全县大调解一盘棋，采取了“四个对接”，实现了多调联动，让更多的矛盾通过调解化解。(1) 上下对接，即县矛盾纠纷调解中心和各乡镇矛盾纠纷调解中心对接。制定了泽州县矛盾纠纷调解中心工作规范、《县、乡（镇）两级调解中心矛盾纠纷调处对接办法》，就对接程序、案件调处、结果反馈等都进行了规范。(2) 诉调对接，即县矛盾纠纷调解中心和县人民法院对接。县矛盾调解中心与县法院联合出台了《关于建立诉讼调解和人民调解对接实施办法（试行）》，对诉前、诉中、诉后的调解都作了明确的规定。(3) 政调对接，即县矛盾纠纷调解中心和县直各行政执法部门对接。出台了《泽州县人民调解与行政调解对接暂行办法》，在行政执法部门成立了矛盾纠纷调解小组，明确了分管领导和纠纷调解联络员，建立起了案件调处、案件移送、信息互通、结案反馈等制度，延伸了人民调解的触角，实现了人民调解和行政调解的顺畅对接。(4) 访调对接，即县矛盾纠纷调解中心和县信访局对接。出台了《律师参与矛盾纠纷调处的实施意见》《关于组织律师参与信访接待工作的意见》，在县信访接待中心建立法律援助工作站，全方位参与信访工作。2015年，县、乡、村三级中心共受理纠纷案件865件，调解成功782件，调解成功率90%，其中，县中心受理案件79件，调解成功60件，调解成功率75.9%。

三是攻坚克难全力化解突出矛盾。2015年8月，按照县委开展“五项活动”的统一部署，在全县组织开展了“矛盾大排查”活动。以“一手抓有效化解、一手抓依法处置”为抓手，集中力量彻底化解了一批信访突出问题，全县共摸排283件，有效化解271件，结案率95.8%，全县信访形势得到彻底扭转。一是建立健全信访工作制度。建立健全了矛盾纠纷排查化解、领导接访、县级领导包案责任制、信访联席会议例会、信访工作专题会议、化解信访案件定期通报、信访专项基金制7个长效机制。二是持续开展矛盾纠纷排查活动。活动中，按照“条块结合、以块为主”的原则，组织乡镇和单位开展“不漏户、不漏人、不漏事”的地毯式大排查。三是坚持领导包案化解。县级以上交办案件全部实行领导包案化解，做到案件不结领导不变，直到案结事了。

四是加大法律法规宣传力度。以《信访条例》修订十周年、社会治安综合治理宣传月活动为契机，大力宣传法律法规，通过发放《信访条例》等各类宣传资料、发放“口袋书”、张贴标语、LED屏滚动播放、宣传车下乡等多种形式，教育群众知法、懂法、守法，引导信访群众树立法治意识，依法有序逐级上访。五是依法处置非正常上访。2015年8月以来，公安部门加大了依法打击力度，依法打击处理113

人次，其中，行政拘留18人次，罚款20人次，警告72人次，3人涉嫌犯罪批准逮捕，发挥了法治手段的震慑教育作用。

## 服务保障大局

认真学习贯彻中央政治局委员、中央政法委书记孟建柱在晋调研时的重要指示精神，紧紧围绕省委提出的“六大发展”，按照省、市政法委“1+4”制度体系的安排部署，组织全县政法系统紧紧围绕全县发展大局，为“六大发展”提供了高效的法律服务和司法保障。

一是以规范市场经济秩序为重点，着力营造公平正义的法治环境。全县政法各部门充分发挥职能作用，主动作为，以规范市场经济秩序为重点，依法惩处破坏社会主义市场经济秩序的各类违法犯罪活动。县法院提出了“变被动审判为能动司法，采取九项措施，积极主动服务重点项目建设”的意见，做到了每一起涉及重点项目的案件都有一个责任部门、一名责任人和一名责任领导。县检察院积极开展预防职务犯罪工作，对泽州县境内市级重点工程项目进行专项预防，向招标单位提供行贿犯罪档案查询610次，开展警示教育7次。二是以严厉打击涉企违法犯罪为重点，着力营造安全满意的治安环境。为确保企业健康安全运行，坚持涉企犯罪零容忍，一手抓打击、一手抓防范。2015年，共破获各类涉企案件56起，抓获犯罪嫌疑人29人，挽回经济损失500余万元。全面提升企业治安防控能力，完善了企业内部各项安全管理制度，并结合全县治安实际，在企业、工地、园区建立了一批警务室（站）。目前已经设立了晋刚警务室、国投热电警务室、兰花林业警务室、客运东站警务室；对全县70多个正在开工建设、区域封闭性不强的建筑工地，设立了临时警务站。三是以防范化解涉企矛盾纠纷为重点，着力营造和谐稳定的社会环境。在矛盾纠纷易发多发的企业、厂区、建筑工地，广泛布建治安信息员，共在企业布建治安信息员300余名，搜集各种情报线索700余条，据此提前化解矛盾纠纷20起，妥善处置各类涉企事件40余起。如：2015年5月，妥善处置了金村镇隆化村民阻拦兰花物流园施工事件，对2名违法人员进行治安拘留，确保了兰花物流园龙华路段建设恢复正常施工。四是以深化“阳光司法”为重点，着力营造优质高效的服务环境。紧紧围绕经济大局，进一步拓宽服务领域，提高办事效率，最大限度为企业经营、经济发展提供优质高效服务。2015年以来，共为企业提供员工迁户、办理身份证、办理护照等各类服务500余人次，为企业办理爆破物品购买许可、烟花爆竹燃放许可等各项审批事项1100人次。

## 法治泽州建设

一是深化司法体制改革，推进司法公正。县公安局推进执法制度建设，推行刑事案件“统一审核、统一出口”工作机制，打破现有机制中公安机关办案与监督相分离、案件多头分散管理的制约，在原来“统一审核”案件的基础上，坚持实行刑事案件统一出口，由法制大队确定专人、统一台账，各办案单位主动配合，将刑事案件统一移送案件至法检两院。县法院进一步完善审判管理机制，健全完善了合议庭负责制、院领导办案制，统一了法院综合信息管理系统与电子卷宗制作标准，大力推进三大平台建设，截至11月15日，共在中国裁判文书网公布裁判文书585份，共在人民网络、新浪网和腾讯网上发布微博4800条。县检察院发挥法律监督职能作用，坚持提前介入侦查监督和命案现场监督、强化民事诉讼监督、加强刑事执行检察监督。发出纠正违法意见书5份，书面提出纠正审判活动违法2件2人，对法院量刑不当的审判案件提出刑事抗诉2件5人，查阅监外执行、社区矫正档案217余份。书面发出纠正违法通知书44人次，均得到有效纠正。二是注重法治文化建设，深化法治宣传教育。依托“两台”(广播、电视)、“两网”(泽州司法行政网和“泽州普法”手机微信平台)、“三阵地”(法治文化一条街、法治文化广场、法治文化小区）等法治宣传教育主阵地，在全县大力弘扬法治精神，传播法律知识，营造了良好的法治环境。截至目前，“法到农家”制作宣传节目25期，泽州司法行政网站法治宣传栏目制作宣传稿件300余条，“泽州普法”微信订阅号发布法治信息33个156条。同时，紧紧抓住“3·8”“3·15”、“12·4”全国法制宣传日等节日节点和综治宣传月，组织相关执法部门深入乡村开展法治宣传活动，现场解答法律咨询，提供法律援助。一年来，共向农村群众免费赠送《农村常用法律问题一点通》《农村居民法律常识》《社区居民法律常识》《青少年学法读本》《企业学法读本》等普法书籍3万余册，普法围裙、法治宣传环保袋、普法扑克1.5万余个，举办各类专题法治宣传活动20余次。三是推进村级法律顾问，推动法律服务上档升级。按照省委《关于加强公共法律服务体系建设实施意见》的要求，以解决群众打官司难为突破口，大力开展一村一法律顾问全覆盖工作。在市司法局和市律师协会大力支持下，从市直24个律师事务所选调了100余名律师，和泽州县律师事务所的律师，共同组建了清一色由执业律师组成的乡镇法律顾问团，分别与全县的628个行政村进行面对面的对接。县司法局为每一个行政村制作了宣传版面，印制了包村律师姓名、照片、联系电话、监督电话、工作职责公示牌，并将它们固挂于行政村的醒目处，建立起覆盖全县行政村的法律服务顾问双向联系机制。2015年，全县顾问律师共开展法治宣传活动620余次，发放宣传资料1.8万份，设置宣传展板600块，接受群众各种法律咨询1980人次，参与调解各类矛盾纠纷168起，代理诉讼65起，代理法律援助10起，为村集体和群众提处法律意见、建议1527条。

## 政法队伍建设

按照县委的安排部署，县委政法委坚持把开展“学习讨论落实”活动作为一项重要政治任务抓在手上，狠抓政法队伍党风廉政、作风、素质能力三项建设，全力打造一支作风过硬、群众满意的政法队伍。

一是落实“两个责任”，大力加强政法系统党风廉政建设。推动政法系统党组织全面落实“两个责任”，要求政法各单位全部成立了党风廉政建设责任制领导组，健全完善了“一把手负总责，分管领导各负其责，班子成员齐抓共管”的领导体制和工作机制。各单位结合实际制定了《关于落实党风廉政建设主体责任和监督责任的实施意见》和《责任分解》，逐级签订了《党风廉政建设工作目标责任书》，纳入各单位考核范围。政法各单位党委（党组）都坚持做到了把党风廉政建设、队伍建设与各项业务工作同部署、同落实、同检查、同考核。各单位一把手都做到了党风廉政建设和反腐败工作亲自部署、重大问题亲自过问、重点环节亲自协调、重要案件亲自督办。二是深入推进专项整治，大力加强政法队伍作风建设。按照县委《关于在全县学习讨论落实活动中深入开展专项整治工作的通知》要求，在全县政法系统集中开展了执法司法突出问题专项整治，专门成立了专项整治工作领导组。县法院围绕清理久拖未执案件，重点解决执行难、治理干部队伍"庸""懒""散""拖"，匡正选人用人风气、治理"立案难"，畅通群众诉讼渠道、推进公正司法，提高司法公信、推进阳光司法，以公开促公正、推进廉洁司法，实现弊革风清等6个方面，共确定了要26个要解决的主要问题，9个要达到的目标，29项具体的工作措施，并指定了落实责任单位。县检察院理想信念不坚定，司法程序不严格，司法，执法行为不公正，司法作风不端正，纪律制度不落实，法律监督不到位等6个方面30个具体问题。县公安局围绕反腐倡廉、班子建设、纪律作风、服务群众、执法不公、"打黑除恶"、警民关系、内务管理、队伍建设、素质能力10个方面的30类问题进行了查摆，做到了整治内容明确、有的放矢，整治工作取得明显成效。三是大力开展素质能力建设，不断提升政法队伍整体水平。县公安局坚持"向教育训练要警力、要战斗力"理念，对全局40岁以下业务民警进行执法培训，共举办各类培训30余次。开设了网上法治课堂，建立包含100个优秀执法"微课程"的教材库，根据需求进行"点播式"授课服务。县检察院以开展建设学习型党组织、创建学习型检察院活动为载体，积极开展业务知识培训，对修改后的行政诉讼法、民事诉讼法司法解释、刑法修正案逐条学习。县法院积极开展综合系统培训，组织全院干警分三批进行了为期三天的法院综合系统及相关应用培训，保障了司法公开三大平台对外数据的完整和准确，进一步提高了干警对法院综合系统的运用水平。

## 和谐创建工作

2015年，县和谐办积极开展和谐宣传，努力营造和谐氛围，开展八大惠民服务管理网络建设和办实事活动，努力改善民生；积极开展和谐创建，努力提高和谐程度；积极完善工作机制，努力提供组织保证，为促进泽州和谐发展，做出了积极的贡献。具体做了以下几方面工作：

一、积极开展和谐宣传，努力营造和谐建设氛围。2015年，开展了三项和谐宣传活动。一是继续开展和谐宣传月活动。4月是我县第八个和谐宣传月，为了进一步建设和谐文化，培育文明风尚，和谐办在凤西广场进行了和谐宣传月启动仪式，组织相关部门为群众发放了和谐宣传资料，宣传了中共十八大，十八届三中、四中、五中全会关于建设和谐社会的方针政策，激发了全县群众参与和谐建设的热情。二是评选了十名和谐建设先进人物。为了宣传报道和谐工作先进典型，与县广播电视台联合举办了和谐建设先进人物专题报道。按照见义勇为、助人为乐、爱岗敬业、诚实守信、孝老爱亲5个方面，选取了10名典型，在泽州新闻、《太行日报》等新闻媒体，对他们的先进事迹进行宣传。三是继续发挥泽州县和谐办网站的宣传作用。2015年，进一步加强对和谐办网站的管理工作，明确了栏目负责人，及时更新、报道、宣传全县的和谐工作动态。同时，还建立了和谐工作信息员队伍，保证了和谐工作信息来源，使和谐办网站办的有声有色。

二、积极开展八大惠民服务管理网络建设和办实事活动，努力改善民生。2015年，积极组织协调推进教育、创业就业、社会保障、医疗健康、住房安居、公共文化、生态环境、社会平安八大惠民服务网络建设。一是编制了《泽州县2015年乡镇为民办实事计划》和《泽州县2015年乡镇为民办实事总结》。年初，和谐办在全县17个乡镇、34个典型村收集了为民办实事计划的资料。年底，和谐办把各乡镇及各典型村为民办实事工作总结汇编成册，把他们为群众办实事的经验做法在全县范围内大力宣传，营造了为民办实事的浓厚氛围。二是开展了和谐业务培训暨八大惠民服务网络推动会议。对全县乡镇、单位分管和谐工作的领导进行了业务培训，并邀请市委和谐办的领导进行了授课，提高了全县分管领导的和谐工作能力。同时，八大网络牵头单位和有关乡镇的分管领导对网络建设情况进行了汇报和交流，有力地促进了八大惠民服务管理网络的顺利开展。三是开展了惠民服务网络建设督察工作。为了保证惠民服务建设工作的有效开展，6月初和12月初，组织八大惠民服务网络的分管领导，深入到乡镇对惠民服务网络和办实事活动进行了检查，有力的推动了全县惠民服务网络建设和办实事活动。

与此同时，还开展了“和谐行动、扶贫济困”活动。在全县精心挑选了14户急需救助的贫困户，把他们的情况汇编成册，号召社会各界，特别是企业对他们进行帮扶。2014年筹得救助款近3万元，对重点贫困户进行了救助。2015年，对所有贫困户进行了走访，积极为改善他们的生活状况牵线搭桥，收到了一定的扶贫济困效果。

三、积极开展和谐创建，努力提高和谐程度。一是开展了“典型培塑活动”。在典型培塑上，精心打造了党建带动型、产业拉动型、民主管理型、平安创建型、文化凝聚型、生态文明型“六种类型”的和谐新农村，如东四义村全面加强和创新支部建设，带领群众走出了一条经济发展、社会进步的和谐发展之路，支部建设、村镇建设等工作多次受到上级表彰，成为了党建带动型和谐新农村的典型。南山村为解决好“煤挖完了怎么办”的问题，先后投资近千万元新上鸡场、鹿场、猪场等养殖企业12家，2014年年底全村经济总收入达到4000万元，成为了产业拉动型和谐新农村。兴王庄村以民主治村为切入点，大到新农村建设规划、新上项目，小至村民住宅分配、福利补贴，全部由“党员议事会”和“村民代表议事会”审议通过后实施，成为远近闻名的房子新、村容整、农民富、民风纯的民主管理型和谐新农村。山耳东村以生态建设为突破口，建设生态家园，发展生态旅游，成为生态文明型和谐新农村的典范。二是开展了县级五项和谐创建活动。2015年，共创建县级和谐示范村100个、和谐示范企业50个、和谐示范校园50个，和谐示范机关60个、和谐示范家庭5000个。三是开展了市级和谐标兵评选验收活动。为了进一步引深五大和谐创建活动，加大和谐创建命名表彰力度，共创建市级和谐乡镇标兵2个，市级和谐村标兵12个，市级和谐校园标兵3个，市级和谐企业标兵3个，市级和谐机关标兵2个，市级和谐家庭标兵20个。

四、积极完善工作机制，努力提供组织保证。健全了三项工作机制。一是健全领导机制。我们积极构建和谐工作网络，在乡镇一级，除6个乡镇县委配备有专职和谐办主任之外，与乡镇联系，全部明确了分管和谐工作的领导。在村一级，利用现有机构，使和谐办与综治办合署办公。同时，还与有关单位联系，明确了八大惠民服务管理网络、五项创建、省委考评方案涉及单位的分管领导，从而构建起了和谐办的工作网络。二是健全目标机制。出台了《关于认真落实省委考评方案扎实推进和谐泽州建设的通知》。按照省、市和谐考评方案的要求，结合实际，对全县构建设和谐社会工作及指标细化了任务，进行了责任分解，共分为10大块45项，涉及40余个部门单位。每一项任务都确定了责任单位，第一责任人，直接责任人，承办科室和承办人，从而做到了责任明确，任务到人。三是健全考核机制。年初，配合市委和谐办，对各乡镇和有关单位的和谐工作情况进行了考核，对责任明确、措施到位、抓出实效的单位和个人予以了表彰、奖励；对工作不力、进展缓慢、问题较多的单位提出了批评，限期改正。

在做好和谐办业务工作的同时，还积极加强支部建设，把每周一上午定为支部学习时间，认真学习中央、省、市关于和谐社会建设的理论以及领导干部廉洁从政若干准则（试行）等党风党纪条规，特别是对习近平总书记系列重要讲话，中共十八大，十八届三中、四中、五中全会精神进行了认真的学习。定期召开支部会、民主生活会，转正了一名党员。还以党课的形式强化了学习，提高了全体党员的政治理论素质。主任：杨利平。

## 机构编制工作

### 概述

2015年，县委编制办围绕中心工作、服务大局、履职尽职、攻坚克难，大力推进各项行政管理体制改革，积极稳妥完成了政府职能转变和机构改革工作、事业单位分类改革批复工作、行政审批制度改革工作。严格控制机构编制，为全县经济发展提供体制机制保障。主任：郎云峰。

### 体制改革

完成了8个单位（即政府办、发改局、经信局、卫生和计划生育局、教育局、工商和质量监督管理局、水务局、旅游局）的“三定”工作，和全县408个事业单位分类改革批复工作。稳步推进巴公镇扩权强镇改革试点工作，从体制机制上推进巴公镇扩权强镇，制定“三定”方案及巴公环保分局、巴公国土分局、巴公公安分局、晋城市城市管理巴公行政执法中队。

### 调研工作

在事业单位分类改革工作中，全县事业单位511个，对16个职能界定不清的事业单位进行了实地调研，并提出了合理化的建议。

### 行政审批

县级承接省、市下放审批事项33项，取消审批事项3项，调整审批事项1项，共保留审批事项109项。

### 编制管理

结合全县机构编制总量实际，按照“严控总量、盘活存量、优化结构、增减平衡”的原则，通过采取制定招录招聘平衡计划、规范人员调整程序、调整内部结构等措施，做到既满足县委、县政府工作需要，又确保“控编减编”任务的完成。规范和核定南村镇铸造工业园区、金村新型产业园区、晋城市北周工业园区周村办公室、巴公装备制造工业园区的人员编制及机构职能，切实推进园区建设；调整整合县政府信息中心的职能和人员编制，理顺了县政府网站的编制结构、工作职责。全年共核减编制152名，招录招聘74名，消化超编人员158名。

### 电子政务

加强电子政务建设、域名注册管理和“网络红页”填充工作。完善机构编制系统的相关信息。全县政务和公益域名注册量为机关单位39个，事业单位注册373个。

## 事业单位登记管理

### 概述

2015年，县事业单位登记管理局，按照《事业单位登记管理暂行条例》及《事业单位登记管理暂行条例实施细则》的规定，积极宣传部署，创新工作方法，提升服务水平，增强工作效率，完成全年各项工作。

### 法人治理

按照市局要求，对泽州县事业单位法人治理结构试点工作的进展情况、法人治理结构组织架构建立情况和章程执行情况等问题进行动态跟踪，了解事业单位法人治理结构工作现状、存在问题。全县2个试点单位已基本按照试点工作的要求建立健全了理事会、院委会法人治理结构，并进行试运行，取得了一定成效。

### 年度报告公开

按照国家事业单位登记管理局的安排，将年检工作改为年度报告工作。由事业单位将经举办单位保密审查后的年度报告及相关资料录入国家事业单位登记管理在线系统，做好年度报告及年度报告公示工作。全县应参加年度报告事业单位348个，完成年度报告及公示341个。年度报告及公示结束后，对年度报告形成的材料进行归档。

### 监督管理

探索事业单位法人监督管理新机制，对30个事业单位进行现场核查。除常规监管内容外，对公益服务类事业单位是否正确履行职能、充分发挥公益职能属性进行监管。填写“事业单位登记管理实地核查情况表”，并将核查情况如实记录在案，对核查中发现的问题，及时提出相关处理意见，维护登记管理工作的严肃性、规范事业单位依法运行。

## 县直机关工委工作

### 概述

县直机关工委是县委的派出机构，主要负责县直机关党的建设工作。编制数5人，书记1人，副书记2人，组宣委员各1人。2015年，县直机关工委认真学习贯彻习近平总书记系列重要讲话精神，坚持服务中心、建设队伍两大任务，按照“县委干什么，工委就抓什么”的工作思路，在履行重点职能上下功夫，在开拓工作创新上求突破，虚功实做，久久为功，围绕经济发展新常态、从严治党新常态、作风建设新常态，展现机关党建新作为，为实现全县经济社会又好又快发展做出了积极的贡献。书记：赵承巨。

### 主要活动

一是以深入学习习近平总书记系列重要讲话和中共十八届四中、五中全会精神为抓手，机关思想政治建设再上新台阶。年初，开展了党员大培训，集中对县直机关党组织班子成员和全体党员开展了春季党员教育大培训。10月，组织县直各单位参加了全市第三届机关技能大赛，通过选拔共有12名选手参加了全市的比赛，1名选手荣获二等奖，1名选手荣获三等奖的好成绩，县直工委荣获优秀组织奖。通过此次活动，进一步强化了机关党员干部职工的基本素质和基本技能，在县直机关营造了崇尚学习、爱岗敬业、创先争优的浓厚氛围。二是以举办系列活动为引领，紧紧围绕县委、县政府“五项活动”“提振精神，全力抓发展”，在融入大局中发挥机关带动优势，在服务中心中发挥了党组织和党员主体作用。在县直单位中组织开展了“思想大解放”演讲比赛活动、主题征文活动、知识竞赛活动，借助这次活动的开展，狠抓工作落实，把各项活动转化为今后工作中的动力。三是以推进基层党组织规范化建设为抓手，组织建设又有新突破。巩固和拓展群众路线教育实践活动，扎实开展学习讨论落实活动，不断强化基层党组织书记履行党建的责任意识，严把党员发展质量，积极发挥县直机关党代表工作室作用，党建各项工作都走在了全县党建的前列。四是以申报评选精神文明创建先进典型为契机，精神文明建设有了大提升，组织开展了县级文明单位的申报评选，在县直单位中积极培育和践行社会主义核心价值观，推进廉政文化进机关进家庭，开展党员自愿服务活动，广泛开展德孝模范的评选，不断弘扬爱国主义精神。并组织2015年新发展的党员和所在支部党组织分管领导到市爱国主义教育基地南村镇东常村举行了集体宣誓仪式。五是以制度建设为突破口，机关作风建设有了大改进，健全考核机制，积极创建效能型机关，廉洁型机关，配合全县中心工作及时完成上级交办的各项临时性工作。年初，组织县直各单位与县委、县政府签定了目标责任书，半年进行督察，年终参加全县考核，为全县的社会经济发展提供了坚强有力的组织保障。

## 基层党组织建设

县直机关现有党组9个、党委3个、党总支29个、直属支部27个、基层党支部221个、党员4197人。

2015年，重点完善了党代表工作室工作制度，完成了驻室活动的137名市、县党代表的信息采集。进一步开展了党员自愿服务、“党员奉献日”“党员进社区”等系列主题实践活动，坚持“八小时之内工作在单位，八小时之外服务在社区”的理念，组织在职党员与困难群众和驻点村结对帮扶，并结合实际为群众办实事好事。目前县直单位共组建党员志愿服务队53支，参与党员2800余人，党员进社区报到人数达到3400余人，其中处级以上领导干部28人。不断强化基层党组织书记履行党建的责任意识，要求各级党组织书记要把履行党建责任作为第一要务来抓，不断树立“抓好党建是本职、不抓党建是失职、抓不好党建是不称职”“抓好经济是政绩，抓好党建、带出一个好班子、带出一支好队伍更是政绩”的责任观念，确定了“书记抓、抓书记”的基层党建工作思路。推行了党组织书记抓党建工作“联述联评联考”制度，每年组织两次所属党组织书记抓党建工作专项述职，推动了一级抓一级，层层抓落实的党建工作机制落到实处。

## 党员、干部和入党积极分子培训

2015年，集中组织了2期入党积极分子、重点发展对象和新党员培训班，同时以基层党组织为主，对县直机关党组织班子成员、党员干部和党员教育管理骨干开展了教育培训，共培训入党积极分子237人，重点发展对象93人。培训采取分级培训，培训内容围绕中共十八大，十八届三中、四中、五中全会精神和习近平总书记系列重要讲话精神，省委四届六次、市委六届五次全会以及县委三干会的精神，围绕党章、《中国共产党发展党员细则》、《关于加强新形势下发展党员和党员管理工作的意见》，围绕理想信念、宗旨意识、群众观点、党和国家有关政策法规、法律知识、党的基层组织建设等内容进行培训，各单位也纷纷制定培训方案，严格落实培训登记、培训考核等相关制度，利用党员活动中心阵地，班子成员带头讲课，把培训工作做深做实。

## 反腐倡廉

2015年，县直工委认真落实县委党风廉政建设责任制，对照廉政准则，加强反腐倡廉教育，以构建廉政风险防控体系为抓手，不断规范党务、政务公开内容、方式方法，提高党务、政务工作的透明度，稳步推进党风廉政建设。全年共处分党员35人，其中，警告5人，严重警告22人，撤销职务3人，留党察看3人，开除2人。

## 精神文明建设

在省、市、县2014—2015年度精神文明创建典型表彰中，县直机关共有54个单位荣获县级以上文明单位称号。其中，县工商和质量监督局、县财政局荣获“省级文明单位标兵”称号，县地税局、县国税局、县广播电视台、县检察院、县住建局5个单位荣获“省级文明单位”称号；县公安局、县机关事务管理局荣获市级文明单位标兵，县环保局等18个单位荣获“市级文明单位”称号；县老干局等5个单位荣获“县级文明单位标兵”称号，县统计局调产队等22个单位荣获“县级文明单位”称号。

### 荣誉表彰

2015年3月12日，“全县三级干部暨劳动模范表彰大会”上，人力资源和社会保障局等20个县直单位被表彰为目标考核优秀单位，县直工委位列其中。

2015年9月11日，泽州县“思想大解放”主题宣讲比赛中，县直工委选送的选手李娅宁演讲的《重振泽洲精神，再铸泽州辉煌》荣获一等奖。

2015年10月20日，在全市市直机关“我们的价值观”宣讲大赛中，县直工委选送的选手王平宣讲的《我是一盏灯陪你远行》荣获一等奖。

2015年10月27日，在全市第三届“争先竞逐杯”机关技能大赛中，县直工委荣获优秀组织奖，选送的选手范铁成在信息化技能赛中获得二等奖，李云波在硬笔书法赛中获得三等奖。

## 老干部工作

### 概述

泽州县老干部局成立于1996年10月，2008年成立老干部局党委。县局现有领导班子5名，其中局长1名，党委书记1名，副局长2名，活动中心主任1名。老干部局下设1办(办公室)3科(政治待遇科、生活待遇科、财务科)，一中心(老干部活动中心)。现有干部职工18人。局长：段忠明。

2015年年底，泽州县共有离退休干部3463人，其中离休干部46人。老干部局的工作职责是认真贯彻执行党和政府关于老干部工作的一系列方针政策，落实老干部政治待遇和生活待遇，检查、督促、指导离退休干部的党组织建设，加强离退休干部的思想政治工作，组织老干部发挥正能量，开展好老干部的文体健身活动、节日慰问及定期健康体检工作。

老干部局党委管理15个党支部(含局机关支部1个)，14个老干部党支部、300余名老党员隶属原单位，实行一方隶属，多方管理的模式。各支部都做到了班子健全，活动开展经常化。

2015年6月，被山西省委组织部、山西省委老干部局授予“全省老干部工作先进集体”称号。2015年，被县文明办授予“县文明单位标兵”称号。2016年2月，被泽州县委、县政府授予2015年度“目标责任考核优秀单位”称号。

### 宣讲活动

2015年，以“为党和人民事业增添正能量”、纪念抗战胜利70周年等主题活动为载体，组织引导离退休干部通过不同形式传播正能量。

开展宣讲活动。发挥老干部政治优势，组

织县老干部宣讲团深入乡镇、老干部党支部、学校开展宣讲活动，累计宣讲30余场次。在纪念抗战胜利70周年主题活动中，“五老”宣讲团成员还深入到全县6所中小学校开展抗战专题宣讲活动，对近千名青少年进行了革命传统教育。

举办主题书画展。8月31日，泽州县举办了纪念抗日战争胜利70周年书画展。共展出离退休干部书画作品70余幅，县领导出席活动，并与120多名老干部一同参观了展览。活动仪式上，由县老龄委、县老年书画协会和老干部局共同出版的《泽州翰墨》一书也在书画展上首发。

举办文艺演出。县老干部童心艺术团以宣传党的方针政策、颂扬时代精神为内容，精心编排创作了群众喜闻乐见的节目，深入社区、农村进行文艺演出，2015年共演出7场次，深受广大群众的喜爱和好评。

## 党的建设

局党委始终把离退休干部党支部建设列入党建工作的重要议事日程，坚持定期召开专题会议研究党建工作，指导各离退休党支部进一步完善政治理论学习制度、“三会一课”制度、党务政务公开等各项制度，确保支部各项活动规范化、制度化。坚持每年为全县老干部订阅《老友报》《山西老年》《泽州老年》《泽州新闻》等涉老专刊；利用离退休干部党支部50%党费留成，为老支部订阅《人民日报》《山西日报》《半月谈》《共产党员》等党报党刊，满足了老干部学习需求。结合纪念建党94周年，通过开展民主评议党员、“三严三实”专题党课教育、观看影视片、重温入党誓词、为14个老支部赠书等系列活动，隆重纪念党的生日，歌颂党的光辉历史和丰功伟绩，增强了党的凝聚力和战斗力，传递了正能量。

## 典型培树

弘扬传统文化传递正能量。太极拳（剑）健身运动是泽州县老年人的一个特色品牌健身项目。一年来，太极拳协会以老干部为骨干，坚持深入基层老年群众中开展太极健身运动，吸引带动了越来越多的老年人走出家门，参与到太极健身运动中来。6月至10月，协会骨干深入10个乡镇26个村，开展了太极拳培训指导工作，共培训村骨干25人，队员500多人。在纪念抗战胜利70周年活动中，太极拳协会在市阳电广场举办了泽州县太极拳百佳队员选拔赛，共有300多人参加了活动。

展示阳光心态传递正能量。为展现退休干部健康向上、快乐进取的精神风貌，退休干部牛牡丹把退休的女干部组织起来，分片区开展各种有益于身心健康的文体活动、组队参加市县文体比赛、下乡慰问演出等。据统计近百名老干部参与其中，用自己的行动诠释着“我快乐、我健康、我奉献、我幸福”的生活理念。

服务社会事业传递正能量。老干部局81岁的退休干部黄根喜在市关工委“五老”联户活动中，帮助20多个家庭解决生活难题，先后帮教6名赌博、吸毒青年走上自立自强的健康生活之路。他的先进事迹被收录在市关工委编汇的《家风传递正能量》一书中。他用自己的言行，感染身边更多的老干部参与到服务社会的事业中来。

## 关心老干部生活

开展走访慰问活动。每逢重阳、春节等重大传统节日，老干局都积极开展走访慰问活动。“九九”重阳节，对全县离退休干部进行了普遍慰问。2016年1月，通过发放慰问信、慰问品、慰问金、上门走访等多种形式，扎实开展了春节前走访慰问活动。

组织老干部健康体检。2015年5月、6月，分别组织全县离休干部、处级老干部以及退休正科实职领导干部在县人民医院进行了健康体检。

坚持定期走访制度。2015年7、8月，由局领导带队，分三组对全县离休干部逐户上门进行了走访慰问，详细了解老干部身体状况、生活情况以及待遇落实情况，积极帮助协调解决老干部生活中遇到的实际困难。

走访慰问抗战离休干部。2015年9月，根据晋市组通字〔2015〕54号文件要求，局领导看望慰问了全县13名抗战时期及以前参加革命工作的离休干部，为他们送去了慰问金，及时把党中央的关怀送到老干部手中。

坚持特殊困难离退休干部帮扶机制。经申报、审核等程序，2015年年底，对全县51名特殊困难离退休干部进行了帮扶，共发放帮扶资金10万元。

## 文体活动

依托涉老部门，县老干部活动中心在开展好日常性活动的同时，积极开展门球、竞技麻将、歌舞等文化体育活动。2015年6月下旬，举办了象棋、台球、竞技麻将等多项比赛，近90余名老干部参加了活动。其次各协会不仅定期组织协会会员开展比赛活动，还积极组队参加省、市、县各类比赛。童心艺术团在举办的2015“最炫太行风”晋城市第三届健身广场舞电视大赛中，获全市中老年组一等奖。9月，竞技麻将协会组队参加了2015年山西省老年人“纪念抗战70周年”竞技麻将比赛，荣获团体第一名的好成绩。

在乡镇老干部活动阵地方面，巴公镇老干部活动中心作为泽州县利用社区资源做好老干部工作的“领头雁”，坚持常年开展形式多样的文体活动。2015年9月，为纪念抗战胜利70周年，该镇活动中心在巴公镇影剧院广场举行了“抗战红歌大家唱”活动。红歌会不仅吸引了乡镇老干部、老党员和居民近百人的广泛参与，也充分展示了乡镇老年人的精神风采。

## 自身建设

一年来，结合部门实际，以“五项活动”、专题警示教育月和“转作风、提素质、强服务”主题活动为抓手，积极强化部门自身建设，不断提高干部队伍的素质和工作能力。加强学习教育，坚持每周五上午集体学习制度，采取集体学习与个人自学相结合，专题辅导与撰写心得体会相结合的方式，组织党员干部开展政治理论、业务知识等学习活动。通过学习，干部职工的思想政治素养和业务能力得到进一步提升。突出纪律作风建设，通过组织学党规党纪、专题警示教育、廉政谈话等方式，进一步强化党员干部的纪律意识和规矩意识，引导党员干部自觉把纪律和规矩挺在前面，做遵规守纪的模范。开展重点课题调研，由班子成员分组带队，通过上门走访、座谈等形式深入基层、深入老干部中开展调研活动，2015年，共完成调研论文3篇。坚持“五心”服务长效机制，牢固树立为老干部服务的思想理念，创新老干部工作思路、改进工作方法，老干部工作部门形象得到全面提升。

## 信访工作

### 概述

2015年，在县委、县政府的正确领导下，以建设“阳光信访、责任信访、法制信访”为目标，积极推进依法分类处理、落实诉访分离，泽州县群众到市访人数大幅下降。以“信访百日攻坚大会战”“以群众举报乡村干部腐败为切入点集中解决群众信访诉求问题专项治理”和“矛盾大排查”等专项活动为载体，全县上下，齐心协力，齐抓共管，信访案件结案率大幅提高，一大批信访问题得到解决，一批“钉子案”“骨头案”得到彻底化解，信访形势日趋好转，为全县的社会稳定发挥了积极作用。局长：张粉琴。

### 群众信访

2015年，全县群众到各级来访总人数7032人次。主要反映的问题是：(1)村务财务及村干部作风问题占26%；(2)村镇建设、房地产开发及工程欠款占21%；(3)企业职工社会保险、工资待遇及农民工讨薪占15%；(4)土地征用及占地补偿占12%；(5)涉法涉诉问题占7%；(6)矿产资源开采造成房屋裂缝占6%；(7)优抚及农村低保占5%；(8)其他占8%。

### 领导接访

2015年，泽州县领导接访工作正常进行，全县绝大多数领导能够按照县委的统一安排，在规定时间、指定地点接访。全县领导接访实现了“三结合”，即：日常接访与值班接访相结合，与带案下访相结合，与重点约访相结合。敏感期间县领导接访实现了“无假日接访”，逐步建立完善了长效接访工作机制。2015年，全县县级领导接访180批次1054人次，在县党、政主要领导带头接访下，县级领导接访实现了常态化、制度化。

### 矛盾排查

2015年，全县坚持每月集中排查和经常性排查相结合。在敏感期间，实行不间断排查，对排查出来的信访不稳定因素逐一建立台账，实行动态管理，摸清了底数，促进了大多数矛盾纠纷解决在基层、化解在初始阶段，最大限度减少了越级访案件的发生。一年来，共排查出矛盾隐患283件，有效防止了矛盾纠纷的激化、恶化，将矛盾化解在了萌芽。

### 积案化解

2015年，以“信访百日攻坚大会战”“以群众举报乡村干部腐败为切入点集中解决群众信访诉求问题专项治理”和全县“矛盾大排查”等专项活动为载体，信访案件得到有效化解，信访案件存量大幅下降，信访增量不断减少。全年共交办化解案件709件，结案706件，结案率99.6%。

### 制度建设

2015年，根据信访工作需要，泽州县相继建立健全了7项信访工作制度，即：矛盾纠纷排查化解、领导接访、县级领导包案责任制、信访联席会议例会、信访工作专题会议、化解信访案件定期通报、信访专项基金等制度。

## 对台事务

### 概述

2015年来，泽州县对台工作，在县委、县政府的正确领导下和市台办的具体指导下，认真学习、深刻领会中共十八届四中全会精神，深入贯彻落实习近平总书记系列重要讲话精神和党的对台方针政策，牢牢把握两岸关系和平发展的主题，紧紧围绕扩大两岸交流与合作，为推动两岸关系和平发展、实现祖国统一大业做贡献，并同时为县域经济建设服务，全县对台工作取得了阶段性成效。主任：刘银土。

### 招商引资

台商郭台铭是泽州县台办多年来一直经营的台胞重点大户。近年来他为县、市累计捐资1亿4643万元，其中泽州县8078万元。他的事迹在山西省各地广为传颂。为使台胞对他捐赠的资金用的放心，管的满意，多年来对台办采取认真负责的态度，把他为家乡捐赠资金的管理和使用当成一项重要的政治工作来抓。在其捐赠资金的管理和使用上做了大量耐心、细致、周到的工作，多次受到郭台铭本人的赞扬和肯定。2015年泽州县继续做好他的工作，主要是在其为家乡捐资建桥项目上，2015年，白洋泉河大桥主拱已经合龙，县对台办将继续关注白洋泉河大桥的后续工程的建设进度。

### 对台交流

为方便台属及普通民众赴台手续的咨询及办理，深入完善了《入台须知》和《入台手续办理说明》，悉心为民众解惑答疑，并帮助其办理相关手续，截至2015年年底，共接待前来咨询赴台民众200余人。全年共接待回乡台胞30余人次，并进行了接触交流和慰问。全年与台胞台属通电话累计上千次。

### 对台宣传

一年来，采取报刊宣传、节日问候、召开座谈会、电话沟通联络、宴请接待等多种形式扎实稳步地开展对台宣传、联络、接待工作。

## 党校教育工作

### 概述

泽州县委党校原为晋城县委党校，成立于1956年，是原晋东南地区第一个党组织诞生地。1983年为晋城市委（县级）党校，1985年随市管县体制改革，成为郊区区委党校，1996年8月撤区建县后为泽州县委党校，2009年6

月挂泽州县行政学校牌子，2012 年 2 月挂市委党校泽州分校牌子。先后被省委党校、省委组织部、晋城市委市政府授予“干部培训轮训先进单位”“离退休干部先进党支部”“先进集体”等荣誉称号。党校校长：侯贵宝，常务副校长：李广同。

县委党校作为县委重要组成部门，是培训轮训党员干部、培养党的理论队伍、学习研究和宣传党的理论的的主阵地，是党员干部增强党性锻炼的熔炉。县委党校与县行政学校实行“一个机构、一套班子、两块牌子”管理体制。现有在职教工 37 名，其中，高级讲师 7 名、讲师 9 名、助理讲师 3 名。内设办公室、教务科、科研科、行政科、财务科、信息网络科 6 个科室。校党总支下设机关党支部、离退休干部党支部和学员临时党支部 3 个支部。

## 干部培训

教学工作是党校工作的中心，县委党校把干部培训作为强校之本，紧紧围绕全县发展大局和年度工作重点，积极开展培训轮训和理论宣讲，武装党员干部头脑。

主体班次方面：2015 年先后举办了一期全县科级干部“双学双严警示教育”；一期“三严三实”党课教育；两期入党发展对象；七期农村党组织干部“领头雁”教育培训；四期科级干部党的十八届五中全会精神暨准则、条例培训班；配合人社局举办了全年事业单位专业技术人员继续教育；配合县委组织部、人社局举办了四期公务员继续教育培训班。

理论宣讲方面：紧跟县委安排部署，根据基层工作需要，先后就中共十八届四中、五中全会精神，形势教育，核心价值观和泽州县的新农村建设、转型发展、农村基层党建等课题进行针对性宣讲。在纪念建党 94 周年之际，组织骨干教师深入乡镇和县直单位开展了党史、党章等专题宣讲。全年外出宣讲教师 12 人，达 50 余场次，受训人数 9700 余人。在宣传党的理论路线方针政策、解决实际问题、提升干部素质能力方面发挥了党校的主渠道主阵地作用。

## 教学改革

一年来，党校贯穿“师资立校，教学强校，科研兴校”理念，制定了“以讲促学，以学助教，夯实基础，提升质量”的学习制度，下大力气苦练内功，开展系列教学活动，深化教学改革，提升教师素质。

一是例会学习制度化。坚持每周一讲，围绕重大理论、社会热点及县委县政府精神安排课题，采取专人专题辅导和集体评议方式进行，把例会学习打造成教师锻炼成长平台。二是专题讲座常态化。围绕社会时政热点，要求教师人人有课题，月月有讲座。采取专人专题讲座、课后讨论的方式进行，营造了浓厚的学习氛围，使党校教师在政策理论学习上做到早学先学，学深学透。三是科研工作有量化。每个教师根据自己专长选择申报科研小组，要求每个科研小组深入基层进行调研，撰写调研报告，鼓励教师发表论文，以量化考核推动科研开展。四是教学方式多样化。大力推行研究式教学，综合运用讲授式、案例式、模拟式、体验式教学方法，实现教学互动，增强培训效果。五是学习形式社会化。创造条件组织教师到小康村、重点工程考察学习，组织教师到省、市委党校进修学习，组织教师参加互联网在线教育学习，组织教师参加市、县组织的各种理论讲座，不断更新知识结构，开拓教师视野。六是教师聘用择优化。实行竞聘上岗，择优选聘优秀教师授课。采取跟班听课、好中选优方式，通过良性竞争，促进教师素质提高。七是读书交流经常化。先后购置了230余册时政热点、人文经典等方面图书，采取自选书目专题交流的方式进行，全年启动了10期读书交流活动，重在交流思想，启迪思维，增长知识，营造了良好的学习氛围。县委党校在县委的坚强领导下，将进一步解放思想，实事求是，与时俱进，开拓创新，在县委党校这个大熔炉里，始终以党的理论政策锻造锤炼党员领导干部，为助力泽州率先建成小康社会做出新的贡献。

## 外宣工作

泽州县委外宣办、县政府新闻办作为县委、县政府对外宣传的新闻单位，主要负责向市级以上新闻媒体宣传泽州县深入贯彻落实中共十八大和十八大三中、四中、五中全会精神，宣传泽州县深入学习贯彻习近平总书记系列重要讲话精神所取得的成就，宣传泽州县“十二五”期间所取得的成就和“十三五”规划的“161”发展战略，同时，负责协调、联系、接待市级（含）以上新闻单位的记者在泽州县行政区域内的采访及其他相关活动。主任：徐军利。

2015年，本办通过战役性报道、专题型报道、及时性报道、阶段性报道，在市级以上新闻媒体特别是省级新闻报刊的发稿数量呈上升趋势，全办工作人员自己撰写新闻稿或配合上级新闻媒体记者，先后在国家级媒体《人民日报》《光明日报》《农民日报》各发稿1篇；在中央电视台播发（《中国古镇走进大阳》《珏山中秋习俗》《泽州两兄弟亮相北京阅兵场》等）共5次；在省级纸质新闻媒体（《山西日报》《山西经济日报》《山西农民报》《山西发展导报》《山西画报》）发稿70多篇；在《太行日报》《太行晚报》纸质媒体发稿400余篇；在市级以上网络媒体发稿800余篇。从纸质市级以上新闻媒体发稿来看，每月均超过30篇。其中，7月和12月发稿最多，7月，在市级报刊发稿47篇、省级9篇、国家级1篇；12月在市级报刊发稿39篇、省级11篇、《人民日报》发稿1篇。2015年，发稿总量继续在六县（市、区）中保持首位。全年有6篇新闻作品和2幅摄影作品获得市级各类奖（《盲叔的歌谣》获晋城市建市三十周年征文一等奖；《青春，是用来奋斗的》获晋城市好新闻二等奖；《美丽乡村渐成真》晋城市好新闻获三等奖；《甘泉流入北罗西》《“一号工程”让农村大变样》《拦车村：孔子回车处》均获得优秀奖；两幅摄影作品获得“太行神韵记住乡愁”泽州县第四届乡村摄影展优秀作品奖，新闻作品斩获颇丰。

## 党史研究

中共泽州县委党史研究室与泽州县史志办公室系一套班子、两块牌子，承担着全县党史、地方志资料的征集、整理、编纂、出版任务。同时负责史志宣教、基层修志的指导和审查工作。2015年泽州县党史工作完成如下：

(一)《中国共产党泽州县历史纪事(1996.8—2015.12)》印刷出版。该书总共收录条目5000余条，计93万字，全面、系统地记录了19年来在泽州发生的重要党史事件，真实反映了泽州在改革开放的大潮中所发生的巨大变化和取得的丰硕成果。具有很强的资料性，为《中国共产党泽州县历史(简编)》的编纂提供了大量素材。该书已完成印制招标，预计2016年年初出版发行。(二)《中国共产党泽州县历史(1925—2015年)》(简编)完成送审稿。全书分3编10章27节，共54万字，客观、全面、真实地记述了中国共产党在泽州的艰难发展历程和取得的重大成就，是党在泽州光辉历史的再现。至2015年年底，该书已完成送审稿。(三)创办泽州县烈士陵园纪念馆。2015年是中国人民们抗日战争暨世界人民反法西斯战争胜利70周年，根据县委、县政府安排，2015年下半年，党史办集中精锐力量，组织创办泽州县烈士陵园纪念馆。全馆分“不能忘却的纪念”和“追寻英烈的足迹”2个展厅，共收录文字资料5万字，图片资料80幅，为全县革命传统教育、廉政教育增添了新去处。9月30日，县委、县政府在陵园召开公祭烈士大会，所办展览受到了各级领导和党员干部的一致好评。另外，积极引导全县党史工作爱好者，积极撰写纪念文章，扩大社会宣传面，激发了全县人民勿忘国耻，振兴中华的信念和激情。该办所做工作受到了省委党史办的表彰。(四)党史资政育人效果明显。党史研究室充分发挥土岭事件纪念馆、寺河烈士陵园纪念馆、东常村展览馆、西山晋沁县纪念馆、柳泉晋东县纪念馆等市、县党史教育基地的作用，“七一”前后，引导各级党组织先后组织党员到这些教育基地进行参观学习，接受教育，收到了明显的教育效果。2015年9月，根据县委“干好三件大事”(发展、稳定、党建)“开展五项活动”(思想大解放、纪律大整顿、环境大改善、矛盾大排查、项目大发展)，重铸泽州辉煌的战斗号角，党史办承担了“思想大解放知识竞赛”的任务，先后在中国泽州网和《泽州新闻》报上登载，全县党员踊跃参赛。在全县开展的思想大解放演讲活动中，除积极参与外，主任杜秋炉还担任了全县演讲的评委。

# 泽州县人民代表大会常务委员会

## 概述

2015年是全面深化改革的关键之年，是全面推进依法治国的开局之年，也是全面完成“十二五”规划的收官之年。县人大常委会深入贯彻落实中共十八大，十八届三中、四中、五中全会精神和习近平总书记系列重要讲话精神，围绕中心、服务大局，依法行使监督权、重大事项决定权和人事任免权，认真开展工作监督、法律监督和人事监督，全年共组织召开常委会议9次，主任会议18次，听取和审议“一府两院”专项工作报告12个，做出决议、决定8项，交办审议意见12个，任免国家机关工作人员45人次，较好地完成了县五届人大五次会议确定的各项目标任务，为实施“六权治本”，推进“六大发展”，实现弊革风清、富民强县新局面做出了积极贡献。

## 重要会议

一、泽州县2015年国民经济和社会发展计划、财政预算先期审查会议。会议于2015年3月2日至3日在高都大酒店召开，会期2天。县人大常委会主任陈晋勇，副主任牛全明、郭志鹏、张武亮、丁蕊香、马培林出席会议。会议由县人大常委会副主任张武亮主持。参加会议的有县人大常委会各工作委员会主任，县发改局、县经济和商务局、县教育局、县科技局、县财政局、县人社局、县农委、县卫生局、县审计局、县国税局、县地税局、县中小企业局等单位主要负责人，部分乡镇人大主席以及参与编制计划、预算和审计的发改局、财政局、审计局的相关工作人员。会议首先由县人大常委会财经委主任王钢虎宣读先期审查的安排意见，随后县财政局局长翟玮平组织学习了新预算法，然后王钢虎组织学习了新预算法下的审查监督。会上县发改局作了2015年计划草案编制情况工作的说明；县财政局作了2015年财政预算草案编制情况的说明；县国税局和地税局分别作了国税、地税收入的说明和分析；县经济和商务局作了2015年经济预测和分析；县中小企业局作了2015年中小企业发展形势预测；县审计局作了关于改进预算管理工作的建议。与会人员对计划草案和财政预算草案进行了认真讨论，认为2015年的计划、预算草案思路清晰、编制合理，真实反映了全县经济社会发展实际。预算收入安排实事求是、积极稳妥，预算支出安排有保有压，突出重点、统筹兼顾了泽州县经济社会持续健康发展的要求。会议充分吸取在讨论审议中提出的意见建议，针对存在的的一些问题，研究提出了先期审查反馈意见，要求县政府及计划、财政部门认真做出修改完善工作，确保整改到位，及时提交县人大常委会会议进行初步审查。

二、泽州县第五届人民代表大会第五次会议。会议于2015年3月19日在泽州县政府后院小礼堂召开，会期4天，县五届人民代表大会应出席代表218名，实出席会议代表206名。预备会议由县人大常委会主任陈晋勇主持。会议听取了县人大常委会副主任、县五届人大常委会代表资格审查委员会主任委员郭志鹏作的《关于县五届人大代表资格的审查情况的报告》；通过大会主席台和秘书长名单。主席团由45人组成：丁蕊香（女）、于占军、门继富、马志德、马培林、王丽（女）、王涛、王文霞（女）、王立宪、王加林、王林慧、王钢虎、车陆军、牛全明、孔庆祥、田国富、田建刚、毕春辉、刘史明、安旭敏、杜玉喜、杨春发、李正根、李先锋、李旭升、李海勇、李富春、李解放、连海峰、张武亮、张保国、张积余、张爱民、张维斌、陈志忠、陈晋勇、陈海军、赵武锁、侯贵宝、郭志鹏、高喜全、唐克、焦平太、樊秋宝、樊海放。秘书长张武亮（兼）；通过县五届五次会议议程；通过县五届五次会议议案审查委员会组成人员名单；最后大会秘书长张武亮宣布大会纪律。3月18日下午，县人大常委会主任陈晋勇主持主席团第一次会议，会议推选陈晋勇、牛全明、郭志鹏、张武亮、丁蕊香、马培林为大会主席台常务主席；通过大会主席团执行主席分组名单；决定阎晋中、连海峰、樊海放、冯文涛、李旭辉为大会副秘书长；通过大会日程；通过大会会议议案截止时间的决定；听取和审议县人大常委会关于计划的初审报告和预算初审报告，印发代表；通过议案提出及处理办法，印发代表；通过点建议、批评和意见提出及处理办法，印发代表；通过质询案的提出及办理程序，印发代表。3月19日，主席台常务主席、大会执行主席陈晋勇主持大会开幕。大会特邀不是县代表的泽州县出席省十二届人大代表2人和市六届人大代表42人，县武装部部长肖海清，县政府县长助理马占，县四届人大常委会委员常买肉，县委所属工作部门负责人27人，县政府组成部门负责人17人，县政府所属工作部门负责人23人，县政协委、室主任6人，县人民法院副院长和县人民检察院副检察长7人，群团组织负责人8人，有关单位负责人33人，住县单位负责人19人，乡（镇）党委书记、乡（镇）长18人历届退下来的县人大常委会主任、副主任和县里退下来的原县级领导28人，参加政协会议的政协委员236人，共460余人列席了会议。会议听取和审议了县人民政府县长高喜全所作的《泽州县人民政府工作报告》，审查县发改局局长王晋德所作的《关于泽州县2014年国民经济和社会发展计划执行情况和2015年国民经济和社会发展计划草案》和县财政局局长翟玮平《关于泽州县2014年财政预算执行情况和2015年财政预算草案》的报告，听取和审议了县人大常委会主任陈晋勇所作的《泽州县人大常委会工作报告》，县法院院长高国林所作的《泽州县人民法院工作报告》，县人民检察院检察长王红玲所作的《泽州县人民检察院工作报告》。会议对以上报告分别作出相应决议。本次大会共举行全体会议三次，先后由陈晋勇、牛全明、陈晋勇主持；主席团共举行三次会议，分别由陈晋勇、张武亮、丁蕊香主持。市委常委、政法委书记刘爱军在大会闭幕式作了讲话。大会在圆满完成各项预定任务后，主席团常务主席、大会执行主席陈晋勇宣布闭会。

三、县五届人大常委会全年共召开过9次会议。即第三十六、三十七、三十八、三十九、四十、四十一、四十二、四十三、四十四次会议。

## 依法履职

县人大常委会紧紧围绕全县工作重点和民生热点、难点依法履行监督职责，为推动经济社会事业协调健康发展发挥了积极作用。在经济工作监督中，常委会把对计划预算的监督贯穿于常委会全年工作全过程，2015年3月，在人代会前召开的计划预算先期审查会议上，常委会针对在审查过程中发现的“计划草案政府投资项目不全、2014年执行只有决算款没有决算明细、2015年计划的项目在财政预算中没有资金安排”等问题，及时向县委、县政府转发了计划预算先期审查反馈意见，县政府高度重视，在提交常委会表决通过的初审报告中进行了修改完善，为县委、县政府科学实施计划预算，促进全年各项重点工作顺利开展发挥了应有的监督作用。常委会分别在四十一次会议和四十四次会议上听取审议了全县上半年计划执行、2014年财政决算、2014年财政预算执行审计、全年经济运行和重点工程建设、2015年财政预算调整等专项工作报告，并作出决议决定和审议意见。针对2015年受宏观经济形势影响，经济增速放缓，资源性产品价格持续下跌，全县经济下行压力加大的实际情况，要求县政府正视经济运行和计划预算执行中遇到的问题，大力支持煤炭产业发展，加快重点工程建设进度，加大对“三农”工作扶持力度，抓紧实施政府投资项目，详细制定好“十三五”规划和2016年的工作大盘子，努力保持全县经济稳中求进。为确保审计查出问题及时整改到位，第四十五次会议再次专题听取了县政府关于审计查出问题整改情况的报告，要求县直有关单位加快问题整改，审计部门加大监督力度，保证问题整改到位。同时，常委会还认真听取了县政府关于南村铸造园区建设情况的报告，提出了意见建议，推动了南村铸造园区建设进程。常委会始终关注群众最关心、最直接、最现实的利益问题解决，全力推动县委“五项活动”的顺利开展，第四十三次常委会议听取和审议了县政府关于全县深入开展“环境大改善”活动情况的报告，督促县政府加强宣传引导、加强部门联动、加强统筹协调、建立长效机制，促进了此项活动的深入开展。针对全县乡村医疗队伍建设工作中存在的队伍老化、人员短缺、待遇偏低、素质不高、卫生所布局不合理等问题，常委会第三十九次会议专题听取和审议了县政府关于此项工作的报告，针对存在的问题，有针对性地提出了“提高乡村医务人员的服务能力和水平、健全乡医队伍绩效考核、提高村医待遇、完善乡村医疗队伍长效补充机制、科学合理配置村医”的审议意见，为推进全县医疗卫生事业均衡发展做出了积极努力。常委会还听取了县中医院筹建情况的报告，要求县政府要加快建设步伐，引进技术人才，满足全县群众的看病就医需求。同时，在食品安全、旅游工作、蔬菜产业发展、惠民工程建设和惠民实事办理等工作中，都有针对性的提出了审议意见，督促县政府要全力维护群众食品安全，加快旅游产业开发，加快农业产业结构，按期完成各项惠民工程和惠民实事，促进农民增收，推进民生改善和社会事业发展，不断提升人民群众幸福生活指数。

## 司法监督

全面推进依法治国是中共十八届四中全会做出的重大战略部署。2015年，县人大常委会依法开展法律监督工作，第三十九常委会议听取和审议了县政府关于全县人民调解工作情况报告，围绕人民调解工作中存在的经费保障机制亟需建立、基层调解组织相对弱化、调解队伍素质参差不齐、乡镇和行业调解工作开展不平衡等问题，在调研和审议的基础上，提出了“提高思想认识，健全保障机制，完善调解网络，加强队伍建设”的审议意见，督促县政府进一步完善全县“大调解”工作格局，推进基层矛盾纠纷化解，促进全县社会和谐稳定发展。常委会还分别听取了县政府关于第十届村委会换届选举的报告，县检察院关于“阳光检察”工作情况的报告，在加强基层民主政治建设、促进司法公正、推进反腐败斗争、维护人民权益方面发挥了积极作用。

## 执法检查

县人大常委会不断强化执法检查工作，分别在2015年5月、7月、10月配合省、市人大完成山西省信访条例、山西省社会治安综合治理条例、文物保护法和山西省文物保护法办法、保守国家秘密法等法律法规的执法检查活动。2015年11月，协助市人大完成了“晋城环保行”记者团检查采访工作。针对在执法检查和检查采访工作中发现的问题，及时向县政府提出进一步提高思想认识，强化工作措施，不断加强文物保护工作力度，规范社会治安综合治理工作，认真贯彻落实好环境保护法等法律法规等意见和建议，为推动县政府及相关部门进一步提高依法行政能力，推动全县改革发展稳定各项事业发展提供了坚强保障。

## 规范性文件备案审查

2015年，县人大常委会依法履行备案审查职责，不断完善规范性文件备案审查制度、机制建设，深入贯彻《山西省各级人民代表大会常务委员会规范性文件备案审查条例》，进一步扩大了备案审查范围，把县政府及县政府办公室发布的决定、命令、办法、意见等列入了常委会备案审查的范围，依法进行审查。一年来，对县人民政府的《泽州县城乡居民基本养老保险实施意见》《泽州县中小企业还贷周转金管理办法（试行）》《泽州县燃气管理办法》《进一步推进户籍制度改革的实施意见》《关于开展政府和社会资本合作工作的实施意见》《关于实行最严格水资源管理制度的实施意见》6件规范性文件进行了备案审查，有效维护了泽州县行政区域内的法制统一。同时，常委会全年共接待和受理群众来信来访180余人次，认真开展转变督办，切实维护了人民群众的合法利益。

### 法治建设

常委会围绕推进“法治泽州”建设进程依法履行监督职责，第三十九次会议认真听取了县政府法治政府建设情况的报告，充分肯定成绩的同时，要求县政府正视在法治政府建设过程中存在的依法行政意识有待增强、规范性文件备案工作有待完善、部门行政执法能力还需提高、基层民主法制建还需加强等问题。进一步加强领导，强化管理，不断完善行政权力公开制度，积极打造城乡统筹基本法律服务圈，进一步规范部门行政执法行为，提高全县法制工作整体水平。常委会连续跟踪监督全县“六五”普法开展情况，通过深入调研、召开座谈会、督导检查等形式，针对“六五”普法工作中存在的问题及时向县政府及司法部门提出意见建议，有效推动了全县“六五”普法工作深入开展。

### 专题调研

2015年3月，在县五届人大五次会议召开前，常委会组织县人大代表围绕全县经济文化社会事业发展进行了专题视察活动，积极鼓励县人大代表小组和人大代表开展形式多样的会前视察调研活动，有效确保了人大代表及时广泛收集社情民意，了解和掌握全县经济社会发展基本情况，为县人大代表在会议期间更好地履行监督职责、发挥作用奠定了基础。在全年的人大监督工作中，常委会共组织对上半年计划执行、重点工程建设、环境大改善、乡村医疗队伍建设、食品安全、旅游、蔬菜产业发展、惠民工程建设和惠民实事办理、人民调解等工作开展情况的专题调研活动10余次，积极邀请县人大代表参与各项调研活动，为加强人大代表闭会期间的活动，促进县人大常委会依法履行监督职能，提高常委会议监督实效发挥了积极作用。

### 建议督办

常委会高度重视县五届人大五次会议上提出的123件代表建议意见的办理工作，人代会结束后，及时向县政府进行了交办，主任会议研究将《关于成立“两带四板块”专项课题组》《关于加快南村铸造园区建设》《关于加快山河镇水电自供区农网改造工程》《关于尽快落实动物畜禽无害化处理》《关于加强边远地区乡镇开展农家乐建设》《关于企业安全生产管理及政府职能转变》《继续完善农村煤层气补助优惠政策，解决2013、2014年资金差额补助》《关于进一步促进和规范我县农村土地流转》8件建议确定为由县政府领导重点领办的重点建议，在代表建议、批评和意见办理中，常委会通过专题研究、实地查访、集中督办、专题审议、重点建议满意度测评等形式，加强跟踪督办力度，切实提高了办理效果和质量，推动了代表建议和意见办理工作的深入开展。同时，进一步健全“代表活动之家”等平台建设，健全完善代表联系群众制度，加强代表与选民之间的沟通联系，实现了代表小组活动的经常化、制度化。

### 调研活动

常委会深入开展学习讨论落实活动、“三严三实”专题教育和县委“五项活动”，围绕各项活动部署要求，深入开展“了三严三实”专题调研、“思想大解放”专项调研以及省、市人大组织的各类活动，班子成员紧紧围绕推进全县经济社会遇到的热点难点问题开展调研活动，切实转变工作作风，都深入村庄、企业、农户家中开展走访调查，实地查看有关工作进展情况，在进一步密切与人民群众的联系的同时，确保了各项调研活动深度和活动效果。全年，共向县委提交事关全县财政预算管理、经济转型升级、民主发展建设等各类调研报告10余篇，为加快全县各项事业发展发挥了积极作用。在县委开展的“五项活动”中，常委会主动融入此项活动中，领导班子包联项目，深入开展调研活动，协调解决项目建设中遇到的困难和问题，推动项目建设顺利进行。

### 信息宣传

加强与省、市人大的工作联系，密切与新闻媒体的联系，充分发挥县广播电视台、网站和报刊等主流媒体的宣传作用，加强宣传人大及其常委会依法履职情况，宣传人大代表中的先进典型。全年共向省、市人大和县级新闻媒体报送工作信息和通讯30余篇，人大工作的透明度和社会知晓面不断提高。建立和完善人大内部宣传阵地，及时编发常委会资料汇编，在传递信息、加强联系等方面发挥了积极作用。

### 工作机构及正职名录

办公室主任：靳安印

法制工作委员会主任：马志德

人事代表工作委员会主任：李先锋

教科文卫工作委员会主任：牛慧琴

财政经济工作委员会主任：王钢虎

农村工作委员会主任：张维斌

城建环保工作委员会主任：李志强

# 泽州县人民政府

## 办公室

### 概述

2015年，泽州县人民政府办公室坚定不移贯彻执行党的路线、方针、政策，以高度的政治责任感和历史使命感，围绕中心，服务大局，以饱满的热情和务实的作风，恪尽职守，勤奋工作，圆满完成各项工作任务。主任：樊海放。

### 政务工作

调研工作。围绕“两带四板块”等县政府确定的重点工作，开展了多次专项调研，撰写有价值调研报告30余篇，提出合理化建议10余条。起草各类报告、汇报、纪要等文字材料300余篇。

公文办理。全年共发政府文件113件，政府办文件78件，泽政函53件，泽政办函48件，政府令1件。政府常务会纪要9期，县长办公会纪要16期，政府协调会纪要20期。

信息工作。全年收集各乡镇各部门信息460条，编发《泽州政务信息》140期、副刊两期，《县外信息摘要》25期，上报信息被市政府采用40余条（篇）、被省政府采用2条（篇），信息工作连续多年被市政府表彰为红旗单位。全年共办理“12345”市长热线100条，办结99条。

### 会议活动

全年共组织协调各类会议184次，接待上级检查指导工作100余次，开展各类专项督察65次，办理上级各类督办件25件。

### 议案办理和信访

全年承办县人大代表建议110件、县政协提案116件。接待来访群众2700余人次。

### 政府值班

2015年，办公室政府值班实行全年24小时全天候值班和领导带班制度，编写值班要情8期，向市政府报送值班信息17期，处置各类突发事件信息400余起。

### 应急管理

2015年，新编预案106个，修订预案12个，开展应急演练40余次，成立专兼职应急队伍32支，共1600余人。建立了应急物资储备数据库，投入2600余万元对应急救援物资、装备进行维护、保养、补充和更新。

### 队伍建设

2015年，利用每周集中学习时间和空闲时间，组织全体人员观看警示教育片，共组织集中学习38次。参加干部教育讲座，20名干部全年累计在山西干部在线学院学习2200个余学时。

## 统计工作

### 概述

2015年泽州县统计局紧紧围绕县"十二五"规划目标要求和"1941"年度工作重点，树立"依法统计、科学分析、服务决策、推动发展"的统计工作理念，培养"敬业、缜密、公正、和谐"的统计团队精神，增强"服务、质量、沟通"的统计责任意识，奋力推进统计改革创新，全力打造现代化服务型统计，把握"创新统计业务特色，服务经济转型发展"这一工作主基调，加强统计监测，加快统计信息化进程，提高统计数据质量和统计公信力，各项工作取得了较好成效。局长：贺爱军。

### 基础工作

严格执行省、市"关于进一步加强对基层服务工作的意见，明确服务要求，完善服务程序，提升服务效率。组织各专业深入各乡镇、街道和联网直报企业进行了现场培训和指导。制定出台了《泽州县联网直报企业统计工作规范》和《泽州县统计局数据审核评估办法》，确保源头数据质量。同时加大了对全县农村基层网络硬件投入，扩大农村统计报表网络的覆盖面。分批对全县乡镇统计员和所有行政村从事统计报表工作人员，进行了岗位职责与规范、统计基础知识与调查方法、统计法律法规常识等方面知识培训学习，巩固了当前农村基层统计建设成果，促进了农业专业网上直报工作开展。

### 依法统计

坚持依法决策、依法管理，在法律法规框架内履行工作职责。严格执行统计法和国家统计制度方法，践行统计职业操守，坚守统计工作"红线"。出台了《统计执法检查管理办法》，组织开展了多次统计数据质量核查和执法检查活动，打击了各种虚报、瞒报行为，为统计数据质量提供了法律保障。全年共检查统计报表单位65个单位，给予警告3个，警告并责令改正7个。采取送法下乡等多种方式，加强了统计法律法规和制度方法的普及宣传。

### 数据质量

认真执行《国家统计质量保证框架》和省、市"关于统计数据审核评估管理办法"，定期对各报表单位的主要数据进行集中统一的审核评估，推进公开、公平、透明。同时完善了统计部门内部专业之间的沟通协调机制，进一步强化了数据之间关联性、匹配性和逻辑关系的审核评估。加强了和县直有关部门的沟通协调，互通情况，共享信息，优势互补，形成合力，共同分析经济形势，共同把控数据质量。

### 统计服务

充实完善了宏观经济数据库，加大对统计信息内网的更新力度。继续对《泽州县经济运行监测》《泽州县统计资料提要》和《泽州统计年鉴》和“两会”统计信息专刊等传统服务产品进行改版升级。

### 统计监测

认真研究市场需求、外部环境对经济增长的影响，科学研判经济走势，注重及时发现统计数据背后的深层次问题，特别是制约经济社会发展的苗头性、倾向性问题，撰写了一批有情况、有观点、有对策的统计分析报告，依托《统计分析报告》《统计专报》、手机短信等形式，及时提供县委、县政府领导和有关部门决策参考。有效地监控经济社会运行动态，为各级领导掌握第一手数据资料提供了良好服务。同时还强化了全面小康、县域经济、重点投资项目、科技创新等重大经济社会活动监测工作。

### 统计分析

学习弘扬苏区调查精神，加强统计调查分析工作。围绕省、市统计科研课题和“三经普”研究课题，组织开展了两次大型调研活动，形成了多篇有情况、有分析，有问题、有对策，有措施、有建议的统计调研报告。多篇作品在市统计学会优秀统计分析报告评比活动中获奖。

### 1% 人口抽样调查

2015年开展的全国1% 人口抽样调查，在数据采集手段、组织方式等方面都有所改革，有所创新，有所突破，业务流程更细，技术要求更高，工作难度更大。抽样调查启动以后，统计局精心组织，科学安排，高质量完成了方案制定、宣传动员、人员培训、小区划分与绘图、调查摸底、入户登记、数据审核、事后质量抽查等阶段的各项任务，确保了抽样调查数据质量，圆满完成了1% 人口抽样调查工作任务。

### “三经普”资料开发

按照第三次全国经济普查工作安排，对经济普查资料进行了深度加工和整理，出版发行了近150万字的《泽州经济普查年鉴2013》。采取组织专业人员参与对经济普查资料进行了深入的开发研究，选择2篇有深度、有观点、有指导意义的分析报告，对客观认识全县经济社会发展现状，准确研判经济社会未来走势提供了有效参考。

### 推进“八个全覆盖”，巩固统计“四大工程”建设成果

一年来，面对经济下行的严峻形势，主动作为，狠抓以业务培训、现场检查指导、投资项目检查、“小升规”工业企业清查、批零住餐单位清查、基本单位名录库日常核查、执法普法、统计违法案件查处为主要内容的“八个全覆盖”，有力地促进了各项统计工作，

巩固了“四大工程”建设成果。一是加强与工商、税务、质监等相关部门联系，及时跟踪企业生产经营状况，第一时间把新增单位报送材料整理、录入、审批上报，确保新增调查单位及时“入库”。二是加强对企业上报数据的审核、验收，强化数据质量控制管理，确保企业一套表联网直报数据质量。三是加强监测力度和业务指导。强化了企业联网直报运行情况实时监测，实施基层表上报每日进度监测制度，有效把握在线报送情况，及时监测企业上报率、直报率，针对进度落后的乡镇和专业及时采取措施，分类帮助指导，确保各专业人员按照时间节点做好对企业的催报和验收工作。

## 机关事务管理

### 概述

泽州县人民政府机关事务管理局成立于1996年10月，为正科级建制。2011年1月批准为参公管理单位。下设办公室、财务科、房产科、保卫科、电讯科、总务科、车管科、节能办公室、小区管理办公室共9个职能科室和1个下属差额事业单位，即机关服务中心。负责县委、县政府机关后勤管理保障服务工作；负责县委、县政府机关平安创建和消防安全工作；负责推进、指导、协调、监督全县公共机构节能工作。2015年，该局紧紧围绕全县中心工作，认真贯彻落实党的十八大和十八届三中、四中、五中全会精神，以县委深入开展“五项活动”为抓手，大力推进节约型机关建设，积极履行管理、保障、服务职能，圆满完成全年各项目标任务，荣获2014—2015年度“晋城市文明单位标兵”荣誉称号。局长：郭广敏。

### 节能降耗

2015年，坚持以《机关事务管理条例》和《公共机构节能条例》为指导，充分发挥“全国第一批节约型公共机构示范单位”导向作用，全面推进全县公共机构节能工作，圆满完成了年初制定的各项目标任务。(一) 加大节能宣传教育。6月13日—19日全国节能宣传周活动期间，围绕“节能有道节俭有德”活动主题，共发放倡议书2400余份，节能小常识5600余份，发放《机关事务管理条例》翻印本650余本。通过手机短信、利用QQ网络平台发送节能倡议4300余条。组织开展“邀您迈开双腿，绿色出行1011”——低碳体验日活动，营造了浓厚的节能宣传氛围。(二) 推动节能技术改造。进一步发挥县政府机关节能示范引领作用，经过评估、立项、招投标等政府采购工作，投资11.5万元完成县政府机关公共区域，照明系统节能改造工程。其中，安装太阳能庭院双头灯8套、太阳能路灯单头灯13套、LED市电灯头10套、太阳能路灯灯头2套。与县节水办协调，完成对县政府机关节水器具改造工程。其中，安装小便器节水器15套、台盆龙头26套、厨用龙头10套、快开龙头39套。完成机关食堂煤改气和节能灶具改造工作。2015年用电量较2014年同期下降3.05%，通信费较2014年同期下降23.11%。(三) 加强公务用车管理。在保障公务用车的同时，继续实行公务用车定点保险、定点加油、定点维修“三定”工作原则，严格执行一车一档、单车核算、夜间单位停放和节假日封存登记制，杜绝公车私用。编制安全板报24期，播放交通安全警示片4次。全年公务用车累计出车2160余台次，安全行驶150余万公里无事故。单车费用较去年同期下降14%。(四)实施目标责任考核。严格落实《泽州县公共机构节能年度目标责任考核办法》，认真抓好全县公共机构能耗数据统计工作，积极开展“节约型机关示范单位”创建活动，努力探索合同能源管理新途径，重点加强对空调、机房等用能设备的监管。开设公共机构节能举报电话(3030741)，提供日常工作咨询，接受社会公众监督，圆满完成年度节能工作目标。

## 改造工程

按照县两办关于加强周转房使用的文件要求，对县政府机关小区5户公产套房进行了维修改造，作为县周转用房使用，现已具备入住条件。面对县人社局档案室面积不足、设施不全的实际情况，经县政府批准，对原废弃锅炉房进行了维修改造，现工程完工，已移交人社局开始进行档案室设备安装工作。按照上级要求，对县档案局档案馆、县保密局保密室进行了维修改造工作。同时，针对全县公产房出租程序不一、规范不严的现象，通过了解政策、征求意见，正在制定标准、出台规范，逐渐对全县公产出租房实行统一管理。

## 财务管理

实行“集中管理、统一办理、委托记账、分户核算”四位一体的财务管理模式，加强县直机关39个单位预算内外资金运行核算代管工作，严格执行公务支出报销审核和公务卡强制结算制度，切实提高财政资金使用效益。认真落实《党政机关国内公务接待管理规定》，完成县“三干会”预决算工作，完成县直机关696名工作人员信息核定、工资发放工作，完成年末增人增资、遗属补助、取暖费、离退休护理费和年度目标责任考核奖金发放工作。召开县政府机关财务分流、单位独立管控工作会议，进一步规范财务结算方式。配合县审计局、县纪委和市审计局、市纪委完成2014—2015年度账务审计工作。

## 安全管理

始终坚持以“提高警惕、警钟长鸣”为宗旨，以“增强安全防范意识，维护办公秩序”为目标，做到人防、技防、物防“三结合”。严格实行24小时值勤制，做到大楼门厅和监控中心不断人、不脱岗，做好监控观察纪录，发现问题及时做好相应处理工作，如配合警务室、信访局做好来县上访群众的劝阻和引导62批次、900余人次。提高巡逻巡查质量，切实对冷角、楼内外做到勤走、勤看、勤听的“三勤”管理，并对晚上巡查中发现未上锁的办公室进行登记、重点防范并张贴安全提醒单46次。认真执行消防检查登记制度，邀请太原市政安消防科教中心开展消防培训，增强人员消防意识，提高人员消防技能，投入资金0.4万元，更新灭火器材，进一步提升消防安全保障工作。按照市公安局、住建局《关于规范全市封闭式住宅小区出入口物防建设和管理的通知》(晋市公通字〔2015〕40号)文件精神，以及市公安局、西街派出所多次下发整改通知的要求，投资1.5万元完成机关小区出入口物防设施建设，安装车辆出入全封闭式道闸设施和人员通道铁艺大门护栏装置。实现了全年无刑事案件、无重大治安案件、无重大火灾事故的综合目标。

### 公车管理

深入贯彻落实中办、国办《关于全面推进公务用车制度改革的指导意见》(中办发〔2014〕40号)精神，积极做好全县公务用车制度改革工作。对第一批83个涉改单位的659辆车，进行前期摸底登记，核实车辆信息。按照《山西省公务用车制度改革总体方案》(晋市车改字〔2015〕1号)文件精神，会同县发改局、县财政局、县人社局制定《泽州县党政机关公务用车制度改革实施方案》，完成全县涉改取消公务车辆封存工作。积极借鉴车改成功示范市、县经验，制定《泽州县党政机关公务用车制度改革涉及的车辆处置办法》，为下一步进行车辆处置和平台构建打下坚实基础。

### 保障服务

严格执行水电维修班组巡回检查制和24小时值班制，加强县政府机关水电管网设施设备日常保养维护和随时检修更换。同时，按照《机关事务管理局权力运行流程》要求，加强水电设施设备维修配件的采购管理，通过对维修配件进行询价评比定标，实行配件入库登记和出库领用管理，抓好物品购置源头防腐工作。截至2015年年底，累计共受理水、电、暖、空调以及通信系统报修电话360余个。维修锁具、窗把手、办公家俱160余次，更换电源插座90余个、节能灯管370余支，线路故障抢修80余次；对中央空调机组清洗维护3次，开展主动上门服务6次，完成机关线路整修和32个监控探头方位调整工作，进行配电系统低压、电容以及二次回路维修、保养8次；完成人社局前角楼、服务中心院、以及单身楼等屋顶防水维修410余平方米；完成机关存车处顶棚维修和墙面粉刷工作，为机关正常运转提供了有力的后勤保障。继续实行委托服务，与市洁晋家政服公务公司签订保洁合同，落实保洁领班制，加大对重点楼层、重点时段的清扫频次；加强细节提示工作，如雨天做好小心地滑提示、夏天做好驱蚊驱虫工作等；注重公共区域立体保洁，委托洁中洁家政服务公司利用假期清洁维护办公楼外幕墙2964平方米。按照县创卫工作领导检查组的要求，完成机关公厕维修改造工作；安装防鼠网、维修垃圾池，对大院破损墙面、栏杆进行了粉刷油漆；同时委托县防疫站消杀科进行三次蚊蝇消杀、四次投放灭鼠药工作；委托花卉公司对院内绿化苗木进行坏死补栽、修剪打药工作；与城区环卫清运中心签订协议，全年清运垃圾、清淘化粪池共计80余车次。打造了花红树青、干净整洁、优美舒适的办公环境和生活环境。

### 宾馆接待

泽州宾馆是泽州县政府隶属下自收自支事业单位，是三星级多功能涉外宾馆。建筑面积15800平方米，距离市区繁华的商业中心150米，紧邻泽州县政府办公大楼。大院环境优美，设有豪华套房6套，标准间53间，健身房、棋牌室KTV歌厅美容美发，会议室可供20—350人不同需求的会议服务、商业洽谈、新闻发布、晚会演排等。餐饮可同时接待600位宾客就餐，设有大、中、小宴会厅各1个，豪华包间2处，中、小包间16个，免费WIFI无线网覆盖。舒适的居所，味美的佳肴将带给您宾至如归的感觉。2015年3月，县委决定由李晋云任泽州宾馆党支部书记，主持全面工作。

### 宾馆管理

一是精简机构，集中办公，提高工作效率。宾馆各部门统一在北二楼集中办公。部门由原来的10个部门缩减为6个部门，减少机构重叠，提高工作效率。二是建立健全各项规章制度，规范工作行为。制定出台了《泽州宾馆2015年工作经营方案》《卫生检查制度》《夜间值班制度》等。三是加强教育培训，强化员工队伍素质。继续部门经理周一例会制，进行工作业务学习和政治思想教育经常化。定期进行员工岗位技能工作培训，提高服务水平。四是加强硬件设施设备改造，创优服务环境。宾馆先后投入40余万元，更换了东楼、北楼房间及楼道近4000平方米的旧地毯，在大门口安装了霓红灯、新建更换了厨房冷库、修缮了厨房卫生间、院内公共卫生间、新建车棚、修缮改造大院喷泉、修剪了大院内所有花草树木。优化了服务设施，改善了食宿工作环境。

### 多元发展

4月，完成了市采购中心的市委、市政府的会议场所定点饭店的招标工作。5月“泽州小剧场”正式开业。6月，餐饮部对外联营，开办了老谷洞饭店，深受广大人民的欢迎。2015年，共接待宾客2、9万人次，全年营业收入452万元。

### 安全生产

2015年宾馆员工参加消防培训两次，消防演练两次，使员工真正掌握消防、安全工作的“三懂三会”和应急预案的处置方法。完善设施设备，制定安全规章制度，宾馆领导与各部门签定消防安全责任书。加强24小时轮流值班，发现问题，马上解决，及时上报。同时，设立专职消防员，做好《消防日巡查登记》备案。工程部做好《安全用电日巡查登记》备案。认真贯彻“谁主管、谁负责”的原则，做到制度保证，措施到位。

## 档案工作

### 概述

泽州县档案局（馆）原由晋城市郊区档案局（馆）更名而来的。档案工作最早始于1959年，1980年4月正式成立晋城县档案局（馆）。1985年由于市管县体制改革后，晋城县档案局（馆）撤销，成立晋城市郊区档案局（馆）。1996年10月，撤区建县，成立泽州县档案局（馆），是泽州县政府直属机关事业单位，实行局馆合一管理体制，定编12人。2010年，档案局（馆）参照公务员系列管理，定编为14人。内设一室二科，即：办公室、业务指导、管理科，泽州县档案馆代码为01244071-6，馆址在晋城市城区西安街101号（泽州县政府机关院内），邮编048000，档案馆占用面积85平方米。配置有19列76组档案密集柜架、16台电脑、3台壁式空调、3台打印复印机、1台扫描仪、档案管理软件、照像机、灭火器、监控等设施。泽州县馆藏档案资料总数为79838卷册。档案为57854卷册、资料21984册；馆藏进馆档案有56个全宗。馆藏结构不断完善，现在的馆藏中，有新中国成立前档案，反映晋城县武装斗争、土地革命、农民运动、减租减息、整党整风档案。又有新中国成立初期反映“三反”、“五反”、“四清”运动、落实政策、“文化大革命”批修批陈、整党整风、纪律处分案件档案、公证处房屋公证档案，历次清房档案、1999年机构改革，接收有撤合并乡镇档案、国土资源局撤合并前的业务档案、资源局的档案、历次党建活动“三个代表”、先进性教育、科学发展观、党的群众路线教育档案等临时性机构的档案、历次清房运动档案、“非典办”档案等。局长：段立祥。

## 档案信息化建设与档案服务

2015年10月，由上海中兴信息电子有限公司对县档案馆馆藏所有档案开始进行档案数字化工作，立争到2016年年底，对现有的馆藏档案全部进行数字化。档案馆藏的不断丰富，信息化建设力度的不断加强，为社会各方面提供利用增加了更多的信息资源和高效利用的途径。2015年，共接待社会各界人士利用档案400人次，共利用档案2280余卷册。

## 档案管理

2015年，档案管理工作加大了对民生档案工作和建设项目档案工作的管理指导，截止2015年12月底，县直机关、企业事业单位、乡镇机关档案目标化管理共有105个县直机关、企业事业单位、乡镇机关分别达到国家二级及山西省一级、二级、三级标准档案目标管理。有12个县财政投资建设项目档案进行了档案验收，并对15个达到省二级、三级单位档案目标管理工作进行了复核验收。

## 档案执法

泽州县档案局全面贯彻落实国家档案局8、9、10号令。截至2015年年底，县直机关单位和乡镇机关的《文件材料归档范围和保管期限的规定》有96个单位通过县级档案管理部门审批，并具体实施应用；全面贯彻落实国家档案局9号令，泽州县档案馆编制了《泽州县档案馆收集范围实施细则》、《泽州县档案馆接收单位名册》(第一批)、《泽州县档案馆贯彻国家档案局第9号令全宗管理名册》，并对第一批档案馆接收单位进行了监督、检查和指导，为不断丰富馆藏资源奠定了基础。全面落实国家档案局10号令，对全县国营企业督促检查指导，2015年年底，有5个国营企业《文件材料归档范围和保管期限表的规定》进行了审批。2015年，对泽州县档案局行政权力进行了认真清理，清理后，泽州县档案局权力清单有7项，并严格按照行政权力清单进行依法行政。全年对档案工作开展了一次档案执法检查。

## 档案馆建设

至2015年12月止，泽州县档案馆向社会开放档案32个全宗，共计6148卷。档案鉴定划控1752卷、59158件，馆藏总量达到57854卷册、还建立了现行文件利用中心。运用各种形式向社会公布档案馆开放档案的内容，泽州县档案工作坚持服从和服务于社会经济建设，积极主动地为为泽州县各项中心工作、机关工作、调解纠纷、公民维权、和谐社会、化解矛盾、编史修志提供了第一手原始凭证。新建泽州县国家综合档案馆工作正在进行立项阶段。

### 档案宣传、教育、培训工作

利用到基层开展档案业务指导、“6·9”国际档案宣传日、档案报刊杂志、泽州电视台、网络等对《中华人民共和国档案法》《中华人民共和国档案法实施办法》、《山西省档案管理条例》等档案法律、法规进行了大力宣传。发放档案宣传资料2000余份。2015年，对基层档案人员开展了两次业务培训，一次是对社保人员进行了培训，一次是对建设项目档案人员进行了培训。2015年，泽州县档案局在年度考核中被评为优秀单位。

## 地方志工作

一、新编《泽州县志》出版发行。新编《泽州县志》出版被列入2015年度全县政府工作之中。2015年，地方志办公室把这项工作紧紧抓在手上，在精编细审、质量提升上下功夫，除应补充的大事记和人物之外，多次与印制公司沟通协商，采用新颖的设计、较好的材质、先进的设备、一流的装祯，努力把《泽州县志》打造成精品之作，向县委、县政府和全县人民奉献一份满意的文化大餐，圆满完成了第二轮修志任务，受到省地方志办公室的表彰，副主任刘长红被评为先进个人。

二、基层修志工作势头不减。2015年，该办派专人全程参与指导了《周村镇志》《底道街村志》《岸村村志》等编纂工作，并多次进行现场讲解、细致审阅。至2015年年底，三本志书均已出版发行，正在发挥其应有的资政育人作用。另外，据初步了解，县直单位、乡镇(村)的修志势头仍不减往年，修志行为已走上了正常的法制化轨道。

三、完成省、市、县下达的供稿任务。2015年，该办根据上级业务部门下达的编研课题，圆满完成了《山西年鉴》《晋城年鉴》等供稿任务，总字数约5万字。另外，为暑期查阅地情资料的大专院校学生提供资料20万字，共接待社会史志爱好者查阅资料百余人次。

## 政务集中管理

### 概述

泽州县政务大厅成立于2002年6月，是泽州县为进一步深化行政审批制度改革、创优县域经济发展环境而设立的便民服务平台，政务大厅设办公室、综合股、督查股3个股室，工作人员共有8名。县政务大厅现有面积约360多个平方米，全县34个行政职能单位有23个进驻“中心”大厅实行集中服务。政务大厅设有18个服务窗口：2个综合、15个独立窗口和1个收费窗口，县农机局、县交通局、县烟草局、县国税局、县地税局、县国土局、县安监局7个单位经县政府批准，以“分中心”的形式在政务大厅进行集中服务并接受县政务大厅的统一监管，县公安局、县公安消防大队、县宗教局、县残联因其他原因暂没有进驻。2015

年，进驻大厅实行集中办理的审批项目共有81项，占全县所有审批项目107项的75.7%，在分中心集中办理的审批项目共有15项，占全县所有审批项目107项的14.0%，未进驻实施集中审批的审批项目共有11项，占全县所有审批项目107项的10.3%。主任：冯满田。

### 行政审批

在行政审批方面，政务大厅实行“一门受理、抄告相关、内部运作、限时办结”“一站式”办公模式，要求审批事项的受理、收费和出证三个环节必须在窗口完成。实现网上审批方面，2005年，政务大厅使用了市政务中心和杭州腾升网络科技有限公司联合开发的网上审批办公管理软件，实现了行政审批网上办公。2006年、2007年，中心又组织技术人员对现有网络进行了升级改造，实现了与政务大厅网站的信息互通。

### 审批服务

在便民服务上，政务大厅建立了泽州县行政服务中心网站（http://www.zezhou.cn/spzx/index.htm），网站内容丰富，包含“中心”基本情况、办事指南、办件查询、规章制度、政策法规、审改动态和政务大厅工作动态、监督台等内容。全县所有审批事项都按照“二十三公开”的要求在网站上进行了公示，为推行网上审批奠定了基础。为了更好地为办事人服务，政务大厅还设置了触摸屏和大屏幕显示屏，网站的内容同样装载在触摸屏上供服务对象查询，大屏幕主要是对日常各窗口单位的办件受理、办结情况和有关政策进行及时公布。同时，政务大厅还在大厅设立了休息桌椅、报架栏、饮水机和便民服务箱等便民服务设施，使政务大厅充分体现出“以人为本、便民服务”的特色。2015年，中心共受理审批事项9555件，其中，即办件8689件，承诺件866件。

## 信息工作

### 概述

2015年，泽州县政府信息中心坚持以中共十八大，十八届三中、四中、五中全会精神和习近平总书记系列重要讲话精神为指导，紧紧围绕县委、县政府“1941”年度工作重点，不断完善政府网络基础设施建设、加快政府网站改版和网络设备升级改造、做好网络信息宣传，积极推进以电子政务为重点的政府信息化建设。主任：张利。

### 抓学习，强队伍

在学习内容上，主要抓了政治、业务、反腐倡廉等方面的学习。在政治学习方面，不断加强理论和党风党纪条规学习。组织中心全体人员学习了中共十八大精神，中十八届三中、四中、五中全会精神，习近平总书记系列重要讲话精神，《中国共产党党章》、《中国共产党廉洁自律准则》《中国共产党纪律处分条例》等党风党纪条规，用理论武装头脑，指导实践，推动工作，着力提高自身政治素质。在业务方面，为中心增订了《电脑报》《信息与电脑》、《山西画报》等业务报刊，狠抓了电脑知识、网络知识、网站采编等业务知识的学习。在反腐倡廉方面，对党中央“八项规定”进行了深入学习，牢固树立为人民服务的宗旨意识，并对照“四风”，加强反省，防微杜渐，不断改进作风。在学习形式上，采取了业余时间自学和周五组织集中学习两种形式。通过学习，比较牢固地树立了执政为民的思想，进一步坚定了政治信念和道德修养，提高了政治鉴别力和政治敏锐性，自觉在思想上、行动上同党中央保持高度一致。在强队伍上，重点是完成县政府门户网站管理职能整合和人员整合。按照县编委会精神，县政府网站管理职能3月划入县政府信息中心。同时将管理网站的8名工作人员连人带编划入该中心。为了加强队伍建设，让新来的人员尽快适应新环境，首先，通过采取增加办公设备和更换办公室的办法，极大的改善了办公环境。其次，利用节假日开展乡间采风等活动提高了中心的凝聚力和业务水平，队伍工作作风进一步加强。

## 抓业务，保运行

(一) 完成电子政务网络安全建设和政府门户网站改版。年初，县政府安排265万元专项资金，用于泽州县电子政务网络核心设备更新升级、网络中心安全系统建设及县政府网站改版升级。核心设备、网络中心安全系统都按操作程序采购，安装调试到位，8月投入使用。在县政府网站改版升级方面，先后参考了部分全国优秀政府网站，联系了多家国内网站建设知名企业，试用了动易、百容千域等程序，通过采购北京拓尔思中标，年底政府门户网站将完成改版。为了促进机房标准化建设，也对机房进行了装修改造，重新整理网络线路、设置远程监控、布设防雷防火设施、配备不间断电源，为网络设备提供了安全运行环境。(二) 完成了政府网站普查工作。全国政府网站普查从3月开始，该中心作为全县的组织单位进行了安排部署，并及时对全县各单位、乡镇信息员开展了技术培训。经过调查摸底后，全县共有33个单位进行了网上申报，通过自评、普查评分、填写调查问卷等方式进行了认真整改，积极帮助各部门在申报过程中遇到的困难及时提供技术支持。年底，该项工作全部完成。(三) 加快了政府网站建设，充分发挥了网站信息报道主渠道作用。首先，按照《国务院办公厅关于加强政府网站信息内容建设的意见》，规范了政府网站的栏目设置。新增加了政策解读、招商引资、人事信息、“三公”信息等必要栏目，强化了泽州聚焦、今日泽州、政府信息公开、政务公告、党政文库、办事指南等原有栏目，保留了经济热点、聚焦三农、泽州论坛、媒体关注、省市动态等特色栏目。栏目内容做到了及时更新，准确发布，杜绝了政治错误、内容错误，对于宣传泽州、服务群众起到了积极作用。其次建立重要信息三级审核负责制，责任到人，层层把关，确保稿件内容准确无误。1—12月累计发布各类新闻动态和政务信息5200余条，配发图片550余幅，发布政务类公告信息280余条。同时，向晋城在线等上级网络媒体上报并采用新闻信息220余条，部分信息也被新华网、网易等媒体及时进行了转载。(四) 对时政热点和县委、县政府的重大活动开设专题专栏宣传报道。为将县委、县政府的重大决策部署宣传到位，2015年分别对“双学双严”警示教育月活动、纪念建党94周年、纪念中国人民抗日战争暨世界反法西斯战争胜利70周年、“三严三实”专题教育、学习贯彻十八届五中全会精神等时政热点，深入开展“五项活动”、对县人大政协“两会”、“泽州好儿女铁血铸军魂”等县级重大活动和重点工作分别制作了专题网页进行重点宣传报道。专题专栏采取以点带面、点面结合的方式，多层次、多角度地宣传了在开展过程中涌现出的好人好事、好经验，使大家学有榜样、行有示范。专题专栏的制作为全县开展各项活动营造了良好的舆论氛围，提供了有力的舆论支持。(五) 网络系统日常维护扎实有序，保障政府网络安全稳定运行。为确保网络安全、高效运行，该中心先后到高平、沁水等兄弟县市学习取经，相继制定了《网络安全信息系统管理制度》《机房安全制度》《信息发布审核制度》等内部管理制度。网络系统日常维护做到了责任到人，由专人负责排除各类网络及电脑故障。对因道路施工等其他原因造成线路问题不能及时解决的，做到了及时告知网络接入单位故障原因和恢复时间。

## 超限治理

### 概述

2007年12月14日，根据省、市治超工作会议精神，县长崔守安主持召开全县治超工作专题会议，对治超工作进行研究和安排部署，将治超工作定位于经济和社会发展的重要任务之一。会议决定：成立新一届泽州县治理非法超限超载车辆工作领导组，领导组下设办公室，设在县交通局，具体负责承办全县治超日常工作。治超以来，先后出动联合治超人员40.7万人次，检查车辆300万辆，查出超限超载车辆221辆，卸载货物1041吨，取缔非法改装厂1个，非法储（售）煤场100余家，拆解非法改、拼装车辆20余辆，煤场绿化110亩，植树3万余株。超限超载率下降到0.01%以下，55吨以上超载车辆基本杜绝，全县交通事故发生率下降40%，县、乡公路好路率始终保持在85%以上，道路通行率进一步提升，客车正点率达到90%以上，运输市场秩序趋于合理，货运价格明显回升，运输环境得到很大改善。公路“三乱”得到有效遏制，全县治超工作得到了全社会的支持和认可，被省政府评为“治超工作先进县”。县治超办公室主任：车保林（8月离职）、董孝义（10月任职）。

### 科技治超

县治超信息平台与市治超信息平台目前已有部分企业联网对接，因其他原因其他企业未联网对接，无人值守治超动态检测系统，已建成1处。2015年，超检测站不停车检测系统已按要求全部建成并投入使用，并与市治超信息平台联网对接，运行情况良好。

### 长效机制

2015年，全县治超工作继续坚持“抓综治、保安全、保畅通、为人民”的服务宗旨，按照“政府主抓、部门联动、属地管理”的治超格局，全县治超工作在组织保障机制、制度保障机制、责任倒查机制、源头治理机制、站点规范机制、路面管控机制等方面均取得新的重大突破和进展，各乡（镇）人民政府及治超成员单位成立了相应的治超领导组，并配有专职的治超信息员，实现了全县治超工作总体推进、纵深发展、科技引领，长效治理的阶段性预期目标。

### 源头治超

2015年，政府公示源头企业63家，并制定了源头治超工作计划，将治超任务层层分解，确保任务落实，责任到人，完善源头企业治超管理档案和日报登记制度，扎实了源头治超基础管理工作；63家企业提交了源头治超承诺保证书，9家源头企业被市运管局授予“无双超”信用企业称号。全年共巡查源头企业1900次，出动巡查车辆700辆次。办理治超案件12起，行政处罚19.5万元。

### 舆论宣传

广泛开展了各种宣传活动，2015年县治超办印刷治超宣传资料1万余份，分别发放至各乡镇人民政府、成员单位、治超站点、源头企业等，积极宣传国家省、市治超政策及法规，并在站点悬挂固定标语10条，采取多形式、多渠道、全方位，对货运驾驶人进行非法超限超载宣传教育，1—11月，由路政部门向公安交通管理部门和道路运输管理机构抄告违法驾驶人信息119余条，对违法驾驶人不良信息给予了相应的登记和记录，使其不敢超、不想超，在全县上下形成了良好的治超氛围。

## 政府采购

### 概述

泽州县政府采购中心于2003年1月1日组建成立，直属县政府管理，是泽州县政府集中采购的执行机构，负责对全县各部门（单位）所需的各类货物、工程、服务组织实施集中采购。中心编制7人，现有在职人员7人，其中，主任1名，副主任1名，工作人员5人。内设办公室、招标部、财务部、档案室。中心党支部共有党员6名。2015年，泽州县政府采购中心认真贯彻落实中共十八大十八届三中、四中、五中全会精神，紧紧围绕县委县政府“五项活动”要求，在各级采购单位的大力支持和帮助下，自觉践行“三严三实”，积极开展学习讨论落实活动，充分发挥政府采购的职能作用，做到围绕中心，服务大局，坚持“积极稳妥、逐步规范”的工作方针，不断加大规范力度，努力提高工作质量和服务水平，充分发挥政府集中采购优势，努力促进政府采购业务全面发展。在认真总结完善货物类集中采购的经验和做法基础上，积极开展工程和服务类采购活动，做到了“廉洁采购”“阳光采购”“绿色采购”。自2003年1月正式启动运行至今，十年来共节约财政资金3500余万元。在历年的政府采购专项检查中，泽州县的政府集中采购工作受到检查组好评。被县委、县政府表彰为“先进集体”。2015年中心主任：郭小伟。

### 采购业务

全年集中采购合同总额达8255万元（含协议供货采购和公务用车定点保险），较预算总金额10365万元节约资金2110万元，节资率为20.36%，采购总量、质量与规模均创历史新高，较2014年相比有了较大提升。服务类公务用车定点保险，共有112个单位参加车辆定点保险，参保车辆628辆，投保总额2593745元，节约资金748123元，节资率约为30%。公开招标比重逐步加大。2015年，中心共组织政府集中采购项目105次。其中，公开招标30

次，询价28次，竞争性谈判46次，单一来源1次，由于公开招标限额标准由30万元提高至50万元，公开招标次数所占比重较往年有所下降，但公开招标总量较2014年有所增加，竞争性谈判采购量比重也有较大变化。

### 信息公开

推进信息化建设，规范公告发布，确保公开透明，所有采购公告严格按要求在《山西政府采购网》发布。除公开招标法定的发布时间不少于20天外，根据采购公告管理办法，规定询价和竞谈公告的时间不少于7天，所有招（中）标（成交）公告均及时发布在指定的“山西政府采购网”等相关指定媒体上，严格按照国家有关规定对中标单位及中标价格进行公示，确保了公开透明。共发布招（中、废）标公告230余条。信息发布率达到100%，竞标供应商达300余家。同时不断完善“泽州县政府采购网站”，完善政务公开信息，不定期发布采购动态等各类信息20余期，继续利用媒体宣传政府采购法律法规，提高政府采购在全社会的影响力，先后在市县等媒体刊发宣传通讯文章10余篇。

### 重点采购项目

货物类方面采购项目涉及办公自动化设备、办公家具、医疗设备、警用设备、道路监控、救灾物资、沼气设备、监控工程、音体美器材，教学实验室设备、锅炉设备、厨房设备、学生课桌凳、农业及土地专用测试设备、农用物资、防控物资、执法服装等；工程类方面，组织实施了各类计算机网络工程及装修装饰工程，取得良好效果。规划编制类采购项目成为服务类采购的新亮点，从项目预算到项目总量都呈上升趋势，其中包括泽州县农村土地承包经营确权登记颁证调查与测绘技术服务项目、全县耕地后备资源调查评价项目、泽州县土地利用总体规划中期评估修改项目、档案局档案整理暨数字化加工项目等。千万元以上的大额采购项目逐渐进入政府采购范围，如县教育局的教学装备改薄项目，采购预算达2900万元；县农委的泽州县农村土地承包经营确权登记颁证调查与测绘技术服务项目，采购预算1200余万元。

### 民生采购

采购中心在农药、化肥、农机具、医疗设备、残疾人用品等涉及民生项目的采购中，大多属专项资金，需求紧，任务重，中心根据采购单位需求，结合实际情况，经采购管理部门批准，缩短公告时间，简化采购程序，采取只招单价的方式确定中标单位，然后根据资金总额确定合同数量等方法进行采购，既缩短了采购时间，又节约了采购成本，避免了采购资源的浪费。

自学习讨论落实活动和县委“五项活动”开展以来，为进一步减轻广大供应商的投标成本，根据行政事业性收费相关规定，中心领导班子经研究，决定自2015年后半年起，供应商只要符合资质要求，一律免费领取标书，不再收取标书成本费。

### 协议供货

协议供货工作开展有序，节资效果明显。2015年的协议供货项目包括办公自动化、一般电器类、办公家具及体育器材4大类常用货物，经考核，全市共有50家供应商取得泽州县2015年度协议供货供应商资格，其中，办公自动化33家，一般电器4家，家具类13家，体育设备2家。2015年，全年共办理协议供货项目410次，合同总额1800余万元，略高于2014年，各供应商严格执行了合同承诺的优惠率标准。对协议供货供应商的管理，实行百分制考核，采取自评、采购单位反馈意见和现场考核相结合，采取末位淘汰，把不合格和服务差的供应商淘汰出去，使政府采购服务更好，质量更优。车辆采购方面，因公车改革，全年仅采购了3台洒水车。

### 规范管理

（一）进一步规范和完善政府采购操作流程，对流程中不完善的条款重新进行修改。梳理了对外办理事项的服务依据、受理条件、应交资料、服务流程、办结时限等信息，主要包括接收分解采购计划，核实采购需求、确定采购方案，编制采购文件，发布采购信息，资格预审与发售采购文件，指定专人在晋城市财政局政府采购专家库随机抽取专家评标，投标、开标与评标，发布中标公告、接受质疑，签订合同，项目材料归档，项目验收等环节内容。（二）依法简化采购程序。从进行市场调查，到及时发布技术参数征求意见公告、转达意见，衔接制作标书，项目组织有序，评审工作严谨，做到了既讲效率又体现效益。采购方法灵活机动，尽量用最短时间完成采购任务，基本上使采购计划达到随到随采购，工作效率有了明显提高。（三）严把采购文件的制作、发售关，严格落实政府采购政策功能，加大规范力度，确保文件内容客观公平。中心业务人员在制作招标文件、完善合同格式、改进评标办法、建立评分体系等方面加大规范力度，坚持把节能环保、自主创新、民族产业和扩大内需的政策功能要求，体现在政府采购执行环节中。在招标文件的制作中，对节能环保等条款都要做出特别要求和提示，对不符合此项条款的标的一律按无效投标处理。（四）严把评审关，确保结果公正公平。各项采购活动，要求必须有3家以上的合格供应商和3名以上的评标委员会或谈判、询价小组成员参与（公开招标5名以上单数评委），按招标文件的要求确定的“最低报价法”或“综合评分法”，由评标委员会或谈判、询价小组现场评审确定，现场宣布结果，采购中心只作为一个组织活动的平台，不参加评标定标活动，确保了各项采购活动过程的公开性和结果的公正性。（五）抓好验收环节，强化验收机制。（1）明确验收责任主体。进一步明确由采购人全权负责本单位政府采购项目验收的相关要求，引导采购单位正确履行验收主体责任。（2）规范采购制度程序。制定《政府采购项目服务反馈意见卡》，切实加强对政府采购合同执行的监督管理，实行记录表格化，进一步规范了政府采购合同履约验收行为。（3）合理确定验收方式。针对不同规模项目，分等级、分类型实施验收。对金额较小的项目由采购单位自行验收，采购中心跟据需要进行抽查和跟踪反馈；对较大项目由采购单位聘请专家组成验收小组进行验收；对重点工程、资金巨大、技术复杂的采购项目邀请国家认可的质量检测机构参与验收，同时邀请财政部门、纪检监察部门进行现场监督，使政府采购全过程监督不缺位，保证了验收工作的透明、公正。(4) 加大监督处罚力度。验收中如发现供应商有投机取巧、以次充好、偷工减料或假冒伪劣及其他不正当行为，一经查实，按规定对不法供应商进行处罚，情节严重的，列入不良供应商名单，取消其进入政府采购市场资格，并在媒体上公开曝光。有效保护了采购单位的合法利益，维护了政府采购的信誉度。

## 住房公积金管理

### 概述

2015年，在市住房公积金管理委员会、市住房公积金管理中心的领导和正确决策下，各项公积金新政相继出台，从根本上改变了原有公积金提取使用陈规。实现了泽州公积金里程碑式的大发展，各项业务指标同比往年有了质的飞跃。

### 业务指标

(1) 归集情况。全年归集住房公积金0.95亿元。累计归集住房公积金总额7.19亿元，归集余额3.45亿元。(2) 支取情况。全年为11314位缴存职工提取住房公积金2.92亿元，同比增长1591%和1347%，累计为16653名缴存职工提取住房公积金3.68亿元。(3) 贷款情况。全年为382户缴存职工，发放个人住房公积金贷款0.95亿元，同比增长34%和94%，收回住房公积金0.23亿元(其中，本金0.19亿元，利息0.034亿元)。累计为1032户缴存职工发放贷款1.98亿元，贷款余额1.57亿元，个贷率44.96%，较2014年增加了29.96%。(4) 扩面情况。全年新增缴存单位16个，新增职工人数965人。累计缴存单位278个，缴存人数25585人。(5) 贷款逾期情况。公积金贷款风险控制良好，截止目前，无一笔逾期贷款发生。(6) 存量资金减少情况。1—12月，泽州分中心为缴存职工提取住房公积金2.92亿元，发放住房公积金个人贷款0.95亿元，累计存量资金下降3.87亿元，全年存量资金净减少2.79亿元，圆满完成年初制定存量资金下降2.5亿元工作目标。(7) 增值收益情况。2015年，业务收入2391.58万元，其中，公积金存款利息收入2032.9万元；增值收益利息收入8.7万元；委托贷款利息收入349.98万元，业务支出728.07万元，其中公积金利息支出647.1万元，委托贷款手续费支出0.8万元，质押借款利息77.7万元，其他支出2.47万元，待分配增值收益为1600万元，同比增长63%。(8) 通讯报道情况。全年通讯报道市中心网站15篇，泽州报社通讯2篇。

### 主要做法

(1) 以加大宣传力度保障新政落实为重点；(2) 以推进公积金制度建立和提高公积金缴存覆盖面为基础；(3) 以落实新政促归集提取工作稳步推进为抓手；(4) 以宽松贷款政策促个贷率增长为宗旨；(5) 以依托新政力求存量资金下降为目标；(6) 自觉践行“三严三实”要求，坚决把纪律挺在前面；(7) 以创建市级精神文明单位为切入点，改进服务方式，打造一支积极向上团结奋进的公积金管理团队。

# 中国人民政治协商会议泽州县委员会

## 概述

2015年，县政协在中共泽州县委的正确领导下，高举社会主义和爱国主义伟大旗帜，以邓小平理论、“三个代表”重要思想和科学发展观为指导，深入贯彻落实中共十八大，十八届三中、四中、五中全会和习近平总书记系列重要讲话精神，紧紧围绕“1941”年度工作重点，认真履行政治协商、民主监督、参政议政职能。全年共召开1次全委会议，2次常委会议，1次议政会议，1次专题协商座谈会。注重改善民生，建设亲民政协。有效开展了提案工作和社情民意工作，搞好了5次专题视察工作。发挥政协优势，建设活力政协。注重加强与民主党派、工商联、无党派人士的团结合作，充分发挥界别优势，开展了10余次丰富多彩的界别活动。编辑出版了《泽州百年》等文史资料。着力强基固本，建设效能政协。深入开展了“三严三实”专题教育活动和“五项活动”，政协制度化、规范化、程序化建设取得了新突破。

## 政协全会

政协全会是政协履职的最高形式，是政协委员参政议政最集中的体现。县政协五届五次会议2015年3月18日至20日在泽州宾馆召开。会议听取并审议了《政协第五届泽州县委员会常务委员会工作报告》《第五届泽州县委员会提案工作报告》，列席了泽州县人大五届五次会议，听取并讨论了政府工作报告和其他报告，听取并审议了政协第五届泽州县委员会提案审查委员会关于五届五次提案审查情况的报告，通过了政协泽州县五届五次会议政治决议和其他有关决议。会议期间，市委常委、市委政法委书记刘爱军，县政府县长高喜全，县人大主任陈晋勇等县领导，出席大会开幕会和闭幕会，深入界别小组或参加联组讨论，认真听取了委员的大会发言和意见建议，并与委员们交流互动。全体政协委员围绕《政府工作报告》和其他报告进行认真协商，针对城镇化建设、文化强县、环境保护、城乡居民社会保障、劳动就业、民营经济发展、医疗卫生建设、农业产业化发展、深化农村改革等问题，积极建言献策，提出了一批具有较高参考价值的意见和建议，经整理编辑后，形成了《大会发言选编》，受到县委、县政府的高度重视和充分肯定。

## 协商议政

针对全县经济和社会转型发展中暴露出的一些矛盾和问题，采取县领导点题、政协委员和党派团体荐题、主席会议审议定题相结合的方式，确立了全民创业和依法治县两个课题，在常委会议上进行专题协商。

县政协五届二十次常委会议2015年9月1日在国贸大酒店召开。会上，县政府常务副县长李正根通报了泽州县1—7月经济运行情况，县政府副县长李仲明通报了该县的全民创业发展情况，县政协副主席张雪梅对《关于推进我县全民创业工作的建议》作了说明，与会常委进行了讨论发言。建议围绕该县全民创业中存在的资金不足，融资难；信息不畅，选项难；观念落后，发展难；技能缺乏，成功难等影响泽州县全民创业的制约因素，从加大创业宣传，转变政府职能，推进依法行政，健全服务体系，打破资金瓶颈，完善扶持政策六个方面提出了具体建议。会议讨论通过了县政协《关于推进我县全民创业工作的建议》。

五届二十一次常委会议2015年12月9日在泽州宾馆召开。会议听取了县委、县政府对县政协五届五次会议以来提案办理情况的通报，重点围绕促进泽州县依法治县开展情况进行了专题协商。会议听取了县委办公室主任闫晋中所作的党群系统关于泽州县五届五次会议以来提案办理情况的通报；听取了县政府办主任樊海放所作的县政府关于县政协五届五次会议以来提案办理情况的通报。会上，县委副书记侯贵宝通报了泽州县依法治县工作开展情况，县政协副主席张雪梅对《关于推进我县依法治县进程的建议》作了说明，与会常委及政协提案委员会成员分别就依法治县工作和提案办理工作进行了讨论发言，着重围绕关于推进该县依法治县进程这一议题进行了深入讨论。建议针对对依法治县重要性认识不足，依法办事氛围不浓厚；行政执法基础薄弱，信息公开存在明显不足；执法环境形势严峻，队伍建设有待加强等突出问题，提出了加强组织领导，健全工作机制；深入开展普法教育，提高全民法律素质；全面推进依法行政，着力构建法治政府；扎实开展专项依法治理，推进基层民主法治建设；强化司法职能，促进司法公正等多项可操作性较强的建议。会议讨论通过了县政协《关于推进我县依法治县进程的建议》，会议表决通过免去李元土委员资格。

在“十二五”规划收官、谋划“十三五”规划的关键时期，县政协2015年12月23日在泽州宾馆召开“十三五”规划议政会。会前，全体政协委员以界别为单位深入基层开展调研，以中央“十三五”规划建议为指导，立足泽州实际，形成了40余篇建议案。会上，马才富、徐军利等政协委员围绕我县“十三五”规划情况作了积极的发言。常务副县长李正根就委员的建议以及泽州县“十三五”规划有关情况作了讲话。最后，县政协主席樊秋宝结合“十三五”规划和委员发言作了重要讲话。

政协议政会为科学编制泽州县“十三五”规划发挥了积极的作用。

## 调研视察

调研视察工作是政协组织的一项经常性工作，是人民政协履行政治协商、民主监督、参政议政职能的有效方式。2015年，县政协依托专委会、乡镇联络组和各界别，组织委员重点围绕劳动社会保障、义务教育均衡发展、园区管理体制、转型综改等议题深入开展专题调研。在重点搞好五届五次全会前全体委员视察的基础上，选择农业专业合作社发展、公检法司站所建设、乡村旅游发展、重点提案办理情况开展视察。特别是针对近年来乡村旅游发展的持续升温，县政协主动介入，积极作为，把促进乡村旅游健康发展作为增加农民收入、建设新农村的有力抓手开展议政协商。县政协从5月中旬至5月底，利用半个月时间，组织全体政协委员以界别为单位深入各乡镇对全县的旅游资源分布情况、旅游设施建设情况以及旅游产品开发等情况进行调研，形成了10余篇有价值、有份量的调研报告，6月4日召集各界别召集人、各乡镇联络组、部分政协委员，会同县领导、有关部门负责人召开了专题协商座谈会，与会人员围绕整合旅游资源、打造精品景区、提升文化内涵、优化发展环境等方面提出了意见和建议，动员广大政协委员充分利用QQ群、微信等现代媒介身体力行推介我县优秀乡村旅游资源，有力推动了泽州县乡村旅游的健康发展。通过专题调研和视察活动，充分发挥了政协智囊团、人才库作用，为县“六权治本”“六大发展”做出了应有的贡献。

## 提案工作

提案工作是人民政协履职的重要形式。广大政协委员紧紧围绕县委、县政府中心工作和人民群众普遍关心的热点难点问题，深入调研，精心选题，提出了许多符合县情、具有前瞻性、科学性和可操作性的提案。县委、县政府高度重视政协提案工作，把提案工作列入议事日程，主要领导批办提案，分管领导参加提案交办会，就如何做好政协提案办理工作提出具体要求，对督促承办单位加快办理速度，提高办理质量奠定了基础。县政协把提案工作作为履职的抓手，召开主席会和常委会专题研究提案工作。提案办理期间，主席、副主席领衔带领有关部门和相关人员先后到各承办单位进行协商督办，促进了提案办理工作的落实。各承办单位在接到应办的提案后，及时进行分类登记、建立承办组织、专题研究、分办落实等工作，做到了责任明确、制度到位，使提案办理工作有章可循。总的来说，一年来的提案工作已形成了“县委政府支持、政协积极主动、部门办理认真”的良好局面，很多被采纳的意见和建议已体现在县委、政府的决策和部门的工作之中。五届五次会议以来，共收到提案139件，经审查，立案的提案127件，确定重点提案6件，作为意见转有关部门处理的12件，政府系统承办的116件，党群系统承办的9件，县法院单独承办的2件。2015年年底，五届五次会议的127件提案已全部办结，办复率、满意率为100%，委员对提案办理情况的满意率和基本满意率达到95%以上。提案工作进一步促进了系列惠民政策的贯彻落实和一些重要民生问题的解决，维护了社会的和谐稳定。

## 社情民意信息工作

始终把反映社情民意信息工作作为履行政协职能的一项重要内容，按照稳数量、重质量、增实效的工作思路，积极推进信息工作规范化、程序化、制度化建设，从信息收集分析、调查核实、整理编辑、审签报送以及队伍建设和考核奖惩等方面对社情民意信息工作进行了规范。充分利用QQ、微信、电子邮箱等网络即时沟通工作，及时向委员反馈全国、省、市、县的重大舆情动态，引导撰稿方向、加强学习交流，完善了报送机制及采用反馈程序，建立了社情民意信息征集的长效机制。注重收集和反映就业、医疗、教育、社会保障、惠民政策落实等方面的意见和建议，及时向县委、县政府和有关职能部门反映。全年共收集社情民意信息200余条，信息中心编发《社情民意》50余期，报送市政协《晋城社情民意》采纳30余篇。其中《税务部门应简化对农业合作社的税务登记手续》《建议我省阳光农廉网增设村级后台管理功能》《我省医疗调解委员会派驻机构亟需改革》《关于打通农田水利灌溉“最后一公里”的建议》等信息被省政协采纳，《建议尽快推进农村医疗机构的提档升级》被市政府《晋城政务》采用，《建议金融部门全面冻结磁条银行卡的相关业务》被市政协《晋城政协》采用，《关于鼓励社会力量参与文物保护的建议》得到市长刘润民批示，县政协信息中心被省政协表彰为2015年度信息工作先进单位。社情民意信息工作的有效开展进一步密切了党群、干群关系，促进了民生的保障和改善，搭建起了党委、政府密切联系群众的绿色通道。

## 文史工作

通过挖掘和保护泽州县积淀深厚的历史文化和优秀民间传统文化资源，致力于推动全县文化建设。开展《泽州百年》编撰工作，以影像记录泽州百年发展历史，至2015年年底，已整理出稿件70余篇，现正在加紧进行编辑工作，该书将收录文章100余篇，图片800余幅，约130万字，将于2016年年初出版。开展《历代名人咏泽州》(续集) 的编辑出版工作，对近年来收集到的756篇诗作进行整理、注释和编纂，经过近一年努力，编辑成四册续集，现书稿已送交出版社审阅。积极协助省、市政协进行文史资料征编工作，完成了省政协文史委《晋绥抗战英烈传》和《正面战场晋绥军抗战亲历记》泽州县的征稿工作，完成了市政协文史委《晋城抗日战争史料》泽州部分征稿工作，以及“建市三十周年亲历记”征稿工作。这些工作对于抢救和保护泽州县历史文化遗产，展示泽州深厚的历史文化底蕴，宣传泽州和提高泽州的社会知名度，都起到了积极的推动作用。

## 民主监督

把民主监督融入到履行职能的各个环节，拓展监督渠道，丰富监督内容。我们积极加强与民主党派、工商联、无党派人士的联系和合作，邀请他们列席政协常委会议，参加政情通报会、专题调研视察活动。认真办理、及时反映党派团体的提案和社情民意信息，为他们履行职能创造有利条件，形成了相互尊重、体谅包容、畅所欲言、合作共事的民主氛围。县政协充分发挥各民主党派、工商联和无党派人士的专业优势和联系群众优势，委派民主监督员、聘任政风行风评议员，就群众反映的热点难点问题，邀请群众代表、专业人士和相关部门负责人召开专题议政会，积极探索开展民主监督新途径。组织部分常委和委员深入全县17个乡镇，就劳动社会保障进行了专项视察；深入县一中、县二中、县职中，就该县基础教育均衡发展情况进行了专题视察；深入巴公、高都、南村、川底、周村等乡镇，就园区管理体制、转型综改等议题进行了专题视察；深入到高都、北义城、巴公等乡镇，就泽州县公检法司站所建设情况进行了视察；组织对重点提案办理情况进行了专项视察。通过有效的视察监督，提出了许多有建设性和可操作性的建议，对促进相关问题的解决和有关职能部门的政风行风建设都发挥了积极的作用。

### 界别建设

在主席会议和常委会议中把加强界别建设列入重要议程，召开界别工作会议，不断研究解决界别建设中出现的新情况和新问题。明确主席按分工联系有关界别，确定各专委会和办公室联系界别的工作重点和任务。实行界别召集人工作汇报制度，及时了解掌握各界别的工作和活动情况，促进界别之间的学习和交流，形成了相互学习、相互促进、争创一流的生动局面。注重发挥各界别组织联系委员的桥梁和纽带作用，通过各界别把政协常委会的各项工作部署，传达贯彻到全体委员中去并组织实施，通过各界别把委员们代表各阶层的根本利益和社情民意汇集反映上来，通过各界别组织委员开展不同形式的活动，来体现政协履行职能的重要作用，树立新时期政协工作的新形象，推动政协工作的新发展。

充分发挥各界别专业性、联系广泛的优势，开展丰富多彩的界别活动。中共界组织委员围绕泽州县县乡公路建设和街巷硬化工作进行了专项视察，对今后道路建设和城乡一体化发展提出了许多建设性意见。医卫界委员深入开展“医疗下乡”活动，为群众免费体检，开展医疗咨询，受到群众热烈欢迎。教育界委员在巴公镇中举行界别活动，就深入推进该县基础教育课程改革课题，通过听课、观摩、参观、座谈等多种形式进行了认真讨论交流。科技界委员参观了质监检测所各项业务工作，就如何进一步做好质监工作进行了交流探讨。工商联界举行界别活动，组织委员到富景国际饭店、金隆玉和科通电子等企业参观学习，围绕民营企业发展畅所欲言，增进了企业了解，增强了企业发展信心。经企界委员深入水北农业园区和神通经贸有限公司，分别围绕农业产业化和汽贸物流经营主题开展界别活动，就企业如何应对危机健康发展形成了一致看法。界别活动的开展，既展示了政协委员健康活泼、积极向上的良好精神风貌，加深了委员之间的相互了解、增进了友谊，也为委员提供了一个互通思想、积极建言献策的平台。

2015年，各界别充分发挥各自专长和优势，积极组织委员开展专题调研、撰写提案和反映社情民意、慷慨解囊发展社会公益事业、扶危解困关注民生，把全体政协委员紧密地团结在政协组织周围，为构建和谐泽州发挥了不可替代的重要作用。

## 宣传与交流工作

采取生动活泼、丰富多彩的宣传形式，加强与新闻媒体的合作。重点宣传县政协履行职能、建言献策的过程和取得的成效，对政协例会、常委会、专题调研和视察等活动，组织深入采访报道。积极宣传政协委员参政议政、建功立业的先进事迹和先进典型，继续办好《提案回音壁》栏目，以面对面互动的形式，对部分提案办理情况进行公开报道，充分展示政协委员资政建言的广泛影响和县委、县政府提案办理工作的突出成绩。突出宣传创新政协工作的成果和委员参政议政的意见建议，先后在《人民政协报》《山西政协报》《太行日报》《政协论坛》刊登各类文章30余篇。配合上级政协先后搞好了市政协全会前视察、农民专业合作社发展、抗战遗址保护、宗教事务条例执行、中小微企业和新兴产业发展、律师行业发展、革命老区建设等10余次考察、交流活动；积极参加全省政协工作交流会、全市政协主席座谈会等活动，学习交流工作经验；及时更新县政协网页和《泽州政协》会刊。通过这些活动，使政协的履职做到了电台有声音，电视有图像，网上有主页，报刊有文章，活动有照片，加强了联谊，学到了经验，大大提高了社会各界对人民政协性质、地位、作用的认识，进一步提高了泽州的社会影响力和知名度，开拓了政协服务地方经济社会发展的新思路和新举措。

## 组织建设

县政协五届五次会议以来，为了适应不断变化的新形势和新任务，把加强学习、提高素质、强化基础、推进工作摆在政协各项工作的首要位置，积极开展形式多样、效果明显的学习活动，通过常委会、主席专题学习会、学习讲座、座谈会等形式，有重点、分层次的开展学习活动，着力创建学习型和研究型政协。

2015年，县政协以“三严三实”专题教育活动为引领，不断夯实共同的思想政治基础。县政协党组在县委的坚强领导下，深入贯彻落实中央、省、市、县委的决策部署，聚焦对党忠诚、个人干净、敢于担当，围绕“六个重点方面”和“四个是否”，从理想信念、党性修养、权力运行、纪律规矩、做人做事等方面，认真开展“三严三实”专题学习研讨，组织召开专题民主生活会，干事创业氛围进一步增强。积极投身县委开展的思想大解放、纪律大整顿、环境大改善、矛盾大排查、项目大发展“五项活动”，找准了政协履职的着力点，汇聚起了全县各界建设美好家园的磅礴力量。持之以恒、驰而不息狠抓作风建设，坚持问题导向，补充修订了办文办会、财务管理、公务接待、调研视察、双月协商等24项规范性制度，为政协履行职能提供了制度保障。按照从严治党的要求，实行一岗双责，坚持把党风廉政建设纳入党组重要议事日程，与政协业务工作同部署、同落实、同考核。党组成立了党风廉政建设工作领导小组，修订完善《泽州县政协党组议事规则》《泽州县政协党组关于贯彻落实党风廉政建设责任制的实施办法》等规章制度，形成了“一把手”亲自抓、班子成员分头抓，各委室各负其责的格局，确保了党风廉政建设主体责任落实到位。坚持党组成员授党课活动，组织观看廉政专题教育片，深入开展专题讨论活动，通过经常性的教育活动进一步加强了党员干部队伍的党性修养，筑牢了拒腐防变的思想防线。组织召开党员领导干部述廉会、民主生活会，认真开展批评与自我批评活动。通过批评与自我批评，促使领导干部进一步认清自已在落实党风廉政建设中存在的差距。在元旦、春节、五一等重要节点认真开展诫勉谈话，加强对配偶、子女和身边工作人员的教育和管理，从党组班子成员做起，树立起了节俭办事的新风，防止了各种违规问题的发生。

坚持发挥人民政协在发展协商民主中的重要作用，深入推进人民政协理论创新、制度创新、工作创新，把学习贯彻习近平总书记在建国65周年大会上的重要讲话与深入贯彻总书记系列重要讲话精神结合起来，与服务泽州县改革发展大局和推进全县重点工作结合起来，与巩固党的群众路线教育实践活动成果结合起来，与完成好今年任务、谋划好明年工作结合起来，充分调动各界人士干事创业的积极性、主动性和创造性，不断提高履职能力现代化水平。结合政协工作实际，通过提案、社情民意以及视察调研等方式加强法治建设的民主监督，在工作中善于用法治的理念、法治的思维，不断改进工作、积极履职，机关干部和广大政协委员学法、守法、用法、护法的观念进一步增强。注重拓展学习渠道，积极组织机关干部和委员参加市、县各类学习培训，召开泽州县政协社情民意信息工作会议，组织机关工作人员参加继续教育培训，鼓励广大委员和机关干部职工充分利用网络等新平台进行自学，扩展知识领域，提高知识层次，增强业务能力，使政协各项工作真正做到了体现时代性、把握规律性、富于创造性。

### 工作机构及正职名录

办　公　室　主　任：王钰军
提案工作委员会主任：范亮才
社会工作委员会主任：薛奎民
文教工作委员会主任：徐永炉
经济工作委员会主任：张建军

# 中国共产党泽州县纪律检查委员会

## 概述

2015年，中共泽州县纪律检查委员会深入贯彻落实全面从严治党要求，严格按照十八届中央纪委四次、五次全会，省纪委十届五次全会，市纪委六届五次全会以及县委四届五次全会的部署，认真履行全面从严治党监督责任，始终把纪律和规矩挺在前面，持之以恒落实中央“八项规定”精神，持续保持惩治腐败高压态势，扎实推进“三转”工作，切实整改落实省委巡视组反馈意见，坚定不移推进党风廉政建设和反腐败斗争，为净化政治生态，实现弊革风清，树好泽州形象，促进富民强县提供了坚强纪律保证。全县党风廉政建设和反腐败工作取得新成效。书记：张保国。

## 专项整治

以专项整治为抓手，着力规范权力运行、强化权力监督。开展了“不作为、慢作为、乱作为”专项整治，对群众反映、新闻媒体曝光的“懒政怠政”问题进行认真核查，对党员干部苗头性、倾向性问题，采用谈话、函询等方式及时“咬耳朵、扯袖子”，做到早发现、早提醒。针对县水务局在巴公镇官庄村水网改造工程中监管不力，导致官庄村村委未按规定要求使用有资质单位进行施工的问题，对相关责任人进行了纪律处分。开展大操大办婚丧喜庆和违规收送礼金红包专项整治，对违规操办儿子婚事的1名科级干部给予了党政纪处分，设立“礼金红包上交专户”“贵重物品上交专库”，全县15343名干部提交了“红包”及购物卡零持有报告。开通了“35581”廉政账户，共收到上缴款项14.9万元。

## 案件查处

加强纪律审查，保持了惩治腐败的高压态势。全年共收到信访举报696件（次），同比上升48.4%；户头353个，同比上升20.1%；范围内户头278件，同比上升6.5%。处置案件线索317件，同比增长138.3%；立案154件，同比增长65.6%；结案158件，同比增长68.1%；给予209人党政纪处分，同比增长78.6%，其中，乡科级干部29人，同比增长107%。党政纪撤职以上重处分62人，同比增长34.8%，其中，乡科级重处分9人，同比增长200%；移送司法机关8人，同比下降42.9%。其中，认真落实省委巡视五组交办问题线索203件，实行包案责任制，由县纪委领导包案、室主任领案、乡镇纪委书记和县直单位纪检组长联组办案，查结203件，其中，查实118件，查否85件；给予135人党政纪处分。

### 党务政务公开

进一步对“一网三方阵多平台”进行完善提升和功能拓展，全年共更新相关纪检监察信息300余条；完善反腐倡廉教育网络平台建设，先后制作学思践悟岗位练兵活动等相关专题5个；认真抓好新浪、腾讯等政务微博，增强微博的互动性，提升纪委机关亲民形象，全年更新微博信息200余条；认真建设微信公众平台——廉洁泽州，及时发布重大信息，新增听众1000余人；工程建设领域及信用公开平台对政府投资、国有资金、重大工程项目及相关企业、中介机构等情况进行实时公布，共发布项目信息3000余条，信用信息2884条。

### 制度建设

制定出台了符合泽州实际的“两个责任”意见，明确了县委领导班子主体责任清单，明晰了常委会7个方面35项责任、县委书记第一责任人3个方面10项责任、县委常委班子成员8项责任；明确了县纪委领导班子监督责任清单，明晰了纪委常委会6个方面22项责任、纪委书记第一责任人5项责任、县纪委常委班子成员4项责任。制定了《泽州县2015年度落实党风廉政建设责任制考核办法》，明确了考核原则和考核评分办法，细化了考核内容和评分标准，限定了考核结果运用的范畴，使落实“两个责任”有了量化考核依据。

### 专项行动

牵头组织开展全县“纪律大整顿”活动，取得明显成效。日常管理进一步加强，“庸”“懒”“散”“空”“玩”“奢”等突出问题得到有效整治，乡镇干部“跑堂”问题明显遏制，县直机关单位上班迟到早退、上网聊天、玩电脑游戏的明显减少，工作人员的责任意识和自律意识明显增强；工作效能进一步提升，各乡镇和一些县直部门的窗口单位大力推行首问负责、限时办结、服务承诺等制度，办事效率和服务质量明显提升；长效机制进一步完善，把纪律作风建设的要求融入到工作制度、业务制度和管理制度之中，进一步完善学习制度、考勤制度、财务管理制度、车辆管理制度以及岗位责任制、责任追究制、绩效评价制等相关制度，形成了用制度管人、管事、管权的长效机制，推动了纪律作风建设的规范化、制度化和常态化，营造了党员干部干事创业的良好环境和浓厚氛围。

### 纠风治乱

开展专项督察，深入查纠“四风”，采取随机抽取被督察对象、随机选派督察人员的“双随机”抽查机制，围绕重要节点“四风”问题、“三公”经费、行政效能、日常工作纪律等方面，开展专项督察8次。对4个县直单位22名工作人员违反工作纪律等行为进行了通报批评。对违规发放补助、违规报销差旅费、同城接待等问题进行了核查，责成13个单位进行了整改，11人写出了书面检查，61人退还了违规发放的钱款。对46个县直单位、13个乡镇、15个基层站所节假日值班、公车封存、乡镇干部跑堂等情况进行了督察，发现问题13个，对10个单位进行了通报批评。查处违反中央“八项规定”精神案件10起，给予17人党政纪处分，其中科级干部4人。

## 优化发展环境

对县直单位、企事业单位，特别是驻行政审批中心的县发改局、交通局、住建局、国税局等13个窗口单位开展了专项督查，重点检查工作人员在办事过程中是否存在该办的事不办或不及时办理，行政审批“肠梗阻”，以及部门之间相互推诿扯皮等效能低下问题。督察组按10%的比例随机抽查归档案卷资料1000余份，提出针对性整改意见36条。重点督察行政监管不作为、工作作风不积极、办事程序不规范、执法人员不廉洁等突出问题，用铁的纪律、严的措施和最坚决的态度，严厉整治和查处不作为、慢作为、乱作为行为。对县交警支队一名工作人员“吃拿卡要”的行为进行了查处，县公安局给予其记过处分。

## 反腐倡廉宣传

利用《泽州新闻》、泽州纪检监察网等媒体平台，开辟“双学双严”党纪条规学及思、践、悟专栏，刊登党纪条规知识。组织党员干部开展了讲党课、重温入党誓词、党纪条规百题知识竞赛网上答题等活动。协助县委举办全县乡科级领导干部学习贯彻准则、条例轮训班。全县纪检监察系统通过“学思践悟”系列讲座、知识测试、“挺纪在前”演讲比赛等形式学习宣传贯彻准则、条例。编印廉政口袋书《泽州县领导干部廉洁自律手册》，全县股级以上干部人手1本，并制作成手机APP。编印发放警示教育读本《落马官员忏悔录》1200余册。组织全县党员干部观看《贪腐的代价》等警示教育片，警示党员干部“规矩”不离身、“红线”不触碰。

## 党风廉政建设

出台乡镇和县直单位落实“两个责任”意见，要求各乡镇各单位按照文件要求拉出责任清单，并签字背书；对各乡镇落实“两个责任”情况进行了督促检查，县委召开了落实党风廉政建设“两个责任”汇报会，各乡镇党委书记和纪委书记围绕落实“两个责任”、全面从严管党治党要求分别进行了主体责任和监督责任落实情况汇报，确立了5个市级联系点和8个县级联系点，通过联系点的典型带动和示范引领，整体推进“两个责任”落实到位。层层召开了落实“两个责任”处理违纪典型案件问责整改专题通报会，5名县级分管领导作出了检讨，20名党员干部作出了检查，县纪委对8名科级领导干部进行了诫勉谈话。通过逐级整改问责，进一步解决了过去纪律审查“一对一”、不公开，治本功能不明显、不到位的问题，达到了“问责一个、警醒一片”的目的，有效推动了“两个责任”的层层落实。

## 自身建设

深化“三转”工作，推进了纪检监察干部队伍自身建设。调整内设机构，按照“7+5”模式，将县纪委机关9个内设机构增加为12个，纪检监察室由2个增至5个，执纪监督机构由5个增至9个，实现了聚焦主业力量最大化。清理议事协调机构，对县纪委监察局2005年以来牵头或参加的68个议事协调机构进行了清理调整，保留或继续参加的议事协调机构8个。提升监督执纪能力，结合“学党章守纪律促三转做表率”专题活动和“学思践悟岗位练兵”活动的开展，采取邀请专家辅导授课、模拟答题、跟班学习、知识竞赛等方式，切实提高了全县纪检监察干部的监督执纪能力。

# 泽州县人民武装部

## 概述

2015年以来，人武部在军分区党委和县委、县政府的正确领导下，坚持铸牢强军之魂，扭住强军之要，夯实强军之基，秉持“持续打基础、创新谋发展、奋发有作为、全面创一流”的工作思路，标准始终不降，干劲始终不减，团结带领全体官兵，攻坚克难，开拓创新，全面建设呈现出良好的发展势头。年底，被省军区表彰为“一类人武部”“新闻报道先进单位”和“军事大事记编撰先进单位”。部长：肖海清（3月离职）、赵韶宇（3月任职）。政委：陈志忠。

## 走访慰问送真情、扶贫帮困暖民心

2015年“春节”前夕，人武部认真贯彻落实军分区，泽州县委、县政府要求，积极开展扶贫慰问活动，先后走访了辖区内50余家困难军烈属。

## 组织整组集训

3月22日至27日，人武部在浪井民兵训练基地组织了为期五天的国防后备力量整组集训活动，参加人员有专武和民兵干部，此次集训是深入贯彻习主席关于军队建设的一系列重要指示精神，强化能打仗打胜仗的使命要求，加速规范完善民兵基层队伍体系，提高专武、民兵干部整体素质，强化才队伍建设健康发展的实际举措。集训中，实行军事化管理，落实早操、操课、体能训练和晚点名等连队一日生活制度，通过理论辅导、科目演示、实际操作、研讨交流、考核验收等形式确保了集训效果，解决了目前制约泽州县国防后备力量整组工作的瓶颈问题。

## 参加军事训练考核活动

6月4日至5日，人武部全体干部参加了军分区组织的军事基础训练考核活动。此次训练人武部党委高度重视，提前一个月召开筹划部署会，并科学制定训练计划，部长、政委带头加班加点训练。针对每名干部的特点，开展了针对性训练，紧盯每名同志的“弱项”和“短板”，开展互帮互助活动。最终，部长赵韶宇取得军分区第二名、政委取得第一名的好成绩。通过此次训练，使每一名干部都坚定了信心、锤炼了意志、提高了业务技能水平，为今后扎实开展军事训练工作打下了坚实基础。

### 省军区司令员冷杰松少将到人武部检查指导

6月16日上午，省军区司令员冷杰松少将带领工作组，在军分区司令员马学林和参谋长刘同兴以及县委副书记侯贵宝的陪同下，到人武部进行了检查指导。冷杰松首先观看了县民兵应急连演示的“刺杀操”，对应急分队严整的军容、高昂的士气、过硬的素质和顽强的作风给予了高度评价。随后又观看了人武部新建的“铸魂园”、小菜地、发电机房等保障设施，察看了人武部作战值班室、战备器材库、作战室、荣誉室、地下国防教育展厅等库室。冷司令员指出，通过参观，能够看出泽州人武部基础设施建设配套完善，人武部管理正规有序，是一个想干事、会干事、能干事的集体，希望今后要继续管好用好新营院，在新的环境中，实现战斗力的新跨越。

### 组织开展了“弘扬时代精神、践行强军目标——军营泽州好儿女”寻访活动

为认真贯彻落实习主席关于强军目标的一系列重要指示精神，按照有灵魂、有本事、有血性、有品德的要求培育新一代革命军人，在纪念抗日战争胜利70周年和庆祝晋城市建市30周年之际，晋城市委宣传部、晋城军分区政治部联合举办了“弘扬时代精神、践行强军目标——军营晋城好儿女”寻访活动。活动要求各单位要寻访本辖区内的现役优秀军人，参加市里组织的颁奖典礼活动。受领任务后，泽州县委宣传部和人武部派出数十名记者分赴祖国各地，客服严寒酷暑、高原缺氧等恶劣自然条件，行程数万公里，奔赴高山海岛、边关哨所、戈壁荒漠积极寻找线索，通过梳理共收集到有价值的线索八类五十余名先进典型，他们都是奋战在全军各部队一线的泽州籍优秀官兵。7月15日，泽州县六名优秀典型参加了颁奖典礼活动，受到了市领导、军分区首长和全体与会人员的高度赞扬，并在全县兴起了学习强军典型、争做时代先锋的热潮。

### 县委议军会议

7月30日，泽州县委书记、县人武部第一书记赵新年主持了县委议军会议，县长高喜全、人大常委会主任陈晋勇、政协主席樊秋宝、组织部部长王加林、宣传部部长王丽、常务副县长李正根、副县长上官建红以及县委办公室、政府办公室和县直有关单位的负责人和各乡镇书记、乡（镇）长参加了会议。会议首先由人武部部长赵韶宇汇报了部里一年来的工作，政委陈志忠汇报了需要本次会议研究解决的问题，县长高喜全和县委书记赵新年发表了重要讲话，同时为泽州县荣获的全省“双拥模范县”举行了揭牌仪式。会后，与会人员还参观了部新营房建设情况，观看了县民兵应急连演示的“刺杀操”和民兵文艺小分队表演的“古田会议永放光彩”文艺节目。最后，在县民兵训练基地参加了实弹射击训练，全体与会人员都表示这次议军会开得很

成功、很有意义，增强了大家关心国防、热爱国防、建设国防的意识。

### 参加战备训练考核

12月15日至17日，人武部全体干部6人和县民兵应急连125人，参加了省军区组织的年度战备训练考核。此次考核，是省军区对各单位年度战备考核、党委班子考核和部团抽考同步进行，三考合一，要求严、标准高，是历年来从未有的。受领任务后，部党委高度重视、科学筹划、提前准备，取得了全优的好成绩。干部考核3个科目，分别是：手工标图、轻武器射击、3公里越野。民兵应急连考核2个科目，分别是：轻武器射击、3公里越野。经过紧张激烈的考核，最终取得全优的好成绩，人武部也被省军区表彰为“一类人武部”。通过迎接这次考核进一步提高了人武部干部队伍和应急分队的整体军事素质，为新年度的开训工作奠定了坚实基础。

### 征兵工作

2015年夏秋征兵工作开展以来，泽州县征兵办坚持以“廉洁征兵树形象，阳光征集保质量”为目标，严格落实“五公开、一集中”措施，严把政治、身体、年龄、文化“四关”，认真落实军分区首长提出的“五个优先”和“八个不定”基本准则，狠抓了以确保完成任务、确保兵员质量、确保廉洁征兵、确保零责任退兵为主要内容的“四个确保”，切实做到了组织计划周密、审批发动有力、体检政审严格、审批定兵严谨、运输交接安全，全县适龄青年报名率达到了80%以上，圆满完成了上级赋予的征集任务。

### 军民融合

习近平主席在十二届全国人大三次会议解放军代表团全体会议上强调：“把军民融合发展上升为国家战略，是我们长期探索经济建设和国防建设协调发展规律的重大成果，是从国家安全和发展战略全局出发作出的重大决策；要深入实施军民融合发展战略，努力开创强军兴军新局面。”党的十八届三中全会、四中全会明确提出，要推动军民融合深度发展，加强军民融合深度发展法治保障。2015年的军民融合工作，人武部起步早、抓得实，研究出台了《关于贯彻军民融合深度发展要求，组织民兵投身全县“十三五”发展战略的实施方案》和《关于进一步加强扶贫工作的实施意见》。到军民融合的重点企业进行调研，先后走访了硕阳光电、景柏制衣、清慧制造等十多家企业，通过召开座谈会、军地共同学习上级有关政策规定等形式，寻找融合的结合点、沟通融合的发展路。到人武部帮扶的柳树口镇圪针掌村和山河镇万欠村多次调研，与2个贫困村的“两委”班子和村民代表进行座谈，为圪针掌村制定了加大丹河河谷开发力度，打造“彩虹谷”，通过发展采摘园、农家乐、生态游等带动整村脱贫致富的思路，已经协调县扶贫资金80万元，建成了2栋冬季蔬菜大棚和19栋春秋季蔬菜大棚，先后3次组织官兵到村里参加义务劳动。为万欠村制定了提升村力、学校教学条件、改善老年日间照料中心硬件建设，通过种植经济作物实现整体脱贫的思路，干部职工党员与帮扶贫困户实现了“一对一”的对接。同时，还组织民兵预备役人员积极参加社会维稳、抢险救灾、新农村建设、地方经济建设等大项工作。在军民融合发展上，积极探索实践取得了丰硕成果。

# 法 治

## 公 安

### 概述

2015年，泽州县公安局在县委、县政府和上级公安机关的坚强领导下，以中共十八届三中、四中、五中全会和习近平总书记系列重要讲话为指导，深入推进公安部“四项建设”、省厅“民生警务、亲民公安”建设、市局“五大建设、五个提升”以及县局五年发展规划(2014—2018)，全力开展维稳、打击、防控、整治、管理和服务等各项工作，圆满完成了各项公安工作任务，维护了全县社会治安稳定。局长：李平。

### 维护社会稳定

勇于担当维护稳定第一责任，主动作为，主动创稳，以“发现得早、控制得住、处置得好”为目标，切实打好维稳工作主动战，确保社会政治稳定。全力以赴做好安全保卫工作。周密计划，精心组织，认真做好各个重大节日、敏感节点和重大活动的安保维稳工作，圆满完成了中共十八届五中全会、抗战胜利70周年纪念活动、上海合作组织郑州峰会等重要安保任务，确保了万无一失。耐心细致化解处置不稳定因素。强化涉稳情报信息研判预警、应急处置和矛盾纠纷排查化解等工作机制，加强对重点领域、重点行业以及敏感节点的涉稳动态掌控，采取有针对性的疏导化解和稳控处置措施，及时消除不稳定苗头和因素。不遗余力强化反恐维稳工作。认真落实“一把手”责任，建立防暴反恐维稳常态化工作机制，加强涉恐情报信息收集研判，密切关注敌情、社情动态。加强涉恐重点人员管控，深入摸清全县居住、经商、学习的涉疆涉维等重点人员基本情况，落实专人逐人看紧盯牢。强化旅馆业阵地管控，对重点人员做到入住一个、发现一个、盘查一个。2015年春节期间，周村派出所治安检查中认真登记，及时比对，发现并抓捕一名新疆籍涉恐逃犯，顺线深挖，协助河南警方打掉了一个涉恐犯罪团伙，受到了省市县领导的高度评价，县委、县政府予以50万元重奖。扎实有序地推进信访维稳工作。认真落实局领导接访工作制度，初信初访办结率100%，多次赴北京、太原劝返上访人员，维护了信访秩序。

## 打击刑事犯罪

牢固树立打击犯罪的主业意识，坚持以打开路，继续保持严打高压态势，紧紧围绕“能破案、多破案、破大案”总体目标，强化合成作战、网上作战、捆绑作战等侦查机制，积极发掘破案新增长点，提升打击效能。坚持“打早打小、露头就打”，对严重暴力犯罪集中优势兵力，专案侦查，坚决打击。成功破获在全市有重大影响的“1·8”大东沟镇西洼村故意杀人案，“4·27”大阳镇陡坡村故意杀人案，北义城镇西黄石村故意伤害致死案。深入开展“亮剑2号”打击多发性侵财案件专项行动，对盗、抢、骗等关系人民群众切身利益的多发性侵财犯罪展开凌厉攻势。4起省厅督办案件全部攻克。破获涉案2000余万元的黄某、张某非法吸收公众存款案，破获涉案价值160万元的“王某、赵某合同诈骗案”。认真开展了“百城禁毒会战”“治理精神药品专项行动”“打击网上涉毒违法犯罪”等一系列专项行动，成功破获了省厅督办的“2015.8.13”晋庙铺镇黑石岭村贩毒案。

## 社会治安管理

积极探索社会管理新思路、新方法，坚持民意主导警务，进一步夯实公安基础工作，全力提升警务运作效能和社会管理效能，增强人民群众安全感和满意度。强化民爆物品安全管理，深入排查收缴非法枪爆物品、严打涉枪涉爆违法犯罪活动、管控治理枪爆源头隐患、督办整治重点地区问题，构筑起了打防管控建一体化的缉枪治爆工作格局。全年未发生涉爆安全事故和案件。强化重点人员管理，进一步细化措施，注重落实管控措施，扎实开展对重点人员管控工作，突出稳控、预警、处置，努力实现“发现得了、列管得准、管理得活、控制得住”的工作目标，共核实重性精神病人信息142条，重点审核肇事肇祸精神病人信息24条。强化道路交通安全管理，交警大队充分依托春节、元宵节、“五一”、国庆等重大节日，全力开展道路交通安全整治，全年未发生有影响的重特大交通事故。强化消防安全管理。消防大队全面推进了“夏季消防检查”专项行动，全面排查，有效遏制了重特大火灾事故发生。强化监所安全管理。看守所、拘留所不间断开展了监管场所安全隐患排查整顿，从安全设施、警力配备、生活保障、文化建设等方面加强监管场所的软硬件建设，继续保持了监管场所安全无事故。

## 基层基础建设

按照“1135”工程要求，持之以恒地抓基层、打基础、建机制、增后劲，为公安可持续发展注入了动力。持续推进四级联动社会警务战略，继续推进警务站点建设，推进警务下移，服务沉底。新建警务工作站26个，警务联系点47个，便民服务点257个，警务站点基本覆盖全县50%的乡村。持续推进实有人口管理，牵头制定印发了泽州县《关于进一步推进户籍制度改革的实施意见》，全面落实了城乡统一的户籍登记制度，打破了户籍“二元”结构，简化和放宽城镇落户条件，推进了城镇化进程。持续推进基层警务保障。为派出所投入修缮专项经费56万余元。同时，投入反恐专项经费46.3万元，为派出所配备了防弹背心、网枪、防刺服等装备487件。投入办公设备专项经费200余万元，配备、更新了一批台式电脑、笔记本电脑、打印机等办公设施。持续推出便民利民举措。积极出台便民利民举措，开通了“12110”短信报警服务，实行了报警首问负责制，建立了特种行业服务QQ群和道路安全管理微信公众号，推行了外地车辆节假日“首违不罚”承诺，方便了群众，提升了我局行政管理的社会认可度。

### 信息化建设

强化“天网工程”建设。积极争取县委、县政府支持，加快主干道路的“双环”智能卡口建设，在建智能卡口15个。进一步巩固全县三分之一乡镇的“天网”工程，努力实现重点区域的视频监控全覆盖。强化信息化硬件升级。完成了指挥中心升级改造并投入使用，完成了看守所视频监控建设改造，全面推进四级视频会议系统和警务训练中心建设。强化执法信息化建设。对办案区同步录音录像设备进行更新扩容，严格落实了处警使用现场执法记录仪，全局执法水平和能力进一步提升。

### 规范化建设

以被公安部评为“全国公安机关执法示范单位”为动力，制定了《泽州县公安局2015年深化执法规范化建设工作方案》，进一步推进执法规范化建设，在省公安厅组织的执法质量考评中名列全省前茅。开展执法主体建设。制定了《2015年度法律学习计划》，举办了两期针对40岁以下青年民警及基层一线办案民警的执法办案业务培训。开设了网上法制课堂，建立包含100个优秀执法“微课程”的教材库，根据需求进行“点播式”授课服务。建立“每日网上学法”制度，每天通过网页发布一题，让全警学习，点将释疑，专人评析。开展执法制度建设。推行刑事案件“统一审核、统一出口”工作机制，打破现有机制中公安机关办案与监督相分离、案件多头分散管理的制约，在原来“统一审核”案件的基础上，坚持实行刑事案件统一出口，由法制大队确定专人、统一台账，各办案单位主动配合，将刑事案件统一移送案件至法检两院。开展执法监督建设。进一步加强日常案件审核工作，深化执法质量考评工作，在审核过程发现的问题及时提出并指正，对民警提出的疑难与困惑及时解答并给出指导性意见，经审核的案件，无行政复议、行政诉讼情况。

## 公安交管

### 概况

2015年，县交警大队在县委、县政府和县局党委的正确领导下，在市交警支队的具体指导下，认真贯彻落实中共十八大和十八届三中、四中全会精神以及全省政法工作会议、全省公安局处长会议精神，以改革为动力，以法治为引领，以“四项建设”和“四项整治”为重点，紧紧围绕“降事故、保安全、保畅通”的总目标，立足本职，着眼长远，群策群力，开拓创新，狠抓交通秩序管理、交通事故预防和处理及交通安全宣传教育等工作，圆满完成了上级部署的各项工作任务，为全县经济转型跨越发展营造了良好的道路交通环境。大队长：卢树海。

### 交通事故

2015年，共受理道路交通事故总量为2028起。其中，适用一般程序处理的道路交通事故77起，造成39人死亡，82人受伤，直接财产损失210900元；受理简易程序处理的道路交通事故1951起。发生3人较大以上的道路交通事故1起，造成3人死亡，0人受伤，直接财产损失5万元；发生生产经营性道路交通事故18起，死亡人数20人，受伤5人，直接经济损失3.2万元；发生交通肇事逃逸事故4起，侦破4起，死亡2人，受伤1人，财产损失3800元；发生交通肇事案件14起（取保候审6人，拘留人8人）。道路交通事故社会救助基金救助8人，受伤8人。

### 违法行为查处

2015年，共查处各类违法行为66901起。其中，饮酒179起、醉酒37起、无证563起、客运超员10起、把机动车交给未取得驾驶证的人驾驶29起，擅自改变机动车数据21起、驾驶证吊销期间驾驶机动车2起、驾驶证暂扣期间驾驶机动车1起、暂扣驾驶证4起、使用伪造变造机动车驾驶证9起、使用伪造变造机动车号牌1起、毒驾7起。

### 车驾管业务

2015年，共办理车辆注册1030辆（小型车辆521辆、摩托车509辆），车辆检验5233辆（大型车辆639辆、小型车辆1992辆、挂车96辆、摩托车402辆、免检车辆2104辆），办理补领机动车行证141起（大型车辆24起、小型车辆96起、挂车3起、摩托车18起），补领机动车号牌104起（大型车辆29起、挂车4起、小型车辆56起、摩托车15起），办理初次申领摩托车驾驶证437起，办理小型车辆临时号牌34起，驾驶证期满换证526起，补领驾驶证160起，办理补领机动车检验合格标志49起（大型车辆4起、小型车辆45起），驾驶证注销可恢复67起，驾驶证降级10起，驾驶证变更信息35起，满分学习124起。

### 交通宣传

2015年，共组织开展各类交通安全宣传活动14场（次），其中大型活动6场（次），深入各运输企业16场（次），播放多媒体课件100场（次），开办交通安全课208个课时，张贴宣传标语150余条，刷写大型墙体标语15条，发放宣传画册3500本，发放不干胶宣传单1万余份，发放交通安全购物袋和围裙各4000余个，发布提示短信1300余条，LED显示屏播放500余条，发放各类宣传资料25余万份。

### 综合治理

一是结合“公路安全生命防护工程”和“道路运输平安年”等活动，联合市公路局城北公路段开展事故风险路段和公路风险路段隐患排查。其间，共排查事故风险路段20处，排查公路风险路段11处，并由晋城北公路管理段负责进行整改。二是以辖区国省道和乡村新建、改建、扩建道路的临水、临崖、急弯、视距不良等路段和隧道、桥梁为重点，认真组织开展交通安全隐患排查整改。共排查桥梁47座（大型桥梁15座、中型桥梁6座，小型桥梁26座），隧道13条（全部为短隧道），安全隐患5处，并及时制作《道路交通安全隐患整改建议书》，积极协调交通、公路等相关部门进行整改。三是对重点车辆落实了“一定点、二必查、四严禁”的安检措施，逐一审查客货运企业驾驶员的驾驶资格，建立了县际途经重点车辆和外籍过境重点车辆通行报备与登记备案台账。四是对在泽州县辖区内经营的6家危化品生产、储存企业、21家货运运输企业进行了全面排查，建立重点车辆及驾驶人月违法未处理通报制度，进一步落实了企业安全防范措施。其间，共排查货运车辆801辆、校车12辆，累计制发重点车辆违法抄告1502份，制发重点驾驶人违法抄告1299份。五是对从事跨地区，途经本辖区的危化品运输，建立《途经辖区危化品运输车辆基础管理台账》，实行《危化品运输车辆途经路线备案审查登记》制度，准确掌握途经辖区危化品运输企业信息、车辆底数和途经路线，对未在通行辖区进行备案登记危化品运输车辆，一律限行。其间，共排查过境危化品运输车辆222辆（隶属河南、河北、天津所属60家企业）。运输危化品种类包括焦油、甲醛、液减、柴油、汽油、甲醇、煤层气、天然气。

## 智能管理

根据上级交管部门要求，在大队指挥中心、水城省际、巴公县级交通安全检查站安装“全国机动车缉查布控系统”，严格规范使用流程，明确专人负责缉查布控系统预警信息的研判、签收、发布出警拦截指令、收集处置结果，实现了省总队、市支队、县大队、乡镇中队四级联网，警务信息得到全面提升。

## 安全防控体系

根据公安部科技强警战略以及省、市公安部门的安排部署，在经过实地勘查、科学论证的基础上，坚持“实用、实战、实效”的原则，申请专项资金496万余元，投资建设全县公路交通安全防控体系。2015年年底，公路交通安全防控体系建设已全部建设完工并正式投入使用。公路交通安全防控体系现有13个智能交通视频监控高清卡口，均为全省最先进的交通监控技术设备。共覆盖国道207线、省道碗周线和县道晋张公路3条省际交通要道，以及陵沁线、晋高一级路、长晋线、陈大路、东大路等辖区主干道路。在此基础上，大队又将辖区主干道路的10个治安卡口和2013年在周犁路、长晋线安装的2个交通违法抓拍系统进行整合，全面并轨接入智能化指挥调度系统，确保辖区重点路段“科技化管理”的无缝隙覆盖和全方位监控。新建的13个智能卡口系统均配备有高清录像球机和抓拍摄像机、360度无死角云台、400米远距离伸缩、高清人像及车辆号牌识别和车辆查缉布控等设备，可以24小时无气候差别对车辆超速、逆行、不按规定车道行驶、不系安全带等违法行为逐一抓拍，通过公路交通监控系统的发现、取证，公安交通指挥集成平台的报警、求助、指挥、转递和交通安全服务站的拦截、查纠，实现公路交通安全的大联网、大管控。同时，由于新系统的高灵敏度，还具备有实时监控和抓拍时速超过5公里所有车辆的功能，因此，实现了对摩托车和电动车更为有效的管理，确保了在道路交通安全管理工作中，指挥更高效、反应更迅速、纠违更及时、监督更有效。2015年，超速违法信息录入共3641起。

## 公安消防

### 概况

泽州县公安消防大队于1999年开工建设，大队坐落于凤城路192号，东面毗邻太行日报社家属楼、西面毗邻凤城路，建筑面积4000平方米。主体建筑5层，建筑结构为框架。大队现有官兵30余人，工作职能涵盖灭火救援、监督检查、火灾调查、行政许可等。2010年9月，县政府依托县消防大队成立了县综合应急救援大队，担负全县2023平方公里的防火监督、火灾扑救以及抢险救援等急、难、险、重任务。同时，中队还承担着城区泽州路以西面积约13平方公里、人口约15万人的灭火救援工作。大队长：宋坚。

### 队伍建设

泽州县公安消防大队现有消防官兵30余名，消防车辆8台，共计载水量49吨，泡沫8吨，A类泡沫0.2吨。各类侦检、破拆等器材装备1000余件套。2015年，消防大队在县委、县政府及县公安机关的坚强领导下，共接警出动258次，出动消防车470辆次，消防人员2941人次，抢救被困人员75人，疏散人员87人，抢救财产价值500余万元。

### 信息化建设

2015年，大队紧紧围绕“统一规划，统一标准，统一设计，统一建设”的思路，在部队营区岗哨、大厅、训练场、车库、通信室等重要部位设置视频监控，实现管控“无盲区”，大队利用消防综合业务管理平台实现了对工作实行跟踪管理，通过灭火救援综合系统跟踪中队干部制定训练学习计划、带队训练等工作情况，通过消防监督系统考评消防监督人员规范执法情况，通过办公自动化系统监督干部日常工作情况，通过干部管理系统落实干部按时休假销假情况，全面实现了大队的动态监管工作，保障组织领导到位，工作有成效。

### 岗位练兵

2015年，泽州县公安消防大队共开展灭火实战演练81次，“六熟悉”95次，修订完善灭火应急预案120份，测试市政消火栓291个。在规范火场秩序方面。规范了个人防护、车辆停靠、紧急撤离、现场警戒、舆情控制、纪律作风等多项内容。在实战训练方面。大队立足本地实战需要，进一步修订完善了石油化工、危化品泄露、高层、地下建筑等类型的灭火救援预案；依托现有训练设施、重点单位建筑模拟实战环境，加强了实战化训练。

### 消防宣传

2015年，泽州县公安消防大队通过组织官兵、文职雇员和派出所民警组成流动宣传服务队深入农村、社会单位开展宣传帮扶活动，切实提高群众的消防安全意识。全年，大队先后在公众聚集场所滚动播放消防公益广告和消防警示语累计2万余次，在乡镇沿街公路悬挂消防安全宣传横幅150余条。先后深入行业部门、乡镇政府、社会单位实地开展消防知识培训20余次，培训人员7000余人。开展大型群众性宣传活动4次，发放宣传资料1.2万余份，受教育人数近3万余人。消防站累计接待团体12个，参观群众4000余人次。

### 消防管理

2015年，大队结合公安部消防局、省消防总队、市消防支队部署的一系列消防隐患整治活动，针对辖区消防隐患整治难点，先后提请政府召开工作部署会、推进会5次，提请政府领导带队检查消防工作8次，会同各行业、各乡镇进行联合检查30余次。联合县教育、安监、民政、卫生等部门召开消防工作部署会、推进会4次；联合行业部门对全县280所中小学校、37家养老院卫生院进行了摸底排查，联合文物局对全县88家文物古建筑进行了督导检查，切实消除了一大批火灾隐患或消防违法行为。

### 消防执法

2015年，泽州县公安消防大队紧紧围绕“公正、严格、文明、高效”的要求，公开服务内容、服务标准、岗位职责、服务承诺和投诉方式，将办事依据、条件、流程、时限、结果进行公布，切实提高消防执法服务水平。全年共受理设计备案21项、竣工备案14项、审核7项、开业前7项，办理火灾案卷39起，行政处罚案件24起，无一项违规和超时办结，无一起行政复议事件发生。全年，大队共检查单位1000家，发现火灾隐患1603处，督促整改1578处，临时查封6家，责令“三停”单位7个，罚款20.3万元。

### 基础建设与战勤保障

2015年，泽州县公安消防大队党委着力强化后勤工作正规化、规范化建设，以提高后勤综合保障能力，创造性地开展了各项后勤保障工作。2015年，大队累计争取消防经费245.78万元。6月，大队党委投资5万余元对三楼办公区域进行了升级改造，建成了值班室、装备室、接待室、储藏室等库室。11月，大队争取消防宣传车购置专项经费24.78万元，购置1辆消防宣传车。

## 检　察

### 概述

2015年，泽州县人民检察院在县委和市检察院的正确领导下，在县人大及其常委会的有力监督和县政府、县政协的大力支持下，坚持以中共十八大和十八届三中、四中、五中全会精神为指导，深入贯彻习近平总书记系列重要讲话精神，紧紧围绕全县经济社会发展目标，以维护社会和谐稳定为己任，以提高法律监督能力为核心，全面加强检察队伍思想和业务建设，积极履行法律监督职能，为全县率先在全省建成小康社会提供强有力的司法保障。检察长：王红玲（女）。

## 批捕起诉

充分发挥审查批捕、起诉职能，突出打击重点，服务和强化社会管理，推动平安泽州建设。共受理各类提请批准逮捕案件86件115人，审结85件114人，撤回1件1人。经审查，批准逮捕77件99人，不批捕8件15人；共受理各类移送审查起诉案件184件268人，其中，公安机关移送案件158件226人，自侦部门移送16件32人，市院交办10件10人。审结180件236人，其中，向法院提起公诉174件230人，报送市院3件3人，移送城区院1件1人，移送机关撤回1件1人，强制医疗1件1人。向法院提出量刑建议209条，法院采纳203条，采纳率达97.3%。在批捕、起诉工作中，严把案件质量，重证据、重程序、重效果，批捕、起诉准确率为100%。

## 查办职务犯罪

充分发挥检察机关在惩治和预防体系建设中的职能作用，坚持有腐必反、有案必查。共立查各类职务犯罪案件13件29人。其中，贪污贿赂案件10件23人；渎职侵权犯罪案件3件6人。坚决按照县委、市检察院加大查处腐败案件力度的工作部署，加大与纪检监察部门在查办案件中的沟通与协调，建立案件侦查协调移送机制，形成工作合力，对腐败分子形成高压态势，全年共查办大要案件7件20人。突出查办发生在群众身边的腐败案件，全年共查办涉农惠民领域职务犯罪案件4件4人。反渎部门积极介入“2·13”东沟煤业透水事故调查，查办玩忽职守案件3件6人，市院交办起诉2件2人，移送起诉5件8人，严肃查办了行政执法人员的渎职行为。

## 预防职务犯罪

认真开展预防职务犯罪“十百千”专项活动（十个重点领域，百个督办项目，千个联络站点），对泽州县的5个市级重点工程项目进行专项预防，通过实地走访，对工程建设、财政专项资金管理等情况进行调查了解，建立预防工作联系制度。深入农业、水利、土地、林业等20个涉农单位，对涉农惠民专项资金进行调查，规范制度，堵塞漏洞，确保国家下拨资金安全到位。开展预防调查3件，撰写职务犯罪分析4件，发出检察建议3份，向招标单位提供行贿犯罪档案查询1600次，有6家单位被取消投标资格。预防科撰写的《2013—2014年度惩治和预防职务犯罪年度工作报告》得到了县委和人大领导的批示，县委发《泽州通报》向全县全文转发。同时，继续开展以“深入反腐败，大家来预防”为主题的“五进”活动，积极深入机关、农村、企业、学校、社区，向广大群众赠送宣传资料，宣讲反腐倡廉典型案例，开展警示教育13次。

## 法律诉讼监督

加大侦查监督力度。提前介入命案现场进行监督，与公安侦查人员一起对“1·5”杀人命案现场进行了勘验、讯问犯罪嫌疑人，及时掌握案情，仅用三天时间就作出逮捕决定。向公安机关发出《要求说明不立案理由通知书》1份，提前介入侦查2件2人，提出口头纠正意见20次，发出纠正违法意见书3份；改变公安机关定性错误案件12件，书面提出纠正侦查活动违法7件次，纠正审判活动违法7件，追诉遗漏罪行13件次，追诉漏犯2人，提出羁押必要性审查18人，对法院量刑不当的审判案件提出刑事抗诉2件5人，改判1件，维持1件。强化民事诉讼监督。共审查各类民事行政检察案件15件，其中办理民事执行检察监督案件3件，向县法院提出检察建议2份，均被采纳；办理监督审判程序违法案件1件，向县法院发出检察建议1件，均被采纳；办理支持起诉5件；督促履行职责案件7件。加强刑事执行检察监督。共累计驻所检察263天，与公安、武警联合查监7次，自行检查180余次，召开联席会议3次，查阅监外执行、社区矫正档案228余份。共提出口头纠正违法及建52人次，书面发出纠正违法通知书87人次（含监外执行、社区矫正类44人次），均得到有效纠正。提出羁押必要性审查意见书9件19人，采纳9件19人。对暂予监外执行案件实行同步监督6件6人。

## 队伍建设

深入开展系列学习活动，坚定干警理想信念。在全体党员干部中开展了的学习讨论落实活动，“三严三实”专题教育活动。明确学习重点，坚持把学习教育和解决问题结合起来，坚定检察干警建设社会主义法治的理想信念，增强思想自觉和行动自觉。明确“两个责任”，严格落实从严治党、从严治检的各项规定。制定党风廉政建设和反腐败工作“两个责任”实施意见和清单，进行任务分解。对班子成员、各部门负责人履行“一岗双责”责任及个人廉洁自律情况进行监督。坚持一个节点、一个节点狠抓作风建设，深入落实中央“八项规定”精神，驰而不息纠正“四风”问题。一年来，无违反廉洁自律规定受到上级通报情况发生。积极开展精神文明创建活动，激发队伍争创动力。经过全院干警的共同努力，文明创建工作取得显著成效，申报并接受了“省级精神文明单位”验收。在创建活动中，县人民检察院坚持在“小”字上做文章，在“实”字上下功夫，在潜移默化中践行精神文明，干警执法为民的理念进一步增强，遵纪守法，严格自律成为检察干警发自内心的根本追求，好人好事不断涌现，12个（名）集体和个人受到县级以上表彰。

## 阳光检察

进一步完善“阳光检察”工作机制，重大信息在网上公开，案件程序和案件承办人信息公开，畅通律师阅卷接待渠道，召开未成年人犯罪不捕案件公开听证会议，主动接受社会各界的监督。坚持向人大及其常委会报告工作制度，向县人大常委会专题报告了阳光检察工作的开展情况。完善与人大代表、政协委员的联络工作机制，邀请人大代表和政协委员在检察开放日视察检察工作。在县人大五届五次会议召开期间，派出中层以上干部深入到各代表团认真听取代表和政协委员对检察工作的建议和意见，分析梳理意见建议23条，召开专项工作会议落实代表意见，促进检察工作更加贴近民生、更加符合民意。发挥人民监督员监督作用，对一起不诉案提请监督，加强了对检察机关执法办案的监督制约。

## 法 院

### 概述

2015年，泽州县人民法院在上级法院的指导、在县委的领导和县人大、县政协的有力监督支持下，认真学习习近平总书记系列重要讲话精神，深入贯彻中共十八大和十八届三中、四中、五中全会及中央政法工作会议精神，坚持司法为民、司法公正工作主题，以维护社会大局稳定为基本任务，把促进社会公平正义作为核心价值追求，紧紧围绕县委、县政府中心工作，全面开展审判工作，切实加强队伍建设，继续强化基础设施，不断提高服务大局的能力和水平，各项工作呈现出整体推进、协调发展的良好态势，全年共受理刑事、民事、行政、执行等各类案件3415件（含旧存301件），同比增加704件，审执结2611件，结案率76%，审限内结案率100%；审结案件1929件，审结率77%；执结案件682件，执结率75%；民商事案件调解撤诉率60%；上诉案件维持率68.1%；改判率11.3%；发还重审率14%。院长：高国林。

### 刑事审判

依法严惩严重危害社会治安和人民群众生命财产安全犯罪、职务犯罪和危险驾驶、非法集资诈骗及强制医疗等新类型犯罪活动，维护社会和谐稳定。全年共受理各类刑事案件250件（含旧存14件），同比增加60件，审结189件，审结率75.6%，审限内审结率100%。

### 民商事审判

依法审理涉及民生的婚姻家庭纠纷类、合同纠纷类和权属纠纷等案件，全年共受理民商事案件2200件（含旧存190件），同比增加441件，审结1688件，审结率76.8%，审限内审结率100%。

### 行政审判

支持行政机关依法行政，维护行政相对人的合法权益，共受理诉讼案件17件（含旧存3件），同比增加5件，审结13件，审结率76.5%，审限内审结率100%；受理非诉行政审查结案39件，结案39件，审查率100%。

### 执行工作

发挥执行威慑机制作用，清理执行积案，化解执行难题，共受理执行案件909件（含旧存94件），同比增加191件，执结682件，执结率75%，执行期限内执结率100%，执结标的金额3075.37余万元。

### 质效工程

实行主审法官、合议庭负责制。取消层层审批，由审批签发制改为备案监督制，裁判文书由审判长或独任法官直接签发，分管领导不再签发文书。强化院领导监督责任。充分发挥院领导的表率作用，带头办理案件，集中精力加强对分管庭室案件的监督和管理。开展庭审观摩活动。重点针对庭长、分管业务的班子成员开示范庭、观摩庭，评选优秀审判长，提高审判质量。开展案件评查活动。由案件评查小组对所有审结的案件进行全方位评查，并将评查结果逐月在全院通报，纳入绩效考核，作为晋升职级、提拔任用的重要依据。开展案件点评。针对发回重审、再审、上诉、抗诉和信访案件，由分管副院长负责收集重大案件和典型案件，在全体审判人员中进行点评，每半年开展一次。开展裁判文书评比活动。每月由承办法官上交裁判文书一份，半年组织一次文书评比活动，年底将评选出的优秀裁判文书装订成册，供全院干警参阅。加强新类型案件的审理。强化法官驾驭庭审、适用法律、裁判文书制作等职业技能，努力提高审判能力和案件质量，陆续成功审理了一批诸如第三人撤销之诉、执行异议之诉、强制医疗申请等新类型案件。实行审判调研制度。由分管领导负责，以“庭审规范化”“大调解体系下的司法调解”“执行异议之诉”等为题，开展了分类调研活动，为审判工作提供可靠的专业依据。组织书记员岗位练兵。在书记员队伍中指定组长、副组长开展工作，定期交流业务，组织学习培训，规范笔录记录和卷宗装订工作。开展执行员岗位练兵活动。在执行人员中开展执行技巧、诉讼保全、查询、冻结、扣押、拘留、搜查和保存文字和音像记录等方法措施的学习和培训。统一电子卷宗制作标准。统一法综系统文书模版、公告内容以及各类案件的电子卷宗制作标准，并分类培训，学习使用。实行督察通报制度。加强对全院考勤、卫生、公务用车等方面的监督检查，并下发政务督查通报；对开庭着装、审判业务的完成情况进行督察，并下发审务督查通报。

## 司法公开

加强硬件建设。该院作为山西省审判流程公开、裁判文书公开、执行信息公开司法公开三大平台建设目标完成单位，党组高度重视，积极筹措资金，3年来共投资340余万元，建设装备了执行指挥中心、查控系统、视频终端、看守所远程提讯系统电子公告、电子卷宗、便民自助系统、科技法庭、LED屏、安全系统等设施。审判流程公开。立案条件、诉讼流程、诉讼文书样式等诉讼指南在单位网站和便民自助触摸屏上公开；开庭公告、听证公告等庭审信息在单位网站和室外大屏幕上公开；法院地址、交通图标、管辖范围和纪检监察机构信息在单位网站首页对外公开；2015年，在人民网、新浪网和腾讯网3个官方微博共发布微博5307条，同时实现了重大案件庭审的实时微博发布；档案电子化工作也初具规模，配置了电子卷宗系统，并实现音视频资料实时存储。裁判文书公开。制定《裁判文书上网公布实施办法（试行）》，在中国裁判文书网和单位网站同步公开裁判文书，2015年，共在网上公布裁判文书1008份，其中执行文书上网在全市法院居于前列；4月，省高院通报了文书上网情况，该院与晋城市城区法院并列居于全省基层法院第二名；在省高院对全省法院上网裁判文书进行的抽查评审中，该院一份文书获三等奖。执行信息公开。自助查询系统。在法院综合信息管理系统中公布所有执行案件信息，当事人可通过扫描身份证、触摸电子屏，随时查询了解执行案件进展情况。公布失信被执行人名单。在法院网站、微博、微信、电子显示屏向公众公开失信被执行人共计117人，限制出境、高消费被执行人62人，对失信被执行人予以信用惩戒，促使他们自动履行义务。远程视频开庭。10月15日，该院参加了在省高院召开的面向《山西日报》、中国新闻网、新华网等十余家新闻媒体的远程视频审判新闻发布会，省高院对县人民法院利用远程视频开庭审理案件的做法给予表扬，号召全省法院借鉴学习；以此为开端，县人民法院又针对刑事案件被告人成功实现了远程视频开庭。

## 司法民主

开展“人大代表法庭行”活动。12月10日，该院邀请9名驻泽州市人大代表视察了巴公法庭的基础建设情况，在川底法庭旁听观摩了一件“共有财产分割案件”的庭审过程，随后组织人大代表进行座谈，通报工作情况，听取代表们对法院工作的意见和建议。认真办理议案和提案。认真办理人大代表的议案及政协委员提案，全年共收到政协委员提案2件，承办人严格按照办理程序，经过多次与提案人面商，圆满完成了提案办理任务，两位提案人均表示满意。广泛征求代表和委员意见。利用人大和政协两会契机，向人大代表和政协委员发放征求意见表，征求对法院各项工作的意见和建议，对照意见和建议改进工作。加大人民陪审员参审力度。积极开展人民陪审员换届选任工作，坚持“均衡使用，责任到庭”的原则，采取相对固定，分组使用的办法，调整人民陪审员使用工作方案，成立了联络室，配备了专职联络员，为人民陪审员专门安排了办公场所，并组织学习培训和庭审观摩，确保人民陪审员正确履行职责，依法参与审判，推进司法民主进程。2015年，共采用60名人民陪审员依法参与审判案件近1000件，占采用合议庭审理案件总数的92%。

## 诉讼服务

立案登记。2015年5月1日立案登记制正式实施以来，该院案件受理数出现了较大幅度的增长，全年共受理各类案件3415件，比去年增长了704件，增长率为26%。诉讼服务中心建设。将原来的“信访立案大厅”更名为“诉讼服务中心”，重新进行了装修，补充了4名工作人员；完善便民举措，设立导诉台、律师服务台、书写台、志愿服务台；完善配套实施，提供休息座椅、饮水机及复印打字传真等便捷服务；更新《诉讼指南》《诉讼收费范围及标准》等诉讼版面；制作并摆放民事、行政、执行等指引资料；实行现场释明指导、电话咨询指导、预约上门立案、邮寄材料立案等措施，努力为当事人提供“一站式”和“全方位”的诉讼服务。

## 诉讼调解

多元化纠纷解决机制。积极筹备建立集立案、诉前调解、诉讼调解与人民调解、行政调解和劳动仲裁等对接的多元化纠纷解决机制，共办理诉前调解案件77件，利用诉调对接机制办理案件59件，并及时引导当事人到司法局大调解工作室调解。6月9日，在全省多元化纠纷解决机制改革推进会和人民法庭工作会议上，县人民法院从全省100多个基层法院中脱颖而出，被省高院确定为10个“多元化纠纷解决机制改革示范法院”之一。小额速裁。实现案件繁简分流，加大小额速裁力度，积极办理民间借贷、劳资、物业及网络服务合同纠纷等小额案件和一些简易民事案件，全年，共采用速裁方式审结案件104件，平均办案周期仅45天。

### 涉诉信访

信访案件。积极化解信访案件，全年共受理信访案件23件，其中，2014年年底前已经有结论的7件，正在办理中的执行案件7件，不属于县人民法院受理范围的1件，未向县人民法院提起过诉讼但交办县人民法院的案件1件，还有7件是8月份后县委政法委交办的省委巡视组督办案件，均已向当事人送达了受理信访事项告知单，并分别进行了约谈。

### 能力建设

主题教育。按照省高院和县委的统一部署，深入开展“学习讨论落实活动”和“专项整治活动”，高度重视，精心组织，从严要求，积极整治，圆满完成了活动的各项工作任务。6月19日，党组书记、院长高国林以《了解历史背景把握内涵意义在审判工作中认真践行“三严三实”》为题，为全院干警讲授了一堂精心准备的党课，“三严三实”专题教育活动正式开始。9月，按照县委的安排部署，开展了“思想大解放”“纪律大整顿”“环境大改善”“矛盾大排查”“项目大发展”等“五项活动”。12月30日，按照县委组织部的安排部署，召开了党组班子“三严三实”民主生活会，三个支部分别召开了组织生活会并开展了民主评议党员工作。竞争上岗。在全院启动了竞争上岗工作，制定了《竞争上岗实施方案》及《工作细则》，分业绩考核、演讲答辩、民主测评、党组推荐和专项加分等环节，逐项开展工作。目前五个环节的工作全部完成，已上报县委组织部讨论研究。组织干警参加培训。全年共组织全院公务员38名、事业编制人员47人次参加了县里组织的业务培训，共派2名业务骨干外出学习。开展法院综合系统培训。组织全院干警进行法院综合系统及相关应用培训，保障了司法公开三大平台对外数据的完整和准确。组织科技法庭应用培训。由信息中心牵头，组织干警进行科技法庭的使用和操作培训。

### 审判监督

坚持依法纠错的原则，逐步规范案件再审工作，审判监督庭共受理重审案件8件，审结6件，审结率75%，审限内审结率100%；受理申诉案件8件，复查8件，复查率100%；受理检察建议5件，审查5件，审查率100%。

## 司法行政

### 概述

泽州县司法局是泽州县人民政府主管司法行政工作的重要组成部门。其主要职能有：法治宣传、人民调解、社区矫正、法律援助、公证服务、律师服务等。2015年，县司法行政工作全面贯彻中共十八大和十八届三中、四中、五中全会精神，深入贯彻习近平总书记系列重要讲话精神和对司法行政工作的重要指示，干在实处，走在前列，主动适应新常态，不断努力开拓司法行政工作的新局面。法治宣传教育工作持续发力，逐步形成了一套既符合泽州实际，又凸显泽州特色的法治宣传教育体系；充分发挥人民调解的基础作用，建立起了人民调解、司法调解和行政调解“三调联动”的大调解工作机制，最大限度地把矛盾纠纷化解在基层，消灭在萌芽状态；

不断强化社区矫正服刑人员的严矫严控，促进了社区矫正工作依法规范化稳步推进；大力整合公证、律师、法律援助、人民调解职能，率先在全省建成了县级法律服务中心，为群众提供了便捷、高效的法律服务，为建设平安泽州、和谐泽州、法治泽州做出了积极的贡献。局长：靳安印。

### 法治宣传

以法治文化建设为引领，充分发挥广播电台“法进农家”、泽州普法微信公众号平台和泽州司法行政网站三个法治文化宣传阵地作用，以案说法，为百姓解疑释惑。抓住消费者权益保护日、禁毒日、环境保护日、“12·4”全国法制宣传日等重要节点开展法制宣传教育。在此基础上，大力开展法治文化广场、法治文化一条街、法治文化大院、法治文化小区创建活动，先后在北义城、高都泊南、南村原家村建设了法治文化一条街，在周村、北义城、山河、川底等乡镇建设了法治文化广场，在南村四季花城、原家村等建设了法治文化小区，在高都北上矿等村建设了法治文化大院，在南村中学、泊南中学建设了校园法治文化长廊，在晋阳公路、周犁公路、晋张公路沿线制作了永久性大型法治宣传版面等。点、线、面结合，立体化推进，全县法治文化建设呈现出蓬勃发展的良好态势。在省、市“六五”普法检查验收中，泽州县法治宣传工作得到检查验收组的一致好评。

### 人民调解

为充分发挥人民调解的基础作用，进一步整合调解资源，全面加强县、乡、村三级调解中心建设，完成了县、乡（镇）两级社会矛盾纠纷调解中心的规范化建设任务，在105个重点村建成了规范化的村级调解中心。同时，加强对公安、卫生、劳动社会保障等行业性、专业性调委会的指导，依法及时化解行业、专业领域的矛盾纠纷。在构建大调解网络的基础上，制定出台了《泽州县矛盾纠纷调解中心工作规范》，实现了“调解四对接”：一是上下对接，即县矛盾纠纷调解中心和各乡镇矛盾纠纷调解中心对接；二是诉调对接，即县矛盾纠纷调解中心和县人民法院对接；三是政调对接，即县矛盾纠纷调解中心和县直各行政执法部门对接；四是访调对接，即县矛盾纠纷调解中心和县信访局对接。在全县逐步建立了人民调解、司法调解、行政调解有机衔接、相互协调的多元化矛盾纠纷解决机制，最大限度地发挥了人民调解的基础作用。2015年，全县共调解各类矛盾纠纷998件，调解成功915件，调处成功率达92%。其中，乡镇矛盾纠纷调解中心调处142件，调解成功127件；县矛盾纠纷调解中心调处75件，调解成功52件；一村一法律顾问调处133件，极大维护了社会和谐稳定。

### 社区矫正

社区矫正坚持日常管理与重点监督相结合，思想教育与劳动改造相结合，行为矫正与心理矫治相结合，严格按照相关法律法规要求，对拟实行社区矫正的每一个对象，进行调查评估，确定是否对其实行社区矫正。根据矫正对象的犯罪刑种、心理类型、现实表现、认罪态度以及家庭状况等因素制定矫正方案，因人施矫。按照犯罪类型和评估结果，将社区服刑人员分为重点类、普通类和稳定类三类，针对不同类别，分类管理，实行不同的教育监管措施。对重点服刑人员实行重点监管，对主观恶性小、重新犯罪可能性不大普通类的实行一般监管，对稳定类的服刑人员，实行宽松管理。此外，还同矫正监管人员签订社区矫正监管书，发挥每个监管人的作用，强化他们的教育矫治责任。按照制度化、规范化的要求，严格执行定期报到制度、思想汇报制度、公益劳动制度、集中学习制度、外出请销假和迁居制度等各项规定制度。为每一名社区服刑人员建立了工作档案和执法档案，实行了全天候的手机定位监控和人像识别签到，确保了每个社区服刑人员始终置于监督之下。在此基础上，开展“一帮一”、“多帮一”教育帮扶活动，对他们进行社会适应性帮扶，为他们顺利回归、融入社会奠定基础。2015年，接收社区矫正服刑人员122人，解除矫正146人，其中，特赦3人，社区矫正服刑人员191人。

## 安置帮教

以确保刑满释放人员不脱管、不漏管、不失控为目标，充分发挥过渡性安置帮教基地的作用，对无业可就、无家可回、无亲可投的“三无”刑满释放人员进行妥善安置；对生活困难的人员，坚持以人为本，适时关怀帮教，时常让他们感受到党和政府的温暖；对重点人员实行重点时段和敏感时期重点监控，确保辖区内刑满释放人员始终掌控在视线范围之内，确保了不脱管、不漏管、不失控。

## 律师工作

按照省委《关于加强公共法律服务体系建设实施意见》的要求，以解决群众打官司难为突破口，大力开展“一村一法律顾问”全覆盖工作。从24个律师事务所选调了120余名执业律师，在金村镇进行先行试点后全面铺开。为确保这一工作高起点起步，高效率推进、规范化运行，结合泽州实际，把120名律师组成17个乡镇法律顾问团，下设了办公室。团长、副团长、办公室主任分别由各乡镇分管政法工作的领导和司法所所长担任，律师顾问村（居）责任到人，逐乡逐镇举行对接仪式，进行面对面对接，并当场签订聘用协议，颁发聘书。同时，在有条件的71个行政村建立了法律顾问工作室。为全县600多个政村统一制作了律师公示牌和一村一法律顾问宣传版面，不仅使群众家喻户晓，又便于群众咨询和监督。此外，为每一名律师印制了一村一法律顾问工作日志，为各乡（镇）、村制作了工作台账、工作联系手册等。实行了工作月报制度、定期限时服务制度、考核考评等制度，制定出台了《村居法律顾问工作考核暂行办法》，实行村居法律顾问工作情况月报，严格规范“一村一法律顾问”工作的开展。“一村一法律顾问”工作开展7各月以来，全县顾问律师共开展法制宣传活动620余次，发放宣传资料1.8万份，设置宣传展板600块，接受群众各种法律咨询1980人次，参与调解各类矛盾纠纷168起，代理诉讼65起，代理法律援助10

起，为村集体和群众提处法律意见、建议1527条。

### 公证工作

公证工作牢牢把握维护和增强公证公信力这一核心，改进作风，提高效能，依法办事，主动参与，积极为全县项目落地、企业改制、房屋拆迁、土地拍卖、重大工程招投标等提供服务。通过减免办理小额公证事项的公证费，让群众直接得到看得见、摸得着的实惠。2015年，共办理各类公证事项561件(包括法律援助124件)，公证收费10万余元，减免小额公证事项的公证费2.5万元。为困难群众减免收费3万余元，为老弱病残及困难群众上门办理公证50余件，为全面完成年度工作任务奠定了良好的基础。

### 法律援助

法律援助工作认真贯彻落实中办、国办《关于完善法律援助制度的意见》，降低援助门槛，拓宽援助渠道，扩大援助范围，简化办理程序，提高服务质量，主动开展法律援助便民利民惠民活动，确保了困难群众求助有门、受助及时。2015年，办理各类法律援助149件，接待来信来访1600余人次。

# 民主党派与工商联

## 民革泽州县委员会

晋城市郊区于1989年6月2日正式建立中国国民党革命委员会支部，1996年8月改为泽州县支部。成立之初由刘师达任主委。1994年11月，民革晋城郊区支部通过换届，由吴小红担任主委。撤区建县后，2001年6月进行换届，吴小红任名誉主委，贾祥瑞任主委。2008年12月，支部又进行换届，贾祥瑞连任主委。2008年年底，该支部有成员16人，具有大专以上文化12人，中高级职称11人。2015年有成员20人。

## 民盟泽州县委员会

1999年4月泽州县成立中国民主同盟小组，盟员有4名，分布在文化、教育、医疗卫生部门。2000年12月28日，民盟泽州县支部成立。翟国新任支部主委。成立时有成员6人。2008年12月，该支部进行换届，翟国新连任主委，2015年有成员26人。

## 民建泽州县委员会

中国民主建国会泽州县支部于2001年6月7日成立。郭荣林任支部主委。2008年12月，该支部进行换届，郭荣林连任主委。支部成员由成立之初的8人发展到2009年的17人。2015年有成员25人。

## 民进泽州县委员会

中国民主促进会泽州县支部于1998年11月成立。王国亮任支部主委。2005年5月12日进行换届选举，李卫国为主委。2015年有成员 22 人。

## 农工党泽州县委员会

中国农工民主党晋城市郊区支部于 1995 年 6 月 18 日成立，潘奇任主委。1996 年 8 月，撤区建县后改名为农工党泽州县支部。2001 年 6 月 12 日，进行换届选举，李全林担任主委。2008 年底支部进行换届，李全林连任主委。2015 年有成员 36 人。

## 九三学社泽州县委员会

九三学社泽州县支社于 1996 年 11 月 26 日成立，金跃德任主委。成立之初有 9 人。2001 年进行换届选举，张世民任主委。2008 年年底支部进行换届，邱武魁任主委。2009 年年有支社成员 15 人。2015 年有成员 28 人。

## 泽州县工商业联合会

### 参政议政

在 2015 年市、县“两会”期间，工商联界别的委员们踊跃发言，建言献策，充分显示了民营企业家关心政治、关心社会、关心发展的良好愿望，提出关系社情民意的议案 20 份，提案 26 份。

### 自身建设

2015 年，建立健全了各项规章制度，采取多种形式，认真组织全体工作人员对党的方针、政策、法律法规进行学习，不断提高机关干部的政策理论水平和业务能力。

### 商会建设

全县 17 个乡镇全部建立了商会，基层商会组建率达到 100%，实现了基层商会全覆盖，完善了组织网络，提升了乡镇商会的凝聚力、战斗力，提高了工作效率和水平。

### 交流合作

与市五金商会、河南商会和安徽商会建立友好合作，外出河南济源等地参观学习，搭建了招商引资交流平台。

### 银企合作

工商联牵头，多部门合作，构建助保金业务平台，先后与建设银行和晋城银行推出了“助保金”和“聚力贷”融资贷款业务。6 月和 11 月两次召开“银企对接”座谈会，集中解决了业务开展中出现的新问题。

### 法律服务

工商联成立了民营企业服务中心，下设法律维权中心和投资咨询中心，解决民营企业生产生活中的问题，全方位为企服务。

### 人才招聘与助学活动

开展“光彩爱心助学圆梦”活动，积极引导广大非公经济人士承担社会责任，热心公益事业，第一期为南岭爱物中学 15 名在读的家庭困难的中、小学生捐助 7500 元。

### 信息平台建设

成立了工商联网站，设立了工作信息、经济信息、光彩事业、政策法规、会员企业等六大版块，还设立了会长信箱，便于工商联与会员的网上信息的沟通交流，为会员提供全方位服务的新领域。

### 慈善公益活动

“百企助百村，共建新农村”“新晋商千企联千户感恩行动”“科普惠三老”是近几年工商联持续开展的致富思源回馈社会的几项亮点工程。目的是引导广大非公有制经济人士致富思源，富而思进，感恩回报社会。

# 社会团体

## 泽州县总工会

### 概述

2015年，泽州县总工会紧紧围绕“四个全面战略”部局，认真贯彻中共十八大和十八届三中、四中、五中全会精神，深入学习贯彻习近平总书记系列重要讲话精神，特别是关于工人阶级和工会工作的重要论述，认真落实中央和省、市党的群团工作会议精神，保持和增强政治性、先进性、群众性，适应经济发展新常态新要求，积极探索做好新形势下职工群众工作的思路和途径。围绕中心，服务大局，转变作风，深入基层聚焦主业、积极作为。以开展“组织建设年”为抓手，推动劳动竞赛、工资协商、厂务公开、劳动保护、帮扶工程等各项工作取得新成效，团结动员广大职工为全县经济社会发展做出新贡献。主席：马培林（兼），常务副主席：李建保。

### 经济技术工作

2015年，县总工会紧紧以“当好主力军、建功十二五”为主题，以创建“工人先锋号”为载体，各级工会团结动员广大职工，立足岗位创先争优，为推动争先转型跨越发展再立新功。在煤炭企业开展安全生产技能大赛，在冶铸行业开展提档升级劳动竞赛，在重点工程项目开展“七比一创”立功竞赛，在窗口单位开展优质服务竞赛，教育系统开展教学技能竞赛，努力打造劳动竞赛品牌，提升建功立业水平。着力抓好重点产业、重点行业和新型农业劳动竞赛，进一步扩大劳动竞赛向非公企业、非煤产业、现代农业拓展，进一步扩大劳动竞赛覆盖面，参赛单位达86%，参赛职工达4.3万人。2015年，泽州县刘华丽、郭明宇、马伟太受到省五一劳动表彰。把创建“工人先锋号”活动与创建“五型班组”竞赛活动相结合，县医院普通外科等5个班组荣获“晋城市工人先锋号”称号。“工人先锋号”成为工会引领广大职工建功立业的一面鲜艳旗帜。在元旦、春节期间对泽州县全国、省、市困难劳模进行了慰问并送去“三金”，累计发放慰问金、生活困难补助金2.2万元。

开展创建“劳模创新工作室”活动。据不完全统计，全县162家工业企业，2万多名职工参加了“五小竞赛”。全面掀起“小发明、小创造、小革新、小设计、小建议”竞赛活动热潮。共申报“五小”竞赛活动优秀项目67项，创造经济效益达1100余万元。山西彤康食品有限公司、泽州县金秋铸造有限公司荣获省级五小竞赛优秀成果二等奖，项目带头人荣记个人一等功。山西山水合聚集团荣获市级五小竞赛优秀成果一等奖，项目带头人荣记市五一劳动奖章；山西彤康食品有限公司荣获市级五小竞赛优秀成果二等奖，项目带头人荣记个人一等功。泽州县金秋铸造有限公司荣获市级五小竞赛优秀成果三等奖，项目带头人荣记个人二等功。2015年，泽州县在山西彤康食品有限公司、泽州县金秋铸造有限公司积极开展“劳模创新工作室”活动，并按照市总工会下发的申报要求和考核验收标准，逐项进行落实，至2015年年底，两家劳模创新工作室已通过市总工会的验收。

## 法律和集体合同工作

2015年，县总工会开展了以“完善制度、依法推进，巩固建制、提高质量”为主题，以区域性、行业性、非公企业和小微企业为重点的“平等协商月”活动，依法推动企业尤其是非公企业普遍建立工资集体协商制度，有效地维护职工合法权益。截至2015年年底，全县新签、续签集体合同60份、工资集体合同136份，总签约数均达196份，覆盖企业150家，覆盖职工33203人，签约率达100%。协助政府有关部门，积极做好“追薪维权”行动。县总工会叫响“农民工有困难找工会，拿不到工资找工会”专项维权行动，与县人社局、公安局等11个部门联合开展了农民工工资支付专项检查。建立了农民工讨薪应急救助周转专项资金，设立了接访办公室并安排专人24小时值班，共受理有效案件5起，涉及农民工200余人，工资270余万元，解决拖欠工资金额150万元，确保了此次检查取得实效。进一步建立健全了规章制度，规范了劳动用工行为，从源头上扼制了侵害劳动者的合法权益行为的发生，从而有效地维护了劳动者的合法权益。

## 劳动保护工作

2015年，劳动保护工作以实施“安康工程”为重点，紧紧围绕全县安全生产多大局，充分发挥工会组织优势，切实维护好职工劳动安全卫生权利，促进了泽州县安全生产形势的稳定。2015年，参与验收煤矿8个，提出整改意见20余条，责令其限期进行整改，有效地维护了企业的安全稳定。广泛开展安全生产月活动。县总工会以“安全生产月”活动为载体，悬挂“强化红线意识，促进安全发展”的安全标语，印制《安全生产知识问答》1万余册，发放到广大职工群众的手中，组织3500余名矿工参加了市总工会组织的安全生产、职业卫生知识竞赛答题。与县煤炭工业局、煤炭协会联合举办了煤炭职工安全知识竞赛，16支代表队参加比赛。并积极组队参加市总组织的煤炭、化工行业知识竞赛活动，全县共有198家企业的2.3万余名职工参与到“安全生产月”活动中来，增强了职工的安全生产意识，营造了良好的安全宣传氛围。扎实开展“星级井口群众安全工作站”活动。组织50余名群监员参加了市总工会组织的群监员培训。对天泰和瑞煤业进口工作站进行了考核验收。

## 表彰活动

（一）泽州县总工会三届五次全委会表彰单位：

2015年，全县各级工会深入学习贯彻习近平总书记系列讲话精神和中央、省、市、县委党的群团工作会议精神，认真贯彻中共十八大，十八届三中、四中、五中全会和中国工会十六大精神，坚定不移走中国特色社会主义工会发展道路，紧紧围绕县委中心工作，振奋精神，履职尽责，扎实工作，广泛开展“五小”竞赛活动，创建“六有”工会，努力发展和谐劳动关系，切实维护职工合法权益，工会各项工作取得显著成绩，涌现出一大批先进单位。为树立典型，弘扬先进，推动工作，县总工会在三届五次全委会议上授予南村镇总工会等10个单位“模范单位”称号；授予珏山旅游开发有限责任公司工会委员会等10个单位“先进单位”称号。

2015年度模范单位、先进单位表彰名单

模范单位：(10)

南村镇总工会

川底乡总工会

高都镇总工会

周村镇总工会

泽州县天泰坤达煤业有限公司工会委员会

泽州县天泰和瑞煤业有限公司工会委员会

晋城山水合聚水泥有限公司工会委员会

晋城市兴达铸件有限公司工会委员会

泽州县机关工会委员会

泽州县畜牧局工会委员会

先进单位：(10)

珏山旅游开发有限责任公司工会委员会

泽州县金秋铸造有限公司工会委员会

泽州县海天实业有限公司工会委员会

晋城市三鑫祥达洗业有限公司工会委员会

泽州县供销联社工会委员会

泽州县商业总公司工会委员会

泽州县卫生和计划生育局工会委员会

泽州县环境保护局工会委员会

泽州县妇幼保健院工会委员会

泽州县教育局工会委员会

（二）五一表彰大会表彰：

五个工人先锋号：

山西晋煤集团泽州天安高都煤业采煤一班

泽州县南村镇宏伍铸造造型车间

泽州天泰和瑞煤业有限公司机电队

泽州县医院普通外科

泽州移动公司南村“日出东方”班组

（三）泽州县总工会荣誉：

2015年3月，被晋城市总工会授予泽州县总工会“晋城市先进县（市、区）总工会”

2015年6月，荣获2015年度《工会信息》发行先进奖。

2015年8月，在晋城市职工法律知识竞赛（第二场）中获第三名。

2015年9月，在晋城市第3届职工运动会毽球比赛中获第一名(县市区集团组)。

2015年9月，在晋城市第3届职工运动会羽毛球团体比赛中获第一名(县市区集团组)。

2015年9月，在晋城市第3届职工运动会太极拳比赛中获第一名(县市区集团组)。

2015年9月，在晋城市第3届职工运动会台球比赛中获第二名(县市区集团组)。

2015年9月，在晋城市第3届职工运动会中国象棋团体比赛中获第三名(县市区集团组)。

2015年9月，在晋城市第3届职工运动会乒乓球男团比赛中获第四名(县市区集团组)。

2015年9月，在晋城市第3届职工运动会乒乓球女团比赛中获第四名(县市区集团组)。

2015年9月，在晋城市第3届职工运动会围棋团体比赛中获第四名(县市区集团组)。

2015年9月，在晋城市第3届职工运动会男子篮球比赛中获第六名(县市区集团组)。

2015年9月，在晋城市第3届职工运动会中获最佳组织奖。

2015年9月，在泽州县2015年“迎国庆”职工运动会羽毛球比赛中获优秀组织奖。

2015年11月，被晋城市精神文明建设指导委员会授予“晋城市文明单位”称号。

## 厂务公开

2015年县总工会继续以在各类企业普遍建立职代会制度、普遍推行厂务公开制度为目标，以教育系统、卫生系统、和非公企业为重点，推进全县厂务公开、民主管理工作规范提质。全县国有、集体企事业单位已经全部建立了厂务公开职工代表大会制度，建制率达100%，规范率达95%。其中，事业单位83个，涵盖职工8312人。国有、集体企业54家，涵盖职工11730人。非公企业247家。已建立厂务公开制度的有210家，建制率达85%。其中，规模以上的非公企业20家，涵盖职工15760人；规模以下的非公企业227家，涵盖职工5317人。区域、行业性厂务公开职工(代表)大会制度建制面逐步拓宽，目前全县已有4个区域和行业建立了职工(代表)大会制度，运转模式正逐步规范。

## 生活保障工作

2015年，生活保障工作继续贯彻“以人为本、改善民生”的工作要求，想职工所想、急职工所急、帮职工所需，不断加大帮扶力度、扩大帮扶范围，创新帮扶举措，积极发挥了工会在维护社会稳定中的重要作用。

送温暖活动成效显著。县总在全县大力开展了“心系职工情、温暖进万家”为主题的“两节”送温暖活动。重点慰问工伤农民工和因病致贫的特困职工，“两节”期间共慰问困难职工1974人，发放慰问金150万元，其中，县总工会慰问困难企业90家，困难职工852人，发放慰问金90万元；各基层工会筹集资金60万元，慰问困难职工1122人。

深入开展送清凉活动。筹集2万元购买白糖、绿豆等防暑物品，走访泽州县南村镇环卫队和民营企业金秋铸造有限公司等企业，亲切看望和慰问在酷暑高温下作业的农民工。

继续发放小额小借款。为商业公司2名下岗职工发放小额借款0.8万元，截至目前累计发放小额借款37.8万元，受益职工122人次。

不断加大金秋助学力度。为103名考上大

学的困难职工子女发放36.4万元助学金，同时向省总工会推荐1名，领到助学金5000元；向市总工会推荐4名，每人领到市总助学金6000元。使他们能够顺利进入大学校门圆满完成学业，减轻了家庭负担，解决了职工的后顾之忧。

大力开展职工大病医疗互助活动。解决职工看病难、看病贵、有病不敢看的问题，至2015年年底，已进行到第九期，共收到21226名职工的互助金1057670元。第七期职工大病医疗互助补偿工作已结束，全县共有460名患病职工接受了补偿，补偿总金额1348585元。

养老救助再创佳绩。对未参加养老保险的困难企业退休职工实行了养老救助，在县政府的大力支持下，为349名困难退休职工发放救助资金130万元。

## 自身建设

一是认真落实"两个责任"。建立健全党风廉政建设主体责任制，坚持"一岗双责"，把党风廉政建设和反腐败工作与其他工作同部署、同落实、同考核。二是加强迟到早退、串岗闲聊、工作期间玩游戏、接待职工群众不热情等问题的监督检查，加大追责力度。三是严格执行中央"八项规定"精神。节日期间不收不送礼品，严格遵守办公场所使用面积、不准公车私用，倡导"光盘族"，树立工会干部良好形象。加强制度建设，进一步健全完善了《工作制度》《学习制度》《会议制度》等18项规章制度，加大了制度的落实力度，使制度真正发挥有效作用。

县总工会坚持中心工作与业务工作两手抓，两不误，各部室协调配合，在开展走基层、转作风、促工作大宣传大调研活动的同时，丝毫不放松维权、帮扶、组建、经审等各项工作。经审工作不断加强，对年度经费预、决算和送温暖等专项资金进行了审查，确保工会经费用在实处。财务工作进一步规范，坚持服务重点工作、服务基层、服务职工的原则，不断完善工会资产监督管理制度，保证工会各项资金的规范管理和使用。工会法人资格办理全部实现微机动态化管理。加强党风廉政建设，认真贯彻党风廉政建设责任制，严格落实中央"八项规定"，整肃工作纪律，为全面完成各项工作任务提供了有力的组织纪律保证。

## 组织建设

（一）基本情况。至2015年年底，全县共有基层工会组织490个，职工（会员）76411人；女职工委员会106个，女职工14530人。其中，机关事业单位147个，职工会员13449人；国有、集体企业57个，职工会员11966人；非公企业269个，职工20116人，灵活就业人员联合会17个，覆盖职工30880人。全县200人以上企业35家，正常生产企业建会率和职工入会率均达100%。县总工会于2012年在全县第三届工会代表大会上完成换届任务。至2015年年底，班子共4名成员，主席由马培林担任。常务副主席李建保兼支部书记，副主席韩晋琴（女）兼任女工委员会主任、卫海青兼任经审委主任。班子成员年龄均在50岁以上。县总机关设有办公室、组宣女工部、财务保障部、法工经济部和帮扶中心共5个工作部门，工作人员28名（含班子）。县总工会先后被全国总工会授予"全国新建企业工会组建工作先进单位"和"全国工会女职工工作先进单位"称号，被省总工会授予“模范县工会”称号，被省劳动竞赛委员会授予“山西省五一劳动奖状”，连续五年被县委、县政府授予“发展环境创优杯”金杯奖。

（二）基层工会工作现状。乡镇工会：泽州县共17个乡镇工会，其中9个经济相对发达、产业和职工相对密集的乡镇建立了总工会（代表制），8个乡镇工会联合会（联合制）。乡镇工会中2015年年底有4个专职工会主席，其他13名主席原则上由乡镇党委副书记兼任。乡镇没有专职工会干部。为进一步抓好乡镇工会工作，自2003年起，在乡镇试行选聘部分机关人员兼职工会协理员，以协助工会主席开展工作。2015年年底共有协理员24名，每家乡镇工会至少一名，由县总工会发放补助。2015年，又为南村、金村、川底3个乡镇配备公益性岗位3名。工会联合会：全县2015年年底，共有5家区域（行业）工会联合会。其中，川底乡小型非公企业工会联合会成立于2011年，覆盖14家小型非公企业，职工528人。该联合会是全县首家区域性非公企业工资集体协商工作试点，代表川底乡14家企业的528名农民工与该乡企业代表进行协商，形成了川底乡区域性非公企业工资集体协议书，受到广大职工好评。

在享有“铸造之乡”美誉的南村镇，建成南马匠、晋阳、太洛三3个铸造行业工会联合会，共覆盖铸造企业39个，职工5100人。下大功夫组织3个联合会开展了行业性工资集体协商，最终出台了《南村镇铸造企业日计件工资指导标准》，解决了广大农民工反应最强烈的“同工不同酬”问题。

金村镇商贸联合基层工会，成立于2008年，覆盖全镇商贸店铺较集中的金村、霍秀、水东和崔庄村4个村、573名会员，主要为会员提供信访接待、法律援助、生活救助和维权服务。

### 企业工会

57个国有、集体企业工会是全县基层工会中的中流砥柱，共覆盖法人单位137个，职工会员11966人。大多数工会主席实现了同级副职高配，其中，有专职工会主席10个，专职副主席14个，专职干部27个，有兼职工会主席47个，兼职副主席421个，兼职工会干部134个。这些企业工会一直是泽州县基层工会规范化建设的领头雁，普遍组织机构健全、机制制度健全、换届选举规范，达到工会“六有”标准，能规范开展“会员评家”，在星级工会创建活动中，全部达三星级以上，其中，五星级2家，四星级10家，三星级45家。

非公企业工会共269个，覆盖法人单位281个，职工20116人。非公企业工会规范化建设相对薄弱，大多由行政副职兼任工会主席，工会干部多是办公室干事兼职，实现工会主席直选和按规定换届的达70%，达“六有”工会标准的占到80%。在星级工会创建中，三星级以上的企业达203家，其他为二星级以下。

## 共青团泽州县委员会

### 概述

2015年，泽州共青团县委在县委、县政府和团市委的正确领导下，深入学习贯彻中共十八大，十八届三中、四中、五中全会精神和习近平总书记系列重要讲话精神，紧紧围绕全县“1941”年度工作重点，适应新常态，把握主基调，唱响社会主义核心价值观的主旋律，锤炼共青团干部的好作风，坚持思想领团、事业兴团、服务立团、基础强团，团结带领广大团员青年在全面深化改革进程中创新创业创优，各项工作取得了新进展新成效。书记：陈潇潇。

## 青少年思想工作

强化青少年思想教育。“五四”青年节之际，在全县青年团员中深入开展“青眼看泽州聚焦正能量”青年手机摄影大赛，通过青年拍、拍泽州，描绘了泽州日新月异的变化，展示了泽州人民共圆中华民族伟大复兴的“中国梦”，弘扬社会主旋律，聚焦青春正能量。在全县中小学开展了“缅怀先烈弘扬中国传统文化”主题教育活动，进一步激发了少年儿童热爱祖国的火热情怀。举办了“纪念抗日战争胜利70周年宣讲会”，邀请老红军为学生们讲解七七事变后老百姓水深火热的生活和日军在侵华战争中的血腥屠杀，进一步激发了同学们的爱国热情。

强化青少年主题教育。深化“奋斗青春最美丽”“红领巾相约中国梦”等系列活动，围绕建市三十周年开展“寻访先进”活动，激励青少年敢于有梦、勇于有梦、勤于圆梦。开展了“红领巾相约中国梦”少先队主题实践活动20余场，帮助青少年加深对中国特色社会主义的认知和认同。5月14日，“弘扬价值观唱响中国梦”泽州县大型感恩励志教育走进校园活动在周村镇中学启动，并在全县中小学校开展“弘扬价值观唱响中国梦”大型感恩演讲活动10余场，通过活动增强了学生的爱国意识，在校园传播积极正义地人生价值观，倡导学生努力拼搏实现梦想。

强化青少年文化生活。“五四”期间以富有时代特色的青少年文化专题活动和节庆活动为载体，各乡镇团委纷纷开展趣味运动会、拓展训练等一系列丰富的文化活动，极大的增强了青年团员的团队意识，提升了团组织的吸引力和凝聚力。“六一”前夕，全县各少先队组织开展举办各类主题文艺活动，极大的丰富了青少年的校园文化生活。李寨中学学生夺得2015年亚太区青少年科技创新大赛中国区选拔赛第一名的好成绩，是山西省唯一获此殊荣的学生。

## 服务社会

强化青少年帮扶格局。拓展关爱行动服务领域和内容，深化共青团关爱农民工子女、农村留守儿童志愿结对帮扶等公益行动。“六一节”前夕。团县委深入晋庙铺镇天井关小学开展“关爱留守儿童”捐赠活动，捐赠书包、篮球等文化体育用品价值万余元。6月，组织青年志愿者到高都镇大兴幼儿园开展“爱心助学”活动，为30余名留守儿童送去了书包和文具用品价值万余元。8月，晋城市青联泽州工作站、泽州青联发起“圆梦行动爱心助学”行动，资助贫困大学生7名，资助金额35000元，使更多的莘莘学子走进大学校园，助推他们完成人生梦想。12月25日，团县委开展“关爱留守儿童——泽州青年在行动”爱心捐赠仪式，为大东沟镇贺坡村小学师生捐赠书包、保温水壶等生活学习用品价值5000余元。

强化志愿服务模式创新。3月5日，团县委发起“当雷锋日遇上元宵节”关爱活动，大阳、高都团员青年志愿者们前往敬老院，为老人煮汤圆，和老人们欢欢喜喜迎接元宵佳节。5月14日，组织青年志愿服务队深入帮扶村柳树口镇东石瓮村宣传消毒防疫，引导村民增强讲卫生、讲文明观念，改变陈规陋习，发放宣传资料千余份。10月初，在全县开展团员成为注册青年志愿者工作，共有4800名团员成为注册青年志愿者。

## 组织建设

强化团的有效覆盖面。坚持以服务青年为着力点，以促进青年成长成才为目标，强化团组织的有效覆盖面。新建了山西太行明珠生物科技有限公司、晋城市晋美香山农业开发有限公司等非公团组织17个，成立新社会组织团组织2个，有效覆盖青年万余人。建立泽州县少年法庭、泽州县红高粱艺术团等5个青少年综合服务平台，有效推动泽州县团的组织网络、工作力量、服务项目在青少年身边实现有形化、日常化。

强化团干部队伍建设。3月底，团县委召开了2015年度工作会，会议安排部署了共青团、少工委2015年工作，对2014年度共青团、少先队工作中涌现出的先进集体和个人进行表彰。为落实全面治党要求，大力推进从严治团，根据全团统一部署，团县委于4月至12月在全县开展“团干部如何健康成长”大讨论活动，并结合我县实际情况，制定了《关于在全县团干部中开展“团干部如何健康成长”大讨论活动的方案》，以机关干部和专职团干部为重点，兼职团干部广泛参与，坚持正面教育，强化问题导向，突出实践特色，克服机关化娱乐化倾向，让广大团干部树立正确的成长观，着力打造让党放心、让青年满意的团干部队伍，以作风建设的新成效推动全县共青团事业创新发展。5月4日，泽州团县委组织乡镇、学校团委书记，部分县直单位团组织负责人，来到周村镇石淙头村，重温入团誓词。11月底，团县委举办全县基层团干部深入学习中共十八届五中全会精神专题培训，邀请了县委党校讲师、县宣讲团成员史云云老师做十八届五中全会精神解读。12月15日，团县委举办了全县基层团干部深入学习中央、省委、市委党的群团工作会议精神主题读书班，通过此次学习，不断提高泽州县基层团干部政治理论素养和业务能力水平，使广大团干部进一步认清当前形势，把握发展大局，不断提高自身综合素质，增强带领团员青年服务党政、服务青年、服务社会的能力，有效推动泽州共青团事业稳步发展，在泽州经济社会发展中作出更加出色的成绩。

强化新媒体宣传工作。形成以微博、微信、QQ群相结合的网络体系，基本实现青年参与新媒体和新媒体团组织建设的“两个”全覆盖。利用当前青年热衷的沟通手段，基本构建完成以“泽州新青年”微信平台为基础，新浪官方微博及腾讯官方微信微博为主体，泽州团委工作群等团干信息群为阵地的网络体系，基本实现青年参与新媒体的全覆盖。12月底，团县委邀请晋城网技术总监霍建龙为全县基层团干讲授新媒体课程，全面加强团属新媒体阵地建设。全方位宣传共青团工作职能及动态、青年干部思想作风建设等内容，推出《泽青学习》专栏，团县委通过分期发送《中华人民共和国安全生产法》相关内容，组织全县广大团员青年认真学习，坚持“安全生产青年当先”的理念，充分发挥好安全生产先锋模范作用。在纪念抗日战争胜利70周年之际，推出《泽青追忆》专栏，讲述泽州英雄儿女的浩然正气、自强不息的英勇事迹，让泽州青年踏着英雄的足迹，追忆他们、祭奠他们、记住他们、感受他们、传承他们，为实现中华民族伟大复兴而奋勇前进！

## 就业创业

强化青年就业创业帮扶。加强与农信社、邮储银行等金融机构的合作，共完成农信社农村青年创业小额贷款258笔，为258名农村青年提供创业资金2101.1万元，带动就业383人，扶持农业专业合作社10个。完成邮储银行农村青年创业小额贷款17笔，为17名农村青年提供创业资金76万元，带动就业36人。积极开展与人社局等部门合作，共开展SIYB培训17期，515名农村青年参加培训。完成青年就业创业见习50人。

强化青年就业创业带动。联合县中小企业局、广播电视台等单位开展泽州县“青春聚力扬帆泽州”青年创业报告会，选树12名在全县经济社会发展中自主创业、自强不息、服务人民、奉献社会的青年创业典型，开展巡回报告会4场，激发农村青年创业创新热情。在此基础上，5月，成立了晋城市第一个青年商会——泽州县青年企业商会，进一步增强泽州县企业的凝聚力，塑造县青年企业家的良好形象，更为泽州广大青年和青年企业家们提供了干事创业的广阔舞台。为深入推进泽州县“百县千乡”分类示范创建活动，有效的加强基层服务型团组织建设，12月15日，团县委召开了“百县千乡”分类示范创建活动工作述评会，部分乡镇团委书记结合分类示范创建述评标准就团建总体工作及团建创新项目进行述职发言。

强化青年创业体系建设。7月，联合泽州县人力资源和社会保障局、泽州县中小企业局、泽州县广播电视台等部门举办了泽州县青年创业大赛。对评选出的50个优秀青年创业项目按照青年创业典型项目、青年创业小微项目、青年创业创新项目三类进行5万元、2万元、8万元的资金支持。通过搭建青年创业项目展示平台、资源对接平台和孵化平台，优化青年创业环境等有效引导，提高青年创业成功率，培育一批具有较强技术开发和市场开拓能力、创新精神的青年创业人才，促进青年创业就业服务体系建设。

## 权益维护

强化重点青少年管理。扎实开展重点青少年群体专项工作，出台《泽州县重点青少年群体服务管理和预防犯罪工作实施方案》，召开预防青少年违法犯罪专项组会议3场，开展重点青少年群体摸底调研工作，完成重点青少年群体系统录入，撰写调研报告1篇，社情民意2篇，进一步推进泽州县青少年社会管理创新。还着力推行青少年道德赋能和英语教育项目，依托泽州县新园赋能发展中心建立泽州县青少年事务社会工作服务站，通过和农村留守儿童开展志愿帮扶、社会实践、英语教育等各类有益的活动方式，给孩子们一种快乐的学习方法、一种正确的人生理念、一个认识社会的有效平台。

强化青少年法律保障。3月26日，在全县科技文化卫生“三下乡”宣传活动和志愿服务活动中，团县委集中发放关爱留守儿童、预防青少年违法发犯罪宣传资料千余份，学习用品百余份，受到了广大农村青少年普遍欢迎。举办“共青团与人大代表、政协委员面对面”活动2场，形成提案1篇，社情民意2篇。在泽州一中、巴公中学为高三毕业班学生举办“走出心态误区，自信应对高考”心理辅导讲座。同时，联合泽州法院在四所乡镇中学开展“法制进校园”法律知识讲座，并为学校学生送去了普法书籍。

## 泽州县妇女联合会

### 概述

2015年，县妇联在县委、县政府的正确领导下，深入学习贯彻中共十八届四中、五中全会会议精神，以构建和谐泽州为主题，服从服务于全县工作大局，切实维护妇女儿童合法权益，促进男女平等，富有创造性地开展了一系列工作，为泽州县的经济和社会各项事业的发展做出了不懈的努力。主席：赵世静。

### 宣传活动

“三八”期间，举行“社会公德、职业道德、家庭美德”先进事迹报告会暨表彰会。大会向全县妇女发出了“弘扬社会正能量倡导文明新风尚”的倡议书；表彰了30名“社会公德、职业道德、家庭美德”模范；6位道德模范进行了先进事迹宣讲。

“六一”期间，县妇联、县妇儿工委办公室在凤城幼儿园举行“知法懂礼安全自护”绿丝带行动启动仪式，妇联主席赵世静宣读了《泽州县妇联绿丝带行动·护蕾行动宣言》，希望家长担负起保护孩子的家庭责任，加强监护意识；学校要传授安全防护知识，增强儿童自我保护意识；全社会要形成尊重生命、爱护儿童的良好氛围，让孩子远离伤害，营造安全、和谐、健康的成长环境。随后，妇儿工委成员单位相关负责人为学生赠送了书籍。

### “巾帼建功”行动

4月8日至12日，在高都大酒店保福分店举办巾帼创业就业（剪纸）技能培训，唐氏工艺制品有限公司经理唐兰兰进行了授课，全县60余名热爱剪纸艺术的妇女参加了培训，市文联主席、中国民间艺术家协会理事、市民间艺术家协会主席谢红俭亲临会场并进行了指导。

10月20日至24日，在大阳飞羽服装厂举办巾帼创业就业（针纺）技能培训，晋城森鹅服装厂车间主任采取灵活多样的授课方式，坚持理论教学与实践相结合，对来自各乡镇的48名妇女进行了培训。

### 巾帼维权行动

以科技文化卫生“三下乡”活动、“三八”维权周及每次培训、例会为契机，大力宣传和推动落实男女平等基本国策，举办送法律、送科技、送健康、送温暖“四送”活动，发放男女平等基本国策资料1万余份。

结合党的群众路线教育实践活动和“双学双严”警示教育月活动，下基层访农户，变办公室接访为入户下访，扎实做好基层维权服务工作。一年共接待来信来访61件，其中，婚姻家庭权益类案件53件，占信访总数86.9%；治病求助6起，生活困难求助2起。信访调处率98%；妇联人民陪审员参与审理的侵犯妇女儿童权益案件3件，结案满意率100%。

### 特色家庭活动

为培育和践行社会主义核心价值观，传递家庭美德正能量，在全县开展“寻找最美家庭”活动。机关、部队、女性团体、社会组织以及农村家庭中共涌现出了一批尊老敬老、夫妻和睦、科学教子、勤俭节约、邻里互助的“最美家庭”典范。经过逐级评选，30户家庭脱颖而出，成为县级“最美家庭”。水东中学教师王平、县妇幼院职工李洁、县通讯组徐晋芳等5个家庭被评选为晋城市“最美家庭”。

贯彻落实习近平总书记关于家风建设的系列重要讲话精神，8月21日，联合县书法协会在北义城镇举办“泽州县号召广大家庭悬挂家规家训活动启动仪式”，10名书画家、书法爱好者现场挥毫泼墨，并向现场群众赠送了家规家训书法作品。

以“为民、务实、清廉”主题，在全县党政机关及党员干部家庭中开展廉政文化进机关进家庭“六个一”主题活动，即开展一场读书思廉活动，举办一期反腐倡廉讲座，观看一出廉政剧目，进行一次廉洁警示教育，组织一场“好家风、好家训”故事会，签订一份廉政承诺书，切实加强廉政建设宣传教育，推动反腐倡廉宣教工作的认真落实。

### “巾帼关爱”行动

联合县卫生局、县人民医院在全县范围内上门开展“关爱女性送健康”活动，为全县女职工免费进行了子宫肌瘤、卵巢囊肿筛查。协助县妇幼保健院完成泽州县农村妇女宫颈癌检查项目，于4—11月为该县年龄在35~64岁的3500名农村妇女进行宫颈癌筛查。

“六一”期间，联合县妇幼院在柳树口小学和大箕中心小学开展儿童公益体检活动，并为孩子们送了彩笔、书包、护眼灯等学习和生活用品。“三八”前后，慰问了6名贫困妇女，为她们价格送上2000元的生活用品。

### 强基固本工程

8月28日，联合县委组织部开办“打造魅力女性、成就幸福人生”为主题的“女性文化学堂”，邀请魅力女性提升课堂创始人吴小茶为全县妇女干部讲授了关于美的探索及宝贵经验。10月，由晋城技师学院心理咨询师程广军以“阳光心态幸福生活”为主题进行了现场授课，县乡村三级妇联干部400余人参加了讲座。11月30日至12月2日，在泽州宾馆三楼会议室举办妇女干部能力素质提升培训班。聘请河南任建华、王茜老师对县、乡妇联干部、村妇代会主任、县直单位妇委会主任300余人进行了培训。培训内容包括《关于加强和改进党的群团工作的意见》、家庭教育的重要性、健康心态与快乐人生、沟通的艺术和技巧、女性礼仪与服饰妆容。

## 泽州县科学技术协会

### 概述

2015年，泽州县科学技术协会有学(协)7个，基地24个，乡镇科协17个，企业科协2个。宗旨是维护科技工作者的权益，竭诚为科技工作者服务；团结组织泽州县科技工作者，促进科学技术的繁荣和发展；促进科学技术的普及和推广；促进科技人才的成长和提高。主席：刘锦兰。

### 科普宣传

科协坚持弘扬科学精神、普及科学知识、传播科学思想、提倡科学方法，在“全国科普日”“科技之春”“科技活动周”“科普会员日”“学生科技月”期间进行了科普宣传活动，发放科普资料，进行科普咨询，并向民众发放《养生有道》《保护生态环境》《安全健康》《养殖技术知识问答》《我身边的科学知识》科普书籍等。为广大市民发放科普小册子、宣传资料6000余份、发放宣传彩页2000余份。

### 科普惠农

邀请、选派市、县高级畜牧师、高级农艺师为培训担任授课教员，在全县共举办培训20场次，受训人数将达到万余人次。组织指导县直学会对泽州县农技人员和种养大户开展经常性地继续教育和专业技术培训。建成科普惠农服务站7个，开办各种实业技术培训15次，培训农民1.6万人次。科普大篷车进农村12次，利用多媒体投影机、展板向广大农民普及科学知识，发放种养殖技术资料2000余份。会同县委宣传部、县科技局、县卫生局等单位开展“三下乡”活动，为农民发放科普宣传挂图1500余张，科普书籍600余本。

### 科普益民

开展“科普进社区”活动，为社区捐赠科技图书100余本，并帮助社区建设科普文化活动室。开展“创新发展、全民行动、关注健康、崇尚科学、破除迷信”宣传活动。聘请专家到社区开展健康知识讲座，提升居民科学素质水平。

### 科普强企

开办职业道德和技术培训班4场，企业受益人员800余人。积极响应中国科协、省科协和市科协的号召在全县中小企业中举办“讲创新、比贡献”竞赛活动。推荐了一批在“讲创新、比贡献”竞赛活动中涌现出来的优秀工程技术人员参加全市“十佳工程师”评选活动。

### 科普助教

邀请中科院老科学家科普报告团的专家到该县小学、中学开展“火星大揭密”“现代空中作战揭秘”“神秘的植物世界”等科普讲座，为全县师生带来科技盛宴。在晋城市青少年科技创新大赛上，该县学生获奖人数达76名，占到参赛人数的三分之一。在“学生科技月”“全国科普日活动”期间，开展科普大篷车进校园活动。利用多媒体投影机、展板向广大师生普及科学知识，发放《青少年安全科普知识》《安全健康》等科普读本1200余本。

## 组织建设

以基地、协会为落脚点，对基地、协会的技术人才进行了培训。组织协会、基地和科技工作者深入农村田间地头，围绕该县农业产业化进程，以科普讲座、实用技术培训、发放科普宣传资料等形式，深入开展了各项科普活动。新成立3个科普惠农服务站，进一步深化科普惠农兴村计划工作，延长科普惠农服务链条。

## 《全民科学素质纲要》落实

贯彻落实《全民科学素质纲要》，提升未成年人、农民、城镇劳动人口、领导干部和公务员、社区居民五大人员科学素质。

未成年人科学素质行动。在“学生科技月”和“全国科普日”活动期间，特邀请中国科学院老科学家科普讲师团的专家到泽州县小学、中学等15所学校，进行了“泽州科学大讲堂”进校园活动，共计50场次，受益人数达2万余人次。“中国流动科技馆泽州县巡展”活动正式启动，参观时间历时1个半月时间，4万余名学生、2万名机关干部及群众参观了流动科技馆，大大激发人们“学科学、爱科学、用科学”的热情。积极组织参加晋城市青少年科技创新大赛。在参赛的300件作品中，泽州县学生获奖人数达80名，占到参赛人数的1/3。开展创建“科普教育基地”学校活动。狠抓科学教师、辅导员队伍的培训，进一步提高了教育者的自身素质。狠抓科普示范学校创建。泽州一中、泽州县高级职业技术学校被评为市级科普教育基地。南村中学、巴公中学、大阳中学、川底中心小学被评为“泽州县科普教育基地”，李寨中学、晋普山学校被评为“泽州县科普特色学校”。

城镇劳动者科学素质行动。在文化广场开展了以“崇尚科学、破除迷信，保护环境、节能降耗”，安全生产，健康生活，关注生命等为主题的科普宣传活动，印发科普书籍5万册，接受咨询4.5万人次。开展“科普大篷车”活动。在企业、社区、文化广场播放科普影视片、科普知识片。科普大篷车活动进行了20场次，受益人数达5.2万人次。开展在岗人员技能培训、再教育和下岗失业人员的技能培训。全县有6万人参加了在岗培训和继续教育，占从业人员的83.3%。有2.6万人通过培训，实现了再就业。

农民科学素质行动。培训转移农村剩余劳动力1万人，农民素质教育培训1.2万人，100%乡镇干部、100%村干部、95%农民党员劳动力接受科技培训。全面实施惠农兴村、“一站一栏一员”工程。我县举办各类讲座200余场次，听课人数达3.6万人次；各类技术培训330场次，参训人数达7.2万人次；发放宣传资料12.5万份。各乡（镇）科普活动站开展活动达300余次，科普画板480期，组织县直涉农单位送科技知识下乡进村48次，直接受益群众达3万人次。创办各类科技科普示范点89个，面积11.2万亩，使4.2万劳动者掌握了1~2门实用技术，整体农民素质明显得到提高。

领导干部和公务员的科学素质行动。编制印发了全民科学素质科普知识读本《养生有道》和《我身边的科学知识》等书籍，以进一步提高机关干部和公务员素养。

社区居民的科学素质行动。在社区开展了“创新发展、全民行动、关注健康、崇尚科学、破除迷信”等科普宣传活动。特聘专家到社区进行科普讲座，让社区居民能听上科普课，能看上科教片，能学到日常生活中涉及到的科普知识，使居民科学素质得到不断提高。

## 泽州县文学艺术界联合会

2015年，泽州县文艺工作者深入贯彻习近平总书记《在文艺工作者座谈会上的讲话》精神，深入基层，深入生活，创作出了一大批讴歌时代，反映现实生活，并为广大群众喜闻乐见的作品。在省市级获奖的，共有文学作品9件，书法作品29件，美术作品11件，戏剧和曲艺作品3件，摄影作品25件。其中，代表性的文学作品有李小猫编撰的《晋城五千年》、牛宗夫的《回家的路》、徐军利的《盲叔的歌谣》，戏剧作品有县上党梆子剧团排演的《妈妈呀妈妈》，美术作品有张世民的《家家都在花丛中》、林红丹的《谁不说俺家乡好》。摄影作品有王晋铎《十八道弯》、赵海江的《周村东岳庙》、田伟红的《古庙戏曲》，书法作品有成珊珊的《自书告身帖》、李正业的《十三势歌》、董国新的《出太行》、以及王清利创作的篆刻作品等一系列精品。

## 泽州县归国华侨联合会

### 概述

2015年，泽州县侨联在县委、县政府的正确领导下，在上级侨联和县委统战部的悉心指导下，深入学习贯彻中共十八届三中、四中、五中全会精神，紧紧围绕县委、县政府中心工作，按照“以人为本、为侨服务”的宗旨，坚持“两个并重”，进一步明确工作定位，锐意进取、狠抓落实，有序推进各项工作，为我县经济社会又好又快发展做出了贡献。

### 扎实开展学习讨论落实活动

按照县委《学习讨论落实活动实施方案》的要求，县侨联紧紧围绕“净化政治生态，实现弊革风清，重塑山西形象，实现富民强生”的主题，在县委督导组的指导下，认真开展了学习讨论落实活动。通过此次活动的开展切实加强了干部队伍作风建设，培育了机关优良作风，提升了队伍工作能力，优化了廉洁勤政素质，树立了干部良好形象，造就了一支过得硬、靠得住、用得上的侨联干部队伍，收到了明显成效。

### 开展送温暖献爱心活动

2015年春节期间，继续开展了“献爱

心·送温暖”活动，在慰问活动中了解侨情，维护侨益。积极向上级侨联和县政府争取慰问资金，对全县40户困难侨户、重点侨户进行了走访慰问，送去慰问品、慰问金共计2.2万元，把党和政府的温暖送到归侨侨眷手中。

### 组织侨界政协委员积极参政议政

“两会”期间，组织侨界3名政协委员撰写有质量的提案4份。分别是《关于做好垃圾分类处理的建议》《农村亟待建立养老院和集中供养服务》《关于新型电动汽车管理的建议》《关于人行道、自行车道管理建议》等，达到有关部门的高度重视。4月28日—5月8日，又组织侨界政协委员对县农家乐发展情况深入南岭乡、大箕乡进行了调研，并撰写了调研报告《我县农家乐发展情况调研报告》。

### 深入开展社会主义核心价值观主题教育

为进一步深入学习贯彻中共十八大和十八届三中、四中全会精神和习近平总书记一系列重要讲话精神，深入贯彻落实中国侨联《关于在侨联组织培育和践行社会主义核心价值观的意见》，组织开展了“五个一”活动。一是开展了一次阐释社会主义核心价值观的学习交流会；二是召开了一次体现社会主义核心价值观的道德讲堂；三是每位侨联干部学唱了一首弘扬社会主义核心价值观的爱国歌曲；四是观看了一部社会主义核心价值观的影视专题片，并撰写观后感；五是开展了一次突出社会主义核心价值观的书画展。

### 开展海外留学人员基本情况调查活动

为准确掌握泽州县海外留学人员现况，进一步提高留学生管理服务水平，吸引更多留学人员投资创业，同时也为落实留学人员工作政策和申报各类资助提供依据。从3月15日起，对全县留学人员及其创业情况进行了一次调查统计，汇总整理并更新了侨情数据库。

### 组织侨界群众召开了迎新年座谈会

2月6日上午，县侨联在晋城市双语小学三楼会议室召开了迎新年座谈会，30名侨眷属代表参加了座谈会。座谈会上，县侨联主席田天平通报了泽州县四届五次全委会和县经济工作会议精神。向与会侨眷属代表宣传了国家经济社会发展形势和泽州县经济社会发展情况，要求各位侨眷属代表将我县的发展情况传达给在海外的亲属，让他们积极主动参与家乡的发展，为家乡的发展做献计献策。会上，与会代表纷纷发言感谢县委、县政府对他们长期的关心和照顾，并表示将积极与海外亲人联系，宣传家乡经济社会发展的可喜变化，动员引导他们回乡投资兴业，为泽州县经济社会发展献计出力。

### 召开侨界道德模范先进事迹报告会

7月9日，组织召开了侨界道德模范先进事迹报告会。会上晋城市3名道德模范先后作了报告。他（她）们是潜心研究葫芦雕刻的退休老人李康顺、照顾家庭打拼事业的晋城好人焦粉苗、多年照顾病患儿的伟大母亲陈香琴三位道德模范。他们用质朴的语言、详实的事例和真挚的感情为大家讲述了一个个感人至深的故事。

### 凝心聚力为经济建设服务

为经济建设服务始终是泽州县侨联的一项重要工作，充分利用境内独特的资源优势，为全县的经济建设服务。晋宏天兆畜牧科技公司是晋宏实业公司与重庆天兆猪业集团本着合作共赢、强强联合的原则组建成立的。年计划出栏10万头种猪养殖基地位于泽州县下村镇北部，占地面积160亩，项目总投资1.6亿元，2015年年底，已投资8800万元，计划2016年，底建成投产。县侨联多次深入项目一线，和项目单位实地调研，现场解决问题。一是和下村镇为该项目单位解决了水资源不足和电力增容计划；二是与县直有关部门协调通往项目所在地的7里乡村公路列入2016年计划，县财政投资300万元。

### 大力弘扬中华文化，宣传泽州

传承和弘扬中华文化，推进华文教育教育发展，始终是侨联组织的重要职责。泽州县人类开发最早的地区之一，由于地理位置和交通方面的优势，历史上一直是晋城等地的商品集散地，又是通往河南、陕西等的交通要道，历史悠久，文化旅游资源十分丰富。为了充分挖掘文化旅游资源，传承中华文化，大张旗鼓地宣传泽州，拟定把珏山景区、大阳古镇向中国侨联申报中国华侨国际文化交流基地，旨在通过这个平台广泛交流、传承文化、彰显特色，开展丰富多彩的民俗文化交流、祖地文化交流、重大历史事件纪念等活动，推动民间交流，促进海外华文教育和侨界交流。

### 转变作风深入侨企侨户为侨服务、维护侨益

2015年，继续秉承以侨为本，为侨服务的宗旨，积极探索依法护侨的新方法、新举措，把依法护侨，维护侨界稳定作为侨联组织参与社会管理的重要工作来抓，竭诚为广大归侨侨眷、海外侨胞做好事、解难事，做侨界热心人和知心朋友。一是注重侨法宣传。通过印发资料、网络、座谈会、知识问答等形式进行广泛宣传侨法，组织侨联干部和广大侨眷认真学习新修订的实施办法，增强维权意识，提高依法维权的能力和水平。二是做好节日慰问工作。持续深入开展了“献爱心·送温暖”活动，在慰问活动中了解侨情，维护侨益。三是访侨企暖侨心。继续对侨企华牧农畜产品大市场走访调研，详细了解项目的进展情况、存在的问题和困难，帮他们想办法、出点子，与相关部门积极协调推进项目进展。四是在日常生活坚持做到“五必访”，即侨生病住院必访，侨有红白喜事必访，侨发生家庭纠纷必访，侨出现天灾人祸必访，侨有亲人回国必访，将归侨侨眷遇到的困难问题及时解决，真正做到了心中有侨，有难帮侨、有事助侨，使他们感受到了侨联作为“归侨侨眷之家”的温暖。

## 泽州县残疾人联合会

### 办实事工程

一是为400名智力、精神和重度肢体残

疾人实施“阳光家园计划”，每人补助1000元。二是为300名贫困精神病患者提供服药，每人补助1000元。三是为残疾人发放护理补贴。全年共为13901名残疾人发放补贴资金4662840元。其中，一、二级残疾人3685人每人每月50元，发放重度残疾人护理补贴资金2211000元；三、四级残疾人10216人每人每月20元，发放贫困残疾人生活补贴2451840。为全县1371名一级残疾人申报省里的生活补贴和护理补贴资金460656元。

## 康复工作

为4000余名残疾人发放辅助器具，有轮椅、助听器、助行器、坐便器、拐杖等。开展精神残疾救助工程，省里为5名重症精神病患者提供住院治疗每人4000元，为130名贫困精神病患者免费提供药物每人450元；市里为200名精神病患者免费提供药物每人500元。对社区康复员进行了培训，提升为残疾人服务水平。

## 教育工作

向70名贫困残疾大学生和贫困家庭子女大学生及第一批录取的高中生发放助学金7万元。为35名残疾家庭子女和残疾大学生申报市彩票公益金项目10.5万元；为2名残疾家庭子女和残疾大学生申报省彩票公益金项目6000元。

## 组建工作

各乡镇残联、社区（村）残协全面完成规范化建设，全面建成机构健全规范、队伍稳定实干、服务功能完善、作用发挥明显的基层残疾人组织，夯实残疾人工作基础。选配公益性岗位乡镇专职干事和专职委员60名，并对其进行了业务培训，切实提高残疾人专职委员队伍素质和服务水平。为了做到残疾人老有所养，使残疾人都能享受康复服务。市、县两级残联对部分乡镇敬老院进行了调研，计划在各乡镇敬老院设立重度残疾人托养区，充分利用敬老院现有的场地、人员等现成的资源，投入少量资金对托养区的无障碍、生活设施、文体活动室等进行改建，达到重度残疾人托养的需求。

## 就业工作

2014年12月下旬至2015年1月中旬，开展了残疾人“就业援助月”活动。选派30多名残疾人参加省、市组织的培训。举办五期残疾人职业技能培训班，其中，插花二期、养殖二期、林业一期，培训人数为225人，每期为期5天。举办创业和岗位提升培训班，其中创业培训一期、岗位提升培训一期，培训人数60人。为鼓励残疾人自主择业、自主创业、缓解社会就业压力，为残疾人自主创业基地、扶贫基地、盲人按摩店发放市创业补贴资金16.8万元和县补贴资金15万元。

## 扶贫工作

县政府高度重视残疾人解困工作：一是将残疾人扶贫工作纳入政府扶贫计划，统一安排，围绕国家扶贫攻坚计划同步实施。二是为400名智力、精神和重度肢体残疾人实施县里的“阳光家园计划”，每人补助1000元。为160名残疾人实施省“阳光家园计划”，每人补助955元。三是市、县、乡镇党政领导对全县贫困残疾人家庭进行慰问，累计走访慰问残疾人1500人次，救助资金48万元。

## 宣传工作

一是在市广播电视节目开辟宣传专栏，宣传残疾人工作和残疾人事业发展的工作报道，以及法律法规的宣传。二是召开县残联2015年工作会议，会议总结了2014年工作，对2015年业务工作和县里为民办实事工作进行了安排部署和任务指标分配。三是采取利用会议、活动和标语等不同形式的宣传，使残疾人工作、法律法规和残疾人优待政策做到家喻户晓。四是开展形式多样的宣传活动。3月3日是第十六次全国“爱耳日”，2015年的宣传教育活动主题为“安全用耳，保护听力”，并围绕主题开展了一系列的宣传活动。2015年5月17日是第二十五次“全国助残日”。2015年的主题是“关注孤独症儿童，走向美好未来”。围绕主题5月15日在县政府三楼会议室召开关于孤独症儿童工作座谈会。据统计，在省市残联网站和其他媒体上报道泽州县残疾人事业的宣传消息16则，大力宣传了泽州县扶残助残和自强模范的事迹。在县残疾人联合会政府信息公开网站发布公开信息21条。

## 专项调查工作

在2014年核查阶段的基础工作上，一是开展了入户调查，以2015年1月1日零时为调查标准时点，确定被调查残疾人的基本数量、类别等情况。从2015年1月1日至3月31日，以村（社区）为入户调查单位，开展入户调查登记，并以乡镇为数据录入单位，集中进行了数据复核录入。二是2015年4月—6月进行了统计分析，县专项调查领导小组办公室开展了综合统计分析工作，上报工作成果时实行“双签字”制度，由县政府残工委主任和县残联理事长共同签字确认后上报。

## 信访维权工作

做好残疾人机动轮椅车燃油补贴发放工作，对82辆符合条件的残疾人机动轮椅车申报燃油补贴资金，每人每年260元。于每月10日为残疾人集中办理采集残疾人基本信息、换发新证手续。全年在互联网第二代残疾人证管理系统中录入了1200多名残疾人基本信息，并换发新证1200多本。积极落实国务院《信访条例》，不断加强信访工作，维护社会稳定，全年共接待来电来访残疾人400余人，做到了来电来访有回复。

## 文化体育工作

组织开展适合残疾人特点的文体活动，发展和扶持残疾人特殊艺术，培育优秀特殊艺术人才，挖掘残疾人文化艺术精品。利用各类残疾人节日，开展各具特色的文体活动，丰富残疾人精神文化生活。开展残疾人文化周活动，选派爱之声艺术团参加市里组织的文艺活动。

# 泽州县关心下一代工作委员会

## 概述

泽州县关心下一代工作委员会成立于1996年10月，前身为晋城市郊区关心下一代工作委员会，组建于1993年9月。主要任务是组织老同志对广大青少年进行爱国主义、集体主义、革命传统、法治教育和共产主义理想教育；配合有关部门教育挽救失足青少年；调查研究，为县委、县政府教育下一代提出建议；完成县委、县政府交办的任务。2015年，县关工委主任：董德华，办公室主任：刘建强。

## 主要工作业绩

（一）全国人大常委会原副委员长、中国关工委主任顾秀莲对泽州县关工委作出重要批示。山西《关心下一代》2015年第五期，刊登了县关工委《圆“东四义梦”、铸青少年魂——东四义村用村史教育青少年的一些体会》文章后，6月28日，中国关工委主任顾秀莲对此作出重要批示：“泽州县关工委抓基层关工委工作很得力，东四义村用村史教育青少年，形式多样、内容丰富、贴近实际、贴近生活、教育效果好，让青少年了解过去，懂得过去，知道今天幸福生活来之不易，是老一辈奋斗的果实，从而启发他们热爱今天，为生活更加美好，努力学习，增长才干，为当前的学习、工作事业而奋斗；为他们规划未来，教育他们要站在新的起点上，参与构建东四义人民“最美乡村梦”，激发青少年点燃青春梦、放飞创业梦。这个村关工委工作值得点赞。”7月16日，新到任的泽州县委书记赵新年迅速对关工委的报告作出批示：“全县各级各部门要认真学习贯彻顾秀莲同志的重要批示精神，高度重视和全力支持关工委工作，切实加强关工委组织建设，为开展关心下一代工作创造良好的工作环境和条件。县关工委要巩固成绩，再接再厉，进一步抓重点、攻难点、创亮点，推动我县关心下一代工作再上台阶，为促进青少年健康成长做出积极贡献。”7月17日，县委《泽州通报》第11期登载了顾秀莲主任和赵新年书记的重要批示内容以及东四义村的经验做法文章。7月28日，县委召开常委会议，县委书记赵新年亲自传达学习了顾秀莲主任的重要批示。要求各级领导干部认真贯彻顾主任重要批示精神，把关心下一代工作与县委中心工作紧密结合起来，充分发挥“五老”同志教育青少年的优势作用，积极创新工作，谋划发展，重视支持做好关心下一代工作，为促进青少年健康成长奠定坚实的基础。8月8日，县委办下发了《关于进一步抓好做实关心下一代工作的通知》，对切实加强关工委基层组织建设，做好关心下一代工作提出了具体要求。（二）基层组织建设不断发展壮大。县关工委采取抓重点、引试点、促面点，加大力度加强关工委基层组织建设。全县17个乡镇，95%以上行政村、70%以上县直单位和国有二轻企业建立了关工委组织，并进一步加强了中小学校和民营企业关工委的组织建设，3500多名“五老”参与了关心下一代工作。全县创建了45个基层关工委组织典型。（三）“中华魂”主题教育活动不断引深。开展了“中华魂”(践行核心价值观，凝聚中华正能量) 征文、演讲比赛，5万多名青少年参加了读书教育活动。晋普山学校薛凯珍同学代表晋城市参加了全省“中华魂”读书活动演讲比赛，巴公镇四村小学的李怡洁同学参加了在人民大会堂召开的全国“中华魂”读书教育活动表彰大会。(四) 帮扶工作取得明显成效。县关工委先后联系有关学校和爱心人士到晋庙铺镇、山河镇、柳口镇展开扶贫助学，为全国山区的孩子们送去了学习及文体用品。“两只羊”扶贫助学工程，对晋庙铺镇合同到期的36户、72只羊进行了转包。(五) 千名“五老”联千户家风家教活动广泛深入。“五老”主动联系1~2个家庭对青少年进行教育，全县1630名“五老”联系了1969户家庭。组成了县关工委抗战胜利70周年宣讲团，分别以继承遗志、面向未来和血仇不能忘、历史铭记心为主题，深入到15所中小学校开展演讲，5000多名中小学生受到了教育。到“土岭事件”纪念馆和寺河烈士陵园举行了爱国主义教育基地挂牌仪式。(六) 预防青少年违法犯罪成效明显。根据关工委工作职能，积极融入参与创新管理工作，组建法制宣讲团，聘请法制副校长，开展“法制进校园”活动，建立健全家庭、学校、社会“三位一体”的管理体制。

## 泽州县红十字会

### 概述

2015年，泽州县红十字会在县委、县政府的正确领导和晋城市红十字会的关心指导下，大力弘扬“人道、博爱、奉献”的红十字精神，依法履行红十字会各项工作职责，围绕2015年度市红十字会工作要点和管理考核目标，逐项落实工作任务。大力做好宣传工作，不断提升自身能力，积极开展人道救助，为改善民生、推动和谐泽州建设做出了积极贡献。

### “博爱送万家”活动

按照市红十字会关于做好“博爱送万家”活动的通知要求，根据泽州县实际情况，制定了博爱送万家活动方案，依托红十字会的救助平台，开展多形式、多方位、多层次的帮贫扶困工作。于2015年2月3日启动了活动仪式，活动期间共向困难家庭和孤寡老人发放衣物50件，向特困家庭13人发放了困难救助金1.3万元，大病患者23人发放了大病救助金4.6万，此次活动共发放救助金5.9万元，为他们解决了生活中的实际困难。

### 开展“5.8”红十字周宣传活动

“5.8”红十字周活动期间，县红十字会深入基层单位开展讲座，广泛宣传捐献造血干细胞和遗体捐献等知识，并印发宣传资料进行宣传；广泛动员和组织会员、志愿者开展红十字精神传播，动员募捐救助、志愿服务、无偿献血、造血干细胞捐献、遗体捐献等红十字活动。其次先后深入巴公镇、金村镇、东沟镇开展义诊活动。工作人员和医务人员为过往行人测量血压、讲解自救互救和相关急救医疗知识，受到群众的一致好评。此次宣传活动，发放宣传资料3000余份，接受义诊500多人。通过开展各种形式的活动，扩大了红十字会的社会影响，提升了红十字品牌形象，营造了良好的宣传氛围。

### 开展“博爱一日捐”活动

为进一步发挥红十字会在政府人道救助领域的独特助手作用，促进和谐社会建设，2015年继续在全县范围内开展2015年“博爱一日捐”募捐救助活动，动员社会各界弘扬人道、博爱、奉献精神，致力于改善陷入困境人们的境况，大力推动红十字“博爱一日捐”品牌工程，所捐款物通过开展红十字“博爱助医、博爱助困、博爱送万家”等公益项目，有效解决了一部分因病返贫、因病致贫及等困难人群的生活问题。

### 公益志愿活动

12月20日，该会和城区红十字会合作，联合晋城高新肾病医院，开展了主题为“感恩社会、关爱肾病”的扶贫救助活动，安排专家现场接受患者咨询和讲解肾病预防的相关知识，并为130多名肾病患者发放了大米、食用油和价值百元的体检卡。

### 提高公信力

一是募捐透明。在媒体上做好募捐倡议的发布，提供爱心账户和监督电话，接受社会的监督，做到“有捐可查”。二是使用透明，严格按照资金和物资发放办法进行发放，并邀请新闻单位参加，做到公正公开。三是公开透明，县红十字会通过主流媒体，及时公示捐资款物使用情况，接受社会监督，提高公信力。

### 宣传工作

坚持创新红十字宣传形式。该会全年在重大活动期间，与县广播电视台，泽州新闻等主流媒体开展沟通合作，大力宣传红十字会法、山西省红十字会条例；在12月1日“世界艾滋病日”来临之际，工作人员首先对艾滋病人进行看望，并进行知识讲解。其次深入集贸市场和人口密集地宣传预防艾滋病知识和健康教育知识等主要内容，共发放宣传资料2200余份；组织县人民医院、县妇幼保健院专家和乡镇卫生志愿者深入到偏远山区对长期卧床和行走不便的老人开展义诊送药活动，并为他们讲解健康知识和慢病知识，受到了群众的好评。

## 泽州县老区建设促进会

### 调查研究

4—5月，根据省市老促会要求，对泽州县经济收入较低的27个重点老区村进行了调研。根据要求，按时按质完成了任务，及时上报所需资料。

### 参观学习

8月31日至9月1日，根据市老促会要求，选派该县重点老区村李寨乡漏道底村村骨干到陵川县杨村参加了市老促会举办的农业骨干培训班。在培训中，听取了市农委副主任讲解的“全面推开的农村土地确权改革等方面问题”的详细介绍；对陵川马兰花合作社的十几栋蔬菜大棚进行了实地参观；听取了马兰花合作社职业培训学校校长陈卫星对马兰花合作社的成立及发展情况的详细介绍，使他们深受启发。

## 慰籍烈士

在纪念抗日战争胜利70周年的日子里，川底乡东郭庄村群众到会反映：有一名在抗日战争中牺牲的四川籍无名烈士坟墓多年塌陷失修，急需修复。该会会长陈满朝等听了反映后，立即亲自和分管的县领导汇报并与川底乡党委、政府联系沟通，在川底乡党委、政府领导的重视下，于8月在东郭庄修起了一座烈士墓，使烈士的忠魂得到慰籍，使群众的心愿得到实现。

同年，还为《山西老区开发》《太行日报》报送稿件9篇。

会长：陈满朝。

# 经济管理与监督

## 宏观调控

### 概述

2015年，泽州县发展面临主导产业市场需求不足、经济下行压力持续加大等多重困难。县委、县政府主动适应经济新常态，不断加大和改进宏观调控，突出抓好“1941”年度工作重点，全力以赴稳增长、促改革、调结构、惠民生、防风险，经济社会继续保持持续健康发展的良好态势。以“优农、稳煤、强铸、兴旅、育新”为主攻方向，全面打造“两带四板块”产业发展新格局，产业升级迈出坚实步伐，培育一批新的经济增长点。积极稳妥推进改革开放，转型综改取得阶段性成效，重点领域改革成效明显，发展动力进一步增强。全力开拓发展新空间，金村新区建设日益加快，新型城镇化进程明显加速，区域发展进一步协调。始终坚持以人为本，大力增进民生福祉，社会事业发展全面加强，人民幸福指数进一步提升。全县地区生产总值完成215.7亿元，增长2.5%。公共财政预算收入完成11.5亿元，下降7.3%。规模以上工业增加值下降3.0%。全社会固定资产投资完成210.3亿元，增长16.0%。城镇常住居民人均可支配收入完成27381元，增长6.7%。农村常住居民人均可支配收入完成12217元，增长8.5%。社会消费品零售总额完成36.1亿元，增长5.4%。

### 巴公转型综改扩权强镇试点

根据省长李小鹏指示精神，2013年，县巴公镇作为全省转型综改扩权强镇试点进行了改革探索。在市、县两级政府的大力支持和帮助下，编制了《山西转型综改试验扩权强镇晋城巴公试点实施方案》，经市人民政府2013年第30次常务会议讨论通过，以晋市政发〔2013〕29号文件予以下发。同时，配套出台了行政管理体制改革方案、财政体制改革方案、土地管理制度改革方案、投融资体制改革方案、城乡统筹体制机制改革方案、巴公低碳试点实施方案等。2015年7月1日，省综改办以《关于确定巴公镇为省转型综改试验扩权强镇试点的批复》(晋综改办生态发〔2015〕10号)文件正式批复。巴公镇按方案要求，坚持“园镇一体”的行政管理体制，将原有的镇园体制内设的32个机构重组为“五部一办两中心”的新型镇级行政管理体制，即分别设置了党政综合部、发展改革部、社会管理保障部、安全监管部、财政金融部、园区管理办及行政服务中心和公共资源交易中心。同时，成立了县环保局巴公分局、县国土局巴公分局等派驻机构，赋予其部分县级行政管理的权限。市县发改、经信、财政、国土、住建、规划、环保、园林、行政执法、人防10个部门共下放行政审批权限54项。除国土1项、环保3项、行政执法12项、规划7项等分别由派驻机构承接外，其他31项在市县相关职能部门具体指导和帮助下由巴公镇承接。在财政体制改革中，设立巴公镇级金库，赋予县一级独立财政管理权利。2014年金库正式开始运行，成为全省首家镇级金库。2015年9月1日镇级国库集中支付正式上线运行，率先实现镇级国库集中支付电子化管理；土地管理改革中，充分利用废弃工矿地复垦利用和城乡建设用地增减指标挂钩试点两项政策，努力破解工业和城镇建设用地指标难题。截至2015年年底，复垦土地约1800亩，其中1300亩顺利通过省国土资源厅验收；创新开展“五规合一”规划编制工作，2013年8月，巴公镇在全省乡镇中第一个启动了《巴公“扩权强镇”试点“五规合一”规划》编制工作，经过多轮评审，规划编制工作基本完成。

## 宏观调控

2015年，面对经济下行的严峻挑战，县委、县政府主动适应经济新常态，不断加大和改进宏观调控，经济社会发展稳中有进。一是聚焦转型发展，推动产业创新升级。制定了以“优农、稳煤、强铸、兴旅、育新”为主攻方向，全面构建“两带四板块”产业发展新格局的思路，着力引领产业转型。坚持创新驱动发展战略，全面推动大众创业、万众创新，晋煤华昱清洁能源项目加快推进，兰花己内酰胺项目投料试产，兰花纳米碳酸钙项目完成调试，城东物流园区初具规模，大阳古镇、李寨栖龙湾景区开发全面展开，聚寿山景区对外开放。二是围绕激发市场活力，加大改革开放力度。深入推进简政放权，制定了权力清单、责任清单，群众和企业办事更加方便。农村土地经营权确权登记颁证工作全面铺开，全国农村集体经营性建设用地入市试点工作转入实施阶段。继续开展“助保金”“聚力贷”业务，建立中小企业还贷周转金。大力发展外向型经济，外贸进出口总额连续五年位居全市第一。三是着眼开拓发展空间，全力促进新型城镇化。泽州县被列为全国新型城镇化综合改革试点县，巴公镇被列为试点镇，金村镇被列为全国建制镇示范乡镇，金村新区建设成效明显，同城融城发展步伐加快。四是紧扣增进民生福祉，推动社会事业改革发展。保障民生力度继续加大，民生领域财政支出达到23.49亿元，同比增长33%。2015年，获“全国义务教育发展基本均衡县”称号。解决了

2.26万人的饮水安全，县医院综合门诊楼投入使用，县图书馆、文化馆全面对外开放。

### “十三五”规划编制

为做好“十三五”规划编制工作，2014年11月县政府召开了全县“十三五”规划编制工作会议，全面启动了“十三五”规划编制工作。一是成立了由县长担任组长的规划编制工作领导组，制定了工作方案，对规划编制作了详细部署，并邀请省社科院经济研究所专家对编制工作进行了全程指导。二是开展了重大前期课题研究和专项规划编制。2015年4月中旬完成了27个重大研究课题研究，到年底27个专项规划到全部完成初稿。三是开展了规划建议和规划纲要起草工作。2015年9月全面铺开了规划建议和规划起草工作。首先，完成了规划基本思路起草，在县里广泛征求了意见，同时召开了规划思路征求意见座谈会，邀请市里相关专家和领导对规划思路进行了指导。其次，在规划思路的基础上，开展了县委规划建议起草工作，经两次县委常委会讨论和修改，并于2016年1月提交县委四届六次全体会议讨论通过，确立了泽州县“十三五”时期发展的指导思想、基本原则、奋斗目标及重点任务。最后，严格按县委规划建议的精神，全面开展了规划纲要的起草工作，到2016年2月底完成了规划纲要初稿。

## 国土资源管理

### 概述

2015年，泽州县国土资源局紧紧围绕年度工作目标，以“学习讨论落实”和“三严三实”活动为契机，以突出重点工作为引领，积极服务转型综改，统筹保障发展与保护资源，努力提升服务水平，扎实推进国土资源管理业务工作，各项工作进展顺利，实现了预期目标。2015年，共完成土地出让金收益1.34亿元，耕地开垦费471.57万元，征收采矿权价款2.48亿元，矿产资源补偿费333.1万元，罚没款265.86万元，土地登记证书费12.33万元。局长：徐选余。

### 用地保障

一是积极服务重点工程项目用地。2015年，省市448项重点工程建设项目在泽州县落地的共76个，其中，省级重点工程建设项目37个，市级重点工程建设项目39个。另外，县级重点工程项目47个。已办理用地手续的建设项目26个、6300.37亩，已解决用地指标的建设用地项目15个、4804亩，需修改土地利用总体规划4个项目1137.59亩；不涉及新增建设用地的重点工程建设项目24个，未选址及用地不明确或无用地单位的重点工程建设项目7个。二是及时组件上报用地审批。全年共上报5个批次和1个单选项目，总用地800余亩，分别为：2014年第六、第七批次，2014年增减挂钩批次，2014年乡村第二、第三批次和金匠220千伏输变电工程，涉及20个项目和4个行政村住宅用地。全年经国土资源部和省市政府批复7个批次及2个单独选址项目，分别为：2014年第四、五、六、七批次，2014年增减挂批次，2014年3个工矿废弃地批次、2014年乡村第二批次和省道陵沁线西河底至西上庄段公路工程、国道207线改线工程泽州段。三是有效保证土地供应。供应土地29宗，总面积1309.92亩，其中：出让17宗，面积731.32亩；划拨12宗，面积578.6亩；审批农村住宅楼9宗，面积166.72亩，解决了483户住房困难户。

### 耕地保护

一是认真落实耕地保护目标责任制。县政府与17个乡镇政府、乡镇政府与627个行政村层层签订了耕地保护目标责任书，将全县74.68万亩耕地和62.1万亩基本农田保护责任落到了实处；基本农田划定工作，进行了外业调查、地块落实、数据收集、调入调出、界碑设置等工作，正在进行数据库建立及相关数据的处理工作。二是加大土地开发复垦整理力度，实现耕地占补平衡。2013年，巴公镇靳圪塔村等3镇13村省级开发项目，建设规模2820.6亩，投资概算2926.65万元，省国土资源厅已下拨总资金的50%，正在组织实施。申报省级基本农田整理项目6个，面积55634.7亩，省国土资源厅已立项，正在编制初步设计。申报泽州县大东沟镇等5个乡镇、西洼村等7个村省级开发项目，建设规模1779.8亩，正在进行项目初步设计编制工作。2015年县级小块未利用地土地开发项目预计完成任务1000亩，项目可性研究报告已评审，正在编制初步设计。三是用地新机制稳步推进。①城乡建设用地增减挂钩。省国土资源厅共批复泽州县5个城乡建设用地增减挂钩项目，批准使用周转指标1104.67亩。高都和下村2个镇城乡建设用地增减挂钩项目已归还周转指标253.67亩；巴公镇增减挂钩项目拆旧区复垦已基本竣工，正在申请验收；北义城镇增减挂钩项目调整方案已报省厅评审，变更后的拆旧区已完成复垦；川底乡增减挂钩项目已完成复垦面积70%，安置建新区已竣工，预计2016年6月底完成复垦；大东沟镇增减挂钩项目正在实施拆旧区搬迁，预计2016年6月底完成复垦。②工矿废弃地复垦利用。申请工矿废弃地复垦利用一期周转指标1641.8亩，用地已经省政府批准，二期周转指标692.5亩已上报省国土资源厅。2015年编制了三期工矿废弃地复垦设计方案，并通过了省国土资源厅评审，面积1623.71亩，复垦工程已完工，至2015年年底，正在组织竣工复核和申请验收。③矿业存量土地整合利用。全县参与矿业存量土地整合利用煤矿企业32座，已完成煤矿用地预审29矿，列入拟关闭煤矿2矿，不符合预审条件1矿。已完成复垦验收煤矿12座。

### 矿产资源管理

坚持日常监管，加强矿政管理。一是完成采矿权价款征缴。2015年年底，2座煤矿缴纳2015年度采矿权价款1.11亿元；6座煤矿补缴2014年欠缴价款1.37亿元。二是完成各类矿山企业2014年度储量年报审查工作。将33家煤矿企业和11家非煤矿山企业2014年度储量年报报送市局进行审查，并通过市局评审。三是不断加强矿山企业日常监管。按时完成了33家煤矿、11家非煤矿山企业2014年度的年检工作，认真落实储量动态监测、回采率考核、图纸交换等制度，实现了煤矿企业日常监管常态化。

### 地灾防治

坚持维护民生，严防各类地质灾害发生。一是地质灾害防治工作。全县共排查地质灾害隐患69处，经核查确定64处地质灾害隐患点，其中，滑坡14处、崩塌20处、地面塌陷30处。督促各乡镇政府发放防灾工作明白卡64份，避险明白卡628份。5月28日，召开全县地质灾害防治工作总结部署会议暨“五到位”培训会议，邀请应急支撑单位河南焦作地质勘查公司地质灾害防治专家进行授课，发布了《泽州县2015年度地质灾害防治方案》，完成了《泽州县突发性地质灾害应急预案》的修订。签订县级地质灾害防治责任书22份，乡镇与村级55份，督促指导各隐患点村委编制应急预案57份，公路沿线7个隐患点交通部门制定了应急预案。与气象部门联合发布地质灾害预警预报信息（3次），在周村镇办中学举行了综合性的地质灾害应急抢险演练。二是地质灾害治理工程。2015年年底，南岭二期已完工，山河追山已完工；周村镇常庄滑坡治理工程已完工；北义城河底村滑坡治理工程正准备设计变更。三是地质灾害饮水解困工程。目前，已完成2012—2013年度5个水源井的施工和验收；2014年度窑掌村、马街村2个引水工程项目已完成施工。

### 地质公园建设

丹河蛇曲谷省级地质公园位于该县金村、柳树口两镇辖区内，面积50.3平方千米，以河曲型深切割峡谷为主体，集钙化阶地、岩溶遗迹、古生物化石，融合人文景观为一体，地理位置优越，交通便利，至2005年开始申报，2007年12月经山西省国土资源厅批准为省级丹河蛇曲谷地质公园。

多年来，遵循“在保护中开发，在开发中保护”的原则，积极筹备成立了“丹河蛇曲谷地质公园管理处”，经过省市相关部门、专家多次评审和研讨，2012年地质公园开发规划通过了省国土资源厅批复，2014—2015年实施了山西泽州丹河蛇曲谷省级地质公园地质遗迹保护项目，包括地质公园博物馆布展、地质遗迹保护设施建设、地质遗迹科普宣传、地质遗迹标本收集及展示等。

丹河蛇曲谷地质公园地处丹河中游，形成于高山峡谷区，南北相距13.3千米，河道长36千米，往复弯曲约30个，是太行山地区弯曲最多，弯曲程度最大的河谷，其特征在中国北方极为罕见丹河蛇曲峡谷地质公园以其国内罕见的高原型曲流（蛇曲谷）深切峡谷为特色景观元素，配以典型而特征的河流地质作用、岩溶地质作用、构造地质作用、沉积地质作用形成的流水地貌、构造地貌、古生物化石、岩溶景观和反映新构造运动的钙化高位阶地、高位废弃河曲、离堆山、夷平面为主要景观，以种类丰富的风化地质作用遗迹、自然生态和悠久的人文景观、水体景观等为辅助内容支持，显示出公园性质的多元性和综合性结构特征。其典型的自然属性、稀有的地理区位、特殊的科学意义、优雅的美学观赏价值、兼具生态、文化和历史价值，是地质遗迹和生态环境的重点保护区域。

### 执法检查

坚持高压打击态势，执法监察工作有序推进。一是扎实开展安全隐患大排查专项行动。本次专项行动国土资源局共安排部署了10个排查组，以“打非治违”为抓手，重点对全县正在从事测绘和地质勘查单位、工程建设领域、地质灾害隐患点和持有有效采矿许可证的有证矿山，历年关闭矿、无证私采点、废弃井筒，进行了排查，测绘和地质勘查单位未发现违法和安全隐患，其余领域排查出多处安全隐患，并已采取相应措施进行处理。二是开展全县冬季打非治违专项行动。召开动员会，下发了实施方案，第一阶段的排查工作已完成。三是认真做好卫片执法检查工作。2014年度土地矿产卫片执法监督检查共涉及泽州县201个图斑，其中土地卫片图斑190个，总面积5183.4亩，其中耕地2517.22亩。通过核查，违法用地图斑28个，共涉及27个违法用地项目，面积211.4亩，其中耕地130.3亩；下达处罚决定书27个，整改到位27个；依法履行职责到位率100%，整改到位率100%，违法比例6.45%。矿产卫片图斑11个，通过核查，伪变化图斑9个，合法图斑2个。已全部经省部级验收。

## 地籍、地价管理

一是农村集体建设用地使用权、宅基地使用权的地籍调查及确权登记发证工作。该县农村集体建设用地和宅基地使用权确权登记发证总面积98.26平方千米，涉及17个乡镇627个行政村，分两个工作标段进行，地籍测量全部完成；权属调查完成42.5平方千米，完成率55.1%。二是土地变更调查规范运作。在日常变更的基础上完成了2014年度土地变更调查及遥感监测核查的调查、变更、质检、汇总和上报，并完成了城镇地籍调查汇总上报工作。三是推动建立不动产登记制度。组织全局人员学习了《不动产登记条例》及上级有关精神；县政府办已经出台不动产登记局际联席会议制度文件，10月县编办发文整合全县不动产登记职责，组建泽州县不动产登记局，并组建泽州县不动产登记交易中心，承担不动产登记交易经办职能。四是强化地价管理。根据泽州县农村集体经营性土地入市的需要，正在编制覆盖全县城乡的基准地价体系。

## 测绘管理

一是基础测绘工作稳步推进。基础测绘是国民经济和社会发展不可缺少的重要基础性、战略性资源，是准确掌握国力、提高管理决策水平的重要手段。2015年完成了20平方千米1：1000地形图基础测绘任务。二是开展了领导工作用图更新工作。委托省地图院对《泽州县领导工作用图》及《泽州县地图》进行了更新，9月提交了300套成果，更新了行政区划、交通、水利、电力、森林等内容，新增了规划、遥感影像、各乡镇现状等。更新后的地图内容编制更科学，设计更合理，确保了地图的易读性和实用性。三是开展了测绘地理信息质量巩固年活动。为进一步加强全县测绘地理信息质量统一监管，不断提高测绘地理信息成果质量整体水平，根据市局有关要求，积极探索加强测绘地理信息质量监督管理的新方法、新模式，从注重测绘地理信息成果质量监管向全过程质量监管转变，通过检查，促使该县辖区内的两个测绘单位牢固树立质量责任意识，规范生产全过程质量行为，形成靠质量开拓市场，靠质量塑造形象的良好测绘地理信息市场环境。四是依法对辖区内开展的测绘项目进行登记。为了加强对测绘项目的监管和服务，规范测绘市场，确保国家安全，根据《山西省测绘管理条例》和国家有关规定，进一步加强测绘项目登记工作，规范程序，严格登记，登记测绘项目56个。五是开展了地图市场检查工作。随着地图市场折繁荣和发展，各种问题也不断产生，地图市场混乱的状况仍然状况存在。为了维护我国版图尊严，严厉打击非法编制出版地图行为，2015年以来共组织各国土所对全县的地图市场进行了4次检查，通过检查，检查不仅宣传了地图知识，提高了国家版图意识，而且促进了地图市场健康有序发展，整顿和规范了地图市场。六是加大对测量标志保护力度。测量标志是国家经济建设和科学研究的基础设施，为了加强测量标志的保护和管理，2015年对测量标志进行了4次检查。

## 规范管理

2015年，逐步建立了系统的内部管理制度、业务规范制度、党风廉政建设制度及办事程序，在此基础上，还开展“程序再造”“制度再造”工作。年初，利用这段时间工作任务少、群众办事少的特点，组织各股室、所、中心结合自己的工作实际和上级要求，对已经建立的办事程序、制度进行重新梳理，该新立的新立，该取消的取消，该下放的下放，该精简的精简，该完善的完善。一年来，共取消行政审批事项和服务事项7项，下放6项，精简资料和简化程序20项，规范23项；新建立制度8个，取消制度22个，修改完善制度25个。同时联系具体工作实际，又相继制定完善了关于规范办事办文、严格农户建房审批程序、加强排矸厂管理、规范临时用地审批、治理小煤厂等配套的制度和规定。使各项工作有章可循，一切按制度办事，按程序办事。通过对各项办事程序和制度的规范完善，提高了办事办文效率，进一步方便了基层群众，减少了工作人员的自由裁量权，使工作人员能够准确依法履职，降低了廉政风险。在“依法行政”的基础上，坚持“依法办事、高效便民”的原则，在工作中树立了服务新形象，形成了行为规范、运转协调、公正透明、廉洁高效的工作机制。

## 自身建设

思想建设。认真贯彻落实中共十八大报告和十八届四中、五中全会精神，紧紧围绕县委、县政府的工作中心，结合“三严三实”活动，连续召开局党组专题会、副科级干部剖析会等一系列会议，及时深入学习，在局领导班子中开展搞一项调研、讲一次业务课、上一堂党课、提一份建议、完成一篇高质量调研报告为主要内容的“五个一”活动。努力建设学习型领导班子，力争达到以学习型领导干部带学习型队伍的目标，以此来促进班子成员思想认识的提高和思想防线的巩固。

组织建设。在组织建设方面，充分发挥带头作用，开展了党员谈心活动和“一帮一”活动，调动各方面因素，增强了班子的凝聚力、感召力和战斗力。一是多交流多学习，坚持集中学习和个人自学相结合，定期召开学习讨论会、学习交流会、专题研讨会，形成思想碰撞，统一思想认识；二是坚决执行民主集中制，对重大决策、重要项目和大额度资金使用进行集体商讨和定度，强调集体领导，突出班子成员个人的智慧，发挥团队精神，心往一处想，劲往一处使，事往一处做，话往一处说，形成“善于配合、诚于合作、精于补台”的良好工作氛围；三是在班子、中层干部、一般工作人员中培塑好典型，学习先进，鞭策后进，进一步强化责任，调动了积极性。

作风建设：严格落实“一岗双责”责任制，认真贯彻落实中央“八项规定”。一是班子成员坚持以身作则不讲特殊，不把自己置于特殊地位，严格自俭自律，下乡轻车简从、吃饭随灶就餐。二是深入乡镇、农村调研，广泛听取群众意见，关心职工的切身利益，贴近群众心声，特别是一些好的建议尽可能采纳；三是班子成员之间多沟通，增强透明度，充分发挥班子的凝聚力共同遵守廉洁自律规定；四是不断加强廉政学习，以《中国共产党廉洁自律准则》、《中国共产党纪律处分条例》、“八项规定”以及党和国家领导人在中纪委各次会议上的重要讲话精神为主要学习内容，并积极参加各种廉政教育警示报告会，做到警钟常鸣，防微杜渐。

廉政建设。严格落实“一岗双责”责任制，坚持党组统一领导，“一把手”负总责，分管领导各负其责的原则，定期组织召开专题会议，分析党风廉政建设责任制落实情况；细化责任分解，严格责任考核和责任追究。一是下发了《党风廉政建设和反腐败工作任务的分解意见》，与分管领导、分管领导与股室负责人逐级签定了《党风廉政建设目标责任书》，形成了主要领导亲自抓，股所负责人具体抓，一级对一级负责的党风廉政建设工作机制。二是带领局领导班子成员轮流授党课。3月17日至25日，组织全体党员干部集中进行学习授课。三是开展了党纪条规廉政谈话。组织了局长与分管领导、分管领导与分管股室、中心、所负责人开展了关于党纪条规廉政谈话。四是阅读了关于违纪违法者的心灵忏悔《忏悔录》。五是组织开展了重温入党誓词活动。六是在局内网开辟了“双学双严”活动专栏。通过以上系列活动，把教育活动重点与我局各项工作中心紧密结合起来，做到重点突出、目标明确、措施得力，确保了此次活动的扎实、有效和稳步推进。

## 审计管理

### 概述

2015年对6大类152个项目进行审计和审计调查。按审计统计口径计算，共查出主要问题金额14.07亿元，其中，违规金额2.7亿元，管理不规范金额11.37亿元。审计决定处理处罚2.47亿元。核减工程投资9377万元。向被审计单位提出合理化建议308条。局长：丁勇年。

### 财政审计

着力监督检查预算的完整性和执行的规范性，促进健全统一完整的预算体系；将财政政策实施与预算执行审计融为一体，把握预算的整体情况，反映政策执行、职能履行和财政资金绩效等情况，积极推进预算管理的科学化、法治化和财政体制改革的深化。一是把促进相关政策的贯彻落实作为监督重点，推动中央关于稳增长、促改革、调结构、惠民生政策措施落实到位，深入揭示政策措施不衔接、不配套、不利于、甚至阻碍经济社会科学发展等问题，保障政令畅通，促进政策措施的落实；二是以职能执行情况为切入点，结合人大批准的2014年度本级预算，关注预算编制、执行、调整和预算收支的平衡情况等环节，关注预算执行效果，进一步推进绩效审计，把财政资金投入与项目进展、事业发展以及政策目标实现统筹考虑；三是进一步强化对“三公”经费“约法三章”等的审计监督，促进降低行政成本，推进廉洁高效政府建设。完成了对县财政局具体组织2014年度县本级预算执行情况、县国土、住建、水务、农业、民政、环保、教育、卫生等25个部门单位预算执行情况审计，对发现收入和支出结构仍然不够合理，非税收入拉动财政收入增长比例偏高，上级补助收入未完整列入预算，财政存量资金盘活力度不够，部分单位项目支出预算执行不规范，投资项目进度缓慢、资金效益弱化等的问题，依据《财政违法行为处罚处分条例》和有关财经法规进行处理处罚，并督促相关部门和单位进行整改和落实。

下半年实施对下村、山河等8个乡镇2013、2014年度财政决算审计，紧紧围绕县委、县政府工作中心，重点审计乡镇政府履行经济职责、推动重要决策部署和政策措施落实以及财政专项资金使用绩效等情况，重点对农村环境卫生整治、一村一品、一事一议、工矿废弃地复垦、危房改造、移民搬迁等资金进行审计，促进乡镇政府及所属部门、单位依法行政、积极履职，发挥财政资金使用效益，加强反腐倡廉建设，努力发挥审计机关作为国家利益捍卫者、经济发展“安全员”、公共资金守护者、权力运行“紧箍咒”、反腐败利剑和深化改革“催化剂”的作用，力促乡镇经济健康、协调发展。

**投资建设项目审计**

加大对政府投资建设项目的审计力度，按照《泽州县政府投资建设项目审计实施办法》要求，将全县范围内政府性投资建设项目全部纳入审计监督范围，努力实现审计监督全覆盖。全年开展水库除险加固工程、高级职业中学实训楼、环境整治工程、丹河龙门大桥拆除重建等83项工程投资决算审计项目。通过审计查出部分项目存在未按规定办理项目审批、超概算投资、未办理竣工验收手续等问题，通过审计进一步规范国家投资项目的建设行为，核减工程造价9377万元，节约财政建设资金近1亿元。

**经济责任审计**

按照县委组织部委托，全年对25个县级一级预算单位主要领导干部和15名乡镇党委书记、乡镇长，7名企业负责人共计47名领导干部履行经济责任情况进行审计。坚持经济责任审计与财政财务审计相结合，坚持乡镇党政主要领导干部同步审计。审计结束后按照程序向县经济责任审计领导组和上级审计机关提交结果报告。通过审计促进了领导干部执行财经法规的自觉意识和责任意识。

**企业审计**

全年开展对山西泽州天泰岳南煤业、锦辰煤业、坤达煤业有限公司，晋城市沁河拴驴泉水电站，珏山旅游开发有限公司、晋城市路宝汽车铝部件制造有限公司、坤达煤化磁材有限公司企业资产和经营情况7个项目的审计。通过审计推动企业加强管理、健全决策机制、完善治理结构，促进企业在全县经济发展中发挥积极作用。

## 其他交办事项

统筹安排审计力量，积极配合上级审计机关开展农业综合开发资金审计、住房公积金审计、农村信用联社审计、保障性住房审计等工作4项；推进政府信息公开工作，主动公开部门预算信息；规范行政权力运行工作程序，编制权责清单和权力运行流程图。认真贯彻落实县政府主要领导批示，全年完成办理《北义城镇人民政府关于解决黄六坡村人畜饮水困难问题短缺资金的请示》《周村中学关于解决学生宿舍、厨房工程遗留问题请示报告》等批办事项16项，发挥了审计部门参谋、助手、卫士作用。

## 整改工作

加强审计整改，提高审计成果转化力度，适时督促被审计单位执行审计决定，及时采纳审计意见和建议。针对全县政府投资领域中部分项目存在的未按规定办理项目审批、超概算投资、工程建设程序不规范、未办理竣工验收手续等问题，及时提出审计建议，帮助指导被审计单位进行适时整改与规范。县政府高度重视审计发现问题的整改工作，县长高喜全专门听取汇报，对审计整改工作多次作出明确、具体的指示。为做好和推动审计整改工作，2015年9月县政府专门召开全县审计整改会议，通报审计情况，督促落实审计发现问题整改工作，会议要求各单位和各部门要高度重视审计整改工作，落实审计整改责任，要求被审计单位和部门主要领导作为审计整改工作的第一责任人，认真对待审计查出的问题，亲自办、具体抓，全程督办整改事宜，确保整改要求落到实处。在县政府的高度重视下，审计整改工作得到各被审单位的高度重视，各单位对照审计结论，认真组织查纠违法违规行为，及时修订和完善制度，审计整改工作取得明显成效。

## 内部审计

2015年，全县制定出台《泽州县人民政府关于进一步加强内部审计工作的意见》，意见明确了审计机关应依法加强对内部审计工作的指导和监督，依法推进内部审计组织建设。意见出台后全县86个部门、单位、乡镇恢复组建内审机构57个，专职内审人员191人。内审工作基础的形成，对于各单位完善内部管理，规范财政财务行为，提高经济社会效益，加强党风廉政建设，起到了重要积极作用。

## 制度建议

全年制定完善了《泽州县审计局保密工作制度》《泽州县审计局组织社会中介机构参与政府性投资项目审计管理办法》等制度，进一步规范和保障单位内部管理，提高审计质量和效率，防范审计风险。

## 信息化建设

按照审计署《地方审计机关信息化建设指导意见》和晋城市审计局信息化建设要求，

将审计信息化建设列为重点工作并取得进展。2015年，已经联通审计机关内网、布署视频会议系统，充实硬件设备；重视审计人员信息化相关技能的学习、培训，审计人员信息化应用技能得到显著提升。

## 安全生产监督

### 概述

泽州县安监局内设办公室、人事教育培训股、财务股等18个股室，3个中心安监站。下属有县安全生产技术培训中心、县煤矿仪器仪表校正检定中心2个事业单位。2015年，原煤产量完成500.29万吨，占全年预计产量的108.79%，与2014年同期383.77万吨相比增加116.52万吨，上升30.36%；煤炭工业增加值完成95001.16万元，与2014年同期98568.79万元相比减少3567.63万元，下降3.6%；煤炭工业总产值完成148372.19万元，与2014年同期150174.58万元相比减少1802.39万元，下降1.2%。全县共发生各类事故122起，死亡42人，同比起数减少9起，下降6.9%；死亡人数减少9人，下降17.6%。生产安全事故21起死亡23人，未发生较大以上生产安全事故。其中：工矿商贸事故4起、死亡4人，同比起数持平，死亡人数减少2人，同比下降33.3%。道路交通事故76起、死亡38人，同比起数减少11起，下降12.6%，死亡人数减少7人，下降15.6%；其中生产经营性事故17起、死亡19人；消防火灾事故33起，同比起数增加2起，无死亡。煤矿、非煤矿山、农机及其他行业未发生伤亡事故。局长：王广林（6月离职），马占（10月任职）。

### 落实责任

2015年，全县上下以落实安全生产责任为主线，围绕“两会”、“五一”、“十一”以及中共十八届四中、五中、“9·3”阅兵等敏感时期安全生产工作重点，深入开展安全生产大检查、“打非治违”、“安全生产月”、安全生产责任落实年、安全生产五落实“五到位”等活动，多次召开县委常委会、县政府常务会及全县安全生产工作会进行安排部署，解决安全生产重点难点问题，经常性深入有关部门及重点企业调研和督促安全生产工作，形成了党委政府统一领导、部门依法监管、企业全面负责、群众参与监督、全社会广泛支持的安全生产工作格局。一是严格落实“党政同责、一岗双责、齐抓共管”的安全生产责任。按照“党政同责、一岗双责、齐抓共管”的要求，县委、县政府出台《泽州县关于实行安全生产党政同责的实施意见》，各乡（镇）、各部门相应制定了实施方案，牢固树立“红线”意识和底线思维，不断强化以人为本、安全发展理念。县委、县政府实行县领导包乡镇、包企业安全生产责任制，并与各乡镇、安委成员单位签订了安全生产目标责任状，各乡镇、各部门都与所属村（社区）和被监管单位签订了安全生产责任状，形成了“一级抓一级，层层抓落实”的安全生产责任体系。二是落实安全生产监管责任。按照“管业务必须管安全、管行业必须管安全、管生产经营必须管安全”的原则，县委、县政府出台了《泽州县关于进一步明确县直有关部门安全生产监管职责的通知》，全县各乡镇和各部门结合本地区及本行业领域特点，及时出台制定了安全生产监管职责文件，全面落实了属地管理责任、行业部门监管责任、安监部门综合监管责任。三是落实企业主体责任。按照“关口前移、重心下移”的要求，围绕“知责、履职、尽责、问责”四个环节以及企业安全生产责任“五落实五到位”，进一步整顿和规范企业安全生产行为。通过签订安全生产承诺书，督促企业健全安全管理机构，配备安全管理人员，开展安全教育培训，保证安全设施投入，落实责任追究制度，切实把安全措施落实到经营决策、生产计划和生产组织中，落实到每个职工的作业过程中。全县1401个生产经营单位实行了法定代表人或主要负责人安全生产承诺；对9座煤矿、9家危化生产企业和1座油库还实行了领导挂牌责任制。

### 执法检查

一是扎实开展安全生产大检查活动。按照省、市安排，县政府成立了由主要领导为组长，分管副县长、党组成员任副组长，安委会成员单位负责人为成员的全县安全生产大检查工作领导组，全面开展安全生产隐患大排查大整治工作，截至2015年年底为止，全县共检查各类生产经营单位4627个(次)，排查一般事故隐患5203条(项)，已整改销号4613条(项)，其余都已按照整改措施、责任、资金、时限、预案“五落实”要求积极进行整改；查出重大安全隐患25条，挂牌督办25条，已整改销号24条，未整改到位的是晋城市福盛钢铁有限公司1台通用桥式起重机检验不合格，现该公司已停用此设备。二是抓重点领域的排查整治。煤矿方面：突出瓦斯、水害、顶板3个重点，严格执行“五人包保”制度，一年来，共开展执法检查350次，下达执法文书344份，查出各类隐患1025条(项)，已全部整改到位。危化方面：对96家化工企业、3家烟花爆竹批发企业、5个危化建设项目进行了专项检查，检查出隐患580条，已整改完毕467条。未能及时整改的，已督促企业做到了“五落实”。非煤矿山方面：成立排查整治工作领导组，共检查企业50家(次)，出动执法人员250人(次)，查出各类隐患360余条，整改335条，责令停产停业8家(次)，整合关闭4家，其余隐患正在积极整改。冶金工贸方面：重点对11家使用煤气企业进行了排查会诊。2015年，工贸企业安全监管中心监督检查生产经营单位225次，下达现场告知书及复查意见书206份，查出一般隐患360条，整改231项；县安监局检查企业502家次，检查出隐患1100条，整改落实907条，其余正在按“五落实”积极整改。道路和水上交通运输方面：累计组织65个检查组，出动执法人员430余人次，排查企业155家次、管养公路128条次，查出安全隐患107条、整改落实107条，依法办理行政处罚案件152起。交通运输安全生产形势持续稳定好转。建筑施工方面：深入开展春季复工、老楼危楼排查整治、“打非治违”、安全防汛、汽车加气站安全专项整治活动。全年，共组织33个检查组，检查单位278个次，查出各类隐患602条，整改销号590条，其余正按规定时限积极整改。消防安全方面：重点对“三合一”场所、人员密集场所、易燃易爆单位、文物古建筑、旅游景点等进行拉网式隐患排查。全年，共抽查各类单位（场所）667个、发现隐患1121条（处），下发责令改正通知书569份，下发行政处罚决定书19份，临时查封6家，责令“三停”5家，罚款13.45万元。特种设备方面：对295台电梯进行了检查，解决了群众举报的3起电梯隐患；对辖区内的115个锅炉使用单位进行了全面检查，排查出安全隐患21条；对易燃、易爆、有毒、有腐蚀性介质的压力容器（含气瓶）、压力管道及其安全附件等进行了重点检查。累计排查生产经营单位274个次，查出各类隐患107条，整改销号107条。职业卫生方面：对152家冶金建材行业企业开展职业病危害专项整治，完成职业病危害因素检测和评价60家，完成职业病危害项目申报83家，完成年度职业病危害因素检测的73家，60家企业开展劳动者职业健康专项检查。三是加大事故查处和“打非治违”力度。按照“全覆盖、零容忍、严执法、重实效”的总体要求，加大安全生产责任追究的力度，依法追究、严查重处。对兴达铸件有限公司“1·25”机械伤害一人死亡事故单位罚款30万元，个人罚款89954元，13名相关责任人受到党纪政纪处分和行政处罚；对兰花科创新材料分公司“4·17”厂内机动车辆伤害死亡一人事故单位罚款20万元，对事故发生应负重要责任的1人罚上年收入的90%，1人被追究刑事责任、7名相关责任人受到党纪政纪处分和行政处罚；对泽州县双合盛铸业有限公司“7·9”物体打击伤害死亡一人事故单位罚款20万元，对事故发生应负重要领导责任的厂长罚上年收入的90%，6名相关责任人受到党纪政纪处分和行政处罚；对兰花科创新材料分公司年产20万吨己内酰胺一期工程项目，未通过安全条件审查和安全设施设计审查擅自建设罚款50万元；对春晨兴汇拒不执行安全监管监察指令罚款1万元，主要负责人罚款3000元；对大通铸业拒不执行安全监管监察指令罚款1万元，主要负责人罚款3000元。四是强化“四不两直”督察。根据《泽州县关于开展安全生产“四不两直”突查检查的通知》要求，为确保各项活动不走过场取得实效，县委、县政府主要领导亲自带队，采取“四不两直”方式，深入基层一线进行突查检查，及时发现问题、解决问题。截至2015年年底，共组织督察组24个，督察乡镇、部门76个，企业5家，填写安全生产督察表81份，提出加强安全生产工作建议90余条。

## 安全许可

按照保障安全、统一规划、合理布局、总量控制、适度竞争的审批原则，认真贯彻落实烟花爆竹零售点“两关闭、三严禁”要求，逐步推进烟花爆竹零售经营规范化建设，全县烟花爆竹零售点由2013年的220家减少至目前的116家，取缔104家，烟花爆竹零售点的安全条件进一步提高，达到了“六统一”要求，即统一专店、专柜销售（春节期间实行专店销售，淡季可实行专柜销售时）、统一安全管理规章制度、统一安全生产教育培训、统一安全警示标志、统一签订购买合同、统一物流配送。

## 标准化建设

大力推行以岗位达标、专业达标、企业达标为主的安全质量标准化工作，泽州县企业安全生产标准化建设有序推进。泽州县9座煤矿中，王坡煤业达1级标准，西陈庄、坤达、和瑞、锦辰煤业四家达2级；7家危化品生产企业5家已达三级标准，83家危化经营企业76家已达三级标准；10家采石场3家达三级标准；134家冶金工贸企业达到三级标准，4家达二级标准。另外，广泛开展了安全生产示范企业、示范社区、示范村组、示范工地和平安畅通、平安校园、平安农机等创建活动。

## 应急管理

积极推动企业应急救援预案的修订、评审、备案工作，已经备案的煤矿、非煤矿山、危化品、烟花爆竹等企业达到104家。一年来，各单位和各类生产企业也结合本行业企业特点按要求举行各种安全应急预案演练。通过举行各种应急实战演练，进一步充实完善了应急预案，极大地锻炼了应急队伍，提高了处置突发事件的能力。同时，严格执行24小时应急值守制度，畅通信息渠道，确保了紧急情况下快速反应，有效处置事故险情。

## “安全生产月”活动

加强领导，周密部署安全生产月宣传活动。一是县安委会办公室制定下发了《关于开展2015年“安全生产月”活动的通知》(泽安委办字〔2015〕30号)，多次召开协调会议对“安全月”各项具体工作进行了安排部署。二是成立了由县人民政府主管领导为主任，县安监局局长为副主任，县住建局、经贸局、质监局、国土局、交通局、公安局、交警大队、消防大队、食药局等为成员的活动指导委员会，指导、协调各乡镇、部门、企业的活动。三是县长高喜全在5月28日晚在县广播电视台黄金时段发表电视讲话，对开展“安全月”活动全面动员部署。四是从6月1日开始，县广播电视台每晚在黄金时段播放安全生产警示标语。五是各乡镇、各部门和企业按照县安委会的统一部署，结合各自实际，制定了详细的活动方案，开展了各具特色的安全教育活动。

精心组织，相互配合安全月活动扎实有效。各乡镇、各部门和企业紧扣加强安全法治、保障安全生产的活动主题，广泛开展宣传教育、法规宣讲、知识答题、安全培训、职工技能大赛、应急救援演练等内容丰富、形式多样的系列活动，形成政府搭台、部门组织、企业参与、上下联动的活动新局面。一是县安委会于6月16日组织县安监局、住建局、经贸局、质监局、国土局、交通局、公安局、中小局、食药局、交警大队、消防大队、农机中心12个部门在凤西广场举办了询咨日集中宣传活动。市、县政府主要领导到咨询点向过往行人发放宣传材料，参加了万名安监人员安全生产签名活动。县安委会在凤西广场悬挂了安全生产月主题横幅，设立了咨询点。其他部门在各自门前设立咨询点进行宣传。活动期间，各部门悬挂宣传横幅50余条，展出各类安全生产知识展板32块，向过往群众发放各类宣传材料5000余份，出动宣传车2辆，咨询人数达5000多人次。二是周村镇、巴公镇、川底乡、下村镇等17个乡镇在人员密集地点或广场设立宣传咨询点向过往群众发放宣传材料和图册5万余份，展示各类安全生产知识展板17块，悬挂横幅200余条，形成浓厚的宣传氛围。三是开展了“万名安监干部进万家企业”活动，各部门深入各类生产经营单位，现场指导检查、宣读政策法规，进行了广泛的安全生产宣传，进一步提高了企业和从业人员的法律法规知识和危患意识。四是开展了“安全生产责任落实年活动”。各乡镇、各部门和企业认真按照《关于印发泽州县安全生产责任落实年活动实施方案》泽安委发〔2015〕4号文的安排部署，结合实际和各自的工作特点，健全完善工作机制，层层落实责任，尤其是安全生产第一责任人的责任，确保各项措施落到实处，扎实推进“安全生产责任落实年”各项工作。五是开展了企业安全生产主体责任体系五落实五到位宣讲活动。各类企业将《企业安全生产责任体系五落实五到位规定》挂图张贴在醒目位置，企业领导班子全体成员认真学习了规定，并传达到全体员工。企业主要负责人公开向全体员工进行宣讲，就坚决贯彻落实进行表态。六是开展安全生产事故警示教育活动。县安委办制作警示教育片70多套、420余张光盘，宣讲资料150余套。下发至各乡镇、各部门和重点生产单位，各乡镇和各部门还组织干部职工观看了国家安监总局推出的主题片《依法治安和法律重器——聚焦安全生产法》，警示教育片《生命不能重来》《隐患直击》《生产安全事故典型案例盘点（2015版）》。举办安全教育大讨论活动，对照身边的案例事故或典型事故案例进行剖析、分析原因、总结教训、探索规律，增强企业自我防范意识和自主保安能力，采取切实措施防止同类事故发生。煤矿、非煤矿山、危险化学品、冶金工贸、建筑施工等相关企业也积极组织开展了警示教育活动。七是开展《中华人民共和国安全生产法》及相关法律法规知识答题活动。县活动领导组办公室通过在泽州安全网络发放法律法规知识答题试卷，县安监局组织有关人员，利用一天时间，进行统一答题，并将答题人员花名册、试卷、成绩等资料建档管理。各乡镇、各部门和单位也进行了建档。参加人数达3000余人。八是开展了安全生产应急预案演练活动。6月26日，泽州县人民政府在福盛钢厂举办了受限空间和煤气泄漏综合应急演练，7月3日，在巴公和周村分别进行了液化石油气压力管道泄漏和2015年度地质灾害应急救援演练。各乡镇、各部门和有关企业结合各自的特点和工作实际，举办应急管理专题知识讲座，向从业人员提供应急管理政策法规、应急装备日常使用等方面的宣传服务，组织形式多样、内容丰富的现场教育，各类生产企业也按照要求对本企业安全应急预案进行综合实战演练。安全生产月期间，共举办各种大小应急演练40多次，参演人员1200余人。通过演练进一步完善了应急预案，锻炼了应急队伍，提高应急处置能力。

## 宣传教育培训

加大安全教育培训工作。全县17个乡镇安监站111名安监人员分2期参加了省安监局在市里举办的安全生产执法培训，90%以上的人员通过了考试等待领证；聘请专家对泽州县7家危化生产企业900多名一线员工进行了安全培训。重点讲授了防中毒、防窒息知识和自救互救技能。集中组织企业观看事故警示片《重返危机现场——印度毒气外泄事件》，7家企业4500余人接受教育；在冶金等工贸方面，根据不同的企业类型量身定制培训方案，聘请企业一线技术人员、泽泰评价中心评价人员、消防队等人员作为授课老师，共培训2万余人；2015年以来，泽州县安全技术培训中心，共举办各种培训班40余期。其中，煤矿全员培训8家7641人，班组长培训5期435人，特种作业人员培训30期1247人，安管人员再培训4期282人，培训9家非煤矿山从业人员138人；培训7家冶金企业1701人，职业卫生培训2期158人，职业卫生再培训110人，8家危化企业从业人员2919人。通过培训，进一步提高了我县从业人员的素质，夯实了企业基层基础工作。

## 工商和质量监督管理

### 概述

2015年，泽州工商质监部门紧紧围绕县委、县政府“1941”年度工作重点，在服务发展、市场和安全监管、消费维权、质量强县和非公党建等方面都取得了较大进展，为该县“六大发展、富民强县”做出了积极贡献，被县委县政府授予“2015年度目标责任考核优秀单位”“党风廉政建设先进集体”称号，被市质监局授予“2014—2015年度全市质监系统红旗单位”“晋城质监百日行优秀单位”称号。局长：张庆立（女）。

### 商事制度改革

落实了商事制度改革的顶层设计要求。一是全面实施“三证合一、一照一码”改革。通过积极开展宣传，加强业务培训，细化配套措施，完善工作机制，顺利启动“三证合一、一照一码”改革。截至2015年年底，全县共发放“一照一码”营业执照1320张。二是推进名称登记制度改革。对直冠市名的企业实行名称远程核准。三是推进放宽住所条件改革，全面落实《晋城市市场主体住所（经营场所）登记管理办法》，最大限度释放了经营场地资源。商事登记制度改革的推进，促进了全县市场主体持续快速发展，推动了大众创业、万众创新，推进了全县“项目大发展”。一年来，全县新登记各类市场主体共计2983户，较2014年同期增长85.9%。其中，新登记企业571家、个体工商户2222户、农民专业合作社190户，较2014年同期分别增长17.9%、138.6%和5.0%。截至2015年年底，全县共登记各类市场主体累计达12008户，其中企业3063家、个体工商户7522户、农民专业合作社1423户。

### 事中事后监管

企业年检改年报是监管方式的重要改革，信息公示是促进企业诚信自律、扩大社会监督的重要基础。2015年是全面实施企业年报公示工作的第一年。通过加强制度建设，建立工作通报机制，加强政策宣传和工作指导，市场主体能够主动及时按要求开展年报工作，企业年报达到了预期目标。2013年度企业年报公示率达到87.57%；个体工商户年报公示率达到69.3%；2014年度企业年报公示率达到86.73%，个体工商户年报公示率达到71.68%；农民专业合作社年报公示率达到68.6%。同时，加强了对企业年报公示工作的监督检查。对69家被抽查企业公示的年报信息和涉及的即时信息进行了检查，正常的58家，占被抽查企业的84%；对44家被抽查个体工商户农民专业合作社公示的年报信息进行了检查，抽查结果均为正常。确保了年报公示信息的及时性、准确性。

### 消费维权工作

全面履行消费维权重要使命，推进流通领域消费维权和商品质量监管工作。以12315投诉举报平台为依托，全年累计受理消费者申诉（举报）74件，已全部办结，为消费者挽回经济损失15万余元。围绕农资、车用燃油、儿童用品、食品相关产品等重要消费品，开展专项检查，检查市场主体7200余户（次），受理群众有关咨询500余人次，确保了重要消费品质量安全，为创造安全放心消费环境做出贡献。

### 市场监管执法

加强竞争执法和重点领域市场监管执法工作，维护公平竞争市场秩序。持续组织开展反不正当竞争、打击侵犯知识产权和制售假冒伪劣商品、“红盾护农”专项执法、打击广告违法、打击合同违法、打击传销规范直销、治理商业贿赂、寄递物流行业清理整顿等专项行动。全年累计查办各类违法案件93件。与此同时，积极配合有关部门开展安全生产大检查，“扫黄打非”，打击“黑网吧”，治理超限超载，开展清理整顿非法集资等工作，在维护社会稳定经济安全方面发挥了积极作用。

### 特种设备安全

全县范围内现有特种设备生产使用单位286家。面对特种设备安全监管的严峻形势，组织开展特种设备安全监察和专项执法检查，先后组织开展了油气管道、电梯、锅炉“三大战役”和旅游景点、乡镇庙会流动式游乐设施等特种设备使用安全专项整治，加强节假日人员密集场所使用特种设备安全检查。排查特种设备生产使用单位共262家，发现安全隐患96项，下达《特种设备安全监察指令书》75份，已全部整改完毕。特别是在冬季供暖前，对全县供暖企业、泽州一中等单位进行了冬季采暖锅炉安全专项检查，确保了学校、居民能够按时采暖、安全过冬。在中秋、国庆、元旦等重要节日期间，对珏山旅游开发有限责任公司和晋城市月星儿童游艺有限公司等大型游乐设施及客运索道使用企业进行了检查，确保安全运行。通过严格的特种设备安全监管，实现了全县特种设备连续14年安全无事故。

### 质量强县战略

成功组织开展了县长质量奖的宣传发动、申报受理、资格审查、聘请专家、资料评审、陈述答辩、现场核查、公示报批等工作，并组织召开了泽州县“县长质量奖”暨著名商标表彰大会，5家组织和5名个人获得首届县长质量奖，在全市率先完成了“县长质量奖”的评选表彰。在全市首届市长质量奖评选中，县内2家企业和2名个人获得了全市首届市长质量奖。泽州山楂红酒国家地理标志产品，申报资料在国家质检总局受理公示。同时，不断强化检验检测能力建设，省级铸检中心项目建设的开工前期手续基本完成。计量、标准化、认证认可等质量基础工作得到了加强，“质量强县”工作走在了全市前列。

### 商标兴县工作

持续开展“一企一商标”“一村一品一商标”“一县一业一品牌”活动，引导企业注册商标，争创著名、驰名商标，并对获得著名商标和驰名商标的企业进行了表彰。2015年年底，全县拥有注册商标202件，山西省著名商标8件，中国驰名商标1件。

### 非公党建工作

全县共组建非公党总支12个，非公党支部91个，覆盖非公企业1613家，个体工商户5510户，党员514名，基本实现了党的组织和党的工作“两个覆盖”。

### 法治建设

推进“六权治本”，共整理编制出权力和责任清单517项，制定完成权力运行流程图和防控图，并通过了县编办审核。坚持每周五下午法律法规学习培训。规范办案程序，提升案件质量，严把案件核审。注重行政指导，对行政相对人共行政建议115次、辅导61次、提醒78次、规劝39次、警示33次。

### 文明单位创建

加强社会主义核心价值观教育，4名职工入选“晋城市百名德孝模范”，积极开展“文明共建”“结对帮扶”活动，认真开展山西省精神文明单位标兵创建工作，并接受了省文明委的考核验收，已连续四届荣获“山西省精神文明单位标兵”称号。

## 物价管理

### 概述

2015年，泽州物价围绕县委、县政府的中心工作，以稳定市场物价，规范收费管理，加强监督检查，提高服务水平为重点，认真履职，使物价管理、服务、规范持续推进，为全县物价市场价格稳定提供了有力的保障。

### 物价业务

一是突出重点，积极开展价格监督检查。全年共受理各类价格举报7件，所有举报做到了及时答复，即查即办，结案率100%。二是把关严审，着力规范价格收费行为，建立收费目录清单制度，取消2项服务价格，放开17项服务价格，下放6项服务价格。三是严格规程，认真开展价格鉴证认证。全年共办理涉案价格鉴定154起，鉴定金额4132.38万元；办理车物损失鉴定126起，鉴定金额32.33万元。四是加大力度，开展重要商品价格监测。对全县范围内80个蔬菜水果和粮油肉禽蛋及工业消费品市场零售、批发价格进行监测，并形成市场价格分析报告。

### “三项”建设

一是加强党支部建设。积极完善支部制度，加强党员教育、管理和服务工作，扎实开展学习讨论落实活动。二是深入开展党风廉政建设工作。狠抓党风廉政建设责任制落实，加强惩防体系建设，开展“双学双严”党纪条规警示教育月活动。三是不断提升精神文明建设水平。组织文明志愿者参加全县组织的植树活动，开展庆“五一”“五四”职工文体活动，参加老干局组织的竞技麻将比赛，开展“博爱一日捐”活动。提升服务水平：加强宣传力度，采取纸质媒介、电子媒介和活动媒介形式，加强价格法律法规及涉企涉农价费宣传。主动向社会做出公开承诺，自觉接受社会监督。狠抓政治和业务学习，开展“今日我主讲”活动。组织局业务骨干参加省、市物价业务培训。五是深入单位、企业开展医药、旅游市场、供热、物业等价格调研，形成高质量的调研报告。

## 价格分析

2015年，全县全年价格水平处于低位运行，消费价格同比上涨0.8%。分类别看：食品类持平，烟酒及用品类上涨0.1%，家庭设备用品及服务类上涨0.6%，粮食类（大米、面粉）平均价格同比持平，蔬菜类价格全年平均同比上涨5.76%，生猪出厂价格全年平均同比上涨15.25%，鸡蛋出厂价格全年平均同比下降9.99%，黄小米作为泽州县上报省里的特色农产品全年平均价格同比上涨6.54%，但是从10月开始环比下降12.85%、16.60%、17.74%，原粮收购中小麦价格同比下降0.2%，玉米收购价格同比下降9.17%，特别是从8月开始环比下降17.6%、12%、42.86%、30.43%、33.33%，煤炭、生铁、铸管处于低迷运行状态。

## 价格调控

为切实保障该全县2015年春节期间市场物价稳定，根据市政府春节期间市场粮油肉菜优惠供应工作的通知，利用市政府下拨的80万元价格调节基金对春节期间猪肉价格、粮油价格实施了优惠供应补贴。其中，面粉以县经济信息化（县商务粮食局）局下属的各粮站面粉加工企业生产的特二粉为主，低于市场价0.1元/斤，总计供应了75万公斤；食用油是福临门牌大豆一级、金龙鱼牌大豆一级，供应价格为每桶（5升）低于市场平均价5元，总计供应了15万公斤；猪肉供应价格为每斤低于当地市场价1元，总计供应了25万公斤。通过供应工作的实施确保了春节期间市场价格的稳定。

## 价格监测

根据国家发展和改革委制定的《价格监测规定》，对县域的商品、粮油副食品等价格进行了监测。其中省级监测任务一项，黄小米作为该县特色农产品，每月4日、24日各报送销售价格一次，在收获季节9月下旬10月每周二进行上报收购价格，全年共上报30次。粮油副食品价格（食用油、肉蛋禽、水产、蔬菜、水果、副食品）、成品粮价格（面粉、大米、玉米粉、黄豆、红小豆、绿豆）、原粮收购、销售价格（小麦、玉米）、生产资料价格、日用工业消费品价格作为市级价格监测任务，每月上、中、下三旬上报，全年各项累计上报36次。同时结合实际状况该局对泽州县的主导产业生铁、铸管以及煤炭价格作为自选项目进行了销售价格的监测，每月中旬、下旬监测2次，全年共24次。针对近年来生猪以及鸡蛋价格变动幅度大的缘故，又增加了生猪和鸡蛋出厂价格的监测，全年共监测36次。通过及时、全面和科学的价格监测，为该县宏观经济的调控和价格管理提供了准确的信息依据。

## 价格调整

（一）根据《山西省物价局关于取消放开部分服务价格下放部分定价权的通知》（晋价服字〔2015〕70号）文件，2015年3月11日起，取消了农机服务部门组织联合收割机参加跨区作业收取的服务费；放开了会计师事务所服务、资产评估服务、税务师事务所服务、征地服务、房产测绘服务、公积金住房贷款担保服务、公有住房评估服务、产权交易服务、人才交流中心（人才市场）经营性服务、数字证书认证服务、气象专业技术及防雷技术服务、事业单位和社会团体非强制培训、事业单位和社会团体组织短期出国培训和为来华工作的外国人提供培训服务以及组织展览展会等服务、票据清算服务、收养收容遣送服务、省级机关汽车服务中心车辆服务等16项服务价格，实行市场调节价。同时对建设项目前期工作咨询费、工程勘察设计费、招标代理费、工程监理费、环境影响咨询费、省级定价的与此5项服务价格相关联的3000万元以下建设项目前期工作咨询费、施工图审查服务收费、招标文件编制成本费3项服务价格一并放开，实行市场调节价。（二）根据《国家发展改革委、国家邮政局关于放开部分有证业务资费有关问题的通知》（发改价格〔2015〕1126号）文件，2015年6月1日起，国内特快专递资费、明信片寄递资费、印刷品寄递资费和单间重量10公斤以下计泡包裹（每立方分米重量小于167克的包裹）等竞争性包裹寄递资费，由政府定价改为市场调节价。（三）根据《山西省物价局关于降低我省燃煤发电上网电价和工商业用电价格的通知》（晋价商字〔2015〕108号）文件，2015年4月20日起，适当降低了我省燃煤上网电价和工商业用电价格，缓解了相关电价矛盾，促进了煤电价格联动机制和工商业的发展。（四）根据《山西省物价局关于贯彻落实〈山西省人民政府关于促进旅游业改革发展的意见〉的通知》（晋价市字〔2015〕146号）文件规定，从2015年7月1日起，认真落实国有及国有控股A级景区景点门票降价15%的规定，并保持三年不变。该县珏山景区实行了降价15%的门票价格。对于促进景区多元化发展，促进旅游市场繁荣起到了积极作用。

## 价格监管

在市场价格监管，督促经营者加强价格自律方面，以节日期间生活必需品消费、探亲访友出行、住宿餐饮较为集中的特点，加强对相关行业商品和服务价格的监督检查，向各经营者做出了提醒告诫。在净化旅游市场环境，规范旅游市场秩序方面，该局严格按照省、市相关要求，结合泽州县实际，积极开展了旅游市场秩序专项整治活动。在涉企涉煤收费方面，结合泽州县实际情况，按市物价局的部署，认真开展了涉企涉煤收费专项检查。以减轻企业负担政策为主线，对建设、交通、工商等9个单位（其中，涉煤单位4个）2014年以来的收费行为进行了检查。在切实减轻群众不合理的医药费用负担方面，根据省、市通知要求，高度重视、精心组织、周密安排，开展了此次为期半年的药品价格改革后的专项检查工作，进一步巩固了医药卫生体制改革工作成效。通过专项监督检查，该县的旅游市场价格秩序稳定，各涉企涉煤、涉药单位都能够严格执行各项收费政策，无违规收费行为。

## 价格认证

以履行价格行政裁定职能为主线，以提供价格认证公共服务为抓手，积极推动全县价格认证工作创新发展。全年共办理价格鉴定案件162件，总鉴定金额4126.63万元。在涉案物品价格鉴定方面：严格按照涉案物品价格操作规程，认真核对鉴证依据，查找漏洞，做好记录，出具依据充分的鉴定结论。全年共为公安机关办理涉案物品价格鉴定案件150件，涉案金额4090.43万元。在交通事故车物损失价格鉴定方面：积极与县交警大队协商，改进工作作风，保证公安交警部门及时处理事故，切实维护了当事人的合法权益。全年共办理车物损失鉴定案件12件，鉴定金额36.1947万元。

### 价格宣传

围绕价格法律法规、涉农涉企收费政策和价格监测信息等为宣传重点，加大价格宣传力度。在宣传内容上，重点体现在价格法律法规政策以及物价工作动态两个方面。在宣传方式和载体上，主要采取了纸质媒介、电子媒介和活动媒介三种形式。纸质媒介方面，每季度编印一期《价格政策活页》和每月编印一期《泽州县价格监测》，使群众了解物价政策及动态；利用《泽州新闻》，按期刊登价格监测动态，使群众及时了解价格信息；编印《物价信息》宣传物价工作动态。电子媒介方面，主要是利用局物价网站、泽州网、市局网站、电台、电视台等进行宣传，使物价工作得到彰显。活动媒介方面，主要是利用价格法颁布日、“12·4”法制宣传日、县依法行政宣传月、“法律六进”和“价格服务进万家”活动开展宣传，向群众发放涉农收费手册、涉企收费手册以及价费方面的宣传资料及书籍3000余份，现场受理60余人次价格咨询。

### 价格调研

物业收费方面：由于2015年下半年新物业相关政策的实施，该局针对新标准、新政策对该县物业企业、小区业主的影响进行了专题调查走访，采取现场查看、征询企业意见建议、与业主进行交流咨询等形式，对该县辖区内14家物业服务公司进行了调研，基本理清各小区物业公司的服务质量水平，征询到大量对物业现行政策的意见建议，并按照规定针对前期物业服务和成立业主委员会的物业服务分别进行管理，及时督促业主委员会行使管理服务职能，促进广大业主自觉维护合法权益，加大了物业政策的宣传，为物业收费工作打下了良好的基础。旅游价格方面：根据市县关于对旅游市场秩序专项整治及景区门票价格政策执行情况的方案和调研要求，认真部署，对泽州县的旅游市场运行现状进行了认真调研，按省政府文件要求及时落实国有及国有控股景区门票降价15%的规定，针对旅游市场的价格违法行为进行了整改，并提出来相关的建议，为维护旅游市场繁荣、保障游客合法权益起到了积极作用。供热价格价格方面：针对供热价格中的矛盾，根据市发改委《转发山西省物价局〈关于做好供热价格工作有关事项的通知〉的通知》要求，对该县集中供暖企业的基本状况、单位热力成本、供热煤耗、销售价格等情况作了详尽的调研，并根据文件要求就完善供热价格政策、确保供热行业稳定健康发展完成了调研报告。

## 食品药品监管

### 概述

泽州县食品药品监督管理局成立于2002年4月，正科级建制，行政执法机构，为县政府组成部门。2002年4月，组建晋城市药品监督管理局泽州分局，承担本辖区内药品研制、生产、经营、使用全过程监管，为市药监局派出机构，正科级建制，实行省以下垂直管理。2005年1月，增加全县食品安全综合协调职能，挂牌成立晋城市食品药品监督管理局泽州分局，沿袭省以下垂直管理。2011年5月，划归地方政府管理。挂牌成立泽州县食品药品监督管理局，负责全县药品、医疗器械、餐饮服务环节食品、保健食品、化妆品的监督管理。2013年12月，按国务院改革要求，在原基础上组建新的泽州县食品药品监督管理局。负责全县食品、药品、医疗器械、保健食品和化妆品（“四品一械”）的监督管理，同时承担全县食品安全监督管理的综合协调工作。2015年，内设办公室、食品安全监管股、食品市场监管股、药械综合监管股和保健食品化妆品监管股5个股室。局直属事业单位泽州县食品药品稽查队，副科级建制，加挂“泽州县食品药品投诉举报中心”牌子。泽州县药械不良反应监测中心。为股级财政拨款事业单位。泽州县食品安全委员会办公室设在县食品药品监督管理局。承担县食品安全委员会日常工作，负责全县食品安全监督管理的综合协调，推动健全协调联动机制；督促检查各乡（镇）人民政府履行食品安全监督管理职责并负责考核评价；组织有关专家和部门对各乡镇所发生的食品安全事件进行性质认定和相关责任界定。全县按乡镇设立17个食品药品监督管理站。

泽州县食品药品监督管理局成立以来，多次受到上级的表彰奖励。2005年、2007年、2008年被山西省食品药品监督管理局表彰为政风建设先进单位；2007年、2008年被山西省食品药品监督管理局和山西省卫生厅联合表彰为“山西省药品不良反应监测工作先进集体”；2012年和2013年分别荣获“山西省药品安全示范县”和“山西省餐饮服务食品安全示范县”称号；2014年、2015年连续被山西省食品药品监督管理局表彰为“全省食品药品监督管理工作先进单位”。此外，多次被晋城市人民政府表彰为“打假治劣工作先进集体”、“食品安全工作先进集体”，被县委、县政府表彰为“精神文明建设先进集体”“目标责任考核优秀单位”等。局长：翟卫伟。

## 行政许可和备案

县食品药品监督管理局的市场准入设置为食品经营许可、食品生产加工小作坊许可，以及农村集体聚餐和食品摊贩的登记备案。2015年以来，共受理许可申请2082家（其中，餐饮898家，流通1087家，食品小作坊97家），现场验收2900余家（次），办理许可证1889家（其中，餐饮792家，流通1005家，小作坊92家）。食品小摊贩登记备案413家，农村集体聚餐登记备案444家（次）。

## “四化”管理

责任“网格化”。就是将“四品一械”的监管任务以“网格”的形式固定到县乡两级监管人员头上，采取划片分区、任务包干、责任到人、权责统一的方式，实行“以格定责任、以邻相互补、以网同检查”的网格管理机制。乡镇工作站成立之后，县局通过明晰乡镇的监管职能，把繁重琐碎的日常监管任务明确到乡镇工作站，实现了真正意义上的监管力量下沉。检查“格式化”。按照“四品一械”涉及的不同经营业态，确定并推行不同的格式化检查表格。如，生产环节食品监管记录表、流通环节日常监管巡查表、餐饮服务环节量化分级评分表，以及药品、医疗器械、保健食品、化妆品双层监管记录表等。检查过程中，执法人员可以按照表格所列内容逐项检查，现场打分和评定诚信等级，确定监管频次，避免了检查漏项和检查的随意性。管理“痕迹化”。所有格式化检查表格、《现场检查笔录》等日常监管工作中发生的文字性资料均一式两份，由检查人员和被监管单位各执一份。对存在问题的单位，同时出具《监督意见书》，载明整改意见，限定整改期限。围绕不同专项整治，制定相应的自查整改表，要求相关单位按时自查整改并上报。每学期开学前，组织各学校食堂依标准进行自查，并上报自查整改情况。通过痕迹化管理，执法人员可以及时发现漏洞，纠正偏差，进一步强化了责任意识。监管信息化。县食品药品监督管理局早期自主研发了泽州县食品药品监管平台，将辖区所有药品经营企业、乡镇以上医疗机构共170余个涉药单位纳入了在线电子监管系统，各单位药品购进验收、储存养护、诚信评级等与局监管平台通过互联网数据对接，全部实现了动态远程在线监管。当年，通过互联网在线收集全县涉药单位药品购进验收信息27.6万条，系统维护运行良好。2015年年底，为进一步提高食品安全监管效能，又建设开发了系统功能更加强大的食品监管信息化平台。平台主要包括四大系统，即：食品追溯系统、行政审批系统、在线监管系统、公共查询系统。通过这四大系统形成了一个严谨的业务闭环。行政审批系统通过在审批发证的过程中对相关企业进行监管；食品追溯系统则主要管控生产流通过程中的问题；在线监管系统则主要起到配合追溯系统检查、问责的作用；公共查询系统则为广大老百姓提供一个查询窗口，可以实时了解到一些产品的信息。全县55家食品生产企业除2家停产外，全部对食品原料采购及产品销售流向进行了网上录入，初步做到了“源头管理”。

## “四品一械”监管

泽州县辖区内监管企业众多，主要呈现规模小、分布散的特点。据统计，2015年共有监管企业近5000家。其中食品类监管企业3102家.包括生产企业55家，主要以面粉厂和水厂为主(共37家)，食品加工小作坊80家，餐饮企业932家(大中型51家，学校职工食堂198家，小餐饮683家)，食品流通单位2034家(批发230家，零售1804家)。药械类监管企业772家，包括药品生产企业2家，医疗器械生产企业2家，药品批发企业2家，药械经营企业106家，药械使用单位660家。此外，还有数量庞大的食品流动摊贩、农村集体聚餐及无证小卖部，约千余家。食品生产环节开展调研、审查一体化监管。对照《28类食品生产许可证审查细则》，按照工艺流程，逐户开展审查式监管，以书面形式提出整改意见，并跟进落实整改结果。通过调研、审查、监管一体化检查，准确把握食品生产环节安全风险防控点，确定重点监管环节，明确高风险企业4次、中风险企业2次、低风险企业1次的年度监管频次要求。2015年，共完成对晋城市晋大农牧产业有限公司等8家高风险企业进行监督检查49家(次),对泽州新昌食品加工厂等17家中风险企业进行监督检查78家(次),对泽州县双丰农业发展有限公司等30家低风险企业进行监督检查79家(次)。食品流通及餐饮服务环节,采取“大兵团作战”监管模式,实行“先纳入再提高”工作思路。各业务股室、稽查队与乡镇监管站变“格”为“网”,化零为整,按照既定工作安排,分三步开展地毯式排查整治。首先,上门宣传,向食品经营户发放食品安全宣传页,引导他们规范守法经营。其次,靠前服务,限期办证,由执法人员对各经营户进行上门指导,提出整改意见并限期办证。最后,对限期不整改或不办证的从严打击。2015年,县食品药品监管局依托“大兵团作战”方式,集中规范农村食品经营小、散、乱、差现象,重点完成制售“三无”食品、熟肉制品、乳制品、学校及周边食品安全等多项专项整治行动。各乡镇主要街道、大型住宅社区、旅游景区等地,超市、餐饮持证率由不足60%提升到95%以上,食品生产加工小作坊持证率由25%提升到92%,基本完成了“纳入监管”的基础目标。药品医疗器械监管方面,重点推进新版GSP的贯彻实施工作,促进药械经营企业管理水平上台阶。根据新版GSP要求,新认证企业增加了计算机信息化管理、仓储温湿度自动检测、药品阴凉储存、冷链管理的设施设备,引入了质量风险管理、体系内审验证等理念和管理方法,提高了企业负责人、质量负责人以及质管、验收、养护等岗位人员的资质要求,进一步强化了企业质量责任意识,提高了风险控制能力。2015年,全县104家药品经营企业,通过GSP认证的100家,其余4家正在积极申请认证中。保健食品化妆品监管方面,突出监管重点,着力规范市场经营秩序。2015年,组织开展了保健食品非法添加、虫草类保健食品和制售“三无”食品和假冒伪劣药品突出问题等多项整治行动。明确超市保健食品专柜和化妆品专营店为重点单位,企业进货查验和索证索票为重点环节,孕妇儿童用保健食品、防晒、祛斑、染发类化妆品为重点品种,严格按照“格式化”检查开展日常监管。

### 案件稽查

县食品药品监督管理局加强与公安、检察及法院的沟通联系,健全落实联席会议机制、案件移送机制、联合办案机制,有效解决行政机关监管手段不足,对违法犯罪行为查不实、打不死的问题。同时对案情复杂、执行困难的行政案件提请检察机关提前介入指导,确保案件办理合法合规。县食品药品监督管理局积极联合公安部门对辖区内涉及李某生产销售假醋案的116家食品经营户进行了立案处罚,对其中拒不履行处罚决定的3家食品经营户由泽州县人民法院进行了强制执行,对违法犯罪行为起到了极大的震慑效果。2015年,共查处违法违规案件107起,其中,食品案件87起,药品医疗器械案件12起,化妆品案件3起。执行罚没款39万余元。

## 盐政管理

### 概述

泽州县盐政管理站成立于1998年11

月。位于泽州县南村镇（通达汽车检测中心院内），是泽州县的盐业行政主管部门，内设办公室、稽查科、业务科、财务科、工会、销售部。2015年，站长：姬才林。主管辖区内的盐业工作，具体履行辖区内的盐业管理、食盐专营和盐政执法职能。与泽州县盐业公司是“一套班子、两块牌子”、职能分设、合署办公。泽州县盐业公司。是泽州县唯一食盐专营主体，负责辖区食用碘盐、多品种盐、工业用盐、畜牧用盐及其他用盐的供应工作，隶属于泽州县供销合作联社。

### 执法检查

盐业市场检查该站始终把文明执法、规范行为体现在执法中，树立理性执法意识，做到文明执法、文明用语。对于违法贩销私盐的惯犯予以重点整治，从严从重处理，对于违法行为轻微的，则以批评教育为主，处罚适度。重点加大了与河南边界接壤的偏远乡镇、山村的检查，坚决堵截省外私盐的流入。与其他县市接壤的乡镇，做好日常巡查。并坚决采取“大查季度头，小查天天有”的方式，在全县组织开展了“春查、夏打、秋治、冬管”的涉盐违法行为的专项活动。2015年，该站内抓管理、艰苦奋斗、扎实工作，全体稽查人员上下一心，保持了泽州盐业市场的稳定，各项工作取得较好成绩。全年共出动盐政稽查人员640人次，稽查车160辆次，行程2.3万公里。确保了合格碘盐供应和广大人民群众的身体健康。维护了泽县盐业市场的稳定，严厉打击了私盐贩子的嚣张气焰，巩固了专营阵地。

### 开展大型宣传咨询活动

“3·15”消费者权益日及“5·15”碘缺乏病宣传日是县盐政管理站每年固定的现场宣传活动。活动现场设立了宣传台，现场解答消费者咨询、受理消费者投诉；设立假冒伪劣食盐曝光台，由执法人员现场讲解识假、辨假知识，接受群众咨询。面对前来咨询盐政法律法规知识和辨别真假食盐技巧的消费者，站执法人员微笑服务，热情接待，耐心细致地进行普法宣传，详细讲解真假食盐鉴别知识，增强了消费者对食盐专营法律法规的了解，提升他们识假、辨假、防假的能力。2015年，共发放各类宣传资料1600多份，接受群众咨询500余人次。

### 食盐安全示范村建设情况

根据晋城盐务分局部署的2010年盐务工作重点，在县政府的支持下，同年4月30日，县政府办公室给全县各乡、镇政府、县直及驻县各有关单位下发了《关于积极开展“食盐安全示范村”创建活动强化盐业市场监管的通知》。文件的下发，为该县创建“食盐安全示范村”明确了目标、职责，指明了方向，起到了积极的推动作用。为落实文件要求，形成多方参与、齐抓共管的食盐安全局面。积极与各乡镇政府及村委联系宣传食盐安全。强化各村食盐安全工作。保障每个村民都能摄入安全、放心的食用碘盐，确保村民的用盐安全。对达到了“食盐安全示范村”要求的村授予“食盐安全示范村”称号。截至2015年年底，已挂牌的食盐安全示范村达到36个。“食盐安全示范村”创建工作还在逐步审批验收中。

# 工业经济

## 经济和信息化建设

### 概述

2015年，面对全国经济下行压力持续加大和泽州县国有企业生产经营遇到了前所未有的困难，企业流动资金紧张，经营亏损，为进一步落实中共十八届三中全会做出的《中共中央关于全面深化改革若干重大问题的决定》，努力实现国有企业从“管资产”到“管资本”的重大转变，县政府于2015年3月9日成立了县企业国有资产监督管理领导组，成员包括县政府办公室，县经信局，县财政局，县人力资源和社会保障局，县国土资源局，县审计局，组长由县长担任，领导组办公室设在县经信局。2015年5月28日，县政府第四十一次常务会议审核通过《天泰公司章程（草案）》，讨论通过《泽州县企业国有资产监督管理暂行办法》，并于2015年6月16日以泽政办发〔2015〕40号文件正式下发。2015年县经信局局长：范德瑞。

### 节能降耗

2015年，面对全县化工、钢铁等高耗能行业的能源消费量比重逐年增加的严峻形势，在县委、县政府的领导下，紧紧围绕节能降耗积极开展工作，通过贯彻落实国家有关节能降耗优惠政策，有效推动工业绿色、循环、低碳发展，促进工业转型升级，2015年万元地区生产总值能耗同比下降3.4%，“十二五”时期万元地区生产总值能耗比“十一五”期末五年累计下降16%，固废利用率达74%，全面完成晋城市节能领导组下达给泽州县的目标。(一) 节能技术改造。在钢铁、水泥、化工、铸造等行业按照工信部的节能技术推广试用目录，推广使用先进的节能技术，实现废气、余热、废渣的回收利用。截至2015年年底，福盛钢厂利用余压发电，高（转）炉煤气回收燃气发电约2.31亿度，双蓄热式轧钢加热炉改造技术降低了综合能耗，实现了循环利用；山水合聚水泥利用余热发电约0.6亿度；春晨兴汇、大通铸业、金秋铸造这三家公司的高炉煤气全部用于铸管退火；兴达铸件使用一拖二中频炉替代传统中频炉，清慧使用真空熔炼炉替代传统中频炉；山西兰花科创新材料分公司年产20万吨己内酰胺每年产生的炉渣5万余吨，可以作为兰花公司纳米项目的生产原料，被全部消化；兰花集团年产50万吨纳米新型材料项目可利用巴公工业园区化工厂排放的中水和二氧化碳气体可作为纳米复合材料项目生产用水和原料气，纳米复合材料项目排放的石灰渣、粉煤灰和园区内其他企业的钢渣、煤渣等又是工程无机棉项目的原料，工程无机棉项目的燃烧炉气又循环为纳米复合材料项目的生产热源，纳米复合材料项目生产的生石灰是光学极PMMA模塑料生产用除湿剂。(二) 淘汰落后设备。2015年对年用电在1000万千瓦时以上的企业开展电机能效提升专项监察。对重点企业在用电机情况进行排查，并要求企业根据工信部电机能效提升计划（2013—2015）的具体要求，做出了能效提升计划，督促企业按计划逐步淘汰落后低效电机，使用国家推广的高效电机设备。在8家省千家企业淘汰2003年前生产的低效电机7071.9千瓦，推广使用高效电机7000千瓦。(三) 开展能效对标活动。对照国家先进值，针对企业现状，分析问题，找出原因，制定切实可行的实施方案。重点实施节能与综合利用工程，从生产源头、过程控制、终端产品3个环节入手，使用先进节能技术、改造升级生产工艺装备，提升工业能源资源利用效率。

## 煤炭生产

### 概述

2015年，县煤管局认真贯彻中共十八大和十八届三中、四中、五中全会精神以及习近平总书记关于加强安全生产工作的重要指示精神，牢固树立以人为本、安全发展的理念，全面强化红线意识，围绕“122345”工作目标，扎实做好安全生产各项工作，推动全县安全生产形势持续平稳发展。全年原煤产量完成500.29万吨，占全年预计产量的108.79%，与2014年同期383.77万吨相比增加116.52万吨，上升30.36%；煤炭工业增加值完成95001.16万元，与2014年同期98568.79万元相比减少3567.63万元，下降3.6%；煤炭工业总产值完成148372.19万元，与2014年同期150174.58万元相比减少1802.39万元，下降1.2%。2015年局长：马占。

### 安全生产

全县煤炭行业实现安全生产无事故，连续多年保持了平稳的发展态势。首先是对全县煤矿春节停工停产放假工作进行了安排部署，明确了建设矿和生产矿具体的停产放假时间（建设矿2月4日，生产矿2月10日），对煤矿放假前后的具体工作进行了安排部署，并函告公安局对全县煤矿火工品进行了封存；其次协助县政府办及时印发了全县煤矿2015年度节后复工复产工作实施方案，明确了具体的复产复工时间（生产矿井2月22，建设矿3月6日），为确保该县煤矿早复产，早动手、早安排，积极提供服务，于正月初四及时启动有关复产复工程序，并组织公安、国土、工会、人设等部门对条件成熟的煤矿进行了联合验收，确保了全县煤矿的复产复工进度和质量。三是以开展“忠诚岗位、敬业尽责”安全责任落实年活动为主线，督促各单位进一步健全安全生产责任体系，全面落实煤矿企业安全生产主体责任、主体企业安全生产管理责任以及政府部门的安全监管责任。企业层面，督促各煤矿签订安全承诺书，将安全责任层层分解到各基层、各队、各班组以及每一名职工头上，严格执行矿领导入井带班制度，通过手指口述、现场指导演示、现场操作等形式，促使所有人员上标准岗、干标准活。主体层面，督促主体企业严格按照规定履行安全管理职责，充实完善安全管理机构，真正将责任落实到了人头。监管层面，明确了局领导和职能股室的安全监管职责，实行局领导包片制度，与各中心安监站和五人包保小组签订了安全目标责任书，进一步明确检查频次，并严格考核，同时严格推行煤矿安全生产“四不两直”暗查暗访工作制度，确保了对所辖的煤矿的安全监管。

## 矿井建设

泽州县地方监管煤矿9座，其中，生产矿井4座（王坡、坤达、西陈庄、和瑞），整合在建矿井4座（锦辰、岳南、华阳、永丰），缓建矿井1座（中岳）。市局下达的目标任务，和瑞煤业完成各项竣工验收和转产验收，锦辰煤业联合试运转正在办理延期手续，积极准备工程质量认证、消防、职业卫生、环保等单项验收工作。王坡煤业达省级一级标准，西陈庄煤业、坤达煤业、和瑞煤业达省级二级标准。

## 安全宣传活动

结合“安全生产月”活动和“12·4”法制宣传日活动，督促煤矿大力开展安全理念更新塑造、安全大讨论、观看警示片、技术比武、知识竞赛、亲情培养等活动，加强煤矿安全文化建设，营造“要我安全向我要安全的转变”。

## 安全监管、隐患排查、专项检查

一是狠抓监督检查。以安全生产隐患大排查大整治和“打非治违”为主线，开展了春季安全大检查、应急预案专项检查、安全生产大检查、为期两个10天的紧急安全大检查、防治水专项检查、“一通三防”专项检查、机电运输专项检查和汛前地质隐患排查、打非治违法专项行动、“四不两直”专题突查、民爆物品专项检查、“9·3”阅兵活动期间的安全生产大检查、中共十八届五中全会期间的专项检查、安全质量标准化专项检查、瓦斯示范矿井专项检查、管理标准专项检查等十余次专项检查，每次检查都有安排、有部署，对机电、防治水、安全质量标准化等专业性比较强的项目聘请专家进行检查，共累计排查各类隐患600余条，检查形式主要采取日常查、联合查、聘请专家查，检查的问题已经责成煤矿按照“五落实”的原则进行整改落实。二是规范用工管理。以从业人员年检和审核备案工作为推手，在全县煤矿逐步规范劳动用工管理，实现从业人员准入达标与素质提升稳步推进，杜绝层层转包承包非法违法劳动用工等行为。采取“听、看、查、询、评”的办法，对全县地方煤矿劳动用工进行专项检查，进一步推动和加强煤矿企业劳动用工管理工作。三是深入打非治违。严格按照省、市、县关于开展“六打六治”工作方案，认真组织开展了全县煤矿打非治违专项行动，以整顿和规范煤矿安全生产秩序为重点，采取突查、夜查等“四不两直”方式，集中打击整治当前泽州县地方煤矿非法违法生产建设行为，治理纠正违法违规违章作业行为，监督煤矿落实安全生产责任制，建立煤矿安全长效机制，努力形成依法办矿、依法管矿、依法治矿的良好格局。

## 技术改造

大力实施科技创新和开展技术革新，组织企业多走出去看看，采纳一些在煤矿方面比较成熟的经验和做法，采用先进的有效的采煤方法和技术，完善各种设备安全保护装置，提高设备安全保护系数，从而提高煤矿本质安全技术管理水平。王坡煤业在瓦斯治理方面聘请沈阳煤科院专家进行专项治理，装备千米钻机，大大提高了瓦斯防治能力。截至2015年年底，煤矿固定资产投资完成9412万元。

## 应急救援

督促煤矿进一步加强矿山应急救援基地和矿山救护队伍建设，加强应急救援装备管理，储备必要的救援物资，配备适用的先进设备，建立快速有效的应急处置机制，所有煤矿都至少组织开展了一次全员应急演练，如火灾演练的、顶板事故演练的、水灾演练等。通过演练，认真进行总结，寻找不足，同时加大救护设施、设备的投入，加强救护队员的素质培训，强化管理，刻苦训练，提高救护队的整体救援能力。

## 经营管理

一是提升产量。2015年以来，全县煤矿经济运行存在严重的疲软下滑，在确保安全、杜绝超能力生产的前提下，确保产量和效益，全年完成煤炭产量714.3万吨。二是规范秩序。综合利用煤矿生产能力核定、工程煤量核定、煤源购销合同、产量监控系统、原煤产量统计、煤炭纠察执法、源头治超检查等手段，结合督察、突查、夜查等多种形式，开展了煤炭经营秩序整顿，检查覆盖面100%，营造了公平的市场环境。三是稳定市场。督促主体企业强化动态管理，分析研判市场，巩固开拓用户；推进洗煤厂建设，增加洁净煤产量，提高煤炭附加值；加大精细化管理考核，降低成本，提高效益；积极推进全省煤炭经济稳定运行协商机制，加强全县煤炭销售调控和管理，动态稳定煤炭价格，积极配合省市维护煤炭行业利益，促进煤炭生产有效增长。

## 行业监管

一是严格落实“四方责任”。进一步明确并督促主体企业、建设单位、施工单位、监理单位的安全责任，强化建设矿井的安全管理。二是规范施工现场管理。统筹抓好单位工程开工建设、施工进度、施工顺序、隐患治理、施工队伍管理，规范建设行为。加强对施工现场的管控，在各建设矿成立工程质量监督部门，全程对施工方质量行为、实体工程质量、工程技术资料、标准建设、对标达标等进行跟踪监督管理，不断提高建设工程质量。三是助推项目大发展。积极应对煤炭行业经济下行压力，深入包联的晋煤天安公司、泽州煤运、天泰煤业和车寨项目部，了解企业诉求，掌握项目进度，摸排当前存在主要问题和制约发展的瓶颈，解读相关政策，解决实际困难、化解矛盾纠纷，帮解发展思路，全力推动项目建设突破性发展。

### 人才培养

及时组织各主体企业和煤矿企业参加全省煤矿安全文化建设培训班，主体企业参加2人，煤矿企业参加1人，各矿按照培训计划进行培训；组织煤矿开展安全知识竞赛和技术比武活动，在井下现场进行实地操作，营造了煤矿职工比学赶超的良性氛围。

### 产业转型

坚持以思想转型为先导，以企业转型为基础，以延伸循环为重点，开发新项目，发展新产业，构建新业态，推动行业发展总体转型。坚持立足县情、理性选择，市场导向、科技创新，扬长避短、突出特色，延伸拓展、优化提升，大力发展煤炭衍生产业和非煤产业，形成煤炭、旅游、彤康食品、动漫产业多元支撑的产业体系，促进煤炭产业转型发展。

## 电　力

### 概述

国网泽州县供电公司位于晋城市经济开发区，担负着晋城城区、泽州县、开发区的工农业生产、人民生活、市镇建设及冬行业、各部门的供电任务。截至2015年年底，管辖设备有35千伏变电站9座，主变16台，93300千伏安：35千伏开关站1座，10千伏开关站6座；35千伏线路17条，121.368公里；10千伏线路124条，总长1769.639公里；10千伏配变2649台，总容量516.529兆伏安；2015年售电量达18.65亿千瓦时。近年，公司保持了快速发展的良好势头，先后荣获“省级文明和谐单位”、省直工委“先进基层党组织”、山西省“五一劳动奖状”、山西省劳动竞赛“集体一等功”、“山西省优秀企业”、山西省电力公司“双文明单位”、山西省电力公司“电网先锋党支部”、晋城市“五一劳动奖状”、泽州县委县政府服务经济建设特别贡献奖“、经济技术开发区“先进单位”、市公司“电费回收竞赛优胜单位”等荣誉称号。

### 主要指标完成情况

2015年，完成电网投资3209万元；售电量完成18.65亿千瓦时，同比增长2.81%，超计划488.55万千瓦时；线损率完成4.94070，比计划降低3.06个百分点；平均电价完成610.15元／千千瓦时；市场占有率完成99.09%，超计划0.07个百分点；电费回收率和上缴率完成100%。截至2015年12月31日，实现安全长周期7462天。

### 安全生产

认真学习贯彻新安全生产法，扎实开展“安全管理提升”“安全生产月”“安全先锋行”

等系列活动，结合“五大”体系建设、“二十四节气表”工作法、业务流程梳理等重点工作，全面梳理安全工作流程，理清安全管理责任界面，健全安全生产保证体系和监督体系。认真组织开展县供电企业安全性评价自评工作。按照省、市公司的要求，从综合安全、电网安全、设备安全、工程建设安全、供用电安全、作业安全、信息交通消防及防汛安全7个方面432项条款对公司安全工作进行了认真的自查，共查出问题58项，并按照“贵在真实，重在整改、旨在提高”原则，针对性制定整改措施，不断消除本企业存在的隐患和原则，针对性制定整改措施，不断消除本企业存在的隐患和薄弱环节。扎实开展“除隐患、查漏洞、保供电、提服务”隐患排查治理工作，对两网改造现场、春检现场、小型作业现场、交通安全、消防安全等方面进行安全隐患大排查。共发现缺陷隐患113项，其中，隐患99项，缺陷14项，并对隐患进行积极整改。定期开展反事故斗争和安全大检查，大力推进施工现场作业标准件化建设，加强各类施工现场的安全监管，结合“安全先锋行”和党员自愿认领活动现场，全年监督现场61处、258人次，查处违章行为20起。积极宣贯《山西省电力设施保护条例》，大力开展电力设施保护工作，共砍伐线路保护区内各类树木1万余株，制止线下建房、大型机械施工、挖方取土、外力破坏等各类违章行为69处，电力设施运行环境进一步改善。扎实开展煤矿等高危行业安全供电隐患排查治理工作，查处用户用电安全隐患327户，并下达安全隐患整改通知书积极进行整改。全力加强保电工作，圆满完成了“两节”、“两会”、高考、中考、中秋、国庆、抗战胜利70周年阅兵等保电任务。全面加强信息网络、消防、交通、治安等安全管理工作，保持了全方位安全生产的良好态势。

## 电网建设

结合全市经济社会发展总体规划及晋城市电网发展规划，完成泽州电网“十三五”滚动规划项目编制上报工作；配合市公司完成泰阳220千伏输变电工程、鲁村35千伏输变电工程投运送电；完成金匠220千伏输变电工程、谷堆头110千伏输变电工程、城南110千伏站增容工程顺利开工建设；完成35千伏柳泉、玛琅变电站增容改造工程负荷转移工作；完成2012年农网升级改造工程结余资金调增项目，共计改造46个台区。完成2015年农网改造工程项目，共改造新建台区38个（23个村），改造10千伏线路9.76公里。积极开展低电压整治专项工作，对35千伏大箕变电站全站技改，35千伏玛琅、大阳、晋庙铺3台电容器改造；改造10千伏配电线路2条，台区类13项，42个台区，共治理低电压用户2853户。并适时完成了西上庄、北白、原家街等线路的迁改，配合和保障了市政和重点工程建设进度。

## 供电管理

在经济形势下行及政府对环境违法企业关停影响下，积极开拓电力市场，全年共受理新装、增容报装申请206户/155兆伏安，完成送电158户/105兆伏安。紧盯营配贯通进度，加强营销数据核对，完成2693台专变、1200台公变营配一致性核对工作；完成823户高压用户电网GIS挂接建模工作。查处窃电和违约用电4户，追补电费32.75万元；加强线损管理，处置电能计量装置异常、故障3起，追补电量22.12万千瓦时。加大用户资产接收力度，累计完成用户资产接收1019万元；强力推进合表用户打开，累计打开合表用户1.68万户，超计划完成全年任务。深化同业对标管理，强化考核，实现相关业务整体提升。

### 供电服务

全面落实“三个十条”，认真学习市公司编制下发的《供电服务投诉典型案例手册》及《国家电网公司供电服务奖惩规定》《国网山西省电力公司供电营业厅服务管理规定》等相关制度及要求，坚持客户需求导向，制定首问负责制实施细则，扎实开展供电服务内查外访专项行动，积极推行业扩报装“一证受理”，客户满意度不断提高。加大投诉举报管理力度，将投诉举报处理纳入纪检监察工作范畴，全面加强投诉举报人员责任追究和跟踪督办力度。公司领导班子成员包片分组、定点联系，定期深入基层站所进行工作调研和服务督查，同时加强抄区负责人服务沟通能力的培训，着重服务意识培养和提升，加大抄区负责人与辖区客户的联系力度，努力将问题解决在当下，化解在基层。深入开展电费回收和营销农电现场安全“双查”活动，累计完成1148个现场、60个高危及重要用户隐患排查，处理隐患8处。大力实施用户欠费风险预控措施，有效规避电费风险达980余万元。积极开展节能及电能替代工作，完成电能替代1359.45万元，增加售电收入942.17万元。持续畅通分布式光伏电源并网服务通道，提升服务质效，全年累计完成18户分布式光伏电源并网，并网容量123.4千瓦。积极开展供电所三年规划（2016—2018），扎实推进川底、大东沟、北义城标准化示范供电所建设工作，完成了犁川标准化营业厅和北石店营业厅建设工作。持续加强行风建设，主动接受社会监督，行风评议继续保持领先。

## 城镇集体二轻工业

### 概述

在泽州县的经济发展史上，城镇集体经济曾占据重要一笔，特别是二十世纪七八十年代，其发展到了鼎盛时期，全县经济总量她占据了半壁江山，就连享有全国“五小工业”美誉的晋城也靠她鼎力支撑。然而，在90年代汹涌的市场大潮冲击下，泽州县城镇集体经济企业纷纷停产倒闭。2015年年底，全系统15家企业中，仅一家地面企业生产，其余全部停产，最严重的金属厂现在已经没有厂址了。全系统共有1378名职工，在职的804人中，有715人下岗，700人靠低保生活；退休的574人中，有269人没有参保，享受县政府发放的困难生活救助。下属4家企业259人参加了养老统筹，其中3家欠费，截至2015年年底，累计欠缴约661万元。

泽州县城镇集体联合社同时挂泽州县二轻工业局的牌子，是泽州县城镇集体经济企业的管理部门。2015年，紧紧围绕保增长、保民生、保稳定，按照全县总体工作布局，积极应对煤炭市场疲软、经济下行压力增大、资金极度紧张等不利因素，齐心协力闯难关，实现经济发展平稳增长，职工收入稳步提高，困难职工生活水平大幅改善，全系统总体呈现和谐稳定的发展态势，为“十三五”规划全面建成小康社会打下了坚实的基础。负责人：李振河。

### 经济发展

坚持做大做强煤炭企业。天户煤矿90万吨机械化矿井建设如期达产达效，形成了强大的经济拉动力；地面企业积极探索特色化转型发展之路。中原信号公司凭借铁路信号系列产品抢占市场，顶住了经济下行压力，是系统内目前唯一在产的地面企业。“十二五”期间，全系统工业总产值完成17.6亿元，工业增加值完成10.6亿元，销售收入完成15.2亿元，实现利润1.74亿元，上缴利税3.71亿元，为全县经济发展做出了贡献。

### 民生保障

进一步转变工作作风，深入企业一线和职工家中，着力服务基层群众。认真执行社会保障政策，努力协调提高保障待遇，民生保障工作不断推进。“十二五”期间，会同民政部门累计发放低保金1312.29万元，发放额由2011年的人均每年2219元增长为2015年的4600元，翻了一番还多；会同县工会为退休困难老职工发放救助金461万元，救助金额由最初的每人每月260元增长为2015年年底的320元；帮助系统内困难职工申报大病救助56人次，共领取救助金23.2万元，有效缓解了患病职工的困境，让大家切实感受到党和政府的温暖。

### 党建工作

深入贯彻“党要管党、从严治党”要求，积极开展“保持共产党员的纯洁性学习教育活动”“党的群众路线教育实践活动”“学党章、守纪律、转作风专题教育月活动”“学习讨论落实活动”等主题教育活动，狠抓党风廉政建设“两个责任”的落实，坚持把规矩和纪律挺在前面，进一步引导全体党员干部职工汲取深刻教训，自觉践行“三严三实”要求，驰而不息纠“四风”，坚持不懈抓规范，持之以恒转作风，机关工作纪律和工作作风明显转变。

## 民营经济

### 概述

2015年，面对错综复杂的经济形势，泽州县民营经济管理局带领全县中小微企业认真学习中共十八届三中、四中、五中全会精神，深入贯彻国家、省、市、县稳增长的政策措施，牢牢把握“稳中求进”的总基调，积极应对经济下行压力，抢抓机遇，提振信心，整体表现出稳中求进的发展态势。“十二五”期末即2015年年底，全县民营企业总数共发展到9968家，其中，一产1138家，二产1472家，三产7358家；按企业划型标准分，大型企业1家，中型企业113家，小型企业2196家，微型企业7676家（包含个体工商户）；规模以上民营工业企业29家；有科技型小微企业30余家。从产业集聚上讲，基本形成了以福盛钢铁为代表的钢铁产业；以清慧制造、天巨重工为代表的装备制造业；以硕阳光电、科通电子、景柏服饰为代表的新兴产业；以彤康食品、伊健食品为代表的农副产品加工业；以兰花国际物流和月星广场为代表的现代服务业；以微云传媒、全企科技为代表的电子信息产业；以娲皇玉、泽州铁器、珏山文化创意产业园、聚寿山景区为代表的文化创意和旅游等多元发展、多极支撑的产业格局。从社会效应来看，全县中小企业、民营经济占据全县80%的地区生产总值，提供38%的财政收入，吸纳86%的就业人员，贡献80%的农民人均纯收入。全县中小企业、民营经济已成为县域经济发展的主要动力，财政收入的重要来源，扩大就业的有效途径和民生改善的重要力量。局长：樊玲（女）。

## 经济指标

1—12月，全县民营经济增加值完成176.1亿元，同比增长1.18%；总产值完成366.3亿元，同比增长1.26%；营业收入完成460.2亿元，同比增长1.6%。从指标完成上看，受经济下行影响，各项指标增幅与上年同期相比有所回落；从企业运行看，整体呈现出“增速放缓、效益下滑、运行艰难”的特点。（一）主导产业生产形势依然严峻。截至12月，钢材产量完成298.9万吨，同比持平；吨价2080元，同比下跌800元左右，环比下降120元，市场价格继续下行，触底企稳现象仍未显现；生铁产量完成335.5万吨，同比增长1.9%，吨价1600元左右，同比下降450元，维持三季度行情；铸件产量完成59万吨，同比下降3.9%，吨价4000~15000元，同比小幅下降；铸管产量完成83.7万吨，同比降低7.5%，普通管吨价2700元，小口径管和大口径管吨价3900元，同比下降200元左右，市场行情持续低迷。受经济下行和需求不旺等外在因素影响，冶铸企业不同程度限产，呈现出“量价齐跌”的现象。（二）企业持续增效难度加大。总体上看，在实现利润、上缴税金等方面，绝大部分民营企业都有不同程度的增长，但在融资成本、用工成本居高不下，以及主导产品价格持续低迷的情况下，企业盈利空间大幅收窄，特别是钢铁、冶炼、低端铸造企业利润甚微，有的甚至倒挂。从泽州县重点监测的28家民营企业运行情况看，截至12月底，9家企业出现亏损，亏损面39.1%。（三）小微企业对民营经济的拉动逐步增强。通过深入贯彻国家扶持中小微企业发展的系列优惠政策，有效激发了小微企业的创业创新能力。1—12月，全县农林牧渔业增加值完成6.2亿元，同比增长12.8%，其中，以“鲁村纯酿酒”“山里泉蜂蜜”代表的特色农副产品逐步开拓市场，销售业绩客观；以伊健食品、晋大奶业为代表的系列产品相继进入“政府早餐工程”和“助学课间补餐工程”，产值效益明显提升。1—12月份，全县三产服务业销售收入完成65.8亿元，同比增长11.8%，对民营经济的拉动作用逐步增强；以月星广场、信合义乌、“乐村淘O2O”、微云传媒、太行娲皇玉、泽州铁器为代表的现代服务和文化创意产业，充分利用“互联网+”现代信息技术和电商平台大数据资源，实施精准营销，拓展发展空间，逐步形成县民营经济新的增长点。

## 发展环境

一是推动政策落实。认真贯彻落实“国十条”、省政府“企业减负60条”、市政府“企业减负20条”等文件精神，整理印制了《扶持中小微企业发展政策汇编》，充分利用广播、电视、中小企业微信平台等网络媒体和基层小微企业服务站，将这些优惠政策宣传到企业、贯彻到基层。二是兑现政策措施。切实打通政策落地的“最后一公里”，推动各项政策落细落实、见到实效。制定了《2015年度县级中小企业发展专项资金使用计划》，完善了“助保金”“聚力贷”管理办法，拟定了《关于发展和利用资本市场的实施意见》等配套措施。三是培塑创业典型。先后召开了“潜力企业、潜力产品、潜力人才”创新发展座谈会、青年创业报告会，成立了青年创业商会，举办了首届青年创业项目大赛，并对10个创业创新项目、20个创业典型项目、20新创小微企业项目，分别给予8万元、5万元、2万元的表彰奖励和项目扶持；通过县电视台《青年创客访谈》、泽州新闻报《青年俊彦》等栏目及时宣传全民创业的经验做法和创业兴业的成功典型，积极营造“大众创业、万众创新”的浓厚氛围。

## 重点项目建设

紧紧围绕县委、县政府“项目大发展”活动主题，积极推进“六位一体”的跟踪服务。按照市中小企业局下达的11亿元固定投资目标要求，重点监测了32个民营企业投资项目建设。截至12月底，固定投资完成10.38亿元，占年度计划98%，尤其是小微企业项目投资异常活跃。其中，列入全市中小系统重点监测的15个重点民营项目，累计完成投资6.6亿元，占年度计划的85%，建设进度次序推进（南村皇辉铸造、巴公新绿园、LNG液化天然气和CNG压缩天然气加气站、金村新中原、锦绣鑫源5个项目已投产运营；其余10个项目均按计划加紧建设）。在17个小微企业投资项目中，宏伍铸业、锐锡铸造、佳宇铸造的机制井盖项目分别完成投资2000万元、1500万元和1000万元；山西乐达食品速冻肉加工项目、高都富祥乙炔站丙烷生产项目分别完成投资1200万元和800万元。32个民营项目全部投产达效后，将实现新增营业收入35亿元、利税5亿元，新增就业岗位1.5万个。通过加大对在建、续建、落地工程的追踪力度，研究推进措施，优化投资结构，提高投资质量和效益，增强了发展新动力，形成了发展新引擎。

## 创业基地

为有效解决小企业初创阶段普遍存在的规模小、布局分散、产业层次低、用地难、融资难等问题，全县重点抓了1个省级和2个市级创业基地建设。截至年末，锦绣鑫源基地累计完成投资达到2600万元，3月份顺利通过省级基地认定；新中原基地累计投资达到2300万元，综合楼正在进行室内装修，新上网络运行平台“线上订购、线下服务”运行逐步规范；巴公来村基地累计投资达到8000万元，招商中心室内装修接近尾声，即将投入试运营。在已运营的2家基地中，入驻企业达到40余家，提供就业岗位500余个。经过不断探索和实践，创业基地的孵化功能正在凸显，帮助更多的创业者实现了“拎包创业”。通过多层次搭建创业载体，有力推进了全民创业工程，全年新创实体企业453家，新增个体工商户2000余家，新增就业岗位5200个；通过实施中小企业成长工程，加大培育力度，开展重点帮扶，落实奖励政策，推动了顺邦混凝土、清慧胜凯车轴、炬坤生物3家“小升规”培育对象规范升级，推动了顺盛建材、美虹钢构、金工铸业等“小巨人”培育对象做大做强，形成了层次分明、分类培育、整体推进的发展格局。

## 企业融资

针对企业“融资难、融资贵”的问题，全县认真贯彻落实省、市、县金融振兴推进大会精神，切实支持实体经济发展。一是创新融资模式，化解融资矛盾。通过完善服务机制，简化贷款流程，扩大融资规模，“助保金”“聚力贷”两项业务先后为20余家民营企业累计解决资金约3.5亿元；积极协调县财政和人社部门，先后为520个新创业者提供创业贷款近5000万元；通过启动政府5000万元的“还贷周转金”，为29家企业提供搭桥资金36笔，周转使用还贷资金3.09亿元，帮助企业周转贷款4.84亿元。不仅解决了中小企业倒贷难的问题，而且有效化解了企业互保、联保的金融风险。二是引导企业上市，鼓励直接融资。积极打造政府、银行、企业、市场“3+1”的融资模式，通过健全和完善“上市资源后备企业管理库”，深入开展专业化培训和动态监测，推动更多潜力上市挂牌。2015年度末，兴达铸件已完成尽职调查；清慧胜凯车轴已与中介服务机构成功签约；二十八宿影视相继完成资产评估、产权确认、增资扩股等前期工作，拟在上海股权托管交易中心E板上市。三是完善资本市场，引进股权资金。县政府出资1000万元，入股“晋城市红土创投基金”。创投资金投入运行后，将优先扶持我县的铸造产业园区、科技型企业、精密铸造以及文化创意产业等领域中具有成长潜力的优质中小企业和项目，切实加快我县产业转型升级步伐。

## 公共服务

泽州县以加快中小微企业服务体系建设为重点，努力提升公共服务水平。一是认真贯彻落实《国务院关于扶持小型微型企业健康发展的意见》(国发〔2014〕52号) 文件精神，按照省、市中小企业系统关于加快服务体系建设的相关要求，率先在全市建成“1+17”中小企业公共服务体系，完成了县级综合服务平台基础设施建设，实现了乡镇小微企业服务站“全覆盖”。努力为全县中小企业提供政策咨询、创业辅导、项目融资、市场营销、人才培育、法律维权等方面服务。二是充分利用清慧制造的产品研发、检测检验、模具制造和人才培育中心，积极推进“泽州装备制造特色产业窗口平台”建设，努力在“产品研发、检测检验、技术推广、设备共享、技术咨询、人才培训”等方面，为行业企业提供公益性、普惠性、专业性服务，引领和带动装备制造业上档升级。三是加快省级中小企业公共服务示范平台建设。县中小微企业服务中心对全县近万家企业进行了服务需求调查，先后为360余家小微企业提供“一站式”服务。至2015年年底，正积极与全省11个地市综合服务平台和18个产业平台互联互通，实现“省市县乡”四级联网。

## 人才建设

紧紧围绕省局“3个1”小微企业经营者素质提升工程和市局民营企业人才建设工作

重点，我县中小企业系统全面实施“5326”民营企业人才培训计划。一是结合县委、县政府“惠民实事——农民工5000人次岗前培训”，以“政策解读、全民创业、税赋减免、企业稳岗、技能提升”等为内容，联合国税局开展了“惠民工程”和“便民春风行动”培训，全年共开展“订单式”培训52期，培训人数5243人次；二是推荐五谷养生、荣尔飞电器等6家企业董事长分别参加了在北京大学和中国人民大学举办的高级研修班；组织兴达铸件、科通电子等93家龙头企业的215名管理人员参加了市局举办的经营理念及管理技能培训；成功举办了“山西省2015小微企业管理人员装备制造专题培训（晋城）班”，培训学员100余人；三是出台了《泽州县2015年度民营企业专业技术职务任职资格评审工作安排意见》。11月，牵头县人社局等职能部门联合开展了民营企业专业技术职务任职资格评审工作，共有51名专业技术人员通过本次任职资格评审。通过开展以上工作，促进了素质教育与产业转型共同推进，形成了人才建设服务经济发展的良好态势。

### 对外交流

一是坚持开放融合，实施联合创新。积极引导民营企业与科研院所和大型集团进行产学研交流合作和协作配套，研发新工艺、引进新技术、开发新产品，拓展新市场。如清慧制造积极引进技术和扩大交流合作，投资100万美元，在迪拜设立贸易公司，输送出口汽车、工程机械、轨道交通等零部件，进一步拓展海外市场；兴达铸件从丹麦引进迪沙水平自动化造型线，每年可提升产量2.5万吨，新增销售收入4.4亿元；金工铸业新开发了机器人底座、转盘、大臂和RV机器人减速机铸件产品，从国内20余家协作配套企业中脱颖而出，成为日本帝人制机、广东数控、格力空调等大型企业的零部件首选供应商。二是扩大对外交流，实施牵手共赢。组织企业积极参加各种会展、技术交流等活动，先后组团赴厦门、广州、深圳等地进行了项目对接。在第十二届中国国际中小企业博览会上，太行娲皇文化发展有限公司与深圳晋善美文化发展有限公司达成区域销售代理协议；山西微云推客泽州微盟分公司分别与吉林通化正和药业、山东青岛星火电子商务有限公司达成代理和加盟意向，金额高达66亿元；在深圳招商项目推荐会上，太行娲皇文化、五谷养生科技2家企业与深圳山西商会成员单位共同签署“产品销售区域代理意向书”。通过参加各类专业性展会，使泽州县中小企业开阔了发展眼界，增加了合作机会。

## 招商引资

### 概述

泽州县招商局为泽州县人民政府授权主管全县招商引资和经济技术协作工作的直属事业单位。其主要职责是：（一）贯彻执行国家、省、市和我县关于对外开放、招商引资工作的法律、法规和方针、政策；宣传介绍国家、省、市及县的产业政策、投资环境和经济信息，负责全县对外开放、招商引资方面的对外宣传和信息发布工作。（二）拟定泽州县招商引资的发展战略和规划并组织实施；编制泽州县投资环境、投资指南等有关对外开放、招商引资方面的文件、资料。(三) 负责国内外经济合作代表团来访和企业到县开展招商引资活动的联络、协作和接待工作，承办县政府招商引资代表团组团出访；协调指导各乡镇及其有关部门开展招商引资工作，组织招商引资专业人员培训。(四) 负责全县招商引资项目的征集、筛选、整理、统计、汇总、编印和信息发布。负责全县招商引资动态项目数据库的建立和管理。(五) 组织、承办及参与国内外举办的各类投资洽谈会、展览会；组织项目单位同投资客商进行项目对接、招商考察、宣传推介等各类投资促进活动；对重点签约项目进行跟踪督查、协调服务、促进项目尽快落地。(六) 参与商会、协会的交流与合作；为国内外投资客商的来访或考察提供市场调研资信调查、投资环境、政策等法规和协调联络等各方面的咨询服务工作。(七) 建立全县招商引资及经济协作信息网络并对外发布信息，加强与国内外的信息交流，掌握招商引资和经济协作动态。(八) 参与协调处理全县外地投资企业所反映的各类问题和投诉，帮助解决在日常经营活动中遇到的各类问题。(九) 对全县招商引资年度任务进行分解、督察、统计、考核和通报。负责全县招商引资相关数据统计、情况分析和汇总上报。局长：马习智。

## 区域合作

面对持续经济下行，招商引资工作成为地方政府一项非常重视的工作。为了吸纳经济发达地区的资本、技术、人才、项目来促进本地区的经济健康发展，加强区域合作势在必行。10月13日，县政府党组成员李广同代表泽州县与深圳市山西商会签署了“委托招商合作协议书”；太行娲皇文化发展有限公司和五谷养生科技有限公司与常务副会长武浩敏共同签署“产品销售区域代理意向书”。11月1日，由深圳市政协原副主席程科伟带队的深圳企业家代表团应泽州县之邀前来参观考察，就产业发展进行了对接洽谈和举行签约仪式。考察中，深圳企业家就意向合作项目与泽州县进行了广泛交流。随后，泽州县分别与深圳市企业家联合会、中国电子信息行业联合会深圳分会、深圳市特种行业协会签订了战略合作协议。12月18日，应祁县人民政府和中国商业史学会的邀请，泽州县组团参加了中国商业史学会万里茶道专业委员会工作会议暨茶商之都祁县学术研讨会。经双方友好协商，签订了共同发展、政府间不定期互访、促进经济文化的交流合作、加强旅游合作、搭建经贸合作平台等协议。

## 外出招商

2月5日，该县在河南省郑州市隆重举办了旅游项目招商推介会。县委常委、宣传部部长王丽等领导参加了此次旅游项目招商推介会。5月12日，2015晋粤产业合作项目推介会在广州举行。泽州县组团参加了此次推介会。5月18—20日，泽州县组团参加了在湖北武汉召开的第九届中国中部投资贸易博览会。7月28日，泽州县招商考察团由县政府党组成员李广同带队赴北京、辽宁丹东开始了为期6天的招商考察。8月4日，县长高喜全带着如何加快金村新区建设和城东物流园区建设等课题，组织县住建、金村镇等单位和相关企业，赴浙江、江苏、山东等三省四地进行了学习考察。9月1日，招商局工作人员代表泽州县参加了在吉林长春召开的第十届中国——东北亚博览会。9月8日至11日，2015厦门国际投资贸易洽谈会及投资论坛会在福建厦门隆重举行。副县长李仲明、县政府党组成员李广同带领县中小企业、招商、部分乡镇及相关企业参加了此次洽谈会。10月13日，山西泽州（深圳）招商项目推介会在深圳举行。县长高喜全，县委副书记王野萍，县委常委、副县长张庆民，县政府党组成员李广同等领导出席本次活动。11月26日—27日，根据市政府统一安排，在市长刘润民带领下，县委书记赵新年、县政府党组成员李广同随市考察团赴深圳开展招商引资活动。12月25日，县长高喜全带领县政府办、发改、经信、财政、住建、水利、林业、招商、山西天地王坡煤业有限公司、山西泽州天泰能源有限公司等部门和相关企业赴河北保定和北京，就晋城市路宝汽车铝部件制造有限公司改制、长河经济带发展、大阳古镇开发、丹河生态治理深度合作和开展国家新型城镇化综合试点工作等事宜进行沟通、考察、洽谈。

### 网络建设

网络招商能利用成本低的优势满足本地招商引资、对外宣传、扩大开放的需要，满足社会各界及国内外投资者投资需要，满足对招商引资项目信息查询与咨询的需要。为此，泽州县招商局加大网络建设力度，及时进行了更新，加强了动态管理，为招商工作的健康发展提供了保障。县招商引资网栏目设计如下：《项目储备》——围绕泽州县产业发展的规划和布局，立足县内装备制造、农业、旅游等优势资源，科学谋划、重点筛选、论证和储备了一批产业链长、市场前景好、社会贡献大的优质项目。《政策法规》——提供国家、省、市、县关于促进、规划、引导招商引资工作健康发展的办法、政策、法规等。《名优产品》——为客商提供泽州县的由权威部门认定，具有一定生产规模和区域特色优势、产品质量好、知名度高、市场占有率和产销率居同行业先进水平的产品。《泽州概况》——包括泽州简介、地理位置、区位优势、产业优势、产业导向、自然资源、历史文化、旅游风光等。还有《通知公告》《最新动态》《热点新闻》等。

## 工业园区

### 巴公装备制造工业园区简介

巴公装备制造工业园区始建于2003年，2006年1月被山西省经贸委确定为“第一批山西省示范工业园区”，2008年6月被山西省发展循环经济建设资源节约型社会工作领导组确定为“省级循环经济试点园区”。园区规划面积41平方千米，是一个以装备制造、煤化工、钢铁、新型材料为主的综合工业园区。园区分为北区和东区，北区位于泽州县巴公镇境内，约23平方千米，东区位于泽州县北义城镇和高都镇境内，约18平方千米。2015年，在镇党委、镇政府的正确领导下，园区管委会紧紧围绕全县中心工作和各项目标任务，认真贯彻中共十八大和十八届三中、四中、五中全会精神，进一步解放思想，调整思路，开拓创新，积极进取，狠抓各项工作的落实，较好地完成了年初确定的各项工作目标任务，实现全镇经济大发展。(一) 园区基础设施建设扎实推进。2015年以来，园区基础建设共投入资金2674万元，重点抓了以下基础设施建设项目。一是华达街前期规划设计；二是巴公河上游段整治；三是民生路北段通车；四是小微园区外围基础设施配套。(二) 园区项目建设实现较大突破。立足“建大园区、引大项目”，全年工业园区共引进亿元以上新建、续建项目个，总投资达到30亿元。(三) 园区招商引资效果显著。充分发挥该镇已形成的装备制造特色产业优势，大力推进园区招商，在2014年园区项目建设取得重大进展的基础上，今年又有武汉新鑫投资有限公司年产100万吨环保建材及中下游产品、武汉华盛达有限公司新型材料生产项目等3个亿元项目签约入区。同时，为进一步调动招商引资的积极性，对《巴公镇制造装备工业园区 (项目入区及优惠政策暂行规定》有关条款，结合工作实际，进一步修改完善，有力地推动了园区招商工作。(四) 区内企业经济运行质量良好。园区现有20家企业，生产运行基本平稳，2015年完成固定资产投资16.2亿元，实现生产总值55亿元，税收3.5亿元。

## 南村工业园区简介

南村工业园区规划面积700亩，位于晋城市主城区西南部，西侧距207国道约400米，东侧距金鼎路约600米，交通十分便捷。是泽州县结合晋城市“一区六园”建设，按照政府引导、市场运作、企业为主、滚动发展的原则，规划建设的四个工业园区之一。按照以高新技术产业为主的清洁型工业区的发展定位，截至2015年已引进硕阳光电、天巨重工、科通电子、景柏服饰四家企业在园区落户。晋城市硕阳光电有限公司年产700兆瓦太阳能光伏产业垂直一体化项目，于2010年9月开工建设，项目总投资10亿元，规划占地150亩，其中一期投资2亿元，2015年已开始生产，安排就业1000余人。项目的建成，对进一步推动区域产业结构调整起到积极的促进作用。山西天巨重工机械有限公司煤机装备制造项目，于2010年3月开工建设，总投资1.8亿元，规划占地100亩，其中一期投资1.1亿元，现已投入生产，2015年，工业总产值达8700万元，上缴利税380万元，项目达产达效后，可实现年销售收入2.9亿元，利税0.5亿元，安排就业1000余人。2015年，公司可年产拥有自主知识产权的CMM2-18液压锚杆钻车80台、SGBY620/40移动式刮板输送机40台、CXMY2-36岩巷钻装锚机组30台，是山西省煤机装备制造行业的重点企业。晋城市科通电子机械有限公司年产3000台电子衡器和5000平方米LED显示屏项目，于2010年3月开工建设，规划占地20亩，项目总投资6000万元，已投入生产，2015年实现销售600万元，上缴利税35万元，安排就业300余人。山西景柏服饰有限公司年产27万件 (套) 服装项目，于2010年10月开工建设，项目总投资8000万元，规划占地30亩，已开始投入生产。2015年工业总产值达2400万元，税收80万元，安排就业900余人。项目建成后，公司将以科技含量高、经济效益好、资源消耗低、环境污染少的科技绿色环保理念，更好地适应服装业全球化竞争的新局面。

### 周村工业园区简介

周村工业园区位于泽州县周村镇和阳城县北留镇交界处，是晋城市规划建设的六大工业园区之一，是以煤为基、一体两翼、电化联动、循环发展的省级示范工业园，规划范围为1.2万亩，其中园区核心有效工业用地约5000亩。辐射面积5000亩(南堰、川河、李堰、河村、周村)，镇区面积2100亩，核心园区涉及周镇周村、河村、岸村、下河、苗庄5个行政村，共8个自然村。由山西天泽煤化工集团股份公司和晋煤集团高硫煤洁净利用循环经济工业园组成。山西天泽煤化工集团股份公司煤气厂项目一期建设规模为年产50万吨氨醇(含24万吨合成氨、26万吨甲醇)、40万吨尿素(简称“50·40”项目)，工程占地面积523.1亩，概算投资14.2亿元，实际投资11.5亿元。一期已于2008年投产，2015年生产尿素可达45万吨。二期天泽化工“40·60”项目2016年将全面投产，标志着天泽集团主要产品达到年产180万吨合成氨、300万吨尿素、30万吨甲醇生产能力，产值突破50亿元，就地转化煤炭约100万吨，新增就业岗位800个，尿素产能占国内总需求量的5%，居“国内20个具有核心竞争力的大型氮肥企业集团”之列。晋煤集团煤高硫煤洁净利用循环经济工业园，是周村工业园区的重点项目，已于2010年奠基，按照总体规划、分布实施的原则，“十二五”至“十三五”期间先建设一期项目，即：高硫煤洁净利用化电热一体化示范项目和百万吨甲醇制清洁燃料（MTG）项目。截至2015年年底，项目脱盐水、循环水、污水处理主体土建施工基本完成。110千伏变电站主体完工，主要设备安装就位。锅炉装置土建主体结构完成，锅炉本体已安装就位。空分装置土建完工，设备安装完成80%。气化装置混凝土框架主体完成，正在进行钢结构施工与设备安装。变换、低温甲醇洗、甲醇合成装置土建主体基本完成，正在进行设备基础施工与钢结构安装。煤贮运装置正在进行转运站、干煤棚等土建施工。MTG装置中央控制室主体完工，正在进行设备与工艺管道安装。完成投资56亿元。项目建成投产后，在国内乃至世界范围将极具影响力。与此同时，国家投资集团，沁河能源等多家国家大中型企业也有意落实周村工业园区。

## 重点企业

### 泽州天泰能源有限公司简介

山西泽州天泰能源有限公司是由泽州县政府于2009年7月出资成立的煤炭重组整合主体企业，公司注册资本2亿元。下属煤矿企业5家，分别为全资子公司3家(锦辰煤业、坤达煤业、岳南煤业)；控股子公司2家(和瑞煤业、西陈庄煤业)；参股企业2家(泽州县农商银行、兴唐煤业)；生产规模由重组前的261万吨增加到420万吨(其中锦辰煤业120万吨/年、岳南煤业120万吨/年、坤达煤业90万吨/年、西陈庄煤业45万吨/年、和瑞煤业45万吨/年)；地面企业3家，分别为：路宝公司、珏山公司、坤达磁材(已停产)。董事长：张广庆，总经理：孔庆祥。

经营情况：(一) 煤炭企业。2015年，煤炭企业完成产量184万吨，实现营业收入5.62亿元，完成工业增加值3.79亿元，两生产矿井（西陈庄、和瑞）实现利润4498万元，上缴税金1.08亿元，单位平均售价330元/吨。具体如下：①锦辰煤业：生产基建煤62万吨，实现营业收入1.37亿元，上缴税金627万元，单位售价250元/吨；②岳南煤业：生产基建煤3.68万吨，实现营业收入716万元，上缴税金47万元；③坤达煤业：生产原煤46万吨，实现营业收入1.61亿元，上缴税金3229万元，单位售价360元/吨；④西陈庄煤业：生产原煤44万吨，实现营业收入1.65亿元，实现利润4046万元，上缴税金5450万元，单位售价386元/吨；⑤和瑞煤业：生产原煤28万吨，实现营业收入9135万元，实现利润452万元，上缴税金1149万元，单位售价367元/吨。(二) 地面企业。2015年，两地面企业实现营业收入1.26亿元，累计亏损4383万元，上缴税金154万元。具体如下：①路宝铝轮：完成63.7万件，实现营业收入1.16亿元，上缴税金116万元，单位售价20.87元/公斤；②珏山旅游：接待游客12.21万人，实现营业收入930万元，上缴税金37万元。

建设情况：2015年累计支付7326.2万元，项目累计完成投资8亿元，项目累计支付5.8亿元。和瑞煤业投入生产；锦辰煤业实现了联合试运转；岳南煤业二期工程开工建设。

安全生产：2015年实现安全生产无死亡，重伤事故、轻伤事故不超目标计划，安全隐患条数同期明显下降，安全质量标准化按计划达标，职业安全卫生健康水平明显提高。2015年面对煤炭市场持续下行的压力，公司在县委、县政府的正确领导下，在市、县各级主管部门的大力支持下，全体干部职工的共同努力下，紧紧围绕年初确定各项目标任务和要求，以降本增效、提质优化、防范资金风险为重点，以改革创新、规范运行、强化管理为抓手，以践行“三严三实”和开展“五项活动”为引领，调整工作思路，落实干实责任，不坐、不等、不靠，克服各种困难，沉着应对，共渡难关，基本实现了企业安全生产建设经营平稳运行。

一是狠抓责任落实。始终坚守安全生产这条不可逾越的“红线”，全面落实“党政同责、一岗双责、齐抓共管”的要求，年初与各子公司主要负责人分别签订安全、经营、党建三个目标责任书，推行效能激励、奖罚兑现，目前年度考核已纳入下周工作日程。二是狠抓安全管理。深刻汲取同煤姜家湾和市、县安全事故教训，严格按照上级要求，抽调各行业专业骨干，煤矿、地面一条线，以安全大检查活动为常态，以瓦斯、顶板、防治水、消防、危化等为重点，以“四不两直”、随机突查为抓手，全年集中检查221次，共查出各类问题隐患914条，且全部归零闭合；我们还以典型事故分析会为推手，强化各级安全意识与责任，昨天的坤达透水事故分析就收到很好的教育效果。三是强化安全基础。精心组织开展“安全生产月”活动，通过安全咨询、警示教育、主题宣誓和演讲等活动在公司上下大力营造浓厚安全氛围。各煤业公司也积极夯实安全基础，确保安全生产落在实处。锦辰煤业完成了职业病防护设施设计专篇变更和人车系统改造，目前已经具备了省二级标准化矿井的验收条件；

西陈庄煤业以强化应急值守、应急演练和处置工作为重点，通过应急培训、专题讲座培训900余人次，并购置安装了兼职救护队员体能训练器材。

优化矿井设计，精准建设投入。面对部分生产矿井采掘失调、资源零碎，建设矿井爬坡过坎的严峻形式，主动作为，依然取得了来之不易的成绩。一是优化生产争产量。我们针对各煤业公司的不同实际，"因材施教"，精心优化设计，调整生产布局，坚持抓好季度、月度采掘接替计划管理，力争实现采掘生产均衡稳定。针对坤达煤业条件较差的块段或工作面，及时对工作面的生产情况进行跟踪预测，超前安排，改进复采工艺，力保生产采掘不断档。二是优化项目保质量。针对部分建设矿井工期延期、建设资金紧张的困境，成立了资金、工程、人员三个工作指导小组，每周召开项目推进会，在建设进度和资金使用上严格落实责任、紧盯关键环节，确保各项工程保质保量按期完成。目前和瑞煤业已投产半年，锦辰煤业转入联合试运转，岳南新的设计方案得到批复。三是优化服务保发展。年初，公司领导班子成员结合各自分管工作，拟定调研课题，明确调研方向，解决具体问题，化解资金风险，为企业解除燃眉之急。针对岳南矿井建设进度慢、投资需求大的难题，公司多次召开专题会议，指导帮助其拟定了《岳南煤业攻坚解困加快建设行动方案》，力保矿井建设按期建成运行。

强化降本增效，量化细化指标。如何降本增效是面临当前寒冬的最有效手段之一。(1)树立降本增效意识。公司通过座谈会、安全例会等广泛进行宣传，使公司上下正确认识企业目前所处的经济环境和市场形势，增强职工大局意识、责任意识，树立过"紧日子"的观念，形成公司上下全员参与成本管理，人人关注降本增效的共同意愿。(2)严格细化指标。为了全面实现降本增效工作，各子公司对各项成本进行深入分析，并层层分解指标，制定有效保证措施。公司多次组织对各子公司降本增效工作进行督促指导，并要求各子公司每月上报降本指标完成情况，多次召开成本分析专题会议，落实对标挖潜、降本增效指标，使降本增效工作落到实处。(3)建立内部审计。在公司的督促和帮助下，各子公司相继成立了内部审计科室，对生产经营、工程结算、安全投入等方面进行了细致梳理，通过加强内审管理，进一步强化各子公司内部监督与风险管控，完善符合企业发展的全面风险管理体系，为各企业健康持续发展奠定基础。各企业也积极在成本管控方面想办法，上措施。坤达煤业进一步推行"阳光采购"，把好"成本关""计划关""审批关""检验关"，在保障安全生产的前提下，最大限度节约生产成本；路宝公司10月成立了成本核算科，对领用材料实行定量核查制，大大降低了生产成本。

深化改革，规范管理。公司按照关于深化国有企业改革的指导意见要求，以激发企业活力、提升企业实力为目标，逐步启动和推进公司规范化运作管理。一是健全公司职能。2015年8月《公司章程》正式出台后，积极制定完善相关规章制度，至2015年年底董事会、监事会议事规则、总经理工作细则和子公司章程已经完成初稿；与此同时对公司各科室工作职责、管理制度、岗位职责等进行了重新修订，编印成册，为今后实现母子公司有效对接、规范运作奠定基础。二是提升综合素质。2015年公司积极与太原理工大学合作，全面推行以“每月一讲提素质，月末考试验效果”为内容的内部学习制度，对全体职工在专业知识、业务技术、经营管理等各方面进行了系统培训，至2015年年底已累计培训128个课时，并将10%的绩效工资与学习效果挂钩，激发职工自我提高。三是推进规范管理。在逐步完善组织管理、安全生产责任、技术管理和隐患排查治理体系的同时，随着煤炭主管部门部分审批权利的下放，公司对各类重大事项审核、备案工作做到慎之又慎，进一步明确了审批标准、流程、时限、责任部门等，确保各项审批工作的严把关、细审定。

寻求合作，外延联盟。通过内部管控和外部合作的战略不断提升企业的管理水平和运行质量。(1) 着力内部提升。公司指派专人深入基层企业，从生产管理、成本管控、销售经营等多方面进行指导和帮助，通过积极提供信息需求、拓宽销售渠道等措施，进一步激发了企业活力，各企业亏损持续下降；(2) 主动谋划发展。本着互惠互利、合作共赢、盘活国有资产的原则，以人才管理、技术装备、资金运作等生产要素的优化调配为出发点，以长河经济带的合理开发和珏山大景区的组建为契机，对外积极推进与中煤科工、徐矿集团、河北立中的合作洽谈，对内以坤达磁材厂房租赁与晋韵堂完成初期合作。(3) 互动寻求机缘。在公司职工下乡驻企锻炼的同时，公司以减员增效、提质分流、创业就业、职工稳收为目的，探索尝试出台了《职工轮岗和创业分流就业的实施意见》，通过与多家市内知名企业协商创业和职工自主创业相结合的办法，实现企业减负、职工创收。

以人为本，维职利益。面对经济下行的实情，我们积极把维护和保障广大职工利益作为工作重点，全年未发生大规模信访事件。(1) 力保企业稳定。各煤业公司尤其是建设矿井为了保障职工最基本收入，在科学合理地对部分职工进行分流安置的基础上，多渠道筹资解决职工基本收入保障。公司积极与多方沟通协调，为岳南煤业筹资3000万元以解欠薪困局；向县总工会筹资近百万元将对困难企业职工给予救助。通过细致工作，最大限度赢得了职工的理解和信任，促进了公司的健康稳定。(2) 带头主动降薪。面对经济效益欠佳的实情，公司各级领导主动降薪，在2014年总公司内部累计降薪5次的基础上，2015年高管层再次平均降薪20%以上，中层平均降薪10%，而职工工资维持不变（且平均工资略有上升），最大限度的保障了职工的工资稳定。(3) 畅通诉求渠道。把职工思想工作和解决当前困难结合起来，团结职工、依靠职工共同担当；积极开展职工合理化建议和调研活动，拓展职工参与企业管理渠道，多方努力、凝聚众智，维护企业的和谐稳定；建立矛盾预警机制，关口前移、多方了解、及时发现、协调解决。

党风廉政建设：公司紧紧围绕全年党建工作计划，以中共十八届三中、四中、五中全会精神为指导，严格落实“党要管党，从严治党”的工作要求，积极开展了“党的群众路线教育”“学习讨论落实”“六权治本”“三严三实”

等专项教育，并深入学习贯彻县委书记赵新年讲话精神，以“五项活动”为主线，以“提振精气神、全力抓发展”为目标，进一步提升公司广大干部素质，营造良好环境，激发干事热情，有力地推动了公司各项工作顺利开展。(1)“三严三实”增动能。面对煤炭产业运行态势跳台下滑、生产经营效益困难、安全资金风险加大、干部职工思想波动等叠加的突出矛盾，通过深入践行“三严三实”，广大党员干部，特别是主要领导干部，做到了思想上不滑坡、信心上不松套，把“严”的要求，“实”的作风贯穿到了各项工作的全过程，确保了企业的安全规范健康发展。一是深入学习提高，思想上严要求。公司党委按照县委的阶段部署要求，在学习习近平总书记系列重要讲话、党的群众路线教育和学习讨论落实活动中，始终联系公司实际，深刻剖析汲取发生在身边的正反两方面经验教训，以多形式学习讨论领会，常学深学，学以致用，让广大党员干部能够树牢理想信念，保持本色要求，严以立身做事并予以贯之。二是建立完善制度，工作中严标准。公司党委对现有制度认真的梳理、完善、建立和调整，从严细入手把制度和规矩摆在每个干部的案头，贯穿于工作和生活的言行之中，并要求公司上下做到严标准建章立制，严标准落实执行到位。三是敢于担当，履职中求实效。针对近年来煤炭市场的严峻形势，从党建、安全、经营等方面细化分解责任，严格刚性落实，坚持以问题为导向，实施一企一策，一事一议，精准发力，紧盯市场走势，不断分析解决出现的矛盾和问题，扎实把清单明责，强控精算，产销增收，降本增效作为生产经营企业的主题；把多措融资，控制风险，优化项目，精准投入作为建设矿井的主题，以两个主题作为主要抓手，努力在煤炭行业困境中安全前行。(2)“五项活动”提效能。通过深入开展“五项活动”，进一步提升了公司广大干部素质，转变了工作作风，真正激发了公司及子公司广大党员干部的凝聚力和战斗力，有效促进了企业安全生产健康稳定。一是解放思想促实干。通过“思想大解放”。让每一位党员干部充分认识到公司目前正处于各类困难多发、矛盾相互叠加的特殊时期，真正把精力放在干事业上、把才干用在促发展上、把功夫下在抓落实上，实现公司上下集思广益，深挖内潜，风雨同舟，共克时艰。二是排查矛盾促稳定。在公司范围内开展全方位、多角度的矛盾纠纷大排查，并对各类问题，逐项分离登记在册。当时能化解的立即安排专人化解；一时无法解决的，制定处理办法；需要请示汇报的，对当事人做好抚慰工作；需其他部门处理的，向当事人说明。通过细致工作，最大限度赢得职工的理解和信任。三是项目推进谋发展。把“项目大发展”作为加快锦辰、岳南建设的助推器，指派专人对各项目工程进行全过程、全时段的指导和帮助，认真讨论解决出现的新问题和新情况，努力化解项目建设中出现的矛盾和问题。通过优化资金利用，多方引资合作，保进度、防风险、强责任、严执行，保证了项目工程建设进度。(3)清正廉洁塑正能。公司党委将党风廉政建设作为日常重要工作抓牢、抓细、抓实，做到常态化、长效化、机制化，努力创造清正廉洁的氛围环境，凝聚企业发展的正能量。一是教育促廉。始终扎实抓好日常教育、专题辅导、学习交流、警示教育、专项治理、风险排查、反面教育等廉政教育工作，使党员干部进一步树立不想腐、不敢腐、不能腐的思想防线。同时把严管与厚爱结合起来，对党员干部身上的苗头性、倾向性问题及时约谈，加强诫勉谈话，防止小问题变成大问题、小错误造成大损失；二是机制强廉。公司党委坚持把制度建设作为一项重要的政治任务来抓紧抓好，对已有制度进行了修、立、废、改，进一步完善了廉政建设的制度平台，在内容上增强针对性、在落实上提高可行性，形成了用制度管权、按制度管事、靠制度管人的长效机制；三是监督护廉。以规范工作纪律、提升服务意识、增强责任意识、转变工作作风为重点，加大问责力度，对发现的问题进行责任追究，对相关人员进行警示教育、诫勉谈话，强化工作作风、提高工作效率。

获得荣誉：2015年，珏山景区被国家工商总局评为2012—2013年度国家级“守合同重信用”企业。同年还荣获“中华百家避暑名山”的称号。2015年8月，珏山景区被央视科教频道选为2015年超级月亮的拍摄地。

# 农业经济

## 农 业

### 概述

泽州县位于山西省东南部，是全省粮食主产县之一，先后被确定为国家、省级商品粮生产基地县和优质小麦生产基地。全县共有3乡14镇，627个行政村，自然村数1050个；乡村户数14万户，乡村人口数44.2万人，乡村劳动力资源数24.2万人，乡村从业人数21.6万人；土地总面积2023平方千米，常用耕地面积62万亩，粮田面积58万亩，人均耕地面积1.3亩，主要为旱地，其中水浇地有11.4万亩。全县常年粮食播种面积在100万亩左右，其中，冬小麦47万亩、谷子2.5万亩、玉米9万亩、大豆40万亩。粮食总产量平年在2亿~2.25亿公斤，丰年在2.5亿公斤左右。2015年，完成粮食总产2.655亿公斤，油料总产300.5万公斤，水果总产2615万公斤，蚕茧产量14.8万斤，重点农产品加工龙头企业销售收入完成10.8亿元，农民人均可支配收入达12217元。县农委主任：宋乐明。

### 粮食生产

2015年，泽州县农业部门落实粮食直补、农资综合补贴、良种补贴等7047万余元，农机购置补贴217.48万元。全县粮食种植面积94.92万亩，总产2.655亿公斤，成为历史上仅次于2012年的第二个丰收年，比前三年平均增产13.1%。其中小麦面积45.14万亩，平均亩产332公斤，总产14986.85万公斤，再创历史新高。玉米面积95946亩，总产5927.3万公斤，平均亩产1236斤。谷子面积26272.5亩，总产761.4万公斤，平均亩产290公斤。豆类368634亩，总产4581.6万公斤，平均亩产124公斤。薯类面积6583.5亩，总产34.66万公斤，平均亩产2769公斤。实施了新增粮食产能、小麦大豆高产创建、小麦宽窄行探墒沟播、测土配方施肥、小麦“一喷三防”等项目，积极推广良种、测土配方施肥、小麦宽窄行探墒沟播、保护性耕作、病虫草害综合防治、小麦“一喷三防”等技术，实施完成部、省级小麦、大豆7个万亩高产创建示范片，1个省级5000亩大豆高产创建示范片，1个市级丰收工程5000亩小麦高产示范片等。

## 农民增收

2015年，泽州县农业部门在农民增收问题主要采取了以下措施：一是夯实发展基础，优化发展环境。积极加快改善交通、农田水利、人居环境改善等基础设施建设，优化发展环境，有力增强了农村经济发展后劲。二是试点示范带动，加快产业结构调整。加大试点示范引导力度，建设设施蔬菜、食用菌、生猪养殖、优质小杂粮、优质干鲜果等示范基地，通过强化农业技术服务，邀请专家进行现场指导，充分发挥农技人员职能作用，深入田间地头对种养殖示范户进行技术指导，提升管理技术水平，有效提高相关产业的经济效益，发挥了良好的示范效应。三是抓好农民培训，拓宽农民增收渠道。组织实施新型职业农民等培训，使受训农民掌握1~2项实用技术，提高农村劳动力的职业技能，提升农民从事种养产业的科技水平和外出务工人员的综合素质，促进了农民的工资性收入增长。四是不折不扣落实各项惠农政策。全面贯彻落实中央、省市县各项强农惠农富农政策，切实抓好粮食直补、良种补贴、农资综合补贴等政策落实，坚持做到执行不打折不走样，真正使政策不缩水、资金不改变用途，确保各项惠农资金及时足额兑现到群众手中，调动农民群众发展农业生产的积极性，有效增加了农民的转移性收入。2015年，全县农民人均可支配收入达到12217元。

## 农产品加工

截至2015年年底，全县已发展农业产业化重点龙头企业25家，其中，彤康、五谷养生、伊健3家企业被评为省级重点龙头企业；晋宏、康鑫、润农等12家企业被评为市级重点龙头企业；25家龙头企业2015年实现销售收入10.8亿元，带动发展产业基地10万亩，带农户4万余户。如泽州县五谷养生不断创新农业产业新业态，2015年与山西汾酒公司联营生产“鲁村纯粮”汾酒。全县龙头企业注册各类农产品商标250余个。其中，“本尔昆”“泽地萃”商标被评为省著名商标；“双丰BAGONG牌脱水蔬菜”“彤康米康尔杂粮系列”“金万福小麦粉”被认定为省名牌产品;“巴公大葱”“盘松蜂蜜”“旭胜鸡蛋”被认定为省名牌农产品；“本尔昆鲁村小米”被认定为省特色农产品。

## 农业产业化项目

截至2015年年底，成规模的农业产业化项目有：山西彤康食品有限公司农业综合开发项目、晋城市伊健食品有限公司的万吨谷物杂粮早餐加工项目、晋城市泽地萃绿农开发有限公司的食用菌循环经济园区项目、山西五谷养生科技有限公司年转化五万吨杂粮综合加工项目，晋城市保福康鑫农牧发展有限公司年产50万吨畜禽饲料加工项目、泽州县祥鑫元农林开发有限公司丹河西岸5000亩核桃园区建设项目、晋城市益丰园农产品开发科技有限公司现代农业观光园项目、晋城市欣绿园现代农业园区项目、晋城市润农种业有限公司优质高产玉米原原种扩繁基地建设项目、泽州县绿之丰农业发展有限公司生态农业观光园项目、晋城市晋美香山农业开发有限公司生态园项目、山西晋泽旭胜农牧有限公司的蛋鸡场改扩建项目、晋城市晋宏实业有限公司的年出栏10万头种猪养殖基地建设项目、晋城市天天鲜农产品专业合作社的泽西湖现代农业观光示范园项目、晋城市长青苑农林开发有限公司生态园区建设项目(市重点)、泽州县东鑫旺农牧开发有限公司养牛场建设项目等。

### 招商引资

截至2015年年底，泽州县委、县政府通过招商引资，积极组织企业参加国际农交会、北京展销周、山西特色农博会等农产品展销会和招商引资系列活动，签定招商引资项目10个、拟引资金额12.14亿元。签约的项目有：晋城市益丰园农产品开发科技有限公司现代农业观光园项目，晋城市天天鲜农产品专业合作社的泽西湖现代农业观光示范园项目、晋城市伊健食品有限公司的万吨谷物杂粮早餐加工项目、山西合聚农业开发有限公司合聚庄园建设项目、晋城市百纳农林农民专业合作社乡土特色苗木育林基地项目、泽州县五谷城农业发展有限公司五谷城生态农业项目等。

### 特色产业

泽州特色农业主产区主要集中在丹河生态旅游文化产业带与长河经济带周边乡镇。在丹河生态旅游文化产业带以形成了农产品深加工、设施蔬菜种植为主、畜禽养殖为辅、休闲观光采摘农业等新兴业态的产业链条。在长河经济带已形成了以禽畜养殖及加工为主，设施蔬菜为辅、休闲观光旅游业正在挖掘的产业链条。全县目前总体上已形成了“年产1.3万吨小杂粮、12万吨蔬菜、2万吨食用菌、5万吨干鲜果、年出栏100万头生猪”的五大特色农业产业格局。

### 清洁工程

2015年，全县新增大型沼气工程2个。兴泉养殖专业合作社秸秆沼气工程总投资284万元，于2015年5月建成并投入试运行，年可处理农作物秸秆、废弃物200余吨，解决了高都镇大泉河146户村民生活用能，年节约煤炭400余吨。东鑫旺农牧开发有限公司大型沼气工程总投资321万元，于2015年5月开工建设，预计2016年5月可投产试运行。2015年年底，全县运行的大中型沼气秸秆气站9家，涉及5个乡镇9个村，供气4155户；运行的小型沼气工程16家，涉及7个乡镇16个村，供气320户；使用的户用沼气982个，供气982户。

### 下乡住村活动

泽州县农委2015年住村地点为泽州县高都镇黄山河村，该村位于高都镇东部山区，土地总面积800亩，其中，耕地面积606亩，粮田面积517亩。有农户56户、144人，劳动力70人，其中党员有5人。住村工作队由农委主任宋乐明带队，主要做了以下工作：一是帮助村委做好春耕备耕工作，带去价值5000元的农药、农膜等农业生产物资和农业技术书籍；购置了2台谷子精播耧，解决了该村劳动力少、谷子间苗误工等问题。二是根据农户的具体情况进行帮扶，对有劳动力但就业、从业门路窄或无致富门路的农户，进行引导培训，使其掌握一项技能，发展生产或转移就业，增加收入。鼓励有劳动能力的低保户积极进行自救，尽快摆脱贫困。对于该村5户特困户，在争取低保补助的同时，由包村干部、大学生村官及村里的企业家对其进行重点救助。三是推广农业新技术和服务，帮助农民做好春播、秋播计划，利用农闲时间进行培训，在播种期间和作物生长关键时期由技术人员到田间地头，实地指导农户科学播种、合理施肥、病虫草害综合防治及适期收获。在2014年7月，天气异常干旱，住村工作队组织人员对该村的300亩玉米、100亩谷子浇水，有效缓解了旱情。

## 农产品监管

一是加大农产品质量安全宣传力度，在重要农事季节、重大节日等关键节点，组织农资打假专项治理行动、“放心农资下乡进村活动宣传周”活动、泽州县食品安全宣传周活动。印发各类宣传资料5000份，制作农产品质量安全宣传知识版面3块，编发各类农业信息达30余条，悬挂标语7条，发放《山西省农产品质量安全条例》《农产品质量安全法》《食品安全法》《山西省农民专业合作社条例》以及农业科技、农药、种子、化肥识假辨假常识、农业法律知识等宣传资料1万余份。二是大力推进农业标准化，加速推进全县“三品”基地认定和产品认证工作，指导1家企业完成产地认定203亩，认证产品2个。签定农产品质量安全承诺书28份，发放农产品生产基地生产记录簿100本。三是加大农业综合执法力度，下发了《泽州县农业委员会关于开展农产品质量安全检查的通知》，制定《2015年全县农产品质量安全监管工作要点》《泽州县2015年农产品质量安全专项整治的方案》，明确各有关单位工作职责，并组织开展专项检查活动。大力开展种子市场专项整治和“农资打假”等专项整治活动，出动执法人员80人次，出动执法车辆30车次，检查各类农产品生产企业（基地、合作社）、农资经销门店共60余家，立案查处办结涉及肥料、种子、农产品的案件6起，罚没款共计1.2万余元，挽回经济损失20余万元。2015年，农业生产安全形势平稳，无重大事故发生。

## 新型农业经营体制

2015年，通过积极争取，落实各级财政补助资金550余万元用于扶持新型经营主体，有效缓解了农民专业合作社和家庭农场发展资金不足的问题。新发展合作社229家，全县农民专业合作社已达1379家，其中，种植业613家、养殖业359家、林业269家、服务业72家、渔业3家、其他59家、联合社4家。社员人数3万余人，带动农户4万余户，社员人均收入达1.5万元，高于当地平均水平20%。已有38家合作社注册商标，其中“山里泉”获山西省著名商标，11家合作社进行了无公害认证，3家合作社进行了QS

认证，2家合作社获“名牌农产品”。在加快发展新型农业经营主体数量的同时，泽州县在提高质量、拓宽领域、完善机制、规范管理上下大功夫。2015年，培育省级示范合作社3家，其中“山里泉”获山西省著名商标，“珏山”及“盘松”获省名牌产品，2015年全县共培育国家级示范社6家、省级26家、市县级224家。全县发展家庭农场180个，已全部录入山西家庭农场登记管理平台，其中，种植类76个，养殖类102个，种养结合类2个。培育省、市级家庭农场3个，其中泽州县李寨乡西岭村桂核光政家庭种养农场为省级市范家庭农场，泽州县晋庙铺镇大山河村萌垚种植家庭农场、泽州县本立农场为市级示范性家庭农场。

## 土地流转

2015年泽州县全面开展确权工作以来，逐步完善土地承包合同，建立健全土地承包经营权登记簿，颁发土地承包经营权证，成立了土地流转机构，健全纠纷调处机制，为农民确实权、颁铁证，为土地规范有序流转奠定坚实的基础，也为减少土地流转纠纷提供了保障，切实维护广大农民权益。截至2015年12月，全县共流转土地面积2.69万亩，涉及农户6758户，流转的方式主要以转包、出租、互换为主。其中，土地流转100亩以上的经营主体达71家，包括合作社、公司、家庭农场等，流转面积从100亩到1800亩不等，有规范流转合同的占到56%。通过土地流转，一是使得分散、零碎的农村土地得到规模经营，有效解决了“有人无地种、有地无人种”的人地矛盾，实现了土地的集约经营，提高了土地产出率、资源利用率和农业劳动生产率，促进了农村生产力水平的提高，促进农业可持续发展奠定了坚实的基础。二是拓宽了农民增收渠道，增加了农民人均收入。一方面规模化经营降低了成本，提高了效益，增加了经营收入。另一方面流转出土地的农民，既有一份土地流转收入，又能在流转出的土地上获得打工收入，还可外出务工或从事二、三产业，创办经营实体，获得经营性收入，从而拓宽了增收渠道，增加了收入。

## 科技兴农

按照“科教兴农，人才强农，新型职业农民固农”的战略要求，围绕“缺什么，补什么，少什么，学什么”的培训思路，以“新型职业农民培育项目、基层农技推广补助项目”为载体，大力实施人才、技术引进战略，与山西农大共建“一地一站四院”，在小麦、核桃、谷子、食用菌、蔬菜等方面建立优势产业科技创新体系，统筹使用农技部门、龙头企业、合作组织的涉农培训平台，整合利用农广校、职业技术培训学校、农村远程教育和农村“文化大院”等各类农业技术培训资源，通过培训和示范，重点进行实用技术人才培训，并分期对村干部、科技示范户、专业大户、家庭农场主、农民合作社骨干、农业企业负责人进行技术培训，确立了“做给农民看、带着农民干、帮着农民赚”的全程服务模式。2015年，全年共培训农民20000人，培养和造就一大批有文化、懂技术、会经营的新型职业农民，拓宽了就业增收渠道。

## “三资”管理

2015年，省、市农村集体“三资”专项整治动员会议之后，县委、县政府高度重视，于6月5日下午召开了农村集体“三资”管理专项清理整治工作会议，贯彻落实省、市工作会议精神，对全县农村集体“三资”管理专项清理整治工作进行了动员部署，印发《关于开展农村集体“三资”管理专项清理整治工作方案》，成立了以县委书记牵头，县农委、组织、编办、公安、检察、财政、国土、审计、水利、林业、民政、信访等部门组成的领导组，领导组下设办公室，办公室设在县农委。高规格的领导组，充分体现了县委、县政府对这项工作重视程度之高、整治决心之大、担当意识之强。截至2015年年底，全县17个乡镇的627个行政村已经全部完成自查自纠工作，涉及“三资”管理制度、财政专项资金与农民补贴资金、集体资金管理、集体资产、集体债权债务和村干部存在的“四风”问题6个方面的问题。

## 信息宣传

一是根据全县农业工作的特点，及时组织了农业方面的新闻宣传报道工作，在报刊、杂志、网络等媒体发表通讯报道等文章80余篇，编发《泽州农业信息》83期，印发2500余份，其中在《太行日报》发表4篇，向《太行农网》、《中国泽州》网站等媒体上报信息80余条。二是组织开展全县“晋农·天天12316”短信系统实名制用户登记注册工作，全县平均每村登记农户8户，共注册用户5000余户，及时接收省级专家组提供的相关农业生产技术、病虫害防治、自然灾害预警等相关农业信息。三是按照农事季节，编印下发各类农业生产技术资料，协同市县电视台拍摄相关农业生产新闻宣传片，及时直观的指导农户开展农业生产工作。四是对“学习讨论落实”和“五项活动”开展了宣传报道工作，及时上报、宣传相关活动的开展、进展情况和典型经验。重点对全县开展的农村土地承包经营权确权登记颁证工作进行了宣传报道。在2015年年度考核中县委获市农委“信息宣传工作先进单位”表彰。

## 农业综合开发

2015年，泽州县农业综合开发局扎实开展党的群众路线教育实践活动，落实中央八项规定，转变工作作风、密切联系群众，以推动农业现代化为主攻方向，以粮食安全、农业增效、农民增收为目标，加强农业基础设施建设、改善农业生产基本条件、提高农业综合生产能力，完善农业综合开发管理机制，提高科学管理水平和资金使用效益。2015年，主要做了以下工作：(一) 完成了2014年泽州县高标准农田建设示范工程项目（存量）。2014年泽州县下村镇高标准农田建设项目计划投资1205万元，规划建设高标准农田示范工程0.87万亩。项目涉及下村镇的朱家窑、柳树底、东庄、李山、石伏头五个行政村。项目完成后，建成高标准农田0.87万亩，新增节水灌溉面积0.87万亩，年节约水量47.6万立方米，新增农田林网防护面积0.5万亩。项目区经过综合开发后，每年新增优质小麦105.25万公斤，优质复播大豆

30万公斤，新增粮食总产135.25万公斤，新增蔬菜40万公斤，平均每年新增种植业产值389.45万元，增加纯收入总额312.5万元。(二)完成了2014年泽州县高标准农田建设示范工程项目(增量)。2014年泽州县下村镇高标准农田建设项目计划投资480万元，规划建设高标准农田示范工程0.35万亩。项目涉及下村镇的关山、史村河、成庄三个行政村。项目完成后，每年新增优质小麦40万公斤，优质复播大豆11万公斤，玉米9万公斤，新增粮食总产60万公斤，每年新增种植业产值159.8万元，增加纯收入总额124万元。(三)晋城市泽州县年产3.8万吨系列农副产品农业综合开发项目。晋城市泽州县年产3.8万吨系列农副产品农业综合开发项目申请中央财政资金164万元用于贷款贴息。项目建设单位是山西彤康食品有限公司。(四)晋城市泽州县新增100万公斤无公害蔬菜设施栽培基地扩建项目。晋城市泽州县新增100万公斤无公害蔬菜设施栽培基地扩建项目计划总投资380.59万元，其中申请中央财政资金110万元，省级财政配套资金51.7万元，市级财政配套资金3.3万元，项目单位自筹资金215.59万元。晋城市泽州县新增100万公斤无公害蔬菜设施栽培基地扩建项目建成后，年新增蔬菜100万斤左右，产值可达320万元，利润92.55万元，财务内部收益率18.43%。可带动农户500户，带动基地面积1000亩，新增就业人数40人，带动农民增收250万元。(五)积极组织实施2015年泽州县北义城镇高标准农田建设项目。2015年，泽州县北义城镇高标准农田建设项目计划投资1540万元，规划建设高标准农田示范工程1万亩。项目涉及巴公镇东四义、西四义和北义城镇西张村、东张村、刘轩窑、西村6个行政村。县农业综合开发局局长：王俊宏。

## 新农村建设

2015年，主要开展了改善农村人居环境工作和宜居示范工程。

(一)改善农村人居环境　2015年，全县组织开展以“十整治、三加快、一确保”以主要内容的环境大改善活动。“十整治”，主要是市区周边、县界周边、景区周边、铁路沿线、公路沿线、河道沿线、饮用水源保护地、工矿企业所在地、镇区所在地、低矮厕所和家禽畜圈十个方面环境整治，并做好乡村清洁、污水处理、垃圾填埋场、病死畜禽无害化处理等设施建设；“三加快”，主要是加快推进“完善提质、农民安居、宜居示范”三项工程；“一确保”，就是确保全县改善农村人居环境走在全市前列。经过一年的努力，农村“脏、乱、差”状况得到有效遏制，人居环境得到极大改善，“美丽泽州”建设取得明显成效。

(二)宜居示范工程　2015年，全县启动了省市县三级美丽宜居示范村联创活动，根据家园美、田园美、生态美、生活美、宜居宜业“四美两宜”的总要求，择优选择了一批基础条件好、产业优势强、文化特色浓、生态环境优、人口集聚功能强、“两委”班子健全、农民参与性高的村庄作为试点，按照文化旅游、生态休闲、镇村一体、工矿一体、移民新区、城郊带动、现代农业7个类型进行创建。全县共确定3个省级、4个市级、100个县级美丽宜居示范村。县新农办主任：秦怀生。

## 蔬菜生产

### 概述

2015年，全县共完成商品化蔬菜播种面积4.8万亩，完成蔬菜总产量13.2万吨，解决劳动力就业5000多人，菜农工资性收入1.3万~1.5万元。新增设施蔬菜温室338间，434亩，其中日光温室85间，185亩，春秋大棚253间249亩。新增市级现代农业示范园4个，县级设施蔬菜标准园7个。全县累计建成省级设施蔬菜标准园4个，市级设施蔬菜示范园27个，县级设施蔬菜示范园25个。在巴公、高都、北义城、金村、下村、南村建立了6个乡镇蔬菜技术服务站。2015年该蔬菜工作在全市位居第二，为山西省蔬菜生产重点县。泽州县蔬菜办荣获2015年，山西省农业厅设施蔬菜建设县级先进单位、晋城市2015年度农业农村工作综合先进单位、泽州县2015年精准扶贫先进集体称号。

### 项目建设

2015年，申报设施蔬菜建设项目28个，总投资4920多万元，其中，投资150万元以上、建设规模达50亩以上的项目共计9个，9大重点项目涉及全县7个乡镇的9个蔬菜基地，全年带动民间资本投入设施蔬菜生产资金达到3000多万元，在全县初步形成了下村镇、高都镇、金村镇、北义城镇、巴公镇五个设施蔬菜集中连片发展区域。

### 技术培训

3月10日，泽州县组织设施蔬菜基地负责人在沁水县参观学习。7月7日，全省2015年食用菌生产培训班在县开班。9月7日，德国蔬菜专家约翰尼斯博士在泽州县考察指导。10月10日至11日，参加全省第二届蔬菜产业大会暨新绛县第五届“一村一品”展示交流会。

### 举办活动

4月11日，泽州县高都晋美香山蔬菜园区举办了周末蔬菜采摘活动。6月27日，北义城镇沟东村盛东农业专业合作社举办首届“田园风情、绿色蔬菜”杯农民文化节。6月27日，高都镇成晔蔬菜园区协办的“华都杯”晋城市首届电视导游大赛暨晋城市旅游形象大使选拔赛举行了复赛。

### 产业规划

指导思想：坚持重点发展、集中连片、效益第一、以点带面的原则，以农民为主体，引导和发挥农民积极性，大力发展生产、观光、采摘、市民园区等新型业态，形成集娱乐休闲、旅游度假、农耕体验、种植、教育为一体的现代化蔬菜园区。

发展目标：五年后，蔬菜产品全部达到无公害产品质量标准，无公害蔬菜认证面积达到95%，并积极发展绿色蔬菜和有机蔬菜，打造晋城市后勤菜篮子。

重点建设工程：①3万亩商品化蔬菜基地。②30个市级设施蔬菜标准园、33个县级蔬菜标准园、5个省级蔬菜标准园。推进“山西省蔬菜重点区域基地县”和“晋城市蔬菜重点县”

建设。③ 3~5 个特色规模生产基地。在全县建设辣椒、大葱、香椿、黄秋葵、节水莲菜、食用菌栽培等特色蔬菜生产基地。④ 3~4 个田头市场或蔬菜物流配送中心。

## 畜　牧

### 概述

2015 年，县畜牧兽医局紧紧围绕发展现代畜牧业，以转方式、调结构为主线，坚持猪鸡羊牛四业并重，兼顾兔蜂等特色养殖的发展方针，突出抓住"一县一业"生猪生产这个牛鼻子，全体干部职工克服了畜禽价格波动幅度较大、人工工资上涨、市场需求乏力等不利因素影响，圆满地完成了年初制定的"135"目标任务和"十二五"规划的既定目标。局长：岳建军。

### 主要指标

2015 年，全县生猪存栏 59 万头，出栏 100 万头，出栏数量比"十一五"期末增长 100.2%，完成省农业厅下达的翻番任务，建成国家级生猪调出大县。家禽存栏 249 万羽、出栏 169 万羽；羊存栏 27.7 万只，出栏 15.7 万只；牛存栏 2.1 万头，出栏 1 万头；兔存栏 13.5 万只，出栏 29.6 万只；蜂存栏 22242 箱。肉类总产量 7.6 万吨，其中，猪肉产量 6.9 万吨，牛羊禽兔肉产量 0.7 万吨。禽蛋产量 2.9 万吨，蜂蜜产量 521 吨，牛奶产量 314 吨，畜牧业产值 19.7 亿元。

### 惠农政策

2015 年，为 313 个养殖场（户、项目）发放市级畜牧业风险基金资金 281.64 万元。发放 2013 年 11 月至 2015 年 5 月的养殖环节病死猪无害化处理补助资金 410.616 万元。

### 项目建设

（一）山西晋宏天兆畜牧科技有限公司招商引资项目。该项目由晋宏实业有限公司和重庆天兆猪业有限公司合资兴建，总投资 1.6 亿元，其中，重庆天兆猪业有限公司投资 0.32 亿元，晋宏实业有限公司投资 1.28 亿元。项目地址位于泽州县下村镇李山村北部约 1 公里处，总占地面积 160 亩，建设存栏基础母猪 4000 头，年出栏种猪 10 万头的种猪基地，建设新型专利猪舍 2 万平方米。投产后，预计年收入可达 13500 万元，利润 236.7 万元。2015 年年底，工程主体已基本完成，进入设备安装阶段。（二）病死畜禽集中无害化处理项目。该项目采用 BOT（建设—经营—移交）的投资方式，通过委托招投标代理机构在全社会公开招标，确定由郑州中宇环保科技有限公司建设与运营。项目总投资 1956 万元，建设内容主要包括四部分：一是建设 1 个县级病死畜禽无害化集中处理厂，二是建设 13 个乡镇病死畜禽收集暂存点，三是建设 2 个大型养殖场的专用暂存点，四是为存栏 50 头能繁母猪以上的规模养殖场，配备冰柜、手推车、装尸袋和必要的消毒设备。到 2015 年年底，处理厂主体建成，完成了设备的安装与调试，13 个乡镇收集暂存点主体建设全部完成，购置冰箱 116 台。（三）畜禽养殖场粪污治理项目。该项目主要是对全县猪、牛、羊、鸡规模场粪污排放进行治理，要求规模场实行干清粪方式，建设雨污分流、暗沟布设污水收送系统，并配套粪污储存及处理设施，按农牧结合的要求，养殖场与种植场（户、单位）签订有机肥使用协议书，保证有机肥充分还田。2015年，县财政共投入资金200万元，治理规模猪场32个，使全县规模场治理总数达到了48个，圆满完成了省市下达的环保减排任务。（四）争取上级项目资金。2015年，共争取上级项目资金622万元，其中，2014年生猪调出大县奖励资金267万元，2015年一县一业基地县建设项目资金150万元，2015年畜牧业产业翻番项目150万元，2014年生猪标准化规模养殖场调整项目30万元，2015年畜禽标准化项目25万元。

## 疫病防控

全年累计完成强制重大动物疫病免疫2943.1989万（羽、只、头）次，其中：高致病性禽流感免疫975.5737万羽（次），新城疫免疫1014.3764万只（次），猪口蹄疫256.6843万头（次），牛口蹄疫8.9124万头（次），羊口蹄疫107.334万只（次）；猪瘟免疫255.3924万头（次），高致病性猪蓝耳病免疫256.4185万头（次），羊布病免疫41.3149万只（次），羊小反刍兽疫免疫27.1923万只（次），免疫密度全部达到了100%。羊痘试点免疫6.3217万只（次）。全年累计免疫抗体监测各类场（次）共1638个，其中，鸡574场次，猪646场次，牛43场次，羊175场次。全年累计监测血清17060份，其中：高致病性禽流感监测5988份，合格率96.56%；新城疫监测3017份，合格率97.65%；猪口蹄疫监测2416份，合格率93.58%；羊口蹄疫监测1256份，合格率96.82%；牛口蹄疫监测411份，合格率97.32%；猪瘟监测2412份，合格率93.61%；高致病性猪蓝耳病监测1560份，合格率94.23%。合格率全部大大超过国家标准线。羊布鲁氏菌病抽检204场（户），血清4000份，阳性20份，现已全部扑杀；奶牛“两病”检测180头，均无阳性。非结构蛋白共监测场（户）186个，血清953份，其中牛6场，血清17份；猪146场，血清868份；羊34场，血清68份。同时还完成了省疫控中心下发的定点监测任务，共送检场（户）3个，血清190份，猪扁桃体190份。

## 动物卫生监督

（一）认真开展动物卫生监督检查工作。全年产地检疫生猪333736头，牛羊11836头（只），禽类1135733羽，兔14000只；屠宰检疫生猪39224头。晋焦检查站监督检查禽类672288羽，猪48451头，牛羊2064头（只），动物产品51.7吨。养殖环节规模猪场病死猪无害化处理29332头；屠宰环节检出病害猪4头，病害动物产品14.808吨。共立案查处违法经营、运输动物及动物产品案件6起，结案5起，涉案人员6人，处罚金额5556元。（二）停征动物及动物产品检疫费。根据《财政部国家发展改革委关于取消、停征和免征一批行政事业性收费的通知》（财税〔2014〕101号）和《财政部国家发展改革委关于取消和暂停征收一批行政事业性收费有关问题的通知》（财税[2015]102号）精神，泽州县自2015年11月1日起，停征动物及动物产品检疫费。（三）大力开展了“建立病死畜禽无害化处理机制宣传月”活动。深入养殖场户、屠宰企业、肉类经营户等场所大力宣传动物卫生法律法规，并通过发放宣传资料、张贴宣传挂图和悬挂宣传条幅等形式宣传到千家万户。与规模养殖场签定了《养殖承诺书》2000份，与肉类经营户、屠宰场签定《不贩卖收购屠宰经营病死动物及其产品承诺书》500份。(四)全面开展病死畜禽无害化处理和畜禽屠宰专项整治工作。

对生猪养殖、贩运、屠宰、加工、销售等各个环节，全面开展"拉网式"排查，共出动执法人员483人(次)，检查规模养殖场1604场(次)、定点屠宰场51次。有效地杜绝了病害畜禽产品流入消费市场。

## 畜产品安全监管

在养殖环节着重强化监测，全年共出动242人(次)，抽检饲料、兽药样品16批次、畜产品样品54份、畜禽尿样800余份。同时查扣人用药19盒，过期兽药280多盒，全部进行了无害化处理。在流通环节着重强化监管。认真开展兽药产品标签和说明书规范行动专项整治行动，共查处标签和说明书不合格兽药18盒，全部下架并无害化处理。严格落实品牌饲料备案制度，对500个养殖场(户)饲料使用情况进行了排查，促使82个品牌饲料进行了备案。对12个饲料经营门店进行了检查，发放了经营台账。共检查、消毒畜禽运输车辆730车(次)、畜禽91万头(羽)、畜禽产品118吨。

## 良繁体系建设

对全县种畜禽场进行了整顿，保留了7家基础设施好、管理过硬的种畜禽场，其中一级种猪场3家，二级种猪场3家，种羊场1家。通过选优汰劣，提高了全县种畜禽场的整体生产水平。建成康鑫种猪测定站，对出场种猪进行性能测定，保证了向社会提供种猪的质量。建成了小庙岭种公猪站，年可提供优质精液3.6万份。此外还通过推广冻精输配、杂交改良等技术和引进推广优质种畜禽等措施，提高全县畜禽良种率，2015年年底，猪、鸡、牛、羊良种率分别达到100%、100%、80%以上和60%以上。

## 饲草种植及农作物秸秆利用

全县人工种草面积1900余亩，主要种植品种为苜蓿草和青贮玉米；饲草秸秆利用5.4万吨，主要利用方式为风干和青贮，其中青贮2.3万吨。

## 科技培训

在春秋集中防疫前，分乡镇对养殖户进行培训，重点讲授疫病防控知识，全年共举办培训60余场，培训人员1400余人(次)，通过培训有效提高了养殖户疫病防控水平，保证了全县重大动物疫病防控效果。7月，对乡镇畜牧兽医站工作人员进行了集中培训，邀请山西农大、国内兽药饲料厂专家，讲授了畜禽疾病诊断、解剖知识，并进行了实践演示，有效促进了基层畜牧兽医技术服务水平的提高。养猪和养鸡协会采取邀请专家授课、外出参观培训等方式，对协会会员进行培训，共举办培训6次，培训人员800余人(次)。此外，还印发养殖技术资料2万册。通过大力推广畜牧兽医技术，使一些好的经验、新的科技成果在实践生产中快速普及。

## 农 机

### 概述

2015年，县农机局围绕转变农机化发展方式的总要求，以提高主要农作物生产全程机械化水平为重点，以推广先进适用农机化技术及装备、培育壮大农机服务市场主体、探索机械化生产模式、改善农机化基础设施为主要内容，平川地区和丘陵山区因地制宜、梯次推进，大中型机械和小型机械均衡发展。通过强化农机购置补贴等政策的导向作用，提升农机化生产的装备水平，支持鼓励老旧农机报废更新，推动农机装备升级换代，进一步优化农机装备结构。通过积极培育多元化的农机社会化服务组织、农业生产规模经营者等市场化生产主体，推进跨区作业、订单作业、托管服务、租赁经营等农机社会化服务，提高主要农作物生产的组织化程度。通过强化农机化安全监管，提高农机化生产的安全运行水平。农机化在替代农业劳动力、提高农业生产效率、降低生产成本、提高农产品质量、推进城镇化等方面的作用日益显著。2015年，主要农作物耕种收综合机械化水平达到72.22%，处于中速较快发展水平。同时，农机干部队伍建设和精神文明建设取得可喜成绩，县农机局在成功创建县级精神文明建设标兵单位的基础上成功创建晋城市精神文明单位。局长：石建明。

### 农机化装备

全县农机装备总量稳步增长。到2015年年底，农机总动力达到了75.93万千瓦。拖拉机保有量7509台，其中，大中型拖拉机1345台，小型拖拉机6164台。田间作业机械数量稳步增长，全县拖拉机配套农机具16422台。联合收获机614台，其中玉米联合收获机203台。农副产品初加工机械4322台。

### 农机化作业

强化对“春耕”“三夏”和“三秋”等农时关键节点的农机化生产工作部署，加强信息引导，科学调度机具，发挥农机服务组织作用，着力提高小麦、大豆、玉米等重点作物耕种收等关键环节的农机化生产作业水平。“春耕”期间，组织农机投入春耕生产，开展春耕春播作业。抢农时促进度效果明显。“三夏”期间，做足提前量，及时掌握跨区作业信息，开展机具供需对接，指导农机中介服务组织参与机车的分队编组等工作，同时做好对口作业地区的联络、农机手的技术培训、机车的安全检验、跨区作业证的发放、作业期间的巡回监督等。以农机专业合作社为主体组织联合收获机赴河南机收小麦，单机外出作业纯收入达2万元以上。为了确保泽州县可机收小麦及时收获，颗粒归仓，县农机局在充分挖掘县现有机械潜力的基础上，积极从河南、运城等地引进联合收割机参加泽州县麦收会战，提高农机使用率和经营效益。期间，该局设4个跨区机收服务站和1个县级区域小麦作业调度中心，开通机收服务热线电话，全天候为农机手和农民提供接待和信息咨询服务及时调度作业机车，并组建技术服务、后勤服务和监督检查队，配备流动服务专用车开展专项服务，为跨区机收小麦创造良好的条件。“三秋”期间，全县投入秋收、秋种、秋整地机械化生产作业的各类农机具，保障秋粮收获和秋季播种顺利进行。2015年，机耕、机播、机收水平分别达到88.15%、64.77%、58.44%。

## 农机化新技术应用

2015年，泽州县重点承担了国家级机械化保护性耕作技术、机械深松整地技术等农机化新技术试验示范推广推进项目。机械化保护性耕作项目列入全县惠民十件实事之一，新增示范面积1.6万亩。实施区域以交通干线平川地带为主，以老带新，整村推进，同时向山区延伸，主要涉及北义城、高都、金村、巴公、南村、周村等乡镇。在新增的示范区内建立标准的机械化保护性耕作技术体系，配备相对完备的机具系统，充分发挥其综合示范功能。农机深松整地作业补贴项目按照“集中连片、整体推进”的原则，机械深松0.8万亩，有效发挥农机化技术在培肥地力、蓄水保墒方面的作用。同时，泽州县以创新示范推广模式和机制为手段，不断加大农机新技术推广和新型机具引进力度，扩大新技术普及实施面，提高实施质量和效益，其中玉米全程机械化作业面积7万亩，马铃薯生产机械化作业面积0.1万亩，机械化农作物秸秆综合利用还田面积50万亩，饲料化、燃料化转化2万吨。同时积极与农业公司和农机合作社合作，开展物理农业技术装备试验示范，引进物理农业技术装备15台(套)，试验面积10亩，开展玉米机械化秸秆综合利用试验示范1000亩，引进2台秸秆处理机具，完成相关基础设施建设。在农机新技术的示范推广运作中，注重与农机购置补贴政策相结合，引进各式各类农机新技术专用机具，在重要农时全部充实到农田作业第一线，提高农机化技术含量，提升粮食生产能力。

## 农机化服务组织建设

2015年，县农机局通过购机补贴、技术指导、信息交流等方式，重点强化农机合作社的基础建设和装备建设，推动农机合作社、农机大户、农场农机队和农机服务中介为骨干的新型农机社会化服务网点渐成规模。截至2015年年底，重点培育和扶持了农机专业合作社42个，其中部级、省级示范社各1个；农机大户155户；农机维修网点18个。同时，依托农机专业合作社的服务能力，探索推进合作社由“单兵突进”式作业向“兵团联合”式作业发展，积极搭建合作社交流平台，编印合作社通讯录、召开推进会，为其沟通联合创造条件，进一步引导零散农机户加入农机合作社队伍，推进合作社做大做强，让入社农民获得更大实惠。农机专业合作社和农机大户等已经成为农机化服务的主力，在城镇化的进程中发挥着不可替代的作用。

## 农机安全监督管理

2015年，经过逐步健全完善各执法职能站(室)的内部关系，外勤执法、内勤登记、考试发证通力合作，加大农机法律法规宣传和依法执法管理力度。特别是开展“责任落实年活动”，落实安全责任措施，把农机安全责任落实到乡镇、村和机手，签订“安全生产责任书”61份，与拖拉机、联合割机驾驶操作人员签订安全生产承诺书达到检验数的100%，特别与农机合作社签订“知责履职”责任书。开展专项整治、打非治违重大活动3次，安全大检查6次，突击检查12次。在开展农机安全宣传中，进田间场院、进机手家中，通过多种形式、多个侧面宣传农机安全生产的重要性，提高农民和机手的安全生产意识，在全社会营造重视农机安全生产的舆论氛围。组织农机安全宣传活动22次，安全培训22场次，共发放宣传资料2680份，编发农机安全短信3800条，出动宣传车68次，提供安全技术咨询服务1200人次。在年度农机检（审）验工作中，变集中设点检审验为逐乡（镇）上门实地检（审）验，实行“一条龙”作业流程，对边、偏、远地区出行困难的履带式机械和农机车辆相对集中村庄实行特例特办、电话预约、上门服务。通过系列的监管措施，有效打击了农业机械的“黑机非驾”和违章作业，促进了农业生产的安全运行和农村经济的发展。进一步巩固“平安农机”创建成果，全县新创建示范乡（镇）3个，示范村15个，评选出示范户38个，发展村级安全联络员258人。

## 农机化培训

结合农机化工作实际，重点组织“春耕”“三夏”“三秋”农机化技术专项培训、新购机农民培训等活动。县农机局以新技术普及推广为突破口，结合重要农时开展保护性耕作等专题培训，结合技术服务开展现场培训，结合机具补贴开展机具操作培训，结合农机综合服务站、农机校开展基地日常培训，结合大众传媒开展广泛培训。培训中县农机局变单项技能培训为多项技能培训，拓宽了培训范围。结合泽州县近年来推广实施的机械化保护性耕作技术、秸秆还田技术、精少量播种技术、化肥深施技术、深松技术等，开展了专项技术培训。针对农民接受培训不方便等问题，进一步转变、完善培训方式，改坐堂培训、室内培训为送技术下乡、田间地头培训与室内培训相结合等方式。2015年，直接开展农机化培训1580人次。

## 农机化投入

2015年，泽州县落实各级各类农机化资金520.4万元，其中国家级农机购置补贴资金217万元，补贴耕整地机械、种植施肥机械、收获机械、动力机械等各式各类农机185台，直接受益农户114户；国家级机械化保护性耕作项目资金50万元；同时，争取省级60万元、市级92.6万元、县级100.8万元资金用于农机化新技术示范推广、农机综合示范乡和“示范社场户”项目、田间作业燃油补贴等，拉动农民投资农机1500余万元。

## 农机团队建设

从强化农机干部队伍自身建设做起，县农机局培树并强化终身学习观念。倡导“每天进步一点点”的观念，创新学习载体营造良好氛围。把学习作为一种工作方式和生活态度，培养每个人“工作学习化、学习工作化；生活学习化、学习生活化”的理念，并逐渐使之深入人心，变成行动。搭建夯实学习平台，让大家有学习载体，有机会交流，有舞台展示，有共同进步的阶梯。每周设立两个“学习半日”，实现学习常态化。开设“农机论坛”“道德讲堂”

和“家园”阵地，实现学习有载体。通过农机化俱乐部、工会妇联群团组织以及女工男工活动小组、学习小组，借元宵、中秋等传统节日开展颇具特色的文娱活动，借元旦、“三八”、“五一”、“七一”、国庆等法定节点组织球类、登山等系列活动，借重阳节之际组织“我为双亲洗双足”活动。倡导全体人员重读经典，从优秀传统文化中汲取积极、健康、丰富的精神营养。通过学习感悟《弟子规》《三字经》《大学》等国学经典，以及开展“‘学·思·践·悟’话进步”主题座谈，规范自身言行，加强道德修为，提升文明素养与文化品位，进而陶冶情操、净化心灵。倡导摒弃陋习、转变作风从一个微笑、一句温馨话语中体现，从节约一张纸、一度电、一滴水、一粒米等点滴小事着手，从不随地吐痰、不乱扔烟头、不大声喧哗、不损坏公物等细微之处做起，汇聚文明美德的涓涓细流。倡导大家把敬老行孝等家庭美德、敬业奉献等职业道德推而广之，用自己的一言一行践行社会公德，融入到文明行车、文明礼仪、文明就餐等与人交往的日常生活中。通过评选好丈夫、好媳妇、好女婿、好儿媳、好子女、好父母和单位的劳动模范、先进工作者以及公选模范党员的活动，把文明行为落实到各个方面和角落。从“学而后知不足”，到“己所不欲勿施于人”，再到“勿以恶小而为之、勿以善小而不为”，广大干部职工的道德水准和践行社会主义核心价值观的自觉性日益提高，工作作风、行业风气向善向好，涌现了一批孝老、爱家、敬业的榜样与楷模。通过坚持不懈的学习、总结、提高，让社会主义核心价值观落地生根，生发、提炼出了“123456”的泽州农机团队“耕读精神”，即：一个基点（每天进步一点点），两种心态（让快乐丰富多彩，让微笑发自内心），三层关系（爱己，爱家，爱岗），四把标尺（口中有德，目中有人，心中有爱，行中有善），五项操守（持之有礼，待之以诚，用之尚俭，修之从善，行之唯笃），六维要素（珍爱生命，呵护健康，享受工作，经营幸福，耕耘友善，承担道义）。可以说，社会主义核心价值观中“富强、民主、文明、和谐”“自由、平等、公正、法治”保证了“每天进步一点点”的大背景，从而为营造“让快乐丰富多彩，让微笑发自内心”的氛围奠定了基础，“爱国、敬业、诚信、友善”具化成为不同层面、不同角度的健康心态和行为操守，丰富了精神文明建设内容，增强了单位凝聚力、向心力、战斗力。

**解决乡镇（原公社）老农机人员历史遗留问题**

为妥善解决乡镇（原公社）老农机人员历史遗留问题，按照《山西省农机局、山西省人力资源和社会保障厅、山西省财政厅关于妥善解决乡镇（公社）老农机人员历史遗留问题的指导意见》（晋农机人字〔2013〕52号）和晋城市人民政府办公厅《关于转发市农机局、市人社局、市财政局关于解决乡镇（公社）老农机人员历史遗留问题的实施方案的通知》（市政办〔2014〕34号）文件精神，结合泽州县实际，经县人民政府批准意并出台了《关于解决乡镇（公社）老农机人员历史遗留问题的实施方案》（泽政办〔2015〕22号）。按照方案要求，根据乡镇（公社）老农机人员在岗实际工作年限（工龄），采取一次性专项补助或生活补助的办法予以解决。对老农机人员的身份和实际工作年限（工龄）的认定落实工作分摸底调查阶段、初审认定阶段、审核审批阶段三个阶段进行。

## 林 业

### 概述

“十二五”期间，围绕“绿水青山就是金山银山”的发展理念，泽州林业快速发展，进入历史性转变的战略机遇期，成为生态面貌明显改善、林业作用最为凸显、林农群众受益最多的五年。五年来，在县委、县政府的正确领导下，全县上下特别是林业系统全体干部职工与时俱进，开拓创新，务实重干，认真贯彻落实《中共中央、国务院关于加快林业发展的决定》、中央林业工作会议精神和省委省政府“生态兴省”战略、“绿化山西”总体部署，树立“敬天为民”的理念，以建设“生态强县”、建立比较完备的林业生态体系、比较发达的林业产业体系和比较繁荣的林业生态文化体系为目标，以创建山西省林业生态县为载体，以“15441”林业重点工程建设为抓手，以林权制度改革为动力，以科技兴林为先导，以依法治林为保障，推动林业建设取得了全面进步。全县林业用地面积147万亩，占国土总面积的48%。在林业用地中，有林地面积77.4万亩，占林业用地总面积的52.6%；疏林地面积2.58万亩，占林地面积的1.8%；灌木林地面积51.2万亩，占林地面积的34.6%；未成林造林地面积10.7万亩，占林地面积的6.5%；其他占林地面积的4.5%。森林覆盖率36.49%、林木绿化率50.46%。境内省级猕猴自然保护区1个，省级森林公园（山西省珏山森林公园）1座、城郊森林公园（泽州龙王山森林公园）1座，建成泽州县丹河龙门湿地公园（正在申报）。先后被授予“全国造林绿化百佳县”“全国封山育林先进单位”“全省造林绿化先进县”“山西省林业生态县”“全省集体林权制度改革先进县”“山西省模范单位”“山西省林业‘六大建设’先进集体”“全市林业建设红旗县”“全市城乡绿化先进县”“全市森林防火先进县”等市级以上荣誉称号20多项。2015年，县林业局局长：延晋富。

### 造林绿化

截至2015年年底，完成营造林21万亩，其中造林12万亩，义务植树600余万株，全县林业用地面积达到147.28万亩，其中有林地面积达到97.2万亩，森林覆盖率增加4个百分点，活立木蓄积量达到178万立方米，比上年增加50万立方米，实现了森林面积和森林蓄积的“双增长”。

### 产业发展

截至2015年年底，全县经济林总面积增加到11万亩，其中，山楂基地面积发展到3万亩，苗木花卉基地面积由五年前的0.5万多亩发展到现在的2.18万亩，核桃由零星种植向规模化、优良化发展，基地面积达到5万亩，涌现出了以绿成、永辉等为代表的林业专业合作社60余个。开发建成了以珏山、山里泉、龙王山、聚寿山、可寒寺等为主的一大批森林生态旅游区。林产品加工初具规模，以彤康食品为主的龙头企业逐步壮大，山楂林产品有机管理日益加强，通过有机产品认证，山楂果酒、山楂果铺系列被认定为山西省林木优良品种。林业投入的逐年加大，带动林业产值的逐年提高，林业产值占农业产值的份额由“十一五”时期的8.7%提升到11%。

## 森林防火

截至2015年年底，建成了县森林防火指挥中心和森林防火远程监控系统；开展了森林防火“喇叭响起来”“万面防火彩旗飘起来”等一系列森林防火宣传活动；修订了《泽州县森林火灾扑救预案》，认真落实防火值班和领导带班制度，实行网格化管理，从严落实“七包”(县长包县、乡镇长包乡镇、村长包村、组长包组、场长包场、校长包校、护林人员包山头)责任。开展森林防火大检查，排查森林防火隐患。倡导文明祭祀，县、乡、村、户(施工企业)层层签订了防火责任书，严格实行了“十不准，六不烧”制度。坚持做到“四个不放过”即：事故原因查不清不放过、责任人员未处理不放过、整改措施未落实不放过、有关人员未收到教育不放过。同时，经常性组织开展森林防火演习。在重点路口、地段和林区新建防火检查站25个，防火巡查点30个，森林防火隔离带60公里，驻扎在伊侯山林场、柳口、山河的3支森林专业灭火队24小时处于临战状态，为全县森林火情及时、有效处置提供了坚强的保证。5年来，全县未发生大的森林火灾。

## 灾害防治

在森林病虫害防治工作中，重视森林病虫害预测预报、监测和防治工作，重点对松材线虫病疫情进行了监测和防治。及时修订了《泽州县预防林业外来有害生物应急预案》，对油松毛虫、红脂大小蠹、白蚁等检疫性林业有害生物进行了全面普查和监测，完成疫区除治2.3万亩，检疫苗木180余万株，森林病虫害发生率控制在0.5%以下。以防控禽流感、甲型H1N1流感等重大动物疫情为重点，下发了《野生动物疫源疫病防控紧急通知》及禽流感宣传材料、制定了禽流感防控方案，与县畜牧中心联合下乡进行了重大动物疫情检查，有效防范了重大疫情的发生。

## 资源保护

在把森林防火工作纳入政府目标考核的基础上，把森林资源管理工作纳入了政府目标管理，层层签订目标管理责任书，出台考核办法，进一步明确了乡镇政府对森林资源管理的责任，明确了乡镇党政一把手对辖区森林资源安全负总责；认真执行森林采伐限额管理、林木凭证采伐、木材凭证运输、林地用途管制等制度，不断加强生态公益林管护工作，全县征占用林地审核审批率达到95%以上，伐区内林木凭证采伐和办证合格率达到90%以上；在县森林扑火专业大队的基础上，又相继组建山河、柳树口森林扑火中队，做到了专业队伍前移；先后组织开展了代号为“绿盾一号、二号、三号”“春季行动”等林业专项严打行动，严厉打击乱砍滥挖林木、私拉乱运木材、乱捕滥猎野生动物等涉林违法行为。5年来，累计查处，林业行政案件68起，案件查处率达到98%以上，基本上做到无积案。全县森林火灾受害率控制在0.3‰以下；林产品产地检疫率由88%提高到95%以上，林木病虫害测报准确率由

81% 提高到 90% 以上，无公害防治率由 82% 提高到 85% 以上，有害生物成灾率由 9‰降到 5‰以下，森林资源得到了有效保护。

### 林业改革

认真贯彻落实《中共中央国务院关于全面推进集体林权制度改革的意见》精神，在 2008 年试点的基础上，全面开展了集体林权制度改革工作，截至“十二五”时期，林改确权村数 401 个，占林改村总数的 96.4%，确权面积 140.4 万亩，占集体林地总面积 95.3%。其中，实行家庭承包 33 个村，面积 5.84 万亩，占确权面积的 4.16%；联户经营 207 个村，面积 71.82 万亩，占确权面积的 51.15%；均股到户 122 个村，面积 29.63 万亩，占确权面积的 21.10%；大户承包 56 户，12.56 万亩，占确权面积的 8.95%，集体保留林地 193 个村，19.74 万亩，占确权面积的 14.06%，其他形式 0.83 万亩，占确权面积的 0.58%。发证 7206 余本，发证率占 100%，(除去自然保护区和森林公园、开发区共计面积为 31.82 万亩)，确权到户率为 71.4%。待《林木采伐管理办法》《森林资源保护办法》《全县营造林管理办法》《荒山造林、经济林项目直补办法》《生态公益林补偿办法》《林权抵押贷款意见》等配套措施陆续出台后，将进一步增强林业发展活力，极大激发社会各界投资办林业的热情。同时，根据《中共中央国务院关于印发〈国有林场改革方案〉和〈国有林区改革指导意见〉的通知》和《山西省国有林场改革实施方案》精神，启动了国有林场改革，改革完成后，国有林场的功能将更加凸显，可持续发展能力将明显增强。

### 机制建设

在长期的实际工作和不断地创新完善中，泽州县形成了“以政府投资为主、社会投资和市场运作为辅、民间融资为补充”的生态林业投入体系。建立了长期的公共财政投入机制，发挥财政投资主导作用，加大对林业建设的扶持力度。同时，进一步解放思想，开阔视野，积极探索林业转型跨越发展的新体制、新机制、新办法。有计划、有步骤地拿出了一部分宜林荒山，鼓励社会上有实力、有能力的公司、企业和个人认领认养、合作造林，或先造林成林、后开发利用。大力推行工程化造林，实行市场化运作，对于政府投资和集体投资的造林工程严格招投标制、合同制、监理制、验收报账制，做到规范有序、监督有力，确保了资金使用效益。

## 水　务

### 概述

2015 年，全县完成水利投资 2.4 亿元，任庄水库大坝改建除险加固、张峰水库泽州供水、丹河河道综合整治、国家农发沁河水保项目南岭项目区等重点水利工程完成了主体工程建设；建成农村饮水安全工程 36 个，解决了 37 个村，2.26 万人的饮水安全问题；建成农田水利工程 19 处，完成实灌面积 16.75 万亩；完成 11 条小流域水保综合治理，治理面积 3 万亩，全县累计治理面积达到 876 平方千米，治理度达到 58.9%；完成了 2 座小水库应急除险和丹河任庄水库龙门段 7.917 千米河道治理；建成了覆盖全县 17 个乡镇的山洪灾害预警预报系统，实现了全县安全度汛，开工建设了晋庙铺、柳树口、山河3个抗旱应急水源工程，抗御水旱自然灾害能力显著提升；完成了三姑泉二级水电站和拴驴泉水电站增效扩容改造项目建设，全年小水发电量达到6500万度；完成成鱼捕捞605吨，实现产值600万元；深入贯彻落实最严格水资源管理制度，出台了《泽州县人民政府关于实行最严格水资源管理制度的实施意见》，关闭了10眼工业和农业井，完成地下水压采量500万立方米，全县万元工业增加值用水量同比下降4.9%，农田灌溉水有效利用系数达到0.58，水功能区水质达标率达到75%，在全市组织的落实最严格水资源管理制度工作考核中，综合排名全市第二。县水务局局长：张良善。

## 重点工程

2015年，全县完成重点水利工程投资1.48亿元，完成了4项重点工程建设。任庄水库大坝改建除险加固工程：是泽州县重要的应急抢险工程和新水源工程，总投资10245万元，2014年11月开工建设，2015年完成了大坝主体工程和高压旋喷灌浆、非常溢洪道等主要分部工程建设，完成投资9300万元。张峰水库泽州供水工程：是巴公工业园区发展重要的供水保障工程，工程总投资5536.38万元，设计年供水量2287万立方米。2014年12月开工建设，2015年完成了一期工程建设，完成投资1300万元，初步实现向兰花科创20万吨已内酰胺项目供水的目标。丹河河道综合整治工程：是丹河龙门湿地公园建设的重要组成部分，该县重要的水生态和景观工程，工程治理河段从高都伏堂到金村水北，全长2.35公里，总投资4200万元，2015年完成了漫水路面、橡胶坝、湖心岛、生态治理、护栏等主体工程建设，完成投资4000万元。国家农发沁河水保项目是该县水生态建设的重点工程，是2014—2016年连续三年实施的项目，2015年完成了南岭项目区4.35平方公里治理任务，完成投资208万元。

## 水务改革

2015年，编制完善了68项涉水行政权力清单和权力运行流程图，设立了专职行政审批股，成立了长河、丹河河库管理站，全县所有小型水库和主要河道都落实了管理主体和管护人员。水利财政投入、土地出让收益计提、金融信贷支持、鼓励社会资本投入等政策措施进一步完善，成立了丹峰供水公司、长河鼎泰供水公司，在张峰水库泽州供水工程和圪套水库提水工程建设中引入了股份制模式，拓宽了水利多元化投资渠道。全面深化水利工程建设管理体制改革和小型水利工程管理体制改革，制定出台了《泽州县小型农村水利工程建设管理办法》和《泽州县农村供水工程管理办法》，水利工程全面实行了项目法人制、合同管理制、施工监理制、竣工验收制的“四制”管理。圆满完成了全国小型水管体制改革试点县建设任务，通过了省水利厅验收。基层水利服务体系建设全面加强，全县基层水利服务机构达到48家。

## 农村饮水安全

完成农村饮水安全工程36个，完成投资799万元，解决了37个村，2.26万人的饮水安全问题。建成了泽州县农村饮水安全水质检测中心，实现了水质检测常态化。全年落实补贴资金189万元，农村集中供水工程水价降到了2.9元/方以下，实现了城乡同价。全县农村自来水普及率达到95%，农村集中连片供水受益人口比例达到58%。基本建成了水质合格，取用方便，维护到位，群众受益的农村饮水安全网络。

### 水库、河流综合整治

投资275万元，完成了白水河、拴驴泉2座小水库的应急除险。丹河任庄水库龙门段河道治理工程完成全部建设任务，完成治理长度7.917公里，完成投资2635万元。巴公河巴公段河道治理工程全面铺开。白水河河道治理工程完成主要前期工作。启动实施了中小河流沟道治理，开展了河道沟道集中清障行动，清障、疏浚河道14公里，完成清障方量4.8万立方米，全县水库、河道防洪标准普遍达到了10~20年一遇以上。

### 水生态建设

完成了石槽、万里等11余条小流域水保治理，全年完成小型水保工程150处，完成水保综合治理面3万亩，完成水生态建设投入1540万元。全县累计水保治理面积达到876平方公里，治理度达到58.9%，为改善农村人居环境，建设美丽泽州做出了贡献。

### 农田水利建设

投资1592万元，完成粮食产能县、末级渠系、中央统筹农田水利设施养护资金项目、中央财政农田水利设施维修养护资金项目和膜下滴灌工程23个，新增水地3290亩，改善水地5380亩，膜下滴灌2040亩。全县农田实灌面积达到16.75万亩。

### 防汛抗旱

投资830万元，建成了覆盖全县17个乡镇的山洪灾害预警预报系统，县级防汛抗旱物资储备库建成并投入运行。全面加强防汛安全管理，严格按照各项防汛责任制和“五到位”要求，水库、河道、集镇、淤地坝、边山峪口村庄等关键环节做到防汛责任到人，严防死守，确保了全县安全度汛。切实发挥水利设施抗旱主渠道作用，规划建设了晋庙铺、柳口、山河等抗旱应急水源工程，可有效解决3个乡镇、2.7万余人遇严重干旱时的基本用水问题。修订完善了《泽州县防汛预案》，研究制定了县级抗旱预案。

### 水资源管理

全面推进节水型社会建设，深入贯彻落实最严格水资源管理制度，开展了“水资源管理提升年”活动，出台了《泽州县人民政府关于实行最严格水资源管理制度的实施意见》，关闭了10眼工业和农业井，完成地下水压采量500万立方米，全县万元工业增加值用水量比去年下降了4.9%，农田灌溉水有效利用系数达到0.58，水功能区水质达标率达到75%，在全市组织的落实最严格水资源管理制度工作考核中，综合排名全市第二。

### 农村水电电气化

全县完成水电电气化建设投资5768万元，完成了三姑泉二级水电站和拴驴泉水电站增效扩容改造项目全部建设任务，并通过了验收。对9座小水电站和水电自供区电网进行了维修改造，全年完成小水电发电量6500万度，水电自供区供电保障率稳定在95%以上。

### 水产品养殖与监管

以结构调整升级为主线，扩大绿色养殖、健康养殖规模，全县水产养殖企业和养殖户达到了20家，1家养殖场被评为山西省水产健康养殖示范场，全年完成成鱼产量605吨，产值突破600万元。建成水产品药残检测实验室，实现水产品药残检测常态化。

## 扶贫帮困

### 概述

2015年，县扶贫办公室认真贯彻落实国家扶贫开发的一系列方针政策，以贫困户为对象，以贫困村为主体，按照扶持生产发展一批、易地搬迁安置一批、教育扶贫脱贫一批、低保兜底一批的思路，实施精准扶贫、精准脱贫。主任：原家龙。

### 目标任务

（一）完成易地扶贫移民搬迁1500人。（二）扶持市级贫困村产业项目20个，县级贫困村产业项目18个，实施整村推进扶贫开发项目2个。（三）资助贫困大学生27人，已通过学籍审核的“雨露计划”贫困学生146人，实现应扶尽扶全覆盖。（四）百企千村产业扶贫开发项目年度投资完成1.05亿元。（五）整村脱贫4个村，减少贫困人口2500人。

### 建档立卡

一是对贫困对象进行信息采集更新。前半年对全县2014年登记识别的212个行政村4944户13177人贫困人口以及24个贫困村信息进行了更新，对贫困户表中各项数据指标进行了核实、补充，对贫困人口自然减少情况进行了核减，通过更新2015年前半年我县实际登记贫困人口4806户12831人，贫困人口自然减少138户346人，贫困村保持24个不变。二是开展建档立卡“回头看”。11月20日开始，根据省市扶贫办安排，我县对贫困对象建档立卡工作开展“回头看”，目的是把不符合标准的贫困户排除出去，把符合条件的贫困户识别进来，对贫困户的基本信息、脱贫需求等进行精准摸底，确保扶贫资源和政策措施精准落实到扶贫对象身上，确保到2017年贫困人口如期脱贫。本次“回头看”工作，全县17个乡镇全面开展，其中周村、李寨、南岭、犁川、山河、晋庙铺、大箕、金村、柳树口、高都10个乡镇在2014年建档立卡的基础上进行，下村、大东沟、川底、南村、北义城、巴公、大阳7个乡镇为新开展建档立卡工作，第一次对贫困对象进行精准识别。截至2015年年底，全县共有贫困户3680户10300人，贫困村24个，涉及17个乡镇382个行政村，其中按“八不进”排除人口2943户7699人，新识别贫困人口2011户4900人（其中，低保户830户1657人、五保户41户42人、残疾人234户403人），贫困村保持原来的24个不变（分别是周村镇南坡村，晋庙铺镇王汉掌村、韩家庄村、北罗西村、关坡村、窑掌村，犁川镇成庄村、坡西村、八良掌村、司街村、杜家河村、坡东村，柳树口镇河东村、南庄村、岩山村、坂头村、中村村、北石瓮村、东石瓮村、樊家村、神直村、东南庄村、大井头村、圪针掌村)。全县24个贫困村共识别贫困户682户2013人。从贫困人口分布情况看,县贫困人口主要集中在东南部山区的柳树口镇、山河镇、晋庙铺镇、南岭乡、李寨乡、犁川镇、大箕镇7个乡镇,共有贫困人口7629人,占全县贫困户的74%。

### “四个一批”

一是产业发展带动一批。通过扶持产业,增强贫困村发展内生动力,带动贫困人口脱贫增收,是扶贫开发的重要手段。今年共扶持种植、养殖、乡村旅游等产业项目38个,下达市、县财政扶持资金166万元,可带动贫困人口1900余人;实施整村推进项目2个,下达省级扶持资金100万元,项目直接带动贫困人口200余人;百企千村产业扶贫项目完成投资1.05亿元,企业通过建基地、安排就业等形式直接带动贫困人口1000余人。二是易地搬迁安置一批。2015年,易地搬迁1500人,搬迁方式为农户自主分散搬迁,搬迁对象为泽州县户籍人口在300人以下实际居住不足一半的山庄窝铺。坚持以农户自愿为前提,坚持移民搬迁与改善人居环境相结合、与城镇化建设相结合、与就业安置相结合的原则,搬迁地主要以市区、市区周边村、中心集镇为主。三是教育扶贫脱贫一批。2015年教育扶贫工作对当年考入二本(B类)以上普通本科院校的贫困学生实行应补尽补全覆盖;实施“雨露计划”,对接受中职中技、高等职(专)业教育的在校贫困学生进行资助。为做好此项工作,扶贫办一方面加大宣传力度,充分利用网络、电视台等媒体对教育扶贫的对象、标准、申报程序、申报条件等进行宣传,力争让这一惠民政策人尽皆知;另一方面严格把握审核标准,公平公正对待每一个贫困学生,对申报结果及时向社会公开,接受群众监督,全年共资助贫困大学生27人,直接发放补助资金13.5万元;申报“雨露计划”的贫困学生392人,已通过学籍审核的贫困学生146人,按照省办安排,2016年3月前将补助资金直接发放到贫困学生家庭账户。四是通过低保救助、“五保”供养兜底一批。对无劳动能力,没有搬迁意愿的特困户进行低保、五保政策兜底,全年建档立卡贫困户中实现低保救助1500人,“五保”户供养42人,特困人口基本生活得到保障。

### 精准扶贫

一是实施旅游扶贫。2015年全县柳树口镇黄围村、山河镇青龛村、南岭乡磨滩村、晋庙铺镇窑掌村作为旅游扶贫项目试点村,取得了明显的经济效益和社会效益。项目村利用村内现有的生态资源、文物景点,整合利用扶贫、新农村建设、人居环境改善等资金,着力打造乡村一日游、周末游项目,吸引了市区以及邻近省、县大批游客。通过旅游扶贫项目的实施,项目村基础设施、居住环境得到了明显改善,群众收入明显提高,而且吸引了部分外出人员回村创业。二是实施光伏扶贫项目。2015年选择柳树口镇东石瓮村作为光伏扶贫试点村,开始实施光伏扶贫项目,通过试点带动全县有意愿的贫困村、贫困户参与光伏扶贫增收脱贫。

## 资金管理

一是规范项目的立项、审批和资金分配程序。严格按照上级有关要求筛选扶贫项目，并按规定和权限进行申报审批。在分配扶持资金前，组织专家对项目进行论证和评估，确保资金合理分配。二是严格执行扶贫资金项目公告公示制。扶贫资金的分配和项目的安排，要确保公正、公平、公开，广泛接受社会的监督。扶贫资金的分配，要通过适当方式公告；到村到户的项目，要在项目所在村进行公示。三是认真落实扶贫资金报账制。凡是项目要求实行报账制的，坚决按规定和程序报账。四是建立和完善跟踪监测和验收制度。对扶贫项目的建设进度、工程质量和资金使用等情况，进行全程跟踪监测，开展定期或不定期的检查，项目实施完毕后，组织专家和有关人员进行验收，防止和杜绝扶贫资金的“跑、冒、滴、漏”，确保项目目标的实现。五是加强项目后续管理。通过广泛的宣传，提高广大贫困群众对加强扶贫项目后续管理重要性的认识，确保项目的可持续性。

## 队伍建设

一是严格执行办公室上下班、请销假、下乡出差等工作制度，严格遵守工作纪律；二是建立完善了办公室学习制度，办公室每周开展一次集中学习，重点学习上级有关扶贫开发的政策法规以及重要会议及讲话精神；三是进一步转变工作作风，紧密联系群众，坚决杜绝“门难进脸难看事难办”的现象发生；四是按照政风行风评议有关要求，采取“边查边评边改”的办法，积极开展政风行风自查自评，对发现的问题及时进行了整改。

# 住房和城乡建设 环境保护

## 住房保障和城乡建设

### 房地产管理

2015年，房地产市场受宏观经济的影响，房地产投资增速放缓，各种矛盾和问题不断涌现。为做好新常态下的全县房地产工作，县住房保障和城乡建设局所属房地产公司首先严格商品房预售与预售资金监管工作。全年共办理预售许可4家，预（销）售房屋2213套，面积24.1万平方米，监管预售项目5个，预售资金3.13亿元，有效地遏制了在房地产交易环节中违法违规行为事件的发生。其次是做好房地产交易与权属登记工作。全年完成房屋产权登记1679件，32.26万平方米；完成房地产交易290件，交易面积3.16万平方米；完成商品房合同备案1292套，备案面积14.3万平方米；完成档案归集1679宗，完成查询及出具房屋权属登记证明1665份。三是开展了房地产开发管理突出问题专项整治排查工作。累计排查全县国有土地商品房开发项目共有8个，20幢楼，2335户，总建筑面积22.8万平方米。已竣工项目5个，11幢楼，1560户，总建筑面积15.5万平方米。四是积极开展了矛盾化解工作。全年共受理南村镇紫薇花园一期、紫薇花园二期、南村镇世纪名苑、南村镇水墨福居二期等各类信访案件8起。为认真做好信访维稳工作，对每一起投诉的处理情况都进行检查落实，以确保群众反映的问题得以最大限度解决。通过深入基层调查，与有关部门努力协调，主动召集双方平等协商，找准焦点，认真耐心讲解，解决难题，大多数矛盾纠纷得到了化解。但还有一部分矛盾深、纠纷大的矛盾暂时得不到解决。

### 重点片区和重点镇建设

2015年巴公、周村被列入全国重点镇和全省“百镇建设”名单，巴公镇入选了国家园林城镇，南村镇被省政府命名为山西省园林城镇，金村镇被列入山西省首批开展的建制镇示范试点镇，巴公、南村是“六区联动、组团发展”的两个重要的产业片区，巴公、南村、金村、周村、大东沟、川底被市政府确定为“十二五”期间市级重点镇。

巴公镇城镇化建设情况　基础设施和公共服务设施建设方面。巴公镇以巴原新城项目为抓手，基础设施和公共服务设施得到了进一步完善，投资1.05亿元建成了设施水平全省一流的16轨制现代化中学；投资3575万元设计供水能力为6000立方米的集中供水项目，该项目已于2012年10月开工建设，建成后可满足4万~5万口人用水需求；总投资7835万元的民生路改造项目已于2013年3月开工建设；投资1091万元涉及13个村的农村环境集中连片整治项目共建设5个无机垃圾填埋场和2个生活污水处理站；总投资2800万元的巴原新城幼儿园项目已于2014年完成主体。项目建设方面。一方面巴公镇重大项目建设取得长足发展，如兰花年产20万吨的己内酰胺项目和年产50万吨的纳米新型材料两大项目推进有序，晋钢顺盛90万吨超细微粉二期项目已经达产达效，清慧制造和兴达铸件产能进一步提升；另一方面该镇中小微企业发展迅速，如锦泰塑料包装制品项目、巴原建材多孔砖项目和臻远商砼项目等推进顺利。居民社区建设方面。巴公镇新型居民社区建设采取“村庄搬迁、镇区村改造、市场化开发、保障房建设”四种模式集聚人口，群众居住条件得到了改善。村庄搬迁重点是实施都东部、李村堡、东寺庄等工业园区村庄搬迁工作，建筑面积约25万平方米，共涉及2100余户、5900口人，现正在办理前期手续；镇区村改造重点是巴公一村杨庄自然村和巴公二村改造项目，建筑面积约40万平方米；泽州县限价商品房巴公住宅小区项目建设，建筑面积约5.2万平方米。同时该镇依托镇区和工业园区，进一步健公共卫生和养老服务体系，并大力发展商贸、物流等现代服务业，促进了农民向市民的转变。生态环境建设方面。投资500万元完成了30个村的绿化，完成了环城高速226亩防护林带建设和200亩省道长晋线两侧50米范围绿化。

周村镇城镇化建设情况　基础设施建设方面。该镇范围内晋阳一级路约7公里道路基本建成，投资1亿元以周村工业园区为核心集景观、物流为一体的环园区大道，投资340多万元的甲村铺上自然村至下河村7公里长河绿色通道工程，镇区两街的综合整治及街巷硬化工程和投资560多万元的周村镇生活垃圾填埋厂等项目正在进行建设。旧城改造方面。周村镇投资2217万元完成了古镇修缮及综合开发新老街改造工程，投资540多万元进行了镇区及周边行政村的街巷硬化。环境整治方面。投资600万元对12个村进行了连片整治，对六大精品工程进行了巩固。周村新区建设方面。总投资1.8亿元占地面积约114亩，总建筑面积约7.8万平方米的周村新区岸村小区建设正有序进行。

南村镇城镇化建设情况　中心镇区建设方面。南村镇充分利用地处城郊的区位优势，现已形成了休闲、娱乐、教育、医疗、养老、文化等功能完备、具有较强辐射能力的中心城镇。目前该镇东至杨洼、西至西峪、南至浪井、北至北社，面积6.5平方公里范围内长住人口已达4.5万人。基础设施建设方面。随着该镇总投资2756万元的迎宾路二期工程完工，该镇镇区以迎宾路、国道207、东外环路、西外环路和北外环街、陆通街、鑫达街、骏发街、南外环街为依托，2015年年底，已经形成了四纵五横的道路框架；投资1700万元的集中供水工程已基本完工，初步具备了日供水7500立方米的能力，解决了镇区及周边14个行政村、2万人、30余家企业的供水问题；全镇工业用水、生活用水也已实现全部管道排放。特色产业方面。该镇以现代工业园区、商贸物流园区、特色农业园区、生活休闲园区“四区”建设为抓手，促进了特色产业发展。其中，铸造产业集聚区坚持南村传统铸造业，通过联小建大、集群扩张、技术升级和创优品牌等措施，年产10万吨以上的龙头铸造企业已有8家，产值达100亿元；充分利用牛匠、裴圪塔、杨洼等村紧临城市的区位优势，大力发展金融、商贸、物流等第三产业，2015年年底已打造出了市区南郊农产品集散地和货物仓储中心。特色农业区建设方面，形成了以郎庄欣富源种植有限公司为龙头的机械化种植示范区、以环秀为龙头的有机旱作农业示范区、以东常村为龙头的坡耕地平整及农业循环经济示范区和以东常村东鑫旺肉牛养殖基地项目为龙头的绿色养殖示范区，辐射带动了整个南村农业产业的快速发展；同时该镇改造和开发并重不断优化居住环境，2015年年底镇区除富泽小区、紫薇花园、南域经典外，还新建了世纪茗苑、水墨福居两个住宅小区，并全面启动了裴圪塔、牛匠、北社城中村的改造项目。园林绿化方面。2015年，该镇对镇区15个村进行园林绿化，对新兴产业工业园区和镇区通道进行了绿化升级，2015年年底该镇绿地覆盖总面积81.64公顷，绿化覆盖率达36.6%。

金村镇城镇化建设情况　基础设施和公共服务设施建设方面。该镇进行了红星东街、西岭街、环镇路（金部路）、锦绣路、金凤路、陵沁一级路（府城街）、金凤路（国道207）、龙化路、东环路（国道207改线路）等道路建设，目前已经形成了“七横七纵”的城市道路框架；完成了东陕、十字坂、铺头三个镇级生活垃圾填埋场和东属、西南属、磨山底三个建筑垃圾填埋场建设，金村和铺头两个生活污水处理厂已经建成。同时该镇配合市里进行了太原科技大学晋城校区二期建设并进行了晋城中专、新区中学等学校的建设和孟匠中学、铺头中学等学校的改造工作；该镇还进行了金村中心卫生院搬迁和村级卫生所改造提升并建设了5个社区型卫生服务中心。重点区块改造方面。该镇以兰花片区改造为契机加快建设城市化格局的高标准居民社区，形成了与中心城市相对应的住宅产业；以城东物流园区建设为平台打造集大型商贸综合体、高档住宅、城市公共服务为一体的商贸新城。引导人口集聚方面。该镇以户籍制度改革和中心片区改造为契机，通过失地农民就地转移、有条件农民移民并入和外来人口安家落户等方式，引导农村人口向小城镇和中心村聚集，推动农民就近城镇化。生态环境建设方面。该镇进行了丹河龙门湿地公园绿化、背荫河和霍秀河整治和绿化工程，并进行了丹河绿道和金福苑公园建设，同时还对晋张路、国道207和江淮路等10条干线公路进行了绿化。

川底乡城镇化建设情况　该镇投资8000余万元建设川底乡中心小学建设；投资400余

万元开展垃圾填埋场建设；长河生态湿地工程总投资1580万元，占地面积72.5亩，主要包括河道治理、改善周边环境，2015年年底已经完工；陵沁线川底段环境综合整治提升项目北起陵沁公路大东沟镇界南至周村镇界，全长约3公里，总投资1312.9万元，主要是对陵沁线川底至和村段道路进行削坡、降弯、拓宽改造和道路两侧硬化绿化美化，2015年年底已完工。

大东沟镇城镇化建设情况　基础设施和公共服务设施建设情况。该镇投资1800余万元的大东沟镇中心小学、投资280余万元的大东沟镇中心幼儿园已经投入使用，大东沟供销社商住楼改造已开工建设。生态城镇建设方面。该镇充分利用伊候山、可寒山丰富的原始生态植被，开发东沟历史文化名村名镇，进一步抓好可寒山旅游开发，形成小城镇和大自然的有机融合。特色农业方面。该镇利用压煤村和沉陷治理村整体搬迁后的闲置5000亩土地置换和治理土地，以土地规模化、集约化经营为模式，重点发展小杂粮、干果、中药材、蚕桑等，建设以小杂粮为主的特色种植业基地。以辛壁“恒康”现代化万头养猪场、段都“广兴隆”万头养猪场等养殖企业为龙头，在东山各村重点发展无公害畜禽养殖业，2015年年底该镇每年出栏生猪近10万头，绿色养殖发展潜力巨大。

## 建筑市场管理

2015年以来，县住建局紧紧围绕年初制定的工作目标，充分发挥建设部门职能管理作用，大力推进城乡建设管理、工程质量、安全监管水平，有效地规范了建筑市场秩序。2015年年初以来，全县建筑工程项目发包60项，建筑面积约81万平方米，总造价约14.6亿元。收取城市基础设施配套费952万元、保障金4500万元，对违法建筑罚款15万元。招标工程入市交易率达100%，城内报建率达100%，农村报建率达100%，质量监督覆盖率达100%，监理备案率达100%，安全监督备案100%。其中共受理监督招标建筑工程55项，监理工程6项。其中，国有投资项目17项，集体项目38项。招标累计中标价约13亿元，总建筑面积约72万平方米。在建工程共87项，总建筑面积约150万平方米，总造价约32亿元。办理质量监督注册36项，竣工验收29项，竣工备案60项，安全监督备案28项，起重机械备案45台，办理沉降观测登记22项，桩基工程检测登记17项。对招标工程的质量安全监管率达到了100%，竣工验收合格率达100%。共检查了87个建设项目，建筑面积150万平方米，累计发现各类问题和隐患1200余条，现场整改1050余条。下发停工整改通知书60份，安全隐患整改通知书51份，质量整改通知书352份，质量隐患通知6份。对现场未能及时整改的安全隐患都在规定期限内已经全部整改完毕。2015年，采取的保障措施如下：(一)提高建筑市场管理水平，做到依法行政。一是所有新建、扩建、改建项目，在核发施工许可证时，对各方业主的资料进行严格审查，凡不具备政策法规要求条件的项目，一律不予核发施工许可证。建设工程项目施工阶段，严查项目经理、项目管理人员是否到位，对违规的、人证不符的、未履行岗位职责的企业、项目和个人进行严肃查处。二是外地建筑企业、中介机构入晋必须进行备案登记。三是建立和完善了外来企业信誉档案，强化外来企业的准入和清出制度。凡是市场行为不规范的外地企业，有违法行为的，记入企业信誉档案，并将其清出市场，按规定时间内禁止在泽州县境内承揽工程业务。(二) 继续开展建筑施工企业工程质量治理两年行动的检查。根据《晋城市工程质量治理两年行动方案》的通知，主要对全县建筑施工企业进行检查，重点检查企业自查自纠情况、落实质量责任和执行法律法规标准的情况，3月开始，每月对全县所有在建工程进行一次全面检查，重点抽查工程项目的实体质量和参建各方的市场行为，对存在的问题建立相应台账，对存在的违法违规行为进行严肃查处。(三) 专项治理防尘污染。根据省、市、县建筑施工扬尘污染专项行动材料，对城乡结合部的7家施工企业进行检查，并对每个施工企业签订了《泽州县建筑施工扬尘污染目标责任书》，凡是不能按照建筑施工扬尘污染治理标准进行的企业项目，一律责令停工，限期整改，确保扬尘污染得到有效治理。(四) 健立了农民工工资保障应急措施。为规范建筑行业农民工工资支付行为，防止拖欠农民工工资，建立了农民工保障金制度，净化施工企业的市场行为，加强对农民工工资发放监管力度，减少拖欠的发生，确实维护了农民工的合法权益。截至目前，共追回农民工工资480万元，涉及农民工1000余人。县住房和城乡建设局局长：庞培芳。

## 城乡规划

### 概述

2015年，编制完成了《泽州县城镇空间协调发展规划》《泽州县产业发展规划》《金村新区整体概念性城市设计》《丹河龙门湿地公园总体规划》，珏山、山里泉风景名胜区总体规划已经编制完成，全县17个乡镇实现了总体规划全覆盖，巴公、南村、周村等8个乡镇编制完成了控制性详细规划，全县400余个村完成了新农村建设规划，村庄规划覆盖率达63.8%。大阳镇、周村镇、西黄石村、石淙头村、拦车村、天井关村等编制完成了历史文化名镇（村）保护规划，冶底、东沟、段河、大阳镇东街村和西街村5个村编制完成了中国传统村落保护发展规划。近年来，我县编制了金村镇金凤苑小区、南村镇民丰苑小区、周村镇岸村移民搬迁小区、巴公镇西寺庄、下村镇杨山村、西陈庄村、东沟镇司家山村、常庄采煤沉陷搬迁住宅小区修建性详细规划。

### 规划管理

按照《中华人民共和国城乡规划法》《山西省城乡规划条例》等法律法规的规定做到了无规划不建设，先规划后建设，发挥了规划的调控作用，“一书一证”和“一书两证”办证率达到95%以上。

### 煤层气推广和集中供热

2015年，新增供气管网43公里，新增煤层气用户达10648户，同比年初任务增长112.96%。泽州县煤层气推广实施工作自2006年开始以来，通过近十年努力，全县煤层气利用覆盖了巴公、南村、下村等13个乡镇。截至目前，居民使用煤层气累计达到197个村8个小区，村庄覆盖率达31%，燃气管道总里程达234公里，受益户数达59964户，惠及人口约21万余人，占全县总人口的40%。集中供热方面：在2014年完成集中供热120万平方米的基础上，2015年全县新增供热面积63万平方米，同比年初任务增长了110%。新增供热管网30余公里。2015年年底泽州县小城镇集中供热面积达182万平米，受益户数达1.8万户，惠及农村居民6万余人，占全县总人口的12%。

## 房改工作

### 概述

县房改办主要职责是贯彻落实全国、省、市关于住房保障工作的方针、政策，研究拟订全县住房保障政策、规定；拟订全县住房保障的中长期发展规划，年度工作计划，并组织实施；负责全县保障性住房的筹备、分配、管理工作；负责住房保障对象的资格审查、认定、管理工作。

### 限价普通商品住房

南村限价普通商品住房项目位于泽州县南村镇迎宾路西侧，长信路东侧，寨西街南侧，南村小学西北侧。总占地面积31081.07平方米，总建筑面积64619平方米，其中地上建筑面积54540平方米(限价房建筑面积50627平方米，配套商业建筑面积3369平方米，配套公建544平方米)，地下建筑面积10079平方米。项目计划总投资16822.09万元。共556套。户型面积：60平方米以下户型77套，60~90平方米户型407套，90平方米以上户型72套，共556套。该项目2014年3月正式开工，2015年基本建成，配售房源213套，完成投资6400万元，累计完成投资15220万元，计划2016年10月底交付使用。

### 城中村改造项目

裴疙瘩城中村改造A2地块回迁安置楼项目位于晋城市城区文昌街西街北侧、西环路东侧。共4栋楼，913套，总建筑面积为183641平方米，其中，住宅建筑面积108002平方米，配套公建及商业建筑面积18217平方米，配套设施建筑面积260平方米，地下车库及储藏室等建筑面积57162平方米。项目总投资为58603.5万元，项目建设资金全部由项目单位自筹解决。该项目作为本县新开工保障房建设项目，前期手续办理齐全，完成招投标程序，办理施工许可，于2015年年底全部开工建设。

### 农村危房改造

2015年，晋城市住建局、发改委、财政局联合下达泽州县农村危房改造任务200户，截至年底全部完成改造并进行了联合验收。农村危房改造补助标准为每户平均补助1.4万元。其中，国家下达任务为国家补助7500元，省、市、县补助6500元(按照4∶3∶3的比例)。2015年，共发放改造补助280万元。其中：中央财政补助150万元，省财政已下拨补助资金52.6万元，市财政已下拨补助资金39万元。

### 公共租赁住房

根据省住建厅的文件精神，2014年公共租赁住房和廉租住房并轨运行，统称为公共租赁住房。泽州县的公共租赁住房主要采用货币补贴方式，是一项常态化工作，保障对象主要是位于晋城市城市规划区范围内的金村镇、南村镇、巴公镇、高都镇具有城镇户口且无住房家庭。通过个人申报、村委、乡镇初审，住建、民政部门联合会审合格后，被确认为2015年度公共租赁住房货币补贴的保障对象，并向社会进行公示，公示无异议后发放补贴。2015年全县共有40户符合条件确认为保障对象，共发放补贴10.8672万元。

## 园林绿化

### 概述

泽州县园林绿化处隶属于泽州县住房保障和城乡建设局，成立于1998年6月，系差额事业单位，现有干部职工22人。泽州县园林绿化处是在泽州县城乡建设局的直接领导下，行使园林绿化管理的专业部门。其主要职责有：执行各级颁布的绿化法规、条例，制定本地区的园林绿化管理实施细则；监督检查各单位绿化用地的使用，审查园林设计，检查绿化施工质量；对已经绿化的公园、绿地、道路、居住区等，进行养护管理的监督检查；组织发动全民义务植树，检查考核全民义务植树的完成情况；保护管理本区域内的古树名木；审批本区域内城市树木的移植、砍伐。

### 行政审批

行政职权具体划分为行政许可类包括城市绿化工程设计审批，临时占用城市绿地审批砍伐、移植、修剪树木的审批三类；其他权力包括城市绿化工程的竣工验收和城市绿地系统规划编制二类；还有一项行政检查，城市绿线的确定和管理。

### 绿化创建任务

近年来，市园林局下达泽州县创建“山西省园林单位”及“晋城市园林单位”任务，为积极配合全市的园林单位创建工作，巩固市级园林单位创建成果，在此项创建工作中，该处坚持着眼于实处，着手于实事，着力于实效的工作思路，按照“生态、和谐、人本”的创建理念，通过做到“两个到位”，深入宣传、广泛动员，认真落实创建责任。

### 游园建设

晋城市凤南公园位于晋城市凤城南路与晋阳高速公路立交桥（凤城桥）西侧，总占地面积500亩，是2005年晋城市创建国家级园林城市时，利用泽州县南村镇牛匠村、杨洼村的荒山进行的绿化建设项目。至2015年年底，凤南公园已基本绿化覆盖，园内共栽种雪松、蜀、馒头柳等植物近10万余株。2008年，凤南公园建设工程被列为晋城市2010年创建国家级生态园林城市的重点项目之一。2007年6月，经市政府研究，由泽州县负责公园建设和管理。城乡建设局接管后，克服资金紧张的困难，两年来共投入280万元对园内植物进行了死树病树的更新和日常管理养护，并完成了公园的整体规划设计。

### 日常管护

绿化处作为凤南公园的管护单位，对园内的绿地实施无缺苗、无死枝、无裸露、无杂草、无垃圾、无虫害“六无”管理。对园内进行了整体规划，补栽补种樱花、红叶李、冬青等树木3000余株，绿化面积5000多平方米，增强了绿化效果。实施园艺化修剪，提升绿化品质。在科学管养的基础上，注重园林植物的修剪造型艺术，共修剪园内苗木2万余株。完善对公园的管理，管护面积累计达210万平方米。组织养护工人对公园进行了3次大面积的浇水灌溉工作；修整树木围堰；在树木发芽前结合灌溉，施入有机肥料，改善土壤肥力；给树木喷洒药剂、涂白，防治病虫害的侵袭。

2015年，县住房保障和城乡建设局局长：庞培芳。

## 环境保护

### 概述

2015年，泽州县环保局在服务县域经济建设，保障县域经济又好又快发展的同时，严格执行国家环保法律法规，强化环境监督管理，完善内部运行机制，深化改革，充分发挥环保职能部门的作用，各项工作都取得了可喜的成绩。县域环境质量实现了稳定改善。局长：葛福兴。

### 主要指标

空气质量指标：按照新的空气质量标准，截至2015年12月31日，监测区二级及以上天数为160天。其中，一级天数为8天，二级天数为152天，三级天气130天，同时因停电原因有4天无监测数据。地表水水质：对流经该县的4条河流（丹河、长河、白水河、沁河）的5个出入境断面（上城公桥、青天河水库、九女湖入口、两谷坨、山里泉），实行每单月一次的例行监测，除丹河入境断面（上城公桥）水质COD（化学需氧量）、$NH_3$-N（氨氮）超标外，其余断面均达到功能类别要求，水质良好。饮用水源地水质：全县共有城镇集中式饮用水源地17处，县环境保护监测站每年第三季度开始对全县集中式饮用水源地和分散式饮用水源地进行一次水质监测。从泽州县环境保护监测站2014年对各饮用水源地25项常规因子的监测数据来看，扣除本底值，水质达标率均达到了100%。排污费征收情况：全县排污费征收901万元。环境监测收费情况：环境监测委托性监测收费70万元。环境违法行为处罚：对2家违法建设、违法生产企业下达了《行政处罚通知书》，进行了行政处罚，处罚金11万元，违法案件查处率、执行率均达到100%。

### 审批验收

一是积极对接重点项目。积极主动地对本县辖区的各级重大项目进行跟踪服务，对重大项目在报批和建设过程中存在的困难，积极提供帮助和指导，并定期将每个重大项目的环保进展情况向上级领导报告，供决策参考。对重点项目积极联系上级环保部门开辟绿色通道，快办快结，支持重点项目的发展。尤其是在我县开展的“项目大发展”活动中，县环保局牵头的兴隆山片区无主矸石山治理和丹河人工湿地四期两大项目，虽然实施主体均不是环保局，仍然积极介入，对接服务，力争促进两个项目如期完工。二是严把环保审批关。严格执行国家产业政策，严格控制“两高一资”项目，对全县141个新、改、扩建项目进行了环评审查或审批，对5个不符合环保要求的项目厂址进行了否决。环境影响评价执行率达到了100%。三是严把建设项目竣工环保验收关。严格执行《建设项目竣工环境保护验收管理办法》，一年来共对全县26个新、改、扩建项目的试生产申请进行了批复，共对20个新、改、扩建项目进行了竣工环境保护验收，建设项目三同时执行率达到了100%。

## 减存遏增

在减存量方面，主要是加大治理资金投入力度，连续两年共下拨环保治理资金750万元，主要用于重点行业大气污染治理、大气环境监测能力建设、燃煤锅炉淘汰等项目。其次是充分发掘减排项目，泽州县2015年上报的减排项目5个，分别是晋城福盛钢铁有限公司烧结机脱硫项目、山西天泽煤化集团股份公司煤气化厂锅炉炉外脱硫项目和3家养殖业粪便综合利用项目。如这5个项目全部被环保部认可。预计可削减二氧化硫2783吨，化学需氧量(COD)49.6吨，氨氮11.8吨。在遏增量方面，主要是推进结构减排，在入口上严格控制“两高一资”项目，继续加大对土小企业的取缔力度。其次是实施工程减排，积极推进下村、大东沟、北义城等乡镇生活污水治理工程的实施。同时，根据国家“十二五”主要污染物总量减排核算细则，联合相关职能部门，拟出畜禽养殖业污染防治办法，控制畜禽养殖数量增幅。截至2015年年底，经测算，6项主要污染物总量减排指标能顺利完成序时任务，具体情况有待环保部核查认定。

## 大气污染防治

根据《晋城市人民政府办公厅关于印发晋城市2015年大气污染防治行动及环保重点工作计划的通知》(晋市政办〔2015〕14号) 有关文件要求，结合实际情况制定了《泽州县2015年大气污染防治行动及环保重点工作计划》，先后召开了全县环保工作会议、全县环境保护重点工作推进会、抗战胜利纪念活动空气质量保障工作会、泽州县空气质量未达序时进度指标推进会、今冬明春采暖期空气质量改善工作会来推进此项工作。主要成效有：钢铁、水泥等重点行业中完成五家企业脱硫、脱销、除尘改造，主要污染物排放能达到国家新的排放标准；在市区周边划定了高污染燃料禁燃区，淘汰燃煤锅炉18台22蒸吨；完成淘汰黄标车、老旧车任务，在全市排在前列；完成抗战胜利纪念活动空气质量保障工作。在重污染天气应对方面，在采暖期启动了两次重污染天气黄色预警三级应急响应，有效减少了污染物排放量，改善了大气环境质量。

## 农村人居环境

农村生活垃圾治理项目：由北义城镇、川底乡、周村镇三个乡镇实施建设。截至2015年年底，三个乡镇生活垃圾治理项目主体工程基本完成。农村生活污水治理项目：由下村镇、大东沟镇、北义城镇三个乡镇实施建设。截至2015年年底，大东沟镇生活污水治理项目已经开工建设，下村镇工程已经招标，北义城镇完成了前期手续的办理。农村环境综合整治项目：1. 完成2014年度的巴公镇尧头村、东寺庄村生活污水管网建设项目。2.2015年，按照《晋城市农村生活污水防治行动方案》，泽州县生活污水处理管网建设目标任务为：下村镇下村、上村、中村、大南庄、河东村；大东沟镇司家山村；巴公镇山耳东村。共计7个村。其中，山耳东村已经开工建设；其余6个村污水处理实施方案已编制完成。3.按照传统村落保护发展规划，实施了北义城镇西黄石村和晋庙铺镇天井关村两个传统村落的生活污水防治工程建设。

## 环境监管

一是建立健全环境污染突发事件应急体系。按照环保部《突发环境事件应急预案管理暂行办法》，完成了《泽州县环境突发事件应急预案》《泽州县重污染天气应急预案》和《泽州县核辐射应急预案》的编制工作，建立了环境应急专家库和应急物资储备库，为做好应急保障工作打下了基础。同时加强了与上级应急机构各组织的联系，搭建上下级和各部门之间的应急预案的联动机制和平台，加入了泽州县应急救援大队序列，并先后参于了市县组织的天泽煤化工突发环境事件应急演练、周梨路隧道危化品车辆交通事故应急演练等多次演练，成功参与处置了晋济路天然气运输车辆、晋阳高速化肥运输车辆交通事故、晋阳高速隧道小车自燃等多起应急。通过一系列举措，使环境应急队伍得到锻炼，应急能力得到全面提升。二是以环保专项行动为抓手，强化环境监管，严厉打击环境违法行为，严格贯彻实施新《中华人民共和国环境保护法》。2015年是新环境保护法实施的第一年，县环保局根据历年各类专项执法检查中发现的问题进行了分类梳理，以省、市开展的环境保护大检查为契机，改变以往问题发生再行查处的被动局面，主动出击，对所有排查中发现的环境问题逐一进行分类分解、限时解决，坚决遏制污染反弹势头，根据泽州县行业分类和地域特点，有计划进行了部署，连续开展了保障群众健康整治违法排污环保专项行动、打击环境违法犯罪行为主的环境保护大检查、以抗战胜利纪念活动空气质量保障行动和采暖期改善环境空气质量的专项排查，均取得了预期效果。全年共出动执法人员3000余人次，检查工业园区4个、企业170家。进一步规范了排污申报登记、核定和排污费征收管理工作，2015年，开征排污对象165家，征收排污费901万元。取缔土小企业7家，对87家存在问题的企业依法进行了分类处置。依法下达了64起行政命令。其中，行政处罚2家，违法行为改正通知书19家，停产整治43家。查处了一批违法排污行为，解决了一大批群众和社会关注的热点问题，恶意排污现象得到有效控制，区域环境质量有了明显提升。三是心系民生，加强环境信访的接处工作。紧紧围绕维护群众环境权益，着眼于理顺体制、创新机制，严格按照《环境信访办法》《山西省环境保护信访工作管理办法》等，健全了信访案件登记、受理、反馈“一站式”服务，使环境信访工作更加规范化、程序化。升级了“12369”环境举报热线坐席系统，使热线电话的处置功能更加完善，效率进一步提升。同时采取媒体对话、建立微信举报平台、设立信箱、网上公示等多种形式，就事关群众切身利益的环境问题进行交流沟通，拓展社情民意表达渠道。运用宣传、对话、协商、谈判等方式解决矛盾冲突，确保每一件信访事项都能得到及时妥善处理。2015年，县环保局共受理有关环境问题的举报投诉125起，其中，“市长热线”转办7起、市局转办举报25起、县信访局转办督办案件3起、来信来访举报5起、“12369”电话举报85起。按信访事由来分，大气污染101起、水污染16起、噪声污染7起、固废污染1起。大气污染投诉比例较多，占所有举报的81%。调查处理率达100%、结案率达100%、群众满意率达97%。

### 生态创建

一是积极培育生态文明观念。在全县发放环保宣传挂图、开展环保宣教“四走进”(进农村、进社区、进学校、进企业) 活动。在《泽州新闻》开辟为期一个月的环保知识专栏；编制印发数千册环保宣传资料，向公众倡导低碳生活、绿色消费、共建生态文明等意识，培育公众的生态文明观念。二是开展世界环境日系列宣传活动。该县纪念第44个“6·5”世界环境日期间，通过在《泽州新闻》刊登纪念世界环境日县长讲话；深入乡镇街头，为过往群众分发环保知识手册、环保宣传挂图；聘请上级环保部门专家到我县为政府工作人员、企业负责人讲解新环保法；在全县开展了一次环境保护问卷调查；在各乡镇驻地农村集会当天采取设置咨询点、发放环保知识手册和悬挂横幅等形式，与群众面对面宣传交流，并现场受理群众投诉等系列活动。取得了良好的宣传效果，增强了广大群众的环保意识。三是生态文明示范水平持续提高。该局通过创建“生态示范矿井”“畜禽养殖生态示范点”，提高企业绿色生产水平；通过创建“全国环境优美乡镇”(生态乡镇)、“山西省生态乡镇”“生态村”，改善农村环境，提高农民生活质量；通过创建“绿色社区”，营造生态家园；通过创建“绿色学校”，提高全民环保意识。至2015年年底，全县共创建了省、市各级“绿色学校”21所，“绿色社区”3个，国家级生态乡镇2个(巴公、川底)，省级生态乡镇4个，省级生态村19个，市级生态村2个，省级生态示范矿井5个和省级畜禽养殖示范点2个。形成了从学校到社区，从镇村到企业全覆盖的环境宣传教育网络，形成“人人参与环境保护”的良好社会氛围。

### 管理服务

一是加强信息化建设，推进信息公开。结合国家环保部“信息强环保”战略，建立了环境信息化管理系统，根据环保部、省环保厅和市环保局环境信息、污染源监控年度工作的有关要求，在日常环境管理中，逐步使用该系统，实现了环保工作中数据共享，环境信息化与环保业务逐渐融合，重点核心业务全面信息化，覆盖环保业务全流程，实现了环境业务管理信息化、管理信息资源化和信息服务规范化，行政办公效能大大提高。同时，按照环保部、省市环保部门有关精神要求，开始在环保局网站公开污染源环境监管信息，使环境信息向社会公众开放，进一步透明化，维护群众的环境信息知情权。二是加强制度建设，增强服务意识。在全局开展机关纪律作风整顿，完善各项工作纪律制度；进一步强化学习制度，积极安排职工参加业务学习和培训，努力提升一线工作人员履职水平，至2015年年底，已有百余人次参加各类培训，组织监察一线人员分行业进行大练兵，进一步提升了干部队伍的整体素质和执法能力；对全县集中式和分散式饮用水源地水质每年进行监测；对结对帮扶村进行帮扶、党员进社区义务劳动、交通志愿者服务等形成常态。三是加强能力建设，提高服务质量。依据《实验室资质认定评审准则》及相关标准，完成县环境监测站实验室复评审工作。组织实验室人员积极参加各种业务培训，参与技术比武，水室分析项目从原来的6项增加到现在的32项，人员业务素质得以大幅提升。投入200余万元，开展了空气质量实时发布平台和污染源在线监控平台建设，两平台从2016年1月投入运行。

# 交通运输　邮电

## 交通运输

### 概述

2015年，县交通运输局紧紧围绕全县经济中心，强力推进交通基础设施建设，着力提升交通运输行业监管能力和服务水平，完善了全县“四纵四横”主骨架和“两辐射两循环”公路路网结构，形成以高速公路和国省干线公路为主动脉、县乡村公路为毛细血管、各级运输场站为结点，四通八达、快捷便畅、服务高效的交通运输体系，有力地促进了全县经济发展和社会全面进步。是年，全县共完成交通基础设施投资1.0353亿元，其中重点公路工程建设项目共计5个，完成投资5853万元；村通水泥（油）路完善提质工程涉及17个乡（镇）、32条（段）、100千米，完成投资4500万元。全年共完成客运量504万人次，客运周转量9797万人千米；完成货运量1759万吨，货运周转量68742万吨千米。调整2条农村客运班线为公交线路，先后对8条农村客运班线给予惠民补贴，截至2015年年底，全县共有农村客运班线19条，公交线路14条，17个乡镇通客车率达100%，行政村通客车率达94.5%，基本上形成了以市区为中心，以乡镇为节点，辐射各行政村的农村客运线路网和“乡镇有站、大村有亭、小村有牌”的农村客运站点网络。截止到2015年年底，全县境内公路通车总里程达到2314千米，公路网面积密度为114千米／百平方千米；公路网人口密度为48千米／万人。按照行政等级分，国、省干线303千米，农村公路2011千米（县道204千米，乡道958千米，专用道20千米，村道829千米）。按照技术等级分，高速公路134千米，一级公路35千米，二级公路97千米，三级公路504千米，四级公路1436千米，等外公路108千米。晴雨通车里程2308千米，已绿化里程243千米，已实施文明路里程119千米。局长：董效义。

## 公路建设

（1）大甘线路面改造工程：大甘线路面改造工程全长9.6千米，三级公路，路基宽7.5米，路面宽6.5米。该项目于2014年8月28日正式开工建设，2015年7月底完工，累计完成投资2412万元，其中2015年完成投资1362万元。年底该项目正在通车试运营。（2）南高线（西阎庄至高会）路面改造工程：南高线（西阎庄至高会）路面改造工程全长10.331千米，三级公路，路基宽7.5米，路面宽6.5米。该项目于2014年8月28日正式开工建设，于2015年10月底完工。累计完成投资3207万元，其中2015年完成投资2057万元。目前该项目正在通车试运营。（3）牛泊线高都至泊村段路面改造工程：牛泊线高都至泊村段路面改造工程全长2.793千米，二级公路，路基宽10米，路面宽9米。该项目于2015年6月22日正式开工建设，于2015年10月底完工。累计完成投资1193万元。年底该项目正在通车试运营。（4）晋张公路安全隐患治理工程（一期）：晋张公路安全隐患治理工程（一期）全长39.238千米，该项目于2015年6月22日正式开工建设，当年完成投资460万元。工程预计于2016年4月完工。（5）安全生命防护工程：2015年安全生命防护工程计划完成88.782千米，完成投资1809万元；实际完成里程48.33千米，完成投资781万元，其中，南高公路西阎庄至高会段已完工，完成里程10.33千米，完成投资181万元；铁武线完成里程8千米，完成投资180万元；夺柳线完成里程5千米，完成投资70万元；晋张线完成里程25千米，完成投资350万元。龙司线安保工程计划明年随主体工程一起进行实施。（6）村通水泥（油）路完善提质工程：2015年，省交通运输厅下达该县村通水泥（油）路完善提质工程涉及17个乡（镇）32条（段）100千米，工程全部完工，完成投资4500万元。

## 公路养护

2015年，全县公路总里程2307千米，其中，国、省干线303千米，农村公路2004千米，其中，县道204千米，乡道956千米，专用道20千米，村道824千米。截至年底，全县列养县公路好路率达80.8%、综合值70.6；列养乡公路路面完好率达75.4%，综合值70.6。集中开展主要县乡公路养护及安保设施完善工程，主要完成大东、晋张等县乡公路的清理塌方、路面维修等工程，共计清理塌方5000余立方米，浆砌挡墙300余立方米，修补坑槽近3万余平方米，完成投资700余万元。安保完善工程完成安装大周、马巴公路等线路缺损标志牌70余块，完成投资60万元；安全生命防护工程完成南高公路、晋张公路一期，对晋张公路二期、柳夺公路、铁武公路进行了招投标，正在实施。创建了大东沟镇、南岭乡2个示范养护乡镇。开展了农村公路安全隐患大排查大整治工作，落实“安全第一、预防为主、综合治理”的安全工作方针，坚持突出重点，标本兼治，重在治本的原则，有效保障了全县农村公路安全畅通。

## 运输管理

开展道路运输安全生产隐患大排查大整治专项行动，吸取天津港“8・12”特重大火灾爆炸事故教训，开展安全生产大检查及“打非治违”专项整治，成立了4个排查小组，划片分二期排查企业113家，排查道路运输企业59家（危险货运企业8家，普通货运企业30家，维修企业15家，驾校6家），对存在安全隐患的35道路运输企业下达了限期整改通知书，33家通过整改进行了完善。积极开展了应急救援演练。5月29日，组织辖区12家涉及危货、普货、机动车维修、机动车检测、驾驶员培训机构相关企业，开展消防应急演练。

2015年，全县纳管道路普通货物运输经营业户共2957户，纳管运输车辆5755辆，合计吨位43866吨，道路运输相关业户134户，其中，驾校6所，维修企业121家，检测机构2家。对全县已建成152个候车亭，654个招呼站牌进行了排查摸底，并根据摸排情况进行维修和清洗。开展了道路客运市场专项整治行动和道路运输行业打非治违专项行动，处理群众来电和“12328”举报案件131起，查处违章案件301起，结案291起，结案率为97%，罚款603220元。调整晋城至铺头、晋城至晋普山2条农村客运班线为公交线路，与市道路运输管理局、市运输公司及省运晋城分公司协调，先后对晋城至陈庄、晋城至月湖泉、晋城至玛琅、晋城至郭壁、晋城至刘坪、晋城至望后、晋城至高会、晋城至柳树口8条线给予惠民补贴。全年共完成客运量504万人次，客运周转量9797万人千米；完成货运量1759万吨，货运周转量68742万吨千米。开展了“无双超”信用企业评选活动，63家企业提交了源头治超承诺保证书，9家源头企业被市运管局授予“无双超”信用企业称号。继续认真对照和检查企业各岗位人员的履职情况，防止车辆超载的反弹。并适时调整轮换巡查人员，以防长期固定巡查产生麻痹思想。全年共巡查源头企业1900次，出动巡查车辆700辆次。

## 路政管理

按照依法治路的总要求，以保护路产路权，立案查处路政案件为突破口，加强安全隐患排查，落实安全生产责任，坚持路政巡查不放松，规范执法行为，及时有效地发现制止和查处涉路施工、非公路标志设置、建筑控制区内的非法建筑物、占用公路堆放垃圾杂物、设置障碍、随意占道停车等影响公路畅通行为，以及损坏行道树、公路标志、公路设施行为。大力整治农村公路路域环境，打造畅安舒美的通行环境，确保了公路的完好、安全和畅通。2015年，共立案查处路政案件69起，结案69起，查处率达100%，结案率100%。共清理路障171平方米，受理路政行政许可案件16件，全部按相关规定颁发了路政管理许可证，许可发证率达到100%，其中有12件为许可申请人上门服务，亲自为他们送达并颁发许可证，群众满意率达100%。业务大厅工作人员为前来办理业务的人员提供业务信息和业务咨询服务达800余人次。

## 海事管理

贯彻执行水上交通安全生产法律法规和规章制度，发挥水上交通安全监管的职能作用；落实各项安全防范措施，纠正水上运输过程中的各种违法、违章行为，严厉打击取缔“三无”船舶；宣传水上交通运输法律、法规，同时对船员开展了安全教育，宣讲各地安全事故案例，使船员时刻绷紧“安全”这根弦，树立交通安全意识、责任意识和事故防范意识，遵章航行，确保航行安全，积极开展应急演练，提高救援能力。9月16日，在山里泉景区举行水上交通事故应急救援演练。通过演练，检验了水上交通突发事件的快速反应能力和《水上交通事故应急救援预案》的实用性和可操作性，形成及时、快速、准确、安全、有效的应急响应机制，极大地提高了群众的风险防范意识和自救互救等灾害应对能力；切实加强现场监督检查，加强对“重点水域、重点渡口、重点船舶、重点时段”的安全监控，定期开展“五一”“抗日战争胜利70周年纪念日”“十一”等节假日水上交通安全大检查工作及隐患排查、渡口渡船专项整治工作，强化现场监督管理，落实安全管理责任。全年，共出动海事执法人员121人次对各水上旅游景区进行了安全检查，现场纠正不安全因素5项，整改隐患18项，确保水上交通运输安全形势稳定，全年未发生一起水上交通安全事故。

## 公路工程管理

2015年，县交通运输局严格推行工程建设“黑名单”制，严把建设程序关、资格审查关和市场准入关，加强工程质量监督检查。(一) 完善提质工程监管：组织召开全县村通水泥（油）路完善提质工程及养护工作会议，学习并下发《泽州县村通水泥（油）路完善提质工程实施方案》《关于贯彻落实农村公路建设“七公开”制度的实施方案》和《泽州县乡村公路及小修保养工程建设流程（试行）》，实行局领导带队分片包乡镇制度，有力保障了完善提质工作健康有序开展，确保完善提质工程顺利完成。(二) 重点工程监管：建立健全并切实落实各相关单位的质量、安全等方面的管理体系；加强对施工单位及监理单位的市场行为监管，严厉打击各种挂靠资质、出卖资格、非法转包等违法行为，严格控制标后履约行为，充分利用信用评价的杠杆平台来规范相关单位的行为；全方位、全过程进行监管，认真做好施工前、施工中和完工后的监管，确保重点工程进展顺利。

## 治超工作

推进源头治超工作。将治超任务层层分解，确保任务落实，责任到人。对政府公示的源头企业进行了合理分片，实行了源头巡查情况日公示制度和季度治超巡查组轮岗制。完善了《货运源头治超巡查管理制度》和《货运源头治超抄告制度》，明确了治超人员的岗位职责。继续完善63家源头企业治超管理档案和日报登记制度，夯实源头治超基础。按省市治超精神，积极开展了治超宣传月活动，深入各源头企业进行治超宣传；针对泽州县源头企业违规运输铁水屡禁不止的行为，在向县政府和相关部门报告的同时，积极配合新闻媒体对铁水运输存在的危害性进行了宣传，提高了人们对危险品运输的安全防范意识。加强了铁水生产运输企业违规运输铁水的调查取证和报告工作。对泽州宏伍铸业等5家源头企业超标准装载行为进行了立案查处，并将超载车辆列入源头治超“黑名单”。对非法超限超载运输案件开展严格的责任倒查和责任追究，成立了倒查小组，配备专门的倒查人员，对违法车辆及驾驶员实行严格的抄告和扣分制度，建立规范的责任倒查和责任追究档案。2015年以来，共查处非法超限超载运输车辆96辆，受理省、市督办案件2起，受理群众举报案件11起，受理高速公路移交案件13起，结案率100%。各治超站点上报移送案件126起。对118名违法驾驶员进行了扣分处理，建立责任倒查和责任追究档案58卷。截至2015年年底，大阳和宫岭两个超限检测站共共检测车辆58972辆（次），共查处非法超限运输车辆42辆，其中55吨以上13辆。同时，全县治超工作在组织保障机制、制度保障机制、责任倒查机制、源头治理机制、站点规范机制、路面管控机制等方面均取得新的重大突破和进展，实现了全县治超工作总体推进、纵深发展、科技引领，长效治理的阶段性预期目标，车辆超载率控制到了0.01%以下。

## 安全管理

县交通运输局以“安全生产大检查”“安全生产责任落实年”“打非治违专项行动”“隐患排查专项整治”等活动为抓手，加强交通运输安全生产工作，推进平安交通建设。开展安全隐患大排查专项活动，排查公路运输、水上安全、工程建设等方面的安全隐患，共组织59个检查组、出动执法车辆180余辆次、出动执法人员460余人次、排查管养公路160条次、排查各类安全隐患98处，并全部进行了整改，依法查处违法运输危货品3起、依法查处违法客运10起、依法办理行政处罚案件168起，有力促进了交通运输安全形势持续稳定好转；开展安全生产宣传教育，在单位办公楼前设立了咨询点，发放宣传资料，宣传交通运输安全法律法规；开展安全生产事故警示教育，组织下属单位及服务对象观看警示教育片；组织开展以“安全生产”为主题的演讲比赛，开展征文比赛；开展安全生产应急事故预案演练；开展打非治违专项行动，依法严厉打击交通运输行业的非法违法生产经营建设行为。

## 行政执法

县交通运输局对行政执法人员进行了教育培训，完成了“六五”普法工作。组织一线执法人员参加上级主管部门和县交通运输局组织的执法培训，将执法人员的业务知识学习作为一项长期任务持续推进。共计120余人参加了培训和考试，通过率100%；加大治理公路“三乱”力度，全县交通运输行业未发生一起公路“三乱”行为；开展法制宣传教育，利用“安全生产月”“依法行政宣传月”和“12·4”法制宣传日活动以及重大节日等，在单位办公楼前、重点乡镇、人员集散地悬挂宣传标语、设立咨询台、印发宣传单向广大群众宣传咨询外，还利用新闻媒体、网络电视、法制专栏等进行大力宣传。同时，还开展了法律法规“六进”活动和“送法下乡”活动，把与交通运输行业相关的法律法规汇编成小册子和宣传单，利用办事窗口、基层站点、路检路查、下乡执法等机会发放给经营业户和广大群众。累计发放各类宣传资料及相关法律法规宣传单3500余份；开展“六权治本”工作，建立了行政职权权力清单和责任清单、行政职权运行流程图，成立行政审批股。推进交通运输执法形象“四统一”建设和基层执法队伍“三基三化”建设，提高新形势下交通运输行政执法能力和服务水平；加强路面治理和源头治理，路政管理和治超工作不断加强，非法车辆超限超载率控制到了0.01%以下。

## 规范化建设

县交通运输局把基层执法队伍的职业化建设、基层执法站所的标准化建设、基层执法制度的规范化建设和统一执法证件、统一执法服装、统一执法标识、统一外观形象，即“三基三化”建设和“四统一”工作列为重点，以此促进基层执法规范化水平的提高。局下属路政所按照交通部《关于印发加强交通运输行政执法形象建设指导方案的通知》以及省交通运输厅和市交通运输局的安排部署，2015年年底全面完成该项工作。改造后的大阳、宫岭超限站面貌焕然一新，便民设施齐全，大大增强了行政执法的公信力，树立了良好的交通公路形象，同时为“基层执法队伍职业化、基层执法站所标准化、基础管理制度规范化”为主要内容的“三基三化”建设工作奠定了基础。下属运管所由于工作经费的严重不足，统一执法场所外观方面至今未完成。

## 节能减排

建立了道路运输行业节能减排监测与考核体系，印发了《泽州县交通运输行业节能减排工作实施方案》，部署了行业节能减排工作的目标措施，建立了监测考核机制。利用信用考核等日常抓手，结合近年来节能减排相关激励政策，提升了交通运输行业节能减排积极性。推动城乡客运一体化发展，调整2条农村客运班线为公交线路，先后对8条农村客运班线给予惠民补贴。开展了营运黄标车淘汰工作，全年累计注销2005年年底前注册的营运黄标车866辆，其中，注销正常营运车辆165辆，报停车辆90辆，报停未办理续停手续系统自动启封286辆，其他325辆。严把车辆市场准入关，根据车辆燃油消耗量车辆判定表，严禁高能耗车辆进入运输市场，未准入不符合车辆燃油消耗量车辆判定表规定的营运车辆5辆。开展驾驶员节约技能培训，引导驾驶员树立节能意识，同时对驾驶员的燃油消耗量进行统计和考核，从中选拨出节能能手，并进行表扬奖励。全县道路运输车辆共计节约油耗5万余升，部分运输企业对2008年前生产的高排放车辆80余辆车进行报废、拍卖、过户和转出。积极推广新能源汽车，投放了一批LNG清洁能源汽车，新能源汽车的更新换代步伐进一步加快，截止年底，全县共有清洁能源汽车70辆，双燃料汽车63辆。引导和鼓励企业应用新技术和新工艺，鑫世华商贸有限公司和红风商贸有限公司通过申报“油改气”项目和技术革新，截至2015年年底已对600余辆车辆进行“油改气”，对实现节约、清洁环境友好型发展之路起到了带头作用。

在南牛二级公路高都至泊村段工程施工项目中，施工承揽方在处理原有路面破除开挖分项施工中采用了现代化的直接铣刨设备对原有旧路面进行了一次性厚度铣刨、装载、运输、整平的同步快速施工法，使得原有旧路面的粒料实现了废物利用，这样的新型施工方法更替了过去传统施工方法需要的挖掘机开挖、装载机装车、汽车运输、平地机整平四步走的分步慢速施工法，解决了工程废料乱堆乱弃而造成的占用农田、山地、山谷以及环境污染现象，实现了文明施工、环保施工，这样既提高了工程工作效率，又降低了工程施工成本，还加快了工程施工总体进度。总体上符合节能、减排、文明、环保的施工工艺。从造价层面讲，以三级公路标准沥青混凝土路面为前提进行计算，每千米节约成本约10万元。

## 移 动

2015年，泽州县移动公司在晋城市移动公司的领导下，始终坚持以中央十八大及十八届三中、四中、五中全会精神及习近平总书记系列重要讲话精神为指导，围绕“三严三实”教育，抓党建，促工作，守纪律，讲规矩，按流程，认真履职，创新工作，较好地完成了各项目标任务。截至2015年年底，出账收入同比增幅3.78%，收入份额提升1PP，全市排名第二；新增份额提升到52.21%，提升8.54PP。净增通信份额提升到100%，提升100PP；无线上网收入同比增幅34.24%；宽带全网到达2万余户，全年新增7189户、续费1万余户、到期续费率60%、包年资费净增3629户、发展效率50.5%；4G用户到达4万余户，全网渗透率23.2%，4G终端普及率28.31%；2015年，分公司共计新建小区35个，完工27个，新建端口6336个。共进行代维巡检质量检测累计基站144个，传输120个，家客180个，室分WLAN79个，集客120个，发现隐患并及时解决，有效保证了2015年网络指标的完成。

2015年来，泽州县分公司紧紧围绕市公司下达的经营建设目标，坚持诚信经营，并结合泽州区域实际抓好各阶段发展重点。市场方面一季度以宽带发展为中心，二季度以渠道建设为重点，取得了一定的实效。网络建设方面以基站选址及GPON网络梳理为重点，有力地支撑了市场工作开展。宽带方面：本着“早规划，早部署，早落实”原则，联系市工程部门、设计单位提早动手，开展GPON小区建设和端口的设计会审工作，抓好工程建设进度。同时，抓住一季度宽带销售旺季的特点，实行全员宽带战略，尤其在宣传方面投入了大量的时间和精力，实现了GPON小区100%常驻式宣传覆盖。在宽带发展模式上也因地制宜，勇于创新，积极引入物业等三方发展力量。渠道建设方面：分公司提高渠道份额的主要思路为挖转竞争对手优势渠道、升级优质代理点、局部地区补点，按照这一思路，全年共新建自有渠道1家，社会渠道12家。4G转化方面：加强终端的一次转化率，要求网点在终端销售的同时，要合约套餐、推荐流量包，为用户下载常用软件，引导用户使用流量；8——12月新露出终端转化率均在85%以上。4G流量经营抓量抓收方面：在2014年年底市公司推出赠送流量活动时，就以小额流量、大用户群体原则进行赠送，进而培养更多用户的流量使用习惯；以酬金政策激励社会渠道对用户积极推荐办理流量买一得二、自备机送流量等活动；5月份，针对近半年未使用流量的用户赠送1G流量；9月份，开始针对智能终端未使用流量用户赠送30M流量，并短信告知用户可以免费体验放心使用，流量启用率达50%。截至12月底，月均流量渗透率为54.08%，未完成全年目标，但流量用户数较1月增长1万余户，全市排名第二，仅次于凤城。为做好4G资费的迁移，一线人员将全部精力投入到38元4G套餐营销中，主要采用电话营销和微信营销两种方式，鼓励一线人员大量加入目标用户为微信好友，以4G套餐升档包为营销点通过微信宣传、客户互动等，对有意向的用户电话回访办理。到11月底，38元以上4G套餐占比完成21%，12月底完成21.66%，虽然未完成全年目标，但仍然扎实推进38元4G套餐的办理，截至9月份，套餐升档包退订率全市最低。一线人员的微信营销成功率也在12月流量赠送中突显出来，成为12月营销的主要手段。集客方面：集客工作秉承“清单营销，项目必争”的项目拓展原则，以五大清单为导向，重点拓展信息化项目。泽州集团客户通信及信息化产品收入完成全年指标94%、集团流量统付收入完成全年指标131%、集团竞争性产品收入完成全年指标126%、拍照集团V网成员净增数完成全年指标80%、集团客户月均移动数据流量渗透率完成全年指标97%、中小微企业收入完成全年指标264%。抓窗口服务标准化方面：宽带投诉及时处理，执行实名制等方面都取得了好的成绩。网络方面：在4G基站建设方面充分发挥共产党员的模范带头作用，领导班子成员及分公司党员都出色完成选址，在全市率先完成选址任务。全面梳理111个GPON小区和350个LAN小区，有力支撑宽带市场发展。全面实现宽带户线安装资管派单，将一线施工人员和营业员纳入新的户线安装流程，通过资管实时监控户线安装情况，使宽带预约安装及时率达到98%以上。优化了泽州县区基站、传输、家客及集客等代维公司现场管理及考核，并通过自检与互检方式，加强了质检工作，使各项工作能落到实处。优化了基站和家客电费、房租的支付管理，解决了网络建设的后顾之忧。2015年，泽州累计开通4G基站79个，截至12月底，泽州4G基站已开通372个，一张优质的4G网络正在快速成型。精神文明建设方面，巴公营业厅获得“省级青年文明称号”。公司党支部书记、经理：秦银龙。

## 联　通

2015年，泽州联通公司紧紧围绕“移动宽带领先与一体化创新”的目标，深化改革、强化执行，稳步推进各项工作顺利开展。在市场经营方面：①泽州联通全年主营业务收入累计完成5528.29万元。同比增幅－1.56%。②泽州联通移网出账用户97299户；宽带出账用户31438户，智慧沃家累计完成6253户，10M以上用户累计到达20244户。在网络运维方面：(1)宽带指标改善明细，多项指标有大幅度提升。见下表：

2015 年泽州县宽带指标明细

| 指标名称 | 月平均指标 |
| --- | --- |
| 障碍率 | 1.97% |
| 宽带修障及时率 | 98.56% |
| 重复障碍率 | 1.50% |
| 未修先销障碍率 | 0.02% |
| ADSL 工单成功率 | 99.23% |
| FTTH 工单成功率 | 99.5% |
| 宽带装移机撤单率 | 1.2% |
| 装移机及时率 | 98.95% |

（2）基站指标：GMS 网络小区退服率完成 0.22%；小区平均退服次数完成 0.21 次。WCDMA 网络小区退服率完成 0.13%；小区平均退服次数完成 0.07 次。

2015 年，该公司不断深化改革，强化管理，努力提升公司综合实力。一是持续深入推进基层单元改革。严格贯彻落实市公司基层单元改革的工作要求，进一步围绕以“四包一清单”为核心的责任主体。打造动态优化、开放激励的人力资源管理体系，激发企业内生动力和基层单元活力，从而提升运营效率。二是夯实基础管理，推进工作创新。进一步开展营改增工作，确保成本费用的精细化管理；做好人力资源和后勤服务工作，充分发挥“参谋助手、高效管控、监督服务”三大职能作用，确保公司各项决策部署得到有力落实。三是加强企业的安全生产工作，进一步落实安全生产责任制。以“安全生产月”活动为契机，在全公司范围内大力宣传各种安全知识，全面持续推进安全生产工作，为我公司今后生产经营的稳定发展打下坚实的基础。四是强化措施，进一步推进党风廉政建设责任制。全面执行中央八项规定及省、市公司相关规定。扎实推进 2015 年度主题教育活动顺利开展，不断加强各项党建工作，按照“三严三实”从严治党的要求，打造党建工作新亮点。公司经理：王栋。

# 商业　贸易

## 商贸流通

### 概述

商贸流通业作为区域经济的重要组成部分，是连接生产和消费的桥梁，其发展水平已成为衡量一个地区现代化程度和社会经济发达程度的重要标志。2015年，县委、县政府高度重视商贸流通业的发展，大力发展新兴第三产业，增创服务业新优势。商贸流通业的发展对加快该县城乡一体化进程，推动经济社会持续、快速、健康发展，发挥了重要作用。县商业局局长：卫刘红。

### 商贸建设

2015年，以连锁经营为代表的新型流通业态快速发展，已从传统的日用消费品、餐饮服务业走向农资、医药、图书、美容美发等领域。初步形成了"鑫农欣"连锁经营品牌，在消费领域里树立了良好的品牌形象，显现出很好的发展前景。与连锁业发展相适应，物流配送和第三方物流产业迅速兴起，由批发业转型而成的新型物流法人企业，主要承担金属制品、化工产品、建筑材料、棉麻制品、汽车、废旧物资、零售超市的物流配送业务。形成了遍布全县的物流配送中心网络。

### "万村千乡市场"工程

截至2015年年底，初步形成了以配送中心为龙头，乡镇店为骨干，村级店为基础的农村市场流通网络。全县累计已建成乡镇商贸中心7家，万村千乡市场工程农资农家店632家，网点基本涵盖了全县行政村。为促进农业发展、农村致富、农民增收做出新的贡献。

### 再生资源回收

规范管理，严格备案。针对部分经营者文化水平低、法律法规意识薄弱，县商务局专门组织全县再生资源回收企业，传达学习商务部

《再生资源回收管理办法》及相关政策，指导他们合法经营，规范管理，对全县符合要求的网点逐一进行备案登记。

## 放心早餐工程

放心早餐工程项目实施主体为晋城市伊健食品有限公司。公司主食加工配送中心在泽州县巴公镇，管理严格按照商务部《主食加工配送中心建设规范》的要求进行。放心早餐工程网点布局坚持面向社区、居民小区、市场、学校等，以入店销售为主。泽州县积极鼓励实施企业增加早餐经营项目，积极培育发展工厂化生产、统一配送和连锁经营方式的现代早餐生产流通龙头企业，形成便民利民的早餐生产、配送、销售“一条龙”服务体系，逐步建成健全城市早餐供应体系。

## 市场监管

开展了多次打击侵犯知识产权和制售假冒伪劣商品专项行动及成品油市场秩序专项整治行动；强化日常执法监管，每年出动执法车辆100余车次，出动执法人员220余人次。较好地规范、整改了全县的流通市场，树立起了良好的商务形象。

## 市场监测

编制完成《泽州县商业网点规划（2016—2030）》，使泽州县流通产业发展有章可循。抓好市场监测调节，建立商务重点流通企业和生活必需品市场监测系统，开通了商务预报网站，及时发布市场监测信息，做好重大节日、特别时期的市场供给。

## 应急保障

制定《泽州县生活必需品市场供应应急预案》，成立重要物资储备及生活必需品应急供应工作领导小组，贯彻“预防为主、常备不懈、统一领导、分级负责”的原则，加强领导，提高认识，反映及时，措施果断，分工明确，责任到人。

## 对外贸易

2015年全县对外贸易主要做了以下工作。2月23日至3月1日，晋城市兴达铸件有限公司派核心骨干赴意大利对公司重要客户：赛迈道依茨—法尔集团进行技术交流和业务洽谈。客户与晋城市兴达铸件有限公司初步达成500万美元新产品的开发意向。3月8日至18日，山西清慧机械制造有限公司、山西清慧胜凯车轴制造有限公司的企业管理层分赴阿联酋迪拜、沙特利雅得进行市场考察，先后和艾哈迈德—巴拉特公司、麦克车辆结构厂、金字塔进出口公司进行洽谈，并达成轮毂8万件、车轴总成、单点悬挂等协议500万美元。5月22日，泽州县最大的出口生产企业晋城市春晨兴汇实业有限公司正式通过SGS产品项目认证。自此，公司获得了进入欧盟市场的通行证，泽州球墨铸管顺利进入欧盟市场。6月19日至7月5日，山西清慧机械制造有限公司委派Shkarupa Olena在莫斯科进行了为期16天的市场考察，先后拜访了JSC“VAGONTRADE PLUS”等5个公司。8月25日至26日，泽州县生产企业山西大通铸业有限公司、晋城市兴达铸件有限公司参加了2015年山西品牌丝路行——吉尔吉斯坦站展览会。这是该县出口生产企业主动融入国家“一带一路”战略的首次参展。8月31日，由县进出口公司筹建的泽州县首家外贸基地综合信息服务平台正式开通上线。国内外客户可通过登录 http://zzftb.cn 来获取全县出口企业和出口产品的第一手信息。10月22日，由县外贸局主办的泽州县外贸电子商务政策解读与实务操作培训班正式开课。全县18家出口生产企业的外贸业务负责人和出口业务订单实际操作人参加会议。11月4日至11月6日，山西清慧机械制造有限公司、晋城市兴达铸件有限公司、晋城市路宝汽车铝部件制造有限公司3家出口企业继上年参展有所斩获后，又一次参加了2015年度的美国拉斯维加斯汽配展，泽州汽配产品再次登上北美汽车零部件市场的国际展台。11月14日至22日，该县生产企业泽州县世纪球墨铸造有限公司、山西大通铸业有限公司参加了2015年中东迪拜五大行业展览会。这是泽州铸管企业中东集体参展的第二次。11月26日，山西省商务厅拨付泽州县出口企业项目资金732万元。其中，晋城市兴达铸件有限公司年产20万台大马力拖拉机前桥总成、变速箱改扩建项目资金312万元；山西大通铸业有限公司年产20万吨球墨铸管项目资金235万元；山西清慧胜凯车轴制造有限公司年产10万条车轴、5万条悬挂系统制造项目资金185万元。这是自泽州县“十二五”规划以来，全县出口生产企业享受到的最大的一笔政策红利。据海关统计，截至2015年11月30日，全县外贸出口共完成2029万美元，出口增幅连续11个月在全市领跑。截至“十二五”期末，泽州县汽车配件外贸转型升级省级示范基地建设已初具规模。基地范围主要包括巴公镇及其周边地区，重点为晋城市重点规划发展的泽州巴公装备制造工业园，范围涉及太洛路以东、国道207以西、高泊路以北、渠南路以南区域，涉及面积超过10平方公里。基地所属企业涵括以山西清慧机械制造有限公司、晋城市路宝汽车铝部件制造有限公司、晋城市兴在铸件有限公司为龙头企业的100多家泽州县铸造企业。基地现已建成4个公共服务平台：山西省泽州县进出口公司的外贸综合人才公共培训平台，山西清慧机械制造有限公司的公共技术研发平台，晋城市兴达铸件有限公司的中兴铸造工程产品设计研究中心，晋城市路宝汽车铝部件制造有限公司的汽车配件产品试验检测平台。年出口能力在3000万美元以上，产品销往美国、日本、德国、英国、法国、爱尔兰、南非、中东、中国香港、中国澳门、中国台湾等二十多个国家和地区。2013年基地出口1055万美元，2014年基地出口1964万美元，2015年基地出口2137万美元，三年实现“三连增”。据海关统计，2015年泽州县外贸进出口共完成26550万美元，进出口总额连续五年在全市各县区名列第一。

县对外贸易局局长：杨晋冠。

## 粮　食

### 概述

2015年，全县粮食系统把抓好粮食收储、维护国家粮食安全作为始终不渝的主业，把保供稳价、维护正常粮食流通秩序作为矢志不移的主责，把推进粮食产业发展、提升粮食经济效能作为始终如一的主攻方向；连续六年粮食购销总量达1亿公斤以上，基本实现了建设粮食购销强县的目标，走在全省、全市前列。县粮食局局长：高绪田。

### 粮食购销

县粮食局现辖国有粮食购销企业18家。2015年，全年收购粮食8.1万吨，占目标任务的150%；销售粮食6.6万吨，占目标任务的123%；加工2.8万吨，占目标任务的170%。

### 价格监测

为及时、准确监测县内外粮食市场信息，科学分析粮油供求形势和市场价格走势，在全县建立了7个粮食价格监测点，按确定的监测内容，监测区域内的粮食价格并及时上报。

### 应急体系建设

为进一步优化应急监测保障网络，在我县设置应急加工企业3家、储运企业18家、应急供应网点19个、粮情监测点7个，并重新签订应急协议书。修订完善了《泽州县粮食应急预案》，对县级储备161万公斤小麦和10万公斤小包装储备食油，按质、按量、按时进行了轮换。

### 项目建设

为认真贯彻落实国务院领导关于“广积粮、积好粮、好积粮”的指示精神，加快推进“危仓老库”建设，确保粮食储存安全，2015年争取省政府资金28万元。对大阳粮站、南村粮站500万斤钢筋混凝土平房仓和200万斤砖混平房仓屋顶防漏、屋顶门窗隔热保温进行改造升级，提升了我县储粮条件和粮库储粮能力。

### 储粮安全

根据国务院《关于建立健全粮食安全省长责任制的若干意见》(国发〔2014〕69号）和山西省人民政府《关于贯彻落实粮食安全省长责任制的实施意见》(晋政发〔2015〕26号）晋城市人民政府《关于贯彻落实粮食安全省长责任制的实施意见》任务分解的通知精神，起草了《泽州县人民政府关于粮食安全目标责任分解意见》。

严格执行国家仓储管理的法规、规章及有关标准和技术规范，认真落实“一符四无”粮仓检查制度，泽州县春、秋两季对企业的所储粮食逐仓检查，确保储粮安全的目的。全县粮食仓储“一符四无”(账物相符；无鼠雀、无霉变、无虫害、无事故）合格率连续多年保持100%，全系统科学保粮率达95%。

### 行业安全生产工作

按照“管行业就是管安全、管业务必须管安全，管生产经营必须管安全”的要求。建立健全相关制度，包括涉及生产责任制和安全生产岗位责任制方面的制度17项、涉及安全生产规程方面的5项、涉及安全生产监管的5项，涉及安全责任是考核和责任追究制度3项，出台有关安全生产方面的工作方案和预案4个，组织安全生产知识培训1次，培训人数27人；组织开展了“消防安全大排查大整治”、安全生产“四责”活动、“安全生产月”活动、“粉尘爆炸危险作业场所专项整治”、“粮油仓储企业消防安全专项整治行动”等专项活动，确保了全系统全年安全生产无事故。

### 粮食行政执法

在全县范围内开展粮食政策执行情况、食品安全、粮食流通统计制度执行情况、粮食收购资格核查、“放心粮油”经销网络等各种专项监督检查14次，出动人员194人次，重点检查企业86个。开展了以“爱粮节粮、健康消费”为主题的粮食科技周和世界粮食日暨“兴粮惠农进万家”宣传活动，共发放宣传资料2000余份，接受现场咨询160余人次。

推进法治机关建设。按照省委“六权治本”的要求，根据县政府办《关于全面清理行政权力推行权力清单制度的通知》精神，坚持“法定职责必须为、法无授权不可为”的原则，经过全面认真的梳理，科学编制县粮食局权责清单共18项，其中，行政许可1项，行政检查2项，行政处罚12项，其他权力3项。建立权责清单，进一步明确了部门监管责任和承储单位的主体责任，加快实现由管理国有粮食企业为主向管理全社会粮食流通转变，由以行政手段管理为主向以法律、经济手段为主转变。

## 供　销

### 概述

泽州县供销合作社联合社是泽州县服务业龙头企业，集商品经销、餐饮服务、旅游接待、农副土特产品收购、物资回收为一体，为全县“三农”经济发展提供服务。承担农村日用消费品、农资、食盐、烟花爆竹等供应和废旧物质回收、农副产品收购等经营业务，承办县政府交办的其他事项。联社下辖8家直属企业（土产日杂棉麻公司，物资回收公司，盐业公司，太行饭店，易欣达商贸有限公司，鑫农源果品有限公司，农资公司，汽修厂），19个基层供销社，1个国际旅行社，2个专业合作社，200多个直营服务网点，在册人数1300余人（其中在岗人员720人，退休人员712人）。资产总值1.63亿元。2015年，全县供销系统共完成销售收入1.37亿元：完成消费品零售额6747万元；完成农副产品收购1708万元：完成生产资料供应总值4956万元：销售食盐1217万元：销售鞭炮255万元：实现利润59.3万元。县供销社主任：韩晋生。

### 基层社和直属企业建设

基层社改造采取对有利用价值、有区域优势的商业密集区引入社会资金进行联合改造，建成底商住宅楼，供销社获得商铺的方法。水东供销社坚持面向社会招商引资，引进资金合作开发建设综合服务中心，改造任务全部完成，面积近400平方米的水东综合性超市已完成招商引资，正式开门营业。大东沟镇供销社依据小城镇建设规划，经过东沟供销社支部会议，全体职工会议的充分讨论，决定对第二百货门市部、长河商场、以及机关院西边楼房进行拆迁改造成底商住宅楼。改造工作已于2015年10月25日动工。易欣达商贸有限公司成立时间早，街面商铺陈旧，结构不合理，但地理位置优越。为了改变这一状况，充分利用现有的场地，实现盈利。决定对原有的街面房进行重新修建装修和拆除院内房屋修建综合大楼，该工程现已投资50余万元完成街面房的装修，院内改造计划投资800万元，建设面积2000余平方米，预计2年完工。为了进一步深化太行饭店的改革，盘活企业资产，提高经济效益。启动了太行饭店整体对外公开招租和改造工作，并成功引入社会资金，于2015年更名为豪佳利商场并正式营业。

## 新网工程建设

2015年，完成消费品零售额6747万元。农业生产资料经营网络依托我县农业生产资料总公司及其经销网点，千方百计拓宽货源，做好淡储旺供，通过农资网络为老百姓的农业生产供应各类化肥1万吨、农膜5吨，农药50吨，并且开展了送科技下乡活动，帮助农民科学用药、合理施肥。得到老百姓的好评。

## 组织建设

党建工作　一是根据县委、县政府统一安排部署，在全系统深入开展了以“思想大解放”“纪律大整顿”“环境大改善”“矛盾大排查”“项目大建设”为主要内容的“五项活动”，在“思想大解放活动”中引导广大党员干部从守成观念、畏难情绪、懒惰思想、粗放思维中解放出来，真正破解制约供销社发展的思想和体制机制障碍；通过广泛动员、深入学习；查摆问题、对标研讨；破除症结，强化措施；使广大党员干部树立起了改革创新、奋勇争先；勇于担当、敢于担责；真抓实干、务求实效；围绕中心、服务大局；自觉学习、提升本领的意识。强化机关党支部和党员队伍建设；二是积极开展“献爱心、送温暖”活动，组织了“慈善一日捐”，彰显了机关党员干部对社会弱势群体的责任感；三是积严格按照规定标准党费收缴，避免漏缴、拖延、不缴现象的发生，增强了党组织的凝聚力和向心力。

党风廉政建设　一是狠抓党风廉政责任制的落实。先后制定了《泽州县供销社关于落实党风廉政建设主体责任实施意见》《党总支落实党风廉政建设责任制主体责任和监督责任清单》，与各支部签订了《党风廉政建设责任书》，并按照“一岗双责”责任进行了任务分解，将党风廉政建设的目标任务落实到领导、科室，形成了责任明确、逐级落实、齐抓共管、各负其责的工作格局，为党风廉政建设扎实有序开展奠定了坚实的基础。二是积极支持纪检工作，加强对违纪案件查处。为加强纪检组对党风廉政建设的监督工作，积极支持纪检组组长履行职责。为纪检工作提供必要的便利的工作条件，支持配合上级纪检部门依纪查办案件，及时排除查办案件中的阻力。主要领导坚持每件信访案件亲自阅办，重大问题亲自过问，重要环节亲自协调，重要案件亲自督办，多次听取纪检组工作汇报，及时掌握反映基层干部问题的线索。全年共主持召开廉政建设专题会议4次，对领导班子及企业负责人进行了二次廉政谈话。三是严格执行党的各项纪律规定，充分发挥领导表率作用。根据中央关于改进工作作风，密切联系群众八项规定，及中央《党政机关国内公务接待管理规定》《党政机关厉行节约反对浪费条例》等一系列相关规定之后，制定并认真落实《泽州县供销社贯彻落实八项规定实施细则》，在调查研究、精文简会、公务接待、新闻报道、公车使用、工作制度、公务外出、请假报备等方面进行了严格的规定。班子成员能够坚决执行党的廉洁自律的各项规定，自觉严于用权、廉洁从政、干净办事。始终按照工作权限和工作程序履行职责，坚持公平正直、不循私情、珍视和正确行使党和人民赋予的权力，勤勤恳恳为职工、为基层服务。在实际工作中，坚持做到：认真贯彻落实中央八项规定及省、市委一系列规定，严格规范自己的行为，带头遵守廉洁自律的各项规定。

**精神文明建设** 系统工会通过对系统308户431人复核后，减除41户73人，对符合条件的5户9人申请了低保。其次，还积极开展了困难职工申报救助工作。2015年，共向县总工会申请帮扶资金15.4万元，救助困难职工159人。

### 项目建设

(一) 水东综合楼建设项目：水东供销社坚持面向社会招商引资，引进资金合作开发建设综合服务中心，改造任务已完成，面积近400平方米的水东超市主体工程已经建成，现招商工作正在进行。项目总投资900万元，该项目的建设整合了供销社的现有资源同时解决老百姓购物不经济、不安全、不方便的问题。(二) 太行饭店改造项目：为了进一步深化太行饭店的改革，盘活企业资产，提高经济效益，我们对太行饭店采取了公开招租的方式，进行了招商引资。引进合作方的投资，改造改建成为豪佳利百货商场，并已开业营业，大幅提升了经济效益。(三) 大东沟供销社建设改造项目：大东沟镇供销社的城镇建设规划，经过东沟供销社支部会议，全体职工会议的充分讨论，决定对第二百货门市部、长河商场、以及机关院西边楼房进行拆迁改造成底商住宅楼。改造工作2015年10月25日动工。

## 石 油

### 概述

以国家、省有关成品油市场整顿和规范的要求为指导，通过编制和实施规划，加强加油站行业发展的调控和管理，严格控制总量，合理规划布局，建立与泽州县经济发展相适应，满足广大消费者需要，竞争有序，功能完善的现代化成品油销售服务网络体系。并坚持统一规划、与经济社会协调发展、严格市场准入原则。

### 站点建设

本着设置的加油站应严格遵守国家法律法规，在布局合理，间距适当的前提下，对现有建成新路和未来三年内所建成的道路进行设置。按照国道、省道沿线每百公里一般为6对，最多不超过10对；县乡道路每百公里不超过15对的原则。全县现有加油站79座。

### 环境保护

油气不仅直接会对人体健康有危害，而且还是产生PM2.5的重要来源。各站点联合县环保局于2014年年底全面完成加油站的油气回收设备安装工作。

## 烟 草

### 概述

2015年，以全力打造"晋城烟草基准数字年"工作主题，继续以打假破网为主线，网格化监管模式为手段，增强市场控制，净化卷烟市场，为卷烟销售工作创优环境。继续坚持稳中求进工作总基调，精心培育品牌，提升服务，持续强化现代零售终端建设水平。继续以全面推行精益化管理为手段，狠抓队伍建设、基础建设，为实现全市行业健康持续发展贡献力量。

## 市场营销

2015年，共销售卷烟13974.71箱，实现销售收入31135.83万元，实现毛利7326.42万元，单条均价89.08元/条。采取的主要措施是：一是树立责任意识，在卷烟销售上主动作为。工作中，紧紧围绕“让客户多赚钱”这一工作目标，在参考历史销售数据的基础上，合理分解销售目标，科学指导客户订货，帮助客户尽快适应新形势、把握新机遇，稳步提升经营利润。同时加强市场调研分析，密切关注零售客户卷烟价格、社会库存等情况，力求掌握最真实的市场需求状态，做好卷烟销售工作。二是树立创新意识，在品牌培育上主动作为。在经济发展新常态下，遵循“巩固基础、发挥优势、开拓创新、再创佳绩”的总方针，持续推动品牌发展，推动卷烟结构不断优化。按照“拓展中端、培育高端、保障低端”的思路，构建了细支卷烟品牌集群，突出了中端品牌主体规格，同时继续创新品牌市场营销模式，持续深化精准营销，打造了符合泽州市场消费实际的品牌架构。

## 终端建设

一是树立担当意识，在终端建设上主动作为。现代卷烟零售终端是整个卷烟营销网络的“毛细血管”和“神经末梢”，是卷烟市场持续健康发展的稳定器、调节阀和蓄水池。销量的增长、结构的提升、市场的稳定、消费的满足、品牌的培育、信息的采集都离不开终端建设。工作中，泽州县烟草专卖局干部职工以“舍我其谁”的担当意识，积极利用工业品牌宣讲机会，先后组织召开了黄山、苏烟、黄金叶、金圣、云烟、好猫等品牌的推荐会，不断向客户宣传灌输品牌知识和经营观念，提升客户在销售卷烟、推介品牌、引导消费等方面的经营能力和盈利水平，努力构建“平等互利、长期合作、共同发展”的客我关系，真正与客户结成“好伙伴”，有效发挥了现代终端在形象展示、产品销售、品牌培育、宣传促销、信息采集、消费跟踪方面的积极作用。二是树立感恩意识，在客户服务上主动作为。工作中，泽州县烟草专卖局始终注重做好教育和引导。一方面要求客户经理努力提升自身素质，全面加强业务培训，切实提高综合能力，通过帮助客户有效快速解决经营难题，成为客户经营信赖依靠的人。另一方面，通过开展集中教育活动，树立全员服务理念，引导干部职工懂得感恩制度、感激客户、感谢同志。时刻珍惜行业、珍惜岗位、珍惜待遇。不忘追求信念、追求实干、追求业绩。做到提升自身素质、提升工作水平、提升精神情趣。在实际工作中真正把零售客户当作衣食父母，真正为客户办实事、办好事，以“让客户多赚钱”为共同目标，达到“客我共赢”的理想状态。

## 市场监管

一是开展集中整治，规范辖区卷烟市场秩序。全年分别开展了“晋剑九号”“晋剑护航”以及元旦、春节两节清理整顿专项行动。行动中采用打乱正常工作时间、交叉调整检查人员等市场监管方式，注重发挥综合治理机制，对辖区内的重点区域和重点违规户分组分线路进行了监管，查处了一批具有较大影响力的涉烟违法案件。全年，共查处各类涉烟违法案件96起，查获违法卷烟77.04件，价值24.86万元。其中，查获真品卷烟76.35件，案值24.67万元，查获假冒卷烟0.69件，案值0.19万元。移送工商案件4起，罚没款1.8万元。二是创新思路方法，强化互联网案件侦办。2015年以来，泽州县烟草专卖局积极寻求公安技侦技术支撑，力争在互联网涉烟案件侦办有所突破。查获通过QQ、微信等方式贩售卷烟并达到移送标准的案件2起，有效净化了卷烟市场，规范了卷烟经营秩序，实现了为卷烟销售保驾护航的初衷。三是落实联动机制，强化“三员”监管。紧紧围绕网格化市场监管思路，树立团队协同作战理念，不断加强“三员”联动监管工作机制的落实，广泛收集和处置市场事件信息，在有效监管市场、控制市场中形成了强大合力，发挥了积极作用。全年“三员”互通信息138条，反馈信息全部在规定期限内及时进行了调查和回复。四是树立规范意识，在内部监管上主动作为。2015年以来，泽州县烟草专卖局深入贯彻落实行业严格规范规定，坚持“稳字当头、规范为先”的理念，在实践中坚持加强规范经营的学习教育，切实提高全员规范自律意识，使广大干部职工认识到不规范经营带来的严重后果和危害，牢牢把握规范经营这条“警戒线、高压线、生命线”，严格规范自身行为。同时在日常市场调查走访中，做到眼睛向内，打管结合，法律面前，不分内外。严格核查卷烟流向，坚决杜绝内部人员利用卷烟市场资源谋取个人私利的行为，严厉打击图财谋利的个别人员及内外勾结、串通合谋、强买强卖、虚拟订货等违法违规行为，确保卷烟规范经营方面不出任何问题。2015年，内管部门提出意见21条，下达质询函20条，营销部门针对反馈内容及时进行了相应调整并予以回复。通过对苗头性问题的及时解决和妥当处理，有效避免了一些不规范问题的发生。五是培养法制思维，提升依法办事能力。狠抓法制教育，组织开展了“一月一法”学习，要求全员每月学习一部法律知识，每季度由内管部门组织开展一次法律法规知识集中培训，进一步提升干部职工的法治思维和依法办事能力。同时不断健全学习机制，营造学习氛围，创新学习方式，注重把培训活动融入到实际工作中，通过实际工作来检验学习效果，确保学习培训活动取得实效。六是落实案卷审查、评查机制，规范行政处罚质量。工作中严把案卷审查关，重点审查法律依据应用、事实调查环节，程序是否倒置、行政处罚自由裁量权的使用、文书规范使用等方面。全年依法对120份行政处罚案卷进行了合法性审查。参加市局行政处罚案卷评查活动3次，评查面达到100%，参加省局行政处罚案卷评查活动2次，针对省、市局提出的问题，认真分析，全面整改，进一步规范了行政处罚案卷文书使用，提高了行政处罚案卷的办理质量。七是坚持依法行政，提升办事效率。在行政许可工作中，紧紧围绕行政审批工作新要求，认真贯彻“提高办事效率、提供优质服务”的宗旨，围绕

“提升素质、转变作风、简化程序、公开透明”四项重点，坚持从点滴做起，从细节入手，不断提高窗口服务质量，进一步提升了客户满意度。

## 企业管理

一是扎实开展“三严三实”专题教育。年初，按照中央要求和省草专卖局、市烟草专卖局党组的统一部署，泽州县烟草专卖局结合实际情况，坚持高标准、严要求，一步一个脚印地开展了“三严三实”专题教育活动。局支部结合专题教育活动要求，组织全体党员干部开展了多次集中学习、座谈交流，引导全体党员干部按照“三严三实”对照检查、提升自己，从思想深处、从为政之德、从履职行权、从日常生活等方方面面，涤荡歪风邪气，树立昂扬正气。同时结合工作实际，要求全体党员干部率先垂范、敢于担当，在应对行业新常态的工作实践中做表率、当标杆，认真谋事、尽心做事、努力成事。二是狠抓考核考评，激发队伍活力。为最大限度地调动和激发员工的工作积极性、主动性和创造性，充分发挥绩效考评的导向、激励、约束作用，泽州县烟草专卖局在市烟草专卖局下达关键经营管理指标的基础上，精心调整、不断细化和完善全员绩效考核办法，使方案更具科学性和可操作性。加强了对市场净化、三员联动等关键指标的考核。更加注重客户服务的质量，强化了对走访到位率、客户满意度等工作质量指标的内部考核，提高了内部考核的针对性和导向性，使之更切合基层工作实际。更加重视基础管理提升，增加了对各部门预算执行、信息报送、QC小组活动等指标的考核，确保了全局基础管理工作扎实推进，队伍活力和工作热情进一步提升。三是加强县级局（营销部）建设，激发基层活力。按照省局关于“简政放权、激发活力、提振动力、挖掘潜力”的总体要求，以及晋城市局《进一步激发县级局（营销部）活力的实施细则》，泽州县烟草专卖局（营销部）在市局各职能科室的大力支持下，全年先后组织开展了“一专多能、一岗多用”复合型人才培养，建立了岗位备案登记制度和“AB角”补位制度，配合市局开展了专业技术职务聘任和职业技能岗位聘用前期工作。进一步对全员绩效考核方案进行了调整和完善，提高了内部考核的针对性和导向性，使之更切合基层工作实际，考核的激励作用也得到了更充分的发挥，全员工作活力和士气斗志得到进一步激发。四是推进精益管理，提升工作效率。2015年以来，泽州县烟草专卖局继续认真落实行业财务管理制度，结合中央八项规定要求，围绕县级局费用预算管理工作，力求做到科学编制和均衡执行，对全部费用开支项目严格审核，不断提高全局费用执行准确率。持续强化贯标、对标工作。围绕企业核心工作和关键指标，加强与全省、全市优秀指标的对比，认真开展数据分析，找出管理短板，实施科技攻关，提升工作效率。认真落实节能减排工作要求，全面引入精益化管理思路，发动全员从细节入手，不断优化流程，降低消耗，提升运行水平，有效降低了管理成本。五是注重安全管理，抓好日常监督。安全管理方面，泽州县烟草专卖局始终坚持“谁主管，谁负责”的工作原则，通过与各股室、部门和重点岗位人员层层签订安全目标责任书，明确了各级领导和岗位人员的安全职责。局班子对安全工作逢会必讲，常抓不懈，教育引导全局干部职工高度重视安全管理工作，认真落实岗位安全目标责任，严格执行安全操作规程。不断完善事故应急机制，做好各类事故防范。同时进一步加强了公务用车、安全值班、监控设备、电器线路等重点部位和重点环节的隐患排查治理，及时消除隐患，确保安全工作零事故。

# 财政　税务

## 财　政

### 概述

泽州县财政局是管理全县财政收支、实行财政监督、参与国民经济宏观调控的职能部门。局内设14个股室，下设3个局属单位。局长：翟玮平。

### 收支情况

收入：2015年全县一般公共预算收入11.48亿元，同比增长-7.30%，减收0.90亿元，收入总量全市排名第二，增幅全市排名第四。从征收系统看，国税、地税、财政三个系统分别完成1.89亿元、5.21亿元、4.46亿元，同比增长-17.58%、-2.03%、-6.79%。支出：2015年，全县一般公共预算支出31.31亿元，同比增长34.24%，增支7.98亿元。从主要支出项目看，农林水事务、教育、社会保障和就业、医疗卫生与计划生育四大支出分别完成5.56亿元、6.58亿元、4.30亿元、3.91亿元，同比增长36.31%、39.71%、22.75%、18.57%。

### 财源建设

2015年，泽州在保企业20家、在保金额3450万元，该公司自2008年成立以来累计担保企业近80家、担保金额2.65亿元。继续做好“助保金”“聚力贷”业务，先后为23家企业发放贷款3.5亿元，缓减了企业融资难题。筹集5000万元中小企业还贷周转金，为企业提供金融服务，共帮助35家企业倒贷6.11亿元，使用还贷周转金3.9亿元，帮助企业减少融资成本700多万元。实施结构性减税政策，继续落实各项未到期的税费减免政策，研究取消到期的税收减免政策，减轻企业负担。

### 财政预算

一是预算编制到位。按照全口径预算、透明预算的新要求，完成一般公共预算、政府性基金预算、社会保险基金预算、国有资本经营收益预算四本预算，主动在县政府信息网站、泽州财政信息网站、预算单位内部网站等公开预决算信息。二是预算执行到位。坚持“先预算后支出、无预算不支出”的原则，杜绝预算执行中追加预算行为，严格按照预算法规定期限下达预算，采取提前告知、先预付后结算、月考核月通报机制等方式加快支出进度。三是预算监督到位。实行部门预算资金支付单位法定代表人负责制，增强单位“一把手”的责任意识。组织预算单位领导和财务人员学习新预算法，明确责任定位，对支出不达进度的单位进行全县通报，突出单位在预算编制和执行中的责任主体地位。

### 体制改革

推进扩权强镇巴公镇财政体制改革。成立财政工作指导组，重点对财政所人员业务指导、代编2015年部门预算、接手基建项目预算评审工作、实施信息化建设等，这些为下一步镇财政独立运作、规范管理提供了有力支持。全年，巴公镇一般公共预算收入0.47亿元，占预计的137.36%，同比增长46.40%。改革经验做法受到省市部门领导的好评，被《山西经济日报》《太行日报》等媒体宣传报道。深化国库集中支付改革。一是推进乡镇国库集中支付改革。明确乡镇授权支付项目和范围，开通乡镇授权支付业务，全县17个乡镇财政全部实现财政直接支付和授权支付，全年累计支付2.7万笔，支付金额3.07亿元。二是继续推进非税收入收缴改革。除教育收费外，其他所有非税收入单位及项目全部纳入了非税收入系统，严格按照非税收入项目库中的项目执行，凡是无编码和超标准的收费，管理系统不予认可，从源头上防范和减少了乱收费行为。全年通过系统入库非税收入4131万元，同期降低21%，减收1080万元。

### 政府采购

在全面压缩公用经费的前提下，细化政府采购预算，取消采购资金支付审核，建立政府采购专管员制度，形成政府采购权力清单，开展政府采购领域专项整治，政府采购工作取得新业绩。2015年，全县政府采购金额9329.43万元，同比增长11.06%，节约资金3714.29万元，节资率28.47%。

### 投资评审

加强政府投资项目管理，规范政府投资行为，健全政府投资项目决策和实施程序，提高投资效益。全年完成丹河综合治理工程（伏堂——水北）、高都镇兴隆山片区无主矸石山治理工程、赵树理街道路工程（西环路——凤城路）等工程的预算审查工作。共审核资金18968万元，审定17493万元，核减率8%。

### 财政支出管理绩效评价

财政支出管理绩效评价工作在2013年试点、2014年扩面的基础上，2015年重点是规范管理。成立绩效评价股，确保了工作上下协调对接，形成了“预算单位自查自评、业务股室指导审核、绩效评价股统筹管理”的管理机制。安装绩效管理系统软件，实现全程监控，确保了绩效管理科学化精细化。组织人员“走出去”学习先进经验，参加省厅网上培训，开展系统软件培训，增强了财政干部业务水平。进一步扩大评价范围，由原来的单个项目评价，逐步延伸到一类专项资金、部门整体支出等方面评价，重点对17个乡镇和2个单位的部分项目进行绩效评价，涉及财政资金1.05亿元。在财政部组织的2014年县级财政管理绩效综合评价中，泽州县位列全国第500名、全省第3名。在市财政局组织的乡级财力保障工作绩效评价中，该县位居全市第1名。

### 政府和社会资本合作（PPP）

县政府成立泽州县政府和社会资本合作工作领导小组。作为领导小组成员，县财政局牵头制定工作实施意见和实施方案，组队赴河北固安县、丰宁县学习考察，参加财政部、省财政厅、市局的业务培训。同时，结合泽州实际，建立财政系统的PPP项目库，储备项目30个，投资总额37亿元，涉及交通、农业、水利、教育等基础设施和公共服务领域。

### 民生支出

全县民生支出23.49亿元，同比增长33.01%，其中投入1.43亿元完成项惠民工程实事。八项惠民工程建设方面。促进就业工程，城镇新增就业人数、转移农村劳动力、培训新型农民和农民工均超额完成任务，总人数达到2.19万人；教育提标工程，全面改善185所农村薄弱学校基本办学条件，41个改扩建项目已完工；医疗提质工程，县财政累计补助3441万元深入推进县级公立医院改革，累计投资1.08亿元建成县医院综合门诊楼，补助480万元完成9个乡镇卫生院污水处理系统及环境整治项目建设。此外，农村公路完善提质工程、生态治理工程、饮水安全工程、“菜篮子”工程、天网工程也都顺利完工。八项惠民共补助931万元，完成全县60周岁以上农村老人免费体检，体检标准每人139元，较省市标准高出20元；补助280万元完成农村危房改造；补助100万元扶持发展100家农家乐，2015年共发展星级农家乐146家。此外，新增城乡客运班线、贫困残疾人救助、移民搬迁等惠民实事都落实到位。

## 国 税

### 概述

泽州县国家税务局成立于1994年8月，机关内设9个股室（办公室、人事教育股、监察室、政策法规股、征收管理股、收入核算股、纳税服务股、税源管理一股、税源管理二股），下设3个税务分局（巴公、东沟、犁川）和1个事业单位（信息中心），担负着全县17个乡镇，3690余户纳税人的纳税服务和征收管理工作。2015年，泽州县实际完成国税收入126417万元，同比减收32123万元，下降20.26%，占税收计划的75.40%，短收41243万元。其中，县级公共预算收入累计完成18898万元，同比减收4367万元，下降18.77%，占税收计划的76.50%，短收5804万元。其中，泽州县国税局完成53680万元，同比减收11411万元，下降17.53%；开发区国税局完成61599万元，同比减收14512万元，下降19.07%；市国税直属分局完成11138万元，同比减收6200万元，下降35.76%。体现“五减一增”的特点。其中，煤炭行业完成94947万元，同比下降21.56%，减收26093万元；煤炭运销行业完成741万元，同比下降68.63%，减收1621万元；化工行业完成3120万元，同比下降41.47%，减收2211万元；钢铁行业完成7627万元，下降42.19%，减收5567万元；金融行业完成7875万元，同比增加33.14%，增收1960万元。县国税局局长：温永忠。

2015年泽州县国家税务局税收收入情况：

泽州县国税收入分单位情况表

单位：万元

| 项　目 | 2015年 | | | |
|---|---|---|---|---|
| | 1季度 | 上半年 | 前3季度 | 全年 |
| 税收收入合计 | 13070 | 26488 | 37630 | 53680 |
| 税源管理一股 | 4420 | 7569 | 10279 | 17489 |
| 税源管理二股 | 8650 | 18919 | 27351 | 36191 |

泽州县国税收入分税种情况

单位：万元

| 项　目 | 2015年 | | | |
|---|---|---|---|---|
| | 1季度 | 上半年 | 前3季度 | 全年 |
| 税收收入合计 | 13070 | 26488 | 37630 | 53680 |
| 国内增值税 | 10209 | 21632 | 31848 | 42706 |
| 消费税 | 11 | 265 | 563 | 569 |
| 企业所得税 | 2850 | 4591 | 5219 | 10404 |

## 税收工作

2015年，累计完成税收收入53680万元，占市局调整后计划65400万元的82.08%。其中，地方级收入完成15934万元，占市局调整后计划19300万元的82.56%。在依法治税上采取的主要措施：一是加强了对重点税源的监控、预测和分析，密切关注经济形势和税收政策变化对组织收入工作的影响。二是抓好“营改增”增值税和企业所得税管理。加强与工商、地税等部门合作，举办了五期企业所得税培训，努力挖掘税收增长潜力。三是利用增值税发票系统升级版上线的时机，结合对商贸企业的分析，排除商贸企业风险管理隐患。四是开展税收风险分析，按期下达评估计划，对评估成果进行量化考核，增加税收收入。五是加强同工商、质监、财政、地税和其他行业管理部门的协调与合作，努力实现信息共享，清理漏征漏管户。①认真落实小微企业税收优惠政策。通过短信、税企QQ群等宣传平台开展宣传，对新办企业主动上门服务。强化辅导培训。对辖区1000余户小微企业开展培训，现场授课集中答疑，对筛查出未按规定享受优惠政策的小微企业逐户辅导，确保政策落实到位。建立服务机制。编写了《小微企业税收优惠政策指南》，提高纳税人自主办税能力。累计为10623户（次）小微企业免征增值税218.68万元，截止到第3季度，为247户（次）小型微利企业，减免企业所得税38万元，政策受惠面100%，为大众创业、万众创新提供了良好的税收支持。②加大增值税发票系统升级版推行力度。截至2015年全县已推行升级版企业1016户，其中，增值税一般纳税人516户，小规模纳税人500户。2015年，新办户升级279户，存量一般纳税人升级375户，存量小规模纳税人升级362户。截至2015年，全县存量户一般纳税人升级完成进度93.28%。③强化企业所得税汇算清缴管理。举办了5期税企人员培训，加强申报前的纳税辅导，实行税源管理部门和办税服务厅两级申报辅导，调增应纳税所得额4500万元，增加税款230万元，极大降低了税收申报环节的涉税风险。四是认真开展《出口退税规范》的落实。组织人员积极参加了市局组织的《全国税务机关出口退（免）税管理工作规范（1.0版）》培训。严格执行生产企业免抵退审批权限，明确工作权限、岗位职责及工作流程，合理设置各业务岗位。2015年，泽州国家税务局共18家出口退（免）税资格的企业，其中，外贸企业1家，生产企业17家。按照出口退税《企业分类管理办法》的规定，其中，被评定为二类的企业4家，三类企业14家。全年免、抵、调256万元，出口退税1355万元。

## 税收征管

一是积极开展风险分析，提高税收征管质效。探索建立了税收风险信息共享交换机制，制作了《税收风险任务提示单》和《税收风险应对结果提示单》，及时对税源管理、纳税服务等部门进行风险提醒，进一步强化了风险管理工作，提高了税务人员风险防控意识。加强风险数据收集能力，除接收省、市国税局推送的疑点信息外，还把县国税局风控办、税源管理、纳税服务等部门推送的涉税疑点信息进行整理分析，为深入开展数据和风险分析提供强大的数据源泉。开展特定行业风险应对，全年制发风险任务22期，涉及风险纳税人636户次，遵从类风险应对236户次，评估有税款纳税人82户次，评估税款1279万元，弥补亏损8.9万元，纳税评估税款贡献率2.4%。二是推动全国税收征管规范落实。筛选出127个常用业务进行重点标记、重点讲解，使相关部门能够更好地理解和把握征管规范常用业务，促进《全国税收征管规范（1.0）》的贯彻落实。县国家税务局还安排专人就征管规范1.0与纳服规范2.1进行了差异比对，有针对性的实施。三是贯彻落实“互联网＋税务”，逐步实现税收征管信息化。召开专题会议，对如何更好利用信息平台发布涉税信息做好安排部署。设置信息发布和审核岗位，并通过“12366”和“e税客”信息平台，及时向涉及到的相关纳税人推送了“逾期未申报”“逾期未缴纳税款”和“小规模纳税人达标未认定”等涉税信息，共计向纳税人发送提醒短信6.8万余条，降低了税收执法风险，提高了税收信息化水平。四是加强大企业管理，拓展大企业税收遵从合作。为大企业安装调试软件，进行核实和标示，完成快报上报等工作。结合“便民办税春风行动”工作，深入企业开展“局领导走访大企业”活动，帮助大企业税务管理人员了解相关税收政策。引导大企业税务风险内控机制建设，推进大企业涉税事项事先裁定，拓展大企业税收遵从合作。五是深入推进“三证合一”工作。县局高度重视，制订了实施方案，采取了加大宣传力度，开展测试演练，加强部门沟通，开通绿色通道等措施，确保了10月1日“三证合一”改革到位。截至目前，共办理“三证合一”纳税人96户，设立（变更）登记、税种登记、发票票种登记、领购发票、申报征收等业务办理顺利。

## 税收服务

一是认真落实《全国税务机关纳税服务规范》。开展教育培训。组织全局人员参加《全国税务机关纳税服务规范》2.0版、2.1版、2.2版的业务培训。保证稳步推行。对照纳税服务规范各版本和省国税局现有的政策流程，组织业务能手进行逐条对照、逐条完善，对差异部分提出解决方案。二是提升纳税服务质量。减少报送资料数量。扎实推进免填单服务，认真做好即办受理事项，基本实现了办税服务厅的“一站式”办结。从7月1日起，将农林牧渔小规模纳税人申报期由按月申报改为按季申报。在办税服务厅设立自助办税区，提供网上办税设备，推广“e税客”1216余户，为纳税人下载安装提供咨询，畅通了全天候办税服务渠道。三是推进国地税联合办税。认真落实总局《国家税务局地方税务局合作工作规范（1.0版）》要求，优化办税服务，提高办税效率，7月16日，泽州县地税局正式进驻县国税局办税服务厅开展税收业务，提升了国地税合作层次与质量。全年地税入驻国税征收城市维护建设税等税费42.25余万元。

## 活动开展

2015年，开展了“巩固深化拓展”和“学习讨论落实”两项活动。一是深入学习，全面提高思想认识水平。二是深入讨论，提出整改措施。结合县国税局工作实际，党员干部就如何坚持依法治税、强化税收征管、优化纳税服务，树立和维护泽州国税良好形象寻找对策与建议。三是落实“两个责任”，强化作风建设。厘清党组的7项主体责任、党组书记的6项第一责任，班子成员3项“一岗双责”和纪检监察部门的4项监督责任。根据“三清三察三审”的要求，认真落实办公用房规定，腾退多占办公用房。严格公务用车管理，统一调度，实行定点维修，定点加油，节假日实行统一封存。四是落实“六权治本”，规范权力运行。由纪检组牵头各业务股室配合，完成了县国税局权力事项梳理、风险点排查工作，建立了税收风险防控管理体系。规范了审批项目、规范了进户执法、简化了涉税资料、优化了办税流程，真正规范了权力运行。五是扎实推进“四化”建设。推进纳税服务规范化。推行内控机制信息化。推行绩效改进持续化。推行监督检查常态化。开展分管领导实地检查、值班领导查到查退及在岗情况、监察室定期查岗、外请第三方暗访工作纪律、办公室协同人教股检查会风会纪等多方面督察，形成监督检查常态化。六是认真开展“回头看”，扎实抓好整改落实。群教活动中县国税局共征求到县局领导班子意见和建议16种、104条。之后县国税局对梳理出的22个问题清单，由班子进行认领，逐项研究制定出整改措施，并带头整改落实。

## 队伍建设

一是通过素质强局，提升队伍综合素质。开展8期培训，每月认真制定中心组和政治业务学习计划，加强日常学习管理，组织人员观看了南开大学艾跃进教授的视频讲座“新青年·新思路·新视野”，组织部分干部到省税校参加纳税评估业务培训。二是通过廉政健局，提高党风廉政建设水平。继续开展预警防控工作。狠抓“两个责任”落实。明确党组主体责任，纪检组的监督责任，将责任清单项延伸到各基层单位。将教育、制度、日常监管等具体工作落实到党组、班子成员、职能部门，落实到人员和岗位，把“笼统的责任”变成了“明确的清单”。使全局国税干部适应新常态，学会在监督下工作、善于在监督下生活。加大廉政教育力度。结合“双学双严”党纪条规警示教育月活动，紧扣“学党章、学条例、严纪律、严规矩”的活动主题，对全体党员干部集中开展党性党风党纪党规教育。分别开展了党组书记讲党课、开展集体廉政谈话、举行预防渎职犯罪教育专题讲座、组织全体党员干部观看“反腐倡廉一月一课”及《贪腐的代价》等警示教育片、督促全体党员干部参加了“晋城在线”栏目的党纪条规知识测试、组织党员干部参观了晋城市警示教育基地——孙文龙纪念馆，全体党员面对党旗重温入党誓词等活动。三是通过文化兴局，推进国税文化建设。开展了1次“税苑春风”摄影作品征集活动，以美塑人；开展了2次主题征文活动，以文化人；开展了8期包括“敬业奉献”“团结协作”等内容的道德宣讲，以情动人；开展了3次徒步摄影活动，寻访泽州秀美山川，以景育人。县国税局还组织了“唱响中国梦、歌咏迎国庆”文艺联欢会，全体干部参与其中，展示了国税干部良好形象。另外参加了由市国税局组织的朗诵比赛和由县委举办的“思想大解放”演讲比赛，均取得较好成绩。成立青年志愿服务小分队，以税收宣传、服务群众、帮贫扶困为主题，开展了吴王山环保志愿活动、帮扶泽州一中品学兼优学生活动、帮扶文明结对村李寨乡罗泉村开展一村一帮扶活动。此外部分干部还参加无偿献血等活动，各类公益活动的开展，切实提升了党员干部思想境界。四是提高作风塑局，改变全局工作面貌。落实中央八项规定。压缩会议次数和时间，精简发文数量，提高工作效率。严格执行《关于坚决制止领导干部大办婚丧喜庆事宜和借机敛财行为的规定》的通知精神，严格事前报告、事中公示、事后回报制度。2015年以来共对5名党员干部的婚丧喜庆事宜进行全过程监督。开展明察暗访。多次组织明察暗访，对发现的苗头性问题及时提醒，在每月中层例会上，对各单位的工作作风及纪律执行情况进行通报。转变工作作风。依托全县开展的“五项活动”，积极开展“纪律大整顿”活动。以会风会纪为突破口，对违反规定的干部进行通报达25人次，有效改变了会场秩序，进而带动整个作风改变。

## 地税

### 概述

2015年，泽州县地方税务局内设8个股室（办公室、人教股、监察室、计会股、税政股、征管股、信息化管理股、票证所），下辖2个直属分局（直属一分局、直属二分局）、10个税务所（第一税务所、巴公税务所、高都税务所、金村税务所、南村税务所、犁川税务所、周村税务所、川底税务所、东沟税务所、下村税务所）。2015年，全县地方税务局完成税收141205万元，同比增加30708万元。局长贾向东。

### 税收征管

开展管户清查工作，有户尽管，重点落实税收属地管辖原则，通过税收政策宣讲和多方协调取得注册、经营地在泽州县域内企业的税收管理权，确保税款按预算级次准确入库，在此基础上，争取辖区内房地产企业的税收管理权。对税收违法行为强制执行，对2家煤炭生产企业逾期未缴税款实施强制扣缴，并加收滞纳金。分次排查下发疑点数据，结合疑点数据对相关企业启动纳税评估程序，排查税收执法疑点，任务反馈率达到100%。入库全市地税系统交叉检查所查补税款，对因故未入库的税款进一步清缴，组织开展纳税5万元以上企业的申报核查，组织开展建筑业“克隆”发票检查、餐饮业发票检查等专项检查活动。

### 依法治税

推行税收执法责任制、税务行政复议、税务行政处罚自由裁量权、办税公开等工作，鼓励税务人员和广大纳税人学法用法。认真学习执行有关税务行政审批制度改革要求，明确税务行政审批目录，开展行政审批违规和滥用审批权问题专项整治，全体税干尤其是窗口人员，严格落实《全国税务机关纳税服务规范》，抓好规范涉税事项办理。依托“便民办税春风行动”进一步优化服务、提高效率，严肃查处不履行一次性告知和首办负责制、限时办结制等情况，利用税务行政审批职权违规收受纳税人礼金红包等行为，超越审批权限和滥用审批职权等问题。对行政权力精心梳理，编制出权利责任清单，3大类39项（行政审批5项，行政确认2项，行政处罚3项，行政征收2项，行政给付1项，行政奖励1项，其他权力25项），责任清单共计279项。以12项内容为重点开展“过头税”征收逐项排查，进一步加深征收管理人员风险防范意识。认真落实“六五”普法工作，对全员进行法制知识培训6批（次），并严格税收法律法规和业务知识考试。

### 税收服务

以基层一线为突破口，开展“门难进、脸难看、事难办”和吃拿卡要报等问题专项整治工作，对检查中发现的工作人员思想态度松懈、办税服务厅窗口设置不完善等现象，立即点出问题、予以纠正。学习《全国税务机房纳税服务规范》，制定办税服务厅“集中受理”工作流程，规范“免填单”业务操作，严格落实办税厅领导值班、带班工作等。完善门户网站、微信公众平台维护，实现纳税人随时随地查询信息和处理日常工作任务，深入开展“便民办税春风行动”活动，多渠道收集纳税人需求与建议，对纳税人反映的热点难点问题做出快速反应，微信平台开通部分涉税事项查询办理和办税厅（室）在线预约服务。强化全员培训、强化部门协作、强化宣传指导，推进“三证合一、一照一码”工作的顺利开展。

### 税收宣传

日常宣传：定期将最新税收政策通过“泽州地税纳服QQ群”和“泽州地税”微信公众平台向纳税户发布，搭建起更为便捷的税企交流平台，全年发布涉税信息百余条，超过百户纳税人受益。把纳税人培训班作为税法宣传咨询的重要阵地，由征管股、税政股等业务股（室）联合举办纳税人培训班授课，详细解读小微企业税收政策及《全国税务机关纳税服务规范》相关内容，强化对税收政策、征管措施、办税流程等知识的培训辅导。专项宣传：各基层税务所牵头，组织业务能手“进机关、进校园、进企业、进厂矿、进社区、进乡村”，根据不同群体的具体需要，上门宣讲政策、发放宣传资料，把税法宣传办到纳税人身边、把税收知识送到纳税人手中。开展“一日收税人、一日办税人”换位体验，以办税服务厅（室）为中心，邀请纳税人参与税务人员日常工作，体验地税部门税务登记、申报等业务的表单录入、流转、打印等方面工作；税务人员则参与纳税人经常办理的涉税事宜事项，到窗口办理税务登记、申报缴税、发票申领等业务，了解纳税人所思、所需、所急。充分利用了流行“微”元素，以小微企业税收优惠政策为主题，自拍、自导、自演税收宣传微电影《税企一家》，以新颖互动、贴近民生的方式，增强普法实效，推进税收宣传。

## 执法督察

结合省、市地税局督察工作要求制定年度税收执法督察工作方案，指导基层税务所开展执法督察工作，查找内管不足、提升执法水平。以金融企业支持服务“三农”税收政策落实、小微企业税收优惠落实、营改增试点税收政策落实、代开发票未征收所得税、有土地登记信息未征收土地使用税等情况为重点，在全局范围内着力开展督察。对下设的第一税务所、巴公税务所2个税务所开展专项督察，对南村税务所、犁川税务所2个税务所开展全面督察，对督察过程中发现的37个问题和疑点全面纠正，逐项整改落实。

## 增收工程

落实“便民办税春风行动”，把服务好零散税收征收作为优化办税环境、为纳税人提供优质服务的一项举措，在简化办税流程上做文章，对在泽州范围内临时提供应税劳务办理涉税事项的，打破地域限制，实现“同城通办”，促进了零散税收的增加。在国税局办税服务厅设置地税服务窗口，规范代开增值税发票附加税费的征收管理，在抓好“芝麻税”的同时，进一步提高了纳税人税法遵从度。通过严把“报验登记关、项目管理关、工程结算关”强化重点工程税收管理，落实乡村工程严格管户、村委、管理员、政府领导共同负责的新农村建设项目建筑业税收管理机制和管理员包户负责的责任机制，促进建设工程税收提质增收。对资源税进行税源实时监控，开展政策效应分析，对缴纳资源税的21家重点企业全面调研，加强资源税税源管理，使资源税收入一跃成为泽州地税第三大税种。采取集中培训与一对一辅导相结合的办法加强企业所得税汇算清缴工作，全面完成各种经济类型查账企业的汇算清缴，确保企业所得税的及时足额入库。积极落实个人所得税代扣代缴明细账制度，抓好个人所得税全员全额管理，加强高收入者和行业个人所得税的重点管理，全方位地做好个人所得税的征收管理。

**志愿者服务**

以提高全体干部职工职业道德水平，树立地税部门良好形象为着力点，充分发挥“奉献、友爱、互助、进步”的志愿者精神，切实开展税收志愿者服务活动。以窗口单位为突破口，开展“满意在地税、优质服务年”活动，评选表彰“文明优质服务标兵”和“文明优质示范窗口”，推动地税机关服务水平大幅度提高。以空巢老人、农村留守儿童、残疾人和进城务工人员子女为重点，组织地税志愿者开展为困难群众和特殊人群送温暖的“四项关爱”志愿服务活动。组织地税志愿者到主要交通路口、学校门前拥堵路段，开展秩序维护、劝导不文明交通行为等公共秩序维护志愿服务活动，形成文明行车、文明乘车、文明走路的良好交通环境。开展“学雷锋树新风”志愿服务活动，以弘扬雷锋精神为主题的社会志愿服务活动。

# 银　行

## 银行机构

### 泽州县农商行简介

山西泽州农商银行股份有限公司（原泽州县农村信用社）创建于1950年，2014年经中国银行业监督管理委员会批准成立，是具有独立法人资格的地方性金融机构。成为了晋城地区“成立最早的金融机构、规模最大的农金机构、首家国有持股的地方银行、首家改制开业的农商银行”。“安心银行、放心托付”也成为该行发展的核心定位与品牌。泽州农商银行实行党委领导下的“三会一层”管理体系，共有营业网点45个，从业人员600余人。股份制改革开业后，实现了业务经营、思想理念、经营结构、管理架构、战略战术的转型，加快流程化、科技化、现代化、高效化、综合化步伐，推出了手机银行、微信银行、网上银行三大银行战略，实行货币、债券、资本三大投资战略，是该县规模最大、贡献最大、效益最好的区域银行，高效服务、错位竞争、优势明显的特色银行。截至2015年年末，该行资产总额达到200亿元，各项存款达到100亿元，各项贷款近60亿元。在经营管理方面：2015年，泽州农商银行度过了新旧体制的磨合阶段，建立了公司法人治理体制和现代银行管理机制，有效释放改革红利，开启了全市民间资本参股农金系统的先河，成功募捐股本10亿元。其中，天泰集团入股两亿元；各项指标在全市农金系统综合考核名列第一，监管评级从三级监管水平提高到二级监管水平。实现了新旧企业文化的有效传承、过渡和重塑，注重企业品牌创建和品牌价值传播，明确了企业品牌价值传播路径和载体，做“安心银行、放心托付”新品牌。通过银监分局、省局、银监会的定量定性审核，被核准为全市农信系统唯一的一家二级机构，同时，在上海建立信息中心，收入占比达到50%以上，年后收益率达到7.2%，资金运营能力在全省名列前茅；开展零售银行转型，引进了现代银行FTP内部资金转移定价改革和IPC德国微贷技术，代发了全县居民健康卡和行政事业单位公职人员工资等业务；打造互联网P2P金融平台，形成了P2P、理财、存款等多维度投资体系。开办官方微信、网站，推广手机、微信、网上三大银行。开通流动银行，组建“千马荟”和“晋界”俱乐部，成立普惠金融服务站，跨界与福旺多融合发展。开展了“三严三实”“学习讨论落实”等活动，新补充38名优秀大学生，加大“走出去、请进来”学习力度，实施职业成长规划项目，队伍作风、队伍结构、队伍素质得到综合性转变和提高，梳理修订《泽州农商银行制度汇编》，让所有业务操作更流程、规范；扎实开展各项稽核检查，全方位防控信用、操作、市场、流动性、声誉等风险，确保了全年零发案、零事故。2015年，各项存款余额100.6亿元，较年初净增7.78亿元，增幅8.38%。各项贷款累放为39.65亿元，贷款余额达到53.13亿元。不良贷款率为2.39%，较年初下降0.6个百分点。各项收入达到89245万元，同比增加18228万元，增幅25.67%。净利润17529万元，同比增加4932万元，增幅39.15%。发放信合通卡30.1万张，较年初净增3.29万张；特约商户664户、POS机783台，较年初净增26户、257台；布放助农取款点237个；自助银行点38个、73台；开通个人网银客户3373户，企业网银客户721户。资本充足率为18.43%，拨备覆盖率为201.05%；拨贷比为4.81%；贷款损失准备充足率为416.82%；流动性比例为65.2%，资金业务杠杆倍数为1.37%，均全部达到二级监管水平指标。在风险管控方面：在风险管理上始终坚持稳中求进、合规经营、依法治行的理念，建立了完善的风控体系、流程和应急机制。一是定制度，立铁规。对各项制度进行了完善、梳理、修订，颁布了《制度汇编》。共收集17类257个内控制度，确立了处罚情形、处罚标准、处罚程序等，推动形成了比较完备的制度体系。二是抓落实，促合规。持续开展“合规文化建设年”、“制度执行年”等活动，全面推行“五人联保”和“违规积分”制度，不断规范信贷投放、会计业务操作、费用管理等关键环节，强化了信用风险、流动性风险等重点风险的管控工作。三是查问题，惩违规。以审计条线为基础，以各业务条线为重点，大规模组织实施了存款业务滚动式检查、大额贷款专项检查、抵质押贷款风险排查活动等多项检查，发现问题、严格惩处。四是严财务，精核算。持续性规范财务费用制度，实施成本收入比月月核算，精密测算，严格考核，推动科学规范管理。五是抓运营，严管控。组建了专门的现金中心、远程授权中心、事后监督中心，有效起到了实时监督、有效监控、强化管理、防范和化解金融风险的目的。六是建体系，防案件。强化科技支撑，加强对各类网络线路、电子机具的管理、维护和应急；强化纪检效能监察，严密防范了信贷领域、大额采购等方面的腐败行为；强化安保建设，多形式开展安全检查、技能演练等重大活动。通过一系列举措的实施，推动形成了系统上下“人人讲合规、事事守规矩、时时防案件”的良好氛围，始终保持了零发案、零事故的良好态势。

## 中国农业发展银行泽州县支行简介

中国农业发展银行泽州县支行成立于1996年12月，为晋城市级、经济技术开发区、城区和泽州县等四个行政区提供政策性金融服务。内设“两部一室”，即：计划信贷部、会计出纳部、综合办公室。2015年，各项贷款余额3811万元，各项存款余额9863万元。在业务范围上主要办理：粮棉油收购、储备、调销贷款；农副产品种植、养殖、加工，产业化龙头企业贷款，农业生产资料、科技、农村流通体系建设贷款；农业农村基础设施建设、农村水利建设、科教文卫、公共设施、新农村建设贷款；农村土地流转和规模化经营贷款、农民集中住房建设、农村人居环境建设、涉农棚户区改造贷款；易地扶贫搬迁项目等扶贫类贷款；银团贷款；办理代理保险、代理资金结算、代收代付等中间业务；办理投资业务；办理经国务院或中国银行业监督管理委员会批准的其他业务。经营指标情况：2015年年末，各项贷款余额3811万元。各项经营指标：资产利润率2.39%，较2014年增长1.53%。成本收入比61.24%，较2014年增长2.74%。人均利润8.82万元，较2014年增长2.33万元。日均存款5089万元，较2014年增长1245万元；中间业务收入10.63万元，较2014年增长3.7万元。表外欠息下降率99.67%，较2014年增长67.44%。在粮食收购贷款方面：2015年，发放272.21万元贷款支持泽州县粮食储备库161.07万公斤小麦轮换，顺利完成县级储备粮轮换任务，确保了政策性收购资金封闭运行，解决了当地农民夏粮出售问题；对泽州县粮食储备库六笔县级储备粮油贷款共1420.8万元进行展期；执行制度、科学管理，做到了库存检查动态化和日常化，保证了储备粮油贷款账实相符。在项目营销方面：积极主动向市、县（区）两级政府汇报，宣传农发行业务范围和支持重点，加大与职能部门的沟通协调力度，与各级发改委、财政、住建、水务、林业等职能部门建立通畅的沟通渠道，及时了解掌握政府基础设施建设投资规划和需求，为项目精准营销创优外部环境、打下良好基础。开展高端营销，面对面宣传政策、推介农发行信贷产品，探讨政策性银行支持地方基础设施建设融资途径和解决方法。及时调整营销思路，把项目营销的重点放在“一水、一园和一区”。在全行的共同努力下，构建银政合作平台，与城区政府就西北片区开发项目达成初步合作意向；畅通银政合作之路，为泽州县交通局量身定制了2016年农村路网改造融资方案。重点建设基金顺利投放。农发行重点建设基金是面对经济下行局面，国家为了实现“稳增长、调结构、惠民生”目标，解决重点建设项目资本金不足问题而出台的国家专项建设基金。农发行泽州县支行高度重视，把此项工作作为一项政治任务来抓，2015年9月下旬投放开发区中小创业产业园区项目7000

万元；同时，将采用“投贷结合”的模式全面支持该项目，充分发挥重点建设基金的撬动效应。在不良贷款清收方面：2015年，支行其他政策性亏损挂账贷款1232.87万元，欠息448.43万元，金额大，时间长，清理难度大。面对困难，及时调整清收思路，讲策略，先易后难，以清收当年利息为突破，打开清收工作的口子。讲方式，勤汇报、多沟通、多方协调，取得政府和财政的理解与支持。讲方法，吃透新预算法的精神，督促县财政将欠息全额列入预算，使拨付工作走向正轨。2015年8月末，泽州县财政一次性拨付448.43万元，挂账历年欠息全额收回。农发行泽州县支行对泽州县粮食局南村粮油管理站383万元账销案存贷款，责成专人负责清收，定期下达债务逾期催收通知书，全年共收回“账销案存”贷款3万元。在信贷管理调控方面：以“深化基础管理年”活动为契机，梳理信贷基础工作方面的各项规章制度，组织信贷人员认真学习，提高政策理论水平。以各类督查、检查为抓手，及时发现、解决问题。信贷业务实行首办负责制，对信贷业务全程跟踪办结。加强资金计划管理，资金申请、调拨、支付早沟通、早计划、早安排，确保资金调拨及时高效。严格把握利率政策，确保利率执行正确无误，高质量上报各类报表，确保经营状况精确反馈。加强库存监管，坚持客户经理定期查库，动态监测企业库存，确保信贷资金安全运行。2015年，该行被晋城市分行授予“清收表外欠息先进单位”称号并获全市系统“业务经营绩效考核第二名”。

### 中国农业银行泽州县分行

泽州农行成立于1987年，现位于晋城市新市东街765号，辖3个部室，9个营业网点，其中，2个城市网点、7个乡镇网点。2015年，受宏观经济形势下行、经济结构调整加快等多种因素影响，煤炭行业发展陷入危机，行业大面积亏损。截至2015年12月末，该行各项存款余额358424万元，其中，对公存款余额192115万元，个人存款余额166309万元。各项贷款余额160158万元，较年初净增76419万元，同比增长209.9%。拨备前利润实现3595.62万元，完成全年计划的105%。2015年，该行一方面对山西彤康食品有限公司、山西晋煤集团泽州天安煤业有限公司等企业给予贷款支持，解决融资难题；一方面深入开展“惠农通”工程，组建“青年突击队”，深入农村、农户搜集资料，逐乡逐村逐个服务点布放转账电话、发放惠农卡，在服务点进行现场讲解、现场演示、现场操作、现场交易，让农民朋友真正享受到惠民便民的服务。

### 泽州浦发村镇银行

泽州浦发村镇银行成立于2010年6月25日，位于山西省晋城市凤台西街秀水苑综合楼。截到2015年年底，全年累计发放各项贷款12.04亿元，其中：发放小微企业贷款金额达7.88亿元，涉农贷款金额8.2亿元。

2015年5月8日，泽州浦发村镇银行首家营业网点巴公支行正式开业。当年12月底，巴公支行累计为巴公地区放发贷款1亿多元（包括莒山煤矿、兴达铸造等）。2015年，泽州浦发村镇银行不仅发挥自身金融服务优势，持续性地组织开展“金融知识进万家”宣传活动，而且组织员工到乡村开展上门式的便民金融服务工作。此外，泽州浦发村镇银行还通过组织书法家义务下乡送春联、开展爱心送考志愿服务、慰问帮扶贫困村等活动。

# 教育　科技

## 教　育

### 概述

2015年是“十二五”规划收官之年，更是泽州教育发展史上的重要一年。一年来，在县委县政府的正确领导下，全县教育系统认真贯彻落实中央十八大和十八届三中、四中、五中全会精神，深入学习贯彻习近平总书记系列重要讲话精神，坚持“精管理、提质量、创特色、谋发展”的工作思路，紧紧围绕创建“全国义务教育发展基本均衡县”目标，大力实施教育惠民工程，全面深化教育教学改革，推进依法治教，提升教育现代化水平，圆满完成了创建任务，泽州县从此跨入了全国义务教育发展基本均衡县的行列。县教育局局长：李国生。

### 经费投入

泽州县各级党委政府十分关心、支持教育工作，坚持优先发展，全县上下“党以重教为先、政以兴教为责”蔚然成风。县委、县政府出台了各种优惠政策，不断加大教育投入，每年教育经费的支出都占到了财政总支出的约五分之一，保证了教育经费的“三个增长”，在全市率先实现了覆盖学前教育到高中阶段教育的“实现十五年免费教育”。2015年，全县学前教育免学费以及“民办公助”资金投入近716万元；义务教育阶段中小学生均公用经费分别达到1057元和905元，全年投入3431万元；高中“两免一补”资金投入1366余万元；中职生免学费和助学金投入556万元。同时，该县每年投入2000多万元用于义务教育学生“营养改善计划”、贫困生资助、冬季取暖补助、寄宿制学校炊管和生活教师生活补助、班主任津贴、校车运营和学校保安工资等。可以说，该县教育经费的投入覆盖了教育教学的所有环节，体现了倾斜农村山区、倾斜薄弱学校的均衡发展理念，有力保障了全县学校的正常、健康、高效运转，促进了教育公平。

### 学前教育

在完成第一期学前教育三年行动计划的基础上，实施了《泽州县第二期学前教育三年行动计划》，制定出台《泽州县关于省级示范园等优质幼儿园帮扶工作方案》，充分发挥示范园的引领和带动作用，建立幼儿园帮扶制度，组织开展幼儿园片际研训活动，清理整顿了4所无证办园行为，进一步推动了全县幼儿园协调健康发展。2015年，全县学前教育投入182万元，完成3所农村幼儿园改扩建和1所标准化幼儿园建设任务，分别是犁川镇崔河幼儿园、巴公镇渠头幼儿园、甘润幼儿园和大东沟镇辛壁幼儿园。2015年，泽州县3—6周岁幼儿入园率达到92%。

### 全面改薄

2015年，继续实施“全面改薄”工作，进一步加强义务教育学校基础设施建设和补充完善教育教学装备，并不断强化装备管理和应用工作。共投入资金8849万元，其中基建项目4322万元，设施设备配置3796万元，校园环境改善731万元。2015年，基础设施建设基本完工，教育教学装备全部到位，“校校通”达到91.9%，“班班通”达到82%，中小学教师建立网络学习空间达80%，并在全县中小学校开展初中理化教师和小学科学教师实验操作技能竞赛，获得市级创新奖1个，二等奖1个，三等奖4个。全县义务教育阶段学校全部达到《山西省义务教育阶段中小学办学基本条件督导标准》，基本实现了均衡发展目标。2015年11月16日，国家教育督导认定检查组对泽州县创建“全国义务教育发展基本均衡县”工作进行了督导认定，抽取川底中心小学、巴公中学、金村镇龙化小学等11所学校进行了实地考察，对县创建工作及创建成效给予了充分肯定。11月20日，在太原召开反馈会议，对泽州县均衡发展工作中“实现十五年免费教育”“实践教育活动及乡村少年宫建设”和“学校安全管理”三大亮点再次给予了肯定，认为泽州县义务教育均衡发展工作已基本达到国家标准。

### 深化课改

2015年，泽州县以提高教育教学质量为目标，持续深入推进课堂教学改革。一是制度顶层设计，行政区域推动。先后出台并完善了《泽州县“优化教学模式，构建高效课堂”课改项目推进工作实施意见》《泽州县课堂教学改革指导意见》《泽州县课堂教学改革实施方案》等一系列指导性文件，为课改进行了顶层设计，对学校和教师进行了理念和方向上的引领。同时坚持每年开展一次课改先进校、课改示范校评选活动。2015年1月5日，在川底小学召开了全国“语文主题学习”课题实验观摩研讨会，5月、12月在泽州二中、李寨中学、凤城小学等7所学校召开了农村高中、初中、小学课堂教学改革观摩研讨会，取得了良好的效果。二是搭建两个平台，培塑课改典型。把全县义务教育阶段的学校分为东、南、西、北四个片区，把高中单列为一个片区，形成了五个大的研训平台，每月各片区至少组织一次片际研训，并提出详细的要求，县教研室教研员派人参加。组织搭建“两赛两讲一评”的展示平台，促教师课堂教学技能提升。“课堂教学团体赛”和“兼职教研员评课赛”由各校选派教师集体备课后以同课异构的方式进行课堂教学竞赛，“三课”和“送教下乡”活动每学期至少组织一次，“教学能手评选”每两年开展一次活动。通过这些活动，激发了广大教师投身课改的热情，为教研活动提供了强劲动力。三是强化课题研究，深化课堂改革。积极围绕教育部“十二五”重点研究课题、“十三五”重点推广课题“语文主题学习”开展课题研究，着重破解课改中学科模式僵化和学科味不浓的问题。目前泽州县各级各类学校都进入了不同层次的课堂教学改革，涌现出了一批有特色、有影响的课改先进校，如南村中学、巴公镇中、水东中学、成庄矿小学、晋普山学校、川底小学等。随着课改的深入推进，中小学教学质量也稳步提升。2015 年高考成绩再创历史新高，全县普通高中二本 B 以上达线（含艺术类）884 人，达线率 37.3%。其中，泽州一中 718 人，比 2014 年增加 26 人；泽州二中和泽州三中与去年相比实现了翻番，周村中学、犁川中学实现了新的突破；中考成绩较 2014 年也有了大幅提高，全县普通高中招生计划 2200 人，完成录取人数 2101 人，普通高中毛入学率达 92.6%。

## 素质教育

全县中小学校全面实施素质教育，贯彻落实国家课程标准和计划，坚持德育为首，五育并举，努力打造特色建设软环境，推进教育内涵发展。一是严格规范办学行为。严格执行省教育厅规范办学行为“十二条规定”“禁补令”，每学期初都要进行督导检查，督促学校规范课程设置，开全课程，开足课时。加大治理教育乱收费工作力度，强化学校“三会”建设，促进了学校管理工作的民主化、制度化、规范化。进一步加强艺术类、体育类、综合实践活动类课程建设，切实减轻了学生课业负担。严格按照义务教育阶段“免试、就近、划片、分配”的原则实行了阳光招生、均衡编班、均衡配备教师制度，严格控制班容量。优质高中指标分配到所有初中学校，分配率逐年提高，2015 年全县优质高中指标分配率达 70%。建立健全了政府、学校、家庭、社会共同参与的“控辍保学”机制，设置“七彩小屋”“留守儿童之家”等帮扶场所，严格落实困难生资助政策，关爱留守儿童，关心帮扶家庭贫困学生，杜绝学生流失。2015 年，泽州县小学适龄儿童入学率达 100%，初中适龄少年入学率达 100%，小学、初中学生毕业率均达 100%，小学、初中在校生年巩固率分别达到 99.9%、99.7%，三类残疾儿童少年入学率达 92.7%，切实保证了每一位适龄少年儿童接受九年义务教育，促进了教育公平。二是积极开展学校体卫艺工作。认真贯彻落实《学校艺体工作条例》《学校卫生工作条例》，全面开启了“体育、艺术 2 + 1”项目，确保学生每天集体锻炼时间不少于 1 小时，组织开展了中小学田径运动会和艺术节，切实将素质教育目标落在实处。2015 年 4 月，举办了全县第十九届中学生田径运动会，组织参加了全市第二十七届中小学运动会，取得了高中组全市第 3 名，初中组第 4 名的好成绩。

组织了全县第十八届学生艺术节，遴选出12个较高水准的文艺节目代表泽州县参加晋城市第十八届学生艺术节文艺节目决赛，其中，凤城小学小合唱《大戏真好看》获市一等奖，并被选送参加省艺术节比赛。艺术作品类评选出40幅书法绘画作品，代表泽州县参加了晋城市第十八届学生艺术节艺术作品评选。组织参加了全市第二届足球比赛和第八届“科技月”活动，成庄矿小学足球队获得全市小学组第三名的优异成绩。完成了所有中小学校38909名学生的学生体质健康上报工作，完成率达100%。三是大力开展特色学校创建活动。全县学校积极推广李寨经验，开展了“百所特色学校”创建活动，普遍建立了乡镇“教育实践基地”，在多样化中体现均衡，在形成特色中提高水平。南岭爱物学校开辟了“绿色实践教育基地”和“林果实践教育基地”，开设“绿色生态环保”和“果木种植技术”校本课程，取得了一定成果，获得山西省“绿色学校”称号。大箕小学在校园内开辟了6亩药材种植基地，种植了一些菊花、白芍等中草药材，为学生提供了学习药材种植技术的场地。2015年，李寨中学的茹宇航、樊亚鑫获得了“译林杯”APAR青少年科技创新大赛中国区选拔赛一等奖，还荣获了由中国少年科学院颁发的“中国少年科学家”称号和“中国少年科学院科学实验金质奖章”。全县中小学正在形成“一校一特色、校校有亮点”的生动发展格局。四是加强学校德育工作。牢固树立德育为首理念，加强德育队伍建设，开展了班主任培训工作。组织开展了“感恩教育”、“三爱三节”、创新教育、低碳校园创建、“道德讲堂”等主题教育活动，推进了“一宫一堂一中心”建设，顺利完成了大东沟小学、南村小学、成庄矿小学和犁川中学4所国家公益金支持建设的少年宫项目。全县已有9所学校的乡村少年宫建设通过了市督察组的检查验收，有20所学校建立了“道德讲堂”和“心理健康辅导室”，有80余名教师分别取得了国家二、三级心理健康咨询师证书。五是加强教育教学督导。充分发挥“督政督学督教”作用，进一步加强教育教学督导，建立了10个责任督学区，聘任了40名责任督学，在全县中小学校实行了挂牌督导制度，把督导结果作为政府决策和考核职能部门、学校的依据。2015年，县财政预算30万元督导经费，为责任督学配备办公设备，发放交通、生活和培训经费，推动了教育督导工作常态化、规范化、科学化。在创建“全国义务教育发展基本均衡县”过程中，组织全县责任督学，着重从摸底调研、督察评估入手，圆满完成了县级自评、省市评估、国家认定任务，为泽州教育发展做出了积极贡献。

## 学校管理

坚持“安全第一，预防为主，综合治理”的方针，始终把学校安全稳定工作作为头等大事来抓，积极创建平安校园，创优学校安全发展环境。一是落实安全责任。先后出台了《关于进一步落实学校安全维稳工作责任制的通知》《泽州县教育局学校安全管理考核办法》《平安校园创建工作方案》等一系列管理制度和行动方案，实行领导蹲点包片，科室包乡镇，科员包学校的网格化管理。全县中小学校每天24小时安排值班，领导带班值守，保持通信畅通，实行了零报告制度。举办了“泽州县教育局安全工作知责、履责、尽责、问责”专题培训会议，每学期开学第一周都要召开全县安全工作会议，层层签订安全工作“知责履责”目标责任书，规范了管理职能，构建了安全工作长效机制。二是认真开展隐患排查治理。本着高标准、严要求、不走过场、不留死角、不留后患、重实效、零容忍、全覆盖的指导思想，学校安全工作坚持一天一排查，一周一反馈，一月一小结。坚持每月召开一次安全工作会议，报送一次安全工作信息，交一份安全隐患整改报告，做到隐患早发现，早整改。开展了“百日”学校安全大排查大整治活动，深入开展安全隐患排查治理，切实加强寄宿制学校管理，推进了全县学校平安和谐发展。强化了学校及周边环境综合治理，主动联合公安等有关部门坚决打击“黑网吧”和“黄、赌、毒”等违法行为，杜绝了社会不良风气对教学秩序的干扰和冲击，使中小学（幼儿园）重大安全责任事故为零。三是加强安全教育。坚持安全教育进教材、进课堂、进头脑，强化节日安全教育，注重安全应急演练，加强业务知识培训，提高了广大师生的安全防范意识和自我保护能力。充分利用“开学第一课”、国旗下讲话、周会和班会等各种时间，通过校园网、校园广播、校报、校园文化角等各种宣传媒介对学生进行安全知识教育。2015年，晋庙铺中学、成庄矿小学被评为市级“防震减灾示范校”，南村中学等4所学校被评为省级“平安校园”，川底乡中学等15所学校被评为市级“平安校园”，犁川镇中等60所学校被评为县级“平安校园”，成庄矿小学等5所学校被评为县级“交通文明学校”，县教育局被市、县两级政府评为“综合治理先进单位”。

## 师资队伍

该县始终把立德树人、人才强教作为提高教育竞争力的核心工程来抓，通过深入开展师德教育、创新管理体制、强化技能培训，打造了一支师德高尚、业务精湛、结构合理、充满活力的教师队伍。一是注重师德建设。大力加强师德建设，深入开展师德师风教育活动，2015年3月、9月，在全县教职工中开展了“转作风守纪律提效率”主题教育活动、最美乡村教师先进事迹巡回报告会和师德师风问题专项整治工作，弘扬正能量，营造了风清气正、崇德向善的良好育人环境。涌现出一大批优秀教师，王平被评为“晋城市十大魅力人物”“全国模范教师”“中国好人”和“山西省巾帼建功标兵”，梁素芳等8人被评为省、市特级教师，张丽芳等22人被评为“最美乡村教师”。二是盘活教师资源。制定出台了《泽州县校长教师流动和交流暂行规定》，在教学区区域内、教学区之间、县直学校之间实施了捆绑帮扶交流，形成“办学共同体”，促进了师资均衡，校长教师交流比例均达到了11%以上。中小学教职工编制实行了动态管理，坚持执行新任教师到农村薄弱学校任教服务期5年、晋升中级以上职务服务期3年制度，在较大程度上稳定了山区学校教师队伍。建立健全了教师长效补充机制，2015年在泽州县村干部中招聘了82名教师，全部补充到农村中小学校任教。三是创新人事管理。积极探索“县管校聘”管理体制工作，制定了实施方案，逐步推行中小学教师“县管校聘”管理改革。按照岗位设置、岗位聘用、总结认定等程序，在全县教育系统全面推行了岗位设置管理工作，共有2400余名教职工晋升了岗位工资，实现了由身份管理向岗位管理转变。认真实施绩效工资制度，不断改进考核办法，强化考核管理，充分发挥了绩效工资的激励作用。中小学校长考核实行“两考核、一兑现”，即：平时考核和阶段性考核相结合，加大过程考核力度，突出工作实绩；根据考核情况与绩效工资挂钩，年终兑现。教师队伍管理实行“两培训、一考评”，即：全员培训和骨干教师培训；每学期对全体教师进行师德师风考评，实行师德考核“一票否决”制。四是强化技能培训。按照《“十二五”教师继续教育培训规划》，扎实开展了教师全员培训工作，全县4507名中小学、幼儿园教师继续教育公共必修课和专业课实行了远程网络培训和考试。按照“国培计划”要求，选派61名农村中小学、幼儿教师参加了农村教师访名校、顶岗置换脱产研修和短期集中培训，组织专家团队通过实地走访、调研、现场听评课等方式对250名骨干教师进行了实践培训，并挑选13名教学能手、优秀教师在南村中学和周村小学分设2个培训点进行了示范教学与专题培训实践，教师参训率达到100%。启动了信息技术应用能力提升项目远程培训工作，遴选了34助学辅导员，负责全县4500余名学员的学习、研讨和作业辅导等工作。全县教师队伍素质显著提升，2015年，小学、幼儿园专任教师专科以上学历分别达到96%和98.5%；初中专任教师本科以上学历达到79%；高中教师本科学历达98%，具有研究生学历的教师达10%以上。同时，大力推广和普及国家通用语言文字，组织参加了第三届“中国汉字听写大会”活动，选出了5名优秀选手代表我县参加了市级选拔赛，北义城中学的魏正宇同学被选为市级代表队选手参加了省级选拔赛，县教育局荣获优秀组织奖。晋普山学校创建省级语言文字规范化示范校、县职中创建省级规范汉字书写教育特色学校，已经市语委初验，待省语委验收。五是切实解决在岗代课教师和原民办代课教师问题。根据省、市关于妥善解决中小学代课教师和原民办代课教师问题的实施意见精神，结合县实际，就妥善解决该县在岗代课教师和原民办代课教师问题制定了具体实施办法。为全县49名在岗县备案代课教师每人每月增加工资300元，人月均工资达2400余元。对1928名符合条件的原民办代课教师，从2014年1月起按标准发放了教龄补贴。

## 职业教育　成人教育

2015年，县高级职业中学投资2800余万元的宿舍楼和餐厅工程全面完工投入使用；投资1100余万元的塑胶操场建设已全面完工投入使用。泽州县第二高级职业中学总投资350万元，改造面积2800平方米的校舍改造项目已全面完工投入使用。同时，职业教育师资水平和专业建设也得到了进一步提升，校企结合、产学结合进一步紧密。县职中以市场为导向，打造模具、机电、旅游、烹饪等特色专业，每年为富士康、江苏南京、浙江等地输送技能型人才500名左右，就业率达95%以上，被评为“山西省重点职业高中”“山西省县级合格职教中心”，计算机及应用专业也被评为省级“示范专业”。当年，对口升学参考人数135人，二本以上达线人数75人，达线率56%。全县职业教育步入了健康、规范发展的全新阶段。2015年年底，全县2所中等职业教育学校就读学生达2772人，占高中阶段教育招生人数比例超过40%。

县坚持全力推进全民终身学习和学习型社会建设，全县10%以上家庭、20%以上行政村建成学习型家庭和学习型村，金村镇建成学习型乡镇。积极参与县政府组织的文化、教育、卫生“三下乡”活动，举办了2015年全民终身学习活动周。不断加强成人教育阵地建设和队伍建设，积极协调农、林、畜牧、财政、计生、劳动等职能部门，以县乡村三级成人教育网络为主阵地，加强“三教统筹”和农科教结合，全面实施科技型人才和农村富余劳动力转移培训、农村劳动力实用技术培训、企业职工技能培训、成人继续教育培训四大培训工程，年培养培训各级各类科技型人才10万人次。成人教育农村实用技术培训完成率达100%，社区教育培训，学习型组织创建任务完成率达100%。

### 党风廉政建设

全县教育系统在巩固和拓展党的群众路线教育实践活动成果的基础上，持续掀起学习宣传贯彻习近平总书记系列重要讲话精神和中共十八届三中、四中、五中全会精神热潮。认真组织开展了“学习讨论落实”专项整治工作和“三严三实”专题教育活动，引导广大教职工切实领会精神实质，指导教育教学实践。一是扎实开展专项整治工作。成立了专项整治工作领导小组，研究制定了《泽州县教育局关于在学习讨论落实活动中深入开展专项整治工作实施方案》，从义务教育阶段学校免试就近入学、幼儿园规范提升、学校乱收费、师德师风、规范学校工程建设和学生奖助学金发放六个方面进行了卓有成效的专项整治，并与县教育系统作风建设紧密结合，针对检查发现的薄弱环节，深入研究分析，把握科学管理方法，建立健全科学、有效的长效机制，强化制度约束，有效预防损害群众利益的行为，取得了群众满意的良好效果。二是推进廉政文化进校园。进一步促进廉洁教育进课堂、进校园、进师生头脑，将廉洁教育与领导班子建设、教师职业道德建设和青少年学生思想道德建设相结合，使廉洁教育有机地融入学校文化建设的范畴，推动了良好校风、学风和教风的形成。2015年，认真办理了群众来信来访工作，健全了信访工作责任制，及时回复群众来信、来访、投诉，畅通了诉求表达渠道，共查处收费、上访等案件19起，做到了件件有落实，办结率达100%。三是全面落实“两个主体责任”。坚持依法治教，积极推行教育行政执法责任制，依据县政府《关于全面清理行政权力推行权力清单制度的通知》，对行政许可、处罚等5类23项权力清单和行政执法依据进行了梳理分解，进一步规范教育系统权力运行机制，强化监督考核，层层签订党风廉政建设责任书，建立健全了中小学校长管理工作责任制和责任追究制，把党风廉政建设和教育工作同部署、同落实、同检查、同考核，形成了教育系统党风廉政建设新常态。四是创新机关管理机制。进一步推进学习型机关、服务型机关和节约型机关建设。局机关坚持每周一上午学习制度，严格执行中央八项规定、“六项禁令”，坚决纠正“四风”问题，组织开展了纪念“抗战胜利70周年”系列活动、党风廉政教育、警示教育、政风行风评议、干部廉洁自律承诺等活动，广泛接受群众监督。进一步加强教育宣传工作，充分利用各类媒体，大力宣传教育政策，传达正能量，营造了风清气正的教育行风。2015年，县教育局荣获市级文明单位称号。

### 教师进修

2015年，泽州县教师进修学校主要做了以下工作：(一) 认真开展学习教育活动，党的组织建设显著增强。(1) 以学习为抓手，扎实开展好“三严三实”教育实践活动。(2) 根据县委县政府关于“学习讨论落实活动”的通知，校党支部精心组织，认真安排，对各个环节的任务进行了细致的研究和部署。(3) 围绕教学实际，在全校开展了“双学双促”活动，要求全体教职工恪尽职守，热爱本职工作，全面提升学校的教育教学质量。(4) 认真履行党风廉政建设责任制主体责任和监督责任，改进工作作风，提高工作效率，不断推进党风廉政建设。(二) 加强学校管理科学化，完善教职工量化考核方案。(三) 精心组织各项培训考核活动，切实提高继续教育质量。5月，根据《泽州县教育局关于举办新任教师培训的通知》(泽教发〔2015〕37号)，5月29日至6月5日，对82名村干部转教师岗位的人员进行了培训。在国培工作方面：3月30日—4月30日，完成了在岗实践与考核工作；9月—11月，完成了全县3603名教师“中小学教师信息技术应用能力提升项远程培训”的网络申报与远程辅导工作；完成中西部项目共计34人：小学教师置换脱产3人，中小学校长6人、村小教师访名7人、教学点教师访名校3人、初中骨干教师访名校12人、中小学足球教师1人、骨干班主任心理健康2人；幼师国培项目共计27人，其中，新建幼儿园教师培训4人、幼儿转岗教师培训4人、幼儿园园长培训4人、幼儿园骨干教师访名校15人。在考核工作方面：根据《晋城市教育局关于对2015年任职期满的省级学科带头人、骨干教师续聘考核的通知》(晋市教师字〔2015〕1号)，于3月23日在泽州三中对两名符合条件的教师进行了考核。根据《晋城市教育局关于对2016年任职期满的省级学科带头人、骨干教师续聘考核的通知》(晋市教师字〔2015〕6号)，于11月3日至5日在泽州三中、金村小学、东蜀幼儿园对16名骨干教师和学科带头人进行了考核。(四) 语言文字工作：9月14日至20日是第十八届全国推广普通话宣传周，根据县语委办文件精神，该校结合实际情况，大力宣传，广泛动员，围绕主题，开展了一系列丰富多彩的活动；当年，依法开展普通话水平报名、培训和测试。认真贯彻落实《山西省实施〈国家通用语言文字法〉办法》，严格测试流程，组织测前培训，完成了360人的测试工作；协助县教育局语委办完成泽州县汉字听写大赛的选拔与参赛工作；协助县教育局人事科带队参加全市小学生古诗词诵读大赛。(五) 立足服务社会，搞好成人教育。(六) 全力做好其他各项工作，切实提升学校整体形象。以县委的“五项活动”为契机，抓好学校环境建设；总务后勤工作紧扣为教育教学服务这个中心，不断总结深化学校后勤的管理改革，充分调动全体教职工的积极性。管好用好学校的物资财产，坚持以保养为主，修缮为辅，少花钱、多办事，尽量延长财物的使用寿命，及时为教学提供所需物品，保证各种设施保持完好使用状态，保证培训服务及时到位；严格规范学校财务管理；发挥工会民主管理职能。校长：武光明。

### 太原科技大学晋城学院

太原科技大学晋城学院即太原科技大学晋城校区位于山西省晋城市，占地1000余亩，建筑面积40万平方米，设计在校学生规模1.2万人。校区于2013年建成使用。校区办学条件优越，教学、服务设施齐全，整体布局恢宏，办学环境优雅。2015年，学院设有材料科学与工程、焊接技术与工程、自动化、计算机科学与技术、软件工程、经济学、市场营销、安全工程、环境工程、环境科学、环保设备工程、交通运输、交通工程、土木工程、制药工程、能源化学工程、制药工程等专业。学生修业期满，符合毕业条件的颁发太原科技大学本科学历证书，达到学位授予条件的颁发学士学位证书。晋城校区秉承太原科技大学“负重奋进，笃行求实”的办学传统，坚持“立德树人，求实创新”的办学理念，努力为学生“快乐学习、健康成长、全面发展”搭建良好平台，营造良好环境。学生可享受国家和学校设立的助学金、奖学金、助学贷款、勤工助学等多种资助项目，享受便捷的网络信息服务，自主参加各类学生社团，参加各种文体和社会实践活动，充分张扬青春和个性。

### 泽州县高级职业中学校

泽州县高级职业中学创建于1958年，是隶属于泽州县教育局的一所全日制公办学校。2005年由南村镇迁入现址，2007年被山西省人民政府命名为“山西省重点中等职业学校”，学校先后被评为“山西省德育示范校”“泽州县文明单位”“晋城市养成教育示范校”“依法治校十佳单位”“和谐校园”和“管理规范学校”。计算机及应用专业被评为“山西省示范专业”，酒店服务与管理专业、会计电算化专业被评为“晋城市示范专业”。学校占地55亩，建筑面积32759平方米，建有教学楼、实训楼和图书科技楼，配有酒店专业实训室、烹饪专业实训室、计算机专业实训室、旅游专业实训室、会计专业实训室及音乐、舞蹈等训练室20多个。学校现有38个教学班（高中32个、初中6个班），1902名学生（高中1502名、初中400名）。有教职工162人，专任教师155名，学历达标率92.6%。开设有6个类别15个专业，分别是信息技术类：计算机及应用、计算机网络技术、计算机平面设计、计算机与数码产品维修；财经商贸类：会计电算化、电子商务；加工制造类：机电技术应用、模具制造技术；交通运输类：汽车运用与维修、汽车美容与装潢；文化艺术类：播音与节目主持、舞蹈表演；旅游服务类：高星级饭店运营与管理、旅游服务与管理、中餐烹饪与营养膳食。2015年做了以下工作：多方筹措资金，积极改善办学条件；注重队伍建设，提升教师综合素质；完善规章制度，推进依法治校进程；规范教学管理，提高教学质量；强化安全教育，创建安全和谐校园；狠抓养成教育，培养学生良好职业素质；实行校企联合，为学生就业铺路架桥。

多年来，全体职中人，勤奋敬业、精诚协作，在各级领导的关心和支持下，取得令人瞩目的成绩。被省政府命名为“省级重点中等职业学校”“省级德育示范校”“计算机及应用专业为省级示范专业”；被市政府命名为“依法治校十佳单位”“全市职业教育先进单位”“晋城市教育系统先进集体”；被县政府命名为“管理规范学校”等。

### 泽州一中

2015年，泽州一中按照县委县政府“1941”年度工作重点以及市县教育局的年度工作要点，以中共十八大和十八届三中、四中、五中全会精神为指导，全面贯彻党的教育方针，按照“亮特色、重规范、新常态、汇成果”工作思路，大力实施“六三一”年度工作计划，在组织管理建设、课堂教学改革、教师队伍建设、办学条件改善、三大课题研究、学生教育管理等方面取得了突出成果。当年高考应届生二本（B）以上达线718人（其中，一本215人、二本503人），比2014年增加26人。理科有5个班达到40人以上，文科有4个班达到40人以上。办学成果获得了省示范高中专项复评专家组的高度赞誉。学校也先后荣获了“三八”红旗集体、工会模范单位、“五四”红旗团组织、“中华魂”主题教育活动先进集体、泽州县第19届中学生田径运动会高中团体总分第二名和优秀组织奖、中小学“体育艺术2+1项目”活动展示优秀组织奖等12项荣誉。教师有17人次荣获省教学能手、模范教师等荣誉称号，在报刊杂志上发表论文19篇，学生也有7人次在学生艺术节等竞赛活动中斩获殊荣。2015年主要工作：(一) 围绕中心筑堡垒，组织“三力”更有力。学校党总支按照县委的统一部署，在县直工委的指导下，紧紧围绕教学中心工作，扎实有效地开展了五大活动，实现了“思想、政治、组织、纪律、作风”五提高，进一步增强了党组织的号召力、凝聚力和战斗力，为学校又好又快发展提供了坚实的政治保证。(1) 深入开展了以“深入学习贯彻习近平总书记系列重要讲话精神，净化政治生态，实现弊革风清，重塑山西形象，促进富民强省”为主题的集中学习讨论落实活动。通过“三学习一讨论五落实”，落实了“六权治本”，巩固和拓展了党的群众路线教育实践活动成果，将“三严三实”要求贯彻落实在了具体的教育教学工作中。(2) 深入开展了“纪律大整顿”“思想大解放”“问题大排查”“环境大改善”“项目大发展”等五项活动。通过组织召开家长会、学生座谈会、党员民主生活会，解决了广大师生及家长反映的突出问题、焦点问题。并将“守纪律讲规矩转作风提效能”师德师风主题教育活动与“五项活动”相结合，进一步加强了师德师风建设，纠正了行业不正之风，提高了教师的整体素质。(3) 校党总支以开展“学党章、学条例、严纪律、严规矩——双学双严”活动为契机，继续深化了学习型党组织建设。组织党员集中学习了中共十八大修改的新党章和习总书记重要讲话，自主学习了党纪党规、中央纪委全会精神和省、市、县相关的会议精神。通过学习，进一步增强了政治上的坚定性、思想上的纯洁性、纪律上的严肃性和作风上的自觉性。(4) 组织党员认真学习、宣传、贯彻了新版《中国共产党廉洁自律准则》和《中国共产党纪律处分条例》。学校党总支出台了学习方案，召开了两次动员会，各党支部及广大党员采用集中学习和自主学习相结合的办法，抄写了学习笔记，撰写了学习心得，交流了学习感受，真正地将学习活动落在了实处。(5) 学习宣传了十八届五中全会精神。11月19日下午学校召开全体党员专题会议，集中学习了党的十八五中全会《公报》，并要求全体教职工，要通过看报纸、听新闻、阅读专论等方式，反复学习、深入领会、准确把握五中全会的精神实质和“十三五”时期的形势要求，着力推进五中全会精神进校园、进课堂、进师生头脑，用五中全会精神指导学校科学发展、创新发展、特色发展。(二) 笃志课改搭舞台，三大项目结硕果。课堂教学改革是学校发展的创新动力，是泽州一中屹立于三晋教育战线的旗帜。学校坚持推行“组组通”“人人通”教学，将“互联网+”与课堂教学紧密结合，提高了教学效率。坚持开展教师课堂晋级活动，组织了“星级课”教师评选，新增“一星级课”教师31名，组织了“品牌课”教师评选，共有110名“达标课”教师参评。坚持贯彻学生课堂晋级制度，共评出“优秀学簇”114个，“七星”学生798名。组织历史、化学、数学三科教师参加市教学团体赛，学校教师应用“学导螺旋发展大课堂”教学模式授课，受到了关注，得到了赞誉，取得了优异成绩。全年共有11所学校226人到校交流学习，外派7名教师到湖南娄底、内蒙古乌兰察布市进行了同课异构、课改交流，向全国传递了课改正能量。鉴于学校课改所取得突出成绩，2015年泽州一中被省教育厅列为三大项目试点校。其一是跨学科、跨课程项目学习的研究试点学校；其二是基础教育信息化“人人通”实验项目试点校；其三是基于学生自主学习的微课（视频）资源建设与实践应用试点校。这三大项目具有前瞻性、时代性，学校全面实施试点工作，将有助于进一步推进课堂教学改革，加快与国内外先进教育接轨的速度。根据学校实际，主要实施了一、三两个项目的研究探索。“跨学科、跨课程项目学习”项目研究依托学校“学导螺旋发展大课堂”课堂教学模式，完成了每个学科2个项目案例和1个案例分析，有2篇案例发表于核心期刊。“基于学生自主学习的微课（视频）资源建设与实践应用”的项目研究，在省教育资源公共服务平台支持下，依托我校已有的数字化网络教学资源，按照省电教馆专门下发的指导文件要求，生物、化学和英语三学科教师先行先试，其他学科自愿参与，录制了300多节微课，并上传至学校的视频播客平台供学生点播，较好地服务了学生的自主学习。(三) 夯实常规提质量，队伍专业齐跟进。教学常规是学校发展的基石，2015年，该校突出抓好了三大教学常规：(1) 注重落实业务常规，有效增强了教师专业素养。学校以查促改，每学段进行一次常规检查，主要通过查看相关记录和学生评教两大途径落实，重点检查了教师的学务工作记录本、业务学习笔记、观课笔记、教研笔记、作业批改次数等，全年共进行了四次常规检查、四次学生评教，检查和评教结果反馈给了教师个人，同时计入了教师绩效考核，保证了教学的“备、辅、批”等环节的高质量落实。(2) 注重落实课堂常规，扎实保证了课堂的效益。学校新的领导班子特别关注课堂的组织和高效，①深入课堂观课，了解教师导学和学生学习状态；②督促学评处、学务处加强课堂检查，及时向各学部和教师反馈查课情况；③要求校务委员会成员不仅要带头做好教学工作，还要每学期不少于20节课堂观课，并及时与被观课教师议课；④对于课堂中的种种问题，学校领导与教师谈心、沟通；⑤分别召开了三个年级学生代表座谈会，倾听学生的呼声，督促分管领导和学处回应学生的诉求。(3) 注重落实教科研常规，不断提升教师教学能力。学校按照“强基固本、请进走出、学导展示、反思提升”的思路，努力开拓教育科研新思路，广泛开展了不同层次的教科研活动，促进了教师专业化发展。①常态开展“三个一”集体教研活动。全年11个学科组共说课200余节，议课300余节，78名教师分享教科研心得。②35个备课组自选时间常态开展备课活动。师带徒，结对子，实现了学科整体水平的提高；开展备课组展示活动，对各备课组规范开展活动提供了重要借鉴。③利用寒假暑假教学间期进行培训。学校组织全体教师举行了“2015年寒假学师课改、科研、教学能力提升培训会”，邀请3位教育资深专家做讲座，安排学校2位山西省名师谈成长经历和感悟，安排学校2位骨干教师进行很多操作性强的实战案例和经验。暑假期间分人社局和校本两个阶段对全校教职工进行了培训。培训内容为：“让工作充满色彩”、“职业生涯规划与赢在职场”、教学常规与课堂教学的思考、三大课题进展情况、教学质量分析、班主任队伍与学校发展的思考等。④积极组织高三教师分3天10场次参加了晋城市2015年高考备考网络研讨会，提升了备考水平。(四) 立德树人强素质，多措并举有特色。学校按照“104262”德育总思路，切实把立德树人作为教育的根本任务，坚持“规范+养成、自律+诚信”特色，全面实施了“123”德育工作计划，围绕“社会主义核心价值体系融入我校教育教学全过程”这一条主线，以“四星创建”为抓手，推进了“文明素养提升和育人能力提升”两项工程，强化了“校园文化建设、健全德育激励机制和完善德育体系建设”三项管理。(1) 强化德育队伍建设。进一步完善了“学导处抓全校、学部主任抓学部、班主任抓学班、导师抓学簇”四级管理体制，推进班主任工作常规建设，强化了班主任在班级教育、班级管理和班级风尚养成以及班级教学质量中第一责任人意识，通过举行班主任专业化发展汇报交流会和魅力班会评比活动，为班主任搭建了相互学习、交流、借鉴的平台，也给班主任工作带来新的动力和活力。构建了“校学生会—学部学生会—学班委会—学簇”和“校团委—学部总支—学部团支部—学簇团小组”的自律组织体系。学校召开了第十九届学生会换届选举大会，举行了学生干部培训大会，指导学生干部积极参与学校、学部、学班、学簇的学习、纪律、两操、活动、生活以及学生日常行为管理。(2) 学生党校星火相传。学校把学生党校视为优秀青年学生接受党的教育的重要阵地，坚持规范开设党课，完成了12级第十期学生党校162名学员培训、考试，办理了结业手续，新吸纳13级128名优秀团员加入了第十一期学生党校，举行了学生党校第十期结业暨第十一期开班典礼仪式，开始了第十一期学生党校的理论培训，学生党校成为了校青年学生从共青团向党组织迈进的桥梁，成为了推进高中阶段党团教育一体化的纽带。(3)开展系列教育活动。在“弘扬价值观，唱响中国梦”五个“感恩”活动中，通过开设国学讲坛、召开“算算亲情账，感恩父母恩”主题班会、开展征文活动、倡导对母亲做一件有意义的事和“感恩母校”义务劳动，培养和激发了学生的感恩意识；“践行节约，从我做起”活动中通过召开主题班会，办“勤俭美德我发扬”手抄报，举行“节约每一滴水、珍惜每一度电、节省每一张纸、不浪费每一粒粮、不乱花每一分钱”节约活动，引导广大学生形成了节约绿色型消费观，培养了勤俭节约的良好习惯。(4)各类文体竞赛活动精彩纷呈。举办了第17届春季田径运动会，承办了泽州县第19届中学生田径运动会暨中小学“体育艺术2+1项目”展示活动，组织“叶圣陶杯作文赛”“班歌、校歌合唱比赛”“主持人大赛”“元旦晚会”“迎新书画展”等一系列活动，极大的调动了学生的创新热情，拓展了学生的视野，活跃了校园文化，增进了班级凝聚力，发展了学生综合素质。(5)重视学生心理疏导。所有教师担任导师，每人负责2~3个学簇，每周择期与学生进行集体座谈或个别疏导。学校还邀请来自全国各地近百名NLP智慧学院的专业执行师为高二学生进行一对一心理辅导，引导孩子们说出了自己心里的秘密，解决了心中的困惑，开启了人生希望，点燃了心中梦想。(6)重视家长学校建设。邀请NLP智慧学院的老师为家长做了讲座，举行家长委员会换届选举大会，每学段都要分学簇组织召开一次家长会，邀请家长入校体验、评教，促进了家校共建工作。(7)开展帮困助学和献爱心活动。坚持做好了慈爱阳光班、国家助学金、两免一补、公益彩票金、贫困大学新生等资助工作。全年受助学生2023人次，受助金额总计145.85万元，保障了贫困生的受教育权。教职工积极参与社会慈善事业，共捐款12800元。14(1)学部师生为李寨乡被烫伤女孩刘欣妍捐款2479.5元，彰显了“灾害无情人有情，助人为乐显真情”的大爱精神。(五)依法治校创平安，民主管理多和谐。学校坚持依法治校，民主管理，校园氛围更加平安、和谐。一是把依法治校工作纳入学校工作议程，做到了有计划、有部署、有检查、有总结、有奖惩，政治学科带头将法制教育带入课堂，12月4日深入开展了法制宣传教育活动，增强了师生“学法、知法、守法”的自觉性，全面提高了全体师生员工的法律素养。二是狠抓安全管理，牢固树立“安全×工作=工作绩效”的理念，完善了“安全教育课程化、安全应急演练常态化、安全岗位职责全员化”建设，构建了“校园安全保障体系、家校共管体系、安全工作考核体系”，健全了安全制度、安全预案、值班制度，人人签订了安全目标责任书，细化了责任追究制。坚持每月进行一次安全隐患大排查，每月组织一次安全疏散演练活动，进一步强化了学校“平安校园”的创建工作，推进了安全教育的制度化、常态化和实效性，2015年学校安全实现了“零事故”目标。三是坚持民主管理，认真执行了“三公开一公示”制度（即校务公开、财务公开、党务公开、考核结果公示）。学校提倡民主监督，定期邀请家长对涉及学生利益的重要事项进行评议和听证。坚持党内监督、社会监督相结合，自觉接受人大、政协和相关行政机关依法进行的检查、视察、监督，县人大、县教育局等机关全体人员多次深入学校调研指导工作，促进了学校各项工作和谐、健康、规范发展。学校负责人：常旭艳。

### 泽州二中

泽州二中创建于1956年，位于巴公镇之中心，交通便利，环境优美。学校现占地面积36954平方米，建筑面积30254平方米。现有30个班教学班，学生1514名。有教职工143人，专任教师125人，其中，本科学历122人，研究生学历3人。中学高级教师18人，中学一级教师24人，中学二级教师83人。师资力量基本能适应当前各项教学工作的需要。2015年，学校全面贯彻国家教育方针。面向全体学生，全面实施素质教育；以人为本，因材施教，不断提高教育教学质量，促进学生全面发展。该校认真执行国家课程设置方案和课程标准，开齐开全规定课程，开足课时，逐步推行地方课程，积极开发校本课程，每周开设计算机课、音乐课、美术课、体育课、综合实践课，定期组织学生进行劳动技术教育和社会实践活动。还有体育、绘画、声乐、器乐、舞蹈、播音主持和表演等专业班，为学生发展提供了广阔的空间。该校大力推行素质教育，各项比赛成绩显著。高中体育代表队在县运会连续十多年夺冠，在市运会和篮球运动会上取得优异成绩，市篮球运动会获第三名；在市县艺术节上，成绩名列前茅，在第十八届学生艺术节上，学校的合唱在高中组取得了二等奖的好成绩，绘画也有多名同学获奖，在市县举办的演讲大赛中十多名同学获奖。该校以文体活动为载体，发展特色教育，创办了校报——《追梦》，校园广播之声，举办了“品味经典，感悟人生”读书活动，运动会、庆祝庆元旦文体活动等一系列独具特色、丰富多彩的活动，给了全校广大师生提供了一展风采的舞台，促进了学校的内涵发展。经过全体师生的共同努力，学校的教学成绩不断提升，2015年高考再创新高，达二本（B）以上75人（含文化课二本1人），达线人数在2014年的基础上再翻一番，又一次创造了新的辉煌。校长：马冠军。

## 科　技

### 概述

2015年，泽州县科技局以中央十八大和十八届三中、四中全会精神为指针，实施创新驱动发展战略，紧紧围绕县委、县政府的中心工作，以科技需求为导向、以科技创新为主线、以科技项目为核心、以科技服务为抓手，不断优化科技创新环境、健全科技创新机制、完善科技创新体系、搭建科技创新平台、加大科技创新投入，使得泽州县产业科技创新能力显著提升，科技事业呈现蓬勃发展之势。县科技局局长：徐银堆。

### 项目建设

2014年，科技局出台了《泽州县科技计划项目管理办法》，进一步规范项目的申报和管理工作。2015年，分两批下达科技项目研发资金共400万元，积极扶持科技研究开发项目。其中，专利技术研发及工业新技术推广项目6项，扶持资金116万元；林果综合栽培技术示范推广项目10项，扶持资金38万元；综合养殖技术示范推广项目16项，扶持资金96万元；作物栽培技术示范推广项目10项，扶持资金53万元；林果种植加工基地建设及栽培技术推广11项，扶持资金61万元；无公害蔬菜种植技术推广项目3项，扶持资金20万元；社会发展项目3项，扶持资金16万元。同时，科技局积极帮助企业进行省市科技创新项目的申报工作。山西振远生物有限公司的“有机水溶性有机肥料成果示范推广”已被列为市2015年高新技术培育项目。山西清慧机械制造有限公司的“高品质镁合金铸件挤压铸造生产关键技术研究”已被列为2015省级“首台套”新产品开发项目。伊健食品有限公司的“零添加剂谷物饮品研究与应用”已被列为省专利推广实施项目。“十二五”期间，全县共承担实施国家、省、市各类科技计划项目80余项，向上争取科技资金近2000万元，有力地促进了产业的优化升级和产品的更新换代。其中，泽地萃绿农开发有限公司“国家科技进步示范县食用菌循环经济集成与示范”被列为国家“十二五”农村领域科技计划预备项目库星火计划重大项目和课题；清慧机械制造有限公司“高品质镁合金铸件挤压铸造生产关键技术研究”和彤康食品有限公司“山楂果汁酿造山楂干红酒技术研究”被列为省科技创新项目；晋城市科通电子机械有限公司的“煤矿快速定量装车系统研发”和天巨重工的“CMS2-70017S煤矿用防突钻车”被确定为山西省工业攻关项目；清慧机械制造有限公司“镁合金复合材料关键技术引进及“产、学、研”合作开发”被列为山西省国际科技合作项目；轨道交通耐低温零部件产品产业化项目被列为山西省火炬计划项目；“高品质镁合金铸件挤压铸造生产关键技术研究”被列为省级“首台套”新产品开发项目。

## 科技创新

截至2015年年底，全县认定高新技术企业3家，认定省级民营科技企业2家。7家企业建立了技术研发机构，2家研发机构通过省级企业技术研发中心认定。清慧机械制造有限公司“高品质镁合金铸件挤压铸造生产关键技术研究”和彤康食品有限公司“山楂果汁酿造山楂干红酒技术研究”被列为省级科技创新项目，获得省级科技成果1项。

## 专利工作

2015年，全县有效发明专利拥有量达到23件，超额完成了市级下达的目标任务。①为全县30个专利申报企业和个人申请了专利申请政策补助。其中，发明专利20件，实用新型件4件，外观设计专利6件。②转发市科技局、财政局、国税局、地税局联合制定的《晋城市企业研究开发费用认定管理办法》。③为天巨重工机械有限公司9个技术创新和技术研发项目申请了研究开发费用加计扣除认定，为企业技术创新和技术开发营造良好的政策环境。“十二五”规划期间，通过实施知识产权战略，全面落实知识产权优惠政策，全县知识产权工作取得显著成绩，专利申请数量显著增加。2011年以来，全县专利申请总量达到了310件，比“十一五”期间增加了3倍多。专利申请质量逐年提高。2015年，全县共申请专利28件，其中，发明专利14件，占申请总量的50%；实用新型件7件，占专利申请总量的25%；外观设计专利7件，占申请总量的25%。专利成果推广取得新突破。山西清慧机械制造有限公司、山西天巨重工机械制造有限公司和华明纳米新材料有限公司被认定为高新技术企业。山西彤康食品有限公司、山西振远生物科技有限公司、伊健食品有限公司被列为市专利技术推广示范企业。伊健食品有限公司的“零添加剂谷物饮品研究与应用”被列为省级专利推广实施项目。

## 项目实施

泽州县科技局作为食用菌工作牵头单位，对全县18家食用菌企业进行了调研。通过调研，针对食用菌企业存在的问题和困难，组织技术力量有针对性的为种植户提供各种技术服务、咨询和指导。在开展技术攻关，在新品种研制、新产品开发、新技术引进上下功夫。泽地萃生产的杏鲍菇在同样的条件下，单包产量提高了4两，效益显著提高。组织技术培训，先后组织各种食用菌技术培训2次，提高了菌农种植水平。

## 科技合作

紧紧围绕农业科技推广和农业科技示范基地建设，以创新农业科技推广模式为目标，以专家大院建设为抓手，重点抓了“一地一站五院”建设、完成了“一地一站五院”合作项目的制定，组织开展了针对性的技术培训，进一步拓展了合作的深度和广度。一是立足大院，建立研发平台和硕士工作站、大学生实习基地，占领技术制高点；二是走出大院，放眼全县，推进技术本土化，形成示范引领带动作用；三是积极探索和创新工作机制和模式，每个基地都要打造一个名牌产品，服务一个优势产业，总结一套成熟技术，培养一批优秀人才，逐步探索农业科技创新和现代农业社会化服务体系建设的新路子。不断加强与高校、科研院所、大中型企业的交流合作，完善建立产学研协同创新机制，产业科技创新能力不断提升。“十二五”规划期间，泽州县20余家企业与国内外高校、科研院所建立了产学研合作关系，实施科技合作项目20余项，涉及装备制造、冶炼铸造、煤化工、新材料、农产品深加工、现代农业等多个领域。清慧机械制造有限公司采取厂校联合的模式，与北京交通大学、山西中北大学、山西机电技术学院、晋城市高级技工学院签订了合作协议进行了“产、学、研”合作，共建了“绿色铸造实验室”“工程材料研究中心和大学生实习基地”。自主研发新产品156种，为开拓国内外市场奠定了良好的基础。成为美国通用电气GE、DANA、卡特彼勒、英国WEIR、日本NISSAN、德国BPW、西门子等世界500强企业核心供应商。

## 新能源推广

重点支持节能环保可持续发展示范项目。①出台了《关于促进农村地区分布式光伏发电推广应用及光伏发电项目财政扶持的办法》(泽政办发〔2015〕64号)，对2015年6月26日之后在泽州县农村地区新建的，且购置使用本地光伏产品建设投资的光伏发电项目，采用“后补助”的财政支持方式按电价、建设安装费用实行资金补贴。②落实相关优惠政策，推动农户自建的家庭光伏发电项目和新型农业经营主体建设的与现代农业设施相结合的光伏发电项目的推广应用。③鼓励和支持低碳、节能、降耗、减排及节约资源技术推广、开发和应用，促进清洁、环保、废物综合利用等新技术的示范推广。

## 科普宣传

2015年科技活动周时间为5月16日至24日，县科技局与县委宣传部、县科协联合制定了《泽州县2015年科技活动周实施方案》，围绕“创新创业，科技惠民”这个主题，开展了系列专题活动，普及科技知识、展示科技成就，营造全民参与科技创新的氛围，激励科技工作者和全民开展科技创新、创造、创业活动。5月21日，县科技局与县科协联合在山河镇来岭村进行宣传活动，发放宣传册，解答群众疑问。同时还组织开展科技大篷车进村镇、进校园活动，受到广大群众和师生的一致好评。科技活动周期间，县科技局邀请省农科院的专家范新萍，山西农大的教授李步高，副教授牛铁泉，讲师宋红霞、聂红玫分别在高都镇、下村镇、山河镇、北义城镇、南岭乡等乡镇开展核桃种植、蔬菜种植、生猪养殖等农业实用技术培训10次，培训人数达到1000多人。通过系列专题培训，进一步增强公众科技意识、激发创新创造兴趣，提高广大群众的科学素养。

## 防震减灾

①开展防震减灾科普知识宣传活动。根据泽州县《地震应急预案》，完成了“破坏性地震灾害事件应急处置手册”编印。利用“5·12”“7·28”防震减灾宣传周活动、科技活动宣传周活动等有利契机，进行《山西省建设工程抗震设防条例》宣传，进一步提高公众对建设工程抗震设防工作的认识。②落实经费，编制“十三五”规划。将防震减灾事业经费纳入泽州县年度财政预算，2015年事业经费达到2万元。积极进行深入调研，编制了防震减灾“十三五”规划。③建设泽州伊候山地震观测站。2015年，在泽州县伊候山建设的地震电磁脉冲观测台，经投标评审，由山西晋震有限公司提供地震电磁脉冲观测系统产品，及相关技术、售后服务事宜，于2015年11月底完成调试安装。2016年1月26日，山西省地震局监测预报处对该项目进行测试验收，验收合格，“泽州伊候山地震观测站”正式挂牌运行。2015年，辖区地震台网运转正常，为市地震监测数字提供了第一手资料。④联合教育局在全县重点中学进行多次抗震科普宣传和地震应急演练，以强化中小学防震减灾意识，提高其安全防范意识及避灾自救技能。⑤进一步加强全县建设工程的抗震设防工作。在加强宣传《山西省建设工程抗震设防条例》，提高群众抗震设防意识的同时，共审批了13项。基本做到有建设工程，就有抗震设防审批。

## 科技研究与推广

为充分发挥科技创新在全面创新及社会经济发展中的支撑引领作用，以促进县经济又好又快发展和社会全面进步，科技局深入实施“科教兴县”和“可持续发展”战略，与时俱进，开拓创新，大力推进传统优势产业上档升级，打造科技合作交流平台，提升科技服务水平，扎实推进各项科技管理工作，把推动发展的立足点转到提高质量和效益上来。在科技推广方面，2015年泽州县主要依托“一地一站五院”，与山西农业大学签订合作项目合同书，进行了新品种和新技术的推广应用。其中包括：①在小麦优质高产综合技术示范基地推广了新品种——晋麦93；推广了新技术——小麦沟播高产栽培管理技术、麦豆两作培肥种植技术。②在核桃产业化科技示范推广站推广了新技术——核桃早果丰产技术、核桃方块芽接技术、科学的整形修剪技术、核桃园基肥、追肥施用技术、核桃园病虫害综合防治技术、核桃科学采收及采后处理技术。③谷子产业科技专家大院在谷子（杂粮）产业专家大院推广了新品种——长生07、长农35、张杂10号、张杂11号、晋谷21号等；推广了新技术——精播免少间苗技术、病虫害综合防治技术、化学除草技术、收割脱粒机械化技术。④在食用菌产业科技专家大院推广了新品种——香菇808、灵芝1号、杏鲍菇2号、银耳Tr21、海鲜菇1号、晋灵芝1号和晋猴头96#；推广了新技术——香菇周年化栽培技术、杏鲍菇工厂化生产技术、银耳工厂化高效生产新技术、海鲜菇工厂化生产技术、灵芝和猴头菇高产栽培新技术。⑤在生猪产业科技专家大院推广了新品种——晋汾白猪；推广了猪粪快速发酵和高效利用技术。⑥在蔬菜产业科技专家大院推广了新品种——丰产优质高抗番茄（齐达利、爱丽、雪莉、劳斯特、曼西纳）、辣椒（37-74、红太极、巴莱姆）、黄瓜（津优35、36）、西葫芦（翠绿、东葫33）等品种10个以上；推广了新技术——水肥一体化技术、培育壮苗技术、地膜覆盖技术、高效液态肥、光合菌肥技术、二氧化碳施肥技术、病虫害绿色防控技术、夏季温室、大棚遮阳技术、温室大棚轻简化栽培技术等；推广了新装备——杀虫灯、臭氧发生器、环境监测设备、智慧设施园艺云平台等；推广了新产品——液态肥、专用膜、温室大棚遮阳降温剂等；推广了新模式——绿色蔬菜标准化生产技术模式。⑦在养羊专家大院推广了日粮调制新技术。在基地建设上，2015年县依托专家大院建设和山西农业大学的专家的技术力量，把专家大院作为新技术、新品种的推广基地，取得了显著成效。主要包括：小麦优质高产综合技术示范基地建在泽州县农作物原种场；核桃产业化科技示范推广站建在祥鑫元农林开发有限公司；谷子产业科技专家大院建在山西彤康食品有限公司；食用菌产业科技专家大院建在泽地萃绿农开发有限公司；生猪产业科技专家大院建在保福康鑫农牧有限公司和川底乡马坪头村小庙岭种猪场；蔬菜产业科技专家大院建在绿之丰农业发展有限公司和益丰园农产品开发有限公司；养羊产业专家大院建在丰牧源养殖场。在科技服务上，2015年，科技局主要还是从专家大院建设工作出发，从三个方面着手，搭建科技创新服务平台，完善泽州县科技创新服务体系。①山西农业大学专家组定期赴大院或基地进行技术指导、服务及专业技术培训，首席专家每季度至少到基地服务1次，每季度专家团队对进行技术培训一次，专家团队每月到基地服务1次以上。协助科技局建立专家科技信息系统，及时提供科技经济信息，同时在商标注册、基地建设、产品认证、品牌培育和标准化生产等方面给予支持帮助。②专家大院搭建平台进行组织，由农业大学专家每年为泽州县开展技术培训及讲座2期以上，并积极引进新品种、推广新技术，重点开展技术示范，针对性进行技术课题研究，每年辐射带动及新增一批科技养殖示范户。③积极挖掘各行业的科研、产业化发展和技术推广项目，争取国家、省、市相关部门对项目的支持，促进全县各产业的发展。以项目带基地，以基地带养殖户，促进全县养猪产业发展，促进农民增收致富。④依托泽州县科技信息网，建立科技信息资源共享平台，为中小企业技术创新提供便利。

# 文化　体育

## 文　化

### 概述

泽州县文化局是在2014年12月县政府职能转变和机构改革方案中，由泽州县文体广电新闻出版局名称调整而来。县文体广电新闻出版局成立于2009年12月，是在文化体制改革中，由原县文化体育局和广播电视局的职能合并基础上组建的，主要职责是发展文体广电事业，管理文化市场，推动文化产业发展，开展非物质文化遗产保护等。2015年，局内设办公室、社文股、群体股、广电新闻股、文化产业股、市场办、非遗办、人事财务股。下设县群众文化馆、图书馆、县少年业余体校，县曲艺宣传队、县影剧院、县电影公司（和影剧院一套班子两块牌子）、县上党梆子剧团、县文化市场行政综合执法队（副科级）共8个单位。局长：李广林。

### 依法行政

（一）贯彻执行党和国家关于发展文化艺术、体育运动、新闻出版、广播电视和信息网络视听节目服务的法律、法规和方针、政策，指导全县社会文化事业、体育事业、广播电视事业和新闻出版事业的发展，研究制定发展规划，并协调组织实施；推进文化相关领域的体制机制改革。（二）推进文化艺术领域的公共文化服务体系建设，规划、引导公共文化产品生产，推动各门类艺术特别是具有本地特色的艺术的发展；指导、管理全县社会文化事业，推动开展各类群众性文化活动；指导县级重点文化设施建设和基层文化设施建设，参与重点文化设施建设，管理县级公共文化设施；指导、协调全县性、社会性文化活动，管理全县性重大文化活动。（三）拟定全县文化艺术、体育运动、广播电视和新闻出版产业的规划和政策，指导、协调产业发展；统筹规划并实施文化艺术、体育运动、广播电视、新闻出版的队伍建设和人才培养；负责文化艺术、体育运动、广播电视、新闻出版系列专业技术人员的行业教育培训管理工作；管理全县艺术教育、文化科技研究，推进文化科技信息建设，推动文化科技研究成果的推广应用。(四) 指导全县文化市场综合执法工作和文化市场稽查工作，对工艺美术进行行业管理，对文化艺术经营活动进行行业监管，对从事演艺活动民办机构进行审批、管理、监督。负责对文化类非企业单位、社团、基金会进行登记前审查、核准和日常管理、监督；负责全县文艺类产品网上传播的前置审批工作；负责对网吧等上网服务营业场所实行经营许可证管理；对网络游戏服务进行监管。(五) 贯彻落实国家有关非物质文化遗产保护政策，拟定非物质文化遗产保护规划，组织实施非物质文化遗产保护和地方特色文化的传承普及工作。(六) 推行全民健身计划，实施国家体育锻炼标准，开展国家体制监测，指导并组织群众体育活动；统筹规划竞技体育发展，研究和平衡全县性体育竞赛、竞技运动项目设置与重点布局，办好少年体校；管理全县教练员、裁判员、体育指导员及体育产业就业人员的业务培训和考核工作；指导和管理各单项体育协会，负责全县体育社团的资历资格审查和体育设施的管理工作；负责制定体育经营活动从业条件和审批程序。(七) 负责全县广播电视行政（行业）管理、社会管理；负责全县信息网络视听节目的管理；负责全县电影发行放映行业的规划和管理工作；管理全县著作权（包括计算机软件著作权）工作；依法实施娱乐、演出、互联网上网服务、电影、美术品经营和音像、电子、书报刊等出版物经营项目的行政许可。(八) 负责图书、报纸、期刊、电子出版物的出版、印刷、复制、批发等单位的管理。负责全县音像制品出版、制作、复制的监督管理。负责全县音像制品出版、制作、复制的监督管理；监督管理全县印刷业；依法对报社记者站进行管理。(九) 指导和管理文化艺术、体育运动、广播电视和新闻出版反面的对外以及与港、澳、台地区的交流与合作。

## 网吧管理

泽州县文化市场行政综合执法队负责全县网吧的管理，于2009年12月挂牌成立，副科级建制。为县文化体育广电新闻出版局直属的事业单位，参照国家公务员制度管理，所需经费列入全额财政拨款。县文化市场行政综合执法队的主要职责包括：贯彻执行文化市场有关法律法规，查处演出娱乐、网吧及互联网上网服务、电子游戏、美术品销售等活动中的违法行为；查处违法安装和设置卫星电视广播地面接收设施、违法接收和传送境外卫星电视节目和走私盗版影片放映行为；查处图书、报纸、期刊、音像制品、电子出版、网络出版、计算机软件等方面的违法违规出版活动和印刷、复制、出版物发行中的违法经营活动；查处盗版侵权行为；承担“扫黄打非”有关工作任务等。2015年主要工作：(一)“扫黄打非”工作：①开展了“扫黄打非护苗2015”专项行动。加大中小学春季、秋季开学前后校园周边出版物市场的检查，重点查处有害“口袋本”图书、卡通画册和游戏软件等，净化中小学校园周边出版物市场环境，确保出版物经营单位销售的出版物不含有妨害少年儿童身心健康的内容，使我县校园周边的出版物市场环境明显改观。②“扫黄打非清源2015”专项行动。开展网上传播政治性有害了出息物及信息集中整治，坚决打击网站下载、网盘分享、通过QQ、邮箱等点对点推介，利用网站、微博等向公众推介政治性有害出版物相关信息行为。③参加了晋城市“2015年全市侵权盗版及非法出版物集中销毁活动暨“4·26”知识产权宣传周活动”，共销毁图书110余册，盗版光盘230余盘，有效震慑了违法、违规、无证照经营行为，全县文化市场经营秩序有了明显好转。(二) 安全生产检查工作：①开展安全生产月“守护平安——火灾防控”专项行动。重点检查网吧、歌舞娱乐、图书馆、影剧院、印刷企业等文化市场经营单位，查找场所在经营管理、消防安全等方面存在的死角和漏洞，及时预防并排除苗头性、倾向性问题，防止发生重大安全责任事故或群体性事件。6月，出动执法人员71人次，检查各类文化经营场所22家次，经检查，发现有2个场所存在安全隐患。针对此次检查中发现存在安全隐患的场所，局班子成员约谈了其场所负责人，认真讲解安全的重要性，现两安全隐患均已整改到位。②对高危体育行业进行检查。在日常检查中发现两家游泳场馆，未办理体育经营许可证，执法人员当场下达了《责令整改通知书》，责令其停业，尽快办理体育经营许可证。5月，由市、县两级执法人员与驻地安监和派出所执法人员对南岭乡磨滩村和李寨乡李河村的无证漂流场所依法予以取缔。该两个场所未办理“体育经营许可证”，无救生员资质，场所未悬挂和张贴游客须知和警示标志，游客上下码头未有安全保护措施，存在许多安全隐患。

## 版权管理

局下属科室版权科具体负责全县版权工作，主要职责包括：负责对全县新闻出版行业进行监管；指导全县新闻出版市场的执法工作；负责出版连续性内部资料和一次性内部资料的审核、报批工作；负责承担全县新闻单位记者证换发的初审工作和县内报刊社、记者站的监管；负责对全县出版物市场和印刷业经营活动进行监管；负责全县著作权管理工作；开展新闻出版、版权方面法律、法规宣传普及；组织对报纸、期刊和内部报刊内容的审读工作；负责制定全县“扫黄打非”计划并组织实施，组织、协调“扫黄打非”集中行动；组织查处非法出版物和非法出版活动的大案要案；承担县“扫黄打非”工作领导小组的日常工作。2015年主要工作：①加强政府机关正版软件使用管理工作。全县累计拥有软件许可数2468个，其中，操作系统软件许可数国内的600个，国外的37个，办公软件许可数1000个，杀毒软件831个。加强软件正版化宣传，在4月开展了以“建设知识产权强国支撑创新驱动发展”为主题的知识产权宣传周活动。②加强“扫黄打非”工作。重点加强对印刷、复制企业的管理。对出版物市场进行了全面细致的摸底检查。③加强对印刷经营许可证、出版物经营许可证、和内部资料性出版物准印证的核准年检工作。泽州县有印刷企业7家，复印企业2家，出版物经营企业35家，获准内部资料性出版物准印证的2个。

## 文化宣传

2015年，以打造泽州“乡村摄影展”文化品牌为突破口，借助“镜头”独特的传播方式和唯美的表现手段，用静态的艺术形式展现泽州“最美乡村”的景色秀美、生活宽裕、人文和谐的崭新面貌。2012年以来，“太行神韵·经典泽州”系列乡村摄影展暨民俗文化展示周活动逐渐名声鹊起，吸引了全市以及来自四面八方的游客。成为了泽州一个响亮的文化品牌。2015年4月30日，“2015太行神韵·记住乡愁”走进石淙头——第四届泽州乡村摄影展暨春满周村文化周隆重开幕。活动不但集中展示了泽州县悠久的历史文化传承脉络，让观众了解泽州的新发展、新变化。还展示了传统婚俗民俗、八音会、上党梆子、泽州四弦书等非遗项目，放映了在县石淙头、大箕教堂、碗子城三地取景，由冯小刚导演的最后一部胶片电影《一九四二》。9月29日到10月7日，由中国摄影报社、山西省摄影家协会、中共晋城市委宣传部大力支持的“2015太行神韵·记住乡愁”《中国摄影报》走进大阳暨泽州县第四届乡村摄影展在大阳镇隆重举行。此次活动以“忆乡愁美韵、品泽州文化、赏古镇风情、尝精美小吃”为主题，展示了泽州县深厚的文化底蕴和丰富的自然景观。该次摄影展共收到省内外203人3461幅参评作品，参选作者涵盖省内22个市县及外省7个市县。活动内容丰富多彩，泽州四弦书、泽州鼓书、泽州秧歌、上党梆子戏曲演出、古装情景剧《夸官》《卖针》演出等应接不暇，活动期间游客人数估算有11万人。10月16日到19日，“江山多娇·栖龙湾（中国晋城）”首届国际航拍摄影大赛暨栖龙湾旅游区开工奠基仪式在李寨乡陟椒村举行。大赛汇集了国内外百余名优秀航拍摄影师参加，参赛的各种型号无人机达50余架，航拍大赛期间，在陟椒古村展出了400余幅精美照片，组织了上党梆子、上党八音会、泽州鼓书、泽州秧歌等非物质文化遗产表演，展示了刺绣、剪纸、编筐、编笼等传统民俗，同时还汇聚了煎饼、花馍、油食等风味小吃，吸引了众多中外摄影家、摄影爱好者和游客拍摄观光。通过乡村摄影展的连续举办，持续提高了泽州的知名度和美誉度。

## 公共服务

县级“两馆”建设：泽州县早在1999年就获了“全国文化先进县”的殊荣。多年来，县委、县政府高度重视文化建设，不断完善公共文化设施。将县级“两馆”（文化馆、图书馆）和乡镇综合文化站建设列入县政府为民办实事之一。2012年，县政府投入600余万元装修改造了县文化馆、县图书馆；2014年，又投入300万元，解决县级“两馆”的配套设施建设问题。2015年，县文化馆、图书馆均达到国家三级馆标准，文化馆接受了国家二级馆验收，图书馆正等待国家三级馆验收。县“两馆”位于市区新市西街下元巷155号，总建筑面积5000平方米，开放人群主要是泽州县所有居民，特别是市区工作人员。开放时间为正常工作日。县文化馆接待能力为280人，县图书馆接待能力为300人，县“两馆”已全部实现免费开放。县文化馆现有馆舍面积2200平方米，内设多功能排练厅、“非遗”传习所、非物质文化遗产展厅、书画室、音乐室、琴房、合唱室、舞蹈室等。机构设置为“一室、两部、四组、一中心”(即：办公室、培训部、社会活动部、音乐组、舞蹈组、声乐组、书画组和非物质文化遗产保护中心)。泽州县图书馆是泽州县重要的公共文化服务窗口单位，馆舍面积约2800平方米，现内设机构有：办公室、采编室、藏书室、综合阅览室、少儿阅览室、文化资源共享支中心、培训室、多媒体教室、电子阅览室、咨询室、馆长室、地方史志资料史室、自习室、档案室等；现新旧两馆都在使用中，旧馆使用面积约为400平方米，现总藏书量4.5万册(73万元图书正在采购中)，报纸杂志200余种，馆内现有各类图书架近30个，资料柜15个，报刊柜20组，用于服务读者的电脑60台，宽带网络全部接通；可供读者席位300余个，其中成人阅览席位近220个，儿童阅览席位80个。年接待读者3000余人，年平均图书期刊借阅8000余册次。另外设有3个流动图书室(金村部队、县妇幼保健院和县警民图书室)。乡镇综合文化站及行政村文化大院情况：2015年，全县17个乡镇综合文化站总计新建、改扩建完成16个，每个乡镇综合文化站建筑面积均达到500平米以上，文化体育广场均达到1000平方米以上，并且达到“五室一场”的标准。正在新建的下村镇综合文化站是集乡镇综合文化站与大剧院为一体的综合性文化大楼，主体工程已经完工，内部建设正在进行中，工程总预算为1400万元，全部资金由乡镇自筹。全县共建有以高都镇保福村文化大院为代表的村级文化大院290余个，建有352个“农家书屋”，每个“农家书屋”配备有1500册图书和音像制品，建有252个村级文化活动室，极大的满足了农村群众农闲时的业余文化生活。2012年，李寨乡、犁川镇、周村镇、柳树口镇4个乡镇综合文化站新建、改扩建工作完成，共使用煤炭可持续发展资金20万元、市级文化建设配套资金40万元、县级文化站建设专项资金40万元，建筑面积均达到350平方米以上，配套设施完善，“五室一场”布局规范，满足了免费开放要求。2013年，南村镇综合文化站建成、并投入使用，总投资120万元。

### 群众文化

泽州县始终坚持主旋律和多样化并重，坚持围绕中心、服务大局，开展形式多样的群众文化体育活动，满足群众多样化的文化需求。利用春节、元宵节、国庆节等重要节日，举办灯会、乡村民俗展演、八音会擂台赛、专题文艺晚会、上党梆子巡演等农民喜闻乐见的活动，极大地丰富了广大群众的精神文化生活。2015年，该县承担的凤西广场社会文化活动，在大量压缩费用的前提下，更加注重创意形式和传承传统文化，非遗展演和群众自办文化品牌完美结合，在全市引起很好反响。2015年，县文化馆参加了晋城市第三届健身广场舞电视大赛泽州分赛区的组织辅导工作，参加了晋城市第三届职工运动会广场舞比赛。那些天，为宣传党的十八届五中全会精神，县文化馆编排了音乐快板《五中全会号角杨》、配乐诗朗诵《五项活动谱华章》、泽州古书《婚礼上的风波》等节目，配合县里的宣讲团，把十八届五中全会的精神用贴近群众、贴近基层的文艺形式展现出来，送到了基层群众的面前。

### 文化产业

泽州县为古泽州府所在地，历史悠久，文化底蕴丰厚，传统文化资源众多。在党和政府的政策引导和市场经济条件下，文化产业初露头角。主要有一龙头一公司，即：珏山文化产业园区、二十八宿影视公司。市场办备案企业有网吧 23 家，歌舞厅 4 家，KTV7 家，印刷企业 6 家。局下属单位有影剧院，剧团，曲艺队，文化馆，图书馆。文化特色技艺有唐兰兰剪纸，大阳打铁花，大阳馔面，高都书画裱糊，北义城雕塑，根雕等。八音会有一百余家。

泽州县影剧院简介　位于晋城市新市西街 795 号，占地面积 3432 平方米，剧院现有影厅四个，座位数总计 1080 个。县影剧院是在 2010 年 6 月与九州院线正式签订入线合同的，当时因条件有限，只有 1 个大厅，座位数为楼下 700 个和楼上 300 个。为满足电影市场的需求，2011 年又相继改建增加了 3 个小厅，座位数分别为 20 座、20 座和 40 座，并进行了相应的设备投资。从 2010 年到 2015 年，总投资百余万元进行了改造升级，目前为全市最先进、最舒适、最有竞争力的影院。

上党梆子剧团简介　泽州县上党梆子剧团成立于 1945 年，是该县唯一一支专业从事戏剧表演的演出团体。2011 年 8 月转企改制为企业，撤销了其事业机构编制，改制后成立了泽州县文华传媒有限公司，常年在县域广大农村和周边县市（区）演出传统戏剧和新编现代戏剧 40 余个台口。在戏剧创作上，该团为了提高效益，保证演出质量和剧目的数量，提高剧团社会影响力和美誉度，使演员、乐队及舞美人员的综合水平得到迅速提升，在各级部门的大力支持下，剧团组建了实力雄厚的主创班子，全体演员全身心投入排练，克服了种种困难，追求细节上的完美，接连创作出了《虢都遗恨》《山妹》《孙安动本》《成败萧何》《狸猫换太子》《妈妈呀好妈妈》《钟声》等一大批优秀上党梆子剧目，不仅在观众中引起了强烈的反响，更在 2012 年 8 月参加中宣部在阳城蟒河风景区调研演出中，受到中宣部、省、市、县级领导的好评，并接连获得晋城市第六、七、八、九、十届凤鸣春晓优秀剧目奖，第一、第二届“紫薇奖”优秀剧目奖。在戏剧演出及承办活动方面，按照上级“送戏下乡，文化惠民”的精神，县上党梆子剧团五年来坚持贯彻落实文化下乡，推进文化惠民工程的开展。送戏下乡遍及泽州县 17 个乡镇，政府采购文化下乡演出 886 场，观众人数达四十余万人，财政补助演出收入 393 万元，所到之处受到了群众热烈欢迎和一致好评，剧团商业演出 1116 场，演出收入 446 万元，观众人数达 50 余万人。“十二五”以来，政府加大了文化设施投资力度，县财政下拨了 132 万元为剧团进行文化设施更新换代，使剧团硬件条件上了一个台阶。

## 体　育

### 全民健身运动

近年来，泽州县体育事业取得了长足的发展，为该县社会经济的发展和人民生活水平的不断提高做出了积极的贡献。（一）认真贯彻实施《全民健身条例》，不断提高群众的健康意识，培养群众的健身习惯，在全社会营造浓厚的体育氛围，推进群众体育活动社会化、生活化、多样化、科学化、制度化。每年县级体育竞赛超过10项（次），群众体质明显提高，体育人口稳步增加。（二）广泛开展健身活动。（1）组织开展每年度的“全民健身日”系列活动，举办好重大节假日的健身活动。如：“庆五一”“迎国庆”等节假日体育活动。推进了泽州县体育事业全面协调可持续发展，提高了县广大群众的身体素质和健康水平。（2）支持协助各项体育协会搞好协会的各类体育活动，太极拳、自行车、乒乓球、篮球、羽毛球等比赛。（3）大力发展健身休闲项目，支持发展健身跑、健步走等级群众喜闻乐见和有发展空间的项目。大力推广武术、秧歌、健身舞等传统体育项目，鼓励开发适合老年人特点的体育运动项目。鼓励党政机关、企事业单位、社会团体，实行工间操、太极拳、健身气功等日常健身活动，倡导每天健身一小时。近年来，县级体育赛事年均超过10次，经常参加体育锻炼人数比例为37.14%。

### 体育组织

泽州县群众体育组织不断健全，先后成立了太极拳协会、乒乓球协会、体育运动舞蹈协会、自行车联盟协会、老年体育协会、门球协会、围棋协会、县直机关老年人体育协会共8个单项体育协会，尚未成立县级体育总会和社会体育指导员协会。因经费、人员等问题，体育社会组织发展参差不齐，较为活跃的有老年人体育协会、乒乓球协会、太极拳协会和自行车联盟协会。

### 比赛活动

2015年4月，同县教育局组织举办了县第20届中学生田径运动会。9月下旬举办了县职工“篮球、羽毛球、乒乓球”比赛活动。

### 青少年活动

2015年，按照全面推进素质教育的要求，认真贯彻实施《全民健身条例》和《学校体育工作条例》，县各级各类学校按照国家标准和要求建设体育设施，配齐配强体育教师，在提高体育课教学质量的基础上，积极组织学生参加课外体育锻炼，使他们掌握两门以上的体育运动技能，养成终身锻炼习惯，学生体质得到明显的增强，普遍达到《国家体质锻炼标准》的基本要求，优秀比例达到30%。

### 体育设施

“十二五”期间，泽州县体育设施建设得到了空前发展。2011年年底，完成农民体育健身工程393个，实现农村体育健身工程“全覆盖”。2014年年底，17个乡（镇）实现了全民健身广场“全覆盖”，使得泽州县的所有乡镇、行政村和社区都拥有了至少一个专门的体育活动场所。2014年和2015年利用体彩公益金采购体育健身器材34套，帮助困难村改善场地和设施建设，推进了该县全民健身的发展。

### 体质监测

2014—2015年，协助市体育局和市国民体质检测中心对该县的金村镇、巴公镇、南村镇、凤城幼儿园、天户煤矿等乡镇、企事业单位3个不同年龄段近500人的体质监测，监测达标率达到了95%。

## 竞技体育

进一步巩固田径、乒乓球、羽毛球、篮球等优势项目，4月，同县教育局组队参加了晋城市中学生田径运动会。8月，同县总工会组队参加了晋城市第5届职工运动会，取得了8金2银2铜的好成绩。9月，同县自行车协会在珏山举办了全国自行车爬坡赛。

## 赛事承办

近年来，共承办有县中学生田径运动会、县职工乒乓球比赛、县职工篮球比赛、县职工羽毛球比赛、县直机关工会运动会、县职工广播体操比赛、县职工登山比赛、山西·泽州首届山地自行车爬坡赛等各类体育赛事，进一步推进了该县体育事业全面协调可持续发展，提高了广大群众的身体素质和健康水平。

## 体育人才

泽州县不断加强体育教育结合，加大投入，巩固体育教育联合办训成果。按照“从小培养、打好基础、系统训练、积极提高”的要求，充分利用学校资源，建立体育网点，形成自身优势项目，大力创建青少年体育俱乐部、体育传统项目校和体育后备人才培养基地，使校办运动队、俱乐部、传统项目学校、后备人才基地融为一体并真正办出效益。2015年年底，全县有社会体育指导员923人，其中，国家级3人，一级3人，二级128人，三级789人；全民健身站点430个，每千人公益社会体育指导人员比例1.65名，每万人社会体育组织数0.35个。

## 体彩销售

2012年泽州县彩票管理站成立以来。县管理站在省、市彩票管理中心及上级部门的帮助和带领下销量不断提升。体育彩票公益金被用于三个主要方面：即社会公益金事业，全国健身计划和奥运争计划。以体育彩票公益金为重票组成部分的中央彩票公益金中，每年有60%的用于补充全国社会保障基金，此外，在红十字人道主义救助事业、教育助学、医疗救实和灾区重建、基层文化建设、扶贫等社会公益事业中，也都有体育彩票的公益金的支持。泽州县体育彩票管理站努力工作近几年的销量，2012年销量500万元、2013年销量800万元、2014年销量1500万元、2015年销量1550万元。泽州县彩票管理站，公益金原来的几万元增加到几十万元。为泽州县文化事业提高了公益金，填补了体育器材。截至2015年年底，泽州县有彩票管理站网点45家，业主和销售员上百名。每年免费培训销售员和业务员数十名。

# 新闻　媒体

## 广播电视

### 概述

泽州县广播电视台的前身为泽州县广播电视局，2009年12月，文广体制改革后，整体转制为广播电视台，为正科级事业单位。设有电台、电视台、网站、广电网络公司，下辖17个乡镇广播电视站，承担着全县的广播电视新闻宣传、网络建设等职责任务。泽州有线电视台2015年自办节目以《泽州新闻》为主，设有《转型跨越排头兵》《人文泽州》《一村一故事》《青年创客访谈》等专题栏目，全年电视播出总时间为5475小时，自制电视节目播出时间为730小时，有线电视用户2.5万户，数字电视用户5万户，传输干线总长度为2070公里，电视综合覆盖率为96.37%。泽州人民广播电台频率为FM102.1，发射功率为0.3千瓦。电台设有《泽州新闻》《百姓热线·泽州台》《法进农家》等节目，全年广播播出总时间为5840个小时，自制广播节目播出时间为4902个小时，广播综合覆盖率为98.99%。泽州广电人网站（zzgdr），在因特网上收索“泽州广电人”或“zzgdr”，点击“在线广播”“在线电视”，即可收听收看电台、电视台的节目。晋城电视台《县区时间》，县电视台《泽州新闻》节目周一至周六每晚19：30至19：40在市电视台《晋城导视》频道播出，次日早8：10至8：20重播。手机微信订阅号，可看到县电视台《泽州新闻》节目内容。泽州县广播电视网络有限责任公司组建于2001年2月28日，经营范围包括：广播电视传输网络的建设经营管理及增值开发；与网络有关的技术及产品的开发；设备及产品的销售；远程信息传递服务，广播电视设备的销售；广播电视节目的制作、发行、销售；是泽州县唯一具有广播电视网络建设和管理的运营商。2015年，泽州广电认真贯彻落实中央十八大和十八届三中、四中全会精神，按照县“三干会”“两会”精神，按照“围绕中心，服务大局，舆论先行，保障有力”的工作思路，弘扬主旋律，传递正能量，引导舆论场，全面提升广播电视舆论宣传水平，促进广播电视事业产业大发展，圆满完成了年初下达的各项任务指标。电视台、电台、网站、市台县区时间、手机微信五个宣传平台一起抓一起上，全面提升了广播电视宣传水平。所创作品及专业论文荣获山西广播电视奖4个，国家级奖5个。全年在五个宣传平台上共发稿7848件次，无一差错。其中，电视台自采播出新闻1455件，电台自采播出新闻2028件，乡镇通讯员来稿用稿573(电视稿33件)。广播电视专题节目共制作播出200期，其中《转型跨越排头兵》10期、《人文泽州》7期、《一村一故事》46期、《青年创客访谈》38期、《百姓热线·泽州台》51期、《法进农家》48期。对外宣传取得历史最好成绩，有5条新闻在央视播出，是上年发稿量的500%，全市排名第一。在省电视台发稿106件，是2014年发稿量的311.76%，全市排名第一；在市电视台发稿691件，是2014年发稿量的156.16%，在市电台发稿581.6件，是2014年发稿量的115.17%，在全市均排名第一。电视台投资80余万元，建设了双回路供电系统，解决了过去因时而停电造成的节目断播、停播现象，确保了《泽州新闻》节目的连续播出。农村数字电视整转工程完成了年初制定的1.5万户任务，城乡数字电视用户总数达到5万户，在全市各县区中用户总数排名第一。“泽州县28宿影视有限公司”更名为“山西二十八星宿影业股份有限公司”，完成了搬迁任务，完成了产权确认、增资扩股，完善了法律文本，为在上海E版上市做了充分准备。

2015年，县广播电视台被表彰为省级文明单位，被县委、县政府表彰为“2014年度目标责任考核优秀单位”，被晋城广播电视台授予“2014年度《县区时间》优秀集体”“2014年度广播新闻宣传先进集体”“2014年度电视新闻宣传先进集体”称号。台里编著的科普读物《晋城五千年》一书，被全国第十七次社会科学普及工作经验交流会组委会评为“全国优秀社会科学普及作品”。二十八星宿影业公司在“品牌山西年度人物、品牌推选活动”中荣获“2015年度山西十大品牌”奖。2015年4月，台团支部荣获共青团泽州县委“五四红旗团支部”称号。台长：马才富。

### 重大主题宣传

2015年，县广播电视台以弘扬主旋律为目标，把新闻立台作为全台工作的一条主线来抓，全年紧紧围绕县委县政府中心工作，面对新形势及时设置新栏目，为该县全面建成小康社会提供坚强的舆论支持。电视台在新闻节目中先后开办了《学习讨论落实》《贯彻县纪委四届五次全会精神访谈》《清风泽州》《乡镇书记谈党建》《聚焦双学双严》《劳模风采》《泽州工匠》《泽州好人》《践行“三严三实”为党旗增辉》《学党章守纪律促三转做表率》《泽州红色记忆》《“金融振兴促发展”访谈》《五项活动进行时》《泽州好儿女在军营》《美丽乡村》《乡贤睦邻里德孝传家风》《学习贯彻〈准则〉〈条例〉访谈》等栏目。《泽州工匠》栏目，通过宣传生产战线的一线工匠，来推动全县科技创新；针对金融创新的要求，《金融振兴促发展》栏目，通过宣传政府金融政策、银行金融改革、企业金融活企等典型，营造“政府＋银行＋企业”三位一体的金融创新环境；《泽州好人》栏目，播出了《用爱撑起五口之家的闫小花》《70多岁的义工抢救落水儿童的牛东歧》等人物；《美丽乡村》栏目适应文化旅游发展的形势，宣传了石淙头、孔庄、西黄石、竹林沟、安立村等一批美丽乡村典型。在新闻改革上，注重时政新闻人物化、故事化、大众化，不仅赢得观众的认可，而且很多被上级台采纳。

### “竞逐中原”宣传

2015年，县广播电视台以“三个一”为目标，对外宣传抓突破，实现了在中央台、省台和市台发稿量三个第一的目标，在“竞逐中原”宣传中，提升了泽州的知名度，扩大了泽州的影响力。特别是在文化旅游宣传中，乡村游效果显著，吸引了不少中原地区的游客。按照“外宣带内宣提升质量；全台抓外宣提高数量”的工作方针，实行AB角工作制，人员向新闻倾斜，设备向新闻倾斜，车辆向新闻倾斜，新闻部10个摄像组，做到了人人头上有指标。全年对外宣传工作取得历史最好成绩，有5条新闻在央视播出，在省电视台发稿106件，在市电视台发稿691件，在市电台发稿581.6件，摘得了央视、省台、市台发稿量三个第一的桂冠。在纪念抗日战争胜利70周年和国庆黄金周宣传报道中，电视台记者以独到的新闻视角，跟踪热点报道，先后有3件新闻稿被中央电视台采用。9月5日，中央电视台《朝闻天下》《新闻联播》分别以《农家俩兄弟，双双上阵阅兵场》《传承抗战精神，凝聚民族力量》为题，对泽州县大阳镇的兄弟俩一起参加9月3日阅兵式的事迹给予了报道。10月2日，在中央1台《晚间新闻》的《今晚关注》栏目里，以《国庆长假除了观光，还可以做这些》为题，报道了泽州影剧院奉献文化惠民戏曲套餐《国庆节戏曲专场晚会》的事迹。10月3日，央视13台新闻直播间《直通景区》栏目以《大阳古镇：走街窜巷看民俗》为题，报道了大阳古镇游人如织的火爆场面。11月23日开始，境内迎来今冬首场强降雪，致数百辆通往河南的运煤车滞留在碗周线，沿线交警全员出动，采取高音喇叭宣传、铲雪疏堵、控制车速、警车带道护送等办法疏导交通，确保了道路畅通。11月25日早6:06，中央电视台《朝闻天下》栏目以《山西晋城强降雪阻路数百辆运煤车滞留》为题报道了这条新闻。12月11日，大阳镇一大货车右后轮突然起火，附近居民、其他司机和当地派出所等纷纷行动起来帮助货车车主灭火，经过半个小时的努力，最终把火扑灭，减少了损失。12月12日晚间，中央电视台新闻频道24小时以《山西晋城：货车突然起火，附近居民齐力扑灭》为题对此事进行了报道。

### 公益宣传

2015年电视台、电台围绕社会主义核心价值观、倡廉洁树新风、城乡一体绿化创建国家森林城市、未成年保护、孝老爱老、疾病预防、护林防火、地质灾害、动植物检验检疫、食品安全、志愿者服务等主题，共制播公益广告28条，每天在电视台、电台循环播出，每天平均播出时长36分钟。公益广告的播出，有效地促进了全县社会道德行为规范、生态文明建设与人民群众生活的和谐发展，营造了和谐的浓厚氛围，进一步推进了社会正风正气的形成。

## 文风改进

台里坚持开展“走基层、转作风、改文风”活动，开办《记者走基层》专栏，专题报道记者深入基层一线，倾听民声、反映民意的新闻消息，除在本台播出外，一些精品稿件还在市电视台、电台采用播出，共播出有关民生新闻90余期。2015年，在中央电视台播出5条新闻，在省电视台播出106条新闻，在市电视台播出691条新闻，取得了全市排名“三个第一”的好成绩。在“走基层、转作风、改文风”活动中，记者得到了锻炼，受到了教育，广大基层群众的民意呼声得以反映，成为泽州县构建和谐社会的良好平台。台里荣获“晋城市新闻战线‘走转改’活动先进集体”称号，《记者走基层》栏目荣获“优秀栏目”奖。

## 队伍建设

（一）以“三严三实”专题教育为重点，全面抓党的建设。2015年，台里认真开展了以“深入学习贯彻习近平总书记系列重要讲话精神，净化政治生态，实现弊革风清，重塑山西形象，促进富民强省”为主题的学习讨论落实活动，认真开展“双学双严”党纪条规警示教育月活动。认真开展“三严三实”专题教育活动。紧紧围绕中央“四个排查”确定的17种查找重点，开展了全面自查，不存在不作为、乱作为和贪腐谋私、执法不公问题。结合“三严三实”专题教育活动，在全台掀起了学习贯彻党的十八届五中全会精神、学习《中国共产党纪律处分条例》和《中国共产党廉洁自律准则》的热潮，邀请县委宣讲团成员牛军梅到台里为干部职工作了中央十八届五中全会精神专题报告，副科以上领导干部积极参加了县里组织的培训活动，进一步统一了思想，凝聚了正能量。（二）深入开展“五项活动”。按照县委、县政府要求，在全台深入开展了以思想大解放、纪律大整顿、环境大改善、矛盾大排查、项目大发展为主要内容的“五项”活动，认真整治“庸”“懒”“散”“空”“玩”“奢”六种风气，提振精气神，为推动大发展提供了动力保障。在项目发展上，新闻宣传工作、数字电视整转工程、动漫产业发展都圆满完成了年初制定的各项目标任务。自2015年8月实施项目包联制度以来，负责聚寿山文化旅游项目和晋城市栖龙湾旅游开发项目。包联领导马才富、马胜利多次深入景区调研座谈，了解情况，建言献策，并想方设法利用广电优势资源帮助景区解决实际问题。对聚寿山项目内教室的音响设备进行了配套调试。在“首届国际航拍大赛暨栖龙湾景区开工奠基仪式”上帮助项目单位成功承办了“江山多娇·栖龙湾（中国晋城）首届国际航拍摄影大赛”，此举不但扩大了栖龙湾景区的知名度，而且通过摄影作品展现了景区的秀美景色，为吸引游客前来景区旅游起到了宣传和推广作用。（三）加强精神文明建设，台里连续10年保持了“省级文明单位”的光荣称号。一是认真开展领导干部住村包村工作。在对金村镇坂头村的帮扶工作中，紧紧围绕“强班子、选路子、促增收”的思路，立足村情，现场办公、现场指导，发展经济，实现强村富民，村民收入明显提高。班子成员和中层干部与特困户和村民结对帮扶，解决村民在生产生活中的困难，积极引导村民外出务工，现在村里外出务工人员占到全村劳动力的70%。利用珏山旅游区的辐射效应，鼓励村民发展农家乐。利用坡多地广的优势，大力发展种养殖业，为该村“一村一品”建设打下了基础。对村里环境进行了治理，有效改善了村里的“脏、乱、差”现象，使村里更加整洁漂亮。通过帮扶，坂头村的各项工作都取得了可喜成绩，坂头村一跃成为金村镇的先进村。二是开展多项主题活动，加强干部职工思想道德建设。开展了“慈善一日捐”和“送温暖、献爱心”活动，开设“善行义举”榜，开办“道德讲堂”，大力宣传爱岗敬业的马才富，甘于奉献的闫乐屯、程瑜利，热心公益的李晋燕，孝老敬老的李晋和模范家属时小银等善行义举人物的典型事迹，弘扬社会主义核心价值观，为干部职工树立了身边的学习榜样。三是强化学习培训，提升员工素质。利用一季一次的基层通讯员例会，完成了以会代培任务，培养了一支高素质的基层通讯员队伍。在职干部职工93人按期参加了县人社局组织的“2015年全县机关事业单位专业技术人员继续教育公需科目培训”。开展“五看五做”“六学六争”活动，鼓励文凭进级、职称进级、政治进步，打造人才技术高地，2015年度党支部接收新党员1名，广播电视新闻采编和工程技术人员晋升中级职称6人。台里具有初级以上职称人员占84%。其中，正高1人，副高6人，中级25人，初级20人，技师17人，高工5人。四是开展节能竞赛活动，狠抓公共机构节能工作。认真学习《公共机构节能条例》《泽州县公共机构节能工作管理和考核办法》等文件，成立节能降耗领导组，制定完善了《公务用车管理制度》《电话使用规定》《办公用品购置和管理制度》等一系列节能降耗管理制度，开展了一滴水、一度电、一张纸等“十个一”节约竞赛活动。车辆实行统一定点维修、定点保险和定点加油，推行网络自动化办公，节约办公能耗，减少重复打印和复印次数，注重稿纸、复印纸的再利用。对办公用品实行集中统一采购，统一领用，避免了浪费。从而进一步增强了干部职工的节能降耗意识，确保了水、电、油等能源消耗不超标。五是开展“六五”普法依法治理工作。始终把普法依法治理工作作为推进广电中心工作的尚方宝剑，高度重视，加强组织领导，形成了“一把手负总责，谁主管谁负责”和“一级抓一级，层层抓落实”的工作格局。普法教育活动坚持做到了“六个结合”：即与日常考核相结合、与日常宣传工作相结合、与网络依法治理相结合、与各项主题活动相结合、与栏目宣传相结合、与动漫宣传相结合。电台开办的《法进农家》栏目，以案说法，大力宣传普及法律知识，为百姓提供法律咨询服务。开办的《百姓热线·泽州台》栏目，面向基层做节目，在解决百姓热点问题中容入法律知识，为全县营造了良好的学法用法环境。同时加强社会治安综合治理，连年实现了无信访案件、无治安案件、无刑事案件、安全生产无事故、安全播出无失误的“五无”局面。

## 节目调整、栏目创新

2015年，县广播电视台以集聚正能量为目标，很抓栏目建设，开设了《青年创客访谈》《一村一故事》《百姓热线·泽州台》《法进农家》等品牌栏目。《青年创客访谈》栏目，以“展示青年创业故事，解读青年创业思维，引领泽州争先发展”为宗旨，宣传了一大批大众创业、万众创新的典型，为全县经济社会发展培树了典型、树立了标杆。《一村一故事》栏目，以说百姓话、讲百姓事为宗旨，把百姓之间的家常里短搬上荧屏，架起党和政府与群众之间的桥梁和纽带。《百姓热线·泽州台》栏目，每天通过电台声波倾听百姓反映的问题，然后通过纪检委、监察局、纠风办督促职能部门解决，为群众解决实际问题。《法进农家》栏目，通过多种形式的法制宣传，使依法治县的理念深入人心。

## 基础建设

2015年，县广播电视台以新媒体融合为目标，很抓设备改造，为完成宣传任务提供了技术保障。在县政府的支持下，顺应大数据、互联网、新媒体的发展趋势，对台里新一轮设施配备进行了规划。拿出了一个融摄录设施、制作设施、音视频设施、播出设施、演播室设施、现场录制设施、双回路供电设施、自媒体融合设施、检测设施于一体的平台升级改造方案，总投资600余万元。2013年投资60万元购买了摄像设备，2014年投资75万元购置了播出系统，2015年投资80万元建设了双回路供电系统。成立了新媒体部，配备了必要的设施，泽州电视台的《泽州新闻》节目可在手机微信中看到，手机微信已成为泽州县广播、电视、网站、市台公共频道之后的第五个宣传平台。

## 产业发展

（一）以数字化、网络化、产业化为目标，网络发展抓提升。按照全市数字电视整转先市区、再县城、再农村的三步走方案，2015年，我们继续把农村数字电视的整转列为“一号工程”“六整治六提升”的重要内容来抓，在深入调研的基础上，制定了《全县农村数字电视整转方案》，并制定了南部欠发达乡村“三免费四优惠”的数字电视整转政策，通过公司免一点、村里补一点、用户出一点等办法筹集资金，通过加大工程进度、质检力度、发展速度等办法，全年完成了1.5万户的整转任务。全县数字电视用户总数达到了5万户，基本实现数字电视全覆盖，成为全市各县区中最大的数字电视网络。同时加强“村村通”工程管理，建立健全“村村通”管理维护的长效机制，确保了“全覆盖”用户的网络信号时时通、户户通、长期通，使“村村通”工程在长期通中为全县新农村建设发挥了更大、更广泛的作用。（二）以专业化、娱乐化、活动化为目标，广告经营抓效益。通过指标下解、责任到人、奖惩兑现等激励办法，逐步形成了一支目标清楚、指数逐年上涨、每年完成任务的专业化广告经营队伍。电台依托音乐台这一节目板块，成为晋城市上空收听率最高的台。电视台通过《农民大剧场》，播放适合农村、农民喜欢的电视剧节目，吸引了群众的眼球。通过组办《少儿才艺大赛》活动，吸引了众多单位、家庭参与，提高了社会参与度。以此，使广告经营在逆境中保持了稳步发展。(三) 以打造中国首部天文星宿巨制为目标，动漫产业抓出彩。6月28日，在“泽州县二十八宿影视有限公司”成立五周年之时，公司的创作、制作、运营人员全部搬进了位于白水街888号的1350平方米的办公区，完成了搬迁任务。同时完成了公司产权确认和增资扩股，完善了法律文本，为公司在上海E版上市作了充分准备。若上市扩张完成，以十二部动画电影为引领，实现动漫产业发展可全面加速。在县委、县政府的支持下，将动漫产业打造成全县经济转型升级的支柱产业、标杆产业。

## 《泽州报》

### 概述

泽州报社成立于1997年3月，为县委直属全额事业单位，归口县委宣传部，正科级建制。2015年，总编为县委宣传部副部长刘国亮。1996年10月1日，《泽州报》作为中共泽州县委机关报正式发行，周一刊，四开四版。2000年9月，由周一刊改为周二刊。2004年1月，《泽州报》改为《泽州新闻》。2012年1月，一、四版改为彩版。2014年4月，四开四版改为对开四版，周一刊。2015年年初，在中国泽州网开通了《泽州新闻》数字报。2013年获山西省县市报协会“先进集体”荣誉称号；2014年，获山西省县市报协会“编校印质量评比金牌奖”；2015年，在晋冀鲁豫县市报版面设计质量评比中荣获“金牌奖”。

### 主题宣传

2015年，报社认真贯彻中共十八大、十八届三中四中五中全会精神和习近平总书记系列重要讲话精神，紧紧围绕县委中心工作，特别是把开展“学习讨论落实活动”、“三严三实”专题教育和县委“五项活动”贯穿工作始终，策划报道，安排版面，设置栏目，编选稿件，为全县经济社会发展营造了浓厚的舆论氛围。一是在全县开展“五项活动”的宣传报道上，将动态报道与典型宣传结合起来，并及时推出阶段性、综合性、综述性报道，加强与相关承办或协调部门联系，及时了解掌握进展动态和涌现出的新典型、新作为、新作法。及时跟进报道，对突出典型配发评论、言论、编后记等。版面安排上做到了每次一个主题，强化和突出宣传效果。同时，积极配合有关部门开展了“思想大解放征文”活动、“思想大解放”演讲比赛和“双学双促”百题知识竞赛。开设了《“五项活动”进行时》等系列专栏，集中报道全县开展“五项活动”动态及相关情况，撰写评论《提振精气神用心抓落实》《立即见行动迅速掀高潮》《以思想解放搏事业出彩》《以抗战精神治慵懒顽疾》《爱我家与园用心扮美她》。在思想大解放上，开设了《思想大解放征文》《思想大解放报告台》《思想大解放大讲堂》等专栏、专版，对征文活动、演讲比赛活动中涌现出的优秀文章及时进行了刊登，如《思想是一种前行的力量》《脊梁》《以思想大解放促进泽州教育大发展》《宁做发烧友不做清谈客》《立足农村解放思想》《解放思想破发展难题凝心聚力建大美李寨》等；在纪律大整顿上，除了对县委、县纪委会议精神要求常规报道外，我们还开设了《“五项活动”进行时·纪律大整顿》专栏，报道有《县住建局：好作风催生正能量》《县安监局“四结合”扎实开展“纪律大整顿”活动》《我县围绕24项突出问题开展“纪律大整顿”》《“五层面问责”力促“纪律挺在前”》《上大学无钱交学费？县教育局为你办理生源地贷款》等；在项目大发展上，《泽州报》记者和通讯员采写的典型报道有《高硫煤洁净利用循环经济工业园一期项目：快马加鞭赶工期》《菜农的贴心人——县蔬菜办情系菜农工作侧记》《“你们的到来是一场及时雨”》《从绿色军营到千亩绿山——记巴公金牛圣泉农林观光园创建者苏广军》等。专栏报道有：《县中小企业局建立项目包联制度推进“项目大发展”》《巴公镇：分类确立实施主体集中力量工程推进》《金村镇：一个平台两种模式三个重点》等；在环境大改善上，开设了专版《推进环境大改善建设秀美大家园》，新闻报道有《川底乡：示范引领整体推进》、图片新闻《犁川公路建设工程》、图片新闻《南村镇“环境大改善”》、《金村镇开展“三清三化三建”环境大改善活动》等。典型报道有《西庄的绿色之变》等；在矛盾大排查上，对全县各乡镇因地制宜排查化解群众矛盾情况进行了系列报道，其中综述报道有《我县快速有序推进“矛盾大排查”活动》等。二是对全省“金融振兴推进”大会之后该县的学习、贯彻、落实、推进情况进行了深入报道。如7月29日出版的《泽州新闻》版面增至八版，其中一版对7月24日全县金融振兴推进大会进行了报道，二版全文刊发县委书记赵新年在大会上的重要讲话，三版开辟栏目，刊发泽州相关金融部门落实讲话精神的约稿、访谈以及部分县直单位和乡镇关于金融振兴推进的动态新闻。8月5日出版的《泽州新闻》刊发了报社记者采写的关于泽州农村商业银行改制前特别是改制后普惠金融体系建设情况，同时刊发相关金融部门落实讲话精神的约稿、访谈以及学习、贯彻、落实金融振兴推进工作的动态新闻。三是抗日战争胜利暨世界反法西斯战争胜利70周年，在市委宣传部与市军分区政治部在全市范围内开展“弘扬时代精神，践行强军目标———百名晋城好儿女”寻访活动中，报社积极派出记者深入部队进行了采访，开设了《泽州最可爱的人》栏目，集中展现了泽州县在外优秀子弟兵风采。报道了《黑河边关谱忠诚——郭飞飞的故事》《忠诚的北疆卫士——郭鹏的故事》《“三味”人生写华章——闫建团的故事》《深海砺剑卫士——张帆的故事》《边防线上的忠贞——闫静秋的故事》五位泽州籍战士的故事。四是在四版开设了《泽州古代清官廉吏》栏目，以史为鉴，以古为镜，倡导廉政文化，宣传廉政理念。先后挖掘史料、编写和刊发了《“润泽一方”伊娄谦》《隋代名臣房恭懿》《“独善其身”李克修》《“两袖清风”于谦》《“洁廉世望”毛一豸》《“行不自欺”孟春》《“一道福星”段正》《“却金拒贿”张光缙》《“清慎勤明”王廷抡》《“请托不行”陆伟》等在泽州为官，或泽州人在外做官的廉政故事。

## 民生报道

在民生报道上，报社把二版作为民生经济专版，用大量图片、图文结合、专栏等形式，全年对全县民生经济情况进行及时报道。一是在认真完成各项常规报道的同时，与县精神文明办公室联合开设《泽州好人，身边好人》栏目，以身边好人的故事影响和感染身边人，在广大干部群众中形成崇善向德、见贤思齐的良好风尚。刊发了《马振业：一生行医，一生行善》《崔旭艳：用大爱谱写生命赞歌》《"孝心养子"段旭茂：一生守护不离不弃》《崔花林：崔河致富带头人》《帮助别人升华自己——走进陈会刚的义工人生》《拾金不昧——张新巧》《"孝老楷模"李晋东：细微之处见真情》《原玉龙冒雨解困暖人心》《甘为孺子牛的赤脚医生——王富付》《尚利云：巧借家乡山泉水闯出渔场致富路》等泽州好人典型。二是开设《青年俊彦》栏目，通过青年企业家的故事，鼓舞更多人加入企业家队伍，在泽州经济的大潮中激流勇进。先后报道了《晋商：涛声依旧——记义乌小商品城置业有限公司总经理王晋涛》《新时代的弄潮儿——记新中原小微企业创业基地董事长成浩浩》《奋斗改变命运——记晋城市荣尔飞电器设备制造有限公司总经理尚飞川》《沃土孕硕果——记山西五谷养生科技有限公司董事长王晋军》《"养蜂世家"的升华之路——记太行明珠生物科技有限公司董事长陈向明》《经风历雨见彩虹——记高都镇富氧乙炔站站长王飞飞》《为了心中的梦想——记泽州县红高粱民间文化艺术团团长李攀》《晋波：从手拿画笔到脚踩大地》等多位企业家创业故事。三是常年派出记者深入乡村农户、田间地头，知农事、问农情，用大量稿件反映我县农村群众的生产生活情况。

**"走转改"活动**

始终坚持开展"走基层、转作风、改文风"活动，坚持围绕"走"字，体验生活、体验感受；围绕"转"字，变"浮"为"沉"，变"观"为"蹲"；围绕"改"字，文字语言求活求新。一是从总编、副总编到各新闻采编部门主任，全年安排了大量时间深入基层，带头联系、带队调研采访，带头写稿，形成了良好的学习、调研风气和制度。同时，从记者部、美编室、编辑部等抽调能手组成采访队，深入厂矿企业、车间班组，深入乡村、社区等采访报道。报社还组织其他编辑记者经常性地深入基层开展调研、采访。采访报道坚持体现群众观点，以记者亲闻、亲历式报道，将主题宣传、典型报道的视角聚焦基层，将官方表达、权威发布与群众关注、百姓语态有机结合，做到了以作风转变带动文风转变。二是开设专题专栏，突出重点宣传报道。在"走、转、改"活动中，坚持以栏目树品牌，推出"县域周边行""走基层·看项目""重点工程摄影报道"等栏目，开设专题专栏对"2015太行神韵·记住乡愁"泽州旅游进行了系列跟踪报道，采取图文并茂的形式，走进厂矿企业、车间班组，深入乡村、社区等进行专题报道。以小见大，以点带面，全面反映各乡镇干部群众投身社会主义小康建设的伟大实践，反映党和政府的政策措施给人民群众生活带来的实际变化，反映人民群众分享改革发展成果的美好生活，展示他们良好的精神风貌。

# 旅游　文物

## 旅　游

### 旅游营销

一是加大传统媒体宣传力度。中国古镇系列之《走遍中国·大阳》在央视播出，泽州形象宣传片《泽州印象》在全市媒体滚动播出，重点景区景点在央视、客源省电视台（北京、河南、河北、山东、陕西）进行电视形象广告宣传，在各大城市主要的交通枢纽设立户外形象宣传广告，在各大报纸杂志刊登形象宣传广告。2015年6月27日《人民代表报》专版刊登《厚积薄发，启动泽州发展的绿色引擎》，9月25日《太行日报》专版刊登《诗意乡愁哪里寻，如画泽州邀君来》宣传泽州旅游。二是利用新兴媒体广泛宣传。开通了“泽州旅游微信公众号”，宣传全县旅游景区（景点），推荐经典旅游线路，实时发布全县旅游信息和各种旅游活动。制作了晋城微电影《爱在泽州，满地景秀》，转发点击阅读量超过10万次，掀起了泽州旅游宣传的新高潮。

### 旅游活动

国庆期间，大阳镇举办了第四届“太行神韵·记往乡愁”乡村摄影展活动。10月3日央视新闻频道《走街串巷看民俗》栏目对大阳古镇进行了报道，各地游客纷纷慕名而来，7天共接待游客11万人次。

### 旅游线路

一日游线路：珏山—关帝庙—水东湿地公园—大阳古镇，冶底岱庙—李寨—石淙头，石淙头—山里泉，石淙头—聚寿山，大阳—乾明寺，大阳—李寨，珏山—道宝河，水东湿地公园—山里泉，水东湿地公园—岱庙—石淙头。

### 旅游服务

2015年，共有3家四星级旅游饭店、2家三星级旅游饭店；全县共有147家农家乐。

## 旅游规划

近年来，县旅游文物局陆续编制了《泽州县旅游发展规划》《泽州县珏山景区总体规划暨近期重点开发区块修建性详细规划》《珏山旅游区控制性详细规划》《泽州县山里泉旅游核心区域规划》《泽州县山里泉旅游景区总体规划》《泽州县李寨景区沁河大湾规划》《泽州县李寨沁河峡谷旅游区规划》《泽州县大阳镇建设规划》《山西省泽州县柳树口镇旅游发展总体规划、泽州县愚公山旅游景区修建性详细规划》、《泽州县晋庙铺镇旅游修建性详细规划》《山西省泽州县高都镇总体规划》《泽州县丹河围滩景区规划》《聚寿山养生休闲旅游区总体规划》《山西省泽州县可寒山乾明寺风景旅游区规划》《太行三圣生态旅游区规划》《山西省泽州县丹河龙门景区旅游发展总体规划》。

## 景区建设

2015年，新增1家AAA级旅游景区（聚寿山景区），截于2015年年底，泽州县共有3家A级景区：珏山AAAA级，山里泉AA级，聚寿山AAA级。2015年，大阳镇与北京立根集团签署了5亿元的投资协议，联合开发阳阿古城。李寨风景区与山西国瑞集团签署了3亿元的投资协议，联合开发栖龙湾景区。

## 旅游行业管理

为进一步营造平安有序的旅游消费环境，制定了突发事件应急预案、旅游安全属地管理、文明旅游行动方案等一系列措施和办法。开展旅游市场秩序专项整顿工作，强化联合执法机制，加大了对零负团费、“黑车黑导”、欺客宰客等突出问题的查处力度。建立旅游信息联合发布机制，节假日和旅游节庆期间不间断发布气象、交通、景区容量信息预报，确保了全县旅游安全“零”事故。全天候受理旅游咨询投诉，实行投诉案件限时转办、限时办结、限时回复机制，实现了旅游工作安全、秩序、质量、效益“四统一”目标。2015年，全县旅游从业人员约1133人，队伍不断壮大，结构框架初步建立，人员素质不断提高。

## 旅游行业执法检查

自旅游法颁布实施以来，严格按照旅游法的规定和要求，认真部署，扎实工作。深化普法宣传教育，增强全社会知法守法意识；完善综合管理机制，推进旅游环境治理体系建设；加强市场监管执法，规范旅游市场秩序；健全资源保护和开发机制，促进旅游业可持续发展；大力推进游客合法权益，进一步提升游客满意度；改进和完善公共服务体系，营造良好旅游环境。始终坚持把平安工作放在首位，局牢固树立“平安是旅游业的生命线”这一科学发展理念。严格落实平安生产“一岗双责”各项平安工作做到有部署、有计划（布置）有行动（检查）有总结。切实把旅行社租用车辆和团队运行平安、旅游道路交通平安、食品卫生平安、消防平安、假日旅游平安、水上平安和特种设施设备平安等作为检查重点，落实责任、强化监管、治理隐患、完善制度等方面加大了工作力度，确保全市旅游平安工作督察到位，万无一失。

## 文 物

### 概述

泽州县历史悠久，文化底蕴丰厚，是我国人类开发较早的地区之一。境内文物资源分布广、品种全、档次高，仅登记在册的文物资源点达1611处，是晋城市乃至山西省的文物大县。其中，全国重点文物保护单位19处，省级文物保护单位9处，市级文物保护单位94处、县级文物保护单位35处。除此之外，泽州县还有历史文化名镇、名村及中国传统村落29处，其中，国家级历史文化名镇2处、省级历史文化名镇1处、国家级历史文化名村3处、省级历史文化名村8处、国家级中国传统村落6处、省级中国传统村落9处。

### 文物保护

(一) 争取资金完成文物保护修缮工程。县旅游局主要完成了国保单位北义城玉皇庙、川底佛堂的文物本体修缮和环境整治项目；完成了省保单位李寨三教堂、市县保单位西四义普觉寺、东黄石都城隍庙、岭上三教堂等文保单位抢修工程。截至2015年年底，我县大阳汤底庙、周村东岳庙、晋城二仙庙等9处国家文物保护单位已修缮完毕；高都景德寺、河底成汤庙、史村东岳庙3处国家文物保护单位修缮中；尹西东岳庙、坛岭头岱庙等3处国家文物保护单位已进入前期招标准备程序；剩余4处国保单位已经全部列入国家项目库，来年相继完成修缮任务。(二) 科学编制文物保护工程修缮设计方案。编制完成了坪上汤帝庙、尹西东岳庙、薛庄玉皇庙等全国重点文物保护单位的修缮设计方案。截至2015年年底，已经编制完成了泽州县所有国保和省保单位的修缮设计方案。(三) 扎实开展全国第一次可移动文物普查工作。完成了全县545家国有单位的摸底调查统计工作。(四) 加大文保单位的管理力度。完成了第七批全国重点文物保护单位的“四有”档案工作，对所有新增国保单位划定了保护范围，17个乡镇的市保以上文保单位安装了统一的保护标志碑。全县省保以上文保单位安装了视频监控设施，实行了“一键报警”管理模式。(五) 配合完成了“太焦高铁”泽州段的踏勘工作；完成了“万里茶路”资源点的调查工作。

为贯彻文物保护法中“县、乡政府要切实担负起本行政区域内文物保护的职责”的规定，在2013年，就出台了《泽州县人民政府关于加强文物古迹保护管理的意见》，用“三步走”来逐步完善全县文物保护管理机制。第一步，建立和完善乡(镇)文物管理机构。为充分发挥乡镇文物管理机构的监督和管理职能，全县17个乡镇成立了不单独列编的文物管理所，各村确定了不可移动文物的村级联络员，建立健全了“县—乡—村”三级文物安全管理体系。与各文保单位安全负责人签订了安全责任状。第二步，省保以上文保单位成立单独的文管处。根据文物保护法和5月28日全省文物局长会议精神，在泽州县现有文物保护管理机构的基础上，全县省保以上文保单位设置了不单独列编的文物管理处。第三步，合理调配看护人员，规范文保安全制度。为了确保泽州县的文物安全，召开了全县文物保护工作会议，对文保单位的看护员进行了合理的调配，制定了统一的“管理制度”“消防制度”“一键报警制度”等，并要求各项制度上墙，看护人员24小时在岗值班和认真执行“零报告”制度。2015年，县各文管所（处）严格按照安全生产法、消防法、文物法和管理部门的要求，按“分级负责、属地管理”“谁主管谁负责”“一岗双责”责任制的原则，真抓实干，分解细化任务，责任落到实处，切实做好文物安全工作，确保全县文物系统安全无事故。县旅游文物局局长：王天明

# 医卫 计生

## 医疗卫生

### 概述

2015年，是泽州县卫生计生工作稳步推进的一年，在县委、县政府的正确领导下，按照上级卫计部门工作要求以及年度工作目标，不断深化医药卫生体制改革，突出农村卫生、公共卫生等工作重点，重点抓好新型农村合作医疗、基本公共卫生服务、国家基本药物制度和县级公立医院改革等工作，取得了明显成效，很大程度上缓解了群众“看病难、看病贵”问题，将人民群众的健康水平和生活质量进一步提升。根据机构改革需要，2015年10月，泽州县原卫生局和人口计划生育局进行了机构整合，完成了“三定”方案编制，组建了县卫生和计划生育局。11月，县卫生和计划生育局、乡镇妇幼保健计划生育服务站正式挂牌。2015年年底，全县卫计系统共有县、乡卫生和计生单位38个，其中，县直单位11个、乡镇卫生院26个（中心卫生院7个、一般卫生院10个、卫生院分院9个）；村级卫生所627个，个体诊所33个，厂矿医务室14个。系统在编人员共计2261人，其中县直单位1174人，乡镇卫生院人员1087人。局长：秦会林。

### 新型农村合作医疗

2015年，县参合人数398186人，参合率99.47%，人均筹资标准达到471元，全年筹资总额18737.09万元。截至12月底，各级补助金全部到位，累计办理补偿624842人次，累计发放补偿金16195.00万元，基金使用率85.66%。重大疾病病种由23种增加到24种，重大疾病补偿636人，补偿金额1022.78万元，有效解决了群众“看病难、看病贵”的问题。

### 基本药物制度

泽州县的国家基本药物制度不断巩固和完

善。全县2家县级公立医院、26家乡镇卫生院和627个村卫生室全部实施基本药物制度。实行基本药物集中采购、统一配送、零差率销售和政府购买服务。2015年，县人民医院采购基本药物2471.28万元，基药使用率39%，县妇幼院采购基本药物239.04万元，基药使用率34.9%，乡村两级采购基本药物2042.8万元。

## 公共卫生服务

全面普及公共卫生，防病屏障更加突前。2015年全县人均公共卫生服务经费40元，12类基本公共卫生服务项目和6个重大专项项目全面落实。全县居民共建纸质档463456人，电子建档143409人；全县产妇建册2398人，产后访视2272人；3岁以下儿童保健系统管理7798人，管理率92.81%；老年人健康管理数42183人；高血压患者规范管理54493人；糖尿病规范管理8168人；重性精神病患者规范管理1269人；基本公共卫生服务补助县级配套经费全部落实到位，2015年度新增5元按照上级要求全部补助到村卫生室。落实两个系统管理，提升妇幼保健服务水平。全年住院分娩产妇数2755人，住院分娩率99.96%，发放补助资金61.59万元。高危孕产妇管理率100%，高危孕产妇住院分娩率100%。全县0~6岁儿童数19921人，建册19429本，系统管理19033人，系统管理率95.54%。开展农村宫颈癌普查项目，已完成4296人的初筛任务，超额完成了国家下达的3500人的任务，共查出妇科疾病1522人，其中宫颈癌患者9例。开展增补叶酸预防神经管缺陷工作，发放叶酸21123瓶，孕产妇叶酸服用率98%。全年孕产妇死亡率36.28/10万，婴幼儿死亡率5.44/10万。

## 卫生网络建设

加强县乡村三级卫生网络建设，群众就诊更加方便。县委、县政府对卫生事业的投入力度在逐年增加。县人民医院新建门诊综合大楼，建设面积29400平方米，总投资10811.7万元，2013年9月开工建设，2015年12月全部投入使用。投资569余万元完成县妇幼院产科改造、室内外装修和消防设施改造等建设。利用三年时间（2013—2015年）完成26所乡镇卫生院环境整治和污水处理系统建设项目，投资719万元建设北义城卫生院综合门诊楼，投资165万元完成土河卫生院危房改造项目。对全县所有行政村卫生室进行标准化建设。

## 队伍建设

加强卫生人才队伍建设，提高卫生人员技术水平。2015年8月，由县人社和县编办组织，为县人民医院公开招聘研究生3人、本科生21人，县妇幼院本科生2人，已全部到岗。乡镇卫生院选派了4名业务骨干参加了全科医生转岗培训，使每家卫生院拥有一名全科医师。与省里下达的4名免费医学定向生签定了就业协议。组织乡镇卫生院医务人员1400余人参加了网上继续医学教育培训。选派骨干精英人才8名、基层适宜人才25人参加了上级培训。迎难而上，积极探索村医补充机制。针对该县村医严重短缺，并且严重老龄化。2015年年底，共为全县182名60岁以上村医办理了退养手续，还有78个卫生所无村医，暂由乡镇卫生院代管。60岁以上在岗村医现有278人，占到村医总数的38.6%。为了改善村医短缺现象，从2014年至2016年，由县财政出资，分3批，每批70人，按照每年每人5000元标准免费培养乡村医生，由晋中卫校负责实施。在学生毕业后，按照“村来村去”的原则，回协议村卫生所工作，享受村医待遇。2015年又选派70名大中专毕业生到晋中卫校学习。

## 中医药建设

由于历史原因，泽州县无一家中医专科医院，全县中医服务水平已不能满足全县群众对中医药服务的需求，很大程度影响了全县卫生事业的快速发展步伐。为优化医疗资源配置，推动中医药事业发展，在县委县政府的大力支持下，2015年，泽州县中医医院建设项目前期设置批复已通过，并编制了《筹建泽州县中医医院的可行性报告》。初步计划在南村镇选址，名称为“泽州县中医医院”，按非营利性二级中医院标准筹建，业务用房面积24600余平方米，编制床位200张，计划在编人员450人，其中，专业技术人员占80%，高级职称占15%，中级职称占30%。建设资金来源为县政府投资，社会资本参与，并积极争取国家、省、市资金扶持，预计投资1.2亿元。

## 疾病防控和卫生应急

传染病防控和突发公共卫生应急体系建设逐步完善。2015年全县传染病监测网络直报单位32家，网络报告率100%。以乡镇为单位常规疫苗报告接种率继续保持在95%以上。全年报告法定传染病12种4532例，报告发病率为925.09/10万、无病死。及时率、准确率均达100%。报告突发公共卫生事件其他相关信息（一氧化碳中毒事件）212起，发病人数282人，死亡10例。储备卫生应急物资18万元，对全县120名卫生应急业务骨干进行了培训，补充更新了6支卫生应急队伍，组织参加了多次应急救援演练，锻炼了应急队伍，提高了卫生应急水平。

## 卫生监督

加强卫生综合监督，开展医疗秩序“亮剑行动”。2015年对全县726家医疗机构进行监督，监督覆盖率100%。取缔非法行医户4家，对3起非法行医举报案件进行查处，查处率100%，同时对在辖区范围内的医疗广告条幅400余条进行了强制性拆除。行政处罚案件33件，办结率100%。对3家日供水千立方米供水单位进行监督，监督覆盖率100%。全县有寄宿制学校62家，消毒产品生产单位1家，职业健康检查机构1家，监督覆盖率100%。

## 卫生惠民实事

改善民生，卫生惠民实事进一步落实。一是对60周岁及以上老年人进行免费体检。是2015年县委、县政府为民办惠民事实之一，按照每人139元的标准进行，全县体检任务数79965人，全年完成体检66603人，占总任务数的83.28%，完成年初制定的“达到80%以上”的体检任务。二是开展重大疾病医疗救助制度。县财政出资200万元用于重大疾病医疗救助，全年共计补偿462人，补偿金额181.45万元，有效缓解了群众“因病致贫、因病返贫”

现象。三是为农民办理市域就医便民一卡通。新农合已开通县级数据专线3条，乡镇管理站及乡镇卫生院数据专线43条，村级卫生所宽带578条，市内住院患者已经实现出院直接结算补偿。

## 县级公立医院改革和分级诊疗

稳步推进县级公立医院综合改革，群众受益面更广。两家县级医院所有药品实行零差率销售，将公立医院补偿由医疗服务收费、药品加成收入和政府补助三个渠道改为医疗服务收费和政府补助两个渠道。取消药品加成后医院减少的合理收入，通过调整医疗服务价格补偿40%，财政补偿60%。医院对诊查费、治疗费、护理费、手术费等分别上调13%，床位费上调36%；对医用设备检查费和检验费分别降低10%。价格调整涉及的医疗服务项目共7000余种。2家医院进行了人事和分配制度改革，重新进行了核编核岗，核定县人民医院补助事业编制560名，县妇幼保健院全额事业编制160名，补助事业编制158名。县人民医院委托山东康佳结合医院制定了绩效管理方案，按照多劳多得、优绩优酬，对医务人员开展了绩效考核，充分调动广大职工的积极性和主动性。县财政为县医院、县妇幼院实施体制改革进行补助，2015年，共为县人民医院下达补助资金5147.7万元，为县妇幼保健院下达补助资金1377.7万元。县级公立医院改革以来，医院门诊人次、出院人次、群众满意度得到了提高，医疗费用得到有效控制，医院信息化建设进一步加强，县域内就诊率得到了提升，基本实现了“小病不出乡，大病不出县”的目标。分级诊疗试点工作初见成效。作为全省分级诊疗试点县，开展了大量的工作。通过摸底测算将病种逐步提升到乡镇61种、县级90种。印制了16万份《分级诊疗政策解读宣传册》，联合县电视台制作了《分级诊疗就是好》三集电视情景剧，在县电视台进行循环播放，并制作成光盘发放各医疗机构。截至12月底，乡镇分级诊疗人次5669人，补偿金额471.47万元；县级分级诊疗人次4442人，补偿金额1110.92万元。

## 泽州县人民医院

泽州县人民医院建院于1958年，是一所集医疗、教学、科研、预防、保健为一体的综合性县级医院。1995年，获卫生部“爱婴医院”称号。1997年，首次通过了“二甲”评审。2005年，再次通过了“二甲”评审。是长治医学院、晋东南卫校的教学医院。医院现有占地面积24532.64平方米，建筑面积20295.65平方米。开放床位500张。主要建筑有门诊楼、住院楼、影像楼、放射楼等，实现了硬化、美化和绿化，给病人提供了一个优美、舒适的医疗环境。为了适应医疗市场竞争需求，先后购置和引进了GE1.5T核磁共振，飞利浦128层螺旋CT、直线加速器、DR、美国惠普彩超、碎石机、美国贝克曼全自动微粒化学发光免疫分析仪等设备。2015年，县人民医院通过开展质量月评会，强化医疗质量和传染病管理，加强学术研究、人才引进、队伍建设、便民服务、医疗合作与对口支援和新技术、新学科建设等，各项业务工作走向程序化、合理化、法制化轨道，医疗质量明显提高，工作作风明显好转。全年门诊实现22万余人次，住院1.4万人次。院长：杜玉喜。

## 泽州县妇幼保健院

泽州县妇幼保健院是一所集保健、医疗、教学、科研为一体的综合性县级妇幼保健机构，地处晋城市瑞丰路1566号。1984年建成，1994年率先跨入“爱婴医院”行列，2006年晋升为二级甲等妇幼保健院。多次获省市“三八红旗单位”、市县卫生系统先进集体等荣誉称号，是泽州县、城区“新农合”，城镇职工医疗保险及晋城市市直职工医疗保险定点医院。截至2015年年底，全院固定资产3000万元；占地总面积6411平方米，建筑总面积10762平方米；由四幢住院楼、一幢门诊保健综合楼组成主要业务用房。全院编制床位103张，实际开放床位140张；有职工338人（合同工55人），其中，专业技术人员295人，占全院职工总人数的89.2%；有本科学历127名，专科学历123名，大专以上学历占84.7%；有主任医师6名，副主任医师27名，中级职称81名，初级职称181名；年门诊总人数11万余人，住院总人数7000余人，其中，住院分娩数近4000例，居全省妇幼系统前列。全院共设有保健一级科室5个：妇女保健科、儿童保健科、健康教育科、信息资料科、重大公共卫生项目科；临床一级科室4个：妇产科、儿科、麻醉科、急诊科；行政职能科室17个：院办室（人事科）、党办室、医务科、护理部、质控科、科教科、院感科、信息科、医疗纠纷科、门诊部、保健部、预防保健科、设备科、总务科、财务科、医保科、保卫科；医技科室10个：检验科、放射科、超声医学科、心电图室、病理科、药剂科、手术室、消毒供应室、病案室、图书室。全院二级专业组28个，其中，保健二级专业组19个，包括青春期保健、围产期保健、更年期保健、妇女营养保健、妇女心理卫生保健、婚前医学检查、妇女病普查普治、乳腺保健、产后保健、孕妇学校、儿童生长发育、儿童营养、儿童心理卫生、儿童五官保健、儿童康复、儿童早期教育、新生儿疾病筛查、儿童铅防治、新生儿黄疸测定；临床二级专业组9个，包括产科一组、产科二组、产科三组、妇科组、计划生育组、儿内科消化组、儿内科呼吸组、新生儿科、儿外科。此外门诊部还设有中医科、软伤科、皮肤科、针灸科等特色门诊。全院主要设备有螺旋CTG125、DR数字成像机、四维彩超、乳腺钼靶机、全自动血液细胞分析仪、全自动生化分析仪、红外线乳腺诊断仪、波姆光治疗仪、蓝氧治疗仪、产后康复仪、盆底肌肉康复治疗仪、三导联心电图机、电子阴道镜、全自动麻醉机、多参数监护仪、腹腔镜、宫腔镜、胎心监护仪、婴儿培养箱、液基细胞学检验系统、HPV基因分型检测仪、小儿高压氧舱、经皮黄疸测定仪、微量元素测定仪、新生儿听力筛查仪、骨密度分析仪、康复理疗系列设备等。2015年业务工作成绩显著，全年全县活产2756人，产妇2732人，产前建卡2636人，建卡率96.49%，产前检查2609人，产妇保健覆盖率94.67%；孕早期产前检查2370人，早检率为85.99%，系统管理2359人，系统管理率为85.60%。共筛查出高危孕产妇272人，筛查率为10%，高危管理272人，高危管理率为100%。高危产妇住院分娩272人，高危产妇住院分娩率为100%。全县活产2756人，其中：住院分娩活产数2755人，家庭出生1人，住院分娩率为99.96%。孕产妇死亡1例，孕产妇死亡率36.28/10万。新法接生2756人，新法接生率100%，产后访视2542人，访视率92.24%。7岁以下儿童23376人，5岁以下儿童16605人，3岁以下儿童10079人，7岁以下儿童健康体检21353人，儿童保健覆盖率为91.35%。3岁以下儿童保健系统管理8930人，管理率88.60%。全县5岁以下儿童死亡122人，死亡率为7.98‰；婴儿死亡15人，死亡率为5.44‰；新生儿死亡12人，死亡率为4.35‰。母乳喂养实查人数为2655人，母乳喂养2523人，母乳喂养率95.03%，纯母乳喂养2036人，纯母乳喂养率76.69%。新生儿访视2572人，访视率93.32%。20~64岁全县妇女141124人，应查47041人，实查12119人，检查率25.76%，查出各种疾病3743人，疾病发生率为30.89%；阴道炎2276人，患病率18.78%；宫颈炎1181人，患病率9.75%；子宫肌瘤152人，患病率1.25%；宫颈癌9人，宫颈癌患病率74.26/10万。在普查的同时都及时进行了咨询指导和有效的治疗处理。2015年，医院门诊总诊疗人次149943人次，较2014年增幅0.1%；2015年1—12月，药品采购总金额684.75万元，占全院总收入的19%。院长：刘秀萍。

### 泽州县第二人民医院

泽州县第二人民医院（泽州县巴公中心卫生院）成立于1947年11月，1993年迁现址，同年被评为“一级甲等医院”，1998年被授予“爱婴医院”。是一所集医疗、预防、康复、保健于一体的综合性医院。是泽州县新型农村合作医疗定点医院；是晋城市市直企业职工、城镇居民、职工医保工伤定点医院和泽州县职工医保定点医院；是省级职业健康检查机构。医院位于晋城市北郊的巴公镇巴原街57号，占地1万余平方米，建筑面积约9384平方米、固定资产2049万元。主体建筑有门诊楼、住院楼、放射楼、办公楼等。设置床位99张，设有内（儿）科、内Ⅱ科、外科、妇产科以及中西门诊、急诊科、五官科、公共卫生科、检验科、放射（CT）科、彩（B）超室、心电图室、医务科、护理部、医保（新农合）科等30多个科室。拥有飞利浦双排螺旋CT、美国贝克曼全自动生化仪、潘泰克斯电子胃肠镜、德国STORz腹腔镜、DR、富士CR、飞利浦C型臂、大型健康体检车和进口彩超等大中型医疗设备50余台件。2015年，有职工161名，专业技术人员140人，专科以上学历96名，具有中级以上职称的45名。可开展颅脑、显微、骨科、普外、妇产科等多学科大中型手术。与晋煤集团总医院及晋城市医院建立长期协作关系。服务巴公镇及周边多个乡镇群众以及晋城市装备与制造工业园区的各类企业职工近20余万人，年总诊疗人次12万人次，在周边乡镇中享有较高的声誉。

## 疾病防控

### 概述

泽州县疾控中心成立于1985年10月。2015年，内设15个职能科室，即办公室、党办、财务科、质控科、慢病科、传染病科、卫生科、生物制品科、结核病科、健教科、性艾科、计免科、体检科、检验科、地病科。2015年，泽州县疾病预防控制工作在县委、县政府的正确领导和上级业务部门的指导下，竭力做好疾病预防控制工作，坚持以人为本、更新观念、求真务实，认真落实各项工作、目标，重点抓好结核病、艾滋病等重大传染病防治、防控，传染病疫情网络直报及突发公共卫生事件报告管理，健康教育与健康促进及儿童免疫规划、基本公共卫生服务等工作，加快突发公共卫生事件应急处理能力建设，取得了较好的成绩。主任：崔晋平

## 传染病防控

（一）县级医疗机构传染病网络直报覆盖率达到100%，乡（镇）卫生院传染病网络直报覆盖率达到100%。（二）县疾控中心传染病网络直报审核每天不少于4次，每次审核后都有记录，审核及时率达到100%。（三）突发卫生公共事件在2小时以内进行网络直报，事件处置科学规范、措施得力，应急预案和专项技术方案及时进行修订，应急储备物资及时进行更新。以月为单位开展突发公共卫生事件日常风险评估，适时开展突发公共卫生事件专题风险评估。（四）传染病自动预警单例预警信息在2小时内按要求处理，其余预警（时间序列预警）信息均在24小时内按要求处理完成。（五）严格按照《手足口病预防控制指南（2009版）》和《全国流感监测方案（2010版）》要求，认真开展手足口病、流感的病例监测工作，处置到位，资料齐全。

## 艾滋病防治

（一）有规范的自愿咨询室，全年自愿咨询HIV和梅毒检测服务人数为449人。（二）对所有新入监人员开展HIV抗体检测，完成301人。（三）艾滋病病例传染病病报卡及时率达100%，报告地负责完成首次随访，及时率100%，现住址管理HIV/AIDS随访完成率、结核病筛查率、非阳性配偶HIV抗体检测率、CD4检测率达88.89%。（四）开展高危干预防培训工作。更新高危人群的分布图，高危人群月均干预覆盖率达98%，暗娼HIV抗体检测率达100%，性病门诊就诊者HIV抗体检测率达100%，男性接触者HIV抗体检测率达100%。全年男性接触者干预303人，全年暗娼干预104人。（五）符合治疗标准的病人治疗覆盖率达85.30%，治疗病人100%按规范要求完成随访、CD4检测和病毒载量标本送检。药品实际库存与药品管理系统保持一致。（六）指导辖区医疗机构的梅毒病例报告，开展了梅毒报告准确性核查工作，现场核查准确率达95%。性病漏报控制率在3%以内，性病诊疗机构首次就诊者梅毒筛查率达60%。加强对辖区内医疗机构性病报告的督导。

## 结核病防治

（一）以县为单位，保持现代结核病控制策略（DOTS）覆盖率在100%。（二）活动性肺结核患者发现并治疗管理1170例，发现、治疗、管理新涂阳肺结核患者242例。（三）新涂阳肺结核病人治愈率保持达85%以上。（四）医院肺结核病人报告率达95%以上。（五）医院转诊肺结核可疑病人及肺结核病人的转诊

率达95%以上。(六) 医院转诊肺结核可疑病人及肺结核病人的转诊到位率达85%以上。(七) 结防机构追踪转诊未到位肺结核病病人的追踪率100%。(八) 结防机构追踪转诊未到位肺结核病病人的追踪到位率达85%以上。(九) 涂阳肺结核病病人家庭密切接触者筛查率达95%以上。(十) 病人系统管理率达到95%以上。(十一) 总体到位率达95%以上。(十二) 开展学校结核病防治工作，对学校结核病疫情处置率达到100%，及时开展流调、追踪、筛查工作；协助教育部门开展学校结核病防治知识的健康教育。(十三) 全民结核病防治知识知晓率达到85%。

### 地方病与寄生虫病防控

(一) 开展碘缺乏病、煤烟型氟中毒等地方病防控监测工作；碘盐监测覆盖率达到100%。(二) 开展布病防控工作，有效控制布病的发生与流行，建立健全了布病病人档案。

### 慢性非传染性疾病防控

(一) 死因监测：进一步做好全人群死因监测工作，乡镇以上医疗机构除南村外，每月未出现零报告。(二) 脑卒中、心肌梗死监测：积极开展脑卒中、心肌梗死新发病例报告工作，各级各类医疗机构每月将收集到的信息，及时上报县疾控中心。病例漏报率0，报告信息完整率100%，报告信息准确率达90%。(三) 老年人管理：辖区内65岁以上老年人口数量为44807人，老年居民健康管理39617人，健康体检表完整率达90%。(四) 全民健康生活方式行动：全县积极开展全民健康生活方式行动示范创建活动，2015年新创建“健康村”3个、“健康学校”1所、“健康食堂”1个。

### 消毒与病媒生物防控

开展了病媒生物监测工作，建立健全泽州县蚊、蝇、鼠、蟑螂本底资料。

### 监测、检验能力

(一) 达到除放射性指标外的所有水质常规指标。(二) 上级质量考核成绩达到合格以上 (艾滋病、地病、水质等)。(三) 进一步完善了实验室质量管理体系建设 (质量手册、程序文件、质量记录文件)，所有开展的检验项目已纳入实验室质量管理体系，并按照体系要求运行。

## 人口计划生育

2015年，泽州县人口计生综合治理取得明显成效。社会抚养费应征886.7万元、已征773.4万元，兑现率87%。全县总人口493019人，其中农业人口442846人，已婚育龄妇女94946人，出生3411人，其中，男1735人、女1676人，出生率为6.92‰，自增率为1.42‰；综合节育率完成87.76%，长效节育率完成85.45%，性别比103.5；共对1053对近年来有婚育行为的国家工作人员进行了审核建档；落实各类计生信访案件4起；全县共有17272户享受到了1983.79万元的“4+2”计生奖扶政策实惠；共对533名申请中考加分的学生进行了审核，37名学生享受到加10分的优惠政策后被录取。以政府出资的形式对9765户计生家庭、660户村级计生服务员和40户特殊困难家庭分别进行了意外伤害保险和爱心综合保险，投保资金达12.51万元；共办理一孩生育服务证2050个，独生子女父母光荣证1051个、再生育服务证437个。

## 爱卫工作

### 概述

2015年，泽州县爱卫工作以改善农村人居环境为主线，以农村环境整治为突破口，稳步推进环境卫生长效机制建设，全面开展城乡爱国卫生清洁运动，较好地完成了各项爱国卫生工作任务。4月24日以来，全县上下广泛开展了行动之快、标准之高、规模之大的城乡爱国卫生清洁运动，“一月初见成效，一季明显好转，一年全面提升”目标稳步推进。县爱卫办主任：崔小占。

### 农村清洁工程

（一）高度重视城乡爱国卫生清洁运动。今年以来，县委、县政府始终把城乡爱国卫生清洁运动放到了更加重要的位置。县长高喜全亲自主持召开了动员会，成立了由县长高喜全任组长，县四大班子有关领导为副组长，县直相关职能部门负责人为成员的城乡爱国卫生清洁运动领导组，明确了各成员单位的主要职责，实行了县四大班子领导按照包乡镇责任制的要求，深入所包乡镇进行督促检查，解决问题。各乡镇进一步明确责任领导和责任人，明确工作任务和工作目标，明确完成时限和考核标准，采取有力措施，确保了环境整治“有人管事”。县直各有关单位细化职责任务，积极统筹协调，为城乡爱国卫生清洁运动提供了优质服务。为实现全县环境大改善，新任县委书记赵新年，多次指示、身先示范，先后6次深入乡村一线，对重点乡镇、重点区域、重点目标进行督察指导。县委副书记侯贵宝坚持“一周一督察”，带领领导组成员和相关单位深入现场统筹推进全县环境整治工作。县委常委、常务副县长李正根、副县长程春明多次带领相关部门负责人现场解决存在的问题。县委办、县政府办、新农办和爱卫办，组成联合督察组，采取不定期明查暗访、突出问题重点回访等方式，全面开展了环境整治全程督察。县住建局、交通局、工商局、国土局、林业局等14个职能部门按照各自工作职能积极主动参战，从而，为全县爱国卫生清洁运动提供了组织保障。（二）强力推进农村环境卫生集中整治。为全力推进农村环境卫生集中整治，全县上下坚持突出重点抓关键，突破难点抓推进的工作思路，紧盯城乡结合部、公路沿线、集镇区域等十个方面重点，瞄准裸露地硬化、道路沿线绿化、可视处净化、主墙体美化、店铺规范化、垃圾无害化目标，大打了一场农村环境整治攻坚战。一是不惜投资集中清除“四堆八乱”。全县上下把清除集镇驻地、村里村外、公路沿线和公共场所四堆八乱作为集中整治的重中之重。东沟镇、下村镇、南岭乡等乡镇清除四堆八乱规模大、参加人员多、取得成效明显。据不完全统计，全县10万人次，2万台辆机械参加了集中整治，清除垃圾8万吨，清理煤土堆1万余处。二是集中开展硬化绿化。大箕镇、金村镇、巴公镇等乡镇不惜投资硬化公路两侧裸露地；高都镇、南村镇、李寨乡等乡镇，主街道人行道全面硬化，老街旧巷再焕新颜。犁川镇、北义城镇等乡镇投巨资进行了绿化。据不完全统计，全县硬化面积11万平方米，种植各种树木6万株。三是集中拆除违章建筑。公路沿线破烂房屋和违章建筑，是影响泽州视觉的主要因素之一。按照县委、县政府要求，晋庙铺镇、犁川镇、山河镇不等不靠迅速行动。全县不惜投资拆除破烂房屋1000余间，清除违章建筑2252处，拆除残墙断壁3736处。四是集中进行墙体美化。全县17个乡镇600个村分别对可视处墙体进行了石灰消杀和美化，并在部分路段刷写了200余条卫生文明标语，从而营造了良好的农村环境整治氛围。同时，县财政专列环境整治及项目预算200万元，用于环境卫生集中整治。设立环境整治以奖代补资金500万元，用于环境整治先进乡村补助、保洁人员工资补助、购买环卫设施补助等长效机制建设。乡村两级坚持抓环境就是抓民生，克服财力不足的困难，多元化筹资，多举措办事，扎实推进环境整治工作。截至2015年年底，环境整治乡村投入达3000万元，有力保障了爱国卫生清洁运动顺利开展。

## 农村改厕

2015年，全县农村改厕数达到6000座，为全面完成“十三五”改厕任务奠定了良好的基础。今后五年，力争使全县农村卫生厕所普及率达到85%，这是国务院和省政府下达的硬性指标。各乡镇和卫计局、住建局、教育局、旅游文物局、工商和质量监督管理局等部门协调配合，齐抓共管，以保障性安居工程、农村新建住房、移民搬迁村庄、中小学校、乡村卫生院(所)、集镇站所、旅游景区、集贸市场为重点，鼓励引导相关单位和农村农民因地制宜选择双瓮漏斗式、三格化粪池式、完整下水道式、沼气池式等模式进行无害化卫生厕所改造。

# 社会生活

## 民 政

### 概述

泽州县民政局是县政府主管社会行政事务的职能部门，履行着“上为政府分忧，下为群众解愁”的重要职能，负责全县救灾救济、双拥优抚安置、社会组织管理、基层政权建设、城市农村居民最低生活保障、区划地名等工作。2015年，县民政局按以保障民生、优化服务为目标，坚持“以民为本、为民解困、为民服务”的民政工作宗旨，科学谋划、精心组织、狠抓落实，各项工作扎实有效推进，取得了明显成效。局长：成少敏。

### 城乡低保

国务院《社会救助暂行办法》明确要求“国家对共同生活的家庭成员人均收入低于当地最低生活保障标准，且符合当地最低生活保障家庭财产状况规定的家庭，给予最低生活保障”。2015年，泽州县农村低保共为627个村、11769户、17254人发放低保金5163.6万元，人均月补差196元。低保标准由2014年的每人每年2616元提高到现在的每人每年2916元。城市低保共为28个单位，1379户，1771人，发放低保金1112.96万元，人均月补差401元。低保标准由2014年的每人每年5220元提高到现在的每人每年5580元。低保工作中，突出做好五个方面的工作：一是集中开展低保专项整治活动。根据省、市、县委统一部署，从3月初起至5月底，在全县开展了一次“人情保”“关系保”“错保”问题专项整治活动，加快推进社会救助“一门受理、协同办理”机制建设。全面复核低保对象。县民政局对各乡（镇）低保对象进行集中复核，复核率100%，切实做到“应退尽退”。对新增城市低保对象全面核查收入和财产状况，对于收入来源不固定、成员有劳动能力和劳动条件或群众有异议的低保家庭，重点核查。在开展低保对象复核工作中，一并对各乡（镇）困难群众全面调查摸底，及时增加符合条件的困难群众纳入低保，防止“漏保”，切实做到“应保尽保”。二是做好信息对接工作。将核对工作列为全年低保工作重中之重，加以推进。按照核对信息系统横向对接各成员单位，纵向对接市、县、乡镇，做好区划信息、人员权限信息等基础资料收集、组织人员参训、系统运行、上线等工作，为政府专项救助提供准确科学的保障资格认证。三是继续完善核对工作。督促各乡镇配备一名专职核对工作人员，进行核对低保信息录入。2015年共核对1482户，1935人，人社局核对出有养老保险的5户，交警核对出有车辆的39户。四是以“应保尽保、特困重保、超标退保、阳光施保”为目标，进一步加强低保动态管理。坚持按照常补对象每年审核一次，非常补对象每半年审核一次的方法，加强管理服务，定期跟踪低保对象家庭变化情况，形成最低生活保障对象有进有出、补助水平有升有降的动态管理机制。五是健全完善社会救助制度。以现有乡镇政府便民服务中心为平台，设立“一门受理、协同办理”工作机制，负责本乡镇社会救助工作的综合协调、政策咨询、业务统筹、督查指导、社会救助事务受理等工作，方便群众“求助有门”，得到及时救助。

## “五保”供养

国务院《农村五保供养工作条例》第三条规定“县级以上地方各级人民政府民政部门主管本行政区域内的农村‘五保’供养工作”。2015年，泽州县共有“五保”对象1039人，其中，分散供养642人，集中供养397人，集中供养率为38.2%，共发放“五保”供养资金435.61万元。其中，分散供养标准由2014年的每人每年2700元提高到现在的每人每年3300元；集中供养标准由2014年的每人每年5200元提高到现在的每人每年5700元。全县目前共有敬老院10所，其中，乡镇敬老院9所，民办敬老院1所。在“五保”工作中，县民政局狠抓敬老院安全责任管理，一是强化教育，提高安全意识。在县民政局的工作指导和监督下，各乡镇民政办和敬老院做好安全防范的宣传教育工作，采用多种方式加强对安全防范工作的教育和引导。二是完善制度，加强安全管理。按照“安全第一，预防为主”的方针，建立健全日常安全管理制度和突发事件应急工作预案，切实加强敬老院安全管理工作。三是加强值班，落实安全责任。健全值班值宿以及定时查房制度，敬老院院长及工作人员每月在院时间不得少于22天，特别是节假日和夜间，安排值班人员不得少于2人。实行24小时值班制度，值班人员要定期进行巡查，及时掌握安全动态，及时消除安全隐患，同时要保持信息畅通，及时报告各类安全信息，确保各项安全措施落到实处。

## 医疗救助

贯彻国务院《社会救助暂行办法》第二十七条“国家建立健全医疗救助制度，保障医疗救助对象获得基本医疗卫生服务”；第三十条“申请医疗救助的，应当向乡镇人民政府、街道办事处提出，经审核、公示后，由县级人民政府民政部门审批。最低生活保障家庭成员和特困供养人员的医疗救助，由县级人民政府民政部门直接办理”。2015年，全县城乡医疗救助2456人，发放救助资金757.4万元，其中，资助参合163.1万元，资助参保15.9万元。县民政局加强“参保”“参合”资助。每年9~12月，是城乡居民基本医疗保险（城镇居民基本医疗保险、新型农村合作医疗）缴费期，县民政局会同财政、人力资源社会保障、卫生计生等部门对重点救助对象“参保”“参合”进行审核、确定，对其个人缴费部分进行补贴，对城乡低保对象、特困供养人员给予全额资助；进一步规范门诊救助。门诊救助的重点是因患慢性病需长期服药或者患重特大疾病需要长期门诊治疗，导致自负费用较高的医疗救助对象。“五保”对象门诊最高限额2000元；低保对象救助最高限额1000元；健全完善住院救助。重点救助对象在定点医疗机构发生的政策范围内住院费用，经基本医疗保险、城乡居民大病保险和各类补充医疗保险、商业保险报销以及优抚对象医疗补助后，扣除社会互助帮困等因素，农村分散供养的“五保”对象救助比例80%，最高限额1.5万元，集中供养对象救助比例100%，最高限额2万元；城乡低保对象按个人负担的合规费用的70%救助，最高不超过1.2万元。

## 临时救助

贯彻国务院《社会救助暂行办法》第四十七条规定“国家对因火灾、交通事故等意外事件，家庭成员突发重大疾病等原因，导致基本生活暂时出现严重困难的家庭，或者因生活必需支出突然增加超出家庭承受能力，导致基本生活暂时出现严重困难的最低生活保障家庭，以及遭遇其他特殊困难的家庭，给予临时救助”。2015年，泽州县城乡临时救助684户，发放临时救助金318.3万元。一是明确对象，救助政策全部公开透明。目前泽州县临时救助主要针对在最低生活保障和其他专项社会救助制度覆盖范围之外的低保边缘户、低收入家庭，由于突发性、临时性原因导致基本生活暂时出现较大困难的家庭。积极开展救助政策宣传，通过印发宣传资料和借助电视、广播、报纸等媒体，送救助政策下农村进社区、入家庭进万户，使群众能够掌握救助政策，明白救助条件、办理程序。二是公开公正，救助程序逐步规范。临时救助程序采取个人书面申请、镇组织村协助入户调查、张榜公示、县民政部门审批、发放救助金的程序，确保了公开、公平、公正。在临时救助程序上，明确规定审核审批时限，并定期检查，做到规范与快捷相统一。三是便捷惠民，救助资金全部实行社会化发放。救助资金委托泽州县农业银行代理发放，全县临时救助资金全部实行了社会化发放，进一步简化了办事程序，减少了中间环节，方便了各类对象，提高了工作效率。四是应救尽救，不漏一人。确保困难群众求助有门，并按规定得到及时救助。同时坚持适度救助原则。着眼于解决基本生活困难、摆脱临时困境，既要尽力而为，又要量力而行。

## 灾害应急

根据省、市民政部门要求，结合全县实际，扎实做好受灾群众生活救助工作。2015年，泽州县部分乡镇先后遭受了较严重的洪涝和风雹灾害，部分乡镇受灾群众生产生活困难。为此，县民政局积极向上级申请救灾资金，当年共发放救灾款127.48万元，救助人数6218人，有效保障了受灾群众的基本生活。根据晋城市自然灾害救助资金管理办法及社会化发放有关要求，2015年全县自然灾害救助资金全面实行了社会化发放。自然灾害发生后，受灾户先向村委会提出救助申请，村委会进行评议、公示，公示结束后将结果上报乡镇审核，乡镇审核后将结果上报县民政局，由县民政局将救助资金直接打入受灾群众“一卡通”账户。减少了中间环节，确保救灾资金及时有效发放到位。2015年5月12日是我国第七个“防灾减灾日”，5月11日至17日为防灾减灾宣传周。为做好2015年“防灾减灾日”的各项工作，不断增强全社会综合减灾能力，最大程度减轻灾害损失。县民政局认真准备，积极参与。5月12日上午，在县减灾委的统一组织下，在市区凤西广场开展了防灾减灾宣传咨询活动。活动的主题是“科学减灾，科学应对”，活动共发放宣传资料1万余份。

## 养老事业

大力发展养老服务业是社会发展的需要。2015年，根据省、市民政部门的安排部署，泽州县积极采取多项措施发展养老服务业。一是对2014年前建成的农村老年日间照料中心运营情况进行了检查，并会同县审计局、财政局对2014年下拨的农村老年日间照料中心建设经费进行了审计评估。同时下拨2014年农村老年日间照料中心建设补助经费509.8万元。下拨2013年、2014年已建成农村老年日间照料中心运营经费219.2万元。二是对2015年申请建设农村老年日间照料中心的行政村进行了实地调查和检查验收。全年新建老年日间照料中心35个，下拨补助经费350万元。三是加大民办养老机构扶持力度，为晋宏老年公寓下拨补助经费24.816万元。其中，建设补助21.6万元，运营补助3.216万元。四是根据县消委会安排，在全县养老服务机构中开展了夏季消防检查，确保各养老服务机构安全运营。五是组织各养老服务机构服务人员参加了省、市民政部门举办的养老护理员培训，不断提高服务技能和保障能力。

## 孤儿救助

根据国务院办公厅《关于加强孤儿保障工作的意见》和省、市有关文件要求，泽州县于2010年开始建立孤儿保障体系。一是做好孤儿的认定工作。认真对全县孤儿进行了审核认定和上报，为资金发放打好基础。二是做好资金发放工作。对认定为孤儿的儿童按时足额发放生活保障资金，确保孤儿的生活不受影响。2015年12月，全县共登记孤儿62名，发放孤儿生活保障经费44.982万元。

## 优抚安置

2015年，县民政局依照《军人抚恤优待条例》《退伍军人安置条例》等法律法规，认真落实拥军优属政策。一是全面开展在职（退休）参战参试人员摸底登记工作。为有效保障全县参战、参试人员的合法权益，全面提升“两参人员”管理水平。泽州县民政局严格按照市民政局专项工作总体要求，全面完成了在职（退休）

参战、参试人员摸底登记工作，共登记206人。二是完成全县优抚对象换证审核工作。为贯彻落实全省优抚数据更新及两证换发工作会议的会议精神，县民政局按照市局的安排部署，明确换发范围及换发依据，做到公开透明，同时，严格按照工作流程，在规定时间内保质保量完成了换证工作。三是全面兑现义务兵家属优待金。为确保2015年义务兵家庭优待金发放工作及时准确，县民政局严格政策定标准。根据上级文件要求，农村义务兵家属优待金标准为每户每年20258元；城镇义务兵家属优待金标准为每户每年42820元。进藏（疆）部队义务兵家属优待金按城镇优务兵标准的1.5倍发放，经县民政、财政、人武等部门认真核对，确定确定2015年享受义务兵家庭优待金528人，共需发放优待金1211.97万元。按照“民政部门核定对象和标准、财政部门核拨资金、金融机构代发到人”的方式，将优待金全部通过金融网点直接打入其存折，防止资金被挪用、截留。四是为解决好烈士家属、因公牺牲家属、病故军人家属，残疾军人、老复员军人的实际困难，专门对此项工作进行了研究和安排。2015年帮助重点优抚对象解决住房难150户，支出资金32万元；解决医疗困难270人，支出资金80万元，解决生活难270人，支出资金40万元。五是妥善安置退伍军人。依照国家政策向退伍军人介绍本县劳动就业形势及市场经济条件下的劳动就业方针政策等，教育退伍军人继续保持部队优良传统，引导退役士兵转变择业观念，服从组织安排。同时，多次主动与晋煤集团、兰花集团和县办煤矿联系，寻求安置岗位，使14名退役士兵得到了妥善安置。

## 村务公开

按照县村务公开领导组的工作安排，全县村务公开工作每半年检查一次，每次检查验收由县村务公开领导组办公室协调财政、民政、农委三部门的专业人员，对全县17个乡镇村务公开展开检查验收工作；村务公开的检查以“问”“查”“看”的方式进行，以每个乡（镇）抽查三个村（居）的方式展开，并将检查结果作为年终考评成绩备案。2015年，按照《泽州县村务公开验收细则》认真落实，通过两次检查验收，全县村务公开工作开展情况良好，全县627个行政村（居）村务公开率达100%，80%的行政村都能够认真按照《泽州县村务公开验收细则》贯彻落实，公开形式多样化，公开内容全面，公开的时间及时，得到了群众的信任。同时，对村务监督委员会工作进行了检查验收，就其能否认真按照职责所在监督村委会严格落实村务公开制度，能否向村支部或村委会正确反映村民的个人诉求和解决群众对村务所关心的问题等等进行了督察检查。总体来说，由于各级领导的高度重视和村务公开职能部门的努力工作，泽州县村务公开、民主管理工作在多年的运行中，取得了很大成效，有力推进了全县村务公开工作的规范化、标准化。

## 社区建设

泽州县共有626个行政村，4个社区，分别是杨洼社区、晋北社区、晋普山社区、迎宾社区。其中，杨洼社区于2011年由行政村改制而成，也是泽州县首例“村改居”试点成功的一个村。2015年，在杨洼社区的行政管理、公共服务等方面，重点强调以社区居民自我管理、自我服务为主体，政府部门做好衔接互动，加强引导。对新成立的南村镇迎宾社区，在社区组建，筹划社区机构的设立、工作职责的制定，以及建设经费的筹集等等，都做了大量工作。加强对晋北社区和晋普山社区企业类型社区的管理与服务，一方面协调企业自身加强管理，另一方面通过当地政府给予支持与帮助，有力促进了企业社区的建设和发展。2015年，省级财政下拨的15万元社区专项工作经费全部落实到位，全县社区建设健康发展，社区居民和谐稳定。

### 社团管理

根据国务院《社会团体登记管理条例》和《民办非企业单位登记管理暂行条例》规定，严格做好社会组织的登记管理工作。一是根据县委、县政府办公室《关于在全县学习讨论落实活动中深入开展专项整治工作的通知》(泽办发〔2015〕8号)精神，联合县委组织部、县监察局、县财政局在全县社会团体中开展了专项整治活动。二是根据市民政局有关要求，对全县涉企社团收费进行了清理规范，并制定印发了《关于加强社会组织管理和规范社会组织行为的通知》。三是根据社会组织登记管理有关规定，严格依法登记。对13个违反《社会团体登记管理条例》有关规定的社会团体予以撤销登记处罚。截至2015年12月，全县共登记社会组织79个(社会团体46个，民办非企业33个)，其中新增9个(社会团体4个，民办非企业5个)。四是根据年度工作安排，按时组织开展社会组织2014年度年检。五是严格落实领导干部在社会团体中任职的有关规定，认真做好社会团体法人变更工作。

### 界线管理

根据国务院《行政区域界线管理条例》《山西省行政区域界线管理办法》，2015年，继续认真开展平安边界建设活动，以“两图一责”的管理模式落实到最基层单位，即：绘制任务示意图、网络图并上墙，民政部门与土地所有权的村签订责任书，责任落实到人。努力使创建活动做到领导职责明确、责任落实，形成主要领导负总责、分管领导具体抓、民政业务科室组织实施、边界地区干部群众广泛参与的组织协调工作机制。同时，重点加强了对省界的管控，按照省民政厅的要求，将行政区域界线管理工作所需经费列入县财政预算，除省里每年下拨的25万元之外，县财政配套经费50万元。2015年年底，分两批全额拨付到金村镇、柳树口镇、大箕镇、山河镇、晋庙铺镇，加强了省界界线标志建设，提高了省界管护人员待遇保障工作，做到了守土有责、守土尽责。

### 地名管理

2015年，认真落实《国务院关于开展第二次全国地名普查的通知》(国发〔2014〕3号)和国务院第二次全国地名普查领导小组《关于印发〈第二次全国地名普查实施方案〉的通知》(国地名普查组发〔2014〕1号)精神，深刻领会这次地名普查的重要性和必要性，加强领导，积极参加省、市的业务培训，并努力做好地名普查的前期准备工作，科学制定《泽州县本级第二次全国地名普查实施方案》并下发至各个成员单位和乡镇；请示县政府下拨《泽州县本级全国第二次地名普查经费》120万元，采购设备多部，包括电脑、相机、GPS定位仪、保密柜等，做到了人员补充到位、设备配置到位、经费保障到位；严格按照省、市要求，落实业务外包任务，在学习考察的基础上，主动与试点成功单位联络沟通，吸收其有效经验，做到有备而战，为全县即将开展的地名普查工作奠定了良好基础。

### 婚姻登记

2015年，县民政局婚姻登记处坚持以“依法行政、为民服务”为宗旨，以创建文明窗口为载体，以优质文明服务为目标，圆满完成婚姻登记的各项工作。一是婚姻登记工作再上新台阶。婚姻登记是一项关系百姓、稳定社会、服务经济的工作，随着婚姻登记工作在社会发展中所体现的作用越来越大，其所带来的工作任务也越来越重。2015年，共办理结婚登记3913对，离婚登记639对，补发婚姻证件539份，出具婚姻证明866份，合法结婚率和登记合格率均达到100%。二是创建婚姻登记机关规范化建设成效显著。为贯彻落实婚姻法、《婚姻登记条例》和《婚姻登记工作暂行规范》，对照规范化检查内容，在原有制度的基础上制定并完善了《婚姻登记处岗位责任制度》《婚姻登记员岗位职责》《婚姻登记办理流程制度》《档案管理和保密制度》《学习制度》等各项规章制度，全部达到规范化建设标准。三是不断加强政务公开工作，提高依法行政水平。根据规范化建设的要求，该处对工作人员的照片、工作守则、服务承诺、办公时间、办理时限、办公地点、办事依据、收费标准、咨询电话、监督电话等内容进行公开，进一步提高了依法行政的水平和婚姻登记质量，广泛接受社会监督。

### 殡葬改革

2015年，根据《晋城市人民政府办公厅〈关于重新划定全市火葬区的通知〉的通知》的精神，下发了《泽州县每个行政村设立“红白理事会”的通知》，要求村村必须组建，并由各乡（镇）对村“红白理事会”进行登记，在县民政局进行备案。9月底组织了检查验收，全县成立“红白理事会”的行政村有550个，部分偏远山村、人口稀少的村占未组建，但乡（镇）政府对“红白理事会”的设立都能够做到全力支持，各项制度建设和管理工作也在不断完善过程之中。为此，一方面“红白理事会”明确工作人员的职责，规范其工作程序；另一方面依托乡镇及时开展业务培训，提高理事会成员的政策水平和工作能力，更好地开展理事会工作；同时，充分利用广播、电视、报纸、网络等媒体进行大力宣传，印发宣传单5000余份、标语800余条，在各村（居）采取发放倡议书、张贴宣传标语、设立版报专栏等形式，广泛宣传成立“红白理事会”的重要意义，倡导文明、绿色、节俭新风尚，不断增强村（居）民对“红白理事会”认同感，在全县营造革除陋习、共建文明的良好社会氛围。

## 人力资源和社会保障

### 概述

泽州县人力资源和社会保障局承担着就业创业、社会保险、人才队伍建设、人事制度改革、公务员管理和构建和谐劳动关系六大块业务工作。下设机关股室16个，局属单位15

个，乡镇派驻机构13个，在职职工共345人。2015年，该局积极作为，主动创新，使人社工作迈上新台阶、取得新成果。局长：牛玉万。

## 就业再就业

（一）城镇新增就业：截止12月底，全县城镇新增就业岗位6770人，占市局年度任务6430人的105%.城镇登记失业率控制在0.21%内，低于市控目标3.5%。（二）农村劳动力输出与转移：截至12月底，全县共输出与就地转移农村剩余劳动力4890人次，占市局任务4600人的106%。（三）再就业工作：超额完成市里考核目标任务，失业人员再就业870人，占任务的128%；困难人员再就业258人，占任务的120%。“4050”公益性岗位当年安排了37人，实际在岗73人。用人单位近58家，涉及岗位主要以门卫和保洁为主。就业失业登记证共办理了3611个，每个都严格按照实施细则的规定登记和办理，年审工作也在按部就班进行，办证材料归档，信息录入规范。（四）公益性岗位：“4050”公益性岗位现在岗的73人，在管理上按照“谁用人谁管理的原则”并通过用人单位季报考勤，中心每月不定时，不定点的检查来规范和管理。2015年四季度局里组织专人对就业专项资金进行了检查，都能正常上岗，未发现挂岗、冒名顶替等现象发生。经常和各用人单位沟通联系、互通信息，做到上岗人员安心上岗服务，用人单位称心满意用人。（五）创业担保贷款：创业担保贷款得到上级的高度重视，担保贷款基金达到1690万元，泽州县从8月开始，现已为符合条件的124户申请人贷出1392万元小额担保贷款，其中为7户大学生创业贷款155万元。直接扶持124人创业成功，带动了700多人就业，充分发挥了小额担保贷款对创业的支持促进作用，发挥出了倍增效应，真正起到了构建社会和谐的“稳定器”，调整经济结构的“调节器”，创业人员脱困致富的“加速器”。

## 职业技能培训

（一）创业培训：截至12月底，共举办SYB培训班16期，GBO培训2期，共培训学员540人，占任务510人的106%，培训合格率达到100%。培训后成功创业和企业改善经营97人，占参训总人数的17.9%，创业带动就业1405人，带动就业比例达到1:7。（二）新成长劳动力培训（劳动预备制培训）：2015年共招收劳动预备制学员1397人，占年度总任务850人的164%。（三）技能提升培训：截至12月底，该局共对6016名农村劳动者和企业在岗员工进行了技能提升培训，占任务5100人的118%。（四）城镇失业人员再就业培训：截至12月底，对680名下岗失业人员进行了技能培训，占年度任务440人的155%。（五）技能人才培养：全年共培养各类技能人才985人，占任务300人的328%。其中，新增高技能人才高技能人才62人，占全年任务30人的207%。

## 创建国家级创业型城市

（一）创业主体大幅增加。2015年年底，泽州县共登记各类市场主体累计达11583户，其中企业2920户，个体户7298户，合作社1374户，集团公司1家。2015年全县新登记各类市场主体共计2665户，比2014年同期市场主体增加101%。其中，新登记企业466户，较2014年同期增长17.3%；新登记个体工商户2043户，较2014年同期增长189%。(二)就业创业成效显著。2015年年底，全县转移农村剩余劳动力4890人，城镇新增就业6770人。同时，各类创业项目为县剩余劳动力提供了较多的就业岗位，创业带动就业的“推进器”作用较为明显。2015年，全县城镇登记失业率0.21%，远低于3.5%的控制目标。(三)创业项目征集顺利。2015年征集优质创业项目71个，通过评审进入市级创业项目库的11个，其中部分创业项目列入省级相关部门创业项目库。认真开展了小微企业认定工作，目前已认定小微企业95家。(四)农村创业蓬勃发展。通过积极争取上级资金扶持发展“一村一品、一县一业”的企业、合作社、规模养殖场(户)，引领带动了该县“一村一品、一县一业”的发展。特别是泽州县知名度较高的鲁村小米、泽州红山楂、巴公大葱、南义城红薯、南岭酥梨等地方特色产品得以培育和提升。依托龙头企业和农民专业合作社，在专业村建立示范基地，带动了农村创业实体的蓬勃发展。(五)旅游经济上档升级。依托旅游发展和文物保护“两大主轴”，全面整合“山、水、湾、古镇”旅游资源，重点培育“山水古韵、精彩泽州”旅游品牌，以“走出去、引进来”宣传促销方式为基础，围绕“大格局、大效益、大发展”三大目标，找准旅游经济新的增长点和着力点，推动旅游经济转型升级。珏山景区与二十八宿影视公司联合设立了珏山动漫创意产业园区，大阳古镇、山里泉、李寨沁河峡谷旅游区等项目正在升级和加紧建设中。以点带面，以面带片，中心辐射四周的文化产业布局正逐步形成。另外，李寨风景区与山西国瑞集团签署了3亿元的投资协议，大阳古镇与北京立根集团签署了5亿元的投资协议，加快了旅游景区的上档升级，为创业就业带来新的发展契机。

## 社会保险

2015年，泽州县企业养老、机关事业养老、城乡居民养老、医保、工伤、失业、生育参保人数分别达1.7万人、1.57万人、29.78万人、5.03万人、6.6万人、2.35万人、2.72万人，基金征缴分别达12384万元、27500万元、2824万元、8214万元、2554万元、1047万元、712万元，参保人数和基金征缴再创新高，各项社会保险覆盖率达90%以上。

## 信息化建设

为广泛推行社保卡综合应用，成立信息服务中心，专门服务和管理社保卡相关工作，在社会保障卡基础记录和查询、就医、养老、就业、政府其他公共服务等方面取得了一定进展，社会保险基金、待遇实现了社会化征缴和发放。

## 公务员管理

2015年，建立并实行了县乡公务员职务职级并行、职级与待遇挂钩制度，为全县符合晋升副科级的522人、正科级的108人、副处级的80人和正处级的8人共778人相应地调整了工资结构，最大限度地调动了基层公务员队伍干事的激情和热情。招聘了7名行政公务员，并对全县800余名副科级以下公务员和参公人员进行了知识更新培训。

## 事业单位管理

有效开展了职（执）业资格清理整顿专项督查活动，有效减少相关许可和认定项目。另外，将档案管理工作由人事档案和社保档案扩大至全局业务档案，不仅扩大了所有档案室规模，配备了全新的设备，还引入了综合档案管理软件信息系统，实现了档案的制度化、规范化管理，方便了服务对象，提高了工作效率，该局的社会保险档案管理已达到了省二级管理标准。

## 招才引智

（一）加大宣传力度，营造良好的招才引智工作氛围。为使该县各企事业单位更好的开展对外合作，正确引进和充分利用国内外高层次人才为当地经济社会服务，同时也为使国内外高层次人才及团队进一步了解泽州，熟悉泽州，来泽州工作创业、开展技术交流或项目合作，紧密结合泽州和工作实际，开展了多种形式的宣传活动。一是资料宣传。印发泽州概况，重点产业，人才政策和人才项目需求等。二是会议和下乡宣传。借助外出参加各类招才引智大会或举办人才技术项目推介会等形式，借助下乡调研、走访、座谈等机会，宣传泽州县的创业环境、人才政策等。（二）多渠道收集人才技术项目供需信息，并进行双向推介。做好跟踪服务多渠道搜集本县企事业单位人才技术项目需求信息，广泛搜集、整理、推介国内外高层次人才的技术、项目，建立数据库，鼓励和引导国内外高层次人才到县工作创业或开展技术项目合作，为县企事业单位提供高层次人才、技术、项目需求服务，为国内外高层次人才到县考察、洽谈、工作创业或开展技术项目合作提供跟踪服务。（三）强化联系、合作，拓宽招才引智渠道。对内加强与泽州县重点企事业单位的联系沟通，对外进一步加强与上级招才引智部门联系合作，实现资源共享，拓宽招才引智渠道。通过省、市招才引智渠道，在2015年5月4日—5月23日，为路宝汽车铝部件制造有限公司邀请到德国轮毂专家Mr.Stephan WESP，2015年10月8日—10月25日，应企业要求，再次为路宝汽车铝部件制造有限公司邀请到德国轮毂专家Mr.Stephan WESP、Mr.Werner DURCHSCHEEIN，这两位专家具有丰富的技术专长，他们为路宝进行了现场指导和技术培训；2015年7月，人才中心、招才引智股组织省果树专家到周村镇、大东沟镇、大阳镇进行果树栽培的现场咨询和实地技术指导，共培训150余名技术人员和乡土人才，2015年8月21日—9月11日，为县金园专业合作社邀请到德国农业专家Mr.Johannes Wessling进行为期半个月的果树栽培与技术指导；2015月8月30日—9月16日，为清慧制造有限公司邀请到德国铸造专家Mr.Julius Veit进行生产技术培训，还为清慧召开全市引进人才及技能培训座谈会；县医院与2个省级卫生专家对接并进行业务培训和技术指导。

## 人事培训

（一）公务员继续教育培训工作开展情况。为全面提高公务员能力素质，按照公务员法和《公务员培训规定》要求，结合省、市关于开展公务员培训的安排部署和全县公务员培训工作实际，开展了公务员知识更新培训工作，2015年共培训924人。通过培训，进一步提高了公务员的能力素质，为全县适应经济新常态提供了智力支持和人才保障。(二)专业技术人员继续教育情况。根据《山西省专业技术人才知识更新工程实施意见》文件精神，培训课程涉及中共十八大及十八届三中、四中、五中全会精神、沟通从心开始、社会主义核心价值观、经济新常态、职场礼仪与职业形象、法律素养及健康知识等课程。培训采取分期轮训方式进行，全年共培训29期，每期培训3天，共培训学员9391人。(三)职称考试报名及招聘工作。2015年，该局安全、顺利地组织实施了各类职称和招聘考试报名工作，职称计算机考试报名人数516人。根据安排，参与了为泽州县公安局看守所招聘工作人员考试、泽州县人民医院招聘考试及大学生基层公共服务岗位招聘考试三项工作，通过资格审查、笔试、体检、考核等程序，各选拔工作人员6名、26名、150名。在整个过程中，邀请了纪检监察、新闻单位、用人单位全程监督。充分体现了公开、公正、公平、择优录用的原则，受到了社会和上级部门的充分肯定。

## 收入分配

2015年6月，根据省、市有关文件，完成了全县机关事业单位离退休人员增加离退休费工作。此次增资从2014年10月起执行，共涉及4278人，行政单位722人，事业单位3556人。月增资总额139.83万元。年增资总额1677.96万元。2015年7月，根据省人社厅《关于落实机关事业单位工作人员调整基本工资标准净增资的通知》，对全县机关事业单位工作人员增资进行了审批，此次调整基本工资标准，共涉及425个机关事业单位，13427人。其中：86个行政单位，2020人；339个事业单位，11407人。月增资总额1187万元，年增资总额1.42亿元。根据省、市有关文件，结合该县实际，于2015年10月制定了《关于乡镇机关事业单位工作人员实行乡镇工作补贴的实施意见》。11月，对乡镇工作补贴进行了审批，共涉及8165人，月需245万元，年需2940万元。对全县机关事业单位工作人员晋升工资进行了审批。①圆满完成了2015年度全县行政单位和参公事业单位部分工作人员晋升级别工资的审批。②对事业单位工作人员每年正常晋升薪级进行了审批，共计11407人。③对晋升职务、职称、工人技术等级、岗位设置、学历变更等人员工资变动进行了审批。根据中央、省有关职务与职级并行制度的意见，结合泽州县实际，2015年11月会同组织部门，印发了《泽州县公务员职务与职级并行实施办法》及《泽州县公务员职务与职级并行实施细则》。各有关单位根据实施办法、细则，对本单位人员进行了初核、测评考核、公示，并上报工资股进行审核。全县符合晋升条件共760人，其中，晋升副科级526人，正科级127人，副处级96人，正处级11人。2015年11月，完成了行政机关工作人员年终一次性奖金及事业单位工作人员奖励性绩效工资的审批。继续做好城镇居民人均可支配收入增幅工作。泽州县城镇调查户共计27户，分布在成庄矿社区、晋普山矿社区。根据统计部门公布的数据，2015年全县城镇居民人均可支配收入25662元，增幅6.7%。

## 执法检查

泽州县劳动监察大队以创建“农民工工资无拖欠城市”为契机，以为农民工提供优质服务作为维护社会稳定、促进民生和谐的一项重要工作，在“服务提升年”工作的实践中，制定了信访案件处理跟踪卡，不断建立健全工资支付保障机制，提升为民服务水平。执行信访案件处理跟踪卡以来，共受理93起拖欠工资案件，共为1390名农民工追讨回875.7万元工资，案件处理结果群众满意度为100%，有效地保障了和谐劳动关系，维护了社会稳定。

## 信访仲裁

截至2015年年底，共设乡镇基层调解组织14家，企业调解组织6家，行业调解组织8家，逐步构成了以仲裁院为依托、乡镇调解组织为前沿、企业和行业调解组织为两翼的集维权和服务为一体的网络格局。2015年，共受理各类劳动争议案件81起，已结案79起，结案率达98%。其中，仲裁裁决27起，仲裁调解43起，撤诉9起，调解和撤诉率占总结案率的66%，共调裁各类经济补偿和赔偿金4172650.5元。全年无赴京上访现象。

## 创建农民工工资无拖欠城市

（一）工作机构更加完整，形成了纵横交错的“劳动保障安全网”。通过13个乡镇劳动保障所、626个行政村700余名协管员，与劳动监察共同构筑起了“纵向到底”的用工监管体系。2015年以来，各乡镇和相关主管部门也相继成立了创建农民工工资无拖欠城市工作机构，并严格落实责任及人员，形成了“横向到边”的用工处理系统，这两者的结合，使该县的用工监管体系“纵横交叉，百密无缝”。（二）工作机制更加健全，向齐抓共管迈进了一大步。及时制定创建工作实施方案，对各乡镇、相关部门的工作职责做了明确划分，使处理农民工工资问题有了切实的依据，在步调一致、协同配合、齐抓共管方面迈出了非常重要的一步，领导组办公室的协调处置、掌控把握能力进一步增强，长效工作机制基本形成。（三）工作制度更加完善，实现了责权利三者的有机统一。对各成员单位建立起了案件追踪制度、工作问责制、月报告制度、年汇总制度和目标考核制度；在内部，建立健全了岗位责任制、首问负责制、限时办结制、责任追究制等管理制度；在“两网化”建设上，形成了网络信息采集和书面审核程序、协管员管理考核办法、投诉举报规定等内控制度，基本上实现了风险共担、责权对等、利益共享。（四）工作力度更加强化，获得了各级领导的关注和支持。这项工作从文件出台、工作安排，到会议部署、组织落实，都得到了县里领导的关注和大力支持。“两网化”建设成效显著，2015年全年共采集和录入信息3058户，处于全市前列。

## 人才服务

根据省、市、县有关文件精神和要求，2015年泽州县人才交流服务中心主要承担做了以下工作：（一）服务平台建设：人才公共服务工作正面临着有效推动人才资源流动配置和有效解决人才资源供需矛盾的紧迫任务。面对人才就业难和企业用工荒的现状人才公共服务应重点解决供需双方信息不对称、对接渠道不畅通的问题为人才求职和单位用人搭建有效的公共服务平台。(二)就业服务：为切实做好高校毕业生就业指导工作，积极开展人事代理、就业见习、基层公共服务岗位、实名制登记等基础性工作，有力促进高校毕业生就业创业工作有序开展。人事代理服务范围，已从大中专毕业生扩大到了集体企业、民营企业等，代理服务项目从保管档案、年度考核、开具相关证明扩展到党组织关系挂靠、户口挂靠等，并通过建立QQ群对挂靠的26名流动党员进行统一管理，定期思想汇报缴纳党费。为未就业大中专毕业生提供人事代理，并为县人民医院、正达会计师事务所等单位员工办理了单位委托人事代理，为其员工的职称评定提供服务等。中心共代理大中专毕业生档案564份，新增数312份，户口挂靠89人，年增31人。对710名应届毕业生进行了实名登记，其中教育部门移交356人，自主登记354人，还将为其提供就业服务和多种渠道开展对接服务。2015年高校毕业生就业见习工作有关精神要求，中心积极开展了大中专毕业生就业见习活动。2015年，下达泽州县的高校毕业生就业见习指标为100人，为切实做好2015届高校毕业生就业见习管理工作，中心积极深入企业进行调研，搜集就业见习岗位，开展就业见习工作。截至年底，共搜集就业见习岗位230个，进行就业见习申报143人。积极组织实施了公共服务岗位工作。根据省政府办公厅下发的42号文件要求，在17个乡镇和4个社区共安排高校毕业生到省级购买的基层公共服务岗位工作，岗人数为38人，相关待遇由省级财政承担。2014年安排县政府购买的基层公共服务岗位工作人员现在岗人数为105名，2015年10月又新招录上岗151人，现在岗人数为149名，其工资保险待遇由县级财政承担。(三)规范化建设：为进一步加强档案规范化管理，更好地为各类人才提供优质的档案服务，加强大学生档案管理工作，使大学生档案管理工作走上规范化、科学化的轨道。高校毕业生人事档案是人才信息的重要载体，真实、齐全、完整的毕业生档案，全面的记载着高校毕业生的学习经历、政治思想、品德作风、实践能力及个人特长等信息，是毕业生综合素质的集中反映。为方便高校毕业生和社会用人单位对毕业生档案的查询、调取和利用，中心在确保顺利接收毕业生档案的基础上，加强大学生档案管理。(四)服务工作：按照全省“千人百县”高层次人才服务基层活动的要求，该与省、市外专局等引智部门联系，邀请国内外专家深入基层进行业务培训和技术指导，努力搭建高层次人才、项目对接平台，扎实开展了高层次人才服务基层活动。2015年，果树专家到南岭、金村等乡镇进行果树指导，到周村、大东沟、大阳进行调研指导并帮助南岭果树示范园进行补植；县医院与2个省级卫生专家对接并进行业务培训和技术指导；为路宝引进德国铸造专家史蒂芬·威斯普进行业务培训和技术指导；为泽州县金园专业合作社邀请到德国农业专家Mr.Johannes Wessling现场进行水果及蔬菜栽培技术指导。在清慧召开全市引进人才及技能培训座谈会，还为晋城市清慧机械制造有限公司和晋城市路宝汽车铝部件制造有限公司两家企业申报资助。

## 民族宗教

### 概述

泽州县民族宗教事务局是全县工作的重要组成部分，履行民族宗教事务管理职能。为县政府组成部门，正科级建制。内设办公室和民族宗教股。局长：武和平。

### 民族基本情况

泽州县有20个少数民族，310余名少数民族群众。主要有回族、蒙古族、满族、壮族等。回族相对较多的村有大阳镇大阳一分街，全村共有708户，2370口人，其中，回族10户，50余人，其他均分散居住在17个乡镇。

### 宗教基本情况

全县有佛教、道教、伊斯兰教、天主教、基督教等五大宗教，有佛教协会、基督教协会两个宗教团体。经批准开放的宗教活动场所49处，其中佛教39处、道教3处、伊斯兰教1处、天主教2处、基督教4处。有宗教教职人员13人。全县信教群众约5万余人，约占全县总人口的10%。

### 民族宗教法规政策学习宣传活动

组织进行“民族宗教法规政策宣传月”活动，总计编印、发放3000套学习手册份和单行活页彩色资料；制作100块宣传版面；在《泽州新闻》报专版专页连载五期，刊出民族宗教法规政策栏目；同时，还组织了民族宗教法规政策和有关知识的咨询周活动，县委、县政府分管领导多次亲自参加了活动周，总计到重点乡镇和宗教活动场所宣传咨询50余次。举办了信教群众参加的民族宗教知识竞赛，邀请《泽州新闻》记者一起在广大群众中宣传指导。通过宣传学习活动，为广大群众了解民族宗教政策、法规，正确理解和对待民族宗教奠定了基础。

### 和谐寺观教堂创建活动

为了进一步推动《宗教事务条例》及相关配套规章的贯彻落实，提高宗教活动场所规范化、制度化管理水平，发挥宗教界人士和信教群众在促进经济社会发展中的积极作用，在宗教界深入开展“和谐寺观教堂”创建活动。组织各宗教团体、宗教活动场所，按照“和谐寺观教堂”的八项标准，普照寺等15个宗教活动场所被评为“和谐寺观教堂”，并颁发了证书和奖牌，占全部宗教活动场所的30%，其他活动场所的规范化、制度化水平也得到进一步提高。

### 公益慈善活动

按照国家和省市宗教局的统一部署，在宗教界组织开展了由2个宗教团体、49个宗教活动场所及信教群众参加的“宗教慈善周”活动。全县宗教界围绕敬老、助学、助残、帮困等慈善主题，坚持自愿参与、民间运作、量力而行、规范管理的原则，集中进行了公益慈善活动，高质量推进完成了“宗教慈善周”活动，以实际行动展现了宗教界大爱无疆的宽广情怀，以独特的方式丰富了参与公益慈善事业的形式，以最大的力量帮助了最需要帮助的困难群体。“宗教慈善周”期间，全县宗教界共募捐善款7万余元。在全年的其他公益慈善活动中，宗教界信教群众在扶贫济困、支持教育、维护寺庙建设、保护文物和宗教文化遗产等方面出资近200余万元。

### 矛盾纠纷排查

在进行依法依规管理的基础上，把维护宗教界的和谐稳定作为重中之重。对存在的各个矛盾和纠纷进行了调查研究、分类疏理，认真分析其原因、根源、和特点，找准切入点，根据不同类型的矛盾纠纷采取不同的办法逐个化解，取得了明显的成效。解决因煤矿开采造成寺庙塌陷矛盾纠纷2件、群众举报反应宗教教职人员行为问题9件、宗教活动场所和当地村委及村民发生纠纷3件、宗教内部信教群众纠纷5件。

### 宗教活动场所财务监督

财务管理是否规范不仅直接影响着团体的凝聚力和场所的稳定，也关系着广大信教群众的切身利益。在宗教活动场所的财务监督管理工作中，采取多种形式加强对宗教活动场所财务的规范化建设。一是加强财务督导，建立健全了宗教活动场所财务督导制度，成立了由宗教团体负责人为组长的财务督导小组，全面加强对各宗教活动场所的财务监督和指导。二是加强财务制度建设，按照《宗教事务条例》《宗教活动场所财务监督管理办法》(试行) 的规定，宗教活动场所建立健全财务和会计制度，不定期对各场所的账务资料进行检查，进一步加强对宗教活动场所的财务管理，同时加强对较大宗教活动场所财务的监督。三是加强财务人员业务培训，加强对宗教活动场所财务人员的培训，提高了他们的财经知识，动员有条件的场所财务人员要持证上岗，尽量聘用有会计资职的专业人员担任，对会计科目设置和记账方法进行规范。四是坚持财务收支公开，按照《宗教事务条例》和《宗教活动场所财务监督管理办法 (试行)》有关规定，场所的财务收支和接受捐赠情况向信教群众公开，接受监督。

### 宗教教职人员登记备案

按照认定备案工作“一地一证，一人一证”的新要求，在对教职人员登记立档案的基础上，对已取得宗教教职人员证书的教职人员重新进行核实登记，进一步实现规范化管理。对没有宗教教职人员证书或未认定过的教职人员，重新按照规定程序申报、备案和认定。建立了宗教教职人员认定备案电子档案及信息数据库，积极推进认定备案动态化管理，主动有效应对了教职人员增加、减少、调整等变动。已认定备案23名宗教教职人员，完成了认定备案工作任务。

### 宗教教职人员社会保障

为进一步做好全县宗教教职人员社会保险工作，按照上级主管部门的要求。一是积极组织培训，使教职人员掌握社会保障政策和参保标准；二是针对宗教教职人员参加社保的特殊性和参保过程中遇到的实际问题，与有关部门多次会商，寻求解决办法，统一参保操作流程。三是及时审核、认真统计人员资料信息，扎实稳步推进。在2014年的基础上宗教教职人员参保率达100%，实现了宗教教职人员社保的全覆盖。

### 宗教团体建设

为了加强宗教团体建设，使其在构建和谐社会方面发挥积极的作用，在为宗教团体提供人才支持的同时，工作上预以支持，生活上给予帮助，办公条件上帮助改善，维护宗教团体的合法权益。各个宗教团体在办理教务、组织宗教活动、兴办公益服务事业等工作中，发挥了重大作用，宗教团体在信教群众中的威信和信誉得到了进一步提高，起到了正确引导广大信教群众的作用。一年来，各宗教团体按照各自教派的教规教义，指导规范活动场所的各项宗教活动，积极帮助并推动活动场所建立健全了规范的财务管理制度。宗教团体的有效工作，极大提高了对宗教活动场所的管理和服务水平。

### 扶持少数民族经济发展

按照普遍和重点相结合、以点带面的原则，对全县少数民族个体经营户进行了调查摸底，对三个有经营条件的个体户进行了重点扶持，积极帮助南村买记清真食品有限公司进行改造，争取扶持资金改善生产条件，为尽快产生效益，多次联系有关技术人员实地进行技术指导。同时，还积极支持鼓励其他少数民族群众根据自己的有利条件，经营养殖、种植、餐饮等项目。

### 清真食品监管

分期分批对全县17个乡镇政府所在地的生产经营清真食品点进行了清理整顿，经过验收共为12个合格的生产经营清真食品企业（饭店）进行了登记，核发了清真食品生产经营许可证。

### 应急管理

制定了《泽州县涉及民族宗教方面群体性事件应急预案》；在东岳庙进行了消防应急演练；邀请市应急办公室郜战民对各个宗教活动场所有关人员进行了消防应急专题培训；同时，春冬两次配合公安、消防部门深入宗教活动场所进行防火防盗安全检查，及时消除了各种隐患；各宗教活动场所建立健全了消防安全制定，有防火安全措施，配备了灭火器材、水缸、沙袋等。同时各个场所成立了防火安全领导组，安排值班人员，并对各个活动场所负责人和有关人员，进行了防火知识培训。截至年底实现了各个活动场所防火措施四有：一是有灭火工具，确保时刻能用、管用。对防火水缸充满水，对防火沙袋、防火钎摆放在正确位置；二是有防火警示标志，确保时刻提醒和警示公众。防火警示标牌挂在醒目位置，关键位置必须挂；三是有人员值守，确保时刻防止火星扩散，在各个焚香和鞭炮燃放点，必须有专人看守；四是有阻燃材料。在焚香炉下放阻燃材料的玻璃、石板等与火源隔离，禁止在木桌上直接放香炉。通过以上措施，预防火灾发生，保证宗教活动场所安全。全县全年49个宗教活动场所无一起火灾和其他事故发生。

## 老龄工作

2015年，泽州县老龄工作委员会以中共十八精神为指导，按以发展实干为工作导向，创新思路、突出重点、真抓实干，积极贯彻《中华人民共和国老年人权益保障法》，落实有关老年优待优惠政策，各项老龄工作和老龄事业取得了新突破、新发展。县老龄委主任：李国兴。老龄办主任：李保保。

（一）为全县80岁以上老人发放了尊老金。作为全县十件惠民实事之一的为80岁以上高龄老人发放尊老金，县老龄委以高度的责任感，对全县80岁以上老人进行了统计、审核，尤其对去逝和新增的老人力争做到不漏报、不瞒报，一年两次，进行发放，每人每年900元，全年共发放尊老金5787900元。全县6431名80岁以上老人全部足额领取，享受到了党和政府对他们的关爱。（二）"关爱银龄·助老御险"。2015年，加大了宣传力度，协同人寿部门深入基层进行宣传，努力提高广大老年人的抵御风险的能力，召开了全县"关爱银龄·助老御险"工作推进会，收到了较好的效果。全年投保老人达12194人，投保金额达13万多元。（三）"银龄行动·开发式扶贫助老"工作。晋城市第七期"银龄行动·开发式扶贫助老"活动在泽州县大箕镇、李寨乡举行，为他们提供了1万元的扶贫款，也为该村关心老年人生活，老年人参与社会提供空间和有利条件，促进了该地的经济发展和老龄工作的健康发展。（四）开展了走访慰问活动。全县90岁以上老人610人，百岁老人8人。老年节期间，县长高喜全在副县长程春明的陪同下，深入到金村镇李家鄢村、百岁老人韩百林家中，给老人送去了3600元的慰问金和一束鲜花。副县长程春明同县老龄办的同志慰问了其他几位百岁老人。同时，还对全县650名特困老人进行了登门慰问，资助特困金13万元。（五）开展了为老年人送法律、送健康活动。为把今年"敬老月"活动开展的有声有色、有新意，县老龄办早动手，翻印了《中华人民共和国老年人权益保障法》宣传挂图2000份；于重阳节前后深入乡村、结合慰问活动，及时把《中华人民共和国老年人权益保障法》送到老年活动中心和乡、村敬老院，不仅使广大老年人在节日里享受到物质慰问，而且还享受到精神方面的慰藉，非常受老人们的欢迎。（六）为全县老年人办理了山西省老年人优待证。2015年办理老年人优待证7000本，受到了广大老年人的好评。（七）举办了全县中老年广场舞比赛活动。2015年10月15日上午，县老龄委在古矿职工活动衷心举办了"天泰杯"中老年广场舞比赛活动。来自全县10多个乡镇14支代表队300余名队员参与了活动。活动中各代表队认真执行比赛纪律，精心组织，认真比赛，场上翩翩起舞，场下阵阵掌声，整个氛围一片和谐热烈。经过近两个小时的角逐，来自县老干部童心艺术团代表队获得了一等奖；巴公镇、大东沟镇坪头村、南村镇代表队获得了二等奖；柳树口镇、下村镇杨庄村、高都镇代表队获得了三等奖，其余代表队均获优秀奖。（八）开展了纪律大整顿活动。一是健全组织，落实制度。二是周密制订了《县老龄办开展"纪律大整顿"活动实施方案》。三是强化学习教育，全面提高了素质。学习中，积极组织全体党员干部认真学习习近平总书记系列重要讲话精神和十八届中央纪委四次、五次全会精神，认真组织学习了《中国共产党章程》《中国共产党纪律处分条例》《中国共产党廉政准则》等党纪条规，学习了中央八项规定精神和反对“四风”相关规定以及省、市关于进一步严素工作纪律的要求和县委“五个不准”、县政府“八个做到”等规定。四是认真对照检查，明确努力方向。通过征求意见，结合单位自查自纠情况进行梳理，着重找出了当前在纪律作风方面存在的一些问题。对照查找出来的问题，研究制定了周密可行的整改措施，明确了整改的目标责任、时限和今后努力方向，扎扎实实抓好各项整改工作。五是注重活动实效，促进当前工作。通过纪律大整顿活动的开展，单位的纪律作风有了明显的改善，服务水平也得到了显著的提高，处处洋溢着热情、和谐的工作氛围。

# 乡镇概览

## 下村镇

### 概述

下村镇位于泽州县西北部的吾圣山下，距晋城市区21千米。该镇北靠高平，西接沁水，东与大阳镇、巴公镇接壤，南与大东沟镇毗连。全镇总面积94平方千米，辖33个行政村，44个自然村。2015年，总人口44443人，有耕地3万亩。

2015年，下村镇党委、政府深入贯彻落实中共十八届三中、四中、五中全会精神，以“产业集聚、镇村融合、功能完备、宜业宜居”特色新城镇为目标，解放思想，创新发展，着力基层组织建设，着力特色城镇建设，着力民生实事建设，强化政治引领，取得了优异成绩。被市委、市政府评为“安全生产先进乡镇”，被市文明委评为“文明乡镇”，被县委、县政府评为“目标责任考核优秀乡镇”。

### 综合经济

2015年实现粮食大丰收，完成粮食生产2643.6万公斤。民营企业增加值达到26.84亿元，增幅稳步上升。在国家宏观政策的调控下，财政税收持续平稳，增减幅度不大。全镇经济总量有所增长，县营以上煤炭企业9家，年生产能力达1600余万吨。在煤矿产业的带动下，全民创业势头持续增长，民营企业数量增幅较大，转型发展取得显著成就。投资1.6亿元的晋宏天兆10万头种猪场项目于2015年开工建设一期工程；投资765万元的泽育保温板项目成为下村镇转型发展的一个新生环保型建材企业；“互联网+”行动斩露头角，网上购物成为新驱动，快递网点增长较快。

### 城镇化建设

城镇功能逐步健全。全镇煤层气入户安装累计达21个村8608户，使用率达80%。2015年，镇区集中供热进一步覆盖镇区各村各户，面积累计达37.5万平方米。群众文化活动中心建设基本建成，为全镇文化活动搭建了一个良好平台。沉陷区治理成效显著。2015年，基本建成西陈庄、杨山二村搬迁小区，西陈庄小区6幢楼288户，杨山小区12幢楼360户，积极筹备分房到户工作。裴庄、安楼前期搬迁筹备工作基本完成，上寺头治理经县政府牵头，正在进一步推进中。公共服务明显改善。2015年累计完成农村危户改造51户，建成了上村、柳树底、刘村、成庄、中村5个老年日间照料中心，累计完成了1800户家庭数字电视整转任务，社会保障机制更加健全，新型农村合作医疗基金连续提升，有效解决了看病难、看病贵的问题，连年农村养老保险全覆盖，60岁以上老人免费体检全部实施，银龄助险、人生保险、安全保险等各种保险覆盖全镇。村庄环境宜居美丽。乡村公路保持整洁，公共场所大有更新，体育健身器材遍及各村，“绿化、美化、亮化、便利”成为下村新农村建设主题，如设计7660平方米的下村游园松林葱翠，上村村上下2个景观游园雕塑精美大气、花木稀奇珍贵，青石门楼飞檐挑角；上寺头入村游园、门楼新颖别致；关山、李山、瓮山进村楼阁各具特色。新农村面貌发生了质的改变。随着沉陷区治理的推进，该镇镇区人口逐步集聚，治安、环卫、物业、社区、排污、管网等城镇化建设将踏上快车道。

## 农林牧业

畜牧业持续平稳增长。2015年，全镇累计发展养殖厂203家，累计成立合作社84家，其中，养猪厂103家，规模养猪场50家，存栏33175头；养羊厂60家，规模养羊36家，存栏7680只；养牛厂2家，存栏330头；养鸡厂36家，规模养鸡27家，存栏21万羽。发展特种养殖中村梅花鹿80只、张庄野兔6000只。同时，建成粪污处理厂4个，建成病死畜禽收集点1个。林果苗圃花草长足发展。2015年，着力提升生态环境，平均每年新增荒山绿化面积500亩，种植经济作物300亩，种植林果1000亩。平均每年四旁植树6万株左右，建成中村苗圃350亩，截至2015年年底，各村栽种花草面积达123亩，全镇基本形成了5个生态园区，即：瓮山香椿园区、吾神山生态园区、杨庄和师庄林果区、西山八村药材区、圣公寺和报佛寺游览景区。现代农业趋势向好。2015年，下村镇有效利用新建标准化农技推广站适时培训新型农民，认真落实惠农政策。“绿之丰”农业发展有限公司逐步发展壮大，先后建成蔬菜大棚111个、2个冷库、1个培训中心，1个交易中心，1个苗木基地，基本形成了集采摘、旅游、观光为一体的生态观光农业园。在此基础上，下村、上村、万里、中村先后发展蔬菜大棚45个，2015年大南庄又新建蔬菜大棚100个。农业机械化程度得到提升，由过去半机械化逐步向全部机械化发展，部分村利用一事一议政策积极拓宽硬化田间道路，方便群众机收机耕，2015年全镇两山村庄基本实现联合收割，改变了以往人工收割、机械脱粒的半机械化状态。家庭农场、土地流转等规模化农业生产方式逐步发展，随着土地确权之后，土地作为财产，庄园式农业将成为一场新的农业变革。

### 安全稳定

2015年，以开展党的“创先争优”活动和群众路线教育实践活动为契机，全面开展重大矛盾纠纷和积案化解行动。强化安全生产工作。在信访维稳方面，认真学习“枫桥经验”，集中精力、集中力量对交办案和转办案进行了限时办结，积极化解矛盾纠纷和处理信访案件。同时不断创新社会管理，建立了社会网格化管理机制，促进了全镇社会稳定。在安全生产方面，牢固树立了安全红线意识，一是明确安全生产“一岗双责”责任制，对辖区非煤矿山、冶金铸造、交通、建筑、燃气、食药、学校、地质灾害等行业坚持不懈专项检查。二是狠抓了汛期地质灾害防治工作。三是护林防火工作实行“零报告”，签署了林地防火协议书，增强有林地农民防火责任意识。多措并举确保了全镇安全生产无事故。

### 基层党建

2015年，下村镇先后开展了“学党章、守纪律、转作风”专题教育月和党的群众路线教育实践活动等不同形式的主题活动，坚持从严治党、铁腕反腐。一是教育为主，强化学习。深入贯彻中共十八届三中、四中、五中全会精神和习近平总书记重要讲话，突出强调中央八项规定和“三严三实”要求，进一步规范了党组织和党员星级化管理，创建了36支党员志愿服务队。二是依纪依规，配强班子。依照党章规定届时换届，适时充实调整配齐各村党组织班子，科学合理设置党组织。2015年，重点将史村村、上村村两个村的党支部升格为党总支，充实配备了大南庄村党支部一名支委委员，配齐了窑头村党支部、河东村党支部、长欣联合党支部书记，从而完善了党的基层组织建设。三是严肃查处，正风肃纪。通过查办一些举报案件，对一些支部班子成员和部分党员给予了严肃的纪律处分。按照中央八项规定原则，完成了机关集中办公建设和公务废旧车辆公开拍卖报废，在一些超标准开支方面进行了强力遏止，促进了党员干部作风转变，提升了党政机关和各部门的工作效率。同时，顺利完成了第十届村民委员会换届选举的扫尾工作。2015年，进一步深化“四议两公开”工作方法，压实了“三会一课”制度，清理了一大批“三不”党员，集中整治了“吃拿卡要”不良行为的人和事，彰显了公开、公平和正义，在全镇形成了风清气正的良好政治环境。

镇党委书记：杨鸿飞，镇长：李俊文。

## 大东沟镇

### 综述

大东沟镇位于泽州县西部，距晋城市区17.5千米。该镇东与巴公镇及城区西上庄办事处相连，西与沁水县交界，南接川底乡，北临下村镇。全镇共辖30个行政村、58个自然村，总面积96.3平方千米。2015年，有耕地36442余亩，总人口3.2万余人。2015年，全镇地区生产总值达到13.1亿元，固定资产投资达到8.5亿元，民营经济增加值达到11.22亿元，财政总收入达到1058万元，粮食产量达到1600万公斤，农民人均纯收入达10800元。

### 特色农业

2015年，该镇以实施农业立镇战略为依托，坚持优化“一体两翼”农业产业布局，科技引导农业发展迈出新步伐。全镇农业产业布局主要以长河沿岸村庄粮食生产为“主体”，建有辛壁、段都、峪南等10个村的优质小麦生产基地和南坪优种培育基地，进一步巩固国家级优质小麦生产基地成果；以东西两山等村为“两翼”，在稳定粮食生产的基础上，重点发展中药材、蚕桑、果品、蔬菜、小杂粮等特色农业产业和粮食加工、畜牧养殖等无公害绿色农业产业，以绿宝盛蔬菜农业合作社、谷丰小杂粮加工厂、段都广兴隆养猪场为引领，高效农业发展迅速，全镇各类专业合作社累计达到77家。

### 现代工业

2015年，该镇依托晋韩路、东大路、下东二级路和正在建设中的晋阳一级路优势，大力发展村村通油路网络，加上晋瑞煤业、天安壁盈煤业、西山润达选煤以及在建中的晋煤宏圣药东沟煤炭物流中心，境内工业和民营企业迅猛发展，地区生产总值、民营企业增加值及农民人均纯收入大幅提高，工业经济产值攀升。

### 文化艺术

2015年，全镇共有文化大院16个，音乐队18支，老年活动中心8个。农村业余剧团1个（峪南村），马村村民陈旭太组建的“太行八音会”多次参加省、市、县组织的各项八音会比赛。有文化艺术团体1个（太行风韵文化艺术发展有限公司），演职人员40余人，年演出300余场次，观众达15万人次。电影放映员1人，每年放映360场，观众20万人次。有文化站30个，建筑面积3050平方米。有公共图书馆30个，建筑面积1550平方米，藏书5万余册。还有大众舞厅1个，面积400平方米；文体广场30个，面积13820平方米。文化从业人员250人，占全镇社会从业人员的0.5%，实现增加800多万元。

### 教育事业

2015年，该镇有标准化寄宿制小学5所，村办小学16所，镇办中学1所，村办中学1所，共有教职员工276人，在校学生5228名。全镇普及了九年制义务教育，免除了学生学杂费，所有适龄儿童均能够就近上学，小学生升学率达到100%，初中生升学率达到52%。

### 医疗卫生

2015年，全镇拥有注册村卫生所26所，乡村医生32人，达标卫生所12家。镇中心卫生院占地面积4545平方米，拥有医务工作人员97人，其中主治医师16人，配备有640ma遥控X光机、日本岛晶B超机、血细胞计数仪、电解质分析仪、麻醉机、全自动洗胃机、阴道镜、乳线诊断仪、心电图机等医疗设备，有病床40张，有效解决了全镇3万余名群众看病难问题。

### 广播电视

1972年10月开通东沟有线广播站，到乡镇30杆千米，乡镇到村50杆千米，村以下45

杆千米。1985年9月开通东沟广播电台。现有广播喇叭0.2万只，入户率80%，通响率100%。1988年开通调频转播台，1990年开通调频台，2005年11月开通电台第二套节目。2015年，实现村村通加密电视。

### 文物旅游

2015年，境内有国家级重点文物保护单位1家（河底汤成庙），省级文物重点保护单位3爱（峪南乾明寺古遗址、东沟徐家大院、辛壁玉皇庙），市级文物重点保护单位4家（辛壁太平观、成汤庙、峪南双阁、东沟白龙王庙），在建中的AAAA级旅游景点1处（可寒山旅游景区），市级爱国主义教育基地1个（峪南上溪沟革命英雄纪念塔）。

镇党委书记：许云发，镇长：李瑾卿。

## 川底乡

### 概述

川底乡位于泽州县西部，长河岸边。距晋城市区23公里，乡域东西宽13千米，南北长12公里，国土面积约68.6平方千米。辖27个行政村，45个自然村，户籍人口21278人，其中农业人口200579人。有28680亩耕地。该乡煤炭资源丰富，是泽州县重点产煤乡镇之一。煤炭采掘为主导产业，新兴地面工业和规模化农业发展迅速。2015年，乡党委下辖43个基层党组织，全乡有党员1041名。

2015年，乡党委、政府努力克服困难，抢抓机遇，加快推进“四镇”发展战略，全力主攻“一二六三”年度工作重点，保持了全乡经济平稳发展、新型城镇化建设稳步推进、社会政治安定和谐的良好态势。全乡企业总产值完成329353万元，民营企业增加值完成113044万元，公共财政收入完成3910万元，税收完成14841万元。

川底乡多次受到上级表彰，先后获评国家级“生态乡镇”，省级“特色文化强乡”和“村镇规划建设先进乡镇”，市级“教育强乡”和“和谐示范乡镇”，乡党委曾荣获市级“‘五个好’基层党组织”和县级“创先争优先进基层党组织”等荣誉称号。

### 农业

2015年，继续围绕优质小麦、小杂粮、生猪、家禽四大基地建设，全力推进规模种养业和现代农业发展。全年粮食总产达到1255万公斤，其中，小麦总产达858万公斤，平均亩产387公斤，总产和单产均为近几年较好的收成。蔬菜大棚保有量50个，干果经济林1480亩。畜牧养殖业方面，肉（蛋）鸡存栏12.59万羽，出栏肉鸡6.01万羽，猪存栏3.48万头，出栏5.79万头，羊存栏1.1万只，出栏6572只，蜂蜜产量达到28吨。建成了1个病死畜禽无害化处理站，有效杜绝了重大动物疫病蔓延现象。全乡农民专业合作社发展35家，其中，“绿海苑”种养专业合作社种植核桃、小杂粮600多亩，较好发挥了农业产业化龙头的引领作用。

### 工业

2015年，坚持调结构、促转型、稳增长、保就业的总方针，协调相关部门帮助企业解决困难，使全乡经济发展保持了平稳运行的局面。大通铸业克服铁价持续低迷、铸管销售不畅、资金周转困难等不利因素，深化精细管理、内部节能降耗、控制生产成本，实现了平稳运转。部分企业针对洗选煤炭销售较好的形势，主动进行产业转型，投资兴办精洗煤厂。在开展“项目大发展”活动中，该乡主动“走出去”招商引资，洽谈项目，2015年签约项目引资10亿元，其中，到位外来资金2.45亿元，落地资金1.9亿元。积极引导农民群众发展运输、商贸、餐饮等服务业，全乡小微企业达到350余家。

## 城镇建设

川底乡2011年被列入市级“中心镇”建设。近年来，该乡严格依照规划，统筹安排，集中财力，重点基础设施项目建设进展顺利。一是长河生态湿地项目及配套工程全部竣工，生态效益初步显现，成为镇区群众健身娱乐的理想场所。二是城乡建设用地增减挂钩建设项目稳步推进。安置建新区（车郭庄整村移民搬迁和山庄窝铺群众）12幢住宅楼竣工并通过初验；焦河村和川底村8幢住宅楼也已通过验收；和村和苑新区3幢住宅楼主体工程完工；川底村西南的城镇建新区“龙苑一号”5幢住宅楼完成地基开挖施工。三是镇区生活垃圾集中填埋场库区主体工程基本完工，垃圾场道路及附属工程正在加紧推进。四是煤层气入户项目三期工程新增下窑头、小南村用户565户，清洁生活能源覆盖面达到70%以上。五是镇区集中供热工程主、支管网铺设已经完成，具备入户条件。六是泽州县烈士陵园建设工程竣工，2015年9月30日举行了首次公祭烈士活动。七是乡敬老院项目正在建设中。

## 交通

陵沁公路穿乡而过，为全乡交通主干道。乡内主要有天户路、小河路、岳圣路等村际公路，27个行政村实现了村村通、户户通。但随着经济社会发展和群众生活水平地不断提升，现有交通条件已经不能满足需要，亟需加快晋阳一级公路建设，改善交通状况。

## 金融保险

2015年，共有泽州农商行川底分行、泽州农行川底分行、交通银行川底支行3家金融机构。全乡“新农合”和“新农保”参保率均为100%，城镇职工医疗保险、养老保险实现了全覆盖，各类商业性人身和财产保险事业发展平稳。

## 教育

全乡有初中1所，中心小学1所，教学设施和环境全县一流。教改工作有序推进，教育质量稳步提升，乡中心小学顺利通过了省级“平安校园建设”验收，并代表泽州县接受了教育均衡发展国家级验收，乡中心幼儿园进入一级一类幼儿园行列。

## 文化

设有乡文化站，建有乡文体广场。全乡有村级文体广场23个，“农民书屋”实现全覆盖，有线电视覆盖率达93%以上，全乡数字电视用户达到2500户。群众性文体活动蓬勃开展，和村舞蹈队获得全市2015年度“最炫太行风”广场舞大赛二等奖。

### 人口与计划生育

2015年，该乡人口和计生工作任务圆满完成，为550户、1050名计生奖励对象发放各种奖补资金65万多元。

### 卫生

乡卫生院开设有创伤骨科、显微外科等特色科室，2015年乡卫生院宿舍楼改造主体工程完工，污水设施工程竣工投入运行，乡村公共卫生和防疫工作成效良好，新农村卫生所实现全覆盖。2015年，全乡2500余名60岁以上老人全部进行了免费健康体检。加强了乡环卫站和各村环卫队的建设，健全了环卫队伍，形成了长效机制。乡村两级共有环卫工人249人，垃圾清运车辆35辆，洒水车5辆，日均可处理垃圾25吨。

### 旅游

2015年起，该乡将逐步完善公共基础设施，将以长河生态湿地公园、沙沟水库、绿海苑种植合作社等为依托，大力发展休闲、观光、采摘等乡村旅游业。把泽州县烈士陵园和寺河烈士陵园打造成为爱国主义教育基地及廉政教育基地。

### 劳动就业

狠抓新型农民培育工程，全年培训新型农民和农民工1200余人，新增就业540人，转移农村劳动力449人。

### 人民生活

2015年度，社保工作较好地发挥了“兜底”作用。全乡住院补偿和老年人养老金发放到位，农村低保进行了全面复核评审，优抚政策全面落实，12户农村困难家庭危房改造全部竣工，新建的2个老年日间照料中心投入使用。充分发挥共青团、妇联、工会、老龄等组织作用，精神文明和平安和谐创建活动进一步引向深入。和村、马坪头等6个村被授予市级“文明村”称号，川底、焦河等8个村被授予县级“文明村”称号；乡机关被评为市级“文明单位”，并先后被县、市级“文明乡镇”。坚持普法宣传、队伍建设、专项整治和化解矛盾“四轮驱动”方针，大力开展法律法规宣传，“一村一名法律顾问”全部落实，干部群众学法、守法、用法意识进一步增强。不断健全完善信访工作体制机制，协调各方面为困难信访人员解决生产生活实际问题，矛盾纠纷调处结案率达到85%以上。

乡党委书记：陈仲会，乡长：樊曙钰。

## 周村镇

### 概述

周村镇古称长桥镇，因西晋平西将军周处战死，衣冠冢墓葬于镇西而更名。周村镇位于“鸡鸣一声惊三县”的华阳山脚下，西与阳城县北留镇接壤，北与沁水县郑村镇毗邻，长河由北向南穿镇而过，素有“行山重镇”“丹水名区”和“泽州西大门”之称，是国家级历史文化名镇、中国传统村落、全省首批“百镇建设”镇和全市二十个重点建设镇之一，周村工业园区被列入全省“一市两园”和全市六大产业片区。周村镇交通便利，晋阳高速路、陵沁路、碗周路以及正在建设的晋阳一级路贯穿全镇。辖区69平方千米，耕地3.9万亩，辖23个行政村，59个自然村，9911户，总人口24475人。2015年，周村镇认真贯彻落实中共十八大和十八届三中、四中、五中全会精神，紧紧围绕“1631”发展战略，团结带领全镇广大干部职工和人民群众，持续主攻“158”年度工作重点，以“工业园区化、园区社区化、社区城镇化”为主线，着力推进创新发展，狠抓转型发展，保证安全发展，实现了周村经济社会的全面发展。

## 综合经济

2015年，全镇民营企业增加值完成110716万元，占目标的95%，工业总产值198789万元。其中，集体经济29696万元，私营企业101899万元，个体经济67194万元。2015年，财政总收入计划2324万元，完成2156万元，占目标的92.77%，其中国税、地税分别完成782万元和1374万元。农业生产喜获丰收，粮食产量达到2013.8万公斤，同比增长15.5%。

## 工业

2015年，首先在政策、资金、技术等方面予以扶持，努力为大众创业万众创新营造良好环境。围绕园区发展，运输、石料、餐饮、零售、住宿等行业欣欣向荣。同时，中小微企业服务站定期举办座谈会、集中咨询等，帮助小微企业解决创业兴业和生产经营过程中遇到的问题与困难。在服务站的指导帮助下，臻固商砼、诚朋洗煤厂、众晶铸业、富景包装分公司已经或正在创建标准化达标企业。以富景公司为代表，苇町综合服务楼、上掌华亚宾馆等三产服务业发展势头良好。

全镇煤矿整合后保留2座60万吨煤矿，分别为煤运华阳煤业和天安苇町煤业，均处于基建，各项工程有序推进。非煤矿山共有4家，除1家正常生产外，其余3家因证照到期关闭。臻固商砼、富景包装厂、两家洗煤厂等非煤企业正常生产，苇町加气站基本完工，即将投入运行。

彻底关闭了非法生产的6家小石灰窑、5家小矿砂厂、1家小砖窑，从而规范了全镇安全生产秩序。深刻吸取“3·1”岩后隧道特大事故教训，开展安全生产大检查和“六打六治”专项行动，组织力量对企业进行定期检查、综合监管，及时发现隐患865条，已整改850条，剩余15处已下达整改通知书，确保全年不出现大的安全生产事故，保证人民生命财产安全。建立各类突发事件应急预案。在非煤矿山组织了一次落石伤人应急救援示范演练，在镇办中学成功承办由县政府主办的“泽州县2015年地质灾害应急演练”，使大家进一步熟悉了应急处置程序，提高了应急处置的快速反应能力。

## 周村工业园区

工业园区内山西天泽煤化工集团煤气化厂一期已经进驻并投产，二期“40·60”项目正在建设之中。总投资800亿元的晋煤高硫煤洁净利用循环经济工业园项目有序推进。

华昱高硫煤洁净利用循环经济工业园　是省委、省政府确定的“一市两园”项目，规划占地约12平方千米，总投资800亿元，预计实现销售收入650亿元，利税169亿元。按照总体规划、分步实施的原则，分三期实施建设，“十二五”期间先期实施一期项目建设，即高硫煤洁净利用化电热一体化示范项目和百万吨甲醇制清洁燃料（MTG）项目。根据土地供应和村庄搬迁等具体情况，一期项目分两期建设，一期工程先建设50万吨/年MTG工程和120万吨/年甲醇工程，总投资84亿元，其中，50万吨/年MTG工程16亿元，120万吨/年甲醇工程68亿元，计划于2016年底建成。按照一期工程建设方案，华昱公司科学制定推进计划，层层分解目标责任到人，并按照“小业主、大监理”的理念充分发挥监理队伍作用，严管理、细考核，实体工程建设完成一半目标建设计划。截至2015年12月底一期工程已完成投资49亿元。其中2015年累计完成投资22.461亿元。

天泽煤气化厂　天泽煤气化厂一期工程（“24·40·20”项目）建设规模为年产24万吨合成氨、40万吨尿素、20万吨甲醇，投资14.2亿元，占地面积523亩，是国内目前单系统国产化最大的合成氨、尿素生产装置，也是国内最大的氨醇联合生产装置。于2007年8月开始施工，2008年11月第一袋尿素顺利下线。二期工程（“40·60”项目）建设规模为年产40万吨氨醇、60万吨大颗粒尿素，项目为省、市2014年重点工程，晋城市2014年转型综改重点项目。项目建设总投资21亿元。建成投产后，年可新增销售收入23.6亿元，利税4亿元，新增就业岗位800个。2015年，“40·60”项目设备到场99%，造气、净化区、锅炉及三废炉、脱盐水站等工段设备安装基本完成，工艺管道安装完成99%。氨合成醇烃化、高压及低压压缩等设备以及管道安装完成约80%，全厂电气仪表安装完成约80%。累计完成投资约20亿元。其中2015年完成投资约8亿元。

## 农业工程

突出抓好农业重点工程，以土地整理、田间道路改造为重点，完成上掌、坂上、常庄、西庄、岭西、苇町、下町、甲村8个村11800亩新增粮食产能项目；完成下町、苇町节水喷灌工程2011亩；坂上、南坡等村充分发挥适宜蔬菜、食用菌种植的地理、技术优势，发展设施大棚，均收到了良好的经济效益和社会效益。2015年，全镇“一横两纵一区”的四大农业产业园格局初步形成，农业增收的产业支撑进一步增强。2015年全镇粮食生产突破2000万公斤，大获丰收。

水利　2015年，全镇改善水浇地2000亩，新增节水面积100亩，完成下町、苇町村2100亩水浇地建设。加强小流域治理，完成治理面积1000亩，植树4.75万株；完成生态保护面积1800亩，投资10万元，完成周村南河、长河圪套段清淤工程。

林业　2015年，银河方圆农牧专业合作社完成150亩干果经济林工程提质增效综合管理项目、完成全年春季义务植树7万株任务、巩固退耕还林成果干果经济林工程130亩（其中甲村村70亩，石淙头村60亩）。投资2万元沿周犁路、陵沁路、一级路及重点林区山边、地头打造了森林防火隔离带。投资2万元，配备了上掌村和杨山村的两个森林防火检查站相应的办公物资。完成保护森林资源目标责任制的检查和国家公益林检查验收工作。完成了森林资源调查工作及森林病虫害的普查工作。积极开展防火演练，并配备了相应的物资储备。完成了征占用林地的清查工作，对上掌村造地100亩，石淙头造地80亩，下町村造地100亩，飞晋宝山占用林地等占用林地行为进行了核查，并对晋煤集团煤制油项目占用林地、杨山村鑫润赢农林牧专业合作社占用林地行为进行了查处。投资16万元，完成了东岳庙、周村镇区及镇区周边道路的绿化点缀和补植补种工作，新增树木盆景140盆，新种月季2600余株，新种各类花灌木5000余株，补种侧柏1500余株。结合“太行神韵、记住乡愁、走进石淙头”第四届泽州乡村摄影展活动，对石淙头村内游园及周边环境进行了绿化整治，修建石淙头村内游园1座，种植各类花灌木1万余株，投资16.7万元。完成环境大改善绿化工作，对岭西、苗庄、上掌、下掌、李堰等村部分景观进行了绿化。并新建下町东村、坂上、下河、川河、周村新街5个地理景观标志。共投资13万元。

畜牧　2015年，全镇生猪存栏达到了41123头，其中，能繁母猪4115头，年出栏67446头；牛存栏631头，其中，能繁母牛335头，奶牛存栏122头，年出栏肉牛322头，牛奶产量341吨；羊存栏11301只，其中，能繁母羊6216只，出栏6024只；鸡存栏196840羽，出栏136670只，鸡蛋产量2302吨；兔存栏10232只，出栏23553只；蜂存栏1184箱，蜂蜜产量24.3吨。肉类总产量5067吨，畜牧业各项经济指标与2014年相比都有了一定的发展，完成了县局布置的各项经济指标。积极扶持发展规模养殖，镇猪出栏1000头以上的达5户，500头以上的15户，100头以上的20户，50头以上的30户，养猪规模户总共71户；存栏鸡5万羽以上的2户，1万羽以上的4户，2000羽以上的75户，规模养鸡户13户。羊出栏100只以上的5户，30只以上的68户，规模养羊户73户。牛出栏10头以上的1户，5头以上的2户，养肉牛规模户达到了3户。奶牛存栏122头的1户，养肉鸡的1户。养兔规模户6户，养蜂30箱以上的35户。规模户总共212户。

农机　2015年完成保护性耕作3000亩，完成深松整地4000亩，成立了达源农机专业合作社。引进了5台1204耕王拖拉机；1台福田1304拖拉机；4台旋耕深松整地一体机；一台青储机，完成农机普查工作。

合作社　2015年，农业合作社发展在各村齐头并进的同时，为克服以往“单打独斗”“提篮小卖”的劣势，有针对性的开展品牌培育、引导，鼓励、扶持各村种养大户、致富能人打破地域限制、行业界限，成立各类农业合作社、家庭农场，抱团闯市场，助推全镇农业现代化向纵深发展。到2015年年底，全镇农业专业合作社达到64家。天天鲜专业合作社流转土地1500亩，用于发展规模养殖和小杂粮、蔬菜、苗圃等特色种植，投资560余万元用于平整土地、硬化道路、安装节水设备等基础设施建设。旭胜养殖专业合作社采取“公司+合作社+养殖户”模式，坚持走产、供、销、培训、信息服务、有机肥生产一体化发展道路，投资2500余万元，建成蛋鸡养殖场和青年鸡养殖场两个，带动周边村庄120户发展规模养殖。盛之龙专业合作社依托石淙头村旅游资源，建设农业采摘园。大学生村官集体创办梦圆长桥农林专业合作社，整合全镇小杂粮种植、加工资源，大力推广标准化、无公害种植加工。富景公司在下町圪套水库周边新建金滩湾农林生态文化园，将现代农业、休闲农业和生态建设相结合，已完成投资1000余万元。“旭胜鲜品”“甲村圣果”等农业品牌在市县乃至全省小有名气。

## 财政金融贸易

2015年，村级转移支付根据实际情况，一是按照村的大小、人口多少分三类制定出公用、个人和奖励等三部分进行计算；二是对新农村人居环境改善有突出贡献的进行奖励。煤炭补贴方面，全镇9621余户已经全部实行“一卡通”，发放2886300元。加强财政财务管理，镇农村财务委托代理中心对农村财务进行了统一管理，农村财务进一步规范，收支情况定期公示。严格按照“收支两条线”规定进行规范管理，杜绝乱收费现象，主要表现在银行开户方面：在设立教委、中学、中心小学、财政账户和“农村”“三资”“委托代理中心”账户，按计划、规定和中途正确支付使用，无滥发奖金、津贴现象。

## 教育

2015年，积极开展“中国梦”系列教育活动，获得了县级“中华魂”主题教育活动先进集体荣誉，举办的两次“弘扬价值观、唱响中国梦”大型感恩演讲进校园活动，提升学校德育工作水平，提升了学生德育素养。镇教学区认真落实泽州县教学质量监测工作要求，初中以校，小学以学区为单位每学期组织一次所有学科的质量评估，测评结果作为教师绩效考核的重要内容，有效激励了教师的工作干劲，强化了队伍管理，提升了工作效益。按照“8・23”具体建档要求，补档案，做资料；开展“改薄”仪器设施设备配置应用工作，建账目，留记录，提升了设备使用效率，将学校教育均衡发展工作落实到了实处，成功迎接了县市的多轮督察，圆满完成了义务教育基本均衡县工作任务。

## 科技

2015年，周村镇成立了专门的科技工作领导组，镇党委政府多次专题研究、部署科技工作，制定了工作计划和措施。通过科技下乡、科技赶集、制作标语、举办讲座等多种行之有效的方法宣传科技，普及种植、养殖和加工方面的实用知识，各村都建立了科技图书室，组织外出学习参观，加强科技宣传工作，营造了学科技、用科技、科技致富的良好氛围和社会环境。全年各种培训次数累计12余次，参加培训人数达1200余人，培训内容涉及蔬菜种植，温室大棚的前、中、后期管理，病虫害防治，计算机信息技术，信息搜集和发布等方面，取得了一定的效果。当年，全镇注册成立了各类农业专业合作社达到43户，还专门设立了科普培训室，并利用政府网站对辖区内各企业的基本情况在网上进行宣传，对各企业的产品信息进行发布。组织实施了一批科技计划，推广了一批农业实用技术，引进了新产品安家落户。

## 文化

2015年，周村镇积极开展丰富多彩的群众文化活动，春节元宵节期间，举办了故事、灯展等形式多样的活动，极大丰富了群众精神文化生活，“五一”期间，在石淙头村成功举办了“2015太行神韵·记住乡愁”走进石淙头第四届泽州乡村摄影展暨春满周村文化周活动。“我爱上党戏文明乡村行”走进周村在岭西村举办。加强文化站免费开放工作，推进23个行政村“农家书屋”正常进行，各村农家书屋补充更新配书200余册，积极开展文体活动，甲村村舞蹈队代表镇参加了县老龄委组织的中老年舞蹈大赛，并取得优异成绩。

## 劳动就业

镇劳保所进行了全镇劳动就业工作布置，把劳动就业工作目标分解，落实到各村各企业，落实责任到人，建立平时监督、半年检查、全年考核的办法，及时了解掌握全镇在就业工作的进展情况。通过多途径大力开发用工岗位，积极组织劳务输出，利用劳务输出的典型及亲靠亲、邻帮邻引导农民“走出去”打工。开展创业培训，针对有创业想法的农民，积极推进本服务区劳动力及高校毕业生进行就业培训，先后举办了转变就业观念、如何创业、就业中如何维护自身权益等培训班，培训对象均受益匪浅。

## 卫生

镇党委、政府全面抓好农村医疗卫生和保健工作，执行国家基本药物制度和基本公共卫生服务均等化。卫生院、卫生所统一使用基本药物，统一实行网上集中采购，统一配送，统一实行零差价销售。加强农村卫生所建设，争取上级扶持资金新建了川河卫生所，全镇20个卫生所达标。加强农村卫生人员培训，多次聘请上级专家和业务骨干，利用每月村医例会时间，培训卫生所人员对农村常见病、多发病的诊断和慢性病的管理，不断提升乡村卫生人员的医疗技术水平；建立健全居民健康档案，全镇已累计建档24539份。规范管理0~3岁儿童、孕产妇、老年人、高血压、糖尿病、精神疾病六类人群3529人，定期体检随访，观察指导用药和饮食。为全镇所有60岁以上老人免费体检。合作医疗各种补偿资金149.2万元，极大地减轻了患者的治疗负担。

## 交通

2015年，全镇投资224万元完成农村公路村通水泥（油）路完善提质工程暨甲村—下河道路重新硬化工作。对全镇109公里农村道路的养护工作。配备了相应的公路养护设备（标志配及反光锥）。完成了建档立卡贫困村（南坡村）村级道路情况调查工作。完成了泽州县行政村通“班车”路线调查工作。

## 旅游

周村镇休闲游开发的总体思路是：开发两座山，治理两条河，连片改善人居环境，巩固六大精品工程，打造一条休闲线路。以“一圈一线”为重点，坚持开发与保护并重，人文与生态并举，进一步完善基础设施建设，全力助推美丽周村建设。石淙头、周村、岭西、苇町、下町、杨山等镇域周边特色村，以休闲游打造为目标，结合全县人居环境改善“一号工程”，在巩固前几年全镇的硬化、净化、绿化基础上，进一步在亮化、美化、文化上下功夫。通过以点带线，以线带面，实现“住在晋城、玩在古镇、吃在周村”的休闲游构想。2015年“五一”期间，成功承办“2015太行神韵·记住乡愁”走进石淙头第四届泽州乡村摄影展暨春满周村文化周活动。通过“观影展、赏大片、瞻民俗、看大戏、品水席、逛古镇”六大活动，实现了全镇广大群众东西互动、南北呼应。4月30日—5月4日，5天时间累计接待游客5.8万余人。文化周村活动在省市周边叫响叫亮。上掌村明珠园免费对村民开放，岭西村晋城市乡土农耕文化教育基地成功揭牌。目前，“东有桃花山庄，西有风情古镇，南有山水民居，北有千村华阳”的乡村旅游蓝图正在绘就；“春有后山桃杏争艳，夏有圪套泉石风清，秋有甲村漫山红叶，冬有石淙头八丈冰瀑”的周村“四季风”格局已经形成，生态周村、美丽周村正成为城郊居民周末休闲游的首选。

## 人民生活

2015年，各村一大批造福百姓的民生工程加快推进。苇町、上掌投资3000余万元修建居民住宅楼及锅炉房等附属设施，下町、坂上、甲村等村投资100余万元硬化村内街巷、连接村间道路，坂上、南堰、石淙头等村改善阵地建设，苇町、杨山修建蓄水池，河村投资50余万元硬化农民休闲广场，苗庄10万元重修财神庙，杨山35万元修建后山金光寺，岭西170万元开工建设乡土农耕文化园二期工程、改造登华阳山路基。苇町中学投资190余万元改善学校后勤厨房条件、硬化学校操场，常庄小学投资10万元升级电教设备。同时，常庄村地质灾害工程基本完成，投资240万元重新硬化甲村至下河6公里乡村公路。

镇党委书记：郎军芳，镇长：焦志成。

# 李寨乡

## 概述

李寨乡位于泽州县西南部，乡政府驻地距市区19公里，东与南村镇相邻，西与阳城县北留镇、东冶镇交界，南毗南岭乡，北接川底乡和周村镇，全乡交通较为便利，周犁路横穿东西，南高线贯通南北，侯月铁路越境而过。总面积77平方千米，辖25个行政村，47个自然村，共有4171户，12466口人。耕地面积2.8万亩。全乡共有32个党支部，党员674人。2015年，全乡粮食总产量完成1250万公斤，民企增加值完成11859万元，财政收入完成123万元，农村居民人均可支配收入增幅5%。

李寨乡境内有位于沁河岸边待开发的李寨风景旅游区，自然风光、人文景观有40余处，是泽州县“山、水、湾、古镇”旅游规划的重要组成部分。同时是山西著名的革命老区，著名的“土岭事件”、陟椒村“抗日民兵轮战队”、乾棠村的“乾棠抗日英雄”等事迹就发生在这里。

### 种植业

2015年，李寨乡主要实施了“双万亩”生态农业建设工程，即：万亩中药材和万亩干果林建设工程，正逐步成为促进全乡农民增收的主导产业。发展中药材方面：全乡中药材种植面积达到5000亩，其中，百亩以上种植大户达到6个。编制完成了国家级万亩中药材基地项目建议书。发展干果林方面：目前全乡干果林总规模已达6500亩，其中，全乡核桃总面积达到4200亩，成活率达95%以上。优质红果林总面积达到2000亩以上，并进行了绿色认证，是全县最重要的优质红果供应基地。此外，李寨乡油菜种植面积达到3000亩，成为全市全县盛名的农业景观。以道庄、望头等村为中心的优质小米基地基本建成，核心种植面积达到2000亩。

### 养殖业

以道丰园养殖专业合作社等为龙头发展规模养猪场，存栏980头，年出栏达到1300头。总投资230万元的陟椒吕洼村瑞盛康肉鸡养殖项目进一步规范。投资15万元新建病死畜禽无害化处理暂存点建成并投入使用。全乡已建成规模养羊场9个、养鸡场7个、养猪场7个、养牛场1个、养鱼场3个。

### 水利工程

全乡基本实现了南北水网对接，自来水普及率达到100%，全乡饮水安全问题基本解决。投资80万元完成了友联、壬辰等合作社的水利灌溉工程，发展水浇地400余亩；实施了秋泉村千亩灌溉工程和高会提水工程。

### 道路街巷建设

2012年实施了南高线南村至西阎庄段道路重建铺设工程。全面完成了25个村街巷硬化和村村通工程，街巷户道硬化工程已全部实现全覆盖，极大地改善了全乡人民的出行条件。2015年，南高线西阎庄至高会段三级旅游公路全线竣工通车，高标准实施完成了闫庄至暴圪塔、南高线至冶河、西尧至土岭三条道路路面提质改造工程，积极推进了沿沁河乡村旅游等级公路建设，2013年投资230万元，安装太阳能路灯463盏，完成了全乡25个村的街巷亮化工程，街巷亮化工程实现全覆盖。全乡的交通条件得到极大改善。

### 加工业

新申报省级“一村一品“项目6个。全乡农业专业合作社总数达到了58个，其中，新培育盛世梨园加工、更茂盛食用菌等规模以上的农业类项目4个，新增中药材红果营销专业合作社3家，扶持发展桂核、晋李蔬菜等农业采摘观光合作社4家，从业人员达到了500余人。“桂核鸡蛋”“道庄小米”“南岭上黄芩茶”“暴疙瘩煎饼”等一批优质农产品初步打开了晋城及周边地区市场。

### 工业

李寨乡属用电自供区，在土岭村建有装机容量3×400千瓦的正圪脑水电站，年发电量320万度。在与阳城县交界的沁河干流上，建有装机容量4×3200千瓦市杜河水电站。近年来，积极引进资金，在临近周村工业园区的西李寨村投资600万元，新上了鸿晨特种铸造材料有限公司项目，已经正式生产。

### 旅游业

李寨自然风景区总面积约35平方公里，由“沁河第一湾”“陟椒古村”“栖龙九女湖”“赵良沁河大峡谷”“九昌岭”五大景区组成，风光景点和人文景观多达40余处。李寨乡有着泽州县最优质、开发潜力最大的综合旅游资源。在泽州县“山、水、湾、古镇”旅游大格局及晋城市“沁河文化旅游带大开发”总体布局中地位重要。依托当地自然生态和历史文化遗产优势，全乡正在谋求旅游业发展的突破。2013年6月，《泽州县李寨沁河峡谷旅游区规划》通过评审。同时，引进了晋城市盛世梨园文化开发有限公司，完成了总投资1.2亿元的生态农业旅游观光项目总体规划，总投资1000万元的小杂粮加工基地建设项目基本完成。2015年，乡党委政府加强旅游市场推介，叫响“观中华奇湾、踏红色足迹、游沁河漂流、品农家文化”的特色品牌，旅游文化招商引资工作取得突破。7月，乡政府与山西国瑞旅游开发有限公司达成开发协议，总投资5.5亿元的栖龙湾风景旅游景区建设全面启动。截至年底，在完成陟椒景区、栖龙景区、沁河漂流区等整体设计和施工图设计的基础上，开展了高会、土岭等景点的整体设计和施工设计。栖龙湾景区漂流河道、上下码头、栖龙张家老宅大修、沿九女湖栈道、观景平台、湖区码头改扩建、定情台、玻璃吊桥、景区星级公厕等工程已全面开工建设，陟椒门区、游客中心主体工程已基本完成。10月16日至10月18日，邀请中央电视台记录频道进行了栖龙湾景区专题片的拍摄工作。成功举行了“江山多娇·栖龙湾（中国晋城）”首届国际航拍摄影大赛暨陟椒古村乡村摄影展活动。栖龙湾景区建设正式奠基开工，计划3年内建成国家级AAAA景区为目标，陟椒门区、漂流河道、栖龙张家老宅大修和玻璃栈道等工程已全面启动建设。在此基础上，全乡积极推进南高公路沿线10个乡村文化旅游景点规划建设，庄园经济、农旅一体化发展模式加快推进。重点扶持了土岭、李河、杜河、卫山、陟椒等村12户星级农家乐的示范建设。

### 教育

现有乡办中学1所，寄宿制中心小学2所，中心幼儿园1所，共有中小学生717人（其中，中学生360人，小学生357人）、幼儿105名，教职工127人。近年来，投资550万元进行了李寨中学教学楼及综合活动基地建设；投资1100余万元，完成了李寨寄宿制中心小学工程建设。投资75万元进行了标准化中心幼儿园建设。李寨中学是是全国中学实践教育活动的老典型、发源地，是山西省素质教育示范校和全省八所劳动技术教育示范校之一。1984年5月，团中央在晋城召开全国部分省市农村中学调研观摩会议，时任团中央书记处书记的李克强通过在晋城的调研讨论，将李寨中学开展的特色“第二课堂”活动命名为“实践教育活动”，并积极推动这一经验在全国大力推广。李寨中学坚持建设实践教育活动特色校的做法得到了中国教育学会专家和各级领导的支持和认可，2013年12月团中央书记处书记傅振邦调研后给予了充分肯定。2013年5月23日，李寨中学全体师生向李克强总理写信，汇报了

30年来开展“实践教育活动”的丰硕成果。6月12日，李克强总理给李寨中学全体师生回信。李寨中学的经验得到了社会的认可，特别是得到了总理的高度评价。省市县研究决定，要大力宣传李寨中学多年来坚持实践教育活动的做法，以更好地引导全省中学生注重实践，在学好书本知识的基础上，广泛开展各种实践活动，全面贯彻党的教育方针，促进学生更好地成长、成才。李寨中学校园环境等基础设施建设和实践教育改革步伐加大，“小平科技创新实验室”建成并投入使用。投资400万元的硬件设施提升和塑胶跑道工程正在建设中。在南京举办的2015亚太青少年科技创新大赛上，李寨中学学生获得了机器人搬运全国第一名的好成绩。李寨中心小学校园配套和绿化美化工程立项实施，教学质量取得了全县第一名的好成绩。

2013年11月，总投资6900余万元的晋城市国家级示范性综合实践基地市发改委批复正式立项，项目选址李寨正在进行前期工作。晋城市李寨示范性综合实践基地作为全国仅有的100家国家级示范性实践教育基地，被列为晋城市2015年市级重点工程，完成所有前期工作，于12月29日正式开工建设，现已完成投资2500余万元。

## 文化

李寨乡有着厚重的历史文化积淀，望头村是上党梆子的重要发源地，是晋城市的梨园之乡，特别是自清代以来，望头村先后有锁锁戏“复聚班”、牤牤戏“昌盛班”等19个戏班，戏曲世家29户，戏曲史实记载知名艺人125名，村中祖传剧目有梆子戏、黄戏、昆曲等总计140余出。村中“开元宫”创建于清道光四年(1824年)，后经清同治十三年(1874年)晋城、长治“州五处府八县”戏班共同募资重建。“开元宫”是专因祭祀戏剧鼻祖李隆基的地方，也是戏剧艺人传承文化的一个阵地，全国只此一处，河北永年西调剧团、山东枣梆剧团，曾经多次回娘家慰问演出到“开元宫”祭祀，在中国戏曲史上有着重要影响。2012年、2013年连续两年举办了“太行神韵・沁河风情”泽州乡村摄影展暨金秋梨园文化周活动，成为市有重要影响的文化活动盛事。特别是梨园文化周期间，举行了晋冀鲁嫡亲剧种汇演活动，一百多年前从李寨走出的山东枣梆、河北西调两大剧种与市上党梆子剧团同台演出，实现了历史性的文化大团圆，还举行了名家荟萃的“千年宫调出晋城暨上党梆子继承与发展研讨会”，李寨梨园之乡的历史文化地位得到认可和宣传，望头开元宫修复正式提上日程。多方筹资500余万元完成了陟椒三教堂、望头开元宫、坚水玄帝庙、罗泉宏乐寺、秋泉汤帝庙等7处文物保护和维修工程。全乡拥有文化艺术团体10个，文化行业从业人员48人。2012年，建成总占地面积4500平方米的李寨乡文体广场，为一个集休闲、运动、健身、娱乐于一体的综合性文化体育活动场所。目前，全乡文化健身场所、农家书屋、农村活动场所已实施了全覆盖。

## 医疗卫生

李寨乡卫生院是全省农村卫生战线的老典型，痔瘘专科填充了晋城市痔瘘专科的空白，赢得广大患者的好评，市内建有分院。25个行政村建立了新农村达标卫生所。

### 社会保障

全乡现有低保户 632 户，760 人；“五保”户供养 42 人，优抚对象 108 人，基本实现了应保尽保。2015 年，全乡新型农村合作医疗参合人数达到 11148 人，参合率达到 99.5%。2015 年，完成农保征收任务 66.25 万元，参加新型农村社会养老保险参保人数达到 6426 人。

乡党委书记：阎晓阳，乡长：原林林。

## 南岭乡

### 概述

南岭乡位于泽州县西南部山区，距县政府驻地 314 米，总面积 62.94 平方千米，辖 27 个行政村，30 个自然村，有耕地 12105 亩，2015 年年底全乡总人口 9779 人。2015 年，该乡紧紧围绕县委、县政府总体安排部署，以建设纯农山区特色示范乡，打造“林果之乡、小康家园、人文福地”为引领，以全面推进南岭转型综改为主线，继续以促增收、创环境、提质量、保民生为抓手，全乡各项工作保持良好的发展态势。2015 年，全乡财税收入完成 250 万元，其中，国税 50 万元，地税 200 万元；公共财政 107 万元（国税 7 万元、地税 100 万元）；粮食总产量完成 500 万斤；全年固定资产投入 2.6 亿元。

### 林果产业

2015 年，围绕建设林果之乡目标，在发展林果产业方面重点做了三件事情。一是重培训。邀请省林果研究所、山西农大教授和市、县林业技术人员到乡为广大农户进行果树修剪及实地技术培训，共修剪果树 5000 余亩，培训乡土技术人才 50 余名，每个行政村平均 2 名。二是扩规模。2015 年全乡新发展酥梨 150 亩，优质核桃 240 亩，其他各类果树 100 亩；新增养蜂户 20 户、新增发展养蜂 500 箱。三是创品牌。着力提升和优化合作社和农业园区建设水平，使之不断规范化、品牌化、市场化，提升产品质量和效益，增强带动和技术服务能力。在产品开发、品牌营销、商标包装上不断完善，提升产品附加值。四畅销路。积极探索电子商务销售，与神利便利、万达福超市达成合作意向。

### 人居环境

首先是将南岭境内主干道路铁武线沿线两边进行了净化、绿化、美化，对沿线的废旧建筑、废旧设施和堆弃物进行了集中清理，粉刷沿线立体墙面 1000 平方米，修缮路面沟渠 11 处，安装了交通标识牌，修建了护坡挡墙。二是开展了绿化工作。对红土岭、汤帝庙方圆 200 亩可视荒山进行绿化，全乡各村共实施荒山绿化 320 亩，道路绿化 19.8 公里，实施了主干道沿线 10 公里绿化带建设，新添花池 5 个，共 2000 平方米。三是乡村道路改造工程。对裴凹、元沟、段峪三村 5.2 公里乡村公路进行翻修改造，对红花底至磨滩 13.6 公里旅游公路进行了维修改造，对 7 处塌方路段进行了工程加固，对 2.6 公里险要路段进行了道路拓宽，对 7.3 公里陡坡路段修建了护坡护栏。四是对东岭、武城、红花底、东风等 8 个村的饮水管网进行了重新更换。五是地质灾害红卫村治理二期工程（投资 350 万元），8 月完成施工建设。六是完善磨滩旅游地10家农家乐服务功能。

### 项目建设

2015年，南岭乡农业生态园区、一县一业项目建设不断加大。蜂润、新优、成成、李沟村等农业园区加大投资力度，截至目前共投资500余万元，完成了园区内道路、电力、水利设施及配套设施建设。新发展种植核桃、梨、杏、苹果、山楂等新品种500余亩；新南岭蜂业专业合作社着力扩大蜂产品深加工能力；葛万唐营农牧发展有限公司万头养猪场投资200万元完成了场房、道路、设备设施等技术改造；成立了晋城市磨滩河畔生态农业开发有限公司，进一步推动沁河生态旅游产业发展；裴凹富盛态农业专业合作社投资247.2万元的光伏发电和养殖业项目，2015年年底已完成立项工作。

### 转型综改

南岭乡以构建“林果之乡、小康家园、人文福地”为南岭乡农村综改发展战略定位，创新体制机制，优化资源配置，激发市场主体活力，培育新型经营主体，发展壮大支柱产业。完成了《南岭乡农村转型综改总体规划》和《泽州县贫困山区南岭乡农村转型综改实施方案》的制定，并通过市县专家组的验收；完成全乡各类土地确权登记发证工作任务的60%；搭建了服务农民专业合作社和广大农民的农村微信平台和电子商务平台；实行了涉农“一卡通”服务；加大财政金融投入扶持力度，在市县扶持资金的基础上，出台了《南岭乡农林商产业发展新型经营主体扶持奖励办法》《南岭乡300人以下村移民搬迁的扶持规定》；对全乡有发展规模和潜力的重点专业合作社、生态庄园、农业开发公司等新型经营主体进行重点扶持，增强了引领和带动效应。在项目建设上，2015年完成了南岭乡移民搬迁工程实施方案、设计和立项工作；设计和规划了磨滩至漏道底7.5公里乡村旅游公路，15年实现互通；生态古村落及美丽乡村示范建设中，段河村古村落项目建设已启动，葛万村已完成了设计和实施方案，投资150余万元的台铭文化馆建设项目年底完成，将突出葛万村的特色和优势；乡敬老院项目，已争取国债资金投资，2015年年底，前期工作已完成，2016年正式开工建设。

### 民生改善

2015年，南岭乡积极搞好良种推广工作，实行优种优选，全乡普及良种种植率达98%，认真贯彻中央文件精神，使各类惠民补贴落到实处，共实现农民种粮户直补103万元，2015年冬季农户供煤货币化补贴108万元。实施农村困难家庭危房改造10户；培训新型职业农民460余人；为李河村维修饮水管道1000米、增加600米，南岭供水站更换管道1200米；新建后河、安庄、东风、段峪等5个农村老年日间照料中心。全乡新型农村合作医疗参合率达到99%，新型农村社会养老保险参保率达到全覆盖，全面落实医疗救助政策，为全乡60岁以上的农村老人全部进行了免费健康体验，提高了低保标准平均每人每月20元，对全乡贫困残疾人进行了“阳光家园”救助。此外，全乡深刻吸取“5·16”阳城瑞兴化工二硫化碳泄露事故教训，通过实施“一岗双责、党政同责”“谁分管、谁负责”“管业务必须管安全”的办法，全面开展了道路交通、食品安全、森林防火、等安全隐患大排查，确保了全乡安全稳定。

乡党委书记：董建军，乡长：王红军。

## 犁川镇

### 概述

犁川镇位于泽州县南部山区，距晋城市区20公里，总面积42.3平方千米，辖23个行政村，4357户，16800人，有耕地18980亩。全镇35个党支部，1个党总支，619名党员。犁川镇乃泽州八大古镇之一，龙蟠南太行之奥，虎踞晋普山之麓。史称“三晋屏翰”，名赫晋豫，声闻陕鲁。古镇以晋普山为主峰形成高低不平、错落有致的山川盆地，境内有八里坡古官道遗址和保存完好的的成庄古村落建筑群，有市级文物保护单位琉璃八角井和玉皇庙，有风光秀丽的晋普山自然林等许多自然景观，旅游资源丰富。国道207、碗周线贯穿全镇，二广高速在天水岭村有进出口，历来为南下北上的咽喉要道，交通非常便利。2015年，全镇民营企业增加值完成15180.2万元，约占计划15180万元的100%；固定资产投资2.6亿元，占全年任务的100%。财政总收入完成795.3万元万元，占计划795万元的100%；其中，国税收入95.2万元，约占全年95万元的100%；完成地税收入700.3万元，约占全年任务700万元的100%。

### 农业

2015年，按照县委、县政府产业发展规划，犁川镇把发展“一村一品”经济作为新农村建设生产发展的突破口，按照“做大一批、提升一批、发展一批”发展思路，着力打造特色产业新亮点，促使一批专业村脱颖而出。一是按照“特色化、标准化、产业化”的要求，建设一批特色农产品标准化生产基地，积极创建“一村一品”特色产业示范村，争创4个省级“一村一品”专业村、示范村。二是围绕“品种优良化、养殖设施化、生产标准化、防疫管理制度化、环境生态化”要求，努力建设了2个畜禽养殖基地。三是充分利用适宜区、荒山和闲置土地，大力发展以核桃、山楂为主干果经济林，在天水岭、上犁川、崔河和西沟连片种植连翘等中药材，经济林面积达到2500亩。以崔河村“两区三基地”为试点带动全镇产业发展取得了重大突破。犁川镇有效整合崔河及其周边7个村农业资源，规划形成了崔河中心村“两区三基地”产业发展布局（两区：崔河—横道头规模养殖区、崔河—杜家河生态观光、采摘、体验综合农业示范区；三基地：南河—杏树村蚕桑产业基地、崔河—东岭口、新房洼中药材种植基地、崔河—八良掌小米生产加工基地）。2015年，犁川镇大力支持、促进崔河中心村“两区三基地”的发展，认真总结成功经验，并以此为试点，加大了宣传教育培训力度，通过名师指导、骨干帮带等方式提高了群众技能水平，进一步加大了资源整合力度，在全镇探索形成了“崔河—杜河观光旅游带、铁南上—崔河瓜果采摘园、坡东—崔河农家乐”新的产业发展区和经济增长带。

## 工业

2015年，该镇继续大力工业招商引资，以项目建设聚集人气、提升档次、增加品位，实现了经济提速、群众增收的目标。引资项目总投资10.36亿元，占年度计划的170%。一是位于下犁川村的犁川镇煤层气供气工程项目，总投资4500万元，该项目已完工，并经发改、建设、消防等验收合格。二是水城铸件、铸管项目。位于水城村，项目总投资1.25亿元，铸件年产1万吨，铸管年产5万吨。目前已投资1200万元。三是位于天水岭、水城的兰花LNG、CNG气站，项目总投资4000万元，已投产运营。四是犁川镇30兆瓦光伏发电项目。该项目位于下犁川村，总容量30兆瓦，3900万千瓦时/年，总投资2.5亿元。国土、林业手续已办理，正在经发改部门审批。

## 交通

犁川镇镇区是四面环山的丘陵小盆地，弯多路窄，通行能力差的落后交通条件严重限制小城镇的发展。为进一步打破小城镇建设瓶颈，经过充分调研，广泛征求群众意见，由市规划院完成设计，镇党委政府经过近两年的筹划、施工，总投资1500万元的犁川街已经顺利通车。同时，犁川镇还对整条街道规划了标志标线，安装了防护设施，对街道两侧全程两公里进行了绿化，并安装了50盏太阳能路灯实现了亮化。犁川街开通后现有镇区由四个村扩展为六个村，镇区面积由原来的3.5平方公里扩展为5平方公里；从207国道到犁川的距离也从原来的5公里缩短到1.7公里，极大地改善了该镇的交通发展环境。

## 卫生

全镇共计投入260余万元专项资金，累计清理垃圾500吨，清理河道15公里，配置了7辆三轮车，配发垃圾箱200个，粉刷墙壁15万平米，补种树木2万余株，新购1200余盆冬青、蜀桧，修理残墙断壁2500平方米，修建景观带2000平方米，改造露天旱厕30多个，规范垃圾池80个，此外，还对国道207、周犁路、铁武路沿线的树木进行了粉刷。通过全镇上下的共同努力，全镇环境改善工作取得了明显成效。

## 旅游

该镇十字河幽谷怡园项目，位于横道头村，属于农业旅游项目，项目规划设计已完成，计划投资4600万元。位于上犁川村的八里坡生态农业示范园区，该项目属于农业旅游项目，发展集种植、养殖、观光、采摘于一体的农业生态农庄。总投资2.5亿元，已经投资800万元。

## 人民生活

一是气化犁川工程，该镇利用通豫公司管道途经犁川境内的优势，以下犁川村输气口为基础，大力实施煤层气入户工程。与中石油华北公司签订了工程实施协议，工程总投资2600余万元。犁川镇供气工程在通过消防、安监等相关部门检查验收后，犁川镇供气服务站办理了燃气经营许可证。全镇19个行政村，2000余户居民已使用上煤层气。二是大力开展深井取水饮水解困惠民工程，实现饮水集中供给。随着工农业发展不断壮大及人口的增多，犁川镇原有的饮用水源井已远远无法满足人畜饮水需要，在积极争取上级水利部门支持条件下，加大资金投入，在天水岭村打一眼深水井实现集中供水工程，重点解决好群众吃水难题。目前，该项目打井、入户管网铺设、水表安装已在同步进行中。三是从广大群众上学就医、生产生活、文化娱乐等方面的现实需求入手，加大了资金投入和保障力度，完善了全镇农村中小学寄宿制学校、村级卫生所，农村广场建设。完成了水城、下铁南、西沟三个老年人日间照料中心及犁川卫生院医疗废水废弃物处理中心建设，让“学有所教、老有所养、病有所医”真正在广大农村成为了现实，让广大群众生活得更加幸福。四是犁川街北侧的安居小区由建设局进行了选址，已完成了物探。正在建设局、国土局办理相关手续。安居小区的开发与铁南上的煤矿沉陷区治理相结合进行。项目完工后会从根本上解决群众住房难的问题。

### 联建崔河党总支

崔河党总支，是“大校支书”崔晓满十年带领崔河党员、干部、群众把一个贫穷落后的小山村逐步发展为基础设施完善、产业发展有一定辐射带动作用下于2015年成立的。以崔河、南河、杜家河、杏树村、东岭口、新房洼、八良掌、横道头8个村为主体，有党员128人，崔晓满任党总支书记。党总支成立后，逐步理清并提出了“两区三基地”发展思路，逐步建立了“支部联建、党员连管、产业联创、资源联享”的党总支管理模式。崔河党总支的成立与运行极大的促进了各村的干劲，发展速度明显加快，并且为全镇其他村提供了经验，创造了模式。

镇党委书记：原吉雷，镇长：刘小虎。

## 山河镇

### 概述

山河镇位于县境南部，是2000年12月由追山、土河、衙道三个合并而成的，镇政府驻马街村，距晋城市区31千米。该镇东与晋庙铺镇相邻，西与阳城县交界，南接河南省济源、沁阳市，北靠犁川镇、南岭乡，总面积218.05平方千米。2015年年底，有耕地33705亩，有人口23274人。207国道、晋济高速公路穿越境内，纵贯南北。

2015年，在县委、县政府的坚强领导下，该镇深入贯彻落实中共十八大和十八届三中、四中全会精神，以习近平总书记系列重要讲话精神为引领，以开展“学习讨论落实”活动和县委“五项活动”为契机，紧紧围绕“打好生态牌，走出转型路，建设南部山区农业大镇、经济强镇、生态重镇”的奋斗目标和“1356”年度工作重点，坚定信心、抢抓机遇、主动作为、扎实工作，全镇经济和社会各项事业继续保持了持续、稳定、健康发展的良好势头。

### 经济指标

12月底，全镇民营企业增加值完成14500万元，占年度目标14300万元的101.4%；财政总收入完成235万元，占年度目标235万元的100%；粮食总产量完成1340万公斤，占年度目标任务1300万公斤的103.08%；农民居民人均可支配收入达到6450元，比上年同期增长5%；农村社会养老保险完成参保人数1.4万余人，收缴养老基金151万余元，占年度目标的102.3%。

## 产业结构

2015年，该镇在种植业上，继续推进实施“万亩小杂粮”“万亩核桃树”和“万亩中药材”基地建设。在夏粮丰收的基础上，全镇复播大豆1.9万亩，播种玉米0.7万亩，谷子0.2万亩，小杂粮面积稳定在2万亩左右；在核桃树基地建设上，主要在管护上下功夫，全年开展各类培训班5期，培训人员100余人次，有3000余亩进入挂果期，特别是汇苑核桃种植专业合作社在核桃树下套种彩色辣椒取得了良好的效果；在中药材方面，集中连片种植连翘面积达到了9000余亩，万杖、洞八岭等村种植桔梗、芍药、防风等中药材500亩。在养殖业上，持续实施了“万头生猪养殖”基地建设。全镇涌现出了时时兴万头生猪养殖园区、追山隆德养殖专业合作社生猪养殖园区、毛街顶盛和养殖专业合作社、道宝河你我他养殖专业合作社等养殖园区。截于10月底，全镇累计生猪出栏1.5万余头，合作社的带头示范作用日益明显。另外，东土河、西土河村小规模散养户达到了40余户，这些散养户与河南双汇集团签署了收购合同，饲料和销售统一由双汇集团负责。在中蜂养殖上，对月湖泉、青龛、道宝河、西狄河、竹林沟等村的中蜂养殖进行集中规范管理，目前全镇的中蜂养殖达到了5000箱左右。在特色林果上，依托硕果黄梨种植专业合作社，采取业主和龙头企业带动、专业合作社管理、集体和农户自管相结合的模式对东谷坨、前李河、东土河、西土河等村的晚秋黄梨加强管理，积极开展绿色基地认证工作，当年全镇晚秋黄梨的种植面积稳定在2000亩左右，且有1000亩晚秋黄梨通过了绿色基地认证。2015年，和晋城市百微企业联盟在东土河村康庄农业专业合作社梨园内联合举办了“梨花缘百微情——2015百微企业联盟全民健身梨园行公益活动”，取得了很好的效果。

## 土地确权

该镇在土地确权工作中，重点做了三项工作：一是精心组织，制定方案。根据实际情况制定工作方案，成立农村土地承包经营权确权登记颁证工作领导小组。二是广泛宣传。利用标语、板报、宣传栏、大喇叭广播以及通过召开村两委会、党员会和村民代表会议等方式积极宣传农村土地承包经营权确权登记颁证工作的意义及重要性。三是强化责任。严格按照操作程序，确保公开透明，按照“不反复、不折腾、真办证、办真证”的原则开展工作。2015年年底，农村土地承包经营权确权登记颁证工作正在进行。

## 招商引资

2015年，该镇以招商引资为引擎，狠抓项目建设，努力推动经济可持续增长。立足山河的区位优势，积极和河南济源五龙口景区（AAAA）和沁阳神农山风景区（AAAAA）对接，投资开发境内旅游业。通过各方面努力，北京汉盈德国际文化交流中心与窑河村委初步达成了投资开发意向，山西百一建设工程有限责任公司与万杖村群山绿果专业合作社达成了初步合作意向，签约资金约7.8亿元；道宝河你我他合作社旅游项目资金到位4900万元，累计完成投资6000余万元。此外，华电山西投资有限责任公司投资10亿多元的山河风力发电项目已经省发改局批准，由于受猕猴保护区限制，有关部门正在对猕猴保护区范围进行报批。

### 重点工程

2015年，投资169余万元的东万线4.5千米提升改造工程，路面铺装已经全部结束，等待相关部门验收；投资289万元的马月路追山地质灾害路段治理工程，8月底全部完工，路面铺装任务也已完成；投资50万元的山河中心卫生院环境整治项目已完成投资的80%，11月底可全部完工，投资165万元的土河卫生院危房改造项目正在紧张的施工。投资195万元对3所中学和来岭、衙道等小学进行了薄弱校改造，顺利通过了省里义务教育均衡发展验收。

### 全民创业

2015年以来，山河镇充分发挥传统产业优势，积极抢抓发展机遇，点燃民众创业激情。年底，全镇共办各类种养殖专业合作社60余家，注册资本达100余万元，带动就业3000余人。积极鼓励外出务工人员回村创业，带动农民增收。如西土河村务工返乡人员在富庄、白河村核桃树下套种用于提取色素的辣椒500余亩，喜获丰收。

“五项活动”思想大解放活动。活动开展以来，按照方案和学习计划的要求，组织党员干部认真学习了中共十八大和十八届三中、四中全会精神，认真学习了习近平总书记系列重要讲话精神，并聘请市委党校副教授、学生处处长段红岩老师为全镇党员干部上党课，镇两委班子成员结合自己分管工作带头讲党课。机关干部撰写了学习笔记和心得体会，参加了县委组织部、县委宣传部、党史办组织的“双学双促”百题知识竞赛活动和“思想大解放”主体演讲比赛。纪律大整顿活动。活动中，镇纪委、机关支部针对“庸”、“懒”、“散”、“空”、“玩”、“奢”六大问题不定期对机关人员上班迟到、早退、旷工、串岗闲聊、擅自脱岗、外出不请假、不报备或因公外出无正当理由逾期不归的，工作期间玩游戏、看电视、玩手机、聊天、炒股等行为进行检查，发现问题，及时纠正，有效的提升了机关人员的工作效率和政府形象。在中秋、国庆“两节”期间，镇纪委按照县纪委关于转发市纪委《关于在中秋、国庆“两节”期间深入落实中央八项规定精神加强监督检查的通知》精神对全镇各村、单位进行了明察暗访，引导党员干部真正把纪律和规矩挺起来，挺在前。环境大改善活动。2015年以来，山河镇把道路沿线环境卫生综合整治作为重点，按照清除四堆八乱，修缮路面边沟，修整残垣断壁，绿化裸露渣土，补植断档林带，整治广告路牌，规范临街店铺的总体要求，在全镇开展了环境大整治。截至目前，全镇出动人力8000余人次，出动车辆800辆次，其中大型机器16台次，共清理垃圾1052吨，修整残垣断壁20余处，绿化6800平方米，粉刷墙壁2万余平方米，配合公路南段对207国道沿线进行了高标准绿化，清理花池、绿化带1000余米。全镇用于环境卫生综合整治的投入资金达到200余万元。矛盾大排查活动。活动开展以来，按照“属地管理、分级负责”和“谁主管谁负责”的原则，将板子打在包片领导、包村干部和村干部身上，层层传导压力，层层落实责任，基本做到了“小事不出村、大事不出镇、矛盾不激化、矛盾不上交”通过排查，排查出大和能源购房户25户，全面进行了稳控。对于县交办案件，建立健全了县、镇、村领导包案制度，信访交办案11件，纪检交办6件，11月底已全部办结。项目大发展活动。全镇招商引资工作离目标任务还有很大差距，究其原因主要是受省级猕猴自然保护区、水电自供区的影响，严重制约了招商引资工作，导致招商引资成效不明显，储备项目不多，经济发展后劲不足。下一步，将按照县委、县政府的安排部署，积极走出山河，转变观念，在全镇树立“招大商、大招商”理念，全力以赴抓好招商引资工作，确保招商引资各项目标任务圆满完成。

## 组织建设

根据县委统一安排，结合“学习讨论落实”活动的开展，以基层组织建设年提升年活动为主线，深入开展了学习型、创新型、服务型、节约型机关创建活动和“入党为什么、在位干什么学习教育活动”，广大党员干部对照先进找差距，围绕问题抓整改，工作更踏实，作风更务实，基层班子的凝聚力、战斗力进一步增强，领导水平和执政水平不断提高。特别是省、市、县基层组织工作会议以来，山河镇加大了对村级财务状况的清理审计力度，理清了各村的债权、债务和固定资产情况，有效地处理了各村财务存在的问题。加强了村务公开工作的监督和管理，促进了村级党风廉政建设。制定了考核奖惩标准，把年度目标具体到科室及每一位工作人员，对重点工程实行领导干部目标责任制，定期检查、督导，提高了工作效率，有力促进了各项工作顺利开展。

## 社会事业

在保障和改善民生上，一是按照“保民生、兜底线”的原则，开展低保提标扩面工作和低保复核工作，杜绝“人情保、关系保”，实现了低保工作动态化管理。二是抓好建设类民生工程，完成了48个村的“一事一议”财政奖补项目和3个村“一村一品”上报工作；建成了东凰头、西凰头和竹林沟村3个日间照料中心；完成危房改造户11户，已通过验收。三是规范发放各类民生资金，各种政策性补贴、社会保障、扶贫救济、贫困残疾补助、冬季供煤补贴等工作正常开展，均100%打卡发放到户、到人头；“新农保”“新农合”工作圆满完成。在信访稳定和平安建设工作上，该镇每季度召开综治、公安、信访、司法等部门负责人、村综治专干、信息员座谈会，进行维稳工作排查，认真分析形势。2015年信访总量、集体访、重复访虽有所下降，但仍然存在遗留及解决难度较大等问题。主要原因是有些问题积蓄时间太长以及群众存在“大闹大解决、小闹闹小解决，不闹不解决”的心理。为此，党委、政府专门制定针对性方案，细化维稳措施，严格落实信访首问负责、领导包案、矛盾纠纷排查等工作制度，通过抓包保、抓督办、抓奖惩，促信访积案化解处理到位，真正做到小事不出村，大事不出镇。同时，加强了矛盾纠纷的化解调处。在排查过程中，一旦发现不稳定因素、矛盾纠纷，就地解决处理，将不稳定因素化解在萌芽状态。2015年以来，共接待群众来访30余人次，已全部办结，办结率100%。在安全生产工作上，始终坚持把安全生产工作作为各项工作的重中之重。制定了安全生产“一岗双责”实施方案，做好日常安全生产和检查工作，组织开展安全生产大排查和生产安全月宣传工作，对存在的安全隐患予以限期整改，当年，全镇未发生任何安全事故。同时，工会、共青团、妇女、民兵、老龄、残联等事业也得到全面发展。

镇党委书记：车树文，镇长：郭海军。

## 晋庙铺镇

### 概述

晋庙铺镇位于泽州县南部，地处太行山巅，距晋城市区25千米。西与山河镇毗邻，北与犁川、大箕镇相邻，东、南与河南省沁阳市、博爱县相接，是山西东南之门户，素有“晋南屏翰”之称。碗周公路纵贯全镇27公里，晋济高速穿境而过，交通便利，“太行第一运输大镇”的美誉享誉华北。全镇国土总面积148平方千米，辖29个行政村、79个自然村，6546户，18593人。耕地总面积24645亩。

晋庙铺历史文化底蕴深厚，旅游资源十分丰富。晋城四大景观之一的南有“孔子回车”车辙遗迹，千古流传；“天下九大关之一”的天井关，雄奇险峻，观古见今；堪称世界最小之城的碗子城，别具一格，闻名遐迩；古朴清幽的窑掌大中小月寺、鬼斧神工的化布施天然溶洞等旅游景点，星罗棋布，举不胜举。特别是聚寿山景区，已基本完成一期工程12个景点主体建设，近期即可对外开放。

2015年，镇党委、政府认真学习习总书记系列重要讲话精神，以改善人居环境为重点，深入实施“115”发展战略，全面推进实力、活力、魅力、幸福、和谐“五个晋庙铺”建设，并取得了阶段性成果。

### 农业

2015年，全镇粮食生产喜获丰收，创历史最高，总产量完成1032万公斤(其中，夏粮总产量达586万公斤，秋粮总产量达446万公斤，单产达308公斤)。该镇强力推进东洞水智能提水工程，计划投资800余万元(国家三年抗旱水利资金)，现已投入550万元，完成80%的工程。强力推进生态治理工程，已完成黑石岭200亩、沙石堡1500亩、范谷坨1500亩、草底铺300亩、石槽1500亩的水保治理面积。

### 财税保险

2015年，全镇民营企业增加值完成5.2亿元，占目标5.2亿元的100%；财政总收入完成120万元(其中，国税完成20万元，地税完成100万元)，占目标120万元的100%；公共预算完成71万元，占目标71万元的100%；新型农村合作医疗、城镇居民基本医疗保险收缴工作全部完成。

### 教育

2015年，该镇大力实施教育均衡化发展达标工程，共计投入103.6万元，对全镇所有中小学校进行了提升提质并顺利通过了国家、省、市、县的验收。

### 劳动就业

该镇积极扶持全民就业创业。一是鼓励农牧专业合作社发展，多渠道开发就业岗位，完成城镇就业150人。二是完成新型农民培训1180人，转移农村劳动力220人。三是扶持农家乐发展。2015年，镇党委、政府积极开展班子成员“点对点”“一对一”帮扶工程，以聚寿山景区为依托，力促范谷坨村10户农家乐从无到有，发展壮大，已全部通过验收并开始营业。国庆长假期间，实现户均增收3000元。

### 医卫

2015年，全镇医卫工作上了一个新台阶。一是镇卫生院积极落实分级诊疗和双向转诊工作，完成上转病人40余人。二是镇卫生院已对全镇2775名60岁以上老人进行了免费体检，总体检率达到90%以上，超出县里下达任务80%的10个百分点。特别是天井关、石盆河、窑掌、大口、韩家庄5个村都达到了100%。三是实施了阳光家园救助工程，2015年，全镇共对24名贫困残疾人实施了阳光家园计划救助，发放救助金2.4万元，对12名贫困精神病残疾人实施了免费药品救助，并对全镇20人进行了重大疾病补助，发放补助金6.42万元。

### 交通

2015年，该镇大力实施农村公路完善提质工程，累计投入200多万元，已完成盐厂至大池头村6.4公里水毁道路升级改造工程。

### 旅游

2015年，该镇的旅游工程项目稳步推进。一是聚寿山景区已投入资金3.6亿元，完成了12个景点建设，被评为AAA级景区。二是天井关村投入300多万元的传统村落污水处理及配套设施工程，已完成工程总量的90%；投入200余万元的“孔子回车”文物修缮保护工程全部完工。

### 人民生活

2015年，该镇在人民生活改善方面主要做了6件实事。一是拦车村投资1000多万元的新村建设全部完成并入住。二是投入85万元完成了黑石岭村自来水改造工程，投入38万元完成了南王庄村自来水入户工程，共计解决663户1976人的饮水难题。三是大力实施农村危房改造工程。年底，全镇12户困难家庭已全部完成危房改造并通过了验收，共计16.8万元的补助款已全部发放到位。四是全面铺开天网工程，有效保障群众生命财产安全。全镇25个关键位置已由县公安局牵头，完成了现场选址，即将安装高清摄像头。草底铺、北罗西等村已在出入村口等重点部位安装了摄像头。五是进一步提高了低保标准，严格按照“提高农村低保标准平均每人每月20元”的要求进行了落实到人。共对全镇755户低保户、1109人发放补助224万元。六是认真实施移民搬迁工程，镇扶贫办已对涉及23个行政村共150余人的移民搬迁相关资料进行了完善上报，相关补助（8000元/人）发放到位。晋庙铺镇党委书记：樊武斌。

# 大箕镇

## 概述

大箕镇位于泽州县境南部，距晋城市区15公里。镇境东南与河南省沁阳市和本县晋庙铺镇交界，西南与犁川镇、南村镇相邻，西北与南村镇相连，东北与城区钟农庄办事处和泽州县金村镇接壤。全镇总面积131.88平方千米。2015年年底，全镇有耕地26520亩，有人口21498人。

2015年，镇党委、政府坚持以中共十八大和十八届三中、四中、五中全会精神为指导，紧紧围绕全县“1941”发展战略，扎实开展“五项活动”，认真实施大箕镇“115”总体工作思路，全镇经济和社会各项事业实现稳步发展。

## 综合经济

2015年，全镇民营经济增加值完成54400万元，比2014年增长4.94%；财政收入完成220万元，比2014年增长25%；公共财政预算收入完成67万元，比2014年增长9.8%。签约项目完成6.2亿元，占年计划的103.3%。固定资产投资完成2.66亿元，比2014年增长16%。粮食产量达到1195万公斤，占年计划的103%，其中小麦生产获历史以来最好收成，达到781.5万公斤，比2014年增长26.5%。社会抚养费征收兑现率达到90%，长效措施落实率达到87%。农村社会养老保险参保率达到99%，参保人数达到13120人。新型农村合作医疗参合率达到99%，参合人数达到18322人。

## 项目建设

2015年，全镇有工业企业22家，其中，冶金企业6家、电力企业2家、轻工企业3家、建材企业5家、危化经营企业6家。佳宇、宏宇、海鹏和宏创源等冶金铸造企业年生产能力达到4.5万吨，并在生产过程中不断升级改造，由传统的铸管铸件，向高附加值的耐磨铸件、衬板、合金芯线延伸，2015年共生产铸造产品3万多吨，实现销售收入1.8亿元；晋城市昇鑫悦商贸有限公司（小箕混凝土搅拌站）、大箕预制场和董家沟、南庄、申匠3个沙场以及明辉光伏科技有限公司等企业，在经济下行压力不断加大的形势下，努力寻找机遇，不断开拓市场，生产销售形势保持了平稳状态；“三产”服务企业97家，申匠、南庄、江匠4个加油站和红海洋汽贸公司、金星汽修厂、康佳后勤服务有限公司等服务类企业随着市场变化，经营销售略有起伏。以孔庄农家乐为代表的乡村旅游业不断发展，由2014年的10家增加到2015年的20家，全年接待游客4.8万人，实现收入400余万元。在巩固已建企业的基础上，通过招商引资，引进了投资近亿元的欣阳光伏发电项目，已开工建设。积极鼓励企业不断适应市场发展需求，通过二次创业，实现更新换代和产品升级。晋城市宏惠科技有限公司原来是大箕镇一家生产球墨铸造用球化剂、合金芯线的冶金企业，2015年又新上了钢化玻璃生产项目，专业生产各种规格的平型、弧型钢化玻璃、中空玻璃和夹层玻璃，投资800万元、具有3D打印技术的艺术玻璃工程项目已经试产。佳宇铸造厂是一家生产球墨井盖的中型铸造厂，为了提高产品质量，提升市场竞争力，今年将投资800余万元新上一条机制井盖生产线。已经完成厂房建设。泽州县嘉伟农林专业合作社联合周边2个村共同发展，投资2000余万元开发了龙月生态园项目，实现了共建双赢。弘德陵园文化发展有限公司经上海战圣股权投资管理有限公司考察，拟挂牌“新三板”（全国中小企业股份转让系统）市场并准备上市，上市后将为企业发展注入新的活力。

### 农业调产

2015年，全镇有农业企业62家，主要以农林、农牧、种养合作社为主。当年，以申匠绿丰禾合作社为主的蔬菜种植业共生产各类蔬菜17.5万公斤，实现销售收入40万元；以北庄、谷坨为主的核桃种植业，核桃树长势喜人，已经开始挂果；以发展生态农业为主的嘉伟农林专业合作社，主要以发展育苗、果蔬采摘、特色养殖和休闲旅游观光农业为主，完成育苗100亩、12万株，栽种景观树1000余株，绿化荒山600亩；尹街晋盛园农牧专业合作社种植各类果树200余亩，养羊近百只；以小箕、申家庄、秋木洼万只养鸡场和申匠、南坪千头养猪场为主的养殖业健康发展，生猪存栏1.8万头，出栏1.3万头；羊存栏1.2万只，出栏4200只；鸡存栏4万羽，出栏2.1万羽；肉产量1230吨，蛋产量250吨。均比2014年有所增长。

### 小城镇建设

以环城一级路建设、207国道改线和环城公园建设以及城市扩张为契机，按照全镇总体规划，坚持以“两个中心”为重点，加快推进小城镇建设步伐，不断改善人居环境，提升镇区功能。近年来，镇政府所在地——大箕集镇中心和申匠、南坪片区，已先后完成11幢462套新型农民住宅楼建设。2015年计划完成的6幢350套新型农民住宅楼建设任务中，大箕集镇中心的2幢112套新型农民住宅楼已经完成；南坪村的2幢112套新型农民住宅楼工程正在建设；申匠村正在办理相关手续。通过有计划地推进新农村连片建设，促进城乡一体化进程。

### 惠民实事

一是实施了董家沟、尹街、河西等3个村的人畜安全饮水工程，解决了3个村1500多人饮水安全问题；二是完成了南河底、南峪2个村的过村河道治理工程，确保河道行洪畅通；三是协调完成了岗河、申匠近百亩土地征用拆迁手续，确保过境207国道改线工程顺利施工；四是通过积极申请和多方协调，孔庄至东坡8.7公里乡村道路主体工程已经完工，相关附属设施正在紧张施工，建成后将实现全镇东西向乡村公路全面贯通，大大改善出行条件，促进以旅游为主的山区经济发展；五是与市煤气公司签订合作协议，完成了大箕气站办公用房等基础设施建设，正在办理相关手续，预计第一批500户可在年底用上清洁能源；六是为60岁以上农村老人开展了免费健康体检。同时，还认真办理了与群众生产生活密切相关的养老保险、低保救济、“五保”供养、合作医疗、农业保险等惠民实事。通过民生改善工程，密切了党群干群关系，提升了群众幸福指数。

## 生态建设

以207国道、江左路、西大路、金河路沿线村庄为重点，以点带线，以线促面，狠抓人居环境改善工作。2015年，先后召开现场办公会6次，以党委政府名义向全镇干部群众发出环境整治倡议书4300份，并制作成了录音带，出动宣传车进行巡回宣传；与国道207沿线农户、店铺商户签订环境卫生治理承诺书511份；规范了公路主干道两旁商铺秩序，拆除乱搭乱建，清理乱堆乱放，同时与全镇各村农户签订环境卫生治理承诺书5000余份。清理道路两旁乱贴乱挂小标语小广告790处，清除路边杂草、花池、白色垃圾10余公里；取缔207国道沿线可视范围内垃圾池10余个，配备户用垃圾桶300余个，做到了垃圾日产日清不落地；完成大箕河、白水河、申匠河等镇村主河道清淤1.5万余立方米。完成207国道、河西部队路绿化2000米，种树2000余株。城乡人居环境进一步改善，发展环境进一步优化。

## 基层党建

按照县委、县委组织部基层党组织建设提升年活动要求，结合大箕实际，重点抓了两项工作：一是抓阵地建设，在改进服务上下功夫。按照“十有”标准，全镇98%的村建成了标准化党员活动室，更新了版面和必要的办公设施，大大改善了基层党组织办公条件。在此基础上，积极推行了党代表工作室制度，完善了党员服务点和村级阵地建设提档升级工作，全面推行村干部坐班工作制和24小时值班制，同时，依托镇便民服务中心和村级便民服务点，全程为群众提供代理服务，切实把党员干部的职能转变到服务上来，使村级阵地真正成为党员活动之家、群众办事之家。二是抓队伍建设，在提升素质上下功夫。通过实施“领头雁”工程，结合村级换届选举工作，把懂农村、会工作的优秀人才选拔进领导班子；本村没有合适人选的，就从镇机关和企事业单位选派优秀党员干部兼任。2015年，选派一名镇班子成员到基层支部主持工作，及时化解了矛盾，稳定了情绪，促进了工作。通过开展“学习讨论落实”活动和“双学双严”活动，组织党员干部深入学习了习近平总书记系列重要讲话和党纪条规，使广大党员和党员干部在政治上更加坚定，在思想上有了提高，从而更加懂规矩，守纪律，主动适应新常态。通过开展下乡住村、党员联户和设岗定责等活动，为党员和党员干部搭建起了服务群众的平台。2015年以来，全镇参与结对帮扶的党员达到460名，建立种植、养殖等各类合作社58个，确定示范户600多户。党员和党员干部在服务群众中发挥了应有的作用。

## 党风廉政建设

认真落实党委主体责任和纪委监督责任，加强干部管理。一是抓组织领导。调整充实了党风廉政建设责任制暨惩防体系建设工作领导组，对2015年反腐倡廉建设主要工作进行了任务分解，与基层支部签订了党风廉政建设目标责任书，明确了责任目标、考核办法和奖惩措施。二是抓宣传教育。以“双学双严”活动为契机，组织机关和基层党员干部认真学习中央和省市县纪委全会精神，学党章、条例、准则，组织观看反腐倡廉警示教育片，开展党纪条规知识网上测试，进行廉政谈话80多人次，撰写廉政心得体会160多篇，党员干部廉洁自律意识进一步提高。三是抓公开公示。通过大箕网站、镇村公开栏，全面推进党务、政务和村务、财务公开，公开内容按季报镇纪委审核备案，力求做到公开透明，自觉接受群众监督，保障了群众的知情权监督权四是抓阳光村务。全镇43个村集体“三资”委托代理工作、“三资”监管工作实现常态化、长效化，各村坚持按季度报账，“三资”中心及时审核下账。村级重大事项、重大决策严格执行“四议两公开”工作法和向镇纪委申报备案制度。村务监督委员会正常运转，村级廉政风险得到有效防控。五是抓作风效能。对镇机关学习、值班、签到签退、公务接待、公务用车、财务管理以及请销假等规章制度作了进一步完善；对村主干学习、工作、值班制度作了进一步重申。镇纪委对镇村两级制度执行情况不定期进行监督检查和通报，懂规矩、守纪律、纠四风、转作风逐步成为新常态。六是抓案件查处。把党员干部的违法违纪问题作为办案重点，对违纪违法案件进行严肃处理。共受理信访案件5起，6人受到组织处理。通过案件查处，严肃党纪，净化社会风气，用身边事教育了身边人，促进了基层党风廉政建设深入开展。

镇党委书记：王江元，镇长：邢剑虹。

## 南村镇

### 概述

南村镇位于晋城市区西南7.5千米处，东与晋城市城区钟家庄办事处接壤，西与李寨乡、川底乡为邻，北靠市区和城区西上庄办事处，南临大箕、犁川、南岭三个乡镇。国道207纵穿南北，晋阳高速横贯东西。该镇总面积88.25平方千米，全镇37个行政村，51个自然村。有耕地24868亩。有居民18234户，共42855人。2015年，南村镇党委、政府紧紧围绕县委、县政府的决策部署，按照年初确定的“1636”年度工作重点，围绕“打造中国铸造之乡，建设宜居宜业美丽南村”这一奋斗目标，团结带领全镇广大党员、干部和人民群众，扎实推进“双学双严”专题教育，在全镇深入开展“思想大解放”“纪律大整顿”“环境大改善”“矛盾大排查”“项目大发展”五项活动，全力以赴抓项目、促发展、惠民生，扎实工作，全镇经济建设和各项社会事业发展均取得了较好的成绩。

### 综合经济

截至12月底，全镇财政总收入完成10900万元。其中国税完成6200万元，地税完成4700万元。一般预算收入完成3059万元，民营企业增加值完成17亿元，农民人均纯收入完成12308元。粮食总产量达到1200万公斤。固定资产投资完成15.92亿元。

### 重点工程

(一) 投资3200余万元的赵树理街已于当年5月开工建设，绿化带树木移植、西环路的路灯移除、高压线路的改造、信号设施移除已完成，已进入铺油阶段，11月底竣工通车。(二)南村铸造工业园区的2×450立方米高炉项目的环评已上报省里，等待批复。园区已完成人员“三定”工作，确定了工作场所，完善了工作制度，6月挂牌。已注册的天恒铸造有限公司已开始负责园区前期的各项筹备工作。(三)

总投资达2.8亿元的晋城市科裕达铸造有限公司占地120亩，是一家新型的集研发、生产各类机械配件、铸铁件产品为一体的专业铸件公司，采用国内先进的垂直生产线、砂处理线、喷漆线等先进设备进行生产，预计年产量6万吨，年产值3.6亿元。目前，该公司已经完成投资1.4亿元，厂房建设工作已经完成，10月投入试生产。(四) 总投资达1.5亿元的皇辉铸造有限公司占地80余亩，是一家大型高品质专业生产球墨井盖、井篦的铸造企业，该公司拥有一条年产2万吨的全自动生产的流水线，已于4月正式投产。(五) 在此基础上该镇的双合盛铸造业有限公司、宏伍铸造有限公司等6家铸造企业已完成了铸造生产工艺的上档升级和技术改造，基本上实现了由传统的人工操作向科技含量较高的自动化流水线作业的转变。

### 农业生产

2015年，该镇继续重视农业发展，逐步推进畜禽养殖基地建设，以不断巩固农业的基础地位。(一) 大力推进“一村一品”农业项目，其中省级农业示范项目3个：北西泽州鑫峰达养殖农业合作社、东村兴益源养殖农业合作社、西村泽州琦缘山农林合作社。“一村一品”农业项目的开展，使得南村镇新增种植养殖面积达到350亩。(二) 东常村、张庄、南村、牛匠、马匠等村实行土地流转，适度规模经营，机械化生产，探索现代化农业发展路子。

### 新型城镇化

(一) 牛匠城中村改造工作进展顺利，已拆迁260余户，已建设完成4栋居民回迁楼，安置居民183户。回迁区二期项目已完成物探和地质勘探，建设前期工作已准备完毕。(二) 北社鸦沟自然村城中村改造项目分两期。一期项目由3幢11层高层住宅和1幢1250平方米幼儿园组成，现已完成前期各项手续，正处在施工图审阶段，2015年年底已具备“三通一平”条件，水电增容已提交申请，许可证正在办理。(三) 裴疙瘩村城中村改造项目前期手续已全部办理，拆迁完成300余户，占总户数的98%，具备“三通一平”条件，现在正在办理招标手续，预计近期可开工建设。(四) 投资近3亿元，建筑面积达11万平方米的世纪茗苑小区主体已经完工，正在进行内部装修；投资1.8亿元，建筑面积达7万平方米的水墨福居住宅小区已完成总工程的75%；投资2.3亿元，建筑面积达8.3万平方米的怡园住宅小区前期准备工作已完成，采空区治理已结束，已基本具备施工条件；投资1.4亿元的四季花城小区二期工程已完工，已进入完善配套设施和内部装修阶段，预计2016年4月可全部完工；此外西峪、浪井、北东约8万平方米的回迁住宅小区均已完成了主体施工。

### 人居环境

2015年是改善农村人居环境全面深入推进的重要一年。一年来，大箕镇紧紧围绕“打造中国铸造之乡，建设宜居宜业美丽南村”的奋斗目标，以基础设施建设为工作重点，以环境卫生综合整治为突破口，通过产业发展推动城乡一体化进程，努力在5个结合上下工夫，全力实施五大惠民工程，有效改善了该镇的人居环境，提升了人民群众的幸福生活指数。(一) 将改善农村人居环境与城乡一体化建设相结合，努力实现建设宜居宜业美丽南村的基础进一步巩固。投资3000余万元，建成煤层气高中压管道和置换门站一座；投资300余万元，对郎庄1公里河道进行了改造。充足的基础设施建设投资为改善大箕镇的人居环境奠定了坚实的物质基础。(二) 将改善农村人居环境与环境卫生综合整治相结合，努力实现建设宜居宜业美丽南村的质量进一步提高。2015年5月以来，镇村两级先后投资2058.39万元对镇区和35个行政村进行了环境卫生综合整治。通过清理“四堆八乱”、整治残墙断壁、拆除违章建筑、关闭非法企业等一系列工作，为广大人民群众创造了一个干净整洁的生活环境。(三) 将改善农村人居环境与创建省级园林城镇相结合，努力实现建设宜居宜业美丽南村的品味进一步提升。2015年投资300余万元对迎宾路、鑫达街、南村街以及镇区进行了绿化升级改造。生态绿化工程的实施，为大箕镇描绘“村在绿中、路在树中、人在画中”的田园乡村画卷，又增添了浓墨重彩的一笔。(四) 将改善农村人居环境与工业园区建设相结合，努力实现建设宜居宜业美丽南村的支撑点进一步牢固。建设南村新兴产业工业园区、铸造产品工业园区、东鑫旺农业循环示范园区，拥有各类企业80余家，每年可以提供1.2万余个就业岗位。工业园区的建设和蓬勃发展的民营经济，为该镇进一步改善人居环境提供了不竭的动力。(五) 将改善农村人居环境与五项惠民工程相结合，努力实现建设宜居宜业美丽南村的外延空间进一步拓展。①设施配套工程：投资1700余万元建成了六轨制南村中心小学；投资2亿元的老来乐生态养老泽州示范项目已经开工建设；投资1700余万元的南村卫生院综合门诊楼项目准备开工建设；②安居工程：在市县25万平方米保障性住房落户该镇后，2015年又有28万平方米回迁安置房和商品房开工建设；③亮化工程：2014年投资300余万元在22个行政村实施了亮化工程后，2015年又投资80余万元对镇区亮化工程进行了升级改造；④清洁工程：组建了镇村250余人的环卫队伍，并配备了各类环卫设施，政府每年用于清洁工程的资金达到了150余万元；大箕镇还投资500余万元建成了容积达20万立方米，服务年限达15年的垃圾填埋场1座；⑤社会管理工程：成立了迎宾社区，将镇区的各个小区纳入统一科学管理轨道，并为各小区居民提供了优质的社会管理服务。五项惠民工程的实施，为改善大箕镇人居环境注入了新的活力。

## 五项活动

2015年，镇党委、政府对县委提出的开展“五项活动”高度重视，精心组织，通过加强组织领导、细化实施方案、抓好组织实施等措施，确保活动扎实有序开展，取得了实效。一是加强组织领导。镇党委成立了活动领导小组，由书记李雪山担任组长，负责整个活动的组织实施，同时成立了活动小组办公室，负责活动的日常工作。各村 (社区) 也成立了相应的组织机构，制定了方案措施，推动活动开展起来。二是强化宣传引导。各单位、村 (社区) 通过深入开展宣传发动工作，动员全体党员干部，积极投身到“五项活动”中，通过网络、电子显示屏、墙报、条幅等形式的大力宣传，营造出“五项活动”开展的浓厚氛围。三是加强督促检查。对于“五项活动”的开展，镇党委派出督察组开展督察指导，将活动成效体现在了党员、干部作风转变、抓好各项工作的落实上，体现在为民办实事上。

镇党委书记：李雪山，镇长：刘晋宇。

## 金村镇

### 概述

金村镇位于泽州县东部，紧邻晋城市区，是典型的城郊结合型乡镇。全镇总面积212.29平方千米，辖72个行政村。2015年，金村镇有户籍人口5.6万人，外地在此流动人口3万人，有8.7万亩耕地。近年被晋城市列为新一轮城市化建设“六区联动、组团发展”的重要片区之一，地理位置独特、旅游资源丰富、交通区位优越、城市功能凸显。被省环境保护厅表彰为“山西省生态乡镇”。

2015年，面对经济下行压力加大的大环境，面对征地难、拆迁难、补偿难、资金难的小环境，镇党委政府团结和带领全镇人民，深入贯彻落实中共十八大，十八届三中、四中全会、五中全会和习近平总书记系列重要讲话精神，紧紧围绕县委、县政府决策部署，围绕城镇化建设这条主线，大力实施“融城战略”，突出抓好“六件大事”，取得了优异成绩。当年，公共财政预算收入完成2579.1万元，固定资产投资完成30.32亿元，招商引资为42亿元，规模以上工业企业增加值完成2.3824万元，粮食总产量达3000万千克，农民人均纯收入达到1.3万元，增长9%。

### 产业发展

产业发展是城镇化建设和全面小康社会建设的基础。结合金村实际，2015年，重点抓了现代物流业、生态旅游业和城郊特色农业的发展壮大。一是现代物流业。健全组织机构，切实加强组织领导，抽调工作人员9名，租赁办公用房7间，完成了园区挂牌。加大基础设施建设。主干道龙化路总投资7284万元，已投入使用；西岭街完成了项目建议书、附着物清点等工作，年底完成了可研、初设等所有前期工作。集中供热供气供暖已上报市里。月星商业广场正式运营，二期项目土地已经批复；兰花国际物流园项目累计投资已达6.5亿元，海关巡逻道等关键工程雏形初显，并通过了太原海关验收，保税物流中心经国家海关等部门批复，11月底营业；义乌小商品城项目开工，完成投资1.9亿元；世沃国际商贸项目正在积极办理前期手续。二是城郊特色农业。充分发挥金村紧临市区、交通便利的区位优势，围绕城市做文章，服务城市求发展。按照丹河西部现代农业园区、水东山区小杂粮种植区、铺头特色种植养殖区的发展规划，坚持以市场为导向，以土地流转为核心，以专业合作社、种养大户股份合作为纽带，进一步扩大无公害蔬菜、经济林、苗圃、小杂粮、畜禽养殖等特色种养基地规模，带动农民增收致富，促进农村全面发展。丰富产业业态，大力发展设施农业、休闲农业、采摘农业、农旅一体化等特色产业，重点支持益丰园、丰青园、崔庄田园等一批特色农业园区和项目发展壮大。总投资1.6亿元的益丰园，已累计完成投资1亿元，完成了园区部分土建工程和部分果树种植、鱼塘及农家乐开始营业。丰青源、金园合作社采摘园全面开始营业。全镇一村一品达到21家，合作社达到151家，其中，租赁土地50亩以上达到48家，共流转土地8000余亩。三是生态旅游业。丹河人文历史悠久，山水风光旖旎，蜿蜒流过金村境内38公里，是市民周末近郊休闲游的首选，更是该镇发展旅游业的金字招牌。按照市县丹河生态旅游发展总体规划，以府城关帝庙、玉皇庙为起点，纵贯丹河人工湿地、龙门景区、浮山景区、珏山景区、围滩景区、三姑泉景区，连点成线，打造集农业观光、生态旅游、休闲娱乐于一体的丹河生态旅游产业带。抓好龙门景区和三姑泉景区建设是2015年的重点，投入资金100万元建设龙门景区，五一重新开张，游船等水上项目正在建设中。通过进一步夯实基础设施，连片规模种植油菜花、采摘园，大力发展农家乐，全镇新增农家乐11家，逐步构筑“吃在金村、住在金村、乐在金村”的新格局，逐步提升了金村丹河生态旅游带的知名度和吸引力。在由市委宣传部、市文明办、《太行日报》组织策划的“晋城新八景评选活动中”，金村镇的太极飞虹（丹河特大石拱桥、太极湖）、丹水芦语（丹河人工湿地、龙门湿地公园）和府城星辉（府城玉皇庙、太原科大晋城校区）被评选在内，占了“新八景”中的前“三景”。四是大力发展民营经济。充分发挥金村镇地处城郊的区位优势，用足用好市、县支持实体经济和中小企业发展的各项政策措施，支持金村镇中小企业争取“助保金、聚力贷”、中小企业发展资金、科技进步等资金扶持。强力推进全民创业，充分发挥新中原、锦绣鑫源、义乌商品城等企业的典型示范作用，新增就业岗位500个，推动全镇民营企业更好更快发展。

## 城镇建设

在服务金村新区建设方面，总投资约2.3亿的丹河龙门湿地公园累计完成投资1亿余元。工程概算总投资6738万元的府城街、1.96亿元的丹河西路已全部竣工。估算投资约6.95亿元的太岳街东段已完成项目建议书批复，可研报告报批已完成，正在进行采空区治理要求进行施工设计。全长约208米的碧水街西段前期手续已全部完成，进入施工阶段。估算总投资为1.8亿元的学苑街已完成可研报告批复，正在进行初步设计编制、工程勘察和办理土地预审手续。金村境内的207国道改线工程预计总投资2.5亿元，已累计投资1亿元，正紧张施工。城东水系工程完成全部工程进度90%。在中心镇区建设方面，投资7284万元的龙化路、348万元的金福苑公园等工程已竣工，并投入使用。西岭街、文化路延伸段、金村污水处理厂等工程前期手续已完成，投资1000万元的金村中心幼儿园主体工程正在施工。金村、霍秀村旧村改造已启动，龙化村、湛家村的城中村改造工程正在进行中。在城中村改造建设方面，枣园村、大岭头村、小刘家川村三村兰花路片区改造回迁楼开工建设，拆迁安置补偿工作全面开始。湛家村、龙化村、黄头村正在加快城中村改造建设进度。水西村、李家鄢村等村已完成城中村改造报批手续。在中心村建设方面，东六庄村、东属村、水东村、赵庄村等村的居民住宅楼全面开工，截至年底建成22幢楼，大约11.1万平方米。用足用活上级相关政策，继续推进500人以下行政村向小城镇和中心村移民搬迁。

## 环境整治

抓实一个平台。加大环卫基础设施投入，组建了镇环卫站、建筑垃圾管理中心，成立了19人的环卫管理队伍，配备了3辆铲车，35辆垃圾清运车，129台垃圾收集车辆，150个垃圾转运箱，350个垃圾桶。按照每500人配备1名保洁员的标准，公开招聘组建了80余人的镇环卫保洁队伍，72个行政村也组建了490余人的保洁员，明确职责，分片包干，对全镇各村、主要公路沿线、镇区、城郊结合部、重点项目、大学城周边等重要区域环境整治进行统一管理和垃圾清运，确保长效保洁。投资700余万元的镇东陕垃圾填埋场基本完工，即将投入使用。投资300余万元，新建铺头村、十字坡村2个生活垃圾填埋点，扩大生活垃圾填埋点覆盖范围。投资500万元，治理金村村和霍秀村河道及下水管网建设3000米；投资2000万元的镇污水处理厂已完成前期工作，项目可行性报告和设计正在做，计划明年开工建设。试行两种模式。打造了一条西起西南属村，东至水北村，贯穿全镇全境的环境整治精品线路，试点先行，大力实施垃圾不落地试点工作，并逐步扩大到“一区两片”。“一区”就是中心镇区，在金村、霍秀等镇区村，以及孟匠、水北、水东等中心村，按照“一车多箱一队伍”的模式，村打扫、村收集，镇运输、镇处理，确保镇区和中心村环境优美。“两片”就是西南属村至铺头村和水北村至水东等村，在这两个片区内，按照“一车一桶一队伍”的模式，每天固定时间统一收集垃圾，做到当天收集，当天运输，确保村内干净整洁，并在全镇推广。实现了“有人扫、有车运、有地方处置”的环境卫生长效保洁目标。突出三个重点。一是净化。突出抓好207国道、晋陵一级、晋张路等主要干道、主要出入口、城郊结合部等重点区域环境整治。全镇共整治残墙断壁90处，修建风景墙1.34万米，粉刷墙壁28.96万平方米，清理四堆360处、清理积存垃圾298处；新增垃圾收集点507座、简易垃圾填埋场89座。二是硬化。投资100余万元，对金铺路、环镇路、江淮公路、207国道等主要公路破损路面进行补修。投资500余万元对后峪—郭背、铺头—贺洼的乡村公路进行了拓宽，已竣工并投入使用。投资7284万元的龙化路已竣工并投入使用。三是绿化。共计义务植树8万余株，建设美丽乡村7个，市级小康园林村20余个，新建农村小游园8个。投资340余万元，占地80亩的金福苑公园已经完工。投资100余万元，对陵沁一级路、晋江路水北至水东段、晋张路、金铺路等公路及镇区公园进行了绿化。

## 民生事业

(一) 解决热点民生。2015年，在全面落实县委县政府8项惠民政策和8件惠民实事的基础上，镇政府努力为群众办好了10件实事：总投资800余万元完成总长11.5公里铺头至贺洼公路和总长8公里后峪至郭背公路的扩建，由3.5米宽拓宽到6米宽，切实解决好铺头和水东山区群众出行难问题；投资550万元的东陕生活垃圾填埋场已投入使用；镇区金福苑公园已竣工；完成29个村2900户的数字电视整体转换工作；完成金村、霍秀等6个村5200亩的粮食丰收工程；投资260万元解决武庄、东旺等4个村3100人的饮水安全工程；完成府城、水北等9个村3000户农户煤层气安装工程；培训农民2000人次，培训新型职业农民350人次；完成义务教育均衡发展配套验收；完成金瑞康、金园等4个合作社、760亩水浇地的节水灌溉工程。在农村饮水安全方面：水北村国家补贴22万元，自筹6万元，涉及2033人；青山街村国家补贴20万元，自筹15万元，涉及436人；武庄村国家补贴26万元，自筹17万元，涉及610人；东旺村国家补贴23万元，自筹8万元，涉及431人；下胡村自来水改造国家补贴20万元，自筹18万元，涉及480人；柳泉村机井改造自筹22.8万元，涉及979人；枣园村机井改造，自筹8万元，涉及837人。村民饮水安全得到保障。(二)改善基本民生。教育方面，重点抓好金村中心幼儿园、金村小学办公楼、孟匠中学操场、水东中学操场等工程建设。文体方面，街头故事表演、打铁花等文化惠民活动大力开展，大力推进数字电视的整体转换工程，农村文化体育场所全覆盖，达到100%。医疗卫生方面，完成金村卫生院污水处理和环境整治工作；完成铺头医院暖气输送并网工程；完善25884份居民健康档案；进行9次健康教育宣传；对2940名儿童进行疫苗接种；对82名孕产妇进行系统保健；规范管理了2610名高血压病人，管理了426名糖尿病病人；规范管理了1853名老年人；规范管理了77名重性精神病患者；对123名儿童进行了系统管理；协助卫生监督机构对25个村集中供水进行巡查，对9个公共场所和24家医疗卫生机构进行检查；对18所学校传染病防控开展寻访；对983名儿童及老人进行了中医药健康管理；完成市政府为民办实事贫困精神病患者免费服务200人；完成国家彩票公益金贫困精神病患者住院救助情况10人。(三)保障底线民生。认真落实各项惠农政策，积极开展农村土地承包经营权确权登记工作，让农民吃上“定心丸”；粮食总产量达到3000万公斤；完成小麦宽窄行探墒沟播项目5400亩；完成山西省粮食丰收工程8200亩；农田灌溉面积达30150亩；基本农田保护面积达54472.4亩。城乡居民社会养老保险适龄人员全覆盖，参保人数29832人，金额247.3万元。全面做好优抚、“五保”、低保、救灾保障工作：涉及优抚人员335人，计1163795元；涉及“五保”人员61人，计193680元；涉及低保人员1340人，计2753256元；涉及救灾人员220人，计6.6万元。新建2个村老年日间照料中心，完成14户农户危房改造。全面完成农户冬季用煤补贴和供煤工作。郭壁水源地投资20万元，打造防护隔离带。

## 安全生产

2015年，按照“党政同责、一岗双责、齐抓共管”的原则严格落实各级安全生产责任制，进一步明确细化了各有关单位安全生产监管职责。召开全镇安全生产大会，先后开展了“两节”期间大检查、春季大检查、大排查大整治专项行动、安全月大检查、打非治违专项行动、“十一”黄金周大检查、冬季安全大检查等集中检查，做到了全镇安全生产形势平稳推进，未发生安全生产事故。在护林防火方面。针对工作点多、面宽、工作量大的实际，强化组织领导，制定了全镇森林防火预案；与各村、农户及全镇护林员签订队火责任状；印发张贴封山禁火令1000份、宣传标语120条；防火期间每天组织120人值班巡逻，24小时领导带班，每天进行零报告；严格配备器具，灭火机15台，灭火弹500发，油锯2台，对讲机10台，灭火轮15支，二号工具500把，铁楸200把，斧头100把。

## 组织建设

（一）深入开展“双学双严”党纪条规警示教育活动。为深入贯彻落实中共十八大和十八届三中、四中全会精神，认真贯彻落实习近平总书记系列重要讲话精神和中央纪委五次全会提出的严明政治纪律和政治规矩，把加强纪律建设摆在更加突出位置要求，按照市、县统一安排部署，该镇深入开展以“学党章、学条例、严纪律、严规矩”为活动主题的“双学双严”党纪条规警示教育月活动，教育广大的党员干部牢固树立党章意识、纪律意识和规矩意识，明确守纪律是底线，守规矩靠自觉，坚持守小节、明底线、知敬畏，做到心中有党、心中有民、心中有责、心中有戒。将学习贯穿始终。采取形式多样的方式进行学习：两委领导轮流登台讲课，重温《中国共产党章程》，组织镇机关干部学交流学习体会2次，每人都认真撰写笔记和学习心得。组织机关干部观看了警示教育片《贪腐的代价》，学习了《忏悔录》，全面学习“双学双严”知识，参加市里组织的“双学双严”知识竞赛，组织对村两委成员、机关干部、大学生村官进行培训，学习新修订的《中国共产党廉洁自律准则》和《中国共产党纪律处分条例》。通过学习，使机关党员干部在认识上有了进一步提高，思想达到了进一步升华。

（二）扎实开展“五项活动”。为了进一步“提振精气神，全力抓发展”，按照县委统一安排部署，在全镇扎实开展“思想大解放、环境大改善、纪律大整顿、矛盾大排查和项目大发展”五项活动。一是将思想解放贯穿始终。组织机关干部进行思想解放大学习，采取两委领导讲和自学相结合的方式，全面提升思想境界，两委领导每人撰写一篇思想大解放学习心得，机关干部每人撰写一篇思想解放调研报告；并积极参加县里组织的“思想大解放”，通过层层选拔的方式，选出两名代表参加县里的复赛，有一名选手进入决赛，最终取得第二名的好成绩。将“引进来”和“走出去”相结合起来，组织班子成员、机关干部和部分村主干到河南济源大峪镇及山西阳城横河镇外出“取经”，考察农家乐，进一步打开视野，解放思想，以促进金村镇转型发展，推动镇农家乐旅游的发展。二是严肃工作纪律。实行机关干部“五严禁”和村级干部“五不准”。开展“五严禁”机关工作秩序涣散，纪律松弛大整治。严禁在工作日和值班期间、节假日执行公务期间饮酒行为；严禁参加带有赌博性质的打牌、打麻将等行为；严禁参加下属单位的庙会、剪彩、婚丧宴请等行为；

严禁“走读”和“跑堂”等行为；严禁利用工作之便“吃、拿、卡、要”等行为。开展“五不准”村级干部不正之风大整治。不准违反政治纪律，不执行镇党委、政府决定等；不准煽动、串联、诱使、幕后操纵他人信访等；不准各自为政、工作“两张皮”等；不准干预、插手工程招标等；不准开会无故不到，提前离场等扰乱会场秩序等。三是实行以“三清三化三建”为重点的环境大改善活动。加大对环卫设施的投入，试行“一车多箱一队伍”和“一车一桶一队伍”的两种模式，通过建立城乡环卫保洁队伍、建设城乡环卫基础设施、建成城乡环卫管理体系等举措，达到清垃圾、清污水、清杂物，硬化、绿化、美化的目的。四是实行“真化解、重息诉”为重点的矛盾大排查活动，进行积案大化解。2015年，金村镇共受理信访案件22件(其中省巡视组交办案10件)，22件案件中反映土地补偿问题的10件、反映村干部问题的8件、反映农村村务、财务的1件、反映其他问题的3件。2015年年底已办结13件(其中，省巡视组交办案10件、大信访案3件)，办结率达到60%。办结的案件中，签息诉罢访书的4件、拒签的2件、不同意办结处理意见的1件、原已办结的2件、办结匿名1件。市县交办受理涉纪案10件，2015年年底已了结2件、核结3件、立案处分2件、正在办理3件。给予开除公职1人，开除党籍处分2人，党内严重警告处分6人，党内警告处分2人。五是开展以真包、真服务、真抓、真见效“四真”为重点的项目大发展活动。将42项重点工程，全部分解到班子成员，采取周汇报、月督察等方式，确保市县重大工程项目顺利施工。按照包项目分工责任制，主动担负起重任，主动深入所包项目地，对项目的进展、存在问题等进行实地调研，营造亲商、爱商、扶商、兴商的良好氛围，主动服务好项目。

(三)基层党组织战斗力进一步提升。基层党建工作着力解决“三有”问题：一是有人办事。广开言路配好村支两委队伍，请能人回村任职，机关干部任职，发展能人入党，为党员队伍注入新血液。二是有章办事。以“四议两公开”制度为核心，解决村务、党务、政务公开制度，包括三支清理整顿。三是有钱办事。如何让村民致富，就要发展产业，创新实施农村经营性建设用地，培塑集体产业，让村里有钱服务；大力整顿软弱涣散党支部，上级保障基层运营。

(四)营造弊革风清的社会环境。认真贯彻落实党风廉政建设责任制，严格执行中央八项规定和市委出台的“五个不准”，继续执行好“一岗双责”，严明“两个责任”，及时传达上级会议精神，对重大问题进行集体研究决策。认真实行党委书记负总责，班子成员分工负责制。不断完善体制机制，狠抓了党风廉政建设责任制的落实。党员领导干部带头执行廉洁从政各项规定。坚决杜绝农村婚丧嫁娶大操大办，教育引导全镇干部群众摒弃逢事请吃送礼、铺张浪费、相互攀比等陈规陋习，加大廉政典型的培树力度。继续深入贯彻落实中央八项规定，进一步完善了学习、请销假和公车管理等一系列制度。每周一、四组织机关集体学习，保证在行动上与中央、省市县保持一致。清理整合办公用房，严格规范车辆管理。进一步改进了文风、会风，不搞形式主义。不断健全村务监督委员会组织，营造干部清正、政府清廉、政治清明的金村新风尚。

镇党委书记：李池堆，镇长：韩剑英。

## 柳树口镇

### 综述

柳树口镇位于泽州县东南部山区，素有“晋城东大门之称”。是2000年年底撤并乡镇时，原柳树口乡和东下村乡合并而成的。其东、南与河南省交界，北与陵川县相连，西和高都镇、金村镇毗邻。全镇总面积346平方千米，辖38个行政村，128个自然村，总人口1.5万人。2015年，全镇耕地面积31061亩，林业用地面积42万亩，系泽州县的林业大镇，同时也是典型的山区农业乡镇。2015年，全镇粮食总产量达到1537.3万公斤，民营企业增加值完成8800万元；财政总收入完成84万元，其中，国税4万元，地税80万元。新型农村养老保险覆盖率达98%，参保8902人；新型农村合作医疗保险参合率达99%，参保13206人；计划生育率达92%，各项经济指标均实现预期目标。

### 产业调整

2015年，柳树口镇始终立足镇情、因地制宜，加大产业结构调整力度，力求在农业发展上突出规模化、特色化，在“一村一品”政策的带动下，以张八村为主的优质苹果种植达到1000余亩，以南渠村为主的中药材种植面积达到3000余亩，以东下村为主的优质密植桑园面积达到1500余亩，全镇优质核桃种植面积达到5000余亩。此外全镇规模养羊、养猪、养鸡也得到了较好的发展，全镇共有200只规模养羊户5户，3000羽养鸡户2户，3000羽养鸭户1户，2015年，全镇猪存栏10023头，出栏18086头，牛存栏3210头，出栏1981头，羊存栏24024只，出栏14242只，鸡存栏65042羽，出栏32036羽，兔存栏4342只，出栏8482只。

### 交通　邮电

2015年，有县乡（镇）级公路3条，总长74.4千米。年末有邮政网点2个。

### 教育

2015年，全镇有幼儿园2所，在园幼儿56人；小学2所，在校生139人；中学2所，在校生118。现有教职工117人。其中柳口中学在2015年的中考中，考入晋城一中和泽州一中15人，其中，泽州一中统招生4人，被县教育局授予“中考进步奖”。

### 文化

2015年，柳树口镇有镇综合文化站1个，公共图书阅览室38个，各村都修建了公共文化活动场所并配备了各类体育器材，全年共电影放映466场，观众达1万人次。

### 卫生

柳树口镇现有卫生院2所，村级卫生所38个，柳树口中心卫生院现有医务人员15人，其中，主治医师3人，医师7人，医技师3人；东下村卫生院现有医务人员12人，主治医师

1人，执业医师及执业助理医师5人，执业护士3人。

### 旅游

2015年，建成丹河绿野休闲山庄和合聚山庄，带动了圪针掌、河东、北寨等周边村的旅游发展；以祈福寺景区为依托，带动石瓮河片区的休闲采摘业发展；以玛琅、南稍、黄围等现有16家农家乐为基础，以点带面发展休闲度假旅游，当年新发展10家农家乐。

### 劳动就业

2015年，完成新型农民培训100人，新增就业岗位150个。

### 人民生活

2015年年底，街巷硬化工程、便民连锁店建设强力推进，农家书屋和文化体育场所实现全覆盖，安全饮水工程进一步完善，环境卫生整治工作日趋常态化、规范化。同时，镇党委、政府积极实施惠民工程，先后建成了镇文化站、计生服务所、柳口幼儿园，是全镇的文化、教育等基础设施进一步完善，人民生活幸福指数进一步提高。

镇党委书记：赵亮福，镇长：赵毅鹏。

## 高都镇

### 概述

高都镇位于泽州县东北部，距晋城市区20公里。东与陵川县接壤，西与巴公镇、城区北石店镇相连，南与金村镇毗邻，北与北义城镇相伴。总面积120平方千米。该镇是2001年1月与原大兴乡合并而成的。共辖60个行政村，68个自然村。2015年，有人口39483人，有耕地63522亩。

2015年，民营企业增加值完成159360万元，占年计划的100.86%。固定资产投资完成13.96亿元，占年计划的100.43%。财政总收入达3390万元，占年计划的100%。粮食总产量达2811万公斤，占年计划的117%。

### 农业经济

养殖、蔬菜、蚕桑、林果四大基地蓬勃发展。全镇年产鸡蛋3450吨，出栏生猪6.41万头，日光温室大棚发展到171个，桑园面积达到800亩，林果面积达到6000余亩。彤康、康鑫、成晔、祥鑫元、东兴源等一批农业企业知名度进一步提高。农民专业合作社达到110多个。

### 城镇化建设

全镇住宅楼达到43幢，约20万平方米，入住1199户。清洁能源利用工程不断推进，现有16个村、3500余户用上了煤层气。

### 人居环境

通过继续采取工程治理、源头治理、产业推进、全民参与四项措施和网格化管理、保洁人员全覆盖、党员干部带头、政策与奖惩四项机制，以及环境卫生合格证、共产党员家庭牌、人均每年30元卫生费等一些具有高都特色的做法，全镇人居环境实现了提档升级。

社会事业

公路改造建设方面，完成了高泊路、园区路、丰大路道路改造。饮水安全工程方面，投资27万元，解决大丰头村210多户、700多口人的饮水安全问题，现工程已完工。生态绿化方面，完成连翘种植800亩，投资100万元、面积50亩的凤凰山（垂棘山）绿化工作正在规划当中。教育提标方面，高都镇中投资120万元，拆除旧教学楼、旧宿舍楼，新建操场；投资420万元，新建学生公寓。泊南中学投资300万元，铺设了塑胶操场。北街小学投资15万元，维修教学楼、教师住宿楼，对教学数室内外进行装修。南街小学投资9万元，进行了室内装修，装配实验室、图书室、微机室，硬化操场等。医疗提质方面，高都卫生院投资25万元，修建预防接种及妇女儿童保健楼。大兴卫生院投资45万元，修缮门诊楼和大会议室及附属设施；投资15万元，配备了污水处理系统；投资8.5万元，购置了血球计数仪。60周岁以上老人免费体检方面，已对全镇7000余名60岁以上农村老人进行了免费体检。农村文化服务方面，镇综合文化站实行了免费开放，村级文化活动场所正常运转。数字电视入户方面，2015年已完成400余户数字电视入户。新农保方面，参保人数达到18609人，基金征缴达212.27万元。老年人日间照料中心建设方面，新增了东玉寨、岭后底2个老年人日间照料中心，全镇老年人日间照料中心达到10个。

“活动”开展

2015年，在学习讨论落实活动中，按照“五必学”的要求认真开展了学习，并先后开展了不同层次的“党要管党，从严治党，农村基层怎么办”大讨论。机关支部开展了遵纪守法签名活动，和以“恪守党章、纯洁队伍”为主题的大讨论活动。同时，我们重在落实，通过开展学习讨论落实活动，全镇广大党员干部净化政治生态的责任感进一步提高，党风政风进一步好转，党群干群关系进一步密切，发展环境进一步优化。在“双学双严”党纪条规警示教育月活动中，围绕“学党章、学条例、严纪律、严规矩”的主题，认真开展了“十个一”活动，进一步强化了全镇党员干部党的意识、大局意识、规矩意识、为民意识。在“五项活动”中，以“思想大解放”为突破口，推动全镇环境有了进一步提升，党员干部纪律作风进一步改善，一批信访积案得到有效化解，一批大项目、好项目发展势头良好。在党建提升月活动中，我们重点抓了南坡、善获、岭西、西党庄、西坡五个软弱涣散党支部的整顿工作，五个支部的党建水平均取得不同程度的提升。同时，还在2014年开展“三比一评”活动的基础上，在2015年“三八”“五一”“五四”“十一”期间，举行了三次“三比一评”活动，推动基层党组织的活力进一步增强，党群干群关系进一步密切。

镇党委书记：牛天明，镇长：史坤国。

## 北义城镇

概述

北义城镇位于泽州县境东北部，距晋城市区25千米。为泽州县的北大门。东与陵川县相连，西和巴公镇为邻，南接高都镇，北同高平市交界。总面积为73.6平方千米。全镇下辖33个行政村，38个自然村。2015年，全镇共有8782户，28567人，有耕地面积48627亩。2015年，完成财政税收738万元，占年计划的82%，其中：国税完成138万元，地税完成600万元；全社会固定资产投资完成57245万元，占年计划的100%；民营企业增加值完成42320万元，占年计划的94.04%，同比增长1.49%，生产大获丰收。农民人均纯收入达到11600元。

## 农业

北义城镇共有耕地面积4.86万亩，人均1.7亩；2015年农业总产值达到0.85亿元，比上年增加7.5%，农业增加值0.5亿元，占国内生产总值的比重是90%。该镇粮食作物以小麦、玉米、谷子、大豆为主，2015年，生产粮食3114.83万公斤，人均1156.47公斤，其中，小麦257.88公斤，玉米584.60公斤，谷子32.50公斤，大豆78.74公斤。主要经济作物有蔬菜及食用菌等。2015年，蔬菜及食用菌种植面积0.1万亩，产量286.12万公斤。畜牧业以养猪和养鸡为主，2015年，生猪饲养量11.76万头，年末存栏4.41万头；鸡饲养量50.65万羽，年末存栏32.76万羽。年生产肉类5570吨，畜牧业总产值1.13亿元，占农业总产值的1.33%。2015年，累计造林1.68万亩，其中防护林1.169万亩，经济林0.211万亩，农民住宅“四旁”树木0.3万株，林木覆盖率21%。2015年水果种植面积0.07万亩，产量883.12吨，苹果种植面积占到70%以上，主要品种为红富士。

2015年，拥有大型农业机械485台(辆)，基本实现农业机械化。

## 工业

2015年，晋煤集团天安朝阳煤业有限公司累计投资5430.71万元，完成掘进进度3855.3米，建设完成了生产调度楼、空压机房、工业场地挡护、灯房浴室等土建工程和井下主排水、井下中央变电所、副井绞车房、空压机、9#煤采区变电所等设备安装工程，按工程进度安排，2016年8月底可实现联合试运转；晋城市兴创农机配件制造有限公司20万台大马力拖拉机前桥总成、变速箱项目，5月实现试生产。泽州县同盟铸造有限公司，2015年完成产量2265吨、增加值220万元、税金93万元，分别比2014年增长了1%、降低了21.14%、增长25.81%。

## 财政、金融贸易、保险

2015年，财政总收入0.738亿元，人均财政收入258.34元。年末，有泽州农商银行等1家银行和金融机构在境内开设了分行；各类存款余额2.8亿元，比上年增长7.69%；人均储蓄9798.43元；各项贷款余额0.21亿元，比上年降低3.00%。2015年，农村最低生活保障户数452户，人数634人，支出134.21万元，月人均176元，比上年增长5%；农村五保集中供养49人，支出37.62万元，比上年增长12%；农村医疗救助57人次，民政部门资助参加合作医疗1090人次，共支出9.81万元，比上年增长30%；农村临时救济217人次，支出4.34万元，比上年增长20%。2015年，全镇自然灾害受灾人口427人，农作物受灾面积1560亩，倒塌房屋10间，直接经济损失96万元，救灾支出8.54万元。当年，国家抚恤、补助各类优抚对象308人，抚恤事业费支出169.83万元。社会福利费支出50.03万元，有社会福利单位1个，床位65张。

## 交通 邮电

55国道二广高速公路过境，境内长9.5千米，双向4车道，有南义城出口。207国道过境，境内长度9.5千米，双向4车道。环城高速经过本镇张庄村、蔡河村、王沟村、小河西等村。有县乡（镇）级公路1条，总长14千米。2015年年末，有邮政网点2个，投递路线单程总长度84千米，投递点86个，乡村通邮率100%。征订报纸41万份、杂志3.8万册，业务收入20.5万元。

## 教育

2015年，共辖2个教学区，有幼儿园9所，在园幼儿669人，专任教师28人；小学8所，在校生1398人，专任教师101人，小学适龄儿童入学率100%；初中2所，在校生871人，专任教师73人，初中适龄人口入学率100%，小升初升学率100%，九年义务教育覆盖率达100%。当年教育经费达0.27亿元，财政预算内教育经费0.26亿元。

## 科学技术

2015年年末，拥有各类科技人才0.8万人，其中，专业技术人才0.1万人，经营管理人才0.05万人，技能人才0.13万人，农村实用人才0.5万人。

## 文化

2015年年末，有文化艺术团体6个，会员50个，其中团体会员23个，个人会员27个。各类艺术表演团体15个，演职人员数量不固定，演出场所不固定，人员、场地流动性大。文化站1个，建筑面积1600平方米，公共图书室44个，建筑面积530平方米，藏书11万册；档案馆1个，建筑面积600平方米。文化从业人员350人，占全社会从业人员的2%，其中事业单位从业人员19人。地方特色民间艺术有八音会、剪纸、书画等，2008年被晋城市老年书画协会命名为“老年书画之乡（镇）”。

## 卫生

2015年年末，有各级各类医疗卫生机构2所，其中，一级甲等医院1所，一级乙等医院1所；病床60张，其中公立卫生机构床位60张，每千人拥有医疗床位2张，固定资产总值800万元。专业卫生人员49人，其中执业医师20人，执业助理医师7人，注册护士12人，平均每千人拥有卫生技术人员1.5人，平均每千人拥有执业（助理）医师1人，平均每千人拥有注册护士0.43人。2015年医疗机构（门诊部以上）完成诊疗4.59万人次，住院手术93台次，出院病人884人次。重点医院有2所，其中包括北义城卫生院和鲁村卫生院。2015年，法定报告传染病发病率为407.14/10万人，农村安全饮用水普及率100%，农村卫生厕所普及率80%，“新农合”参保人数24069人，参保率99.51%；居民人口平均期望寿命75岁，其中男性67岁，女性73岁；孕产妇死亡率0.5/10万人。

## 旅游

（一）莒山景点：（1）基本情况：莒山属太行山脉，位于晋城市中部，泽州高平之界山，地跨北义城、巴公、河西三镇、东西走向，莒山极顶三千尺，方圆面积一百里，从北义城镇门楼处乘车可直达山顶。莒山是块风水宝地，人杰地灵，中华民族的祖先三皇五帝都曾在这一带活动过。三皇庙、炎帝庙保护完好，千古名相蔺相如的故里：莒山村，就在此地，山顶有他的庙堂陵墓，是祭拜他的必然去处，他是完美的中国人的代表，他的精神，正气堂堂、忠肝烈烈、相度休休、永垂不朽，是当今精神文明建设的理想基地。莒山是块旅游胜地，站立山顶，极目四顾，峰峦翠叠，风景秀丽，令人心旷神怡，历史就为古晋城三大名山（莒山、珏山、浮山）之首，1993年被开发为晋城市莒山旅游区。莒山自然人文景观处处可见，比比皆是，东西南北有四大景观：东有银河落丹川，西有夕阳照群山，南有雾海驾龙王，北有长平古战场。主要景点有：蔺公庙、蔺公墓、三皇庙、炎帝庙、大乘寺、毗庐院、千年老槐树、万年睡和尚、大风口双塬拱月、沟崖处姿态万千。（2）蔺相如的传说：（约公元前305年）正月初三，火炮声声，“莒山村”这块风水宝地诞生了一位卓识深见神勇无比的千古名人蔺相如。2000多年来，他因“护家园少年学艺蔺家庄”“灭草寇廉颇引荐下太行”“劝缪贤斧质请罪得赦免”“斗秦王不辱使命完璧归”“卫尊严秦王击缶渑池会”“知已错负荆请罪将相和”“病床上长平之战谏赵王”“悼襄王奸臣当道退朝岗”“追小帅魂归故里垂千古”等事迹和传说受到了当地群众的崇拜和尊敬，当地每年正月初三和三月十八两个庙会都是为了纪念他而设，他勇敢正直，不畏强暴、卫护正义、嫉恶如仇、忠肝烈烈、视死如归、热爱国家、顾全大局、相度休休、团结同仁的“蔺公精神”永远值得后人学习。（3）农业生态观光园：晋城市莒山生态农业观光园区位于泽州县北义城镇刘轩窑村，座落在风景秀丽的莒山。该项目由晋城市刘轩窑农业发展有限公司负责，从2012年建设至2015年，共投入资金1亿元，开发面积2500亩。园区采用“公司＋合作社＋农户”的运作模式，共有5个分区，即：采摘区，种植干果林、蔬菜地1000亩；观光旅游区，依托蔺相如庙、蔺相如墓碑等景区开发建设休闲旅游业；森林氧吧区，修建六个休息凉亭、公厕、铺设林间小道3000米；自耕园区，计划在山中平整300亩土地，铺设灌溉管网，让游人自耕自乐；管理服务区，修建住宿、餐饮、办公、停车场等场所。2015年大部分建设项目已经完成，初步具备生态旅游观光条件。

（二）寿山景点：（1）寿山：位于北义城镇东北6公里处，河底村正南，海拔1000米左右，山下丹河环绕，山上绿树成荫，北坡近百亩天然白皮松蔚然成林，其树枝优美、树形奇特，极具观赏价值，从北面看去，犹如一道绿色屏障，守护着丹河和河底山村；西坡种有100余亩各色果树，主要品种有梨、红果、苹果等，春来红白相间，秋至硕果累累，为消夏避暑、观光采摘之好去处。（2）九江台：九江古台据太行谷地，扼丹蒲交汇，呈二龙戏珠之势，以天然巨石为基而筑，传为九天玄女落凡之处，据考建于明胜在清其傍河连水气势磅礴，一方独尊。据高瞰下，势若虎踞，蔚为壮观，远眺太行耸翠，近察丹蒲叠彩，步步入景、处处堪画，尽显广博深邃之文化底蕴。每遇阳春三月初三，大地复苏，柳杨吐绿，庙会数日内，香客逾万，香火极盛，百姓远道前来参拜九天玄女，祈求民安物阜，历经岁月沧桑，而为后人崇仰。1963年任庄水库水位蔓延至九江台，堪遭长期浸泡，最终倾塌而毁，自此，庙会移至村中。为弘扬民族文化，传承历史文明，开发旅游资源，使这一文脉得以延续，河底村委归从众望，顺应民心，决定筹资修复丹河各台，以尽守土之责，经广泛活动，义捐高潮迭起，两委率先、户户响应，邻村善男信女踊跃解囊，在外人员眷恋丹蒲养育之恩，怀及古公情结，施以真情相报，有仰圣母之忠义，慕玄女之仁德者自发捐资募工，鼎力相助，遂于原址处动工起建重建九江台于丹蒲之畔，始于公元2006年3月，2007年3月竣工，历时一年整，计百万。古台分两院，占地999平方米，垣高19.9米，周259米，面南背北砖木构架，石阶明廊，内供神像，雕梁画栋，飞檐斗栱金碧辉煌、气韵无穷，坛内植以牡丹，台周布以翠松，门悬匾额，由省文联主席李才旺欣然所书二〇〇七年三月初二告竣开光，古台几经沧桑，今又光复似明珠璀璨，祥光普照遐迩相闻，依施财功德为序列于碑刻以志之。

（三）西黄石村景点：地处泽州县东北，高平、陵川县交界处的北义城镇境内，该村始建于唐朝，历代晋商积累的大量财富使得此处逐步形成大规模村落，是山西省晋东南地区明清民居保存十分完整的古村落之一，现有包括杜家大院、成家大院等共72院、约1.5万平方米的古建筑，类型丰富，装饰精致，院落与街道丰富多变，具有较高历史文化价值。2010年被命名为“中国历史文化名村”，2012年被列入中国传统村落保护名单，2015年成功申请上级文化和自然遗产保护设施建设项目资金495万元，相关项目手续正在办理中。

（四）国家级文物保护单位。①北义城玉皇庙：位于泽州县北义城镇北义城村西北，居村落民居之间，而进院落，形制规整。始建年代不详，正殿檐柱有宋大观四年（1110年）重修题记，可见其在北宋就已颇具规模。现存建筑有正殿、献殿、耳殿、东西配殿、舞楼、厢房等，除正殿尚为宋代遗物外，其余均为后世风格。正殿玉皇殿，殿宇深广各三间，平面呈正方形，单檐九脊顶，琉璃剪边，檐出如翼，外观庄重稳健。玉皇殿建于高1.2米的砖砌台基之上，前立面正中设台阶，四周出檐，形成围廊。前檐柱四根，青石质，八棱，侧角生起明显，方形柱顶石与地面平。内柱仅前两柱，内柱以前之面积则作为殿之前廊。斗栱四铺作，但施于柱头，无补间铺作。华栱后尾即檐栿，压于上一架梁头之下，结构至为简洁。殿内彻上露明造，所有梁架斗栱结构毕露，条理井然。柱梁及其他节点处多以斗栱联结，平梁之上挟以粗壮的叉手以承脊槫。庙内现存除正殿檐柱题记，再无碑刻记录可寻，因此其历史沿革和历代修缮情况不甚明朗。②坛岭头岱庙：位于北义城镇坛岭头村。创建年代不详，庙内现存最早有金大定二十年（1180年）重修题记。南北中轴线上依次建有山门、月台、拜殿、中殿、后殿（已毁）。中殿（天齐殿）建于砂石台基上，正面设九级台阶。单檐歇山顶，飞檐如翼。面阔进深各三间，檐柱有收份、侧角，明间两柱上均有金大定二十年重修时的题记。檐下斗栱五铺作，但施于柱头，无补间铺作。下碱部分仍可见宋代薄形水磨砖。是一座极富宋金意味的建筑。中殿前有长方形月台一座。庙内其余附属建筑均系清代所遗存。③尹西东岳庙：位于北义城镇尹西村。创建于金明昌五年（1194年），整个建筑分上下两院，集金、元、明、清各个时代建筑于一体。正殿三间呈方形，面阔三间，进深六椽。殿前檐柱四根，为八棱抹角石柱，侧角分明，柱上有金明昌五年题记。柱头各施七铺作斗栱一朵，单抄单下昂，耍头作昂形。殿顶为悬山式，覆灰筒瓦，琉璃脊。东西角殿各三间，重檐悬山顶，门及门框、贴花均为元代原物，窗户为破子棂窗。另有山门三间、东西配殿各三间为双层式，左右厢房各七间。明清时增建东偏院和马房院。

### 劳动就业

2015年，新增城镇就业300人，培训新型农民600人，转移农村劳动力300人。

### 人民生活

2015年，固定电话已经在全镇普及，而且手机也成为大部分人必备的通讯工具。电脑网络和汽车已经走进寻常百姓之家。农村建房不仅采用钢筋混凝土框架结构，而且也讲究室内室外装修。新型合作医疗和大病救助制度，解决了群众看病的问题，保障了人民群众的身体健康。农业税免除、粮食直补、农机补贴、家电下乡补贴等政策件件落实，农民减轻了负担，增加了实惠。全镇农村居民生活如芝麻开花节节高。

镇党委书记：李云波，镇长：郭华英。

## 巴公镇

### 概述

巴公镇位于泽州县北部，距晋城市区19千米，东与高都镇、北义城镇毗邻，西与大阳镇交界，南接晋城市城区北石店镇，北靠高平市。全镇总面积112平方千米，人口61108人，有耕地62265亩。

2015年，巴公镇紧紧围绕年初确定的工作重点和工作目标，落实责任，强化措施，突出重点，全面推进，经济社会各项事业取得新成效。全镇财政收入完成24636万元，占预算收入的65.95%，同比下降16.93%；公共财政预算收入完成4666万元，占预算收入的137.36%，同比增长46.04%。全年固定资产总投资达37.71亿元。

### 转型综改

2015年，以转型综改试验扩权强镇试点工作为着力点，大胆突破，科学推进，以改革创新的精神，努力破解体制机制障碍和束缚。一是行政管理体制改革。园镇运行内部而言，明确了巴公镇人民政府和晋城市巴公装备制造工业园区管委会，“一套人马、两块牌子”，实行“园镇一体化”管理，整合原有行政事业机构，建立了“五部一办”运行体制。同时，按试点方案积极参与组建巴公规划工作室、国土分局、环保分局、行政执法等派驻机构，赋予其部分县级行政管理的权限。二是财政体制改革。设立巴公镇级金库，赋予县一级独立财政管理权利。2014年金库正式开始运行，成为全省首家镇级金库。2015年9月1日镇级国库集中支付正式上线运行。三是行政审批制度改革。经过多次与市县各职能部门对接，基本理顺了行政审批权限承接工作机制。在市发改委等10个部门下放的54项审批权限中，除国土1项、环保3项、行政执法12项、规划7项等分别由派驻机构承接外，其他31项在市县相关职能部门具体指导和帮助下由该镇承接。四是土地管理改革。利用废弃工矿地复垦和城乡建设用地增减挂政策，努力破解用地指标难题。复垦土地约1800亩，其中1300亩顺利通过省国土资源厅验收。2015年，该镇先期在东四义村和西四义村开展了集体经营性建设用地入市试点，探路通过“异地入市”和“就地入市”两种模式，盘活农村集体土地资源，壮大集体经济实力。

### 项目建设

狠抓项目建设，通过创新思路、强化服务，确保招商引资项目尽快落地开工、开工项目尽快建成投产、投产项目尽快达产见效。一方面，突出抓好大项目建设。实行镇领导班子成员包联责任制，及时掌握项目进度，协调解决实际困难，为项目开工落地创造良好条件。目前，兰花年产20万吨己内酰胺项目和年产50万吨纳米新型材料两大项目有序推进，晋钢顺盛90万吨超细微粉二期项目达产达效，清慧机械和兴达铸件产能进一步提升。另一方面，积极扶持中小微企业发展。从全镇选派党员干部，作为中小微项目联系对接人员，为企业提供帮办、代办、陪办等具体服务，简化办事手续，避免相互扯皮。目前，锦泰塑料包装制品、巴原建材多孔砖、臻远商砼、祥达洗衣、万鑫加气站等一批项目建成并投入使用。

### 城镇化建设

按照“项目向园区集中，居民向社区集中，产城融合，两区同步”的理念，大力加强基础设施建设，城市功能进一步完善。巴公中学项目，已建成16轨制现代化中学，基础设施水平全省一流；集中供气项目，为1.4余万户群众接通煤层气，全镇清洁能源覆盖率达到93%以上；集中供热项目，经过五年建设，供热面积已达80万平方米，当年新增供热面积30平方米，新增用户约2000户；集中供水项目，设计日供水能力为6000立方米，已完成水源井收购、水厂建设及7.5公里的输配水管网铺设，已基本具备供水能力，正在扫尾；民生路改造项目已完成北段1070米道路路面工程；巴原新城幼儿园目前主体工程已完工，正在进行室内外装修施工。

### 服务“三农”

紧紧围绕农民增收这个核心，以产业化提升农业，以城镇化带动农村，不断夯实农业农村工作基础。一是大力发展现代农业。建成200余栋蔬菜大棚及拱棚，设施农业迈出实质性步伐；全镇规模养猪场达15家，其中，万头种猪场1家，规模养鸡场25家，其中10万羽鸡场1家，金鹰、详园、双丰等一批农业产业化龙头企业发展壮大。二是打造特色农产品生产基地。伊健食品实施主食产业化，年产主食5000吨，在晋城启动放心早餐供应网点，设置早餐亭40个。欣绿园现代农业科技示范园一期共建成日光温室37栋，面积102亩，年产鲜菜85万公斤。三是加强农村基础设施建设。以农村道路硬化、饮水管网、污水管网、电力改造、文化设施、广播电视、节水灌溉、街道亮化等内容，持续改善基础设施。当年完成农村公路完善提质工程5公里和冯窑村、双南庄村安全饮水工程。

## 生态建设

以改善农村人居环境为抓手，确保监管机构、清洁队伍、环卫设施、专项资金和管理制度“五到位”，大力开展“环境大整治”活动。一是提高污水垃圾处理水平。全镇建有6个垃圾填埋场，2个生活污水处理站，正在开工建设东寺庄和尧头污水管网3185米、山耳东污水处理站1座。二是强化大气污染防治。对园区规模企业，按照循环经济的思路，大力推进节能减排，如晋钢的余热余压发电项目、超微细粉项目、粉煤灰多孔砖项目等；对“五小”企业，深化堆场物料清理，加强道路扬尘污染治理，全镇共清理整顿堆场73家；对畜禽养殖户，加强环保处理设施建设，投资1980余万元的病死畜禽无害化处理中心正在紧张建设中。三是加强镇容环卫工作。镇里成立了绿环办，有保洁人员96人，清洁车辆18辆，保洁里程达35公里。全镇44个村，按照“初、中、高三级逐级达标晋级”的办法，开展环境综合整治。四是提高园林绿化水平。全镇11个村建有或在建生态小游园；镇区“一心六廊”绿化提升工程完成投资450余万元；在龙王山投资4800万元，完成了绿道建设及绿化任务。

## 安全维稳

一是加强综治信访维稳工作，创造和谐稳定的社会大局。充分发挥综治“网格化管理”和“天网工程”的优势，强化镇、村综治队伍治安防范责任，深入开展“平安乡村”建设和矛盾纠纷“大排查、大接访、大化解”活动，完善信访应急处理机制，形成“渠道畅通、逐级办理、规范有序、群众满意”新格局，实现信访工作的良性发展。2015年，全镇共受理各级信访事项45件，除5件正在处理外，结案率为90%。此外，处理积案25件，处理省巡视组交办案19件、网上信访20件，结案率为100%，有效维护社会和谐稳定。二是加强安全生产监管责任，确保安全生产。年初，镇安监站与内部安监人员签订了目标管理责任状，与监管单位签订了安全目标责任书，实行重大隐患挂牌督办和“白天检查、晚上巡查”的工作机制，认真开展安全生产大检查、安全生产责任落实年和“打非治违”活动，分时段开展集中大检查活动9次，有力强化了安全生产“红线”、“底线”意识，形成了“党政同责、一岗双责、齐抓共管”的安全生产责任体系，全力扭转了安全生产形势的被动局面。

## 民生改善

积极推进养老、医疗、民政救助等社会事业。2015年，全镇城乡居民社会养老保险完成33046人、390万余元，44个村全都安装有POS机方便村民领取；“新农合”收缴446561人、404万余元，住院补偿3926人金额1137.7万元，门诊补偿4.8万人次、220万元；加强“五保”、低保的动态管理，做到应保尽保；对全镇401名优抚对象全部落实优抚政策；救助各类困难对象100多户；完成上级下达的13户农村危房改造任务；新建了尧头村老年日间照料中心，对已建成的7个老年日间照料中心的消防安全、食品安全等进行了排查；招募了千余名青年志愿者和百余名青年网络志愿者，开展了扶贫助学、绿地认养、政策宣传等志愿者行动；东四义、西四义、北部等村新建了健身广场和标准化篮球场，全镇新增体育场地五千余平方米，为开展群众性文化活动提供了广阔的舞台。

镇党委书记：侯贵宝（兼），镇长：李斌。

## 大阳镇

### 概述

大阳镇位于县境西北部，距晋城市区22千米。地理坐标为北纬35°39′，东经112°47′。东与泽州县巴公镇为邻，西南和巴公镇相连，西与下村镇毗邻，北和高平市马村镇接壤。行政区域总面积为52.58平方千米，占泽州县总面积的2.38%。国土面积52.58平方千米，辖28个村街，总人口27893人（其中，农业人口24128人，集镇人口13000人）。镇政府驻大阳三分街。2015年，镇党委、镇政府着力稳增长、调结构、促转型，镇域经济保持了稳步运行的良好态势。截至12月底，粮食总产量达到9812.4吨，占年度目标的109%；民营企业增加值完成73750万元，占年度目标的100.47%；财政总收入完成422万元（其中，国税121万元、地税301万元）；全镇农业总产值实现6550万元，完成计划的104.80%；农民人均纯收入达到11620元，占年度目标的101.04%。

### 农业

一是发展规模农业，全年完成了2000亩干果、杂粮和2000亩药材种植，成立了一个核桃园管理合作社（李家庄）；完成灌溉面积1200亩，实现基本保护农田面积35754.5亩，同时完成了粮补、直补核实上报6631户41776亩工作。二是养殖业发展情况，2015年猪存栏2.1万头（出栏34080头）、鸡存栏20.7万羽（出栏12万羽）、羊存栏13000只（出栏7600只），肉类总产量2700吨，鸡蛋产量2180吨。全年共免疫注射猪瘟5.6万头、猪蓝耳5.3万头、猪口蹄疫5.5万头，羊口蹄疫2.1万只、鸡禽流感28万羽、鸡新城疫30万羽、羊布氏菌病7800只。同时完成验收省级一村一品项目3家，资金已全部拨付到位，申报2015年省级一村一品项目2家（泽州县刘建忠养殖专业合作社、泽州县亨达旺养殖专业合作社），建成2个粪污处理池（李家庄王永军、南社赵长青）。

### 工业

全镇现有90万吨资源整合矿井1座，经过2009年兼并重组更名为“山西煤销集团中岳煤业有限公司”，主要生产9#和15#，现处于停工状态；非煤企业除上述麒麟机械工程配件有限公司外，还有国盛、牛贵、良佳、志鑫、群虎、晋圣华铸造企业6家（晋圣华正常生产，其余5家因环保原因停产)。中昊工贸、臻岩建材、荣盛线材厂等企业正常生产。

### 交通

大阳镇通有铁路和公路。铁路为煤炭专用线，自东向西横穿镇区，向东至巴公镇与长(治)焦(作)铁路接轨。公路均为乡镇级公路，一条为东大路(至大东沟)，另一条为巴马路。2015年，完成了总投资2700万元的大甘路翻修改造项目(总长9.7公里，路基7.5米，路面6.5米宽)，6月中旬竣工通车。同时完成赵庄至宋家掌段2.5公里、完成大甘路至河底路段1.7公里、东大线至西街0.4公里2200平方米道路整修工作。

### 教育

大阳主要学校种类是中小学，幼儿园，全镇共有中学2所，小学11所，幼儿园7所，中小学学生2455人(中学生976人、小学生1479人)，幼儿678人。2015年教育方面的发展主要有四方面：一是一分街幼儿园改扩建项目，总投资323.34万元，完善了配套设施建设(安装伸缩门、给水设备、铺设电缆，现代化厨房设备等)；二是教育提标工程，完成了赵庄中学餐厅建设，大阳中学投资300余万元建设塑胶跑道操场(正在办理相关手续)；三是三分街小学、西街小学分别投资5万元、30万元进行了厨房和办公楼的改造；四是投资300余万元完成均衡教育仪器设备配备，并于11月17日验收合格。

### 文化

悠久的历史蕴藉了丰富的文化，大阳镇的群众文化活动历史悠久，其歌舞在汉代《淮南子》和三国时名篇《中都赋》中都能找到文字记载。全镇现有文化站1处，可容纳千余人的影剧院1座，农民乐队32个。镇文化站和民乐团不但活跃了该镇农民群众的文化生活，还多次赴外地演出并获奖。以黄一宝、苏富全、杨香俊等人物推动大阳群众文化事业不断向前。八音会、面塑、剪纸、根雕等文化产品精彩纷呈。

### 卫生　环保

卫生方面：一是投资120余万元陆续购置全自动生化仪、彩超、牙科X光机、消毒灭菌器等，现已全部投入使用；二是镇卫生院门诊大楼工程正在办理前期手续；三是投资50余万元进行污水治理及环境整治项目(10月初开工)。

环保方面：一是环境卫生整治工程，共清运垃圾5967立方米，新建围墙1400米，修建垃圾池29个，改公厕12个，粉刷墙壁18900平方米；二是街巷绿化工程，完成通道绿化7.2公里，“四旁”植树7.8万株，村间道路整修20723米，土地复垦530亩，路灯安装75盏。

### 旅游

大阳镇有丰富的人文旅游资源，且以古遗址、古遗迹、古民居、古建筑及传统非物质文化遗产类的人文旅游资源占主导地位。现存多处历史文物古迹如天柱塔、汤帝庙、天齐庙、关公庙等，其中汤帝庙为国家级历史文物保护单位。2015年大阳旅游开发有了突破性进展：一是投资约500万元，完成古镇旅游开发提升整治项目一期工程。建成了临时免费停车场，修建槐荫阁、石头巷阁、永和巷阁三个建筑及资圣寺和娲皇庙，对吴神庙前院和西宫阁进行了修复改造；二是邀请西安市城市发展研究中心就大阳旅游开发进行了全案策划，完成了《大阳古镇策划方案》和《大阳古镇规划方案》。三是旅游开发项目与立根集团、博雅集团签订了5亿元的合作意向书。9月22日，大阳镇将和北京立根集团、北大博雅集团正式签订《大阳古镇旅游开发项目合作框架协议》。四是承办泽州县第四届摄影展。7天共接待游客11万人次，创下了旅游人数新高。被评为“本地旅游的黑马景点”。

### 劳动就业

2015年，大阳邀请省市专家就果树栽培、小麦病虫害防治、农村土地确权等培训新型农民和农民工558人，完成农民培训任务11次1136人。

### 社会保障

一是摸底完成上报2015年“新农保”各村（街）基本情况表，全镇应参保人数15255人；二是建立居民健康档案，加强公共卫生服务，全镇总人数28338，2015年已建档人数27665，建档率97.6%；三是完成了全镇196人的第五批社保卡发放登记工作；四是完成了全镇6715人的60周岁领取待遇人员领取资格认定工作；五是完成了2015年养老保险征缴工作，全镇参保人数14816人，金额1426800元，并将各种报表和数据入库。

镇党委书记：刘建云（女），镇长：刘廷兵。